마가복음 해석서 1

: 1-5장

깊고 너른

목차

나의 속내 · 12

서론 · 16

1. 마가복음 1장

1:1-8, 허당 마가의 예수

1. 예수님은 누구신가? · 49

2. 허당인 마가 · 52

3. 같은 허당인 마가 청중 · 58

4. 세례는 무엇인가? · 62

▸ 헬라어 풀이(1): Ἱεροσολυμίτης(헤로솔뤼미떼스),
헤로솔뤼마인 · 66

5. 요한은 뭘 외쳤나? · 71

6. 결론 · 79

1:9-11, 하나님의 아들이라 불리신 이유

1. 세례에 대한 예수님의 불편한 진실 · 82

2. 도대체 예수님은 무슨 죄 고백을 했을까? · 86

3. 우리는 왜 사람들 앞에서 죄 고백을 못하는가? · 92

4. 죄를 고백하는 일 · 94

5. 누가 하나님의 아들이 될 수 있나? · 97

6. 예수님은 어떻게 하나님의 아들로 불렸나? · 106

7. 결론 · 111

1:12-13, 마가의 짧되, 독특한 영과 들짐승들

1. 마가만 전하는 들짐승들의 동행 · 113

2. 마가 성도들이 치룬 경험 · 117

3. 천사들이 시중들었다는 말의 의미 · 122

4. 성령은 우리를 늘 편한 길로 인도하지 않는다 · 124

5. 결론 · 129

1:14-15, 세례자 요한과 예수님

1. 요한은 넘겨졌다. · 130

1:14-20, 한 번의 부름에 순종한 제자들

1. 낯선 이의 부름에 응답하다니! · 135

2. 마가의 성도들이 알아들은 대목 · 141

3. 내 뒤로 좇으라는 말의 뜻 · 145

4. 같은 색깔인 예수님과 제자들 · 148

5. 사람들의 어부가 되고자 하는 욕심 · 152

6. 결론 · 153

1:21-28, 예수님 뒤를 따를 때

1. 마가 성도들이 좋아하는 이야기 · 156

2. 예수님의 활동 진입의 효과 · 160

3. 성령은 권세를 가진다. · 164

4. 예수님 시대 떠돌던 축사 이야기 · 168

5. 결론 · 173

1:29-34, 예수님은 능력이 있으시다

1. 시몬의 장모를 고쳐주시다. · 176

2. 능력의 예수님 · 178

1:35-45. 아이러니한 현실

　1. 기도하신 예수님 · 183

　2. 예수님이 중요시한 것 · 185

　　※ 더 깊이 파보기(1) – 문둥병자 · 189

　3. 문둥병자의 자세 · 194

　4. 예수님의 위대함 · 196

　5. 화장실 갈 때의 마음과 나올 때의 마음 · 200

　6. 예수님에 대한 선포는 예수님의 명령으로 이루어지지
　　않았다 · 201

　7. 예수님을 전하는 것이 왜 선포인가? · 204

2. 마가복음 2장

2:1-12, 죄들을 용서하는 권세를 누가 갖고 있는가?

　1. 성도 때문에 기적 이야기가 많다 · 212

　2. 지붕을 지붕걷이한 사연 · 218

　3. 누가 용서하는 권세를 가지고 있는가? · 223

　4. 용서하는 일의 작동구조 · 228

　5. 누가 중풍병자를 용서한 것인가? · 233

　6. 용서는 어떻게 하는 것인가? · 235

　7. 사람의 아들의 뜻 · 246

　8. 예수님의 구원 양태 · 254

　9. 결론 · 257

2:13-17, 레위라는 세리는 누구인가?

　1. 세리 레위는 과연 누구인가? · 260

　2. 실타래를 쥐고 있는 마태 · 262

3. 죄인은 어떤 자들인가? · 263

4. 레위는 어떤 세리인가? · 269

5. 당시 철학자들과 종교들 · 273

6. 예수님의 다른 점 · 276

7. 결론 · 280

2:18-28, 새로운, 완전히 새로운

1. 식사와 금식 · 283

2. 금식에 대한 예수님의 태도 · 285

3. 안식일의 밀밭에서: 마가의 허당기(2) · 287

4. 안식일의 밀밭에서: 안식일의 주인은 누구인가? · 291

5. 새로운 사고로 낡은 사고를 찢어버리시다 · 299

6. 결론 · 302

3. 마가복음 3장

3:1-6, 병자도 사람이다!

1. 예수님에 대한 태도가 달라졌다 · 305

2. 안식일에 대한 유대인들의 입장 · 306

3. 병자도 사람이다 · 313

4. 예수님의 진노 · 318

  ▸ 헬라어 풀이(2): πώρωσις(뽀로시스)/ πωρόω(뽀로오)) · 319

5. 손이 말랐던 사람에 대한 묵상 · 324

6. 결론 · 326

3:6-10, 예수님 쪽으로 가고 있는가?

1. 이야기로서의 해석 원칙 · 330

2. 가시화된 예수님의 적대세력(1): 헤롯 일당 · 331

3. 가시화된 예수님의 적대세력(2): 바리새파 · 336

4. 후퇴한 예수님과 예수님 쪽으로 간 무리 · 339

5. 결론 · 346

3:7-12, 그래도 예수님은 고치신다!

1. 군중은 착하지 않다! · 348

　▸ 헬라어 풀이(3): θλίβω(틀리보) · 349

2. 고대 철학자와의 차이점 · 354

3. 결론 · 361

3:13-16, 베드로라 부르시다니!

1. 베드로는 무슨 뜻인가? · 363

2. 왜 베드로라 부르셨을까? · 370

3. 베드로를 바위/반석으로 해석한 연유 · 376

4. 결론 · 377

3:17-19(1), 안드레와 보아너게

1. 안드레 · 379

2. 우레의 아들들인 야고보와 요한 · 383

3. 우레의 아들들인 디오스쿠리 · 386

4. 결론 · 396

3:17-19(2), 카나안인 시몬과 유다 이스가룟

1. 카나안인 시몬 · 398

2. 질투하시는 하나님 · 400

　▸ 헬라어 풀이(3), ζηλωτής(젤로떼스), ζηλόω(젤로오) · 400

3. 유다 이스가룟 · 406

4. 결론 · 407

3:13-15, 20 사도가 된 이유

1. 안 깨끗한 영들에 대한 자세 · 410

2. 왜 열둘을 뽑으셨나? · 413

3. 예수님은 귀신에 대한 권세를 주셨다! · 415

4. 사도들을 뽑은 계기와 결정 · 418

5. 결론 · 420

3:21-35, 진정한 가족을 만들려면

1. 가족이 이럴 수 있나? · 424

2. 예수님의 주장(1): 사탄을 들먹이면, 용서를 가지지
   못한다! · 429

3. 예수님의 주장(2): 성령을 모독한 죄는 영원한 죄과를
   가진다! · 433

4. 친속들은 왜 예수님을 미쳤다고 했나? · 440

5. 예수님의 가족 보호행동(1): 모셔서 비유로 해명한다 · 444

6. 예수님의 가족 보호행동(2): 나에게는 가족, 없습니다! · 448

7. 도대체 하나님의 뜻을 행한다는 것은 무엇인가? · 451

8. 결론 · 456

4. 마가복음 4장

4:1-20, 열매는 누구에게 달렸나?

1. 이해하기 어려운 군중의 심리 · 462

2. 예수님만 씨 비유를 사용하셨을까? · 465

3. 씨 뿌리는 비유(1): 길가인 자 · 468

4. 씨 뿌리는 비유(2): 돌밭인 자 · 472

5. 씨 뿌리는 비유(3): 가시덤불인 자 · 475

6. 씨 뿌리는 비유(4): 좋은 땅인 자 · 479

7. 예수님이 뿌린 말씀은 무엇인가? · 484

8. 결론 · 486

4:9-13 비밀과외를 받는 법

　1. 마가 성도들을 위한 비유 · 489

　2. 마태에서 드러나는 예수님의 진짜 마음 · 494

　3. "제발 좀 잘 들어봐!" · 497

　4. 비밀이 이미 주어져 있는 자는 깨달을 기회가 있다! · 499

　5. 청자에게 주어진 혜택 · 502

　6. 결론 · 504

4:21-25 부익부 빈익빈 원리

　1. 등불이 온다고? · 506

　2. 오는 하나님 나라인 등불 · 511

　3. 여러분이 계산하는 것보다 더 받는다!(24절) · 513

　4. 부익부 빈익빈 원리(25절) · 516

　5. 부익부 빈익빈 대 행한 대로 갚는다 · 517

　6. 결론 · 525

4:26-29 하나님 나라는 던지기만 하면 된다?

　1. '종자' · 528

　2. 종자를 던져? · 530

　3. 누가 일한 것인가? · 532

　▶ 헬라어 풀이(4): μηραίνω(메꿰노)와 명사 μῆκος(메꼬스) · 533

　4. 낫을 보낸다고? · 536

　5. 결론 · 541

4:30-34 하나님 나라가 겨자씨라고?

　1. 겨자씨앗 · 543

　▶ 헬라어 풀이(5): κόκκος(꼭꼬스) · 544

　2. 하필 왜 겨자씨앗이야? · 547

　3. 그래서 더 잘 자라 도움을 준다 · 549

4. 비유들로 말씀하신 이유 · 551

5. 결론 · 553

4:33-41, 바람이 있을 때

1. 제자가 주인공인 이야기 · 556

2. 새로운 도전 앞에서 · 558

3. 왜 "입 다물어!" 하셨을까? · 565

4. 왜 전전긍긍하는가? · 568

5. 제자들의 믿음 수준 · 571

6. 결론 · 573

5. 마가복음 5장

5:1-20, 천하보다 귀한 한 사람의 인생

1. 도착지는 어디인가? · 579

2. 귀신 들린 자의 피폐함 · 581

3. 안 깨끗한 영이 예수님을 만났을 때 · 582

  ‣ 헬라어 풀이(6): ὁρκίζω(호르끼조) · 586

4. 군단 영들의 결과 · 592

  ‣ 헬라어 풀이(7): πνίγω(쁘니고) · 594

5. 거라사인들의 반응 · 596

6. 마가 성도들의 이상한 반응(1): 돼지라고? · 598

7. 마가 성도들의 이상한 반응(2): 자살했다고? · 605

8. 선포만이 나를 지킨다! · 609

9. 결론 · 613

5:21-24, 나에게는 귀한 딸내미다!

1. 그 여자들은 누군가의 딸내미였다! · 618

2. 아비는 딸내미를 위해선 엎드린다 · 619

   ▸ 헬라어 풀이(8): 막바지에 있다(ἐσχάτως ἔχει) · 623

3. 좇는다 해서 다 제자가 되는 것은 아니다! · 625

   ▸ 헬라어 풀이(9): ἀκολουθέω(아꼴루테오) · 626

4. 결론 · 629

5:25-34, 당신도 사랑받는 딸이다!

1. 많은 고난을 겪은 한 여자 · 632

   ▸ 헬라어 풀이(10): πάσχω(빠스코) · 633

2. 의사한테 돈 다 뜯긴 여자 · 638

3. 예수님의 능력: 만지기만 해도! · 640

4. 예수님의 자비 · 644

   ▸ 헬라어 풀이(11): 떠나 완전히 가세요, 평안히!

                 (ὕπαγε εἰς εἰρήνην) · 647

5. 결론 · 648

5:35-43, 살린 후에도 배려하시니

1. 아이가 살아있다더니 죽어버렸네! · 652

   ※ 더 깊이 파보기(2) – 역사적 현재시제 · 653

2. 예수님의 말씀으로 살리다 · 655

   ▸ 헬라어 풀이(12): ἔγειρε(에게이레), 발딱 일어나 있어

                보거라! · 656

3. 결론 · 664

부록　약어(Abbreviations) · 666

참고문헌 · 668

헬라어 색인 · 678

일러두기

1. 번역 대본
『네스틀레 알란트 그리스어 신약성서: 한국어 서문판』, 28판, (서울: 대한성서공회, 2014).

2. 기호
[ ]　어떤 사본에는 있고, 어떤 사본에는 없어 원본에 확실히 있었다고 주장할 수
　　　없는 본문.

( )　1) 헬라어 동사 안에는 주어, 뜻, 시제 등, 이 세 가지가 있다. 문맥에서 주어가
　　　　애매해질 때, 넣었다.
　　　2) 담가가 때로 생략했던 동사나 형용사를 첨가해 적었다.

- -　헬라어 사본에는 없는 표시이다. 담가가 말할 때, 방백처럼 곁들여
설명한다고 여겨질 때, 독자의 이해를 돕기 위해 기호를 삽입했다.

3. 본문
더 진한 글자 – 마가복음의 헬라어 원문을 우리말로 옮기면서 원문 순서가 바뀌었을 경우.
진하게 표기함. 뒤에 있는 단어를 앞으로 가져왔을 때, 진하게 표기함.
예) 1:2　꼭 그렇게 **이사야 예언자의 (글)에** 이미 쓰여 있는 것처럼,
　　　원래 헬라어 – Καθὼς γέγραπται ἐν τῷ Ἠσαΐᾳ τῷ προφήτῃ·

4. 각주
헬라어 옆 괄호 안은 발음임. 괄호 안의 글자들 중 진한 글자는 헬라어 단어의 발음의
강세를 표시한 것.
예) υἱὸς θεοῦ(휘**오**스 테우) – '오'와 '우'를 세게 읽어야 한다.

나의 속내(4)

　부쩍 마음이 급해졌다. 밀린 책들이 잔뜩 있어서다. 나의 게으름을 탓하기도 했다가, 또 이리 안 살면 무슨 재미로 사나 합리화하며 올 한 해가 갔다. 두 권의 복음서 번역서를 내면서 아쉬움이 많았다. 내 성격 탓이기도 하지만, 복음서 본문만으로는 내가 발견한 여러 메시지들을 알리는 데에 한계가 많음을 느꼈기 때문이다. 일일이 말해줘야 조금 '그렇군!' 하지만, 그게 뭐 그리 내 인생에 도움이 되는가 싶어 하는 표정들을 봤다. 가뜩이나 책을 안 본다는데, 달랑 5장을 설명하는데 600쪽 넘게 썼으니, 과연 누가 읽을까 싶기도 하고, 그런데 안 밝히는 것은 또 도리가 아니다 싶어 앞뒤 안 재보고 낸다.

　예수님도 숱하게 씨 뿌리면서 좋은 밭이 그리 많지 않음을 아셨는데, 난들 당연한 거 아니겠는가!

　누군가는 발칙하다 할지 모르겠다. 그런데 그렇게 보이는 것을 어떡하겠는가! 마가복음을 다 이해했다고는 할 수 없지만, 공부하면 할수록 설득이 안 되는 설명들이 많았다. 그리고 그 답답한 말씀들이 마가 담가와 그 성도들의 상황 가운데 놓으니, 특히 그 성도들이 어떤 자들인지 감을 잡으니, 하나하나 풀렸다. 중간중간 성도들이 무식하고 가난하다고 자주 얘기했는데, 그렇다고 그들이 하찮게 보인다는 말은 아니다. 당시 사회에서 하층민으로서 교육혜택을 못 누렸기에 어쩔 수 없는 성향을 지녔을 뿐이다.

　지금은 대학을 나왔다 한들, 책과는 담 쌓고 살아 겉으로는 아는 척 하나, 실질적으로는 아는 게 별로 없고, 더구나 관심은 오로지 물질적인 것에만 둔 자들과 다를 바 없다. 그렇다고 나 또한 그리 고상하지 않다. 어렵고 고민해야 하는 것에는, 그리고 며칠 동안 씨름해야 하는 책은 되도록 멀리하는 습성을 나도 지니고 있기 때문이다. 그래서 마가복음처럼 말씀은 적되 이야기가 많은 것에 먼저 눈이 갔는지 모른다. 나도 마가성도들과 같은 성향을 지니고 있기에 그들이 더 잘 이해되었는지 모른다.

복음서는 여러 편의 드라마와 같다. 작가가 매 편마다 슬쩍슬쩍 흘려주는 떡밥처럼, 복음서도 있다. 그리고 그것을 알아채는 자들이 꽤 있었다. 그래서 마가복음은 자기 성도들만 은혜 주는 것으로 그치지 않았고, 여러 복음담가들에게까지 흘러가 영향을 미쳤다. 그런데 언젠가부터 복음서들이 너무 '경전'으로 여겨지는 바람에 생기를 잃어버렸다. 사람들의 영혼을 움직이는 복음은 고정된 형태가 없다. 예수님에 대한 이야기를 한다 해서 고상한 언어를 쓸 필요 없고, 경건한 분위기를 띠야 하는 것도 아니다. 예수님이 먼저 복음을 자유롭게 전하셨다. 극도의 보수적인 유대인들은 경악했지만, 사람 자체가 자유로운 영혼인데 어찌 고정된 틀로 그들을 움직이겠는가? 복음을 전달하는 매개자든, 매개물이든 유연해야 한다. 중요한 것은 메시지이지, 전달도구가 아니다. – 말은 이래놓고, 나도 이 해석서를 참 딱딱하게 써서 미안해하는 중이다. –

예상컨대 마가는 굉장히 목소리가 컸을 것이다. 연기력도 좋아 예수님이건, 제자건, 또는 바리새파건 대사 칠 때마다 어조를 달리하며 전달했을 것이다. 반말로 좌장을 사로잡았을 것이다. 성도들을 스윽 둘러보면서 예수님의 한 마디, 한 마디를 훅훅 찔러 넣었을 마가가 자주 그려졌다. 미안한 점은 이런 느낌을 잘 살려 마가복음을 재현하지 못했다는 것이다. 해보려 했는데, 한 번도 연기를 해보지 않아 여간 어색한 게 아니었다. 한 번 해보라고 학생들을 부추겨도, 성경이라는 관념이 있어 깨질 못했다. 아쉽다. 누군가가 이천 년 전의 마가를 잘 살려주길 바란다.

말은 한 번 입 밖으로 나오면, 많은 것을 드러낸다. 대개는 화자만 드러낸다고 생각하지만, 실제로는 청자도 드러낸다. 상대방이 누구냐에 따라 화자는 말할 내용과 언어, 심지어는 어조도 바꾼다. 같은 내용이라 할지라도, 우리는 상대방의 수준과 소통할 수 있는 정도까지 고려한다. 물론 다 그렇게 한다는 건 아니다. 교만하거나 맹하면, 오로지 자기만 생각하고 내뱉는다. ― 그것도 상대방을 드러낸다. 상대방이 얼마나 우습게 여겨졌으면, 자기 하나만 생각하고 내뱉겠는가! ―

글도 조금은 매한가지라 생각한다. 비록 대면은 안 하나, 글을 낼 때에는 그래도 내 글을 받아들일 독자들이 있다 여기기 때문이다. 만약 모두가 난리친다면, 내지 못할 것이다. 그래서 누군가는 필명 뒤에 숨어서 냈다. 그런 의미에서 내 독자에 대한 기대를 한다. 나처럼 감동받고 은혜 받을 독자들이 많길 말이다. 마가는 이천 년 전의 사람이다. 해독이 필요했다. 이왕이면 마가처럼 그의 복음을 찰지게 해설하면, 나중에 칭찬을 들으련만 너무 어렵게 한 것 같아 쯧쯧 하실 것 같다.

변명하자면, 처음엔 설교로 했기에 각주 없이 썼다가, 쓰다 보니 또 각주를 필요할 이가 있을 것 같아 첨가하는 바람에 어중이떠중이가 됐다. 요즘 웬만한 논문에는 각주가 본문의 반을 차지한다. 워낙 오랫동안 연구한 학자들이 많고, 또 안 실으면 어디가 베낀 것이고, 어디가 자기 글인지 알 수 없기 때문이다. 그래서 논문을 쓰려면 최소한 3개월 넘게 걸린다. 몇 년 짜리도 있다. 그래서 책을 선택했다. 논문으로 내려면 한도 끝도 없을 것 같아서였다. 각주 없이 설교문으로 내려 했다가, 설명을 필요로 하거나, 출처를 궁금해 하시는 분들이 계실까봐 조금씩 달았다. 어떤 것은 있고, 어떤 것은 없는 이유다. 뭐든지 정확해야만 성이 차시는 분들은 짜증내겠지만, 양해 바란다. 그랬다간 이 책, 못 썼다. 다음 책도 못 쓴다. 이 책으로 마가복음 해석서는 최소 3권이다.

마가복음으로 설교한 연도가 2018년이다. 그때 참 기뻤다. 내 무겁고 섭섭한 기분을 날려준 시기였다. 지금껏 기쁨을 받는다. 책 쓰면서 그때 못 봤던 것들이 발견되면서, 더 기뻤다. 교회를 세운 뒤, 예수님을 뿌듯하게 할 만한 일들을 그리 많이 하지 못했다. 그런데도 기쁨을 주시는 걸 보면, 예수님은 진짜 좋은 분이다. 죽을 때까지 친구해주실 것 같아서 아주 행복하다. 부디 이 한국 땅에 예수님을 좇는 이들이 더 많아지길 바란다. 그래서 내가 그간 느꼈던 기쁨들을 많은 이들이 느끼며 방긋 방긋 웃으며 살기 바란다. 한국 땅을 덮는 기운이 밝고 가벼워지면 좋겠다.

2024년 10월 21일
깨끗하고 파란 하늘이 보이는 창을 선물 받아 살면서.

서론

원래 마가 주석서 서론에는 마가가 누구이며, 청중은 어떤 자들이며, 마가복음을 이야기할 당시 어떤 상황이었는지 등을 알려준다. 그래서 여러분도 아마 기대를 할 터인데, 죄송하지만 말할 생각이 없다. 마가복음은 이야기이다. 모름지기 이야기란 다 알고 들으면 재미없다. 드라마나 영화를 볼 때 대략 결론이 짐작되는 게 있다. 그러나 예상하는 대로 그 결론에 도달하지 않고, 의외의 요소들이 튀어나오고 내가 기대하지 않았던 인물들이 활약하면, 끝까지 봐진다. 어차피 그 결론에 도달하겠지만, 거기까지 어떻게 진행될지 궁금해 하며 말이다.

필자가 원하는 바가 이것이다. 예수님에 관한 것이니, 다 안다고 생각할 것이다. 맞다. 예수님은 십자가에 달리시고 부활하신다. 그리고 대강 아는 이야기들이 있다. 그러나 이야기를 진짜 제대로 아는 것인지, 또 마가가 왜 이 이야기를 이런 식으로 전했는지에 대해 안다고 보지 않는다. 안다고 생각하는 바람에 늘 흘려들어 몰랐던 점들이 많았음을 알게 될 것이다. 마가복음은 상당히 억울한 책이다.

마가복음은 사람들이 은혜를 받기 위해 자주 읽는 책은 아니다. 마태복음이나 요한복음이 예수님의 말씀이 많아 자주 본다. 기독교 교부들이 선호할 만 했다. 마가복음은 거의 이천 년간 베드로의 전승을 가졌다는 점에서 인정받았지, 그 내용으로 인정받진 못했다. 현대 들어 과학적 해석방법을 사용하면서, 그나마 연구가 굉장히 활발해졌다. 일단 마가복음이 여타 복음보다 가장 먼저 지어졌다는 것이 눈길을 끌었고, 그래서 마가복음을 통해 역사적인 예수님을 찾으려는 시도가 많았다.

그러나 이야기로서의 마가복음에 집중이 덜 되었고, 그래서 이야기를 듣는 청중에 대해 관심이 적었다. 마가복음이 책상머리에서 나온 작품이라 판단해서였다. 시중에 떠도는 예수님의 전승을 적은 문서조각들을 마가가 다 끌어 모아 자기 공동체를 위해 썼다고 생각했다. 이천 년 전이 지금처럼 책을 쓰면 그것을 읽는 시대라 보았다. 그러나 이따가 조금 자세히 설명할 건데, 그 시대를 너무 몰랐다. 마가복음은 마가라는 복음담가(福音談家, gospel-teller)가[1] 성도들을 놓고 예수님 이야기를 들려준 것을 나중에 받아쓴 것이다.[2] 실제로 이야기를 들려준 것이었다. 글로 쓴 게 아니라, 먼저 말로 한 것을 나중에 누군가가 받아 적은 것이다.

그게 뭐 그리 차이가 있을까 싶지만, 분석을 하면서 상당히 큼을 느꼈다. 당시 어느 역사가도 어떤 큰 사건을 기술하면서 지금처럼 '정확하게' 보도하지 않았다. 있는 그대로 전해야 한다는 생각이 약했다. 고대 전기 (biography)의 설화들을 사실(fact)로 받아들여야 한다고 주장하는 것은 '순진한 요구'다.[3] 복음담가들은 예수님 이야기를 하는 이유는 예수님

---

1 '복음담가(福音談家, gospel-teller)'는 필자가 만든 용어이다. 지금까지 복음서의 구전과 설화를 연구하는 학자들은 복음이야기를 전달하는 자를 대부분 '이야기꾼(storyteller)'이라는 용어로 사용하였다. 그러나 복음서의 이야기를 단순히 '이야기'라고 하기에는 정확성이 떨어진다. 그리고 초대 그리스도 교회에서 예수 이야기를 전해주었을 사람은 '이야기꾼'이라 불리지 않았을 것이다. '복음을 전달하는 자로서 '복음담가(gospel-teller)'가 더 적합하다고 본다.

2 마가가 저자가 아니라 '이야기꾼'이라고 본 학자가 있다. 예) R. T. France, *The Gospel of Mark: A Commentary on the Greek Text* (Grand Rapids/ Cambridge: William B. Eerdmans Publ., 2002), 15.

3 Thomas Hägg, *The Art of Biography in Anitquity* (Cambridge: Cambridge University Press, 2012), 3.

이 겪으신 일들을, 사실 그대로 알게 하기 위해서가 아니다. 자기 성도들의 믿음을 고쳐시켜서 예수님을 계속 믿게 하기 위해서다. 그들이 고민하는 문제들을 뚫고 이겨내게 하기 위함이다.

물론 없던 일을 지어내 말하진 않았다. 단지 그들이 누구냐에 따라 그들이 듣기 편한 어투로, 그들이 듣기 힘들어 하는 게 있으면 빼고, 반대로 그들이 즐거워하면 더 잘 살려 잘 듣게 했다. 그들의 출신성분과 민족성을 고려해 예수님이 겪으신 사건들을 각색한 것이다. 사람은 항상 말하는 대상에 따라 이야기 목록을 바꾸고, 내용을 바꾸고, 심지어는 말투도 바꾼다. 자각을 못했을 뿐이지, 모두 청중에게 맞춤 서비스를 한다. 난 그것을 조금 더 간파했을 뿐이다.

그것을 설명하기 앞서 왜 마가복음을 이야기책이라고 하는지에 대해 조금 세밀한 근거를 대야겠다. 이 책 앞서『마가의 실패한 영웅 예수 이야기』, 『눈으로 듣는 마가의 예수님 이야기(개정판)』과『눈으로 듣는 누가의 예수님 이야기』 등에서 나름 세세하게 설명을 했다.[4] 마음 같아서는 그 두 권을 읽으라고 하고 싶은데, 나 또한 다른 이의 책을 보면서 최소한의 제공을 하지 않을 때 툴툴거렸음을 떠올려, 다시 해보겠다.

1. 이야기책인 외부적 근거

1) 문맹률이 높았다

신약학자들이 복음서를 '저술작품'으로서 바라본 것은 이들의 잘못이 아니다. 몇 십 년 전까지만 해도 고전문학 연구가부터 "많은 로마인들은

---

4   김현정,『마가의 실패한 영웅 예수 이야기』(서울: 한들출판사, 2018);『눈으로 듣는 마가의 예수님 이야기(개정판)』(서울: 깊고너른 출판사, 2022);『눈으로 듣는 누가의 예수님 이야기』(서울: 깊고너른 출판사, 2021).

18 마가복음 해석서

신문을 읽었다"고 여겼다.[5] 주전 4, 5세기에 쓰인 작품들이 있다 보니, 고
전학자들은 당시 고대 그리스인들이 다 학식(學識)을 갖췄다 여겼다.[6] 자
기가 원하는 대로 충분히 글을 읽고 쓸 줄 안다고 생각한 것이다. 그런 인
식이 깨어진 것이 겨우 1970년대이다. 예수님 당시 사회가 말이 중심이
었지, 글이 중심이 아니었음을 밝히는 연구가 나온 지 얼마 되지 않았다.

이집트와 메소포타미아에는 주전 4000년 전에 기록된 토판이 나온다.
그러나 그 토판은 글을 배운 소수의 엘리트 소유물이지, 땅을 가는 일반
양민의 것은 아니었다. 왕도 글을 직접 읽지 않았다. 부하나 종에게 낭독
을 시키고 들었다(라 4:18; 렘 36:21 등).[7] 게다가 로마 제국은 공공교육
을 제대로 실시하지 않았다.[8] 대부분 가정교사를 고용해서 아이를 교육시
켰고, 한다 해도 주 교육방식은 대부분 듣고 암송하는 것이었다.

고대 시대의 문맹률을 연구하는 학자들마다 추정하는 수치가 다르긴
하지만, 그리스어조차도 그리스지역을 지배하지 못하고 지역마다 방언이
우위를 점하는 상황, 로마 제국의 공식적인 정보는 대부분 포고자(criers)

5   R. Marichal, in *L'écriture et la psychologie des peoples* (XXII semaine
de synthèse) (Paris, 1963), 208; William V. Harris (1989), *Ancient Literacy*
(Cambridge, MA: Harvard University Press), 14에서 재인용.

6   O. Murray (1980), *Early Greece* (Brighton), 94, 96; Rosalind Thomas
(1989), *Oral Tradition and Written Record in Classical Athens* (Cambridge:
Cambridge University Press), 15.

7   라 4:18 너희가 올린 글을 내 앞에서 낭독시키고 19 명령하여 살펴보니 과연
이 성읍이 예로부터 왕들을 거역하며 그 중에서 항상 패역하고 반역하는 일을 행하
였으며; 렘 36:21 왕이 여후디를 보내어 두루마리를 가져오게 하매 여후디가 서기
관 엘리사마의 방에서 가져다가 왕과 왕의 곁에 선 모든 고관의 귀에 낭독하니

8   수에토니우스가 로마 수도에 대략 20개 정도의 학교가 있었다고 증언하나(de
Gramm. 3.4), 학교 건물로 존재한 고고학적 증거물이 없다. 그래서 S. F. 본너
(S. F. Bonner)는 학교 교육이 거리에서 실시되었을 거라고 제안하기도 했다. S. F.
Bonner (1972), "The Street-teacher: An educational scene in Horace," *AJP*
93, 509-528; idem, (1977), *Education in ancient Rome: From the elder Cato
to the younger Pliny* (London: Methuen), 115-125.

의 선포로 이뤄졌다는 점 등을 고려하면, 로마제국민 90% 넘게 문맹자였을 것이라 보인다.

100여 년 전 우리나라의 문맹률을 알면, 그 수치가 결코 이상하지 않다. 1922년 동아일보 사설에서 조선 2천만 인구의 1%만이 교육을 받아서 글을 읽을 줄 아는 사람이 없다고 개탄해했다. 99%가 교육을 받지 못했다는 것이다. 1930년대 평균 문맹률이 평균 77.73%, 여자만 하면 92.04%라는 실태 보고서도 있다. 1908년까지 여학생 자체가 없었는데, 한국인의 식자율이 높을 리 만무하다.[9] 2천 년 뒤의 우리나라가 이럴 진대, 로마 제국이라 해서 문맹률이 낮았을까?

유대인들의 문맹률에 관해 연구한 학자들 간에도 이견이 있다. 어떤 이는 후대 랍비문서에서 주후 70년 이후 한 마을에 100개의 학교가 있었고, 500여명의 학생들이 있었다는 기록을 들어, 유대인들은 굉장히 높았을 것이라고 주장한다.[10] 그러나 로마 도시의 교육환경이 높지 않은 상태에서, 팔레스틴 시골이 더 높은 교육열로 상쇄할 수 있다 여기는 것은 맞지 않다. 그렇게 식자층이 많았다면, 공공도서관이 하나라도 있어야 했다. 그러나 없었다.

아이들에게 율법을 가르치는 곳이 있었다 해도, 당시는 구전 토라(Oral Torah), 즉 입으로 전승하는 토라가 더 권위를 가졌다. 문서 토라(Written Torah)는 진짜 토라를 제대로 전승하지 못한다 여겼다. 암송만으로 충분히 가르칠 수 있었다. 팔레스틴 지역 유대인들의 평균 식자율(average literacy rate)은 3% 내외라고 보는 것이 더 정확할 것이다.[11]

9　노영택, "일제시대의 문맹률 추이," 「국사관논총」 51 (1994), 112-13, 122-23.

10　Harry Y. Gamble (1995), *Books and Readers in Early Church* (New Haven: Yale University Press), 3-7.

11　Catherine Hezser, *Jewish Literacy in Roman Palestine* (Tübingen: Mohr Siebeck, 2001), 497-98.

고대세계는 우리가 생각하는 것보다 훨씬 더 구술의 능력을 인정했다. 소크라테스의 책이 없는 것도, 글로 쓰면 자기의 사상을 절대로 정확하게 전달하지 못한다고 여겨서였다. 플라톤도 다르지 않았다. 책은 인간의 생각을 완전하게 채울 수 없다고 명백히 말한다.[12] 구술정보가 가장 정확하다고 믿었기에, 헤로도투스(Herodotus, 기원전 484-425년) 같은 경우도 구전자료가 80%를 차지한다.

2) 도서를 구입하기 힘들었다.

고대에 책을 만들려면 방법이 크게 두 가지였다. 파피루스나 양피지였는데, 아무래도 파피루스가 쌌다. 마셜(Martial, 38-102년)은 질 좋은 파피루스에 적힌 짧은 풍자시 책을(대략 700행이 나오는데, 이는 마가복음서의 반에 해당되는 길이다) 사려면, 5 데나리우스가 든다고 말했다. 싼 재질의 파피루스 책을 사면, 1.5에서 2.5 데나리우스가 든다. 숙련된 노동자가 받는 하루 일당이 1 드라크마이다. 비숙련자는 반 드라크마만 겨우 받았다. 즉 마가복음이 적힌 한 권의 책을 사려면, 싼 재질로 사도 5 데나리우스다. 5일 동안 꼬박 일하면서 아무 것도 안 사먹어야 살 수 있는 책값이다.

1세기 당시 파피루스는 주로 이집트에서 만들어졌는데, 한 두루마리 가격이 4 드라크마였다. 서점인들 도시마다 있었을까? 그래서 귀족들은 아예 노예에게 책을 필사시켰다. 그러다 보니 당연히 책 판매는 많지 않았을 것이다. 4세기 안디옥에서 책 판매에 대해 기록된 것이 있는데, 거기에서는 극히 소수의 상류층만이 책을 샀다고 한다.[13]

---

12 Teun L. Tieleman, "Orality and Writing in Ancient Philosophy: Their Interrelationship and the Shaping of Literary Forms," in *The Interface of Orality and Writing*, ed., Annette Weissenrieder & Robert B. Coote (Tübingen: Mohr Siebeck, 2010). 24-27.

13 A. F. Norman (1960), "The Book Trade in Fourth-Century Antioch,"

초기 기독교인들 대부분은 시골이든 도시든 하루 종일 일해야 겨우 먹고 살 수 있었던 하층민일 것이다. 대도시에나 있을 법한 서점에 가서 내가 원하는 책을 사겠다고 간 사람들이 과연 얼마나 있을까? 게다가 그 서점이 두루마리 형태로 쓰인 마가복음 책을 갖고 있을 확률은 또 얼마나 되겠는가? 어렵다.

3) 암기를 잘 했다

글은 모르고, 책을 구하는 것도 어렵다 보니 가장 쉽게 발달시킬 수 있는 것이 암기였다. 세상을 알 수 있는 가장 좋은 방법은 이야기를 듣는 것이다. 일반인들이 가장 쉽게 정보를 얻는 방법이 듣는 것이다 보니, 이들의 암기능력은 현대인들과 달랐다. 그레코-로마 사회에서는 호머의 서사시를 외우는 것이 그리 큰 문제가 안 되었다. 자주 들을 수 있었기 때문이다. 그래서 솔론(Solon, 기원전 638-558년)은 자기 문하생들에게 호머작품들을 순서대로 외우는 경쟁을 시키기도 했다. 첫 연행자가 호머의 구절을 외우다 막히면, 그 다음 연행자가 튀어 나와 그 막힌 구절부터 외워나갔고, 또 막히면, 그 다음 연행자가 나와 암송했다.[14] 고대에 음유 시인들은 최소한 호머의 작품들을 다 기억했다고 알려져 있다.

호르텐시우스(Hortensius)라는 자는 하루 동안 진행된 경매의 모든 물건, 가격, 산 사람 등을 순서대로 다 기억해냈다고 한다.[15] 루키안(Lucian)은 당시 웅변가들이 소피스트들의 연설 몇 개를 다 들은 뒤, 그 자리에서 그대로 즉석연설을 해냈다고 말한다.[16] 자기들이 한 번 듣고 얼마나 다 기

JHS 80, 126.

14   Diogenes Laertius, De vita. 1, 57.

15   Seneca the Elder, Controveriae 1. Pr. 2; Whitney Shiner (2003), *Proclaiming the Gospel: First-Century Performance of Mark* (Harrisburg: Trinity Press International), 105에서 재인용.

16   Lucian, Pseudolog. 6.

억하고 있는지를 서로 재 본 것이다. 이런 일들이 전문가나 지식인들 사이에서만 벌어진 것 같지만, 그렇지 않다. 일반 시민들은 극장에서 들은 노래들을 외워 부르는가 하면, 심지어는 종교적 축제 시 극장에 들어가지 못해 바깥에서 들었는데도 그 극장에서 불렸던 노래들을 외워 불렀다.[17]

일반인들이 정보나 새로운 문물을 접하는 길은 보기와 듣기이다. 앞에서 말했다시피 뭔가를 책으로 보려면 비용이 너무 많이 든다. 게다가 문자는 말보다 신뢰도가 약했다. 호머의 서사시나 유명한 연극은 그래도 보고 들을 기회가 있다 보니, 자연히 몇 구절이라도 암송했던 것이다.

유대인들이라고 다르지 않았다. 원래 랍비들은 7세기까지 구두 율법(oral Law)뿐 아니라 종교적 내용과 관련된 모든 것을 기록하는 것을 금했다. 그래서 기도내용을 구두로 물려줬고, 7세기 넘어서 기록으로 전환했다.[18] 랍비 유다왕자(Judah the Prince)는[19] 3세기 초기 미쉬나를 집대성했다고 알려져 있지만, 구두 토라(Oral Torah)까지 모두 수집하려는 의도를 가진 것 같진 않다. 어쨌든 그는 미쉬나의 공식적인 판을 최초로 수집한 자로 인정받지만, 확정된 문서를 만든 이로 보는 것은 여전히 의문의 여지가 있다.

구약에 적혀 있는 율법과 미쉬나만으로 당대에 벌어지고 있는 여러 사건들을 적용·해석하기란 어렵다. 랍비들은 실생활에서 토라를 어떻게 적용해야 할지에 대해 고민을 많이 했는데, 5세기에서도 여전히 구두 토라

---

17 Ovid, Fast. 3. 523–36.

18 S. C. Reif (1993), *Judaism and Hebrew Prayer* (Cambridge: Cambridge University Press), 124; cf. idem., (1993), "Codicological Aspects of Jewish Liturgical History," *BJRL* 75: 117–31.

19 그는 3세기 미쉬나(Mishnah)의 최고 편집책임자, 개정책임자였다고 알려져 있다. 로마가 유대 지역을 점령한 뒤, 그는 유대 공동체의 핵심 인도자가 되어 유대 전승들을 문서화하는 일을 도맡았다. 그는 다윗 왕조의 후손으로 알려진 까닭에 '왕자'라 불린다.

(Oral Torah)를 문서화하는 것에 대해 꺼려했음이 드러난다. 바빌론에 사는 랍비들이 팔레스틴에 사는 랍비에게 토라 적용에 관해 질문하면서, 구두법을 문서로 전달하는 것이 괜찮은지를 묻기 때문이다.[20] 가장 권위 있는 토라는 글로 쓰인 토라(Written Torah)가 아니라, 말로 전승된 토라(Oral Torah)이고, 이것이 문서화되는 순간 그 권위와 진정성에서 훼손된다고 생각하는 것이 고대 유대인들의 사고방식이었다. 고대 헬라인들의 사고와 같다. 이러한 사고가 5세기에도 지속되었기에, 문서에 구두 토라를 적는 것이 불편했던 것이다.

그래서 유대인들은 토라를 구두로 항상 암기시켜 전승했다. '살아있는 책(Living book)'이라 불리는 전승자(traditionist)가 있었는데, 모든 성문서를 다 암기해 말하는 것이 특기였다. 통상 전승보유자들은 미쉬나(Mishnah), 시프라(Sifra), 시프르(Sifre), 토세프타(Tosefta) 뿐 아니라, 성문서로 여겨지는 것들을 다 암기했다.[21] 이들의 의무는 해석이나 분석이 아니었다. 그저 하나도 틀리지 않고 완전히 그래도 암기해내는 것이다.

아모래 시대(Amoraic period, 주후 2-5세기)에 '살아있는 책(탄나임, tannaim)'이 암기한 본문과 고등수준의 학교에서 물려받은 미쉬나와 내용이 충돌했을 때 어떤 것이 옳은 것인지 비교하고 바뀐 적도 있다. '살아있는 책'들은 전승내용을 재생산하지 않기에, 역동적이라는 인상을 준 적이 없다. 전수 받은 그대로 암송만 해내는 것이 주업이었으므로, 내용의 진정성에 있어서 늘 확고한 신뢰를 받았다. 이들은 '기록된 문서'와 같은 역할

---

20 I. M. Ta-Shima, "Responsa," *EncJud*, XIV, cols.. 84. Cf. Allan Millard, *Reading and Writing in the Time of Jesus* (New York: New York University Press, 2000), 156에서 참조.

21 Birger Gerhardsson, *Memory & Manuscript: Oral Tradition and Written Transmission in Rabbinic Judaism and Early Christianity* (Grand Rapids: William B. Eerdmans Publishing Company, 1961), 19-31.

을 담당했던 것이다.[22]

이처럼 주후 1세기 시대는 구술 문화시대이다. 스마트폰을 모두가 쓰기 전까지 대부분의 사람들은 전화번호들을 최소한 열 개 정도는 외웠다. 이제 사람들은 암기할 필요 없어지면서 버거워한다. 옛날에는 종이나 필기도구부터 들고 다니기 어려운 시대였다. 모든 것을 머릿속에 집어넣는 것이 가장 유용하다. 외우는 것이 당연시되고, 외운 만큼 생활이 편했으니, 마가담가가 예수님 이야기를 암기하는 것은 그닥 어려운 일이 아닌 셈이다.

4) 글을 읽는 것이 더 어렵다.

현재 우리가 보는 헬라어 성경은 고대의 사본을 따른 것이 아니다. 예수님 당시의 헬라어는 소문자가 없었다. 대문자뿐이었다. 소문자는 주후 7-8세기부터 생겼다. 파피루스가 양피지보다 싸지만 그래도 식량이 아닌 만큼 사람들에게는 비쌌다. 그래서 취한 방법이 최대한 글을 많이 적는 것이었다. 한 칸도 띄우지 않고. 주후 1세기에 쓰인 파피루스는 당연히 없다. 그러나 3세기 이후에 발견되는 파피루스를 보면 다음과 같이 적혀있다.

마가복음 서두가 발견된 것은 아니지만, 이런 식이다.

복음의처음이다예수그리스도의하나님아들의꼭그렇게쓰여있었던것처럼이사야예언자(글)에서보아라내천사를보낸다네얼굴앞에그는대비할것이다네길을부르짖는자의소리가광야에있다준비해라주님의길을곧게만들어라계속그의오솔길들을

ἈΡΞΗΤΟΨΕΥΆΓΓΕΛΙΟΨΙΗΣΟΨΞΡΙΣΤΟΨΚΑΤΩΣΓΕΓΡΑΠΤΑΙΕΝΤΩΙΣΑΙΑΙΤΩΙΠΡΟΦΗΙΙΔΟΨΑΠΟΣΤΕΛΛΩΤΟΝΑΓΓΕΛΟΝΜΟΨΠΡΟΠΡΟΣΩΠΟΨΣΟΨΟΣΚΑΤΑΣΚΕΥΑΣΕΙΤΗΝΟΔΟΝΣΟΨ

---

22   Ibid., 95-99.

읽기 무지 어렵다. 우리는 글 읽는 훈련을 받은 자다. 그럼에도 한 자도 띄우지 않고 따닥따닥 붙여서 쓴 글을 후루룩 읽기란 어렵다. 필사가 직업이지 않은 이상, 어떻게 말하듯 읽을 수 있겠는가? 떠듬떠듬 읽는 것과 이것을 암기해 말하는 것 중 어떤 것이 청중 입장에서 편하겠는가? 당연히 이야기를 듣는 것이 편하다. 이야기를 처음 하는 자라면, 어색해 중간중간 뜸을 들이겠지만, 마가담가는 예수님 이야기를 숱하게 했을 것이다. 이야기가 탄탄한 것은, - 물론 그럼에도 가끔 연결이 엉성한 데가 있다. - 거듭 하는 가운데 조정하고 고쳐나갔기 때문이다.

지금 우리가 읽는 성경은 장과 절이 있다. 1600년대에 생겼다. 이야기를 하는데, 무슨 장과 절이 필요한가? 그냥 한 번 시작하면 끝까지 죽 하는 것이 이야기다. 중간 중간 쉬는 시간을 가졌을지 모르지만, 그것은 그날 담가 마음이나 청중의 반응에 달린 것이고, 1부, 2부가 없는 것이다.

마가복음을 파피루스에 썼다면, 두루마리 형태로 두껍고 길다. 성도들 앞에서 읽으려면 누군가는 옆에서 두루마리를 받쳐줘야 한다. 한 번 상상해보길 바란다. 마가복음 내용이나 말이 구어다. 누가복음처럼 고상하거나 어려운 용어가 많지 않다. 예수님이나 등장인물들이 주로 직접 묻고, 직접 설명을 하는 구성이다. 내용은 또 어떤가? 굉장히 생생하다. 마태복음과 비교하면, 천지차이이다. 병자나 귀신 들린 자들의 대사나 행동, 상황을 아주 실감나게 묘사한다. 이것을 긴 두루마리를 든 상태로 떠듬떠듬 옮겨가면서 읽는 것이 적합한가, 아니면 그냥 마가담가만 딱 혼자 앞에 서서 이야기하는 것이 적합한가? 후자이다.

2. 이야기책인 내부적 근거

1) 변이

복음서가 이야기책인 이유는 예수님 때문이다. 예수님은 어딜 가나 이야기를 하셨던 분이다. 설교나 강연, 또는 강의를 해 본 자는 안다. 아무리 원고가 있다 해도, 고대로 하는 법이 없다는 것을. 원고대로 하겠다 마음 먹어도, 희한하게 내 앞에 앉은 청중 때문에, 또 그 날 내 마음과 입이 다르게 움직여 다르게 말한다. 원고를 100% 못 외우기도 하지만, 외운 걸 암송해서 말하려 했다간, 청중의 관심을 끌지 못한다. 청중을 사로잡으려면 입담과[23] 입심이[24] 발휘돼야 하는데, 암송한 것을 말하는 데 신경 쓰느라 이야기를 재미있게 못하기 때문이다.

예수님은 한 번도 원고 없이 말하신 분이다. 그 자리에 둘러앉은 자들에 맞춰 즉석 말씀을 하셨다. 수많은 동네를 돌면서 얼마나 같은 이야기를 여러 번 하셨겠는가! 씨 뿌리는 비유만 해도 수십 번은 하셨을 것이다. 그러면 자연히 생기는 현상이 변이다. 같은 이야기라 할지라도 절대로 완전히 똑같이 하지 못하기 때문에 용어나 토씨나 시제 등의 변이형태가 생기는 것이다.

그 중 첫 번째로 숫자의 변이가 나타난다. 공관복음서에 같은 이야기인데 숫자가 다른 경우가 많다. 씨 뿌리는 비유는 세 복음서에 나오는데, 하나하나 놓고 비교하면 다른 점을 여러 개 발견할 수 있지만, 숫자만 놓고 보면 다음과 같이 다르다.

---

23 말하는 솜씨나 힘.
24 기운차게 거침없이 말하는 힘.

『눈으로 듣는 마가 · 마태 · 누가』[25]

마가	마태	누가
4:8 그리고 딴 것들이 떨어졌습니다. 땅, 곧 좋은 것을 향해요. 그러자 열매를 내고 또 내주었습니다. 올라오면서 그리고 자라면서. 그래서 맺고 또 맺었습니다. 한 개가 삼십 개로, 또 한 개가 육십 개로, 또 한 개는 백 개로요.	13:8 그리고 딴 것들이 떨어졌습니다. 땅 위, 곧 좋은 것 위에요. 그래서 열매를 내고 또 내주었습니다. 그래서 그것을 백 개로, 그리고 그것을 육십 개로, 그리고 그것을 삼십 개로요.	8:8 그리고 다른 것은 떨어졌습니다. 땅, 곧 괜찮은 것을 향해요. 그래서 솟아나 만들었습니다. 열매를 백 배로...

좋은 땅에 떨어진 씨가 맺는 열매를 말하면서 마가는 "한 개가 삼십 개로, 또 한 개가 육십 개로, 또 한 개가 백 개가 됐다"고 말한다. 이것을 마태는 좀 더 간략하게 전했다. "좋은 흙 위에 떨어진 것이 백개로, 육십 개로, 삼십 개로 열매를 계속 내주었다"고 말이다. 마태는 열매가 맺힌 개수를 나열할 때 순서를 바꾸었다. 많이 맺힌 것을 먼저 강조한 것이다. 대신 마가는 '하나'가 많은 열매를 맺을 수 있음을 강조했다.

이에 반해 누가는 어떤가? "괜찮은 땅에 떨어진 것은 열매 백 개가 되었다"고 말할 뿐이다. 괜찮은 땅에 떨어진 씨가 어디 한두 개이겠는가? 그리고 다 백 개를 맺지 않을 텐데도, 누가는 각자의 다양성을 생략했다. 땅이 괜찮은 땅이냐, 아니냐가 중요함을 강조하려고 다른 메시지는 없애버렸다.

조금 더 눈매가 예리한 분은 발견했을 것이다. 마가와 마태는 열매를 많

---

25 원문을 놓고 비교하는 것이 더 정확할 듯 하여 필자가 사역한 번역본을 사용하였다. 『눈으로 듣는 마가의 예수님 이야기(개정판)』 (서울: 깊고너른 출판사, 2022); 『눈으로 듣는 누가의 예수님 이야기』(서울: 깊고너른 출판사, 2021). 『눈으로 듣는 마태의 예수님 이야기』는 출간예정이다. 이후로는 『눈으로 듣는 마가 · 마태 · 누가』로 줄이겠다.

이 맺는 땅은 '좋은' 땅이라 했지만, 누가는 '괜찮은' 땅이라 했음을. 숫자의 변이만 있는 게 아니다. 내용의 변이도 있다. 예수님이 마을마다 전할 때, 이런 식으로 다르게 하셨을 것이다. 로봇도 아닌데 어찌 토씨 하나 안 틀리고 말할 수 있겠는가?

예수님 이야기를 전하는 담가들 역시 각자의 성향이나 청중에 따라 같은 이야기를 조금 다르게 전하는데, 숫자가 다른 부분이 있다. 닭 울음 횟수다.

예수님은 죽음을 앞두고 베드로에게 닭이 울기 전 세 번 자신을 모른다 부인할 것이라 하셨다. 그런데 마태복음과 누가복음에서 베드로의 부인 전에 닭이 한 번 운다(마 26:34; 눅 22:34).[26] 그러나 마가복음은 다르다. 닭이 두 번 울었다(막 14:37, 72).[27] 베드로가 예수님을 세 번이나 부인하기 전에 닭이 한 번 울든, 두 번 울든 그게 그리 중요할까?

> 마 26:34 예수께서 이르시되 내가 진실로 네게 이르노니 오늘 밤 **닭 울기 전에** 네가 세 번 나를 부인하리라
> 막 14:30 예수께서 이르시되 내가 진실로 네게 이르노니 오늘 이 밤 **닭이 두 번 울기 전에** 네가 세 번 나를 부인하리라

그러나 마가는 나름 두 번 우는 것이 낫다 여겼다.

예수님이 부활하신 사건에 대해서도 복음서는 다르게 전한다.

---

26 눅 22:34 이르시되 베드로야 내가 네게 말하노니 **오늘 닭 울기 전에** 네가 세 번 나를 모른다고 부인하리라 하시니라

27 막 14:72 닭이 곧 두 번째 울더라 이에 베드로가 예수께서 자기에게 하신 말씀 곧 **닭이 두 번 울기 전에** 네가 세 번 나를 부인하리라 하심이 기억되어 그 일을 생각하고 울었더라

마가 16:1	마태 28:1	누가 24:10
안식일이 지나매 막달라 마리아와 야고보의 어머니 마리아와 또 살로메가 가서 예수께 바르기 위하여 향품을 사다 두었다가	안식일이 다 지나고 안식 후 첫날이 되려는 새벽에 막달라 마리아와 다른 마리아가 무덤을 보려고 갔더니	이 여자들은 막달라 마리아와 요안나와 야고보의 모친 마리아라 또 그들과 함께 한 다른 여자들도 이것을 사도들에게

예수님의 무덤에 간 여인들을 마가복음은 세 명이라 말한다. 그러나 마태복음은 두 명이다. 누가복음은 세 명 이상이다. 다른 게 숫자뿐인가! 간 사람 명단도 다르다. 부활 시 무덤을 찾아간 여자들의 숫자만 다르지 않다. 예수님의 부활소식을 전달해준 인물도 다르다.

마가 16:5	마태 28:2	누가 24:4
무덤에 들어가서 흰 옷을 입은 한 청년이 우편에 앉은 것을 보고 놀라매	큰 지진이 나며 주의 천사가 하늘로부터 내려와 돌을 굴려 내고 그 위에 앉았는데	이로 인하여 근심할 때에 문득 찬란한 옷을 입은 두 사람이 곁에 섰는지라

마가복음은 청년 한 명이다. 그러나 마태복음은 천사 한 명이다. 누가복음은 두 사람이다. 숫자와 등장인물에서 변이가 있는 것이다. 이를 두고 각 담가들이 받아들인 전승이 다르다고 해석한다. 그런데 그 전승이 문서가 아니라, 들은 이야기, 즉 구두 전승이라는 것이다. 민속학 전문가들은 복음서에 나타나는 여러 변이현상을 전형적인 민간전승의 특징이라 말한다.[28]

---

28 대표적인 학자로는 다음과 같다: Alan Dundes (1999), *Holy Writ as Oral Lit: The Bible as Folklore* (Lanham: Boulder: New York/ Oxford:

이런 변이현상은 숫자에서만 일어나지 않는다. 이름이나 지명도 다르다. 공관복음서들은 열두 제자의 이름을 싣는데, 누가복음은 다대오 대신 야고보의 아들인 유다를 넣었다(눅 6:16; 마 10:2-4; 막 3:18).[29] 예수님이 부활한 뒤 제자와 처음 만난 장소 역시 다르다. 마태복음과 마가복음은 갈릴리를 말하나(막 14:28; 마 26:32), 누가는 애매하게 예루살렘을 가리킨다. 위 두 복음서에서 예수님은 살아난 후에는 갈릴리로 갈 것이라고 말을 했다. 마태는 거기서 한 발 더 나아가 갈릴리에서 제자들이 예수님을 만났다고 전한다(28:16, 17).

> 마 28:16 열한 제자가 갈릴리에 가서 예수께서 지시하신 산에 이르러
>
> 눅 24:6 여기 계시지 않고 살아나셨느니라 갈릴리에 계실 때에 너희에게 어떻게 말씀하셨는지를 기억하라
>
> 33 곧 그 때로 일어나 예루살렘에 돌아가 보니 열한 제자 및 그들과 함께 한 자들이 모여 있어
>
> —————
>
> 36 이 말을 할 때에 예수께서 친히 그들 가운데 서서 이르시되 너희에게 평강이 있을지어다 하시니

거기 반해 누가는 찬란한 옷을 입은 두 사람이 갈릴리에서 예수님이 한

Rowman & Littlefield Publishers, Inc); Albert B. Lord, "The Gospels as Oral Traditional Literature," in *the Relationships among the Gospels: An Interdisciplinary Dialogue* (San Antonio: Trinity University Press, 1978), 33-90.
29 눅 6:16 야고보의 아들 유다와 예수를 파는 자 될 가룟 유다라; 참. 마 10:3 빌립과 바돌로매, 도마와 세리 마태, 알패오의 아들 야고보와 다대오, 4 가나나인 시몬 및 가룟 유다 곧 예수를 판 자라; 막 3:18 또 안드레와 빌립과 바돌로매와 마태와 도마와 알패오의 아들 야고보와 및 다대오와 가나나인 시몬이며

말을 기억해보라고 한 뒤, 결국 예루살렘에서 예수님이 나타나신다. 갈릴리에 간 일이 아예 없는 듯 전하는 것이다. 그리고 우리가 알다시피 예수님은 승천할 때까지 예루살렘에서 제자들과 함께 지낸 듯 보인다.

예수님이 부활한 것은 사실이다. 그리고 제자들을 만난 것도 사실이다. 그런데 그 장소가 담가마다 다른 것이다. 치명적인 모순이다. 현대인에게는 쉽게 받아들이기 힘든 변이현상이다. 그러나 고대인들에게는 그것이 경악할 만큼의 다름이 아니었다. 중요한 것은 자기 앞에 듣는 청중들을 고려하는 것이었다. 그들이 예수님이 부활한 장소로 갈릴리나 예루살렘을 말할 때는 그들 나름대로의 이유가 있었다.

변이현상이 가장 크게, 그리고 절대로 융합시킬 수 없는 것이 순서이다. 예수님이 요단강에서 세례 받은 후 활동하신 것은 다 공개됐다. 예수님의 첫 제자인 베드로가 언제부터 동행했는지, 알 수 없으나 이것부터 복음담가들은 다르게 전한다. 가장 다르게 전하는 자는 누가일 것이다. 마태와 마가는 예수님이 광야에서 홀로 시간을 가진 뒤, 복음을 선포하면서 제자들을 불렀다 전한다(마 4:17, 18; 막 1:15, 16).[30] 그러나 누가는 다르다.

막 1:15 이르시되 때가 찼고 하나님의 나라가 가까이 왔으니 회개하고 복음을 믿으라 하시더라

16 갈릴리 해변으로 지나가시다가 시몬과 그 형제 안드레가 바다에 그물 던지는 것을 보시니 그들은 어부라

눅 4:38 예수께서 일어나 회당에서 나가사 시몬의 집에 들어가시니 시몬의 장모가 중한 열병을 앓고 있는지라 사람들이 그를 위하여 예수께 구하니

---

30 마 4:17 이 때부터 예수께서 비로소 전파하여 이르시되 회개하라 천국이 가까이 왔느니라 하시더라 18 갈릴리 해변에 다니시다가 두 형제 곧 베드로라 하는 시몬과 그의 형제 안드레가 바다에 그물 던지는 것을 보시니 그들은 어부라

5:3 예수께서 한 배에 오르시니 그 배는 시몬의 배라 육지에서 조
금 떼기를 청하시고 앉으사 배에서 무리를 가르치시더니
4 말씀을 마치시고 시몬에게 이르시되 깊은 데로 가서 그물을 내
려 고기를 잡으라

시몬의 장모집에 먼저 들어간 이야기가 나온다. 그 뒤 바닷가에 나가서
다른 사람들을 가르치다가 시몬을 제자로 삼았다. 마가복음에서 시몬의 장
모를 고쳐준 이야기는 시몬을 제자 삼은 뒤, 회당에서 귀신 들린 자를 고
쳐준 뒤에 나왔다(1:29).[31] 마태는 더 다르게 전한다. 한참 뒤, 나병환자와
백부장의 하인까지 고쳐준 뒤, 시몬의 장모 이야기가 나온다(마 8:14).[32]
다른 사람도 아니고, 시몬의 장모가 여러 번 열병에 걸릴 리 만무하다. 일
반 병자를 고쳐준 것처럼 헷갈릴 리도 없을 것 같은데, 시기가 이렇게 다
르게 전해질 수 있을까?

이 변이현상을 학자들은 주로 문서전승이 달라서 그럴 것이라 봤다. 역
사가는 사건을 최대한 정확하게 적는 것이 의무이듯이, 이들도 나름 여러
문서전승들을 수집한 뒤, 최대한 정확하게 보고하려 했을 것이라 봤다. 예
수님은 활동하시면서 기록자를 대동시키지 않았다. 전도활동도 계획대로
하셨다고 보기 어렵다. 때로는 돌발상황이 생기면 거기에 맞춰서 다니셨
다. 그랬으니 제자들 역시 기억이 중구난방일 수 있다. 예수님의 활동 동
선이 나중에 요긴할 줄 누가 알았겠는가!

제자들이 예루살렘에서 교회모임을 하면서 예수님의 행적을 적으려는

_____

31 막 1:29 회당에서 나와 곧 야고보와 요한과 함께 시몬과 안드레의 집에 들어
가시니
32 마 8:14 예수께서 베드로의 집에 들어가사 그의 장모가 열병으로 앓아 누운
것을 보시고

시도조차 하지 않았다. 그저 각자가 기억나는 대로 전했던 것으로 보인다. 열두 제자의 힘은 아마 여기에서 나왔을 것이다. 어쨌든 최측근에서 가장 오랫동안 봐왔으니, 예수님의 가르침이며 행동을 자신 있게 말하지 않았겠는가? 그런데 하다 보면, 조금씩 제자들마다 일치하지 않는 부분들이 분명 있었을 터인데도, 사도행전을 보면 그걸로 논의를 한 흔적이 없다. 즉 그것이 크게 문제로 느껴지지 않았다는 점이다. 이것이 현대인과의 차이다. 고대인은 정확한 전승이 제일 중요하다 보지 않았다. 이 정도의 변이를 문제 삼지 않았다는 말이다. 민속학자들이 한결같이 강조하는 바가 바로 구술 전통작품에서 흔히 있는 현상이다.

2) 구술적 특징

말로 이야기를 하다 보면 나도 모르게 하는 특징들이 몇 있다. 신약학자들은 구전(oral tradition)의 특징이 가장 뚜렷하게 보이는 책이 마가복음서라 봤다.[33] 마가복음의 특징으로 흔히 꼽히는 샌드위치 구조(고리 구성, 포함법), 교차대구 구조(chiastic order), 또 과다한 반복 같은 것은 말로 이야기를 할 때 나오는 현상이라는 것이다.[34]

엄마가 자식한테 공부해라고 잔소리할 때, "너, 지금 뭐하니? 공부 안 하고? 학생이 공부해야지!" 한 뒤, 왜 학생일 때 공부해야 하는지, 공부하는 게 인생에 얼마나 도움이 될지 떠들 것이다. 그리고 자식에게 하고 싶은 말을 하고 나서, 뭐라 마치는가? "자, 알았지? 공부해!"한다. '공부해'

---

33   제일 먼저 주장한 이는 켈버이다. Werner H. Kelber, "Mark and Oral Tradition," in *Semeia 16: Perspectives on Mark's Gospel* (Missoula: Society of Biblical Literature, 1979), 7–55; idem., *The Oral and Writing Gospel: The Hermeneutics of Speaking and Writing in the Synoptic Tradition, Mark, Paul and Q* (Philadelphia: Fortress Press, 1983).

34   이것을 가장 잘 연구한 이가 듀이다. Joanna Dewey, "Oral Method of Structuring Narrative in Mark," *Interpretation* 43: 32–44.

라는 명령을 앞에 하고, 마지막에 또 한다. 그래야 자식이 공부를 할 것 같아서 말이다. 주부가 이런 식으로 말할 때, '고리식 구조'로 얘기해야함을 배워서 할까? 아니다. 어릴 때부터 그렇게 들으면서, 또 자신이 말하면서 터득한 기술이다.

특히 마가는 세 번 걸쳐서 말을 많이 했는데,[35] 이것은 전래동화의 특징이기도 하다. 특히 이 '삼 세 번'에 걸친 일은 예수님의 수난을 말할 때 강해진다. 예수님이 변화산에 올라갈 때, 제자 세 명만을 데리고 올라가든가(9:2),[36] 예루살렘에 세 번 들어갔다고 하든가(11:11, 15, 27),[37] 겟세마네에서 예수님은 세 제자들을 데리고 가서 세 번에 걸쳐 기도한다(14:32 이하).[38] 베드로가 예수님을 부인한 횟수는 세 번이었다(14:30, 72).[39] 빌

---

35   마가복음에서의 반복성을 가장 잘 연구한 학자는 나이링크이다. Frans Neirynck, *Duality in Mark: Contributions to the Study of the Markan Redaction* (Leuven: Leuven University Press, 1972).

36   9:2 엿새 후에 예수께서 베드로와 야고보와 요한을 데리시고 따로 높은 산에 올라가셨더니 그들 앞에서 변형되사

37   11:11 예수께서 예루살렘에 이르러 성전에 들어가사 모든 것을 둘러 보시고 때가 이미 저물매 열두 제자를 데리시고 베다니에 나가시니라; 15 그들이 예루살렘에 들어가니라 예수께서 성전에 들어가사 성전 안에서 매매하는 자들을 내쫓으시며 돈 바꾸는 자들의 상과 비둘기 파는 자들의 의자를 둘러 엎으시며; 27 그들이 다시 예루살렘에 들어가니라 예수께서 성전에서 거니실 때에 대제사장들과 서기관들과 장로들이 나아와

38 14:32 그들이 겟세마네라 하는 곳에 이르매 예수께서 제자들에게 이르시되 내가 기도할 동안에 너희는 여기 앉아 있으라 하시고
33 베드로와 야고보와 요한을 데리고 가실새 심히 놀라시며 슬퍼하사
-----
41 세 번째 오사 그들에게 이르시되 이제는 자고 쉬라 그만 되었다 때가 왔도다 보라 인자가 죄인의 손에 팔리느니라

39   14:30 예수께서 이르시되 내가 진실로 네게 이르노니 오늘 이 밤 닭이 두 번 울기 전에 네가 세 번 나를 부인하리라; 72 닭이 곧 두 번째 울더라 이에 베드로가 예수께서 자기에게 하신 말씀 곧 닭이 두 번 울기 전에 네가 세 번 나를 부인하리라 하심이 기억되어 그 일을 생각하고 울었더라

라도는 예수님을 어떻게 처리할지 군중에게 세 번 물었다(15:9, 12, 14).[40] 예수님이 십자가에 달린 시간을 세 번에 걸쳐 전한다(15:25, 33, 34).[41]

우리도 박수를 칠 때나 소리를 지를 때 삼 세 번 하는 이유는 세 번이 사람에게 질리지 않으면서도 각인시키는 데 가장 좋은 횟수이기 때문이다. 이야기를 각색하고 확장하되, 청중이 잘 기억하도록 방법을 찾다 보니, 자연스레 세 번 하는 법을 따른 것이다. 이 외에도 마가는 두 이야기를 샌드위치식으로 끼워서 전하는 방법도 잘 사용하는데, 이 역시 청중의 관심을 끄는 동시에 이야기를 발전하면서 진행하도록 한다.[42]

위와 같은 기법은 수사학 또는 웅변술을 꼭 배워 쓸 수 있는 게 아니다. 말하는 사람이라면 누구나 자기도 모르게 쓴다. 민속학자들은 민담들을 분석하면 이야기가 문서로 옮겨졌음에도 불구하고 그 본래 갖고 있던 구술적 특징들이 잔존해있다고 말한다. 그래서 위의 특징들 외에도 일화에 등장하는 인물들이 적거나, 등장하는 인물들의 구성이 선한 자와 악한 자로 간단하게 이루어지는 등의 요소들이 발견되는 것이다.[43]

---

40 9 빌라도가 대답하여 이르되 너희는 내가 유대인의 왕을 너희에게 놓아 주기를 원하느냐 하니; 12 빌라도가 또 대답하여 이르되 그러면 너희가 유대인의 왕이라 하는 이를 내가 어떻게 하랴; 14 빌라도가 이르되 어찜이냐 무슨 악한 일을 하였느냐 하니 더욱 소리 지르되 십자가에 못 박게 하소서 하는지라

41 15:25 때가 제삼시가 되어 십자가에 못 박으니라; 33 제육시가 되매 온 땅에 어둠이 임하여 제구시까지 계속하더니; 34 제구시에 예수께서 크게 소리 지르시되 엘리 엘리 라마 사박다니 하시니 이를 번역하면 나의 하나님, 나의 하나님 어찌하여 나를 버리셨나이까 하는 뜻이라

42 Vernon K. Robbins (1994), "Summons and Outlines in Mark: The Three Step Progression," in *New Boundaries in Old Territory: Form and Social Rhetoric in Mark* (New York: Peter Lang), 119–36; David Rhoads, Joanna Dewey & Donald Michie, *Mark as Story: An Introduction to the Narrative of a Gospel*, 3rd ed (Minneapolis: Fortress Press, 2012), 54–55.

43 A. Olrik (1919), *Folklige Afhandlinger* (Kjøbenhavn), 177ff; Stith Thompson (1977), *The Folktale* (Berkeley/Los Angels/ London: University of California Press), 456에서 재인용.

두 번째로 마가복음이 보이는 구술적 특징은 '역사적 현재 시제(his-torical present tense)'가 대거 등장한다는 점이다. 동사를 현재시제형으로 사용한다는 것인데, 이것은 예수님 이야기다. 당연히 과거시제로 말하기 마련이다. "예수님이 말하셨다. 어디로 가셨다. 누구를 만나셨다" 등으로 말한다. 그런데 중간에 뜬금없이 "예수님이 가신다. 예수님이 말하신다. 누구가 엎드린다"는 식으로 현재시제가 나오는 것이다. 말이 당연히 어색하다. 글로 옮기면,

개역개정	새번역	새한글	눈으로 듣는
21 예수께서 배를 타시고 다시 맞은편으로 건너가시니 큰 무리가 그에게로 모이거늘 이에 바닷가에 계시더니	21 예수께서 배를 타고 맞은편으로 다시 건너가시니, 큰 무리가 예수께로 모여들었다. 예수께서 바닷가에 계시는데,	21 예수님이 배를 타고 다시 건너편으로 가시자, 큰 무리가 예수님께로 모여들었다. 예수님은 바닷가에 계셨다.	21 그리고 예수님이 건너갔을 적에, — [배로] 다시 건너편으로. — 모였습니다, 많은 군중이 그분께. 그리고 (그분은) 바닷가에 계셨습니다.
22 회당장 중의 하나인 야이로라 하는 이가 **와서** 예수를 보고 발 아래 **엎드리어**	22 회당장 가운데서 야이로라고 하는 사람이 **찾아와서** 예수를 뵙고, 그 발 아래에 **엎드려서**	22 그때 회당 지도자들 가운데 한 사람이 **온다.** 이름은 야이로이다. 그는 예수님을 보고 발 앞에 **꿇어 엎드린다.**	22 그런데 **오는 겁니다.** 한 명이 회당장들 중에서. 이름으로 야이로가요. 그런데 **그분을** 직접 보고선 **엎드리는 겁니다,** 그분 발쪽으로.

야이로의 이야기다. 5장에 '역사적 현재시제'가 대거 나오는데 22-43절까지 무려 11번 나온다. 현재 『개역개정』과 『새번역』을 보면, 22절의 동사, '온다'와 '꿇어 엎드린다'가 현재시제인지 전혀 알 수 없다. 21절의 동사는

전부 과거시제로 말하고, 22절은 현재시제이지만, 차이를 못 느낄 것이다.[44] 이를 원문대로 옮긴 『새한글성경』본을 보면,[45] 다름을 알 것이다. 그런데 어떤가? 되게 어색하지 않는가? 예수님이 바닷가에 계셨다고 하더니, 갑자기 '한 사람이 온다'라고 말하니 말이다.

이런 말하기 기법이 대화체의 특징이다.[46] 우리는 말하면서 잘 모르지만, 이런 식으로 말한다. 친구를 만나 내가 어제 일어난 사건을 말하면서, "그 사람이 갑자기 오는 거 있지! 내가 웃겨 죽는 줄 알았다니까! 그 사람이 이렇게 말한다! ~~ 그래서 내가 대답했어!" 이 대사에서 현재시제로 말한 게 무엇인가? '오는 거 있지'와 '이렇게 말한다'이다. 말할 때, "~ 하는 거야!, ~하는 거 있지! ~한다"는 말은 전부 과거 사건을 현재시제로 말하는 것이다.

화자는 이야기 할 때, 상대방이 내 이야기에 집중하길 원한다. 그래서 우리는 여러 기술을 사용한다. 최대한 내 어조를 높인다든가, 내 눈을 다르게 뜬다든가, 눈을 맞춘다든다, 손이며 얼굴을 움직인다. 또 과거 사건을 '현재시제'로 슬쩍슬쩍 말한다. 비록 과거 사건이지만, 지금 꼭 일어나는 것처럼 상대방이 느끼길 바라는 마음에서이다. 내가 지금 이야기하는데, 말하는 이유와 기분을 상대방도 공감하길 바래서이다.

우리만 이런 기술을 쓰지 않는다. 전 세계 동서고금을 막론하고 쓴

---

44 영어본이라 해서 다르지 않다. 한글본과 똑같이 '역사적 현재시제'를 살리지 않았다; 참. 『NKJ』 5:21 Now when Jesus had crossed over again by boat to the other side, a great multitude **gathered** to Him; and He **was** by the sea. 22 And behold, one of the rulers of the synagogue **came**, Jairus by name. And when he saw Him, he **fell at** His feet

45 『새한글성경 신약과 시편』 (대한성서공회, 2021). 이후 『새한글』이라 적겠다.

46 Nessa Wolfson, "A Feature of Performed Narrative: The Conversational Historical Present," *Language in Society* 7/2(1978), 215–37; idem., "The Conversational Historical Present Alternation," *Language* 55/1 (1979): 168–82.

다.[47] 고대 그리스인 투키디데스(Thucydides, 기원전 460–400년)는 218
번, 헤로도투스(Herodotus, 기원전 484–425년)는 206번, 크세노폰(Xe-
nophon, 기원전 430–355년)은 61번을 쓴 것으로 알려져 있다.[48] 고대
작가들도 문학작품이나 역사서로 평가받고 있는 책을 쓰면서, 말하는 것
처럼 쓰다 보니 자연스레 '역사적 현재시제'를 사용한 것이다. 마가복음은
이런 현재시제가 151개이다. 마가복음만의 특징이 아니다. 요한복음은 더
많다. 165개이다.[49] 마태는 94개다.[50] 누가만 달랑 4개 썼다.

학자들도 이 난제를 고민했고, 또 몇몇은 구어체에 나타나는 현상임을

---

47 여러 학자들이 자기 나라 언어권에서 일어나는 이 특징을 연구하였다. 대표
적으로 다음을 참조하시오. Carmen Silva-Corval n, "Tense and Aspect in
Oral Spanish Narrative: Context and Meaning," Language 59 (1983): 760–
80; W. E. Dunn, "The Effect of Inherent Lexical Aspect and Grammatical
Person on Tense-switching in Oral Narrative," in Annual Meeting of the
American Association for Applied Linguistics (Seattle, WA: Address, 1998);
Shoichi Iwasaki, Subjectivity in Grammar and Discourse (Philadelphia:
John Benjamins, 1993); Deborah Schiffrin, "Tense Variation in Narrative,"
Language 57/1(1981), 47: 45–62; Dick Leith, "Tense Variation as a
Performance Feature in a Scottish Folktale," Language in Society 24 (1995):
53–77.

48   J. H. Moulton and W. F. Howard, A Grammar of New Testament
Greek II (Edinburgh: Clark, 1929), 456–57.

49   학자마다 숫자가 조금 다르다. Mavis M. Leung, "The Narrative Function
and Verbal Aspect of the Historical Present in the Fourth Gospel," JETS
51/4 (2008), 708–9. 룽 앞에 오룩크(John J. O'Rourke)는 164개라고 발표했
다. John J. O'Rourke, "The Historical Present in the Gospel of John," JBL
93 (1974), 587; 그 보다 더 전에 호킨스(J. C. Hawkins)는 162개였다. J. C.
Hawkins, Horae Synopticae: Contributions to the Study of the Synoptic
Problem, 2nd ed. (Oxford: Clarendon Press, 1909), 143; 캠벨은 167개이
다. Constantine R. Campbell, Verbal Aspect, the Indicative Mood, and
Narrative: Soundings in the Greek of the New Testamenet (New York:
Peter Lang, 2007), 66.

50   호킨스(J. C. Hawkins)는 93개라고 했으나, 26:25을 빠뜨렸다. J. C.
Hawkins, Horae Synopticae, 148–49.

시인했다.[51] 현재시제는 이야기를 굉장히 생동감이 있게 만드므로, 마가가 선호했을 것이고 봤다. 마가복음이 일상적인 대화에서 나온 것은 아니지만, 입말 같은 효과를 내기 위해 역사적 현재시제를 구사했을 것이라 봤다. 전통적으로 많이 주장된 해설이다.[52]

하지만 그것만으로도 충분치 못하다고 여기는 학자들은 더 다양한 이유를 제시하였다. 즉, 새로운 장면이나 등장인물이 나올 때 극적인 전환 효과를 내기 위해 사용한다고 하거나,[53] 말하는 사람의 권위나 힘이 더 막강해보이도록 효과를 주기 위해,[54] 또는 구약 칠십인역에 330번이 나오는 것을 봐, 히브리어식 문체일 것이라고 보는 학자도 있었다.[55] 즉, 마가복음이 책상머리에서 나온 작품이라고 생각했기에 이야기가 아닌 다른 데서 이유를 찾으려 온갖 설명들이 나온 것이다.

그것은 태커레이(J. Thackeray)가 말한 것처럼 '상스럽게' 여겨지기 때

51 파피루스에서는 많이 발견된다고 한다. J. H. Moulton, *A Grammar of New Testament Greek*, vol. I (Edinburgh: Clark, 1908), 121.

52 J. C. Hawkins, *Horae Synopticae*, 143–4; Daniel B. Wallace, *Greek Grammar Beyond the Basics: An Exegetical Syntax of the New Testament* (Grand Rapids: Zondervan, 1996), 526; J. Thackeray, *The Septuagint and Jewish Worship: A Study in Origins* (London, 1921), 20–22; Kurt von Fritz, "The So-Called Historical Present in Early Greek," *Word* 5 (1949), 196–97.

53 Thackeray, *The Septuagint and Jewish*, 20; Stanley E. Porter, *Verbal Aspect in the Greek of the New Testament, with Reference to Tense and Mood*, Studies in Biblical Greek (New York: Peter Lang, 1989), 195–96; idem., *Linguistic Analysis of the Greek New Testament: Studies in Tools, Methods, and Practice* (Grand Rapids: Baker Academic, 2015), 30–1; Constantine R. Campbell, *Verbal Aspect, the Indicative Mood, and Narrative*, 57–76.

54 대표적인 학자가 군드리(Robert H. Gundry)이다. *Mark: A Commentary on His Apology for the Cross*, volume 1 (Grand Rapids/ Cambridge: William B. Eerdmans Publ., 1993).

55 J. H. Moulton & Nigel Turner, *A Grammar of New Testament Greek*, vol. IV. (Edinburgh: Clark, 1976), 20.

문일 것이다.[56] 그래도 경전인데, 뛰어난 헬라작품 수준이라고 말할 순 없어도, '작가가 쓴 문학작품'이라 말하고 싶은 것이다. 그러나 고전학자들이 호머의 서사시들이 입말이며, 구술로 만들어진 작품이라고 인정하는 것을 생각한다면, 복음서를 '담가가 이야기한 문학작품'이라 한다 해도 절대로 손색이 없으리라 본다. 복음서는 이천 년간 수많은 사람들을 구원하지 않았는가! - 지금도 구원한다. - 고급스런 용어와 어투를 담고 있지 않다 해서, 그 정신과 사람을 변화시키는 능력이 낮지 않음을, 예수님이 먼저 보여주지 않으셨는가! 마가복음은 예수님의 정신을 가장 잘 담고 있기에, 마태나 누가 등 많은 복음담가들이 마가의 이야기를 많이 참고했다.

세 번째는 묘사생략이다. 우리가 소설을 볼 때 항상 접하는 지문이 날씨, 건물, 얼굴 표정, 장면 등의 묘사이다. 날씨는 흐린데, 색깔은 어떠하며 구름 모양은 어떠하다는 둥, 한참의 설명이 있다. 등장인물의 얼굴 표정 또한 미간을 찌푸렸는지, 눈썹을 씰룩거렸는지, 눈매가 사나웠다는 둥 식의 설명이 있다. 때로는 질리도록 있다. 그러나 어느 복음서도 예수님의 표정을 말해주지 않는다. 사람들에게 말할 때, 목소리가 분노로 떨렸는지, 기쁨으로 밝았는지, 알려주지 않는다. 군중들이나 사람들, 또는 서기관들이 예수님을 대할 때 어떤 표정이었는지도 말하지 않는다.

마가가 이 복음을 책에서 글로 썼다면, 그 정도는 알려줘야 글로만 접하는 독자들은 상상을 하며 파악할 터인데 말이다. 그런데 이천 년 전에는 책도 주로 낭독식으로 접하다 보니, 그런 필요를 거의 못 느낀 듯하다. 고대 작품들이 묘사서술을 다 생략하고 있기 때문이다. 예를 들어 마가복음보다 최소한 400년 전에 쓰인 헤로도투스의 『역사서』도 생략한다.[57]

---

56 J. Thackeray, *The Septuagint and Jewish Worship*, 20-22.
57 헤로도토스, 박광순 옮김, 『헤로도토스 역사 상』 (범우사, 1987), 1권, 98.

"아스티아게스는 하르파고스의 자식이 오자, 그를 죽여서 손발을 잘라내고 몸통을 굽고 삶아 요리를 만들어 놓은 후, 연회가 시작되기를 기다렸다. 식사 시간이 되어 하르파고스와 그 밖의 참석자가 자리에 앉자, 아스티아게스를 비롯한 모든 참석자에게는 양고기를 담은 접시를 놓았지만, 하르파고스에게만은 그의 아들의 인육 ─ 머리와 손발을 제외한 ─ 이 담긴 접시가 놓여졌다. 그리고 머리와 손발은 바구니에 담아 덮은 뒤, 다른 곳에 두게 했다. 하르파고스가 양껏 먹었을 때쯤에 아스티아게스는 맛있게 들었느냐고 물었다. 하르파고스는 맛있게 먹었다고 말하자, 미리 명령받은 자들이 머리와 손발을 담아 덮어 둔 바구니를 그대로 들고 하르파고스 쪽으로 가 덮개를 벗기고 좋아하는 것을 드시라고 말했다. 하르파고스가 덮개를 벗기자 놀랍게도 그 밑에는 자기 자식의 사체 일부가 있었다. 그러나 그것을 본 하르파고스는 마음을 가다듬고 침착한 태도를 유지했다."

세례 요한이 연상되는 잔인한 이야기다. 읽으면서 그 장면이 생생하게 그려졌을 것이다. 그러나 묘사를 하는 곳이 있는지 보면, 없다. 아스티아게스가 하르파고스에게 음식을 내놓을 때 표정이 어떠했을지, 하르파고스가 음식을 어떻게 먹었을지, 그리고 자식임을 알았을 때 어떤 눈빛과 표정을 지으며 침착한 태도를 유지했는지, 설명이 있을 법 한데 없다. 한 마디라도 곁들여 해주면 훨씬 더 생생하게 그려지지 않았겠는가?

이것은 오로지 화자가 다 채워줄 것이기 때문에 그렇다. 이 역사서 역시 홀로 책상에서 조용히 읽는 문화가 아니었다. 물론 그런 자도 있었을 것이다. 그러나 대부분 부자면, 노예를 시켰다. 그러면 그 노예는, 또는 낭독자는 아스티아게스의 표정과 하르파고스의 표정, 말투를 최대한 만들어 전달했다. 책을 읽을 때, 무덤덤하게 읽으면 안 된다. 모두가 자기만 쳐다

보고 귀를 기울이는데, 총력을 기울여 연기해야 한다. 얼굴 표정과 목소리 변화는 기본이고, 손짓이나 발짓, 또는 온 몸을 움직일 수 있으면 움직여야 칭찬 받는다.

책을 낭독하는 것도 이 정도인데, 이야기를 다 외운 마가는 어떠했을까? 엎드리는 야이로 이야기를 할 때는 납작 엎드리며 한껏 사정하는 표정을 짓고 말했을 것이다. 혈루증 여인이 예수님의 옷을 간신히 만질 때, 힘들게 어렵사리 몸을 움직여 옷을 만지는 흉내를 냈을 것이다. 비꼬는 말을 할 때는 비꼬는 소리를 내면 되고, 화난 상황일 때는 화난 목소리를 내면 된다. 등장인물의 감정과 심보, 생각 등을 마가는 다 표현할 수 있다. 굳이 묘사를 할 필요가 없는 것이다. 오히려 군더더기가 돼 이야기의 긴장을 떨어뜨린다.

묘사서술이 없는 것은 마가복음만이 아니다. 요한복음에 이르기까지 다 없다. 이것은 구술문화로 인해 생긴 현상이다. 항상 들려주는데, 그것도 그 자리에 있는 것처럼 실감나게 말해주는데, 굳이 예수님의 표정이나 목소리 등에 대한 설명이 왜 필요하겠는가! 필요 없다.

마가는 복음서들 중에 가장 거침없이 강하게 이야기한다. 고상한 말을 사용하기 보다는 저잣거리에서 쓰는 말을 썼다. 이것이 마가의 수준을 떨어뜨릴까 싶지만, 웅변계의 대가인 퀸틸리안(Quintilian)이 말했다. 책에 나올 법한 장중한 언어를 쓰는 웅변가들이 간혹 있는데, 절대로 청중에게서 찬사를 받을 수 없다고 말이다. "대중들이 항상 원하는 맛은 공격적이다. 박수부대는 정말 찬사 받을 만한 가치가 없는 것조차도 공격적일 때 찬사할지 모른다."[58]

마가복음을 이야기로 보는 것이 뭐 그리 중요할까 생각할 것이다. 그러나 고대 시대의 구술 문화를 연구한 한 학자는 현재 형태의 마가복음이

---

58 Quintilian. Inst. Orat. 10. 16–19.

탄생하기까지 20번 내지 30번의 연행(performance)을 거쳤을 것이라 봤다.[59] 즉 마가는 같은 이야기를 반복하고 또 반복한 끝에 만든 것이다. 마가 성도들도 숱하게 들었다. 마가는 분명 예수님에 관한 이야기와 가르침을 다양하게 들려줬을 것이다. 마태처럼 시도하고, 누가처럼 시도했는데, 마가성도들한테는 현재의 이야기에 제일 집중하고, 감동받았다. 앵콜이 제일 쇄도했다.

이야기로 만들어진 작품은 화자만의 작품이 아니다. 화자와 청중의 공동작품이다. 마가성도들이 마가담가의 이야기에 귀를 기울이지 않았으면, 만들어지지 않았다. 지금도 TV와 인터넷으로 책 읽기 힘들지만, 그때도 한두 시간 가량의 이야기에 가만히 집중하기란 쉽지 않았다. TV는 없었지만, 그러다보니 뛰어난 이야기꾼이 널려있었다. 사람들의 주목을 끄는 것들이 많았다. 오랜 시간 집중하는 훈련이 안 된 성도들을 붙잡아야 한다. 그러려면 마가는 아마 온 몸을 다 움직이며 찰지게 이야기하는 소리꾼처럼 돼야 할 것이다.

마가성도들은 마가의 이야기에 그래도 긴 시간 앉아서 들었다. 자기들의 고민과 걱정, 상처 등을 거기서 발견했고, 도움 받았기 때문이다. 마가의 복음이 위로가 되고 힘이 되지 않았다면 계속 듣지 않았다. 그래서 이야기임을 이해하는 것이 청중을 파악하는 데에 큰 도움을 준다. 모름지기 사람은 말로 자기의 생각과 성향을 드러낸다. 또 그 말을 열심히 듣는 이가 있다면, 청중의 생각과 성향도 알 수 있다. 지금은 다 인정할 것이다. 나는, 유튜브에서 그렇게 많은 이들이 떠드는데, 왜 꼭 어떤 이의 말만 듣는지. 복음서를 해석할 때, 청중이 중요한지를 설명하려면, 서론이 또 길어져 다음 기회에 하려 한다. 이 해석서의 출발점은 마가복음이 마가담가가 자기 성도들에게 한 이야기임을 확실히 해둔다.

---

59 Whitney Shiner, *Proclaiming the Gospel*, 121.

마가복음 1장

막 1:1-8, 허당 마가의 예수

1 복음의 처음이요! 예수 그리스도의 [하나님 아들의]![1]

2 꼭 그렇게 **이사야 예언자의 (글)**에 이미 쓰여 있는 것처럼, "보아라! (내가) **내 사자**를 보낸다! 네 얼굴 앞에! 그가 대비할 것이다! 네 길을!

3 부르짖는 자의 소리가 광야에! (너희는) 주님의 길을 준비해라! 곧게[2] 만들고 또 만들어라! 그분의 오솔길들을!"

4 **요한**이 있었습니다. [그는] **광야**에서 세례 주면서, 그리고 **회개 세례**를 선포하면서요. 죄들 용서를 위해 말입니다.[3]

5 그러자 밖으로, 밖으로 나갔습니다. 그의 쪽으로 모든 유대 지방과 헤로솔뤼마인들, 다![4] 그래서 **그에게** 세례를 받고 받았습니다. 요단 강에서 **자**

---

1 υἱὸς θεοῦ(휘오스 테우), 하나님 아들, 성서 3회 어구, 막 1:1; 15:39; 눅 1:35. '하나님'과 '아들' 앞에 다 관사가 없다. 아우구스투스 황제를 로마 비문과 파피루스에서 이렇게 부른다: divi filius (IGR 1.901; 4.309, 315; ILS 107,113; P. Ryl. 601; P. Oslo 26 등); 참. ὁ υἱὸς τοῦ θεοῦ, 바로 그 하나님의 아들, 마 16:16; 26:63; 막 3:11; 눅 4:41; 22:70; 요 1:34, 49; 11:4, 27; 20:31; 행 9:20; 요일 3:8; 4:15; 5:5, 20; 계 2:18. 대부분의 신약에서 쓰이는 형태.

2 εὐθύς(유튀스), 곧게/곧은(εὐθείας, 마 3:3; 막 1:3; 눅 3:4, 5; 행 9:11; 13:10; 벧후 2:15), 즉석에(막 1:23), 즉시(마 3:16; 13:20, 21; 14:27; 21:3; 막 1:10 외(41); 눅 6:49; 요 13:30, 32; 19:34; 행 10:16), 마가의 압도적 선호 용어.

3 εἰς ἄφεσιν ἁμαρτιῶν, ἄφεσις(아페시스), 용서(마 26:28; 막 1:4; 3:29; 눅 1:77; 24:47; 행 2:38 외(5); 엡 1:7; 골 1:14; 히 9:22; 10:18), 해방(눅 4:18); εἰς ἄφεσιν, 용서를 위해서, 마 26:28; 막 1:4; 눅 3:3; 24:47; 행 2:38; 레 16:26뿐. 염소를 아사셀에게 보낸다는 히브리말을 헬라어로 옮길 때, 그냥 '용서를 위해서'라고 했다.

4 ἐξομολογέω(엑소몰로게오), 구약에 많음, 고백하다(마 3:6; 11:25; 막 1:5; 눅 10:21; 롬 14:11; 빌 2:11; 약 5:16), 터놓고 시인하다(행 19:18), 예찬하다(롬 15:9), 구두약속하다(눅 22:6). 고대 교회에서 이 용어는 대중 앞에서 자기의 죄를 고백할 때 쓰였다. 그레코 로마 사회에서 이 동사는 사람들 앞에서 입으로 소리 내 말하는 다양한 발화행동을 가리켰다. 그래서 '고백하다', '인정하다', '약속하다' 등으로 옮겨졌다. 죄를 고백하는 행위는 자기가 잘못한 점들을 사람들 앞에서 시인/인정하는 것

기 죄들을 고백하면서 말입니다. [5]

6 그런데 계속 요한은 입고 있었습니다. 낙타털들과 가죽 띠를 자기 허리
에. 그리고 먹었습니다, 메뚜기들과 들꿀을.

7 그리고 선포하고 선포했습니다. 말하길, "오십니다! **나보다** 훨씬 더 강한
분이 내 뒤로요! 그분께 (난) 감당 못합니다! 굽혀서 **그분 신발들의 끈을**
푸는 것을요!

8 제가 친히 세례 주었습니다. 여러분한테 물로. 그러나 그분은 친히 세례
주실 겁니다. 여러분한테 거룩한 영 가운데요."[6]

1. 예수님은 누구신가?

모든 복음서는 나름 "예수님은 어떤 분이시다!" 하는 표어 같은 게 있다.
"예수님은 어떤 분이십니까?" 물으면, 여러분은 어떻게 대답할 것인가? 요
즘 이런 질문을 던지면, '뭘 이런 질문을 하나?'하며 떨떠름한 표정을 짓는
다. 너무 쉽게 느껴지고, 고리타분하게 들리기 때문이다. 그리고 정확한

이다. 속으로 하는 것이 아니다.

5 ἐξομολογέω(엑소몰로게오), 고백하다(마 3:6; 11:25; 막 1:5; 눅 10:21; 롬
14:11; 빌 2:11; 약 5:16), 터놓고 발언하다(행 19:18; 롬 15:9), 구두약속하다(눅
22:6). 고대 교회에서 이 용어는 대중 앞에서 죄를 고백할 때 쓰였다. 그레코 로마 사
회에서 원래 이 동사는 '고백하다', '인정하다', '약속하다'등 사람들 앞에서 입으로 소
리 내 말하는 다양한 발화행동을 가리켰기 때문이다.

6 ἐν πνεύματι, 영으로써(가운데), 마 3:11; 12:28; 22:43; 막 1:8, 23; 5:2; 눅
1:17; 3:16; 요 1:33; 4:23, 24; 행 1:5 등. '영으로' 또는 '영 안에서'로 옮길 수도 있
다. 전치사 ἐν(엔) 없이, 'τῷ πνεύματι'라는 어구가 또 있는데, 성경은 주로 이를 '영으
로'라고 옮겼다. '영을 사용해서'라는 뜻이다. 바로 앞에서 '물을 사용해' 세례 준다고
말할 때는 관사(ἐν)없이 그냥 '물로(ὕδατι)'라고 말한다; 참. τῷ πνεύματι, 영으로, 마
5:3; 막 2:8; 8:12; 9:25; 눅 8:29; 9:42; 요 11:33; 13:21; 행 6:10; 7:51; 15:28;
16:18; 18:25; 20:22; 롬 8:16; 12:11; 고전 5:3 등.

의미를 모르면서 '그리스도', '내 죄를 속해주신 분' 등의 말을 한다. 그 말의 진정한 의미를 물으면, 한참을 얼버무린다. "왜 믿느냐?"처럼 아주 간단한 질문이지만, 의외로 쉽게 대답하지 못하는 질문이다. 그런데 복음서들은 그것을 돌려서 말하지 않았다. 아주 처음부터 대차게 "나는 예수님이 어떤 분이라고 생각한다!"하고 대놓고 공표해버린다. 마가복음처럼. 그런데 예외가 하나 있다. 무엇일까? 누가복음이다.

> 마가 1:1 하나님의 아들 예수 그리스도의 복음의 시작이라
> 마태 1:1 아브라함과 다윗의 자손 예수 그리스도의 계보라
> 요한 1:1 태초에 말씀이 계시니라 이 말씀이 하나님과 함께 계셨으니 이 말씀은 곧 하나님이시니라

마가는 딱 처음부터 "예수님은 하나님의 아들이야!"라고 선포하고, 마태는 "예수는 다윗의 아들, 아브라함의 아들인 그리스도야!"라고 말한다. 긴 족보를 읊음으로써 예수님이 명실상부한 유대 왕 다윗의 혈통을 가진 후계자임을 강조한다. 요한은? 말씀이라는 것이다. 게다가 그 말씀이 하나님이라는 굉장히 아리송하면서도 강력한 철학적 선포를 한다. 이렇게 처음부터 "예수님은 이런 분이야!"라고 선포하지만, 누가는 좀 다르다.

> 누가 1:1 우리 중에 이루어진 사실에 대하여 2 처음부터 목격자와 말씀의 일꾼 된 자들이 전하여 준 그대로 내력을 저술하려고 붓을 든 사람이 많은지라 3 그 모든 일을 근원부터 자세히 미루어 살핀 나도 데오빌로 각하에게 차례대로 써 보내는 것이 좋은 줄 알았노니 4 이는 각하가 알고 있는 바를 더 확실하게 하려 함이로라

편한 말이 아니다. 말을 쉽게 옮겨서 그렇지, 당시 의학서의 서두와 비

숫하다. 그 정도로 용어도 좀 어렵다.[7] 절제된 말을 하는 것으로 봐서, 누가는 이 이야기를 전할 때 절대로 어조를 높이거나, 흥분한 소리로 하지 않았을 것이다. 차분하게, '잘 들으시면, 아실 겁니다'라는 뉘앙스를 풍긴다. 이렇게 4절까지 전하겠다 해놓고서도 5절에서도 "예수님은 이런 분입니다!"고 말하지 않는다. 이 다음에 뭐가 나왔는지 기억나는가?

> 5 유대 왕 헤롯 때에 아비야 반열에 제사장 한 사람이 있었으니 이름은 사가랴요 그의 아내는 아론의 자손이니 이름은 엘리사벳이라

사가랴 이야기가 나온다. 어떻게 해서 세례자 요한이 나왔는지를 전한다. 그리고 마리아가 나오고. 그러면서 예수님은 위대한 분이고, 하나님 아들이라 불릴 거고, 그리고 나중에 기억날지 모르겠는데 목자 이야기가 나오면서 예수가 누군지 밝힌다. 참 한참이나 뜸 들였다. 그래서 아주 여러 번 학생이나 심지어 목사에게 물으면, 답을 제꺼덕 하는 이가 흔치 않다. 누가복음에서 기독론은 그리 강조되지 않는다.

> 2:11 오늘 다윗의 동네에 너희를 위하여 구주가 나셨으니 곧 그리스도 주시니라

천사가 예수님은 '구주, 그리스도 주'라고 공표하는 것이다. 이처럼 누

---

7 『개역개정』판은 헬라원문보다 좀 쉽게 옮겼다. 그대로 옮기자면 훨씬 더 어렵다; 참. 『눈으로 듣는 누가의 예수님 이야기(차후로는 눈으로 듣는 누가로 하겠음)』 1 많은 이들이 착수한 까닭임에도 불구하고, 우리 가운데 이제까지 이루어진 일들에 대해 설명을 나열하려고 2 꼭 그렇게 우리에게 처음부터 목격자들과 말씀의 하속(下屬)들로 된 자들이 전해준 것처럼, 3 저한테도 (좋게) 생각됐습니다. 이제까지 두루 조사한 상태에서 초기부터 모든 것들을 자세히 차례대로 당신께 쓰는 것이 말입니다. 영예로운 데오빌로님! 4 (당신이) 확실히 알게 하기 위해서요. 교시(敎示)받은 것들에 대해 말씀들의 명확함을.

가는 단상에서 연설하거나, 떠들 듯이 이야기를 하지 않는다. 누가는 아마 이 이야기를 맨 처음에는 데오빌로 앞에서 직접 서서 들려줬을 것이다. 데오빌로는 자기가 후원한 전도자인 누가의 이야기를 듣고 크게 감동받고선, 나중에 자기 집안 식구들과 교인들에게 한 번 더 들려달라고 요청했을 것이다. 그런데 이런 식의 추정은 누가복음만 들어가지고는 알기 어렵다. 다른 복음과 비교를 해야 뭐가 다른지 보이고, 왜 다른지를 생각하게 된다. 우리도 사람을 파악하려면, 옆 친구나 주위 사람과 비교해봐야 한다. 나 자신을 알려면 남과 비교해봐야 한다. 혼자만 딱 놓고 보면, 그 특성이 잘 드러나지 않는 법이다.

그런 점에서 마가는 누가와 많이 다르다. 마가는 처음부터 자기 이야기는 '복음', 즉 '기쁜 소식'이니, "이 이야기를 놓치면 네가 손해야!"라는 식으로 자신만만하게 시작한다. **"복음의 시작이요! 예수 그리스도 [하나님의 아들]!"**하고 크게 내지르면서 시작했다. 그러면서 독특한 것이 마가는 누가처럼 구구절절이 예수님이 어떻게 해서 태어났는지를 알려주지 않았다. 누가는 예수님의 탄생이야기도 부족하다고 느껴, 그 위 세례자 요한까지 전하지 않았는가! 하나님이 세례자 요한 탄생부터 계획해서 나오게 하고, 다음엔 또 정밀 조준해서 마리아를 지목했을 정도로 계획된 것이었다고 말한다. 예수님의 탄생이 절대로 어쩌다 일어난 일이 아니란 것이다. 그런데 마가는? 아예 이야기하지 않는다. 그 어떤 탄생 정보도 흘리지 않는다. 그냥 "예수님은 하나님의 아들이거든!"하고 직구를 던졌다.

2. 허당인 마가

마가는 예수님이 왜 하나님의 아들인지를 설명하기 위해 유대인들이 존경하는 예언자, 이사야를 끄집어낸다. 자기 선포의 증거로. "내 말이 거짓말이 아니거든! 진짜거든!” 하듯이, 자신 있게 탁 끄집어 낸 게 바로 궁중예언가 이사야다. 이사야는 예언자 중에 가장 고위층 인사이다. 임금을 상대했던 인텔리 계층 예언자이다. 누구 아들이라고 내세울 것도 없어, 그냥 모레셋 사람이라면서 예언했던 미가나, 음란한 여인과 결혼했던 호세아나, 드고아에서 목자로 일하던 아모스 같은 예언자들과 신분이 다르다.

이사야는. 자신을 ‘아모스의 아들’이라고 소개하는데, 이를 잊어버릴 만할 때쯤이면 그 사실을 상기시킨다. 4번이나(사 1:1; 13:1; 37:21; 38:1).[8] 그것을 성격이라고 해석할 수 있겠지만, 여러 대 걸쳐 왕들로부터 가장 인정받은 이사야다. 역사가들도 이사야를 소개할 때 ‘아모스의 아들’이라고 소개했다(왕하 19:2, 20; 대하 32:20, 32).[9] 다른 예언자와 집안이 달랐다. 이사야는. 그래서 마가는 그 많은 예언자들 중에서 이사야를 끄집어 내 자기 말의 증명자료로 삼은 것이다.

그런데 정말 황당한 일은 여기서 일어난다. 성경책이 있는 분은 펴서,

8　사 1:1　유다 왕 웃시야와 요담과 아하스와 히스기야 시대에 **아모스의 아들 이사야가** 유다와 예루살렘에 관하여 본 계시라; 2:1 **아모스의 아들 이사야가** 받은 바 유다와 예루살렘에 관한 말씀이라; 37:21 **아모스의 아들 이사야가** 사람을 보내어 히스기야에게 이르되 이스라엘의 하나님 여호와께서 말씀하시되 네가 앗수르의 산헤립 왕의 일로 내게 기도하였도다 하시고; 38:1　그 때에 히스기야가 병들어 죽게 되니 **아모스의 아들 선지자 이사야가** 나아가 그에게 이르되 여호와께서 이같이 말씀하시기를 너는 네 집에 유언하라 네가 죽고 살지 못하리라 하셨나이다 하니

9　왕하 19:2　왕궁의 책임자인 엘리야김과 서기관 셉나와 제사장 중 장로들에게 굵은 베를 둘러서 **아모스의 아들 선지자 이사야에게로** 보내매; 20　**아모스의 아들 이사야가** 히스기야에게 보내 이르되 이스라엘 하나님 여호와의 말씀이 네가 앗수르 왕 산헤립 때문에 내게 기도하는 것을 내가 들었노라 하셨나이다; 왕하 20:1　그 때에 히스기야가 병들어 죽게 되매 **아모스의 아들 선지자 이사야가** 그에게 나아와서 그에게 이르되 여호와의 말씀이 너는 집을 정리하라 네가 죽고 살지 못하리라 하셨나이다; 대하 32:20　이러므로 히스기야 왕이 아모스의 아들 선지자 이사야와 더불어 하늘을 향하여 부르짖어 기도하였더니; 32　히스기야의 남은 행적과 그의 모든 선한 일은 **아모스의 아들 선지자 이사야의** 묵시 책과 유다와 이스라엘 열왕기에 기록되니라

1:2을 보면 좋겠다. 거기 보면, 지읒(ㅈ) 표시가 있다.[10] 지읒 표시의 하단에 말 3:1이라 돼 있다.

> 말 3:1 만군의 여호와가 이르노라 <u>보라 내가 내 사자를 보내리</u>
> <u>니 그가 내 앞에서 길을 준비할 것이요</u> 또 너희가 구하는 바 주
> 가 갑자기 그의 성전에 임하시리니 곧 너희가 사모하는 바 언
> 약의 사자가 임하실 것이라
> 막 1:2 꼭 그렇게 **이사야 예언자의 (글)**에 이미 쓰여 있는 것
> 처럼, "<u>보아라! (내가) **내 사자를** 보낸다! 네 얼굴 앞에! 그가 대
> 비할 것이다! 네 길을!</u>"

말 3:1과 막 1:2을 비교해보시라! 같은 말이다. 마가는 이사야 예언을 말하지 않는다. 말라기서 예언의 말을 한다.[11] 마가 담가가 "지금부터 복음을 들려줄게. 예수 그리스도가 하나님의 아들이란 것을!!"하고 야심차게 확 이야기 하면서 이사야를 인용한다 했는데, 실제로는 말라기를 인용한 것이다. 마가는 처음부터 틀린 이야기를 한 것이다. 물론 그 뒤의 말, 3절은 이사야 40:3가 맞다.

---

10 『개역개정』은 ㅈ표시, 『새번역』은 ㅁ표시이다.
11 원래 말 3:1의 문장, '보라 내가 내 사자를 보낸다'는 말은 출 23:20에 나오는 말이다. 그러나 이것은 예언서가 아니고, 문장도 다 같지 않아, 말라기의 예언이 출애굽기에서 따서 말했다고 추측한다; 참. 출 23:20 내가 사자를 네 앞서 보내어 길에서 너를 보호하여 너를 내가 예비한 곳에 이르게 하리니(ἰδοὺ ἐγὼ ἀποστέλλω τὸν ἄγγελόν μου πρὸ προσώπου σου)

눈으로 듣는 마가	칠십인역	개역개정
부르짖는 자의 소리가 광야에! (너희는) 주님의 길을 준비해라! 곧게 만들고 또 만들어라! <u>그분의 오솔길들을</u>!"	부르짖는 자의 소리가 광야에! (너희는) 주님의 길을 준비해라! 곧게 만들고 또 만들어라! <u>우리 하나님의</u> 오솔길들을!"	외치는 자의 소리여 이르되 너희는 광야에서 여호와의 길을 예비하라 사막에서 <u>우리 하나님의</u> 대로를 평탄하게 하라

칠십인역, 즉 헬라어로 된 이사야서 본문대로 마가는 정확하게 전한다. 맨 마지막에 '우리 하나님의 오솔길들'을 '그분의 오솔길들'이라 한 것만 빼면 그대로 외워서 전달한 셈이다. 『개역개정』은 칠십인역을 옮긴 게 아니고, 히브리어본을 옮긴 것이라, '사막에서', 우리 하나님의 대로를 '평탄하게 하라'는 말이 조금 다르다. 즉 마가는 이사야의 말이 이뤄졌다고 하면서 읊어낸 것은 헬라어로 된 이사야서였다. 그런데 무엇보다도 중요한 점은 이사야의 말씀이라고 아주 자신만만하게 내질렀지만, 실질적으로는 말라기와 이사야, 두 개를 섞은 것이었다는 것이다. 처음부터 허당기를 여지없이 드러낸 것이다!

여러분은 이 사실을 알고 있었는가? 마가복음을 읽으면서? 거의 백이면 백, 잘 모른다. 성경 읽으면서 관련 성경구절을 유심히 보기 어렵다. 관련 구절을 찾기가 여간 귀찮은 게 아니고, 또 본다 해도, 그게 도대체 무슨 의미를 지니는지, 어떻게 이해해야할지 모르는 경우가 태반이다.

질문은 이제부터이다. 만약 누군가가 이사야 글을 줄줄 암송할 정도로 잘 알았다면, 마가의 말을 들으며 속으로 '어? 좀... 아닌데?' 하지 않았겠는가? 다른 복음 담가들은 어땠을까? 복음서들을 연구한 학자들은 마태나 누가는 마가의 예수님 이야기를 이미 들었을 것이라 본다. 또는 글로 접했을 가능성이 있다고 말한다. 마가복음서는 복음서들 중에서는 제일 먼저 쓰였다. 대부분의 학자들은 그렇게 분석한다. 복음서를 몇 년 동안 비교분석하며 강해했더니, 정말 맞다고 여겨질 때가 한두 번이 아니었다. 그렇다면 마태나 누가, 요한은 마가의 이 제일 첫 부분을 듣고, 마가가 틀리게 말한 것을 알았을지, 몰랐을지 궁금하지 않는가?

『눈으로 듣는 마태 · 누가 · 요한』

마 3:3 왜냐면 이자가 말해진 자이기 때문입니다! 예언자 이사야를 통해서 말하길, '부르짖는 자의 소리가 광야에 있다! (너희는) 준비해라! 주의 길을! 곧게 만들고 또 만들어라! 그의 오솔길들을!'

눅 3:4 꼭 이사야, 그 예언자의 말씀들의 책에 이미 쓰여 있는 것처럼, "부르짖는 소리가 광야에! (너희는) 주님의 길을 준비해라! 곧게 만들고 또 만들어라! 그분의 오솔길들을!"

요 1:23 힘주어 말했습니다. "바로 전 부르짖는 자의 소리입니다! 광야에서! 올곧게 해라! 주님의 길을! 꼭 그렇게 말했던 대로! 이사야 예언자가!"

세례자 요한이 처음 등장할 때, 세례자 요한에 대해 세 복음 담가들이 한 말이다. 담가마다 전달하는 어투는 살짝 다르지만, 이사야 40:3에 해당되는 부분, 이사야가 한 말만 한다. 말라기서의 말은 쏙 뺐다. 세 복음서다! 마가처럼 말라기 말은 한 마디도 섞지 않은 것이다. 이것은 뭘 뜻하는가? 세 담가들은 마가가 실수했다는 것을 알았던 것이다. 셋 다 마가의 말을 어떤 경로로든 듣고선 '어이구! 마가님이 실수하셨네!'하고선 자기들은 그 실수를 살짝 정정했던 것이다.

그러면 세 복음서는 마가의 말라기 예언, "보라 내가 내 사자를 네 앞에 보내노니 그가 네 길을 준비하리라!"는 말을 아예 사용하지 않았을까?

『눈으로 듣는 마태』 마 11:10 (눅 7: 27)

이자가 (그자)입니다! 그에 대해 이미 쓰여 있습니다. '보아라!
내가 친히 **내 사자를** 보낸다! 네 얼굴 앞에! 그가 대비할 것이
다! 네 길을 네 앞쪽에!'

마태와 누가는 이 말을 사용한다. 예수님의 입으로. 예수님이 세례자 요
한에 대해 자기 제자들에게 설명하는 말로써 다른 곳에 나온다. 그런데 보
다시피, 누구의 예언인지를 밝히지 않았다. 그냥 '이미 쓰여 있다'고 되어
있을 뿐, 말라기에 대한 언급이 아예 없다. 말라기는 대예언자에 들어가지
않는다. 당시 유대인들 중 말라기를 몰랐던 유대인들이 훨씬 더 많았겠지
만, 그렇다고 말라기서가 아예 인용이 안 된 것은 아니다.

막 9:11(마 17:10)
그래서 **그분께** 줄기차게 캐물었습니다. 말하길, "그래서 **서기관들**
이 말하는 겁니까? 엘리야가 반드시 와야 한다고요? 먼저?"

막 4:5 보라 여호와의 크고 두려운 날이 이르기 전에 내가 선
지자 엘리야를 너희에게 보내리니
6 그가 아버지의 마음을 자녀에게로 돌이키게 하고 자녀들의
마음을 그들의 아버지에게로 돌이키게 하리라 돌이키지 아니
하면 두렵건대 내가 와서 저주로 그 땅을 칠까 하노라 하시니라

나중에 제자들이 예수님께 서기관들이 엘리야가 반드시 먼저 와야 한다
고 말하는 것에 대해 묻는데, 이것은 엘리야에 관한 말을 제자들이 직접 봤
다는 게 아니다. 서기관들을 통해 이런 예언이 있다는 것을 들었을 뿐이다.
이들은 그게 무슨 책인지 모른다. 마태는 이사야 외 예레미야도 언급하므

로(2:17; 27:9),[12] 말라기도 언급할 만하건만, 일절 언급하지 않았다. 누가 역시 말라기의 말을 인용하지만, 역시 말라기에 쓰여 있다는 이야기를 하지 않는다(1:17).[13] 이것은 담가들이 자기 이야기를 듣는 청중들의 수준을 고려했을 수도 있으나, 마태에도 나오지 않는 것을 보면, 당시 말라기는 자주 들었던 예언서가 아니었음을 말한다. 중요한 점은 마가가 구약 말씀에 대해 정확한 지식을 갖추진 않았다는 점이다.[14]

3. 같은 허당인 마가 청중

이야기를 하는 마가는 구약을 제대로 몰랐다 치고, 그러면 마가 이야기를 들은 청중들은 어떠했을까? 마태, 누가, 요한 같이 나름 좀 정확하게 예수님 이야기를 전하려고 했던 자들은 '이건 틀렸고.... 이건 맞고....' 하면서 틀린 건 고쳐가며, 예수님 이야기를 전달했지만, 마가 이야기를 여러 번 들은 청중들은? 마가의 말이 틀린 것을 알았을까, 몰랐을까? 몰랐음이 분명하다. 마가복음을 분석하다 보면 알게 되겠지만, 마가 청중들은 구약에 대한 지식이 그리 깊지 않았다. 만약 여러분이 마태처럼 구약을 잘 알았다면, 마가의 이야기를 듣고 난 후, 넌지시 마가에게 다가가 "마가님! 이사야라고 말하신 것, 틀렸습니다. 말라기의 예언이 거기 섞여 있습니다!" 살짝 알려줬을 것이다. 그래서 다음에는 틀리게 말하지 않도록 했을 것이다. 그런데 마가 청중 중에는 그런 사람이 없었다!

---

12   2:17 이에 선지자 예레미야를 통하여 말씀하신 바; 27:9 이에 선지자 예레미야를 통하여 하신 말씀이 이루어졌나니 일렀으되 그들이 그 가격 매겨진 자 곧 이스라엘 자손 중에서 가격 매긴 자의 가격 곧 은 삼십을 가지고
13   1:17 그가 또 엘리야의 심령과 능력으로 주 앞에 먼저 와서 아버지의 마음을 자식에게, 거스르는 자를 의인의 슬기에 돌아오게 하고 주를 위하여 세운 백성을 준비하리라
14   나중에 마가는 한 번 더 치명적인 실수를 한다. 2:26에서.

여러분은 구약이라는 성경을 '내 것'으로 가질 수 있다. 내가 보려고 마음만 먹으면 언제든지 보고, 확인할 문서가 있다. 하지만 마가 청중들은? 책? 없었다. 가질 수가 없었다. 여력도 안 되고, 구하기도 힘들었다. 이사야서 같은 경우 인정받은 책이니 아마 양피지나 좀 싼 파피루스로 만들어진 게 있었을 것이다. 하지만 그 한 권을 다 적은 두루마리가 너무 두껍고 컸다. 그래서 무척 비쌌다. 그리고 더 중요한 건 그 책이 눈앞에 있다 해도, 그것을 읽어낼 식자(識字)능력이 없었다. 우리나라 조선 말기에 문맹률이 90%를 넘었다. 이천 년 전의 문맹률이 조선시대 말기보다 더 높다고 생각하면 오산이다.

결국 초기의 기독교인들은 그저 이야기를 듣고, 듣고, 계속 들어서 외우고 할 뿐이었다. 그런데 이사야서를 암송해서 줄줄 읽어주는 자들이 많았을까? 그렇게 많지는 않았을 것이다. 바리새파와 율법학자들이 있긴 했지만, 바리새파 같은 경우는 자기들 직업이 따로 있었다. 생업을 가지면서 그저 율법을 지키며 생활한 엄격한 보수주의자였지, 성경 구절을 외우려고 생업을 마다하고 수십 번 들으면서 시간을 내 공부하며 산 자들이 아니었다. 있다면 율법학자나 랍비들이 가장 적격자였을 것이다. 하지만 이들의 숫자가 얼마나 많았을까? 그리고 이들의 능력이 다 탁월해서 창세기부터 성문서, 시편, 욥기를 비롯해 모든 예언서들을 다 외워 말할 수 있을 정도였을까? 그렇지 못했을 것이다.

마가 담가나 청중, 둘 다 구약에 대한 지식이 탁월하지 않았다. 마가 담가가 그리 여러 번이나 틀리게 말했는데도, 그들 중 어느 누구 하나 "마가님! 그거 틀렸습니다!"라고 말한 자가 없었다. 다른 담가들이 다른 경로를 통해 마가복음을 듣고 수정해 따로 전한 것이 다였다. 그렇다고 해서 마가 담가가 예수님에 대한 이야기를 다르게, 또는 이상하게 전했다는 말은 아니다. 예수님에 관해선 워낙 잘 전달하고, 이야기를 푸는 실력이 탁월해 마태와 누가는 적극적으로 마가 이야기를 받아들여 사용했다. 단지 마가는 마태나 누가만큼 그렇게 인텔리 계층은 아니지 않았을까 싶다. 학식으로는 조금 뒤처졌으며, 좀 허당기가 있었던 것으로 보인다. 예수님 이야기를 자신만만하게 시작했는데 첫 머리부터 틀렸지 않은가? 나중에 보면 또 허당기를 보인다!

생각해 보라! 지금 누가 예수님 이야기를 아주 자신 있게 말하는데, 처음부터 틀리게 말하는 것을! 그것을 청중들이 알아챘다고 상상해 보라! 우리는 그 사람에게 대놓고 틀렸다고 이야기 안 한다. 하지만 당시는 안 그랬다. 청중들이 적극적으로 개입했다. 원래 이야기판의 생리가 그랬다. 우리나라도 이야기판에서는 이야기꾼이 좀 틀리게 이야기하면, 가만히 듣고만 있진 않았다. "틀렸어! 그게 아니야!"하고 꼭 잘난 척 하는 자들이 많았다.

우리나라에는 유명한 목사님들이 많이 계시다. 대부분 그분들이 유명한 것은 설교를 잘 하셔서인데, 공부를 많이 해서 설교가 훌륭한 것은 아니다. 조용기 목사님이나 유기성 목사님, 또 장경동 목사님들은 설교를 잘 하신다고 알려져 있는데, 아마 설교 전공 하시는 교수님들께 평가를 요청하면, 난감해 하실 것이다. 이분들은 어려운 지식들을 뱉어내지 않기 때문이다. - 늘 그런 건 아니다. 가끔, 아주 가끔 세계의 학자들을 끄집어 내 말하기도 한다. - 그러나 대부분 굉장히 직설적이다. 단도직입적으로 말하시고, 거칠게 표현하신다. 그런데 이분들의 설교를 들으면, 확 치는 게 있다. 목사들조차도 그분들의 설교를 들으면서 영적인 은혜가 넘치고 감동돼 다시 힘을 낸다고 한다. 그런 은혜를 가진 자가 바로 마가 담가이다.

마가는 착각하긴 했지만, 1:2에서 세례자 요한을 '내 사자'라고 설명했다. 물론 예수님이 말하신 것이었지만. 통상 이 예언은 자세히 읽지 않고, 그냥 '응~ 요한에 대해 말하는 거구나!'하고 지나가는데, 다시 한 번 유심히 보길 바란다. 밑줄 그은 부분에서 마가가 조금 달리하는 것이 있다. 말라기에서 하나님이 말씀하는 길은 하나님의 길이다. 하나님의 사자를 보내 하나님 앞에서 (하나님의) 길을 준비할 것이라 했는데, 마가는 그가 '네 길

을' 대비할 것이라고 말하는 것이다. '너'는 누구인가? 예수님이다. [15] 말라
기를 이런 식으로 바꾼 것은 마가뿐만이 아니다. 마 11:10(눅 7:27)도 매
한가지로 '내 사자가 너(예수님)의 길을 준비할 것'이라는 말로 탈바꿈했다.

막 1:3의 이사야 예언도 자세히 살펴보면, 살짝 바뀐 점이 있다. 바로
'우리 하나님의 오솔길들'인데, 그것을 마가 담가는 '그분의 오솔길들을'이
라고 말해, '그분'을 하나님이 아니고 주님, 곧 예수님으로 만들었다. 마가
는 아주 초장부터 은근 슬쩍 예수님은 주님이라는 공식을 주입시키는 것
이다. 우리는 지금 너무 당연하게 예수님을 주님으로 부르기에, 그게 뭐
그리 대단한 의미를 가질까라고 생각하나 그렇진 않다. 나중에 '주님'이라
는 호칭이 가지는 의미에 대해 자세히 말할 시간이 있을 것이나, 일단 마
가는 이사야의 입을 빌어 세례자 요한에 대해 알리는 듯하면서, 예수님이
주님임을 알렸다.

앞에서도 밝혔듯, 유대인들이 말라기를 잘 몰랐던 사실을 감안하면, '우
리 하나님'의 자리에 '예수님'으로 바꾼 것은 오로지 예수님의 권위로 가능
하다. 마 11:10(눅 7:27)을 보면, 예수님이 세례자 요한에 대해 그렇게 해
석하셨기 때문이다. 이 말을 들은 성도들은, 주어가 누군지 그리 신경 쓰
지 않았을 것이다. 이사야가 이 예언을 했을 때 주님의 길을 준비해야 할
자는 이스라엘 백성들이다. 그러나 우리는 '부르짖는 자의 소리가 광야에'
라는 말에 꽂혀 그 뒷말의 주어가 복수인지, 아닌지, 제대로 살펴보지 않
고, 그저 요한이 주님의 길을 준비하기 위해 광야에 나타난 자로 알아듣는
다. 예수님의 오솔길들을 곧게 만들 자로 받아들이곤 휙 다음 말에 귀 기
울이는 것이다. 주님의 길을 준비해야 할 자는 우리인데, 주님이 걸어갈
길들을 만들어야 할 자는 원래 우리인데, 여러분은 이 예언을 읽으면서 그

15   R. T. France, *The Gospel of Mark: A Commentary on the Greek Text*, *NIGTC* (Grand Rapids/ Cambridge: William B. Eerdmans Publ., 2002), 64.

런 생각 했는가?

마가 청중은 원래 이사야를 잘 몰랐을 것이므로, 세례 요한을 예수님의 길을 닦기 위해 하나님이 먼저 보내신 '사자'로 이해했을 것이다. 마가의 의도대로.

4. 세례는 무엇인가?

4절이다. 마가는 요한을 부르짖는 자의 소리라고 소개했지만, 먼저 그의 활동에 대해 알려준다. 메시지가 아니라 행동을 이야기한다. 광야에서 세례를 주고, 죄들 용서를 위해 회개 세례를 선포했다는 것이다. 그가 세례를 준 장소는 어디인가? 광야이다. 광야는 사람이 거의 살지 않는 곳이다. 마가는 요한이 부르짖는 자라고 했는데 그런 곳에서 부르짖었다니! 상당히 의외이지 않은가! 부르짖을 때는 들으라고 부르짖는 것이다. 사람이 있어야 한다. 그런데 요한이 부르짖었던 장소는 사람이 거의 없는 광야였다. 게다가 거기서 그는 세례를 주었다 했다. 우리는 지금 세례를 너무 익숙한 의례로 받아들이지만, 당시는 그렇지 않았다. 세례라는 것 자체가 없었다.

βαπτίζω(밥**띠**조), 담(잠)그다, 세례를 주다

> 왕하 5:14 나아만이 이에 내려가서 하나님의 사람의 말대로 요단 강에 일곱 번 몸을 <u>잠그니</u> 그의 살이 어린 아이의 살 같이 회복되어 깨끗하게 되었더라
> 사 21:4 내 마음이 어지럽고 두려움이 나를 **놀라게 하며(불법이 나를 담군다)** 희망의 서광이 변하여 내게 떨림이 되도다
> 시락 34:25 시체에 댔던 손을 **씻고(담근 자가)** 또다시 시체를

만진다면 씻은 것이 무슨 소용이 있겠는가?

유딧 12:7 홀로페르네스는 호위병에게 여자가 나가는 것을 막
지 말라고 명령하였다. 사흘 동안 여자는 진영에 머물러 있으
면서 밤마다 베툴리아의 산골짜기로 나가서 진영에 있는 샘물
에 **몸을 담갔다.**

8 그리고 물에서 올라 와 이스라엘의 주 하느님께 기도하며 이
스라엘이 갈 길을 열어 주시고 하느님의 백성이 다시 일어서게
해 달라고 하였다.

9 그리고 나서 그 여자는 깨끗한 몸으로 돌아 와서 저녁 밥상
이 나올 때까지 천막 안에 누워 있었다.

'세례주다($\beta\alpha\pi\tau\acute{\iota}\zeta\omega$(밥띠조))'는 말은 구약에 딱 두 번 나온다. 그런데 보
면 알 수 있듯이, '잠그다, 담그다'라는 뜻이다. 몸을 강이나 물속에 푹 담
글 때 썼다. 그래서 나아만이 엘리사의 말대로 요단 강에 '몸을 담갔다'고
말한다. 이사야 21:4에서는 '불법이 나를 담근다'고 말했는데, 불법이 자
기 주변에 횡행되고 있는 상황을 '불법이 나를 담근다'고 은유적으로 표현
한 것이다. 불법이 판을 치니, 자기는 옴짝달싹 할 수 없는 상황이 돼 '두
려움이 나를 놀라게 만든다'고 말한 것이다.

세례자 요한의 세례와 가장 가깝게 쓰인 문서는 바로 유딧서다. 외경이
다. 그러나 그 내용이 신앙을 독려하는데 도움이 된다고 여겨서인지 아주
일찍부터 정경처럼 받아들여졌다. 70인역에도 들어가 있고,[16] 동방 정교
회는 읽어도 되는 책으로 분류해 성경 속에 편입시켰다. 가톨릭은 최근에

---

16 70인역은 아리스테아의 편지에 의하면 이집트 프톨레미 왕조 프톨레미 2세
(Ptolemy II Philadelphus, 기원전 285-247년)왕의 요청으로 만들어진 헬라어 구
약본이다. 기원전 2세기에는 완성되었을 것이므로, 유딧서 역시 기원전 2세기경에
완성되었을 것이다.

성경에 아예 편입한 것으로 알고 있다. 한 번 읽어보길 추천한다.

이것은 유딧이라는 아름다운 한 과부가 앗시리아 장군을 상대해 이스라엘을 구했다는 이야기이다. 여기에 유딧이라는 한 여인은 홀로페르네스 장군에게 허락을 받고 밤마다 나가 샘물에 몸을 담갔다고 말한다. 그리고 물에서 나와 하나님께 기도했다고 하는데, 9절을 보라! '깨끗한 몸으로' 돌아왔다고 표현한다. 그 여자가 한 일이 뭔가? 샘물에 몸을 담그고 기도한 것밖에는 없다. 몸을 담그는 행위는 몸을 깨끗하게 한다고 인식한 것이었다.

유대 사회뿐 아니라 동서양을 막론하고 모든 사회에서 물은 모든 더러움을 씻기에 가장 좋은 재료이다. 더구나 기도하는 행위는 신을 대하는 것이다. 그래서 대부분 몸을 정결하게 하기 위해 물로 씻었다. 이와 관련해 유대 사회에서는 세정옥(洗淨屋: 미끄바(Miqva'ot))이라는 게 생겼다. 몸을 담그려면 강 같은 곳이 있어야 된다. 그래서 유대인 회당은 주로 강 근처에 있다. 회당에 들어가기 전에 한 번 몸을 담가 깨끗하게 씻기 위함이다. 그러나 사람이 다 강 근처에 살 수 없지 않은가? 강까지 걸어 들어갔다 나오려면 시간도 시간이려니와, 여간 번거로운 게 아니다. 그래서 만들어낸 편의 시설이 바로 '세정옥(미끄바)'이었다.

[사진 1: 가믈라(Gamla)에서의 미끄바(Miqva'ot, Mikqvah)]

위 사진은 예수님 당시 가믈라 유적지에서 발견되는 세정옥(미끄바(Miqva'ot))이다. 이것은 한 개인 가정의 것으로, 사람들이 예배 참석 시에만 깨끗하려 하지 않고, 일상생활 속에서도 깨끗한 자가 되고픈 욕구를 채우기 위해 설치한 것이다. 그러면 유추가 될 것이다. 이 가믈라의 세정옥은 마을 주민이 쓰는 게 아닌, 순전히 한 부자의 식구들이 쓰는 것임을. 깨끗해지는 것도 여유가 있는 자만의 특권이 되는 것이다.

[사진 2: 막달라에서 발견된 세정옥]

막달라라는 갈릴리 해변가에 있는 성읍에도 발굴된 세정옥이 있다. 거기에서 세 개가 발견되었다. 발굴된 한 부잣집(mansion)은 바닥을 그냥 흙으로 만들지 않았다. 다양한 색깔로 정교하게 만들어진 모자이크가 있을 뿐 아니라, 큰 세정옥까지 있었다. 세정옥치곤 상당히 컸음을 알 수 있다.

세정옥이 언제부터 유포되었으며, 개인이 얼마나 많이 갖고 있었는지는 정확히 모른다. 어떤 학자는 예수님 당시에 이스라엘 전체 지역을 다 발굴한 건 아니지만, 무려 850개의 세정옥이 있었다고 주장한다.[17] 그럼 이런

---

17   Yonatan Adler, *The Archaeology of Purity: Archaeological Evidence for the Observance of Ritual Purity in ʿEreṣ-Israel from the Hasmonean Period until the End of the Talmudic Period (164 B.C.E-400 C.E.)*, PhD

질문을 할 수 있을 것이다. 이런 세정옥을 마을에 몇 집이 갖출 수 있었을까? 막달라가 상당히 상업이 발달된 도시로서, 현재 많은 건물들 중 3개의 세정옥을 발견했다. 그 도시에 천 명쯤 살았을까? 잘 모르지만, 고고학자들은 그 이상을 이야기할 것이다.

이런 미끄바를 가진 자들은 상당한 부자인 셈이고, 그것을 갖출 여유가 없는 일반 사람들은 대신 돌로 만든 큰 단지 등을 갖췄다. 이스라엘에는 정말 엉뚱하게 큰 물독이 많이 발견돼, 처음에는 '왜 이런 게 이렇게 많지?' 하고 황당해 했다. 하지만 이런 미끄바의 용도를 조금 파악하면서, 정결하려고 손이나 몸을 어떻게든 씻은 유대인들의 열심을 이해하게 된 것이다.

다시 세례자 요한에게로 돌아와, 이 세정옥과 요한의 차이는 무엇일까? 가장 큰 차이는 요한은 죄를 이야기했다는 점이다. 담그는 행위나 씻는 것은 그저 자신의 몸을 깨끗하게 하기 위함이다. 그러나 자신을 좀 더 깨끗하게 만들고 싶은 욕구를 가지다 보면, 자연히 자신을 자꾸 더럽게 만드는 죄, 자신의 마음이 보인다. 그래서일까? 세례자 요한은 그 전의 예언자는 하지 않았던 '회개 담금'을 외쳤다. 요단강에서 몸을 담근다고 해서 죄가 없어진다고 주장한 것은 아니다. 회개하고 바르게 살 것을 세례 받음으로써 표현한 것이다.

요한은 광야에서 자기 죄를 고백하라, 그리고 자기 몸을 담가 깨끗하게 하라고 외쳤는데, 반응이 의외였다. "밖으로, 밖으로 나갔다"는 것이다. 모든 유대 지방과 혜로솔뤼마인들이 다 요한 쪽으로 가는 일이 일어났다. 자기 집에서 광야로 말이다.

▶ 헬라어 풀이 (1): Ἱεροσολυμίτης(혜로솔뤼**미**떼스), 혜로솔뤼마인
   Ἱεροσολυμίτης(혜로솔뤼마인) ← Ἱεροσόλυμα(혜로솔뤼마)

---

dissertation (Bar Ilan University, 2011) (in Hebrew).

’Ιερουσαλήμ(예루살렘)

본문을 보면서 한 번도 안 들어본 말에 의아했을 것이다. ’Ιεροσόλυμα (혜로솔뤼마)는 이방인들이 예루살렘을 부른 이름이다. 유대인들은 자기들의 도성을 ’Ιερουσαλήμ(예루살렘)이라 불렀다. 그러나 이방인들은 '성전이 있는 곳'이라 하여 '혜로솔뤼마'라 불렀다. 그러다 보니 구약에는 '혜로솔뤼마'라는 말이 일절 등장하지 않는다. 이방인들이 부르는 말이 싫었던 것이다. 그런 말로 불린다는 것을 인정하기도 싫었을 것이다. 그래서 오로지 '예루살렘'만 사용했다.

그런데 이 이름은 아주 오래 전부터 있었다. 무려 기원전 4, 5세기부터 불렸던 것 같다. 헤카타이우스(Hecataeus)라는 헬라 역사가가 이방인 최초로 유대 역사를 쓰면서 모세가 '혜로솔뤼마'라는 도읍을 세우고, 거기에 성전을 세웠다고 썼기 때문이다. [18] 지금 우리가 알고 있는 다윗설과 다른 이야기를 전하는데, 중요한 것은 '혜로솔뤼마'라는 이름이 아주 오래 전부터 이방인들 사이에서 쓰였다는 점이다.

> 시락 50:27 이 책에 쓴 지혜와 지식의 가르침은, 혜로솔뤼마 인인 엘르아잘의 아들, 시라의 아들인 나 예수가 쓴 것이다. 내 마음에서는 지혜가 냇물처럼 흘러 나왔다.

"아브람은 앗수르인들에게 포로로 잡혀간 소돔인들과 조카인

---

18 압데라 출신의 헤카테우스가 쓴 것은 남아 있지 않다. 그가 이집트와 유대에 대해 쓴 것이 디오도루스(Diodorus)가 전승, 보존했다가(60:3) 나중에 9세기경의 포티우스(Photius)가 보고하였다(Bibliotheca, 224). https://www.encyclopedia.com/religion/encyclopedias-almanacs-transcripts-and-maps/hecataeus-abderadeg 에서 2021. 11. 24일 채록.

롯을 구하여 집으로 무사히 돌아왔다. 소돔 왕과 **솔뤼마 시 왕**인 멜기세덱이 왕곡이라 부르는 곳에서 아브람을 영접했다. 멜기세덱이라는 이름의 뜻은 의로운 왕으로서 이 때문에 제사장이 되었음이 분명하다. **솔뤼마는 후에 혜로솔뤼마라 불리게 되었다.**"(요세푸스,『유대 고대사』, 1.10.2)

유대인도 혜로솔뤼마를 안 쓴 건 아니다. 알렉산더 대왕 이후 헬라문화가 본격적으로 유대 땅에 유입되면서, 이후 저작된 유대작품들에서는 '혜로솔뤼마'라는 말이 나타난다. 이는 유대인 독자들이 팔레스틴에 살지 않고, 디아스포라에 사는 경우, 그 말이 훨씬 더 편하게 들려서 그랬을 가능성이 높다. 미국의 교포 2, 3세대 같은 경우, 어떤 낱말은 한국어보다 영어로 말하는 게 훨씬 더 쉬울 수 있다. 한국 드라마를 자주 보지 않는 한, 새롭게 계속 변화하는 한국어를 다 습득하기란 어렵다. 요세푸스라는 유대학자도 아브람이 멜기세덱을 만난 이야기를 하면서 예루살렘을 '혜로솔뤼마'로 부르며, 그곳의 예전 이름이 '솔뤼마'였다고 말한다.

헬라 언어는 히브리 언어와 달리 변화를 한다. 뜻에 따라. '~의'처럼 소유격일 때와 '~에게', '~를' 이란 뜻으로 사용할 때, 단어의 꼬리 부분이 살짝 변한다. 혜로솔뤼마도, 그래서 어떤 뜻으로 사용되느냐에 따라 변하였다. 밑의 표에 그 변한 사례들을 뽑아 났다. 그에 반해 예루살렘을 보면, 철자가 하나도 변하지 않은 것을 발견할 것이다. 히브리어 어법이다.

Ἱεροσόλυμα, 혜로솔뤼마	Ἱερουσαλήμ, 예루살렘
ἀπὸ Ἱεροσολύμων(마 15:1; 막 3:8; 7:1)	
εἰς Ἱεροσόλυμα	ἀπὸ Ἱερουσαλήμ (눅 10:30)
(막 10:32, 33; 11:1, 11, 15; 눅 2:22)	εἰς Ἱερουσαλήμ (눅 9:53)
ἐν Ἱεροσολύμοις(눅 23:7)	ἐν Ἱερουσαλήμ (눅 9:31)

각 복음서마다 선호하는 이름이 다른데, 마가는 '예루살렘'이라는 말을 한 번도 쓰지 않는다. 전부 '혜로솔뤼마'라 했다. 이 말인즉슨, 청중한테는 '혜로솔뤼마'라는 지명이 '예루살렘'이라는 지명보다 더 듣기 편하다는 뜻이다. 마가 성도들은 팔레스틴이 아닌 이방인 지역에 살고 있음을 뜻한다. 복음서를 전한 모든 담가는 유대인이다. 청중만 다를 뿐이다. 이방인들은 유대인들의 도성은 '혜로솔뤼마'라 듣고 살았다.

담가는 청중이 듣기 편한 대로 말을 해야 잘 알아듣는다. 이들한테 생소한 말인 '예루살렘'을 말하면, 이야기에 집중하지 못한다. 지금 여러분도 이 이야기를 들으면서, 갑자기 '혜로솔뤼마인'이라는 낱말이 들리니, '이게 뭐야?' 하고 묻느라, 또 생각하느라, 담가가 계속 이야기하는 바를 놓친다. 다 그에게 세례를 받았고, 자기 죄들을 고백했다는 말은 아예 흘려듣고, 나아가 요한의 발언도 제대로 이해하지 못했을 것이다. 책 없이 듣는 게 이렇다. 집중해서 들으면, 단어 하나가 깊게 생각 안 해도 그냥 확 꽂히며 이해되는데, 한 번 딴 생각하면, 그 뒤에 무슨 말을 하는지 신경 안 쓰게 된다.

매일 사람을 만나 말로 복음을 전하는 게 직업이 된 담가가 그것을 모르겠는가! '혜로솔뤼마'라 하나, '예루살렘'이라 하나, 유대 도읍인 건 바뀌지 않는 사실인데, 내가 유대인이라고 해서, 지금 이방인들에게 예수님을 믿게 만들려는 대의 앞에서 '예루살렘'을 꼭 고집할 필요가 있을까? 마가는 과감히 버렸다. 그리고 자기 청중들의 눈높이에 맞췄다. 그 뒤에도 그는 계속 '혜로솔뤼마'라 한다. 심지어는 예수님이 직접 말하는 대사에서도 (10:33).[19]

---- ✦ ✦ ✦ ----

---

19 『눈으로 듣는 마가』 10:33 "보세요! (우리는) 올라갑니다, **혜로솔뤼마로요**. 그리고 사람의 아들은 넘겨질 겁니다, 대제사장들과 서기관들한테요. 그리고 (그들은) 단죄(斷罪)할 겁니다, 그를 죽음으로. 그리고 넘겨줄 겁니다, 그를 이방인들에게요."

다시 5절로 돌아가자. 요한에게 세례 받기 위해 모든 유대 지방과 혜로
솔뤼마인들 다 밖으로 나갔다고 하는데, '밖으로, 밖으로 나갔다'는 말은
사람들이 계속 광야로 나갔다는 뜻이다. 굉장히 신선하지 않은가? 요한이
유대 지방으로 들어가야 할 것 같은데, 그는 광야에 있고, 사람들이 오히
려 그를 만나러 광야로 갔다는 것이다. 그것도 유대 지방 사람들 뿐 아니
라 혜로솔뤼마인들까지.

예나 지금이나 서울 사람들은 서울에 산다는 이유 하나만으로 시골 사
람을 무시한다. 뉴욕 맨해튼에 사는 사람들은 서울 사람들을 또 무시할 것
이다. 저 변방 아시아인이라고. 요한이라는 이름밖에 모르는 작자에게 세
례라는 것을 받겠다고 유대 지방 촌뜨기들이 찾아가는 건 이해가 되는데,
혜로솔뤼마인들이 광야까지 간다는 것은 엄청난 성공이다. 거기엔 하나님
이 인정하신 유일한 성전이 있고, 또 대제사장을 비롯해서 내로라하는 지
식인들이 즐비하게 포진해 있는 곳이다. 혜로솔뤼마에 하나님의 뜻을 선
포하는 종교인이 없었겠는가! 그런데 광야에 사는 듣보잡을 찾아 간 것이
다. 한 마디로 서울 사람들이 맛있는 커피 한 잔 마시겠다고 전남 시골구
석까지 가는 것과 매한가지이다.

혜로솔뤼마에서 광야까지는 100km가 넘었을 것이다. 여러 날 걸음이
다. 그 수고를 해, 무엇을 했는가? 자기 죄들을 고백했다. 생면부지의 사
람에게 자기 죄들을 고백했다. 공개적으로 시인했다. 강제로 한 것이 아니
다. 거기 가는 경비도 자기 돈으로 냈다. 자기 생업을 잠시 접고 간 것이
다. 절대 쉬운 일이 아니다.

아까 3절에서 부르짖는 자의 소리가 광야에 있는데, 주님의 길을 준비
하는 것은 그자가 아니라고 말했다. 너희, 곧 유대인들이다. 이들은 주님
의 오솔길을 만들어야 할 사명이 있다. 그런데 지금 요한의 메시지를 들
은 자들 몇몇은 자기 생업을 접고 광야까지 가서 자기 죄를 고백하며 세례
를 받는 행동을 한 것이다. 이들이 나중에 예수님을 믿었을지 알 수 없지

만, 세례 요한에게 호의를 가졌다면 필시 예수님께도 호의를 가졌을 것이다. 세례 요한을 통해 많은 유대인들이 예수님께로 갈 준비를 한 셈이다.

> 요 1:35 또 이튿날 요한이 자기 제자 중 두 사람과 함께 섰다가
> 36 예수께서 거니심을 보고 말하되 보라 하나님의 어린 양이로다
> 37 두 제자가 그의 말을 듣고 예수를 따르거늘
> - - - - -
> 40 요한의 말을 듣고 예수를 따르는 두 사람 중의 하나는 시몬
>   베드로의 형제 안드레라

안타깝게 마가는 베드로가 어떻게 해서 예수님 제자가 되었는지 상세히 알려주지 않는다. 요한복음이 베드로의 형제 안드레가 원래는 세례자 요한의 제자였다고 전해주는데, 베드로를 위시해서 여러 제자들이 예수님을 좇게 된 게 요한과 하등 연관이 없다고는 할 수 없을 것이다. 예수님이 활동하기 전에, 세례자 요한으로 인해 사람들의 사고 속에 죄를 공개적으로 고백하는 일이 일어났기 때문이다. 자기가 절대로 의롭지 않은 죄인이라는 인식, 그리고 자기 몸을 물속에 담그는 행동을 함으로써, 마음을 새롭게 하고, 더 이상 죄를 안 짓겠다는 결심을 했다. 이들은 예수님의 메시지에 공감했을 것이며, 일부는 그분을 좇았을 것이다. 세례자 요한은 이들이 예수님을 받아들이도록 이끈 것이다.

5. 요한은 뭘 외쳤나?

마가는 사람들이 세례자 요한에게 보인 놀라운 반응을 전한 뒤, 요한에 대해 살짝 정보를 흘려준다. 계속 낙타털과 가죽 띠를 입고 있었다는 것이

다. 그리고 메뚜기와 들꿀을 먹었다고 전한다. 그의 의복은 정확하진 않지만, 엘리야를 연상시킨다(왕하 1:8).[20] 메뚜기는 하나님이 먹어도 된다고 허락한 몇 안 되는 곤충이었다(레 11:20-22).[21]

> 슥 13:4 그 날이 오면, 어느 예언자라도, 자기가 예언자 행세를 하거나 계시를 본 것을 자랑하지 못할 것이다. 사람들에게 예언 자처럼 보이려고 걸치는, 그 거친 털옷도 걸치지 않을 것이다.
> 5 그러고는 기껏 한다는 소리가 '나는 예언자가 아니다. 나는 농부다. 젊어서부터 남의 머슴살이를 해왔다' 할 것이다.

일찍이 스가랴 예언자는 이런 말을 하였다. 당시에도 엘리야 예언자를 본떠서 털옷을 입고 예언자 행세를 한 자들이 꽤 있었나 보다. 그런데 허 우대만 예언자였지, 중심은 가짜였기에, 스가랴는 이런 치들을 다 없애야 한다 했다. 그런데 지금 요한이 털옷을 입고 있으니 예언자 행세를 한 셈 이다. 그런데 그 다음 말을 들어보면, 그가 거짓 예언자가 아님을 알 수 있 다. 그는 자기의 말의 권위를 세우려 하지 않았기 때문이다. 뭘 이야기했 는가? 자기보다 훨씬 더 강한 분이 온다고 말했다. 자기는 굽혀서 그분의 신발들의 끈을 푸는 것도 감당 못할 만큼, 자기 뒤에 오는 분이 훨씬 더 강 하다고 말이다.

요한이 자기보다 더 힘센 분과 비교할 때, 왜 하필 신발 끈을 말했을까? 당시 종, 특히 유대인이 아닌, 이방인 종이 집에서 하는 일들 중 하나가

---

20 그들이 왕에게 대답하였다. "털이 많고, 허리에는 가죽 띠를 띠고 있었습니다." 그러자 왕은 "그는 분명히 디셉 사람 엘리야다" 하고 외쳤다.

21 레 11:20 네 발로 걷는 날개 달린 벌레는, 모두 너희가 피해야 할 것이다. 21 그러나 네 발로 걷는 날개 달린 곤충 가운데서도, 발과 다리가 있어서, 땅 위에서 뛸 수 있는 것은, 모두 너희가 먹어도 된다. 22 너희가 먹을 수 있는 것은 여러 가지 메 뚜기와 방아깨비와 누리와 귀뚜라미 같은 것이다.

주인 신발을 푸는 것이었다. 그래서 유대 랍비는 이렇게 말한 바 있었다.

> 랍비 여호슈나 벤 레위가 말했다. 신발을 풀어주는 일은 가나
> 안인 종이 자기 주인을 위해 해야 할 일이다. 자기 신발 말고,
> 남의 신발을 풀어주는 것은 위신이 떨어지는 행위로서 전형적
> 으로 노예들이 하는 것이며, 제자가 하는 일로는 적합하지 않
> 다(b. Ketubot. 96a).

신발 끈을 푸는 일은 이방인 종이 하는 일이었다. 유대인 종이 하는 일
이 아니었다. 아무리 스승을 존경한다 해도 제자가 스승의 신발 끈을 푸
는 일은 적절치 않다 할 만큼 신발 끈을 푸는 일은 체면이 떨어지는 일이
었다.[22] 그런데 요한은 그런 일조차도 자기는 감당 못 할 수준이라는 것
이다. 자기보다 그분이 훨씬 더 힘세다고 말한 거다. 겸손한 발언이 아닌
가? 요한은 그만큼 자기 뒤에 오는 분의 위치나 권세가 높다고 추켜세웠
다. 자기를 확 낮추고.

『눈으로 듣는 마태의 예수님 이야기(출간예정)』
마 3:1 그리고 바로 그 시기에 당도하는 겁니다. 요한, 그 세
례자가 선포하면서. 유대 광야에서요.
2 [그리고] 말하길, "(여러분은) 회개하고 또 회개하세요! 왜냐
면 이미 가까이 이르러 있습니다! 하늘들의 나라가!"
3 왜냐면 이자가 말해진 자이기 때문입니다! 예언자 이사야

---

22 그 외에도 비슷한 내용을 전하는 곳은 다음과 같다. b. Qidd. 22b; b. Pesah.
4a; Sipre on Num 15:41; SB 1, 121(참. Plautus, Trin. 2.1; 유세비우스, 『교회
사』, 4.15.30). W. D. Davies & D. C. Allison, *The Gospel According to ST.*
Matthew 1-7, ICC (London: T. & T. Clark, 1988), 315.

를 통해서 말하길, "부르짖는 자의 소리가 광야에 있다! (너희는) 준비해라! 주의 길을! 곧게 만들고 또 만들어라! 그의 오솔길들을!"

4 그런데 바로 이 요한은 계속 갖고 있었습니다, 낙타 털들로부터 자기 의복을 그리고 가죽 띠를 자기 허리에요. 그리고 양식이 계속 그의 (것이) 메뚜기들과 들꿀이었습니다.

5 그때 밖으로, 밖으로 나갔습니다. 그자 쪽으로 헤로솔뤼마와 모든 유대 그리고 모든 요단 인근이요,

6 그리고 그에게 세례를 받고, 받았습니다. 요단 강에서 자기 죄들을 고백하면서 말입니다.

————

11 그리고 나는 친히 여러분한테 세례 줍니다, 물로써 회개를 위해. 그러나 내 뒤에 오는 자는 나보다 훨씬 더 강한 분입니다. 그분께 (난) 감당하지 못합니다! 신발들을 짊어지는 것을요. 바로 그분이 우리한테 세례 줄 겁니다, 거룩한 영과 불로써요.

12 그분의 키가 그분 손 안에 있습니다, 싹 깨끗하게 할 겁니다, 자기 타작마당을요. 그리고 모으실 겁니다, 자기 곡식을 곳간 안으로요. 그래서 쭉정이를 홀랑 태우실 겁니다. 꺼지지 않는 불로요."

좀 길지만, 더 잘 이해되게 마태복음의 평행본문을 가져왔다.[23] 복음담가마다 같은 인물을 묘사하는 게 얼마나 다른지 간명하게 알 수 있다. 마태는 요한을 어떻게 소개하는가? 마태는 요한의 활동 장소를 말한 뒤, 선포한 메시지를 먼저 밝힌다. 그 다음에 요한의 삶과 행동, 그리고 그에 대

---

23 마태와 누가는 거의 비슷한 형식이라(눅 3:3 이후), 마태만 봐도 충분하다.

한 유대인들의 반응, 마지막에 요한의 메시지를 더 전했다. 무려 7~12절까지이다. 마가와 마태를 놓고 비교하면, 마태가 훨씬 더 선명하게 잘 정리해 알려준다.

핵심 메시지 → 실제 행동 → 반응 → 구체적인 메시지

마태는 성도들에게 가르칠 건 가르쳐야 한다는 소신을 가졌다. 요즘은 그것을 꼰대라고 싫어하는 이들이 있겠지만, 또 정확한 지식을 요구하는 이들도 있다. 어떤 이는 아무리 찔러줘도 못 알아듣는 답답이이고, 또 어떤 이는 알면서도 모르는 척 자기 하고 싶은 대로 다 하고선, "너가 언제 나한테 그런 이야기를 해준 적 있어? 그럴 때는 정확하게 이야기를 해줘야지!" 하며 오히려 역정을 낸다. 마태는 그런 낯짝 두꺼운 치들의 소리를 듣고 싶어 하지 않았다. 그리고 사람은 또 끼리끼리 모인다. 마태의 성향을 좋아한 성도들이 있다. 이들은 긴 가르침을 지겨워하지 않고 계속 집중해서 잘 들었다. 마가 성도들과 달리. 세례 요한의 가르침만 들어도 굉장히 따끔거린다. 마태 성도들에게 그것이 남에게 하는 소리로 들리지 않았고, 자기를 되돌아보게 만드는 소리로 들었다. 그러니 마태는 그리 길게, 길게 가르쳐 준 것이다.

마가와 마태를 간략히 비교하면, 먼저 길이부터 다르다. 마태가 훨씬 더 길게 메시지를 전한다. 둘째, 그 가르침에서 요한의 권위가 확 느껴진다. 마태는 요한이 얼마나 검소하게 사는지 이미 밝혔다. 그래서 대중들 사이에서 나름 거룩하게 산다고 자부하는 바리새파와 사두개파들에게도 '독사들의 새끼들아!'라고 매서운 야단을 칠 수 있었다. 물론, 그래서 미움 받고 일찍 죽었다. 뒤에 자기 뒤에 오실 분이 훨씬 더 강한 분이라고 말했다지만, 요한의 서릿발이 서 있는 자신감이 확 느껴진다.

그러나 마가에서는 어떠한가? 안 느껴진다. 대신 겸손함이 느껴진다.

일단 야단치는 것이 없다. 그의 메시지라고는 고작해야 자기 뒤에 훨씬 더 강한 분이 온다는 것뿐이다. "회개하고 또 회개해라!"고 외친 것이 분명하건만, 마가는 일부러 쏙 뺐다. 그리고 그것을 예수님의 입에 담았다 (1:15).[24]

그래서 세례자 요한의 핵심 메시지는 7절이다: "오십니다! 나보다 훨씬 더 강한 분이 내 뒤로요!" 요한은 '내 뒤로(ὀπίσω μου(오삐소 무)' 아주 강한 분이 온다'는 말을 자주 한 듯하다. 누가 빼고, 마태와 요한이 동일하게 이 말을 한 것으로 전하기 때문이다.

> 『눈으로 듣는 요한의 예수님 이야기(출간예정)』
> 요 1:15 요한은 증거하는 겁니다, 그분에 대해. 그래서 이제껏 소리를 지르고 있었습니다. 말하길, "이분이 (내가) 말했던 분이었습니다! **내 뒤에 오는 분은** 내 앞쪽에 이미 계셨습니다. 나보다 먼저 계셨기 때문입니다."
> ─────
> 27 **내 뒤에 오는 분**, 이분한테 [제 자신은] 자격이 안 됩니다! 그분 끈을 푸는 것도요! 신발의 (끈) 말입니다."
> ─────
> 30 이분이십니다! 이분을 두고 제 자신이 말했습니다! '**내 뒤에 오십니다!** 남자가! 이분은 내 앞쪽에 이미 계셨던 분인데, 나보다 먼저 계셨기 때문입니다.'

재미있는 곳은 요한복음이다. 공관복음서에서 예수님이 '내 뒤로' 좇을

---

24 1:15 그리고 말하길, "이미 차있습니다, 때가! 그리고 이미 가까이 이르러 있습니다, 하나님 나라가! 회개하고 또 회개하세요! 그리고 **복음을** 믿고 또 믿으세요!"

자는 십자가를 져야 한다고 하신 말씀이(마 10:38; 16:24; 막 8:34; 눅 9:23; 14:27) 요한복음에는 아예 나오지 않는다. 대신 세례자 요한이 '내 뒤로' 오는 이에 대해 거듭거듭 말한다. 요한복음에서 세례자 요한은 예수님에 대해 증언하는 역할로만 등장하는데, '내 뒤로 오는 분'의 잦은 메시지는 세례자 요한의 상투어로 보인다. 즉 세례 요한은 자기 자신을 메시야로 주장하지 않았다는 뜻이다. 주의 길을 예비하는 자로서의 역할에만 충실했다.

> 『눈으로 듣는 마가』1:8 제가 친히 세례 주었습니다. 여러분한테 **물로**(ὕδατι). 그러나 그분은 친히 세례 주실 겁니다. 여러분한테 **거룩한 영 가운데요**(ἐν πνεύματι ἁγίῳ).
> 『개역개정』나는 너희에게 물로 세례를 베풀었거니와 그는 너희에게 **성령으로** 세례를 베푸시리라

두 번째로 요한은 자기 뒤에 올 분이 거룩한 영 가운데에서 세례를 주실 거라는 말을 했다. 8절을 좀 유심히 보면, 『개역개정』과 조금 다른 게 보일 것이다. 요한은 '물로' 세례를 주지만, 그분은 '거룩한 영 가운데' 줄 것이라 했다. 우리 성경에는 '성령으로'라고 써, '물로'와 똑같이 옮겼지만, 헬라어가 조금 다르다. 전치사 'ἐν(엔)'을 성령에 붙였기 때문이다. 전치사 'ἐν(엔)'은 뒷말을 도구로 쓸 때 사용되기도 한다. 즉 물을 사용해 세례 주듯이, '성령을 사용해' 세례 줄 것을 말했다고 해석할 수 있다.

그러나 굳이 성령에 전치사를 넣은 것은 예수님이 성령이 충만하신 상태에서 주실 것이기 때문이다. 요한은 세례를 줄 때 물을 사용해 세례 주었다. 예수님은 성령을 사용해 세례를 주시기도 하지만, 무엇보다 그분은 '성령 가운데', 즉 '성령 안에서' 세례를 주신다.

『눈으로 듣는 마가 · 누가』

1:23 그런데 즉석에 계속 그들의 회당에 사람이 있었습니다. **안 깨끗한 영 가운데**(ἐν πνεύματι ἀκαθάρτῳ). 그리고 목청껏 외쳤습니다.

12:36 바로 그 다윗이 말했습니다. **영, 그 거룩한 것 가운데** (ἐν τῷ πνεύματι). '주님이 말하셨습니다, 내 주님께. '계속 앉아 있으라! 내 오른쪽에! 네 원수들을 네 발바닥 아래에 놓을 때까지!'

눅 2:27 그런데 (그가) 갔습니다. **그 영 가운데**(ἐν τῷ πνεύματι) 성전에요. 그리고 부모들이 애기 예수를 이끌고 들어갔던 와중에요. – 그들이 행함을 하려고요. 그에 대해 율법 전례로 되어 있는 것에 따라 말입니다.

복음서에 영은 거룩한 것과 안 깨끗한 것이 있다고 말한다. 예수님이 회당에 가셨을 때, 귀신들린 한 사람이 있었다(1:23). 이자를 '안 깨끗한 영 가운데' 있다고 표현했다. 안 깨끗한 영의 영향 아래 살아가기 때문이었다.[25] 나중에 군단 귀신 들린 자를 말할 때도(5:2) '안 깨끗한 영 가운데' 있는 자라고 한다.[26] 이자의 평소 상태가 어떠했는지를 알 것이다. 안 깨끗한 영에게 휘둘려 사는 자는 엉망이다.

이와 정반대로 '거룩한 영 가운데' 사는 자도 있다. 다윗이다. 예수님은 다윗이 하나님의 오른쪽에 앉아 있을 것이라 노래한 것은 거룩한 영의 충

---

25 BAGD, 260a, I.5.d; R. T. France, *Mark*, 103에서 재인용. 같은 뜻으로 사용한 예) 고전 12:3; 계 1:10.

26 『눈으로 듣는 마가』 5:2 그리고 **그분이** 밖으로 나왔을 적에, – 배 밖으로요. – 즉시 그분과 만났습니다. 묘지들 밖으로 (나오는) **안 깨끗한 영 가운데 있는** 사람이 말입니다.

만함이 있었기 때문이라고 말하신다(12:36).[27] 다윗이 성령의 영향을 받지 않았다면, 어찌 하나님의 말씀을 들을 수 있었겠는가? 누가복음의 시므온, 역시 아기 예수님을 성전에서 볼 수 있었던 것은 '영 가운데' 있어서였다. 그는 영이 충만했기에 영의 인도하심을 받았다.

물론 예수님은 성령님과 일체여서, '성령'을 사용해 세례를 주셨다고 말할 수 있다. 그러나 예수님이 주시는 세례는 '예수님 자신이 가지고 있는 성령의 충만함'이 있는 것이다. 단순히 물처럼 도구로서의 성격보다 더 강한 꽉 찬 의미를 띤 것이다.

6. 결론

마가는 예수의 복음의 처음을 세례자 요한의 이야기로 잡았다. 다른 복음서는 다 예수님의 족보며, 탄생으로 시작했는데 말이다. 그렇게 할 때에는 이유가 있어서이다. 마가는 굉장히 나름 혁신적인 이야기의 골자를 세웠다. 예수가 하나님의 아들이라고 호기롭게 선포했건만, 시작부터 허당기를 드러냈다. 자기 성도들이 구약을 잘 몰랐기에 망정이지, 마태 같은 성도를 만났으면 이 마가복음의 힘이 꺾였다.

마가는 하나님의 사자인 요한을 이방인 성도들에게 제시할 때, 근사하게 치장하지 않았다. 요한이 제사장 가문의 자식이며, 태어날 때부터 이미 하나님께서 손을 댄 특별한 사람이라고 말하지 않았다. 마가가 알려준 게 무엇인가? 그가 광야에서 사람에게 회개 세례를 준 것, 사람들이 그를 받아들였다는 것, 예언자처럼 행세했다는 것, 그리고 겸손했다는 것 등, 이

27　12:36　다윗이 성령에 감동되어 친히 말하되 주께서 내 주께 이르시되 내가 네 원수를 네 발 아래에 둘 때까지 내 우편에 앉았으라 하셨도다 하였느니라

게 전부다. 더 간단하게 줄이면, 요한의 행동과 말이었다.

요즘 우리는 여러 방면에서 사람의 소식을 듣는다. 그런데 그의 행동과 말만 제시해도 될 터인데, 너무 많은 정보를 듣는다. 특별히 그가 유명인의 자식인 경우, 그 부모를 끄집어내고, 그 사람이 부모라도 되는 양, 색칠을 가한다. 마가는 그러지 않았다. 그때라고 그런 습성이 없었을까? 가문이 더 중요한 시대였고, 신분이 그 사람의 운명을 결정하는 시대였다. 마가라고 몰랐을까? 그런데 싹 다 제거했다. 요한이 어떤 자인지 그가 몰랐을 리 없다. 그런데 입도 뻥끗하지 않고, 그저 그의 행동과 말만 전한다. 그것으로 판단하라고 말이다.

여러분의 행동과 말은 어떠한가? 하나님의 사람은 행동과 말로 드러나야 한다. 요한은 자기의 깜냥을 너무 잘 알았고, 그것을 입 밖으로 시인했다. 가문을 들먹거리지 않았다. 그저 자기를 낮추고, 자기 뒤에 오실 분을 추켜올렸다. 겸손했다. 낙타털을 입고 메뚜기와 들꿀을 먹은 것은 구차하게 남의 도움을 구하지 않겠다는 것이다. 호사롭게 지낼 욕심이 없음을 드러내는 것이다. 그저 자기는 뒤에 올 분을 알리는 자로 부르짖었다. 그런데 결과는 어떠한가? 사람도 거의 없는 광야에서 부르짖었는데, 어디서 사람들이 왔는지! 유대 모든 지방과 혜로솔뤼마인들이 갔다. 요한처럼 그저 욕심 부리지 말고, 자기의 행동과 말로서 하나님의 사람임을 증명해야 하는 것이다. 그러면 광야에 있어도, 찾아온다. 로마인들은 비웃었겠지만, 세상에서 제일 잘난 줄 안 혜로솔뤼마인들이 찾아갔던 것처럼. 우리는 우리를 내세우지 않아도 된다. 요한의 마지막 말처럼, '성령 가운데' 세례 주시는 분을 의지해, 성령을 받으면 된다. 요한 뒤에 오시는 분을 의지하면 모든 게 된다.

막 1:9-11, 하나님의 아들이라 불리신 이유

9 그리고 일이 있었습니다.[28] 바로 그 시기에 **예수님이** 오셨습니다. 갈릴리의 나자렛에서.[29] 그리고 세례 받으셨습니다. 요단으로 (가), 요한한테서요.

10 그리고 즉시 **물에서** 올라오는데 직접 보셨습니다. **하늘들이** 찢어지는 걸,[30] 그리고 영이 꼭 비둘기처럼 내려오는 걸요. 자기 안으로.[31]

---

28 καὶ ἐγένετο, 그리고 일이 있었습니다. 신약에 60회, 구약에 아주 많음(529회), 마 7:28; 8:26 외(7); 막 1:9; 2:23; 4:4, 39; 9:7(2), 26(총 7); 눅 1:23 외(29); 행 2:2 외(6); 살전 3:4; 계 8:7 외(10); 창 1:3 외(56)등. 누가의 압도적 선호어구, 요한에만 없음. 셈어식 말투; 참. καὶ γίνεται, 그리고 일이 있는 겁니다, 막 2:15; 4:37; καὶ + 명사 + ἐγένετο(1:11; 2:21; 4:10; 9:3).

29 Ναζαρὲθ, 나자렛, 마 2:23; 21:11; 막 1:9; 눅 1:26; 2:4, 39, 51; 요 1:45, 46; 행 10:38. 격변화를 하는 것으로 보아, 헬라인들 방식으로 부른 지명이다; 참. Ναζαρά, 나자라, 신약 2회 용어, 구약에 없음, 마 4:13; 눅 4:16. 이 이름은 아마 고대부터 유대인들이 불렀던 이름이었을 것. 나자렛(Ναζαρὲθ)은 격변화를 하지만, 나자라(Ναζαρά)는 격변화를 하지 않는다.

Ναζαρά, 나자라	Ναζαρὲθ, 나자렛
	ὁ ἀπὸ Ναζαρὲθ(마 21:11)
τὴν Ναζαρὰ (마 4:13)	ἀπὸ Ναζαρὲτ(막 1:9)
εἰς Ναζαρά(눅 4:16)	ἐκ Ναζαρὲτ (요 1:46)
	εἰς Ναζαρὲθ(눅 2:51)

30 σχίζω(스키조), 찢다/찢어지다, 구약에 조금 있음, 마 27:51; 막 1:10; 15:38; 눅 5:36; 23:45; 요 19:24; 21:11; 행 14:4; 23:7뿐; 사 36:22; 37:1 등. 구약에서는 쪼개다(창 22:3), 갈라지다(출 14:21)의 뜻으로 사용됨. 나중에 예수님이 십자가에서 돌아가실 때, 성전의 휘장이 찢어졌다고 말하는데, 같은 동사이다. 같은 일화를 전하는 다른 복음서에서는(마 3:16; 눅 3:21) 다 '하늘이 열렸다'로 말한다. 열다(ἀνοίγω)라는 다른 동사를 사용; 참. ἀνοίγω(아노이고), 열다, 마 2:11 외(11); 막 7:35; 눅 1:64 외(6); 요 1:51 외(11); 행 5:19 외(16); 롬 3:13; 고전 16:9; 고후 2:12; 6:11; 골 4:3; 계 3:7 외(27). 계시록의 압도적 선호 용어.

31 καταβαῖνον εἰς αὐτόν, καταβαίνω(까따바이노), 내려오다. 마가에서 주로 ἀπὸ, ἐκ와 연결돼 '어디에서 내려오다'는 뜻으로 사용된다(3:22; 9:9; 15:30, 32). 그러나 여기서는 '자기 안으로'라고 말함. 다른 복음서의 평행본문은 '그분 위에(ἐπ᾽ αὐτόν)' 라고 말한다(마 3:16; 눅 3:22). '어디로 내려왔다'고 말하는 곳은 눅 8:23뿐(내려왔습니다, 바람의 폭풍이 호수로요).

11 그리고 소리가 있었습니다. 하늘들에서. "바로 네가 내 아들, 곧 사랑하는
   자다!³² 너로 흐뭇했다!"³³

1. 세례에 대한 예수님의 불편한 진실

앞에서 세례자 요한에 대해 살펴보았다. 요한의 활동과 메시지를 전해
들은 여러분은 그에 대해 어떤 인상을 가졌는가? 굉장히 단호하되 겸손하
지 않았는가? 아무도 외치지 않았던 회개 세례를 주장하되, 자기 자신은
굉장히 겸손했다. 그리고 자신보다 더 뛰어난 자가 나타날 것이라는 말까
지 하는 겸손한 자였다. 그가 내지른 여러 냉엄하고 차가운 말들이 있었음
을 여러분도 알 것이다. 그러나 마가는 그런 말을 다 삼켰다. 그저 그의 겸
손함만 돋보이게 만들었다.

그리고 마가는 곧장 예수님을 등장시킨다. 그런데 그 등장 역시 예사롭
지 않다. 자기 뒤에 훨씬 더 강한 분이 온다고 했는데, 그분이 바로 예수님
인 양, 예수님이 나타났다고 말한 것이다. 우리는 다른 담가들 덕분에 예
수님이 어떻게 태어났는지, 그리고 어렸을 때 무슨 일이 있었는지 등 잘
안다. 그런데 마가는 아무 이야기 하지 않았다. 그저 너무 간단하게 "그리
고 일이 있었다. 바로 그 시기에 예수님이 오셨다, 갈릴리 나자렛에서"라

---

32 σὺ εἶ ὁ υἱός μου ὁ ἀγαπητός, 막 1:11; 눅 3:22; 참. 마 3:17/ 17:5/ 막 9:7(이자
는 내 아들, 곧 사랑하는 자다!, οὗτός ἐστιν ὁ υἱός μου ὁ ἀγαπητός); 벧후 1:17(내 아들,
곧 내 사랑하는 자가 이자이다!, ὁ υἱός μου ὁ ἀγαπητός μου οὗτός ἐστιν).

33 εὐδοκέω(유도께오), 흐뭇하다, 구약에 좀 있음, 마 3:17; 12:18; 17:5; 막 1:11;
눅 3:22; 12:32; 롬 15:26, 27; 고전 1:21; 10:5 등; 창 33:10; 시 147:11; 말 2:17
등. 요한에만 없음. 공관복음서에서는 하나님의 감정을 표현할 때다(마 3:17; 12:18;
17:5; 눅 3:22; 12:32). 구약에서는 '머리를 숙이다로도 쓰임(창 24:26, 48 등). 이
동사는 주로 감정적 측면에서 기뻐하는 것과 호의를 표하기 위해 어떤 행동을 하는
것, 두 가지이다. 헬라인들이 많이 사용한 단어.

고만 전하는 것이다. 그리고 세례 받았다는 것이다. 요단으로 가, 요한에게서 말이다.

많은 교회에서 이 간단하지만, 짧은 문장이 얼마나 많은 의미를 담고 있는 지, 묵상을 잘 하지 않는다. 이 사실이 까딱 잘못하면 이상하게 해석될 수도 있기 때문이다. 초대 교회에서부터 예수님이 세례자 요한한테 세례를 받았다는 사실은 당황하게 만들었다. 세례자 요한이 예수님보다 더 우월하게 비춰질 수 있고, 또 다른 한편으로는 예수님이 죄의식이 있었음을 가리키기 때문이다. 그럼에도 불구하고 네 복음서가 다 이 사건을 전하는 것은 사실이어서이다.[34]

그래서 외경 『히브리 사람들의 복음서』에서는 아예 예수님 자신이 난 죄가 없다 말하신다.[35]

> "예수님의 어머니와 형제들이 '세례자 요한이 죄의 사면을 위한 세례를 베풀고 있습니다. 우리도 가서 그에게 세례를 받읍시다.' 그러자 그분께서 말하셨다. '그에게 가서 세례를 받아야 한다니, 내가 무슨 죄를 지었단 말이오? 혹 내가 한 말 중에 모르고 (지은 죄)가 있는 게 아니라면 말이오.'"

이처럼 자신보다 의롭지 않은 자에게 세례를 받으신 것은 불편한 진실이었기에 신학적으로든, 역사적으로든 해석을 했다. 모든 이들을 구원하기 위해선 그들과 같은 죄 고백을 하는 일이 필요했다든가, 세례자 요한의 선포와 일정 부분 같음을 드러낼 일이 필요했다고 말이다.[36] 이 사건은 예

---

34 게르트 타이센 · 아네테 메르츠, 『역사적 예수: 예수의 역사적 삶에 대한 총체적 연구』, 손성현 옮김 (다산글방, 2005), 307.

35 이 본문이 『나사렛 사람들의 복음서』에 실려 있다고도 한다. 송혜경 역주, 『신약 외경 상권: 복음서』 (의정부: 한님성서연구소, 2009), 292-93; 앞의 책, 308.

36 R. T. France, *Mark*, 75-76.

수님 인생의 큰 전환점을 맞이한 사건이기에 중요했다. 그래서 나중에 제자들에게도 당당히 밝히신 일이기도 했다. 마가는 이에 대해 그리 문제되지 않는다 여긴 것 같다. 사실임은 분명하므로.[37] 그런데 나중에 예수님이 신임을 너무 강조하다보니, 중요한 점이 사라져 버렸다. 의미는 이렇다. 질문을 하나 던지겠다:

'세례자 요한에게 가 세례를 받은 것은 무엇을 뜻하는가?'

회개하겠다는 뜻이다. 그것도 요한이라는 생면부지의 사람 앞에서. 그리고 그를 둘러싼 수많은 이들 앞에서. 그런데 이렇게 말하면, 대뜸 물을 것이다. "예수님도 죄를 지으셨어요?" 어떤가? 죄를 지으신 것 같은가? 인간임을 생각하면, 예수님도 뭔가 죄라는 것을 지으셨을 것 같은데, 하도 오랫동안 교회에서 예수님은 절대로 죄가 없으신 분이라는 말을 들었기에 예수님이 죄를 지었다고 말하면, 불경한 자라 욕먹을 거 같아서 선뜻 말하지 못할 것이다.

간단하게 대답하자면, 예수님은 죄가 없으신 분이다. 그런데 예수님이 세례자 요한에게 가 세례 받으신 일 또한 사실이다. 이건 세례자 요한도 증언했고, 예수님도 부인하지 않으셨다. 그러나 예수님이 세례를 받으신 일은 회개와 직결되다 보니, 다른 복음담가들은 이를 전함에 있어 상당히 난처해했다. 그래서 누가는 아주 애매모호하게 전한다. 요한이 옥에 갇힌 후, 예수님이 세례 받았다고 말해버렸기 때문이다(눅 3:21).[38] 누가의 복

---

37   Vincent Taylor, *The Gospel According to St. Mark*, 2nd ed. (London/ New York: Macmillan, 1966), 159.

38   누가는 담가들 중에서 가장 이것을 아주 우회적으로 이야기한다. 누가의 이야기를 들으면, 예수님이 세례를 받긴 받았는데, 요한에게 받은 건지, 아닌지가 애매모호하다; 참, 『눈으로 듣는 누가』 눅 3:20 이것까지 더했습니다. 모든 것 위에요. [그래서] 요한을 처넣었습니다, 옥 안에요. 21 일이, 그런데 있었습니다. 모든 백성이

음을 읽으면서, 머릿속에 요한에게 받은 게 박혀 있어서 그게 눈에 들어오지 않았을 것이다. 그러나 다른 이들이 이야기하는 것을 다 지워버리고, 오롯이 누가의 이야기만 들으면, 예수님이 세례를 받긴 받았는데, 도대체 누구에게 받은 것인지 모호하게 돼 버린 것을 간파할 것이다. 누가가 잘못했다고 본다. 자칫 말 그대로 해석하면, 예수님이 오히려 세례요한의 제자들에게 세례를 받은 것처럼 보이기 때문이다.

마태와 요한의 것을 보면,[39] 둘 다 세례자 요한이 극구 사양했다고 전한다. 자기가 오히려 받아야 할 입장이라고 말이다. 그러나 결국 예수님이 요한에게서 세례 받았음을 시인한다. 실제로 요한에게서 세례 받으신 것은 분명한 사실인 셈이다. 마태보다 요한이 예수님을 더 추켜올린다. 자세히 분석하면 더 드러나지만 요한복음이 맨 마지막에 만들어진 이야기임이 드러난다. 그러나 여기선 마가에만 집중하려 한다.

다 세례를 받은 와중에요. 그래서 예수님이 세례를 받고 또 기도할 적에 하늘이 열림이 (있었습니다).
39

마태	요한
3:13 이 때에 예수께서 갈릴리로부터 요단 강에 이르러 요한에게 세례를 받으려 하시니 14 요한이 말려 이르되 내가 당신에게서 세례를 받아야 할 터인데 당신이 내게로 오시나이까 15 예수께서 대답하여 이르시되 이제 허락하라 우리가 이와 같이 하여 모든 의를 이루는 것이 합당하니라 하시니 이에 요한이 허락하는지라 16 예수께서 세례를 받으시고 곧 물에서 올라오실새 하늘이 열리고 하나님의 성령이 비둘기 같이 내려 자기 위에 임하심을 보시더니	1:28 이 일은 요한이 세례 베풀던 곳 요단 강 건너편 베다니에서 일어난 일이니라 29 이튿날 요한이 예수께서 자기에게 나아오심을 보고 이르되 보라 세상 죄를 지고 가는 하나님의 어린 양이로다 30 내가 전에 말하기를 내 뒤에 오는 사람이 있는데 나보다 앞선 것은 그가 나보다 먼저 계심이라 한 것이 이 사람을 가리킴이라 31 나도 그를 알지 못하였으나 내가 와서 물로 세례를 베푸는 것은 그를 이스라엘에 나타내려 함이라 하니라 32 요한이 또 증언하여 이르되 내가 보매 성령이 비둘기 같이 하늘로부터 내려와서 그의 위에 머물렀더라

2. 도대체 예수님은 무슨 죄 고백을 했을까?

필자는 예수님이 세례자 요한에게 죄 고백을 했다는 해석을 몇몇 성도들에게 한 적이 있었다. 그러자 어떤 이들은 놀라워하면서 발끈했다. 죄 없는 예수님이 죄를 고백했다는 게 가당키나 하냐고 말이다. 여러분은 어떻게 생각하는가? 잊지 말아야 할 게 있다. 예수님은 신인 동시에, 인간인 분이라는 것을. 이 말은 예수님도 죄를 지었다 고백할 거리들이 있었다는 뜻이다. 죄를 지었다는 것이 아니라. 죄 고백은 죄를 꼭 지어야만 하는 것이 아니기 때문이다.

여기서 질문을 조금 바꿔야 한다. "예수님이 무슨 죄를 지었을까?"가 아니라, "무슨 죄를 고백했을까?"이다. 죄 고백은 죄의식이 있을 때 나온다. 죄를 짓고서도 죄의식을 못 느끼는 자들이 대부분이다. 남들도 다 하는데 뭐 그딴 걸 가지고 추궁하냐고 불쾌해한다. 그것이 죄인지도 몰랐다고 말한다. 우리는 항상 하나님께 의지하며 살아야 한다. 그분은 우리보다 더 지혜로우시고 의로우시므로 그분의 말씀대로 살아야 한다. 그런데 그렇게 여기고 매일 사는가? 하나님께 순종하지 않고 내 마음대로 산 것에 대해 죄책감을 가졌는가?

이 질문은 다음의 질문으로 넘어 간다.
"예수님은 죄책감을 안 가지셨을까?"

사람이 뭔가 잘못을 저질렀다 여기면, 남에게 말하든 안하든 죄책감을 가진다. 남들은 그럴 필요가 없다 해도, 죄에 지나치리만큼 예민한 이들은 죄책감으로 괴로워한다. 즉, 흔히 죄라 규정하는 죄를 안 지어도, 자신이 죄의 규정치를 높게 잡으면 죄책감을 가진다. 윤동주시인도 「서시」라는 시에서 그렇게 말하지 않았는가?

죽는 날까지 하늘을 우러러

한 점 부끄럼이 없기를,

잎새에 이는 바람에도

나는 괴로워했다. ...

　한낱 인간에 불과한 윤동주도 잎새에 이는 바람에 자신의 죄들을 떠올리며 괴로워했다는데, 예수님인들 한 인간으로서 죄책감을 가진 게 없었겠는가? 당연히 있었을 것이다. 아니 있어야 한다.

　가장 확실한 건 가장으로서의 책무를 다른 식구들에게 던져놔야 한다는 죄책감이다. 예수님이 세례자 요한에게 세례 받겠다고 찾아간 건 아버지가 돌아간 뒤다. 당신이 가장이었다. 학자들은 그때가 대략 30대 초반이라 본다. 예수님 뒤로 동생들이 몇 명 있었는가? 마가복음에는 동네 사람들이 예수님 가족들 이름을 죽 읊는 장면이 나오는데(6:3), 남동생만 무려 4명이다. 게다가 몇 명인지 모르나 여동생들까지 있었다.[40] 당시 어머니인 마리아의 나이는 아마 40대 중반일 것이다. 마리아가 자식들을 몇 년 터울로 낳았는지 알 수 없으나, 2-3년 터울이라면 예수님 밑으로 동생들은 10대말부터 20대까지 다 있는 것이다.

　여자들은 10대 중반이면 결혼을 했다. 자식의 결혼을 누가 책임지고 치러야 하나? 가장이다. 결혼적령기에 벌써 접어든 여동생도 있었을 것이다. 예수님도 아직 결혼을 안 한 상황이니, 마리아는 자녀들의 결혼을 한 가득 쌓아놓은 상태였다. 과부는 무력하다. 입장을 바꿔놓고 생각해보면, 마리아는 자녀들의 결혼만 생각해도 부모노릇 제대로 못하고 있다는 것에 머리가 무거웠을 것이다. 장남에게 얼마나 의지했겠는가? 40대 중반인 자

―――――――――

40 『눈으로 듣는 마가』 6:3 이자, **목수** 아냐? 그 마리아 아들? 그리고 야고보의 형제 그리고 요세와 유다 그리고 시몬의 (형제)? 그리고 아니야? 그의 누이들이 여기서 우리 쪽 편에 있는 거?" 그래서 **그분으로 인해** 걸림돌에 걸리고 걸렸습니다.

신도 결코 젊다 할 수 없는 나이니, 결혼 하나만 고려하더라도 장남인 예수님의 의무는 컸다.

게다가 그분은 목수이지 않았나?(막 6:3)[41] 절대로 넉넉한 형편은 아니다. 동생들 역시 뭔가 직업을 갖고 있었겠지만, 그 역시 온 가족의 입을 기름지게 할 만한 수준은 아니었을 것이다. 즉 모두가 팍팍한 생계전선에 뛰어들어 일하고 있을 때였다. 그때 예수님은 다 뒤로 한 채, 요단강에서 회개를 외치며 세례를 주는 요한에게 간 것이다. 예수님이 거기 간 것은 다른 유대인들처럼 단순히 하나님 나라에 들어가고픈 열망은 아니었을 것이다. 누가에 따르면 열두 살 때 이미 하나님의 아들로서의 의식을 갖고 계시지 않았는가!

아마 결코 목수로서 평범한 삶을 살지 못할 것임을 알고 계셨을 것이다. 더 나아가 이미 그때 자신의 이른 죽음을 예견했는지도 모른다. 사람들이 영원한 구원을 받도록 하기 위해선 고통스런 인생길을 가야함을 알았다면, 무엇이 가장 예수님을 힘들게 만들었을까? 가족이 아니었을까? 알다시피 나중에 예수님은 자기 가족들을 부인한다. 하나님의 뜻을 행하는 자만이 당신 가족이라는 아주 차가운 말을 내뱉으셔야 했다. 그 순간 예수님의 마음이 평화로웠을까? 당신 가족보다 더 고통스러우셨을 것이다. 그럴 때 아무 감정의 요동이 없었다면, 일말의 죄책감이 없었다면, 솔직히 그런 예수님에게 정이 안 간다.

즉, 예수님은 복음을 전하기 앞서 가족에 대한 죄책감을 가졌을 것이란 이야기다. 하나님의 뜻을 행하기 위해 그 정도는 당연히 밟고 지나가야 한다 말했다면, 그런 예수님을 좇을 수 있겠는가? 예수님 당시의 문화

---

41 마가는 예수님이 목수 일을 했다고 한다. 그러나 마태는 예수님의 아버지인 요셉이 목수였다 했다; 참. 『눈으로 듣는 마태』 13:55 이자는 목수의 아들이 아냐? 그의 어머니가 **마리암**이라 말해지지 않아? 또 그의 형제들은 야고보, 그리고 요셉과 시몬, 그리고 유다 아냐?

가 우리네 문화와 아무리 다르다 하여도, 그건 인간으로서 가장 기본적인 도리요, 마음자세이다. 특히 아버지가 없어 자신이 가장으로서 마땅히 감당해야 하거늘, 나 몰라라 하고 그 짐을 고스란히 늙은 어머니와 동생들에게 다 떠맡겨야 하질 않는가? 떠나기 앞서 큰 재산을 형성해놓았단 이야기도 없다.

세례자 요한에게 죄를 고백했다면, 가장으로서 맡은 바 소임을 다 하지 못함을, 가족들에게 모든 짐을 다 떠넘긴 것을 말하셨을 것이다. 그리고 혹여나 자신의 이른 죽음까지 이미 알고 있었다면, 자신의 어머니와 가족들이 느낄 슬픔과 아픔도 미안해했을 것이다. 하나님의 뜻에 순종하기 위해서 해야 하지만, 자식으로서 어머니께 정말 죽을죄를 짓는 게 아닌가! 이런 죄 고백을 한 게 거슬리는가?

두 번째로 누가의 이야기를 잠시 생각해보자. 열두 살 때 온 가족이 예루살렘으로 올라갔었다. 그러고선 예루살렘에 처져 머무르면서 부모에게 알리지 않았었다. 당연히 난리가 났고, 도로 올라온 부모와 사흘 뒤에야 겨우 만났었다. 마리아가 어찌 그럴 수 있냐고 따졌을 때, 예수님이 뭐라 대답하셨다 하나? 2:49이다.

『눈으로 듣는 누가』
"왜 절 찾고 또 찾으셨습니까? 모르셨습니까? 제 아버지의 것들에 반드시 제가 계속 있어야 하는 것을요!"

누가는 이 사건에 대한 마리아의 기억을 전해준다.

『눈으로 듣는 누가』
2:50 그러나 정작 그들은 그 말소리를 깨닫지 못했습니다. 그들한테 소리 내 말한 걸요.

51 그리고 (그는) **그들과 함께** 내려갔습니다. 그래서 **나자렛**
에 갔습니다. 그리고 계속 **그들한테** 순복했습니다. 그리고 그
의 어머니는 두고두고 간직하고 있었습니다. 모든 말소리들을
자기 마음속에요.

처음에 그들은 그 말이 무슨 말인지 몰랐다는 것이다. 그러고는 나자렛
에 돌아가 예전처럼 잘 지냈고, 다시는 그런 일이 없었다고 말한다. 부모
에게 순복하는 자녀로 잘 자랐다고 말이다. 보통 이 일화를 놓고 주로 예
수님의 비범함을 이야기한다. 이미 하나님의 아들로서의 자의식이 있었다
고 말이다. 그러나 평범한 한 인간으로서 생각해보자. 사흘 동안 그 부모
들은 속이 탔을 것이다. 오죽했으면, 마리아가 너 때문에 얼마나 고통스러
웠는지 아느냐고 했겠는가![42] 우리한테 왜 그랬냐고 말이다.

열두 살이었던 예수는 한 인간으로서 잘못했다. 어려서 철이 덜 들어
그랬다고 할 수 있지만, 부모 속을 애태웠다. 자식이라면, 부모의 속을 타
게 만드는 일이 없어야 한다. 비록 그 순간 너무 아버지 하나님과의 대화
에 황홀경에 빠졌다 하더라도, 인간이라면 자식으로서 응당 부모에게 말
을 했어야 했다. 사흘이나 자신 때문에 고생한 부모를 보고 죄송했다 말
하는 게 정상이다.

사람들은 십계명 같은 중죄를 지어야만 죄 고백을 한다고 생각하는데,
그렇지 않다. 우리는 중죄를 짓지 않아도 죄책감을 가진다. 인간과의 관계
에서 우리는 항상 실수를 저지르기 때문이다. 아무리 배려하고 고려해도,
사람의 마음속을 도대체 알 수 없어 의도하지 않은 상처를 줄 수 있다. 사
람들 중에 상처 안 받았다 말할 이, 누가 있겠는가? 사람이라면, 사람의 십

---

42 『눈으로 듣는 누가』 2:48 그래서 그를 직접 보고선 기절초풍했습니다. 그래서
말했습니다, 그의 쪽을 향해 그의 어머니가. "애야! **우리한테** 왜 그랬니? 이렇게! 봐
라! 네 아버지와 내가 친히 쓰라려하면서 **너를** 찾고 또 찾았다!"

자가를 누구나 진다. 어릴 때에는 부모에게 잘못하고, 커서 자녀를 두면, 부모로서 잘못한다. 일반 사람들보다 조금이라도 더 의로운 자는 자책감을 더 가진다. 의인일수록 더 겸손하다. 즉 예수님이 이 땅에서 한 인간으로 산다는 것은 일말의 죄책감을 가지고 산다는 것이다.

게다가 예수님은 온 인류를 위해 십자가를 지신 분이다. 죄인이라는 판결을 일부러 받는 삶은 가족에게 큰 아픔과 배신감을 준다. 일본에게 지배받을 때, 나라의 독립을 위해 한 몸 불사르신 분들 중에서 가족에게 미안한 마음을 가지지 않은 분이 누가 있겠는가? 독립운동 하는 식구 때문에 부당한 핍박을 당하지 않은 가족 있을까? 옳은 일이기에 하면서도, 최소한 가족에게 죄책감을 가지는 게 인간이다.

과거로 멀리 거슬러 갈 필요도 없다. 누군가를 살리느라 목숨을 일찍 잃은 의인들이 있다. 대단한 일을 했으니, 난 부모에게 떳떳하다 말할까? 죽어서? 아닐 것이다. 옳은 일은 옳은 일이고, 자기 시체를 껴안고 피눈물을 흘리는 부모를 봤다면, 너무 미안해했을 것이다. 죄송하다고. 미처 당신의 아픔을 떠올릴 겨를이 없었다고 말이다. 선교사들은 오지에 나가 고생하면서도 보람을 느끼지만, 또 마음 한 켠에서는 자신 때문에 자녀들이 덩달아 고생하는 것 때문에 죄책감을 가진다. 이들이 느끼는 죄책감이 죄를 지어서 생긴 것인가?

죄책감은 인간이라면 누구나 갖는 감정이다. 큰일을 하는 사람일수록 죄책감을 느낄 대상은 많아진다. 흔히 대통령은 신나는 자리라고 생각하지만, 매일 매일 수많은 사람들의 고통을 떠안으며 산다. 대통령인데도 권한이 한정돼 있어 마음대로 할 수 없음을 뼈저리게 느끼는 자리이기도 하다. 자기가 어떻게 할 수 없었던 사건마저도 책임감을 느끼는 자리다. 특히나 여러 명의 목숨이 스러지면, 자신의 직접적인 책임이 아니건만, 죄책감을 가진다.

예수님이 세례자 요한 앞에 가서 죄를 고백했을 때, 그것은 그분의 죄책감에서 나온 것들이다. 우리보다 더 깨끗한 마음을 가졌을 것이므로, 더 많았을 것이다. 예수님이 우리에게 요구하신 거룩함은 십계명을 뛰어넘는 다. 마음으로 짓는 죄도 죄라고 하지 않으시던가! 그 죄성을 고민하고 괴로워하지 않으셨다면, 인간의 죄의 무게를 덜어주고픈 마음이 생기지도 않았을 터이다. 그는 죄에 대해 헤아릴 수 없을 정도의 예민함을 가지셨다. 자연 죄책감도 엄청 많으셨을 것이다. 우리가 한 번도 고민하지 않았을 것들을 가지고 말이다.

3. 우리는 왜 사람들 앞에서 죄 고백을 못하는가?

마가는 다른 담가들처럼 예수님이 세례자 요한에게서 세례를 받을지, 말지로 씨름한 이야기를 전하지 않는다. 그냥 세례를 받았다고만 전한다. 이는 예수님이 요한 앞에서 자신이 죄를 지었음을 시인했다는 것이다. 그것이 죄가 아님에도 불구하고 말이다. 우리도 속으로 '내가 잘못했구나!'하고 뉘우칠 때가 있다. 물론 자신의 잘못들을 떠올리며 반성하는 대신, 상황과 주변 사람들 탓을 하며 합리화 하는 치들도 있다. 그러나 어쨌든 조금이라도 겸손하다면, 속으로 생각한다. 그런데 속으로 그런 생각을 하지, 내 입으로 내 죄를 이야기하긴 쉽지 않다.

왜 그런가? 자존심이 상해서 그렇다. 사람들 중에는 자기 이야기를 잘 못하고, 안 하는 이들이 있다. 각자 나름의 이유를 제시한다. 그러나 본질은 자존심이 상해서 그렇다. 자기가 잘못한 짓들, 자기가 오해하고 착각해 잘못한 말과 행동을 남 앞에 터놓기가 부끄럽고, 자존심 상해서 그렇다. 죄질이 크면 클수록 숨기느라 여념이 없지, 어떻게 고백할까 고민 하지 않는다. 고민과 걱정 없는 인간이 있을까? 없다. 다 속상한 일 천지다. 남 앞에서 잘 사는 것처럼 보이고 싶은데, 아무 문제없다고 말하고 싶은

기가 잘못한 것들을 사람들 앞에서 털어놓는 고백이 선제적으로 있었음을 의미한다. 예수님이 세례자 요한에게 가셨다는 것은 앞에서 밝혔듯 죄책감을 가지셨고, 그것을 진심으로 사람들 앞에 털어놓았음을 뜻한다. 그분이 홀로 요단강에 가신 것으로 봐, 그간 그리스도로서의 자의식과 가장으로서의 책임감 사이에서 고민하셨음이 헤아려진다. 죄성에 대해 누구보다 가장 선명하게 파악하셨을 터이므로, 그분이 털어놓고 발언하신 죄의 고백은 보통 인간이 한 고백과는 질이 다르다.

그분이 진정 신의 성품과 자질을 지니셨다면, 혜안도 지녔을 터, 인간의 이기적인 본성과 죄성을 보고 질린 적도 있으셨을 것이다. 중요한 점은 그분이 우리보다 훨씬 더 뛰어난 덕을 지니셨는데도, 자기들보다 훨씬 더 못한 사람들 앞에서 자신의 허물을 털어놓으셨다는 것이다.

그것을 마태는 3:15에서 '모든 의를 이루기 위해서'라고 표현했다. 정말 아무 죄가 없으신 분이 자기보다 훨씬 더 많은 죄들을 덕지덕지 붙이고 있는 사람들 앞에 "나도 죄인이요!"하고 이야기하셨으니, 얼마나 대단한 겸손하심인가? 예수님이 참 의인임이 도드라지게 보인다.[46] 그분의 고백이 얼마나 죄와 상관없는 것이었음은 그 다음에 확연히 드러난다.

5. 누가 하나님의 아들이 될 수 있나?

10절이다. 즉시 물에서 올라오는데, 예수님이 직접 보셨다. 하늘들이 찢어지는 것을. 그리고 영이 비둘기처럼 내려와, 자기 안으로 들어오는 것을 보신 것이다. '하늘이 어떻게 찢어질 수 있어?'라는 생각을 한 분이 혹 있다면, 굉장히 예리한 것이다. 맞다. 하늘이 찢어지긴 어렵다. 그래서 마

---

46   게르트 타이센 · 아네테 메르츠, 『역사적 예수』, 307.

태와 누가는 다 '하늘이 열렸다'고 말했다.[47] 마가가 조금 일부러 특이하게 이야기한 것인데, 이것은 나중에 설명할 기회가 있을 것이다. 지금 이야기 하는 건 시기상조이다. 일단 '의도적으로 이렇게 말했구나' 정도에서 기억 하고 넘어가는 게 좋겠다.

구약에서 하나님이 영을 내려준 사건이 여러 번 등장한다.[48]

> 삿 3:10 **여호와의 영이 그에게 임하셨으므로** 그가 이스라엘의 사사가 되어 나가서 싸울 때에 여호와께서 메소보다미아 왕 구산 리사다임을 그의 손에 넘겨 주시매 옷니엘의 손이 구산 리사다임을 이기니라
> 삼상 10:6 네게는 **여호와의 영이 크게 임하리니** 너도 그들과 함께 예언을 하고 변하여 새 사람이 되리라
> 19:20 사울이 다윗을 잡으러 전령들을 보냈더니 그들이 선지자 무리가 예언하는 것과 사무엘이 그들의 수령으로 선 것을 볼 때에 **하나님의 영이 사울의 전령들에게 임하매** 그들도 예언을 한지라

---

47 『눈으로 듣는 마태·누가』

마태	누가
3:16 그리고 세례 받으신 후, 예수님은 즉시 올라오셨습니다. 물에서. 그런데 보세요! **열렸습니다. [그분에게] 하늘들이.** 그리고 직접 보셨습니다. [그] 하나님의 [그] 영이 내려오는 것을 꼭 비둘기처럼, [그리고] 자기 위에 오는 것을.	3:21 일이, 그런데 있었습니다. 모든 백성이 다 세례를 받은 와중에요. 그래서 예수님이 세례를 받고 또 기도할 적에 **하늘이 열림이 (있었습니다).**

요한은 성령이 내려온 것은 이야기하나, 하늘에 관해서는 아무 말하지 않았다; 참. 요 1:32 요한이 또 증언하여 이르되 내가 보매 성령이 비둘기 같이 하늘로부터 내려와서 그의 위에 머물렀더라

48 삿 3:10; 6:34; 11:29; 13:25; 삼상 10:6; 11:6; 19:20.

구약 역사상 사사 옷니엘, 기드온, 입다, 삼손, 사울 등 여러 사람들에게 하나님의 영이 내려왔다고 전한다.[49] 그런데 그 이후의 숱한 유대작품이나 사해문서에서 특정 인물에게 하나님의 영이 임했다고 한 사례가 없다. 특히 유대문서에서 영이 새의 형태로 내려온 사례는 한 번도 없었다.[50] 그레코 로마 문화에서도 신이 주로 매나 갈매기와 같은 새로 변해 지상으로 내려와 일한 적은 있으나, 마가처럼 신의 영이 하늘에서 내려왔다는 경우는 없는 것이다. 호머의 신화에서 신은 새의 형태로 변모해서 내려왔는데, 마가복음은 영이 내려왔다고 말한다.[51]

그런데 사실 중요한 말은 그 다음 말이다. 11절이다. 하늘에서 소리가 있었다는 것이다: "바로 네가 내 아들, 사랑하는 자다! 너로 흐뭇했다."

마가 담가는 처음에 예수님은 '하나님의 아들'이라고 선포했다. 여기서 예수님이 들은 소리의 주인공이 하나님이라고 콕 집어서 말하지 않았지만, 하늘에서 이야기한 것이면, 그건 바로 하나님을 에둘러 말한 것이다. 마가의 말을 듣는 사람들은 그렇게 알아들었을 것이다. 여러분도 그렇게 받아들이지 않았는가?

1:1의 '하나님의 아들'은 헬라어로 'υἱός θεοῦ(휘오스 테우)'인데, 이 말 앞에 관사가 일절 없다. '하나님의 아들'이라 부를 때는 다 관사를 안 붙일 것 같지만, 그렇지 않다. 마태복음에서 베드로가 예수님에게 "당신은 하나님의 아들입니다(ὁ υἱὸς τοῦ θεοῦ)"할 때, '아들'과 '하나님' 앞에 다 관사를 붙였다. 단어

49 삿 6:34 **여호와의 영이 기드온에게 임하시니** 기드온이 나팔을 불매 아비에셀이 그의 뒤를 따라 부름을 받으니라; 11:29 이에 **여호와의 영이 입다에게 임하시니** 입다가 길르앗과 므낫세를 지나서 길르앗의 미스베에 이르고 길르앗의 미스베에서부터 암몬 자손에게로 나아갈 때에; 13:25 소라와 에스다올 사이 마하네단에서 **여호와의 영이 그(삼손)를 움직이기 시작하셨더라**
50 Edward D. Pixon, "Descending Spirit and Descending Gods: a Greek Interpretation of the Spirits 'Decent as a Dove' in Mark," *JBL* 128/4 (2009), 764.
51 Ibid., 769-70.

마다 관사를 일일이 붙인 '바로 그 하나님의 아들'이 신약에는 훨씬 더 많다.[52]

무관사 형태인 '하나님의 아들'은 나중에 백부장이 십자가 위에 죽으시는 예수님을 보고 똑같이 말할 때 나온다(15:39). 로마 사회에서는 로마 황제를 라틴어를 그리스어로 바꿔 비문에 새길 때이다. 당시 황제가 세상에 와서 통치한 것이 복음(εὐαγγέλιον)이라 했다. 로마인들은, 황제가 통치하거나 승리한 것을 '기쁜 소식'이라며 외쳤다. 플루타크는 전쟁이 끝났다는 소식이 '복음'이라고 전한다.

> "수많은 사람들이 레스보스(Lesbos)로 항해했다. 코넬리아에게 기쁜 소식들을(εὐαγγελιζόμενοι), 즉 전쟁이 끝났다는 것을 알려주기를 바라면서(Pomp. 66.3)."

요세푸스도 베스파시안이 왕좌에 올랐다는 말이 퍼졌을 때, "모든 도시는 '기쁜 소식(εὐαγγέλια)'을 축하했다. 그리고 그를 위해 희생제사를 드렸다"고 말한다.[53] 그러면서 "베스파시안이 알렉산드리아에 당도할 때, 로마와 세계 각 곳에서 보낸 축하 사절단들로부터 '기쁜 소식'으로서 환영인사를 받았다. … 제국 전체는 이제 안전해졌으며, 로마가 기대 이상으로 구원받았으므로(σώζειν), 베스파시안은 자기의 생각들을 유대에 남아 있는 것들로 돌렸다."[54]

---

52   마 16:16; 26:63; 막 3:11; 눅 4:41; 22:70; 요 1:34, 49; 11:4, 27; 20:31; 행 9:20; 요일 3:8; 4:15; 5:5, 20; 계 2:18; 참. 『눈으로 듣는 마가』 3:11 그리고 영들, 이 안 깨끗한 것들은 그분을 바라보는 순간마다 그분 앞으로 엎드리고 또 엎드렸습니다. 그리고 계속 외쳤습니다. 말하길. "바로 당신이 **바로 그 하나님의 아들입니다!**"라고요.

53   요세푸스, 『유대전쟁사』, 4.10.6 §618.

54   『유대전쟁사』, 4.11.5 §§656–57; Craig A. Evans, "Mark's Incipit and the Priene Calendar Inscription: From Jewish Gospel to Greco-Roman Gospel," *JGRChJ* 1 (2006), 70.

이런 것을 염두에 둔다면, 당시 사람들이 '복음, 기쁜 소식'을 들을 때 머릿속에 무엇을 떠올렸을지 가늠이 된다. 법과 질서, 건강과 번영, 정의와 자비다. 늘 그런 뜻으로 들었으니, 유대인이나 이방인이나 다 '복음'이라는 낱말을 들을 때 이런 개념을 떠올렸을 것이다.[55]

마가 이야기를 듣던 자들은 로마에 살던 자들이므로 예수님이 로마 황제 같은 분이라는 건가하고 생각할 수 있다. 권력과 군사력을 보유한, 전권을 휘두르는 권력자로서의 예수님을 생각할 수 있었다. 그러나 예수님에게 내려온 성령은 뭐였는가? '비둘기' 같은 것이었다. 로마 제국을 상징하는 독수리가 아니고.

수에토니우스는 로마 황제들이 어떻게 황제로 등극했는지, 또는 권력을 잡게 되었는지를 '새 징조(bird omen)'와 연결시켜서 전한다. 클라우디우스 황제(41-54년 재위) 경우, 그가 늦은 나이에 가이우스의 동료로서, 두 달짜리 밖에 안 되는 집정관(consulship)직을 하게 되었을 때, 다음과 같은 일이 있었다는 것이다. 클라우디우스가 집정관 속간(束桿)(consular rods)을 들고 포럼(Forum)에 들어가는데, 그때 독수리 한 마리가 날아오더니 그의 어깨에 앉더라는 것이다.[56] 나중에 황제가 될 것을 예시하는 새였던 것이다.

티베리우스 황제(14-37년 재위)도 새 징조 이야기가 있다. 티베리우스가 아우구스투스 황제에게 벌로 추방령을 받아 로데 지방(Rhodes)에 있을 때였다. 황제가 티베리우스를 입양하기로 결정했을 때, 티베리우스는 로데 지방에서 그 사실을 모른 채 있었다. 그런데 입양 결정 편지가 도착하기 며칠 전에, 그 전까지 한 번도 나타난 적이 없었던 독수리 한 마리가 티베리우스의 집 지붕 위에 떡 하니 앉더라는 것이다. 그리고 바로 그 날 저녁

---

55   Ibid., 78.

56   Suetonius, Claud. 7.

에 그가 입고 있었던 튜닉이 갑자기 하얘졌다는 이야기가 있다.[57]

로마를 상징하는 것은 독수리인데, 황제가 될 자에게는 독수리가 임한다는 것이다. 그러나 예수님에게 임한 것은 무엇인가? 비둘기다. 하나님이 아들이라 불렀지만, 비둘기가 상징하는 순수하고, 부드럽고, 평화롭고, 심지어는 희생하는 분임을 암시하는 것이라고 볼 수 있다.[58] 그럼에도 불구하고 진정한 기쁜 소식이 되시는 분은 로마 황제가 아니라, 예수님이라는 것으로 알아들었을 것이다.

마가의 이야기를 바르게 이해하려면, 마가 성도들이 듣고 이해했을 바를 더듬어야 한다. 마가 이야기를 듣고 가장 은혜 받았던 자는 누구일까? 마가 성도들이다. 그들의 은혜와 감격, 변화가 컸기에, 마태와 누가에게 흘려졌다. 그러니 그들의 처지와 심리, 나아가 그들이 예수님에 대해 알고 있었을 정보들을 유추해야 한다. 왜냐하면 우리는 마가 이야기를 들으면서, 마가가 왜 그렇게 말하는지, 왜 그런 식으로 들려주는지를 알아야 하는데 신경 쓰지 않는다. 내가 지금 알고 있는 것들을 토대로 이해하려 한다. 마태나 다른 담가가 들려준 이야기들을 종합적으로 고려해 듣는다. 마가가 다른 담가와 다르게 이야기할 때는 이유가 있는데, 그것을 고려하지 않고, 총 지식으로 파악하려는 것이다. 그래서 결국 많은 오해가 발생한다.

이런 것을 프레임을 씌운다고 한다. 누군가에 대해 못된 사람이라는 정보를 자꾸 흘려보내 인식이 돼버리면, 나중에 그자가 아무리 좋은 사람이라 해도 결코 곧이곧대로 받아들이지 않는다. 그자는 못된 사람이라는 프레임을 갖고 듣는다. 자신이 프레임에 씌워져 있는 것을 인식하지 못한 채 말이다. 지금도 여전히 그런 일들이 일어난다. 세상을 볼 때 우리는 일어난 일 그대로 받아들인다고 생각하지만, 착각이다. 이미 형성된 프레임에

---

57 Suetonius, Tib. 14.

58 Michael Peppard, "The Eagle and the Dove: Roman Imperial Sonship and the Baptism of Jesus (Mark 1. 9–11)," *NTS* 56 (2010), 448–450.

맞추어 받아들인다.

마가 이야기도 그렇게 짜인 프레임 속에서 이해돼 왔다. 마가가 하늘에서 예수님을 보고 내가 사랑하는 아들이라 했는데, 이게 도대체 무슨 말인지를 파악하려 하지 않는다. 현대 교회는 기독교가 형성된 지 2000년이 지나, 교리가 확고하게 세워진 상황이다. '하나님의 아들'이라는 말을 교리 위에서 듣는다. 그래서 의심 없이 하나님과 똑같은 신성을 가지신 분이라 말하는 것으로 이해한다. 예수님도 신임을 드러내는 말씀으로 받아들인다. 지금은 예수님 외 어느 누구도 하나님의 아들이라 불리지 않는다. 물론 이단들은 그렇게 주장하지만.

그런데 사실 2000년 전, 예수님 때나 마가 담가가 이야기할 때, 그리고 그리스, 로마, 또 팔레스틴에서 하나님의 아들이라 불리는 자가 있었다. 예수님 외, 예수님 전과 후에 대단한 인물을 '하나님의 아들'이라 불렀다. 그리스 신화를 보면, 디오니소스와 헤라클레스는 제우스, 즉 최고의 신의 아들이다. 이집트에선 왕이 당연히 신의 아들이었고, 심지어 그리스에서는 피타고라스와 플라톤이 아폴로 신의 아들이라고 칭송되었다. 그리고 유대인들도 '하나님의 아들'이라 부른 이들이 있었다.

예수님 당시는 성경이라는 것이 없었다. 말라기서보다는 이사야서가 훨씬 더 인정을 받았고, 권위가 있었다. 그러나 그렇다고 해서 지금 성경에 들어오지 못한 책들, 특히 사람들 귀에 쏙 들어오는 미래에 대한 예언서들, 즉 에녹서, 솔로몬 시편, 에스라 4서, 12족장 예언서 등과 같은 책들을 안 들은 것도 아니었다. 어떤 사람이 꿈을 꿨는데, 천사가 데려가 나중에 일어날 일들을 보고, 미래에 일어날 일을 들었다 하면, 사람들이 얼마나 혹하며 들었겠는가? 예나 지금이나, '사람은 이래야 되고, 저래야 된다'는 식의 훈계보다 얼토당토 않는 이야기지만, 들으면 저절로 상상이 되는 이야기가 재미있다. "마지막 심판 때에는 무섭고 끔찍한 일이 벌어진대!"하며 들려주는 이야기가 다 믿어지진 않지만, 그 이야기를 무시하고 흘려듣는 귀는 없다.

하나님께 대들은 천사가 있었는데, 결국 하나님께 벌 받아 나락으로 떨어졌다. 또 그와 함께 타락한 천사들도 반역하다 같이 벌 받았다는 이야기들, 지금도 사람들이 여전히 좋아하지 않는가! 바른 교훈보다는 귀를 혹하게 만드는 이야기들이 예수님 당시 많이 떠돌아 다녔다. 그 중 『지혜서』에는 의로운 자들이 자기는 하나님이 사랑하는 아들이라 자랑했다는 이야기가 있다(2:13, 16).

> 지혜서 2:13 의인은 자기가 하느님을 안다고 큰소리치고 주님의 **아들로 자처한다.**
> 14 우리가 무슨 생각을 하든지 늘 우리를 책망하기만 하니 그를 보기만 해도 마음의 짐이 되는구나.
> 15 아무튼 그의 생활은 다른 사람과는 다르고 그가 가는 길은 엉뚱하기만 하다.
> 16 그의 눈에는 우리가 가짜로만 보인다. 그는 우리가 걷는 길이 더럽다고 멀찍이 피해 간다. 의인들의 최후가 행복스럽다고 큰소리치고 **하나님을 아버지라고 자랑한다.**

이 구절은 악인들이 하나님을 아버지라 말하는 의인이 꼴 보기 싫다며 흉보는 말이다. 이 의인의 주장과 행보는 요한복음과 굉장히 맞닿아 있다. 예수님이 계속 아버지를 거론하며, 자신은 아버지가 보낸 아들이라고 주장하지 않는가? 자신이 참된 빛이며, 의인이라 한다. 유대인들에게는 요한복음의 이야기가 낯설지 않은 것이다. 그런데 여기서만 하나님을 아버지라 말하지 않는다.

『요셉과 아스낫(Joseph and Asneneth)』에서 요셉이 하나님의 아들이라 불린다.

창 41:45 바로는 요셉에게 사브낫바네아라는 이름을 지어 주고, 온의 제사장 보디베라의 딸 아스낫과 결혼을 시켰다. 요셉이 이집트 땅을 순찰하러 나섰다.

요셉은 창세기에서 이집트 총리가 되면서, 제사장 보디베라의 딸 아스낫과 결혼했다고 나온다. 이 한 구절을 놓고 나중에 유대인들은 이 둘이 어떻게 결혼했고, 어떻게 아이를 낳았는지 등을 재미난 이야기 형식으로 만들었다. 학자들은 빠르면 기원전 200년 경, 늦으면 기원후 200년으로 잡는다. 이집트에서 만들어졌으리라 추정되지만,[59] 워낙 내용이 재미있고, 특히 여인들을 교육하기에 좋아 1세기 팔레스틴 사회에도 떠돌아다녔을 것이다. 거기에 아스낫이 처음엔 요셉을 잘 모르고 그에 대해 안 좋은 말을 들은 대로 했는데, 어느 날 요셉을 직접 눈으로 보게 되었다. 그러면서 그녀가 하는 말이 있는데 다음과 같다.

6장

아스낫이 요셉을 보고, 마음이 찔렸습니다. 배가 아플 정도였습니다. 다리는 후들거렸고, 온 몸은 떨렸습니다. 그녀는 너무 무서워서 막 소리를 질렀습니다. 그러면서 말하길, "나 어떡하지? 어디로 내가 그 사람을 피하지? '요셉, 하나님의 아들'이 나를 어떻게 여길까? 내가 그 사람에 대해 나쁘게 말했는데. 내가 어디로 도망가서 숨을 수 있을까? 그는 모든 것을 다 볼 거고, 그 사람한텐 어떤 비밀도 안전한 데가 없을 텐데. … 하늘에서 우리에게 태양이 오는 것이야! 그분이 전차를 타고 지금 우리 집으로 왔어. 그런데 내가 너무 어리석고 무모해서 그분

---

59   송혜경 역주, 『구약외경 1』 (의정부: 한님성서연구소, 2018), 359-61.

을 무시했어. 내가 그 사람에 대해 안 좋게 말했는데, **난 그분이
하나님의 아들이란 것을 몰랐어! 왜냐하면 그는 남자들 중에서
제일 멋진 자이고, 어떤 어머니가 그 사람 같은 밝은 빛을 품을
수 있을까?** 아! 난 가엾고, 어리석다. 내가 그 사람에 대해 아버
지께 그렇게 악한 말을 했으니, 이제 아버지는 날 그 사람에게
하녀나 종처럼 주겠지. 그럼 난 평생 그분을 섬겨야 할 거야."

좀 길게 했다. 또 언제 요셉과 아스낫 이야기를 접할까 싶어, 또 그 느낌
을 좀 아시라고 길게 전했다. 여기 외 다른 곳에서도 요셉이 하나님의 아
들이라 나오는데, 중요한 것은 인간을 '하나님의 아들'이라 불렀다는 점이
다. 학자들의 분석대로 이 이야기가 이집트에서 만들어진 것이라면, 왕을
하나님의 아들이라 부르는 문화에서 신의 은사를 받은 총리도 하나님의 아
들이라 부른 것이 파격적이지는 않았을 것이다. 그런데 아스낫이 요셉을
하나님의 아들이라 부른 이유를 무엇이라 말하는가? – 줄을 쳐놨다. – 잘
생겨서이다. 너무 잘 생긴 사람이 나타나면 주변이 환하게 되는 아우라가
있다고 하지 않는가? 아스낫은 그 느낌을 '제일 멋진 자다. 그 사람에게는
밝은 빛이 있다'고 표현한 것이다. 아스낫이 지금 이 땅에 살았다면, 도대
체 하나님의 아들이 몇 명이나 있는 거냐고 했을 것이다. 요즘엔 얼마나 잘
생긴 남자들이 많은가? 우리나라에 꽃미남이라 대접받는 이들이 이천 년
전으로 갔으면, 지금보다 훨씬 더 '하나님의 아들'로 추앙받았을지 모른다.

6. 예수님은 어떻게 하나님의 아들로 불렸나?

마가 담가가 예수님 이야기를 하면서, "예수님이 하나님의 아들이다!"
고 외쳤을 때, 그 이야기를 들은 청중은 지금 우리가 생각하듯이 완전한 절

대신으로 받아들이지 않았을 것이다. 예전에 섬겼던 신들과 같은 존재로 여기지 않았을 것이다. 신이라 부를 때 떠올리는 존재보다 조금 열려 있는 방식으로 생각했을 것이다. '응..... 대단한 분이신 거구나! 나보다는 훨씬 훌륭한 분'으로 이해했다는 것이다. 물론 이야기가 흘러가면 흘러갈수록 자기가 지금까지 생각했던 하나님의 아들과는 엄청 다른 수준임을 깨닫게 되지만, 어쨌든 이 이야기를 처음 들을 때는 그런 인상을 받는다는 것이다.

그러면서도 마가는 차이가 있음을 슬쩍 흘렸다. '대단한 분, 하나님에게 사랑을 훨씬 더 많이 받은 분'으로 여겨지도록 말이다. 물론 마가가 이야기를 계속 하고 있어서 그 이야기를 따라 잡으려면 성도들은 일단 제쳐야 한다. 마가가 열심히 들려주는 다른 이야기에 집중해야 한다. 그래서 성도들은 미처 앞의 이야기와 연결 지어 생각하지 못했을 것이다. 끝나고 나서 다른 성도들과 이야기를 나누거나, 집에 돌아가 음미하다가 '아! 그래서 다른 분이구나!'하고 생각했을 것이다. 5절에서 말한 일반 유대인들과는 다른 반응을 하나님이 하셨기 때문이다.[60]

예수님이 세례 받기 전, 수많은 유대인들이 먼저 요한을 찾아가 세례를 받았다. 그런데 그 많은 자들이 세례를 받을 때, 하늘이 찢어진 사례가 있었는가? 없었다. 하늘에서 영이 내려왔다든가, 하늘에서 "넌 내 사랑하는 아들이다"는 말 하나 없었다. 그냥 세례만 받았다. 게다가 앞에서 언급한 『지혜서』의 의인이나 『요셉과 아스낫』의 요셉은 사람들이 하나님의 아들이라 했다. 자기가 의인이니 하나님의 아들이라고 자칭(自稱)하거나, 또는 주변 사람들이 잘 생겼으니 하나님의 아들이라 불러준 것이다.

그러나 예수님의 경우는 하늘이다. 하나님이 직접 말하신 것이다. 다만 한 가지 아쉬움이 있다. 이것을 아무도 듣질 못했다. 오로지 예수님만 들

---

60 『눈으로 듣는 마가』 1:5 그러자 밖으로, 밖으로 나갔습니다. 그의 쪽으로 모든 유대 지방과 헤로솔뤼마인들, 다! 그래서 **그에게** 세례를 받고 받았습니다. 요단강에서 **자기 죄들을** 고백하면서 말입니다.

었다. 그러니 예수님만 알았지, 다른 사람들은 몰랐다. 심지어 세례자 요한까지도.[61]

마가는 성도들에게 예수님이 정말 다른 차원의 하나님의 아들임을 하늘의 소리로 일러준 것이다. 그런데 마가는 이 이야기를 함으로써 실은 더 중요한 점을 인지시켰다. 예수님은 도대체 무엇으로 하나님의 아들이란 소리를 들었냐는 것이다. 하늘에서 "너는 내 아들, 사랑하는 자다! 내가 너로 흐뭇했다"고 하셨는데, 예수님이 뭘 하셨기에 그런 엄청난 선포를 하신 건가? 그것을 알아야 한다!

마가는 예수님이 하나님의 아들임을 제시할 때, 마태나 누가처럼 신비롭고 재미난 탄생 이야기를 들려주지 않았다. 누구 집 자제인지도 말하지 않았다. 당시든 지금이든 누가 좀 훌륭하다고 하면 꼭 덧붙이는 게 있다. 대단한 가문의 자손이라는 점이다. 우리나라도 그렇다. 양반, 핏줄, 족보를 내세울 수 없는 이 현대문명 속에서도 누군가 각광을 받으면, 어김없이 그 사람의 집안이나 가족을 들먹인다. 로마나 그리스는 달랐을 것 같은가? 누구 자식인지 꼭 밝혔다.

구약에도 족보가 그래서 나오는 것이다. 역대기 상하에 나오는 족보와 이름들을 우리는 아무 의미 없이 읽지만, 그 족보와 관련된 자는 그것을 달달 외웠다. 결혼할 때는 각 집안의 족보를 갖고 와, 만약 같은 집안이라면, 최소한 5세대까지 거슬러 올라가 확인한 후에 결정했다. 로마 제국 초기에 황제를 정하는 기준이 시이저의 핏줄을 조금이라도 갖고 있느냐 없느냐였다. 조선시대 임금의 기준이 태조 이성계의 핏줄인 것처럼 말이다.

사실은 그래서 마태와 누가는 예수님의 족보를 이야기했다. 그런데 신기한 것은 마가는 그런 이야기를 일절 하지 않는다. 갈릴리 나자렛에서 나

61　이점에 대해 담가마다 약간 엇갈리는 이야기를 한다. 마태는 모두가 들리게끔 하늘에서 말했다 그러고, 요한은 그런 말은 들은 바 없으나 성령이 임하는 것을 직접 보고, 그는 하나님의 아들이라고 증언한다.

타났다는 말만 했지, 거기 오기까지 무슨 일이 있었는지, 뭘 하고 살았는지, 어떤 계시를 받았는지 등, 한 마디도 하지 않았다. 그의 아버지가 누구였는지 조차도. 그저 갑자기 뜬금없이 갈릴리 나자렛에서 와서 요한에게 세례를 받았다는 거다. 그랬더니 하늘이 찢어지고, 하나님의 아들이라 인정했다고 말하는 것이다.

다시 묻겠다. 이야기에서 예수님이 지금까지 하신 것이 무엇인가? 이 짧은 이야기 대목에서 예수님이 하신 일이라고는 딱 하나! 세례를 받았다는 것이다. 그런데 세례를 받으려면 단 하나의 행동, 즉 사람들 앞에서 내가 죄인임을 고백해야 했다.

예수님이.

예수님은 사람들 앞에서 죄를 지었음을 인정하고, 그것을 타인에게 밝히셨다. 물론 우리가 들었을 때, 그분이 솔직하게 다 털어놓은 죄들은 전부 죄라고 규정할 수 없는 것들이다. 중요한 점은 죄가 없으신 분이 사람들 앞에서 터놓고 발언했을 때 하나님이 기뻐하셨다는 것이다. 마가는 그것을 탁 까서 말하지 않았다. 처음부터 "우리하고 예수님은 차원부터 다른 존재야!"라고 말하지 않았다.

마가의 이야기만 들으면 예수님은 우리와 같은 한 인간이다. 출생 배경도 대단하지 않다. 지금까지 어떻게 살아왔는지 모르지만 어쨌든 죄가 있다며, 저 광야에서 제사장도 아니면서, 혼자 예언자처럼 회개를 외치는 요한에게 와서 죄 고백을 했다. 예수님의 행동은 언뜻 들으면 다른 사람들과 다를 바 없다. 그러나 하나님은 예수님에게만은 "너는 내 아들이다" 하셨다.

마가는 예수님이 일반인들과는 남다른 분임을 하늘의 소리로 알려줬다. 이로써 마가는 예수님이 남다른 분임을 알리는 동시에, 죄인임을 사람들 앞에서 솔직하게 털어놓는 것이 얼마나 중요한지 말한다. 자신의 지난 삶에 대해 진심으로 죄책감을 가지고 회개하는 것을 하나님이 크게 여기신다고 말이다. 하나님은 그것 하나로 예수님을 '하나님의 아들'이라 불렀다고 말이다. 회개하는 것, 그것도 사람들 앞에서 공개적으로 '저도 죄인입니다!'라고 말한다는 게 얼마나 큰일인지는 마태가 더 잘 이야기한다 (마 3:14 이하).[62]

요한에게서 공개 회개 세례를 받는 것이 '모든 의를 이루기 위한 마지막 행동'이다. 마태복음에서 예수님이 세례 받으러 가셨을 때는 의로움이 거의 다 차 있는 상태였다. 딱 마지막 하나 하셔야 했던 것이 바로 사람들 앞에서 자기보다 더 못한 자에게 회개한다며 세례 받는 것이었다. 그러면 모든 의를 이루게 된다고 하셨으니, 자기를 낮춰서 회개하는 자세, 즉 겸손과 회개가 얼마나 중요한 것인지를 마태는 이렇게 전한 것이다. 완전한 의로운 자가 되는 데에 있어서 말이다. 이처럼 회개는 중요하고 중요하다.

여기 이 세상에 그냥 보통 사람의 아들이 아니라, 왕의 아들, 대통령의 아들, 기업 회장의 아들이 되고 싶은 사람이 얼마나 많은가? 길거리를 지나다 보면, 어린 2-30대 청년이 엄청 비싼 스포츠카 몰고 다닌다. 지붕도 탁 열린 그런 차 말이다. 소리는 또 왜 그리 시끄럽게 해놓는지! 자기가 벌어서 모는 이, 적을 터이다. 부모 잘 만난 것밖에 없다. 누군가는 엄청 부러워하는 부자의 아들이다.

그런데 만약 누가 부자를 작은 일로 기쁘게 해, 그 부자의 양아들이 돼 모든 재산을 물려받았다면 그를 부러워하지 않을까? 부자의 아들로 태어난 자보다 말이다. 다른 복음담가는 예수님이 하나님 아들인 이유가 핏줄이라고 했다. 그러나 마가는 달랐다. "핏줄? 출생? 그딴 거 아냐! 죄가 없는 분이 무거운 죄책감을 지고서 사람들 앞에서 죄가 있다고 공개적으로

---

62 『눈으로 듣는 마태』 마 3:14 그래서 그 요한은 그분을 계속 가로막았습니다. 말하길, "바로 제가 필요합니다. 당신한테 세례 받는 것이. 그런데 바로 당신이 오십니까? 제 쪽으로?" 15 대답하여, 그래서 예수님이 말하셨습니다, 그의 쪽을 향해. "놔두십시오! 현재는! 왜냐면 그렇게 하는 것이 적합하기 때문입니다, 우리한테. 모든 의를 이루기 위해서요." 그때 그분을 놔두는 겁니다.

회개한다 하신 것이 대단하신 거야! 하나님은 그것을 흐뭇해하신 거야!"라고 말하는 거다. 입 밖으로 내가 죄인임을 시인하는 행위, 이것을 하나님이 제일 크게 여기신다고 말하는 것이다. 예수님이 가장 겸손하신 분이시라고 말이다. 예수님은 진짜 여느 사람들과 다른 분이라고.

7. 결론

앞에서 마가는 모든 유대 사람들과 예루살렘 사람들 다 세례자 요한에게 가서 세례를 받았다고 말했다. 이들은 세례 받을 때, 하늘이 찢어지는 것을 보지 못했다. 소리도 못 들었다. 예수님만 그것을 봤다. 그 말인즉 예수님은 죄가 없었음을, 그래서 굳이 회개할 필요가 없었음을 말하는 것이다. 예수님은 차후 이 일을 제자들에게 밝혔을 것이다. 제자들에게 자신이 죄가 없음을 하나님이 그런 방식으로 확인시켜 주셨다고 말했을까? 오히려 당신이 가졌던 죄책감으로 인해 괴로웠을 마음과 하늘의 소리로 자신의 사명에 확신을 가졌다고 하셨을 것이다. 당신 또한 죄 고백했다고 토로하셨을 것이다. 그래서 이 불편한 진실이 우리에게 알려진 것이다.

사람마다 다 다르긴 하지만, 어떤 이를 보면 열심히 살고, 또 남에게 잘못 하지 않으려 한다. 최선을 다해서 착하게 살려고 애쓴다. 법 없이도 살 사람이라는 평가를 듣는다. 그런데 이런 분들에게 예수님을 전하는 건 참 어렵다. 회개할 것이 별로 없다고 생각해서이다. 자기가 죄짓는 인간임을 인정하기가 어려운 것이다. '나보다 훨씬 못한 인간들이 많은데, 나는 그래도 훨씬 나은 존재지...' 그런 생각을 갖고 있다. 과연 그러한가?

우리는 하나님과 좋은 관계를 원한다. 하나님으로부터 "내가 너로 인해 기쁘다"는 말, 듣고 싶어 한다. 하나님이 나 때문에 기뻐하신다면, 얼마나 기쁘고, 뿌듯하고, 자랑스러울 것인가? 그런데 하나님이 기뻐하실 때는 내가 '회개'할 때이다. 사람들 앞에서 속상한 게 없는 척, 잘못한 게 없는 척 하지 않고, 창피함을 무릅쓰고 내가 얼마나 힘든지, 내가 얼마나 나쁜지를 사람들 앞에서 털어놓을 때, 하나님은 하늘에서 듣고 엄청 기뻐하신다. 흐뭇해하신다. 내 아들, 딸이라 하시며 성령님을 보내주신다. 회개 고백이 그만큼 중요하다.

여러분이 예수님보다 더 깨끗한가? 더 착한 자인가? 여러분은 어떤 죄책감을 갖고 사는가? 예수님도 하신 것을, 여러분은 무엇을 핑계로 회개 고백하지 않으려는가? 우리는 죄인이다. 고백해야 한다. 그래야 진정으로 하나님이 흐뭇해하신다.

막 1:12-13. 마가의 짧되, 독특한 영과 들짐승들

12 그리고 즉시 영이 그분을 쫓아내는 겁니다. 광야로.

13 그리고 계속 광야에서 사십 일을 **사탄한테**[63] 시험 받으셨습니다. 그리고 계속 **들짐승들과 함께**[64] 계셨습니다. 그런데 천사들이 **그분을** 계속해서 시중들었습니다.[65]

1. 마가만 전하는 들짐승들의 동행

예수님이 세례를 받은 뒤, 광야로 간 뒤의 이야기다. 마가는 특히 이 부분에 있어서 굉장히 간단하게 처리해버린다. 광야 일만 해도, 마태나 누가는 거기에서 어떤 일이 일어났는지, 좀 소상히 전한다(마 4:1-11; 눅 4:1-13). 악마가 예수님께 접근해 "돌로 빵을 만들어 봐라, 성전 꼭대기

---

63 Σατανᾶς(사따**나**스), 사탄, 구약에는 없음, 마 4:10; 12:26; 16:23; 막 1:13; 3:23 외(6); 눅 10:18 외(5); 요 13:27; 행 5:3 등; 시락서 21:27뿐. 히브리어, '사탄'을 소리 나는 대로 헬라어로 적은 것. 모든 복음서에 다 나옴.

64 θηρίον(테**리**온), 들짐승, 막 1:13; 행 11:6; 28:4, 5; 딛 1:12; 히 12:20; 약 3:7; 계 6:8 외(38); 창 1:24, 25, 30; 레 17:13 등. 요한계시록의 압도적 선호용어.

65 διακονέω(디아꼬**네**오), 시중들다, 신약만의 용어, 구약에는 없음. 마 4:11 외 (6); 막 1:13, 31; 10:45; 15:41(5); 눅 4:39; 10:40; 12:37; 17:8; 22:26, 27(8); 요 12:2, 26; 행 6:2; 19:22; 롬 15:25; 고후 3:3 등. 헤로도토스는 식탁에서 기다리며 봉사하는 의미로 가장 많이 쓰고, 그 다음으로는 돌보거나 무언가를 제공하는 뜻으로 썼다. 주로 여자들이 하는 일이었다. 물론 공직에서도 이 단어를 사용했다. 플라톤은 『고르기아스』에서 소피스트들이 이런 주장을 했다고 말한다. "남자들이 사람들을 시중들 때 어떻게 행복할 수 있겠소?"(491) 플라톤도 역시 시중드는 일은 여자들이나 하는 일이라 여겼음을 드러낸다. 철학자들은 정치인을 '도시의 시종'이라고 했다. 자기 욕망을 위해서, 또는 통치하고 지배하기 위해 하는 게 아니라, 시중드는 자로서 자기한테 얹어진 일을 해야 한다고 봄. 필로 역시 '식탁에서 기다리는 행동'으로 이 단어를 사용한다.

에서 뛰어 내려 봐라. 경배해라"고 한참 부추겼다. 1-11(13)절까지. 광야 이야기만 말이다.

마가는 사정이 완전히 다르다. 달랑 2절이다. 예수님께서 악마와 어떤 겨루기를 했는지 몰랐을 수도 있다. 그런데 특이하게 마가는 마태나 누가, 아무도 하지 않았던 독특한 이야기를 한다. 그게 뭔지 혹시 감이 잡히는 가? 예수님께서 세례 받으신 후, 영에 이끌려 광야로 간 것도 맞고, 거기서 40일을 지낸 것도 맞고, 또 사탄에게 시험을 받은 것도 다 맞는데, 마가는 거기에 하나 더, 바로 '들짐승들과 함께 있었다'고 말하는 것이다.

> 마 4:10 이에 예수께서 말씀하시되 사탄아 물러가라 기록되었
> 으되 주 너의 하나님께 경배하고 다만 그를 섬기라 하였느니라
> 11 이에 마귀는 예수를 떠나고 천사들이 나아와서 수종드니라

마태는 마지막에 천사들이 와서 시중을 든 것으로 끝낸다. 누가와는 다르게(눅 4:13),[66] 천사가 등장한다. 하지만 '짐승들' 이야기는 없다. 오로지 마가에만 있다. 게다가 마태에서 천사가 등장한 시기는 악마가 떠난 뒤였다. 그러나 마가에선 들짐승들과 함께 지내는 가운데 천사의 시중을 받았다고 말한다. '왜 짐승들이 그 광야에 예수님과 함께 있었을까?' 통상 광야에서 40일 지낸 건 모세가 히브리인들과 출애굽 할 때 광야 생활을 40년 한 것과 연결 짓는다.

> 신 8:2 당신들이 광야를 지나온 사십 년 동안, 주 당신들의 하
> 나님이 당신들을 어떻게 인도하셨는지를 기억하십시오. 그렇
> 게 오랫동안 당신들을 광야에 머물게 하신 것은, 당신들을 단련
> 시키고 **시험하셔서**, 당신들이 하나님의 계명을 지키는지 안 지

---

66 눅 4:13 마귀가 모든 시험을 다 한 후에 얼마 동안 떠나니라

키는지, 당신들의 마음속을 알아보려는 것이었습니다.

모세는 광야생활을 한 것은 하나님이 히브리인들을 시험한 것이라 했다. 마찬가지로 예수님도 광야에서 시험을 당했고, 그것이 40일이었다. 여러분도 예수님이 광야생활 하신 이야기를 들을 때, 모세가 연상 되셨는가? 그런데 그 히브리인들의 광야 생활에 들짐승이 엮여있었던가? 없다. 히브리인들의 광야생활을 떠올리려는 의도였다면, 굳이 들짐승은 끄집어낼 필요 없다. 그래서 학자들은 두 가지로 의미를 찾았다. 첫째, 들짐승이 좋은 의미로 등장했다는 것이다.

> 창 2:19 주 하나님이 들의 모든 짐승과 공중의 모든 새를 흙으로 빚어서 만드시고, 그 사람에게로 이끌고 오셔서, 그 사람이 그것들을 무엇이라고 하는지를 보셨다. 그 사람이 살아 있는 동물 하나하나를 이르는 것이 그대로 동물들의 이름이 되었다. 20 그 사람이 모든 집짐승과 공중의 새와 들의 모든 짐승에게 이름을 붙여 주었다. 그러나 그 남자를 돕는 사람 곧 그의 짝이 없었다.

창세기 이야기를 보면 아담이 죄 짓기 전에 들짐승들과 함께 지낸 이야기가 있다. 물론 여기서의 핵심은 사람이 동물의 이름을 지어주었다는 점이지, 이들과 잘 지냈다는 것은 아니다. 이것은 사람이 이들에게 이름을 지어주는 존재, 즉 우위에 서 있는 존재라는 뜻이다. 들짐승과는 평화로운 관계를 갖고 있었다는 것이다. 그래서 아담이 에덴동산에서 들짐승들과 잘 지낸 것처럼, 예수님도 그들과 잘 지냈다는 것이다. 그런데 문제 하나가 발생한다. 그럼 사탄이 등장하지 말아야 한다. 사탄에게 시험 받고 있는데, 그 와중에 에덴동산처럼 들짐승들과 잘 지냈다고 말하는 건 말이 안 되지 않는가? 그래서 정반대로 해석해야 한다. 이 들짐승은 위협적 존재로서 그 광야에서 예수님은 위험한 상황에 처해 있었다고 보는 것이다.

> 사 34:2 주님께서 모든 민족에게 진노하시고, 그들의 모든 군대에게 분노하셔서 그들을 진멸시키시려고 하신다. 그들이 살해당하도록 버려두시기로 작정하셨다.
> ____
> 13 궁궐이 있던 곳마다 가시나무가 돋아나고, 그 요새에는 쐐기풀과 엉겅퀴만 무성할 것이다. 그 곳은 승냥이 떼의 굴이 되고, 타조들의 집이 될 것이다.
> 14 거기에서는 들짐승들이 이리 떼와 만나고, 숫염소가 소리를 내어 서로를 찾을 것이다. 밤짐승이 거기에서 머물러 쉴 곳을 찾을 것이다.

이사야 34장에는 하나님이 아주 화가 많이 나, 모든 민족을 진멸할 것이라 말하신다. 그 예로 들짐승이 나와, 다른 짐승들과 마구 돌아다니는 상황을 이야기한다. 땅이 아주 폐허가 되어, 들짐승들이 마음대로 돌아다니는 것은 하나님이 버린 상태를 상징하는 것이다. 즉, 들짐승들이 광야에서 예수님과 함께 있었다는 것은 사탄에게 시험 받을 때 그렇게 무섭고 힘들었다는 것이다.

마가의 이야기를 잘 보면 좀 다르다. 광야에 있는 그 40일 동안 사탄도 있었고, 들짐승들도 있었지만, 천사들도 있었다. 게다가 그 천사는 예수님을 '계속 섬겼다'고 전한다. '계속 섬겼다'는 말은 사탄이 예수님을 시험 할 때도 있었다는 뜻이다. 그러니까 그 광야 40일 동안 사탄, 들짐승들, 그리고 천사들이 같이 있었다는 것이다. 이 동석하기 힘든 존재들이, 도대체 무엇을 했는지 언급하지 않은 채, 단지 같이 있었다 전하는데, 참

이해하기 쉽지 않다.

2. 마가 성도들이 치룬 경험

이 이야기가 어려운 것은 우리가 이 이야기를 하는 마가가 누구인지 모르지만, 그 이야기를 직접 코앞에서 들은 사람들도 모르기 때문이다. 특히 마가복음이 2000년 전 이야기라 그것을 아는 것이 그리 도움이 될까 여긴다. 그러다 보니 이야기를 듣는 우리 입장에서 놓고 고민한다. 이야기에는 화자나 청자가 명시돼 있지 않지만, 그 둘의 특성이 드러난다. 이 해석서를 통해 여러분은 필자의 성격과 특성을 눈치 챌 수 있을 것이다. 그리고 난 해석서에 대한 반응도에 따라 여러분의 생각과 특성을 알 수 있다.

마가 성도들이 누구인지에 대해서 처음부터 자세히 설명을 하지 않았다. 설명을 들으면서, 그리고 책을 계속 읽어내려 가면서 여러분이 나름의 사고를 할 여지를 주기 위해서이다. 이들은 네로 박해를 2년 전에 겪은, 로마에 살던 이방인 그리스도인이다. 그러나 왜 이들이 로마에 살았다고 여기는지, 왜 이들이 이방인인지, 또 마가의 이야기를 들은 시점이 네로 박해를 겪은 뒤인지를 하나하나씩 풀어서 알려드릴 예정이다.

마가가 예수님 이야기를 시작하면서 허당기를 보임으로써 그 성도들이 이방인일 확률이 아주 높다고 말했다. 유대인들이 거기 앉아 있지 않았을 것이라고. 그리고 여기서 마가만 유독 '들짐승들'이 예수님과 함께 광야에서 사탄에게 시험 받을 때 있었다고 말한 것은 네로 박해의 경험과 관련 있다. 이들은 로마에 사는 바람에 네로가 그리스도인들을 죽일 때 사용했던 들짐승들의 무서움을 겪었다. 이들에게 들짐승은 상상의 동물이 아니

었다. 말만 들어도 패닉에 빠지게 만들었을 것이다.[67]

네로 황제(54-68년 재위)는 "로마에 너무 오래돼 추해진 옛 건물과 좁고 꾸불꾸불한 도로를 그냥 둘 수 없다며 수도에 불을 질러 버렸다." 집정관급 인사의 집에도 네로 시종들이 들어가 불붙였고, 곡식 창고마저도 그 부지가 탐이 나 불태웠다. 6일 낮 7일 밤에 걸쳐 불이 났으니 엄청난 숫자의 공동주택과 옛 장군들의 저택, 신전 등이 다 소진(燒盡)했다.[68]

수에토니우스는 네로가 이 잔인한 짓을 저지르고 난 뒤, 로마시민들의 분노를 어떻게 잠재웠는지 말하지 않았다. 탁키투스가 설명한다.

> "그래서 먼저 신앙을 고백하고 있던 자들이 체포되어, 심문받고, 이어서 그자들의 정보에 기초해 실로 엄청나게 많은 사람이 방화죄라기보다 오히려 인류 적대죄를 선고받았다. 그들을 살해당할 때 놀림감이 되었다. 즉 야수의 모피를 뒤집어쓴 채 개에게 물리고, 찢겨 죽었다. [어떤 때는 십자가에 붙잡아 매고, 혹은 불에 타기 쉽게 만들어 놓고] 해가 지고 나서 야간의 등불 대신 불태웠다."(연대기, 15.44).

여기에 들짐승이 그리스도인들을 찢어 죽였다고 하진 않았다. 그러나 개에게 물렸다는 말은 들짐승들(beasts)에게 물린 것이다. 물론 '엄청나게

---

67 수에토니우스는 기독교인들이 네로에게 강력하게 탄압받았다고는 이야기하나, 화제와 연관시키지는 않았다. 'punishments were inflicted on the Christians, a class of men given to a new and wicked superstion'라고만 적었다. Suetonius, Nero, 16.2. 그래서 리차드 캐리어(Richard Carrier)는 기독교인들이 화재가 아닌, 마녀(malefica superstitio) 죄목으로 네로에게 처형당했을 것이라고 본다. 클라우디우스가 유대인들이 그리스도 때문에 분란이 일어나 추방했던 것처럼, 로마시에서 질서를 엄격하게 유지하기 위해 그런 조치를 취했을 것이라는 것이다. Richard Carrier, "The Prospect of a Christian Interpolation in Tacitus, Annals 15.44." *Vigiliae Christianae* 68 (2014), 270.
68 수에토니우스, 『12인의 로마황제 2』, 박광순 옮김 (풀빛미디어, 1998), 171-72.

많은 사람들(multitudo ingens)'이라는 말은 과장일 것이다. 얼마나 많은 숫자의 그리스도인들이 처형되었는지 알 순 없지만 말이다.[69]

[그림 1: 표범이 죄인을 공격하는 모습의 모자이크]
기원후 3세기 경 로마인의 집 바닥에서. 튀니지 고고학 박물관 소장.[70]

이 그림은 로마인 집 바닥 모자이크로, 표범이 죄인을 물어뜯는 장면이다. 참 잔인하지 않는가! 그런데 이런 것을 집에 멋으로 비싼 돈을 들여 만들었다. 3세기에 만들어졌으리라 추정하는데, 이런 처벌 문화는 로마가 제국이 되기 이전, 무려 기원전 200년 전부터 있었다.[71] 그래서 키케로 시절에 들짐승들이 있는 경기장에 군중들이 어떤 남자를 밀어 넣어 죽인 사

69 카일(Donald G. Kyle)은 이 벌을 네로가 사람들이 구경할 수 있도록 한 게 아니라, 자기 정원들에서 열어, 자기 혼자 그것을 봤다고 말한다. 그래서 탁키투스는 전국적 관심(national interest, 15. 44. 5. non utilitate publica, sed in saevitiam unius)보다는 네로의 잔인함 때문에 사람들이 동정했다고 말했다는 것이다. Donald G. Kyle, *Spectacles of Death in Ancient Rome* (London/New York: Routledge, 2001[1998]), 244-45; 네로의 동기들과 적법성에 관해서는 Richard A. Bauman, *Crime and punishment in ancient Rome*(London/ New York: Routledge, 1996), 67, 86-7.

70 https://en.wikipedia.org/wiki/Damnatio_ad_bestias

71 짐승으로 처형하는 것을 로마어로 Damnatio ad Bestias라 한다.

건이 있었다. 그런데 그 이유가 너무 황당하다. 죄를 지어서도 아니고, 심하게 못 생겨서였다. 전쟁포로도 아니고.

칼리굴라 황제(37-41년 재위)라는 아주 미쳤다고 소문난, 네로 앞에 통치했던 왕이 있다. 한 때 고기 값이 너무 비싸지자, 칼리굴라 황제가 신하들에게 명령했다. 어떤 죄든 상관 말고, 감옥에 갇혀 있는 죄수들을 들짐승에게 먹이로 던져 주라고. 그리고 그것을 또 대중들에게는 구경거리로 보게 했다. 당시 사자, 표범, 코끼리 등을 구경거리로 가둬놓고 있었는데, 어쨌든 이 짐승들을 먹일 살코기가 있어야 했다.

들짐승은 로마 대중들에게 이런 이미지였다. 그리고 탁키투스는 그리스도인들이 들짐승 가죽을 뒤집어쓰고 서 있으면, 개들이 달려들어 찢어 죽였다고 말하지만, 그건 하나의 예를 든 것일 뿐이다. 이 사건을 봤을 로마의 그리스도인들 입장을 생각해 보라! 이들은 함께 신앙생활을 했던 형제요, 자매가 들짐승들에게 찢겨 죽는 것을 직접 눈으로 목격한 자들이다. 개들한테 찢겨 죽은 이들이 고결하게 죽지 않았을 것이다. 그것을 볼 때, 어떤 기분이었을까? 그런데 기가 막힌 건 자기 옆의 로마 시민들은 낄낄대고, 신나하고, "여기로 와!! 여기 있어!! 도망간다!!! 더 물어뜯어라!!" 막 소리를 질렀을 터이다. 그들 옆에서 눈물을 흘리거나, "안 돼!!"하고 고함지르면, 자기가 그리스도인임이 들통 나니, 그럴 수도 없고, 너무너무 고통스러웠을 것이다.

자기와 함께 예배를 드리던 친구들과 가족들이 벌벌 떨면서 물어 뜯겨 죽어나가는 것을 보며, 자기가 그 형벌을 당하는 것처럼 느껴졌을 것이다. 그것을 직접 목격하고 겪은 것이 겨우 2-3년 전이다. 그 일을 한 번만 겪어도 너무너무 힘들었을 터인데, 그런 처형을 단 한 번만 하지 않지 않았을 것 아닌가?

참사를 겪은 사람은 그 트라우마가 있다. 잠을 못 잔 것은 당연하고, 정상적인 생활을 하기도 힘들었을 것이다. 그렇다고 생업을 완전히 접을 순 없으므로, 억지로 하루하루를 살았을 것이다. 그 이후에도 로마의 경기장에는 들짐승을 동원해 죄인들을 물어뜯는 구경거리 행사가 계속 일어났을 것이다. 그러나 그리스도인들은 그 장소에 가지 못했을 것이다.

트라우마(trauma, τραῦμα)

트라우마는 헬라어, τραῦμα에서 왔는데, 소리가 똑같다. '상처'라는 뜻이다. 외상이든, 정신적인 상처든, 사람이라면 다 있다. 심지어는 깨닫지 못했다가 비슷한 사건을 맞닥뜨릴 때 확 일어나기도 한다. 어떤 이는 엘리베이터에 1시간 갇힌 후, 그 다음부터 엘리베이터를 거의 못 타는 사람도 있다. 또 어릴 때 물에 한 번 빠져 죽을 뻔 한 사람들은 어른이 되어서도 절대로 풀장에 들어가지 않으려 한다. 하물며 로마 그리스도인들에게 그런 상처가 없었겠는가?

마가 이야기를 들었던 그리스도인들은 들짐승 경험을 갖고 있었다. 그런데 그들은 지금 예수님이 광야에서 40일 동안 사탄에게 시험을 당하는데, 거기에 들짐승들이 계속 있고, 또 천사들은 예수님께 계속 시중들었다는 이야기를 듣고 있다. 예수님의 장면과 자기 형제, 자매가 겪었던 장면들이 겹쳐지지 않았을까? 아마 자기 동료들이 그런 참혹한 일을 겪을 때, 누군가는 이런 생각을 했을 것이다. '저건 사탄이 하는 거야! 사탄이 우리 믿음을 시험하는 거야!'라고. 우리가 제대로 믿는지, 안 믿는지 시험하려고, 사탄이 고통스런 상황으로 막 우리를 몰고 간다고 말이다. 들짐승까지 동원해서.

그런데 마가는 예수님도 그런 비슷한 상황에 처하셨는데, 그 때 우리 눈에 보이진 않았지만, 사실은 천사들도 함께 있었다고 말하는 것이다. 그것도 계속 예수님을 섬겼다고. 천사가 어떤 식으로 섬겼을지 마가는 말하지 않았다. 그러나 그저 천사들이 옆에 있다는 것만으로도 위로가 되고 든든해지지 않는가? 마가 이야기를 분석하다 보면, 때로는 굉장히 길게 이야기를 하다가도, 또 때로는 아쉬우리만치 짧게 처리해버린다. 굳이 천사들이 어떻게 시중을 들었는지를 길게 설명함으로써 트라우마를 겪는 성도들에게 그 장면을 오랫동안 떠올릴 필요는 없다 여긴 것으로 보인다.

마태와 누가는 왜 들짐승을 말하지 않았을까? 마태와 누가의 성도들은 로마에 살지 않았다. 즉 들짐승이라는 말이 일으키는 고통을 잘 모른다 할 수 있다. 지금 우크라이나에 전쟁이 있다. 그러나 한국에 사는 사람들이 걱정하며 몸으로 느끼는 전쟁은 우크라이나인들이 직접 겪는 것과 다르다. 특히 러시아의 직접적인 공격으로 집이 날라 가고, 이웃과 가족이 죽는 일을 경험한 우크라이나인으로선 총소리나 대포소리가 일으키는 공포감은 우리가 상상할 수 없을 정도일 것이다. 마태와 누가 성도들에 들짐승이 그러했을 것이다. 로마의 그리스도인들이 겪은 무서운 사건을 듣고 놀라며 겁먹을 터이지만, 트라우마를 가질 만큼은 못 된다. 어쩌면 2000년 뒤의 우리가 이해 못한 것처럼, 마가가 왜 광야에 들짐승들이 예수님과 함께 있었다 말했는지 이해 못했을 수 있다. 그래서 둘 다 빼버렸다.

3. 천사들이 시중들었다는 말의 의미

광야 생활과 관련해 재미있는 점은 마가는 예수님이 금식했다고 하지 않는 것이다.

마태	누가
4:2 사십 일을 밤낮으로 금식하신 후에 주리신지라	4:2 마귀에게 시험을 받으시더라 이 모든 날에 아무 것도 잡수시지 아니하시니 날 수가 다하매 주리신지라

마태와 누가는 사십 일간 금식하셨다고 하는데, 마가는 금식했다는 말

을 하지 않는다. 천사들이 예수님을 계속 시중들었다 했다.[72] 겉으로 보기
엔 고독했을 것 같은데, 실상은 아니었다. 동행했을 뿐 아니라 조력자가
있었던 것이다. 시중들다(διαχονέω(디아꼬네오))는 식탁에서 주인이 밥을
먹도록 도와주는 것을 가리킨다. 당시 여자가 많이 했다. 마가는 여러 천
사가 와서 도와주었다고 했다.

마가 성도들에게 천사들의 시중은 어떻게 들렸을까? 그리스도인들은
네로 황제의 명령으로 붙잡혀 옥에 갇혔을 때, 죽을 때까지 그들도 먹었을
터이다. 누군가가 힘들게라도 식사를 줬을 터이며, 또 다른 누군가는 그들
을 빼내줄 순 없어도 조금이나마 보살펴 준 간수가 있지 않았을까? 동료
그리스도인들 이름을 말해라고 숱하게 윽박질렀다가 꼬셨다 하는 사탄들
에게 시험을 당하면서도, 또 한 편으로는 몰래 그들의 편의를 위해 도와준
천사들이 있었을 것이다.

예상치도 않은 천사의 도움을 받아본 적이 있는가? 안 받아본 사람, 없
을 것이다. 없다고 하지 말길 바란다. 기억을 못할 뿐이고, 그것이 천사의
도움인지를 몰랐을 뿐이다. 천사가 도와주고 있음을 알았다면, 너무 힘이
난다. 비록 힘든 가운데 있지만, 하나님이 함께 하시고 있다는 생각이 들
어 다시 버티고자 하는 기운이 생긴다.

지금 여러분 곁에 천사가 계신다고 생각하면, 어떤가? 맘이 편안해지
지 않는가? 예수님 눈에는 보였고 우리 눈에 안 보일 뿐이지, 분명히 있다.
우리는 분명히 그들의 도움을 받은 적이 있다. 눈치를 못 챘을 뿐이다. 지
금도 여러분 곁에 있다. 네로에 의해 붙잡힌 성도들에게도 천사들이 있었
다. 그들은 감옥에서 사탄만 경험하진 않았을 것이다. 생각지도 못한 천
사들도 경험했을 것이다. 마가 성도들은 예수님의 이야기를 통해 그들에

---

72   마태는 악마가 가버렸을 때, 그 때 천사들이 나아와 시중들었다고 전한다. 반
면 누가에서는 시중 든 천사는 없다; 참. 마 4:11 이에 마귀는 예수를 떠나고 천사들
이 나아와서 수종드니라; 눅 4:13 마귀가 모든 시험을 다 한 후에 얼마 동안 떠나니라

게 천사들이 있었겠다는 생각을 했을 것이다. 자신들보다 먼저 죽은 그들에게 아무런 도움을 주지 못했다는 미안함에 힘들어 했다면, 조금이나마 가벼워졌을 것이다.

사탄이 자꾸 나타나 내 마음을 자꾸 휘젓고, 하나님을 의심하게 하고, 내 앞날을 걱정될 때, 그런데 내 앞에 무서운 들짐승들이 왔다 갔다 하면, 겁이 덜컥 난다. 그런데 그때 천사가 나타나 '걱정하지 마라!! 내가 네 옆에 있다! 끝까지 같이 있을 것이다'고 한다면, 앞으로 닥칠 일이 두렵지 않을 것이다. 하나님이 너를 지금 지켜보고 계시다는 말에 끝까지 하나님만을 바라보며 이 시험을 이기겠다는 결심을 할 것이다.

네로 박해 때 로마의 그리스도인들은 개들에게 찢겨 죽임을 당했다. 그 끔찍한 장면을 살아남은 자들은 봤다. 속으로 물었을 것이다. '하나님은 도대체 어디에 계시는 거야? 예수님은 저들하고 같이 있으실까?' 하고. 그런데 마가 담가는 그것을 예수님 이야기를 통해 말하는 것이다. '예수님도 그런 상황에 처하셨어! 예수님은 분명히 그들의 고통을 잘 아셨을 것이네! 우리 눈에는 안 보였지만, 그들 옆에 천사들도 있었을 것이야! 누구보다 예수님이 똑같은 경험을 하셨으니까.'

4. 성령은 우리를 늘 편한 길로 인도하지 않는다.

광야 이야기를 설명하면서 지금껏 영에 대한 이야기를 하지 않았다. 예수님이 왜 광야에 있는지를. 예수님 자신의 의지로 가신 것이 아니다. 마가는 뭐라 설명했는가? "영이 그분을 좇아냈다"고 했다. '영'이라고 했지, '거룩한 영'이라고 하지 않았다. 그러나 마가의 이야기를 죽 들었다면, 그 영은 예수님이 세례 받으실 때 하늘에서 내려온 것이라 생각했을 것이다. 그런데 마가는 그때도 '거룩한 영'이라 하지 않았다. 간단하게 똑같은 '영'

이었다.[73] 그러니 그렇게 생각한 것이 맞았다. 다시 질문이 나온다.
"왜 영이 예수님을 광야로 쫓아냈지? 왜 쫓아내?"

> ἐκβάλλω(엑발로), 쫓아내다, 빼내다, 밖으로 던지다
>
> 1:34 그래서 많이 고치셨습니다. 나쁜 걸 갖고 있는 자들을.
> 갖은 병들로요. 그리고 많은 귀신들을 **쫓아내셨습니다.** 그리고
> 더 이상 놔두지 않으셨습니다. 귀신들이 소리 내 계속 말하는
> 걸. 그분을 알았거든요.
>
> 39 그리고 가셨습니다. 선포하면서 그들의 회당들로, 온 갈릴
> 리로요. 그래서 귀신들을 **쫓아내는데,**
>
> 9:47 그리고 당신 눈이 당신을 계속 걸림돌에 걸리게 하면, 그
> 걸 **빼내세요!** 당신이 좋습니다! 애꾸눈으로 하나님 나라 안으로
> 들어가는 것이. 두 눈을 갖고 게엔나 안으로 던져지는 것보다요.
>
> 12:8 그래서 받아 그를 죽였습니다. 그리고 그를 **밖으로 던졌
> 습니다.** 포도원 바깥으로요.

'쫓아냈다'라고 옮긴 헬라어 단어는 ἐκβάλλω(엑발로)이다. 마가는 이 단
어를 이 이야기 이후 귀신들을 쫓아냈다고 할 때 쓴다. 예수님이 어디든
가실 때마다 귀신들이 있었고, 사람들에게서 쫓아내셨다. 그래서 그런지
ἐκβάλλω(엑발로)라는 용어를 그리 좋은 의미로 쓴 적이 없다. 9:47에서도
눈을 '빼내라'고 하지 않는가! 12:8도 마찬가지다. 못된 포도원 농부들이
주인 아들을 죽이고 그를 '밖으로 던졌다'고 할 때 쓴다.

쫓아내고, 빼내고, 밖으로 던지는 이 모든 행동들은 뭔가 강압이 들어
간 것이다. 자의로 눈을 빼내지만, 어느 누가 자기 눈을 빼내고 싶어 할까?

73　10 그리고 즉시 **물에서** 올라오는데 직접 보셨습니다. **하늘들이** 찢어지는 걸,
그리고 영이 꼭 비둘기처럼 내려오는 걸요. 자기 안으로.

살기 위해서 어쩔 수 없이 하는 것이다. 고통스럽지만, 천천히 조심스럽게 해내라는 뜻으로 들리지 않는다. 확 해내야 하는 일이다. 영이 예수님을 광야로 보낸 것도 그런 의미이다. 낙원으로 보낼 때의 느낌이 아니라, 힘들겠지만 해내야 하는 일이므로 강압적으로 밀어내듯이 예수님을 광야로 보냈다는 뜻이다.

예수님이 광야로 가게 된 연유를 마가가 '쫓아냈다'라고 표현할 정도로 영의 거센 요구를 강조했는데, 다른 복음담가들은 그 정도까지 말하진 않았다. 대신 영의 주도가 있었음만 알린다.[74] 다시 질문으로 돌아와, 영이 예수님을 거세게 몰아치듯이 광야로 보낼 필요가 있었을까? 광야로 막상 갔을 때, 예수님이 맞닥뜨린 것은 사탄에게 시험을 받는 일이었다. 광야에 있는 사십 일 동안 얼마나 자주 시험을 받으셨는지, 마가는 자세히 밝히지 않았다. 그저 시험을 받으면서 사십 일을 보냈다고만 할 뿐이다. 물론 우리 머릿속에는 세 가지 질문들로 접근한 사탄을 떠올렸을 터이나, 하늘에서 내려온 비둘기와도 같았다던 부드러운 영이 처음으로 몰아 부친 일이 사탄에게서 시험을 받게 하는 것이라니! 황당하지 않은가?

성령에 대한 복잡 미묘한 감정이 올라온다. 이 이야기 이후 영이 예수님께 영향을 미쳤다는 말은 더 이상 나오지 않는다. 그러니 처음이자, 마지막의 도드라진 역사였던 셈이다. 물론 예수님이 돌아가실 때까지 늘 동행했겠지만 말이다.

우리가 흔히 착각을 하고 있는 점들 중 하나가 성령은 항상 우리를 좋은

74　누가는 '이끌다(ἄγω(아고))'를 썼고, 마태는 '이끌어 가다(ἀνάγω(아나고))'라는 동사를 썼다. 『눈으로 듣는 마태 · 누가』

마태	누가
4:1 그때 예수님은 **이끌려 가셨습니다.** 광야 안으로 영에 의해 시험받으려고 악마에 의해서요.	4:1 그런데 예수님은 거룩한 영으로 가득 차 요단에서 도로 돌아가셨습니다. 그리고 **계속 이끌려 계셨습니다.** 그 영 가운데 광야에서.

것으로 이끈다는 것이다. 물론 최종적 결과물은 좋다. 그러나 단기간적인 안목으로 봤을 때, 늘 좋은 것은 아니다. 바울은 "성령의 열매는 사랑과 희락과 화평과 오래 참음과 자비와 양선과 충성과 온유와 절제"라고 했다(갈 5:22, 23). 이것은 내적인 좋은 면이다. 그러나 외적인 상황은 더 힘들어질 때가 많다. 옳은 것, 참된 것, 의로운 것을 알면, 틀린 것, 거짓된 것, 불의한 것이 더 명확히 보이는 법이다. 자연히 판단하게 되고, 멀리하게 된다. 잘못되었음을 내 안에서부터 말하게 된다.

판단하는 것을 요즘 부쩍 부정적으로 본다. 분별해라고 하면서, 판단은 하지 말라고까지 말하는데, 어불성설이다. 성경을 자의대로 해석한다. 심판을 하지 말라는 것이지, 판단을 하지 말라는 것은 아니다. 지금 악인이라 해서 당장 나한테 해를 끼치지도 않았는데 형벌을 가하라는 게 아니란 뜻이다. 지금 현재 저자는 악한 일을 하고 있다는 판단을 해야 그릇된 선택을 하지 않는다. 사탄의 시험에 걸려들지 않는다. 옳고 그름을 판단 못하는데, 거짓말을 어떻게 구별할 것이며, 나를 파멸하게 만드는 자를 어떻게 피할 것인가?

예수님은 이제 세상으로 나가야 한다. 세상에 나가면 당연히 맞닥뜨리고 넘어가야할 걸림돌들이 있다. 자기 인정, 명성, 부귀영화, 권력 등등이다. 인간이라면 하나님께 순종하지 않는 순간은 위와 같은 걸림돌들 때문이다. 가족이나 대의, 또는 어쩔 수 없는 처지임을 이유로 대지만, 결국은 하나님의 뜻에 전적으로 순종하지 못하는 것은 본인에게 있다. 이 말을 뒤집으면, 하나님의 뜻에 순종해서 끝까지 해내려면, 이 걸림돌들을 분명히 넘어야 한다.

예수님을 쫓아내듯이 보내 사탄에게 시험 받도록 한 것은 예수님도 한 인간으로서 이 세상에서 활동하기 위해선 반드시 넘어야 하기 때문이다. 다윗이 기름부음 받은 뒤 사울에게서 쫓겨 다니며 산 것을 기억해보라! 기름 부은 것은 그에게 영이 임했음을 뜻한다. 더 승승장구해야 할 것 같지만, 하나님은 그가 한 번도 겪어보지 못했던 배신과 내침, 쫓겨남을 겪게 하셨다. 하나님만을 더 의지하게 했고, 인간에 대한 충성심과 포용력을 키우게 하셨다. 왕이라면 응당 가져야 할 덕목이기 때문이다.

마가 성도들은 어땠을까? 영이 예수님을 쫓아내 사탄에게 시험 받게 하셨다는 이야기를 들으면서? 곧이어 들짐승들이 나왔기에, 이들은 아마 즉각적으로 네로 사건을 떠올렸을 것이다. 네로가 불을 내기 전에 이들은 성령의 사건들을 많이 겪었을 것이다. 병이 낫기도 하고, 귀신이 쫓겨나고, 자신의 삶이 회복되는 것을 경험했을 것이다. 그런데 자기 동료들이 잡혔다. 이들의 체포는 절대로 고상하고 명예롭게 이뤄지진 않았을 것이다. 그전까지는 평화롭게 지내다가 갑작스럽게 체포돼, 감옥으로 던져졌을 것이다. 귀신이 예수님에 의해 사람 안에서 나갈 때, 자기 발로 나갔겠는가? 예수님의 권세에 밀려 쫓겨나간 것처럼, 이들도 밀려 쫓겨나듯이 사회에서 나간 것이다.

마가 성도들은 이들이 억울한 죽음을 당하는 것을 봐야 했다. 아주 나중에 마가의 이야기로 그 죽음을 해석했겠지만, 지금은 그저 그 일 또한 영의 거센 역사라고 받아들였으리라 본다. 잡힌 그들은 고문을 당하면서 동료 그리스도인들의 이름을 댈 것을 강요받았다. 예수님을 포기할 것을 종용받았다. 함께 잡힌 이들을 설득해 예수님을 믿은 바람에 고생하게 됐다고, 잡히고 보니 성령이 아무 능력이 없다고 불평하라는 지시를 들었을 것이다. 누군가는 사탄의 시험에 걸려 몰래 살아 빠져나갔을 것이다.

그러나 마가 성도들이 본, 개들에게 뜯기며 죽어 나간 성도들은 그 사탄의 시험을 이긴 자들이다. 자기 목숨과 가족에 대한 책임감 등을 다 버렸다. 겉으로는 패배자다. 실망을 안겨준 자들이다. 하나님이 그들을 기적적으로 탈출시켜주지 않았기 때문이다. 그러나 마가는 이들은 결코 실패자가 아니라고 말하는 것이다. 대신 천사들의 시중을 받았으며, 사탄의 시험을 이겨낸 자들이라고 말이다.

앞에서 잠시 언급했지만, 성령이 이끄시는 방향은 고통이 있다. 주변에서 괴롭히기도 하고, 그 시험들을 겪으면서 내 안에서 극심한 갈등을 겪는다. 평안과 감사, 온유, 기쁨 등과 배신, 모욕, 불안, 분노 등이 마구 뒤섞여 밀려들어온다. 이 점을 꼭 알고 있어야 한다. 그래야 시험에 넘어가지 않는다. 성령을 의심하게 된다.

5. 결론

예수님이 세례 받은 후 광야에서 40일을 지낸 일에 대해 크게 마가는 두 가지에서 다른 점을 보였다. 첫째는 영이 예수님을 쫓아내면서까지 광야로 보냈다는 점과 둘째는 그곳에서 들짐승들과 함께 지냈다는 점이다. 마태와 누가는 마가의 이야기를 듣고서 수정하였다. 두 가지 점은 이들에겐 그리 필요 없는 군더더기들이었다. 하지만 마가 성도들에게는 그 짧은 말에 온갖 사건과 감정들이 오갔을 것이다.

마가가 예수님이 겪은 광야 시험들을 몰랐을 리 없다. 하지만 사탄이 제시한 여러 유혹들은 자기 성도들에게 지금 도움이 되는 이야기가 아니다. 그는 이들의 죄의식을 해소하고, 또 이들이 가진 의문들을 해소길 원한다. 성령에 대한 신뢰를 다시 회복하길 원한다. 성령의 인도로 이들도 동료들처럼 똑같은 사탄의 시험을 치를 수 있다. 지금 그럴 가능성이 아주 높은 상황이다. 그 무서운 들짐승들이 어슬렁거리는 공포심을 이겨내고, 내 곁에 지금도 있는 천사들을 느껴야 할 때이다. 지금 마가의 이야기를 듣고 있다는 것은 아직은 그래도 예수님을 좇고 있는 것이므로.

막 1:14-15, 세례자 요한과 예수님

14 그런데 **요한이** 넘겨짐 다음에[75] **예수님은** 가셨습니다. 갈릴리로 **하나님의 복음을** 선포하면서요.

15 그리고 말하길, "이미 차있습니다, 때가! 그리고 이미 가까이 이르러 있습니다.[76] 하나님 나라가! 회개하고 또 회개하세요![77] 그리고 **복음을** 믿고 또 믿으세요!"[78]

1. 요한은 넘겨졌다.

예수님이 광야에 간 뒤, 마가는 말한다. 요한이 잡혔다는 거다. 무슨 이유로 요한이 잡혔는지 말하지 않은 채, 그 일 뒤 예수님은 갈릴리로 가서 행동을 개시했다고 말한다. 거기서 선포했는데, 그건 하나님의 복음이

---

75 μετὰ τὸ + 부정사, ~함 다음에, 막 14:28; 16:19; 눅 12:5 22:20; 요 13:27; 행 1:3; 7:4; 10:41; 12:4; 19:21; 고전 11:25; 히 10:26뿐; 창 5:4 외(26) 등. 마태만 없음. 구약에 많이 사용하는 어법.

76 ἐγγίζω(엥기조), 가까이 이르다, 마 3:2; 4:17; 10:7외(7); 막 1:15 외(3); 눅 7:12 외(18); 행 7:17 외(6); 롬 13:12; 빌 2:30; 히 7:19; 10:25; 약 4:8; 5:8; 벧전 4:7뿐; 겔 7:4; 9:1 등. 요한문서와 바울서신에 거의 없음.

77 μετανοεῖτε, 현재명령, 이 시제는 회개를 한 번만 하라는 게 아니다. 반복적으로 계속 해라고 요구할 때 쓰는 것이다. 이후에 나오는 현재명령 시제는 다 계속 그 일을 해라는 뜻이다. 마 3:2; 4:17; 막 1:15뿐. μετανοέω(메따노에오), 회개하다, 구약에 좀 있음, 마 3:2 외(5); 막 1:15; 6:12; 눅 10:13 외(9); 행 2:38 외(5); 고후 12:21; 계 2:5 외(12)뿐; 삼상 15:29; 잠 20:25; 24:32; 30:1; 암 7:3, 6 등.

78 πιστεύετε, πιστεύω(삐스뜌오), 현재명령. 믿고 또 믿으세요, 마 9:28; 막 1:15; 11:24; 13:21; 요 3:12 외(16); 요일 4:1뿐; 대하 32:15. 복음을 평생 한 번만 믿어서 될 일이 아님을 말한다. 살다 보면, 때로는 잘 믿고 복음대로 행해 승리하는데, 때로는 그렇지 못할 때가 있다. 믿고 또 믿어야 한다.

었다는 거다. 하나님의 기쁜 소식. 그리고 예수님의 주 메시지를 전하는데, 조금 특이하다.

앞에서 들려준 세례자 요한의 주 메시지를 요약하면, 두 가지로 압축할 수 있다. 하나는 죄들 용서를 위한 회개 세례를 받으라는 것과 둘째는 자기보다 더 힘센 자가 나타나서, 성령으로 세례를 줄 것이었다. 요한은 회개 세례는 외쳤으되, "하나님 나라가 가까이 왔다!"는 식으로 하나님 나라와 회개 세례를 연계시키지 않았다.[79]

중요한 건, 예수님이 행동하신 시점이다. 언제인가? 세례자 요한이 잡히자 마자이다. 세례자 요한과 예수님은 동료가 아니다. 친구도 아니다. 세례자 요한의 메시지에서 완전 다른 메시지를 전하지 않았을 것이다. 마태는 같은 메시지도 있었다고 전한다. 예수님은 요한처럼 독특한 복장을 입고 다니진 않았지만, 요한에게 세례를 받았다는 건 세례자 요한의 생각과 같다는 것을 말한다. 나도 같은 방향으로 바라보고 살 것을 표명한 것과 매한가지이다. 그랬는데 먼저 앞장을 서던 자가 붙잡혔다. 그러면 여러분 같으면 어떻게 하겠는가? 숨는다. 움츠러든다. 겁먹는다. '나도 저렇게 되는 거 아냐?'하고.

어찌됐든 세례자 요한은 예수님의 생각을 먼저 피력한 자이고, 세상에서 선봉자 역할을 했던 자다. 그런데 왕에게 잡혀갔다. 그리고 우리는 알지 않는가? 결국은 머리가 잘리는 처참한 처벌을 받았다는 것을. 마가 그리스도인들도 세례자 요한의 운명을 알고 있었을 것이다. 그런데 마가는 세례자 요한이 잡혔는데, 예수님은 거기에 움츠러들거나, 숨지 않고, 오히려

<hr/>

79 반면 마태는 세례자 요한 메시지와 예수님의 메시지는 같았다고 전한다.
마 3:1 그 때에 세례 요한이 이르러 유대 광야에서 전파하여 말하되
2 회개하라 천국이 가까이 왔느니라 하였으니

−−−−−

4:17 이 때부터 예수께서 비로소 전파하여 이르시되 회개하라 천국이 가까이 왔느니라 하시더라

전면에 나서서 더 왕성하게, 본격적으로 활동에 나섰다고 말하는 것이다.

이건 무슨 메시지일까? 이 이야기를 마가 그리스도인들에게 하는 이유가 뭐겠는가? ..... 바로 여러분도 움츠러들지 말라는 거다. 괜히 아직 체포도 하지 않았는데, 네로 때처럼 그런 박해가 일어날까봐 지레 겁먹고, 신앙을 포기 하는 일을 하지 말라는 거다. 그래서 예수님이 외치는 메시지도 조금은 독특하다. 15절이다.

> "이미 차있습니다, 때가! 그리고 이미 가까이 이르러 있습니다,
> 하나님 나라가! 회개하고 또 회개하세요! 그리고 **복음을** 믿고
> 또 믿으세요!"

"때가 이미 이뤄졌다!"는 거다. 때는 '이미' 차 있고, '이미' 이르러 있다. 예수님 외침은 세례자 요한 외침보다 더 긴급하고, 재촉하는 느낌이 더 강하다. 그냥 "죄 용서 받기 위해 회개하십시오. 그리고 세례 받으세요!"하는 것보다, "이미 차있다, 때가! 그리고 이미 가까이 이르러 있다, 하나님 나라가!" 하면, 시간이 정말 얼마 남지 않았으니, 어서 뭉그적거리지 말고, 어서 회개해라고 재촉하는 것이다. 요한이 잡혔으니, '지금은 좀 숨고, 시간을 봐서 이따가 움직이는 게 나아'라고 생각하는 이들에게, "아니야!!! 이젠 더 미적거리고, 때를 볼 새 없어! 더 급해진 거야! 서둘러!"하고 말하는 것이다.

마가는 이렇게 예수님이 광야에서 시험받고, 또 활동을 개시하는 이야기를 하면서 자기 이야기를 듣는 그리스도인들에게, 또 박해를 받을까봐 주저하고 겁내는 그들에게 "겁내지 말고, 예수님을 보세요!! 이분도 겁 안 냈습니다. 오히려 과감하게 복음을 증거 했습니다. 하나님의 복음을 믿으라고요!"하고 말했던 것이다.

우리의 처지와 마가 그리스도인들 처지 중 누구 것이 더 힘들었을까?

우문인 거 안다. 너무나도 뻔한 대답인데도 지금까지 숱하게 자기 자신을 합리화시키면서 주저하였던 우리 자신을 다시 한 번 채찍질했으면 한다. 물론 사람마다 처지가 다 다르고, 기질이며, 해답도 다 다를 거다. 하지만 우리 모두가 본받아야 할 대상이 예수님인 것만은 틀림없다. 그리고 그들은 우리보다 더 빡센 시련을 겪는 중이다.

막 1:14-20, 한 번의 부름에 순종한 제자들

14 그런데 **요한이** 넘겨짐 다음에 **예수님은** 가셨습니다. 갈릴리로 **하나님의 복음을** 선포하면서요.

15 그리고 말하길, "이미 차있습니다, 때가! 그리고 이미 가까이 이르러 있습니다, 하나님 나라가! 회개하고 또 회개하세요! 그리고 **복음을** 믿고 또 믿으세요!"

16 그리고 **갈릴리 바닷가를** 거쳐 가다 직접 보셨습니다. 시몬과 안드레, 곧 시몬 형제가 **바다에** 투망하는 걸요.[80] 왜냐면 어부였거든요.

17 그리고 말하셨습니다, 그들한테 예수님이. "이리 오세요! 내 뒤로![81] 그래서 **여러분을** 만들 겁니다! **사람들 어부가** 되게요!"

18 그러자 즉시 **그물들을** 놔두고 **그분을** 좇았습니다.

19 그리고 조금 앞으로 가 직접 보셨습니다. 야고보, 곧 세베대의 (아들)하고 요한, 곧 그의 형제를요. 그리고 그들이 배에서 **그물들을** 수선하고 있는 걸 말입니다.[82]

20 그리고 즉시 **그들을** 부르셨습니다. 그러자 놔두고, - 자기들 아버지, 곧 세베대를 배에 삯꾼들과 함께,[83] - 떠났습니다, 그분 뒤로.

---

80 ἀμφιβάλλω(암피발로), 투망하다, 신약 1회 용어. 성서 2회 용어, 막 1:16; 합 1:17. 명사는 ἀμφίβληστρον(투망, 마 4:18).

81 ὀπίσω μου, 막 1:7; 8:33, 34. 세례 요한이 '내 뒤로' 오시는 분이 훨씬 더 강하다고 말했음을 기억하라!. 8:34 "만약 누가 **내 뒤로 계속 좇고** 싶으면, 자기를 확실히 부인하세요. 그리고 **자기 십자가를** 드세요! 그리고 나를 계속 좇으세요!"

82 αὐτοὺς ἐν τῷ πλοίῳ καταρτίζοντας, 문장이 들은 상황을 고려할 때, 어색함; καταρτίζω(까따르띠조), 수선하다(마 4:21; 막 1:19; 갈 6:1), 온전케 하다/되다(마 21:16; 눅 6:40; 고후 13:11 롬 9:22; 히 13:21; 벧전 5:10), 마련하다(히 10:5; 11:3).

83 μισθωτός(미스토또스), 삯꾼, 신약 3회 용어, 구약에선 좀 있음, 막 1:20; 요 10:12, 13.

1. 낯선 이의 부름에 응답하다니!

예수님이 광야에서 사탄과 들짐승들, 그리고 천사들과 함께 있었다는 이야기를 했다. 그리곤 세례자 요한이 잡히자, 좀 상황을 보고, 움직이셔도 되는데 오히려 전면에 나서서 회개하라고, 하나님 나라가 이미 가까이 이르렀다고 외치셨다.

> "이미 차있습니다, 때가! 그리고 이미 가까이 이르러 있습니다, 하나님 나라가!"

이 메시지를 외치신 모습을 상상하면, 하나님 나라가 이젠 너무 가까이 와서, 이것저것 따지며 때를 기다리기엔 너무 다급하다고 인식하였던 예수님의 마음이 느껴진다. 세례자 요한이 붙잡혔는데, 죽음까지도 각오하고, "죽어야 되는 거라면 죽자!"하고 달려든 것이다. 그렇게 외치면서 예수님이 제일 먼저 하신 행동이 제자를 부른 것이다. 그런데 특이한 것은 아주 무심한 듯이 그냥 지나가다가, 바닷가에서 보인 두 사람, 바닷가에서 그물을 투망하고 있는 어부들을 보고, 그냥 딱 한 마디 던졌다는 것이다. 어서 '내 뒤'로 오라고. 사람들 어부로 만들겠다고 말이다.

황당한 것은 이들의 태도이다. 즉시 그물들을 놔두고 따라갔다는 것이다. 예수님을. 이런 황당한 일은 또 일어난다. 이번에는 좀 더 가서, 예수님 눈에 보이는 세베대의 아들들인 야고보하고 요한을 부르니까, 이들도 다 놔두고, 예수님을 따라갔는데, 이들은 자기 아버지하고, 삯꾼들까지 다 버려두고 예수님 뒤를 좇아갔다는 것이다.

교회를 좀 다니신 분들은 다 아는 내용이다. 보통 이 말씀으로 교회에서 "이렇게 아무 것도 따지지 않고, 예수님을 그냥 따라가야 합니다! 예수님의 이 제자들을 배워야 합니다!"하고 외친다. 제자들의 즉각적인 응답, 그리고 생업이나 가족보다 예수님을 더 우선으로 둬야 함을 얘기한다. 마가의 이야기는 솔직히 비현실적이다. 한 번 생각해 보시라!

예수님이 지나가다 바닷가에서 그물을 던지고 있는 한 어부를 발견하고, 아무런 안면이 없는 상황인데, **"어서 와라. 내 뒤로, 내가 만들겠다. 당신이 사람 낚는 어부가 되게"** 말, 딱 한 마디를 했는데, 그대로 믿고 자기가 지금까지 해오던 생업을 다 집어 던지고 따라갔다는 것이 말이 되는가? 여러분은 그럴 수 있는가? 일하고 있는데, 생전 처음 보는 사람이 나타나, "어서 내 뒤를 따라오세요. 당신을 사람 낚는 어부가 되게 만들겠습니다!" 한다면, 하던 일 다 내팽개칠 수 있는가?

세베대 아들들 같은 경우는 더 대단하다. 자기 집이 소유한 배가 있었다. 삯꾼을 한 명도 아니고, 여러 명을 둔 것으로 봐 나름 그 동네에서 부자였던 것 같은데, 도대체 뭐가 아쉬워서 다 버렸는가? 보통 집에 도대체 먹고 살만한 거리가 영 보이지 않으면, 집을 떠난다. 그러나 자기 집이 운영하는 사업이 있으면, 안 떠난다. 콩가루 집안이 아닌 다음에야. 성경에는 나오지 않으나, 세베대가 온 집을 들들 볶는 가장이라면, 아버지의 권한을 벗어난 삶을 살고 싶었을지 모르겠다. 어쨌든 그런 이야기는 외경으로도 일절 나오지 않는다. 베드로와 안드레의 아버지의 이름은 나오지 않는데, 세베대라는 이름이 나오는 것을 보면,[84] 가버나움에서는 알려진 인물인 게 분명하다. 세베대는 모든 복음서에 다 나온다. 심지어 요한 복음서에는 세베대의 아들들인 '야고보와 요한'은 안 나와도, 세베대는 나온다(21:2).[85]

생각해 본 적 있는가? 세베대의 영향력을? 그런데 그의 아들들은 예수님의 말 한 마디에 다 던졌다. 물려받을 수 있는 가업마저 버린 것이다. 마

84　Ζεβεδαῖος(제베다이오스), 세베대, 마 4:21(2); 10:2; 20:20; 26:37; 27:56; 막 1:19, 20; 3:17; 10:35; 요 21:2뿐.

85　시몬 베드로와 디두모라 하는 도마와 갈릴리 가나 사람 나다나엘과 <u>세베대의 아들들</u>과 또 다른 제자 둘이 함께 있더니

가 이야기에서 첫 제자들을 부르신 부분은 예수님도 이해가 안 되고, 제자들도 이해가 안 된다. 마가복음서를 연구하는 학자들도 고민 했다. 마가의 이야기를 들었던 마태와 누가는 그럴 수 있으려니 했을까?

먼저 마태는 마가와 거의 비슷하게 말하나(4:18-22), 잘 봐야 한다. 갈릴리 활동과 제자를 만든 일 사이에 시간적 틈이 있기 때문이다.

『눈으로 듣는 마태』

마 4:13 그리고 **갈릴리를** 놔두고 떠나 가서 거주하셨습니다. **바다 가장자리인** 가버나움에요. 스불론 지역과 납달리 지역 안에 있는 곳 말입니다.

_____

17 그때부터 하기 시작하셨습니다, 예수님이 계속 선포하는 것과 계속 말하는 것을. "회개하고 또 회개하십시오! 왜냐면 이미 가까이 이르러 있습니다! 하늘(들)의 나라가!"

18 그리고 **갈릴리 바닷가를** 걸어가다 직접 보셨습니다, 두 형제들을, 시몬, 곧 **베드로라** 말해지는 자와 안드레, 곧 그의 형제를요. **어망을 바다 안으로** 던지고 있는데, 왜냐면 (그들은) 계속 어부였거든요.

마태복음을 다루려고 긴 시간을 허비할 수 없으므로 간단하게 말하자면, 예수님은 먼저 가버나움에 '거주했다'. 이 말은 예수님의 아버지인 요셉이 가족을 데리고 나자렛에 가 살았다고 말할 때 썼다(마 2:23).[86] 즉 마태는 아쉽게 말하긴 했지만, 예수님이 먼저 가버나움에 정착한 뒤, 복음을

---

86 『눈으로 듣는 마태』 2:23 그래서 가서 **거주했습니다**, 도성으로. 말해지기를 나자렛이라 합니다. 해서 말해진 것이 이뤄지려고 말입니다, 예언자들을 통해. 나조라인이라 불릴 것이라고요.

혼자 계속 선포하신 시간이 있었다고 전한다. 17절에 예수님이 선포활동을 한 시간이 있었음을 가리키기 위해 '계속 선포했고', '계속 말했다'고 했다. 제자를 부르는 일이 있기까지 시간이 좀 있었다는 뜻이다.

누가는 좀 더 다르게, 그리고 현실적으로 전한다.

『눈으로 듣는 누가』

눅 5:3 그런데 **배들 중 한 척**에 올라탄 뒤, 그건 시몬의 것이었습니다, 청하셨습니다, 그에게 땅에서 **조금** 띄워달라고요. 그리고 **배 밖으로** 걸터앉아 **군중들을** 가르치고 가르치셨습니다.

─────

8 그러자 직접 보고선 시몬 베드로는 **예수님 무릎** 앞에 엎드렸습니다. 말하길, "**저한테서 나가** 주십시오! (제가) 죄 많은 남자여서입니다! 주님!"

9 왜냐면 자지러짐이 휘어잡았기 때문이었습니다. 그와 **그와 같이 있던** 모든 자들을요. (그들이) **확 붙잡은** 그 물고기들의 포획 시에 말입니다.

10 그리고 마찬가지로 야고보와 요한, 세베대의 아들들까지도요. 이들은 **시몬의** 동료들이었습니다. 그런데 말하셨습니다, 시몬 쪽을 향해 예수님이. "그만 겁먹으세요! 지금부터 사람들을 **생포하는 자가** 될 겁니다!"

11 그리고 (그들은) **배들을 땅 위에** 끌어내린 후 다 놔두고 **그 분을** 좇았습니다.

길지만, 같은 사건을 복음담가마다 얼마나 다르게 전하는지를 제대로 알기 위해서 가져왔다. 누가에서는 5장의 앞을 더 봐야 한다. 베드로가 제자 되기 전에, 이미 예수님을 아는 사이였기 때문이다. 베드로는 안식일에 회당에서 예수님을 만난 뒤, 무슨 연유에서인지 그 날 자기 집으로 예수님을 모셨었다. 그래서 예수님이 앓고 있는 장모를 고쳐준 것을 봤다. 그리고 거기서 숱한 자들을 고쳐 준 것도 목도했다.[87] 이 말인즉슨 베드로는 이미 예수님을 알고 있었고, 어떤 분인지를 경험했다. 그래서 마가가 들려준 대로 바닷가에서 예수님이 베드로에게 따라오라 했다 해도 이상하지 않다. 베드로가 예수님에게 자기는 죄인이라며 수그리고, 예수님 권위를 인정한 것도 그리 이상하지 않다. 이해가 된다.

그런데 마가의 이야기는 그렇지 않다. 도대체 둘 사이의 전역사가 없다. 그래서 학자들이 "마가가 그렇게 독특한 건 아냐! 당시엔 그럴 수도 있었어!"하며, 어떻게든 마가가 이상하지 않다고, 그런 식으로 제자 만드는 이야기가 있다며 예를 드는 것이 소크라테스 이야기이다. 비록 후대에 살던 자가 전하긴 하지만, 그래도 나름 진정성이 있다 여겨져 인용이 된다.

소크라테스는 여러 뛰어난 제자들을 두었는데, 그 중에 크세노폰(Xe-nophon, 약 기원전 430–354년)을 어떻게 만나 어떻게 제자로 삼았는지를 알려준다. 내용은 이러하다.[88]

> 아테네 시민으로, 그릴루스(Gryllus) 아들, 크세노폰이 있었는데, 아주 단정하면서도 잘 생긴 사람이었다. 소크라테스가 그를 만났던 곳은 아주 좁은 길이었다. 그는 자기 지팡이를 주욱

---

87 『눈으로 듣는 누가』 4:38 그러자 일어서 회당에서 (나가) 시몬 집 안으로 들어가셨습니다. 그런데 시몬의 장모가 계속 앓고 있는 중이었습니다. 큰 열예요. 그래서 그분께 청(請)했습니다. 그녀에 대해서요. 39 그러자 위로 다가서 딱 바로 그녀 위에서 열을 꾸짖으셨습니다. 그러자 그녀를 떠났습니다. 그리고 당장 일어서 그들을 계속 시중들었습니다. 40 그리고 해의 질 적에, 모든 자들, 곧 갖은 병들로 허약한 것들을 계속 갖고 있던 자는 누구든지 간에 다 이끌었습니다. 그들을 그분 쪽으로요. 그래서 그분은 그들 중 한 명 각각에게 손들을 얹으면서 그들을 고쳐주고 고쳐주었습니다.

88 Diogenes Laertius, 1:176–79; Adela Yarbro Collins, *Mark: A Commentary*, Hermeneia (Minneapolis: Fortress Press, 2007), 158에서 재인용.

뻗어 길을 막았다. 그러고선 크세노폰에게 질문을 던졌다. 거기에서 무슨 음식들이 팔렸는지 말이다. 대답을 다 듣더니, 그는 다른 질문을 던졌다. "사람은 어디서 선하게 되고, 고결하게 되는지 아는가?" 크세노폰은 아주 혼란스러워했다. 그러자 "그러면 나를 따라오게"하고 소크라테스는 말했다. "그리고 배우게." 그래서 그 때부터 계속 그는 소크라테스의 문하생이 되었다(Vit. Phil. 2. 48).

어떠한가? 좀 비슷한가? 가장 비슷한 예로 언급이 되지만, 나로선 동의하기 힘들다. 여기도 비록 길거리에서 처음 만나 제자로 삼았지만, 소크라테스는 크세노폰에게 질문을 던져서 그가 어떤 자인지를 간봤다. 자기 제자로 삼을 만한 자인지 말이다. 크세노폰도 자기에게 질문을 던지는 자를 보고, 대답하면서 소크라테스가 누구인지는 몰랐으나 그가 단순한 노인이 아님을 알았을 것이다. 때로는 이야기만 나눠도 그 사람의 됨됨이를 알 수 있다.

그러나 마가에서는 베드로나 야고보에게 뭘 물어본 게 없다. 그냥 한 눈에 보고, 오라 했고, 따라갔다. 그러니 마가 이야기는 실제 그대로 일어났다고 하기엔 문제가 있다. 그래서 불트만이라는 아주 유명한 신약 학자는 이렇게 말했다; 이 이야기는 그냥 단순하게 역사적인 사실을 있는 그대로 전하는 게 아니야. 부르는 사람의 심리나, 따라가는 사람의 심리를 다 말해주는 그런 이야기가 아니야. 이건 예수님의 말씀, "이리 오세요! 내 뒤로! 그래서 **여러분을** 만들 겁니다! **사람들 어부가** 되게요!(1:17)" 이 말씀을 강조하려고 이 이야기를 하는 거야.[89]

---

89 불트만은 부름 받은 자들의 심리 같은 것에 관심이 없고, 현실성이 떨어지므로 역사적인 보고로 보기 힘들다 여겼다. R. Bultmann, *The History of the Synoptic Tradition*, trans. by John Marsh (New York: Harper & Row, 1963), 27-28.

마태복음과 누가복음을 훑어봐도, 마가복음은 실제 사건을 그대로 전하지 않음이 분명하다. 예수님이 하나님 나라 활동을 홀로 한 것과 베드로를 불렀을 때 사이에는 분명 시간이 있었다. 단지 마가는 그런 이야기들을 성도들에게 들려줄 필요를 못 느꼈을 뿐이다. 그에게는 딴 게 더 많았다. 온갖 이야기들을 인내 있게 들어줄 성도들이 아니었다. 여기서는 간명하게 핵심메시지만 알아들으면 됐다.

2. 마가의 성도들이 알아들은 대목

우리는 너무나도 자주 마가가 마주했을 성도들을 생각하지 않는다. 마가가 이 이야기를 하는 이유는 우리 때문이 아니다. 자기 앞에 앉아 열심히 예수님 이야기를 듣는 성도들 때문이지. 청중이 이 말을 들었을 때 무슨 생각을 했을지 염두에 둬야 한다.

마가는 이야기를 처음 시작하면서부터 '행동'을 강조했다. 예수님도, 마가 이야기에 따르면, 죄가 없음에도 불구하고 세례자 요한에 대한 소문을 듣고 세례 받으러 요단강까지 갔다. 그냥 회개하는 것은 자기 집에서 해도 되질 않는가? 그런데 요단강까지 걸어가셨다. 나자렛에서 요단강까지 현재 잘 닦인 길이 대략 48킬로미터이니, 옛날이면 적어도 며칠은 족히 잡고 걸어야 하는 큰 결심을 요구하는 행동이다. 내 집에서 광야까지, 가족에 대한 의무를 뒤로 하고 간 것은 하나님 앞에 내 자신을 겸허하게 내려놓겠다는 의미이다. 하나님께 순종하는 것이다. 죄가 많은 이들 앞에서 굳이 자신이 죄인이라고 겸손하게 머리 숙였을 때, 하나님이 기뻐하셨다. 마가는 예수님이 하나님의 아들임을 다른 담가들처럼 다르게 말할 수 있었으나, '겸손한 행동'으로 옮겼을 때 하나님이 인정하셨다고 했다.

그런데 그 이후 무슨 일이 벌어졌는가? 영이 예수님을 광야로 쫓아내

40일 동안 고생했다. 사탄에게 시험 받으면서 말이다. 그리고 세례자 요한이 잡혔다는 소식을 듣고선 숨지 않았다. 적당한 때를 찾아 기다리지 않고, 벌써 이루어졌다고 하면서 활동을 개시했다. 행동을. 머뭇머뭇 거리지 않았다.

누가복음 이야기의 첫 부분이 기억나는가? 사가랴, 엘리사벳, 마리아 등의 이야기를 통해 어떤 주님을 준비시켰는지, 그리고 예수님이 어떤 분이신지를 기대하게 만들었다. 다양한 인물들의 드는 예언과 기이한 일들로 이야기가 진행되었다. 그러나 마가는? 자질구레한 기이한 이야기들이 없다. "이런 일이 있었어! 이렇게 했어!" 일이 일어났다고, 꼭 보고하듯이 하면서 강조한 게 바로 '행동'이었다.

그건 바로 마가의 이야기를 듣는 이들이 죽을까봐 두려워 예수님을 계속 믿어야 할지 말지 주저했기 때문이었다. 복음을 증거 하는 것이 겁났기 때문이었다. 그래서 마가는 예수님의 부르심에 제자들이 군소리 하지 않고, 다 버리고 탁 따라갔다고 말하는 것이다. 진정한 제자는 그냥 순종하고 좇는다.

새번역	눈으로 듣는 마가
17 예수께서 그들에게 말씀하셨다. "나를 따라오너라. 내가 너희를 사람을 낚는 어부가 되게 하겠다."	17 그런데 말씀하셨습니다. 그들에게 예수님이. "이리 오세요! 내 뒤로! 그래서 여러분을 만들 겁니다! 사람들 어부가 되게요!"

『새번역』과 『눈으로 듣는』본을 비교한 것이다. 조금 다른 게 눈에 들어오는가? 『새번역』뿐 아니라, 『개역개정』, 영어본인 『NKJ』도,[90] 별반 다르

---

90 『개역개정』 예수께서 이르시되 나를 따라오라 내가 너희로 사람을 낚는 어부가 되게 하리라 하시니; 『NKJ』 Then Jesus said to them, "Follow Me, and I will make you become fishers of men."

지 않게 옮겼다. 예수님이 따라오라고 하니, 제자들이 다 따라갔다고 했다. 그런데 원래 헬라어를 보면 같은 말로 말하지 않았다. 예수님은 제자들에게 굳이 "어서 오세요! 내 뒤로"라고 말했다. 즉 '내 뒤로' 오라고 했더니, 좇았다고 말하는 것이다. 내 뒤를 따라 오라는 말을 할 때, "이리 오세요! 내 뒤로!"라고 잘 말하지 않는다. 성서에 통틀어 여기와 마태 4:19, 그리고 왕하 6:19이다.[91] 마태의 것은 막 1:17과 같은 것이니, '좇으라'는 말을 하지 않고 굳이 '내 뒤로' 오라고 하신 연유가 궁금해진다. 들어본 기억이 나는가?

있다. 세례자 요한이다.

> 1:7 그리고 선포하고 선포했습니다. 말하길, "오십니다! **나보다 훨씬 더 강한 분이 내 뒤로요!** 그분께 (난) 감당 못합니다! 굽혀서 그분 신발들의 끈을 푸는 것을요!"

세례자 요한이 사람들에게 '내 뒤로' 훨씬 더 강한 분이 온다고 말했다. 똑같은 단어로. 그리곤 예수님이 제자들에게 '내 뒤로' 어서 오라고 말했던 것이다. 예수님이 시몬하고 안드레에게 "어서 오세요! 내 뒤로!" 말했을 때, '아!!! 세례자 요한이 말했던, 내 뒤에 힘센 분이 오신다고 했던 바로 그분이구나!'하고 생각했을까? 시몬과 안드레가 세례자 요한의 메시지를 얼마나 습득했는지 여부에 달려 있을 것이다. 요한은 안드레가 세례자 요한의 제자였다고 전하므로(요 1:35-40),[92] 가능성이 아예 없다고 할 순 없

---

91 왕하 6:19 엘리사가 그들에게 이르되 이는 그 길이 아니요 이는 그 성읍도 아니니 **나를 따라 오라**(δεῦτε ὀπίσω μου) 내가 너희를 인도하여 너희가 찾는 사람에게로 나아가리라 하고 그들을 인도하여 사마리아에 이르니라

92 요 1:35 또 이튿날 요한이 자기 제자 중 두 사람과 함께 섰다가 36 예수께서 거니심을 보고 말하되 보라 하나님의 어린 양이로다 37 두 제자가 그의 말을 듣고 예수를 따르거늘 38 예수께서 돌이켜 그 따르는 것을 보시고 물어 이르시되 무

다. 그러나 누가가 다르게 전하는 것을 봐서 명확하게 알 수 없는 것이다.

이것은 마가의 목표를 위해 박아 넣은 말이다. 마가의 이야기 목표대상은 시몬과 안드레가 아니다. 자기 성도들이지. 마가를 비롯해 다른 복음서들을 해석하면서 명확하게 깨닫는 점은 담가들 모두 다 이야기의 목표대상이 자기 성도들이라는 것이다. 예수님의 일화나 말씀은 아주 많다. 대략 3년간 같이 어울려 24시간 밀착 동행했다. 그러니 얼마나 많은 일화들이 있을 것이며, 얼마나 많은 가르침들이 있겠는가? 마음 같아서는 다 전하고 싶었을 것이다.

그런데 아무리 좋은 말이라 하더라도 너무 길면 집중해 듣지 않는다. 그이야기에 감동하지 않는다. 자기와 직결된 말씀에 귀를 열고 마음을 연다. 여러분이 30분짜리 설교를 못 듣고, 1, 2분짜리 숏츠(shorts)에 열중하는 것과 같은 이유다. 마가는 성도들의 관심을 끌어야 했다. 그러려면 어쩔 수 없이 이들이 이해하기 쉽고, 가장 재미있게 받아들이는 방식으로 해야 한다. 마가는 지금 자기 성도들에게 맞는 방식의 이야기를 한 것이다. 이야기 처음부터 행동을 강조했던 것처럼 제자들의 빠른 결단과 행동을 말해줌으로써 자기 성도들이 쉽게 예수님 뒤를 따라 좇도록 말이다. 이제 이야기를 시작했다. 풀어놓을 이야기보따리가 한가득 남아 있다. 여기서 제자들이 예수님을 어떻게 만나 어떻게 제자가 됐는지 주절주절 설명할 필요가 없다 판단했다. 마가는.

베드로가 예수님 뒤를 좇은 것은 세례자 요한의 영향을 받았기 때문일 것이다. 그러나 마가는 이것을 시시콜콜히 말할 필요를 못 느꼈던 듯하다. 마가 성도들 또한 예수님에 대한 전승을 이것만 들은 것이 아닐 것이다.

엇을 구하느냐 이르되 랍비여 어디 계시오니이까 하니 (랍비는 번역하면 선생이라) 39 예수께서 이르시되 와서 보라 그러므로 그들이 가서 계신 데를 보고 그 날 함께 거하니 때가 열 시쯤 되었더라 40 요한의 말을 듣고 예수를 따르는 두 사람 중의 하나는 시몬 베드로의 형제 안드레라

즉 마가 성도들은 마가의 말이 뭘 뜻하는지 알고 있기에 '내 뒤로 오라'는 말 하나로 넘어간 것이다. 여기서 다 밝힐 순 없으나, 다른 담가의 복음을 분석해 보면, 그들 역시 마가의 말을 찰떡같이 알아들었다. 그리고 그들도 역시 자기들의 의도와 맞으면 그대로 차용하고, 다르면 여지없이 수정했다. 비교해 분석하다 보면, 담가들이 자기 성도들에 맞춰 이야기를 얼마나 잘 엮어내는지 감탄하게 된다!

3. 내 뒤로 좇으라는 말의 뜻

사람이 어떤 이야기를 할 때에는 목적이 있다. 그런데 같은 이야기라도 대상에 따라 강조점이나 언어가 달라진다. 어제 내가 친구한테 이야기할 때, 모두가 즐겨 들어 길게 얘기했는데, 오늘 만난 동료는 관심을 별로 가지지 않으면 자연히 생략하듯이 한다. 마가가 지금 예수님 이야기를 하는 이유는 예수님의 실제 역사를 그대로 전하려는 게 아니다. 성도들이 예수님 이야기를 통해 복음을 버리지 않길 원했다. 더 나아가 담대하게 예수님을 선포하길 원했다. 목숨을 걸고라도 예수님을 끝까지 믿길 바랐다.

그러다 보니 베드로와 시몬, 그리고 세베대의 아들들이 어떻게 해서 예수님 뒤를 따르게 됐는지 말하는 것은 그리 중요하지 않았다. 요한담가가 전하는 것처럼, 이 첫 제자들은 아마 세례자 요한의 가르침에 동의했을 것이다. 그래서 예수님을 만나기 전에 이미 회개 세례를 받지 않았을까 싶다. 그리고 요한의 두 번째 핵심 메시지, '내 뒤로' 올 더 강한 자를 기다리고 있었을 것이다.

만약 초대 교회의 그리스도인들이 이것을 제대로 인지하고 있었다면, 마가 성도들 역시 예수님이 이들 앞에 나타나, '내 뒤로 오라'고 말했을 때, 곧바로 세례자 요한이 말한 분임을 암시하는 '신호'로 알아들었을 것이다.

제자들은 어떻게 했는가? 그들은 세례자 요한의 예언을 알아듣고선 고민하지 않고, 바로 '행동'에 돌입했다.

> 막 1:20
> 『눈으로 듣는 마가』 그리고 즉시 그들을 부르셨습니다. 그러자
> 놔두고, – 자기들 아버지, 곧 세베대를 배에 삯꾼들과 함께, –
> 떠났습니다. **그분 뒤로.**
> 『개역개정』 곧 부르시니 그 아버지 세베대를 품꾼들과 함께 배
> 에 버려 두고 예수를 따라가니라

20절에서 야고보와 요한도 자기 가족들과 생업을 버리고 떠났다. 이를 마가는 '그분 뒤로' 갔다고 말한다. 『개역개정』은 '따라갔다'고 말했는데, 앞에서 이야기했다. '내 뒤로'라는 이 별 거 아닌 말이 신호였다고. 마가는 이들이 '그분 뒤로' 간 것처럼, 우리도 '그분 뒤로' 가야한다고 은근히 신호를 주는 것이다.

마가가 이렇게까지 이야기를 하는 것을 보면, 로마의 그리스도인들이 엄청 겁먹고 떨었던 것 같다. 이야기 중간도 아니고, 처음부터 마가는 겁 없이 척척척 움직이시는 예수님과 그분 뒤를 주저 없이 가는 제자들을 보여줘, 그들이 어떻게 행해야 할지 말하니 말이다.

> 『눈으로 듣는 마가』
> 8:33 그분은 그러자 되돌아 그리고 자기 제자들을 직접 보고
> 선 베드로를 꾸짖으셨습니다. 그리고 말하시는 겁니다. "떠나
> 완전히 가버리거라! **내 뒤로!** 사탄아! (넌) 헤아리지 않기 때문
> 이다! 하나님의 것들을! 오히려 사람들의 것들을 (헤아린다)!"
> 34 그리고 군중을 자기 제자들과 같이 가까이 부르고선 말하

셨습니다, 그들에게. "만약 누가 **내 뒤로** 계속 좇고 싶으면, 자기를 확실히 부인하세요! 그리고 자기 십자가를 드세요! 그리고 나를 계속 좇으세요!"

잘 아는 말씀이다. '내 뒤로', 이 말은 한동안 등장하지 않다가, 베드로가 예수님을 그리스도라 말하면서도, 실제로는 예수님 뒤를 따르지 않으려는 마음보가 있자 하신 말씀이다. 그런데 "떠나 가버려라"고 하면서 '내 뒤로'라는 말을 덧붙였다. 사탄보고 쓸 데 없는 소리 하지 말고, '내 뒤로' 가라 하셨다. 그러나 누군가 '내 뒤로' 좇고 싶으면, 자기를 부인해라 하셨다. 마가는 8장에서 '예수님 뒤로' 좇아야 함을 '내 뒤로'라는 말로 강조했다.

좇는다는 말 뒤에 '내 뒤로'라는 말을 쉽게 쓸 것 같지만, 그렇지 않다. 마가복음에서 좇는다(ἀκολουθέω(아꼴루**테**오))는 말이 1:18 이후 총 18번 나올 정도로 마가는 많이 말했다. 그러나 '내 뒤로'라는 말이 붙은 경우는 여기뿐이다. 같은 뜻으로 "나를 좇으라"는 말이 10:21에도 나오는데, 헬라어로 가장 일반적인 대명사를 썼다(ἀκολούθει μοι). 8:34의 '내 뒤로 계속 좇으면(ὀπίσω μου ἀκολουθεῖν)'이라는 말은 절대로 쉽게 쓴 말은 아닌 셈이다.[93]

예수님 뒤를 좇는 건 자기를 부인하고 십자가를 짊어지는 것이다. 마가는 지금 현대인이 흔히 말하듯 비유적인 인생의 십자가를 짊어져야 한다고 말하지 않는다. 정말 예수님이 달리셨던 그 십자가에 달릴 각오를 하고 예수님 뒤를 계속 따라가야 한다는 것이다.

원래 '좇는다'는 말이 공간과 시간 개념이 다 있는 말이다(spatial and temporal term). 예수님이 '내 뒤로 좇으라'한 건 예수님 앞으로 갈 필요가

---

[93] 마가의 말투를 가장 잘 답습한 이가 마태이다. 마태는 마가처럼 그대로 세례자 요한의 말(3:11), 제자들에게 예수님이 한 요청(4:19), 그리고 베드로에게 하신 경고(16:23, 24)에 '내 뒤로'라는 말을 쓴다. 거기에 반해 누가는 위의 경우에 한 번도 사용한 적이 없다.

없다는 뜻이다. 그냥 예수님 말씀대로 예수님 뒤로만 가면 된다.

세례자 요한은 "내 뒤로 더 강한 분이 온다!"고 떠들었다. 예수님은 목숨을 각오하고 '내 뒤로 좇으라!'고 부르신다. 예수님 뒤를 좇는 것은 예수님처럼 자기 십자가를 져야 하는 것이다. 베드로와 안드레, 그리고 세베대의 아들들은 좇았을 때의 이익을 헤아리지 않았다. 마가는 누구나 요한처럼 이들이 예수님의 능력을 경험하거나, 그의 정체성을 확실히 알고 나서야 좇았다고 하지 않았다. 그냥 세례자 요한의 말을 믿고 나섰다고, 행동으로 저질렀다고 말하는 것이다. 그랬을 때, 그들이 어떤 일을 겪을지를 차후에 들려준다. 예수님이 한 일들을 보고 믿고 따른 게 아니라, 세례자 요한의 말과 예수님의 말만 듣고서 움직였는데, 그 후 놀라운 일들을 목도했다고 말이다.

4. 같은 색깔인 예수님과 제자들

얼마나 자주 언급할지 모르겠지만 복음서를 이해할 때 가장 중요한 원칙은 앞뒤를 이어서 봐야 한다는 점이다. 서구사회에서 복음서를 너무 문서로 접근했다. 전승이니, 자료니, 성서신학을 조금이라도 공부한 자들은 익숙하게 들었던 용어들은 대부분 복음서가 예수님에 관한 여러 문서자료들을 모아서 집필했다는 기본사고에서 나왔다. 요 근래 들어 이천 년 전의 문화는 집필이 아니라 구술(口述)임을 주장하긴 했지만, 아직은 교계에서 보편적으로 수용해 적용하지 못하는 것 같다. 그래서 필자가 자주 마가복음은 마가가 예수님 이야기를 자기 성도들에게 들려준 것임을 말하는 것이다.

마가복음은 이야기이다. 모든 말은 앞뒤를 이어 들어야 한다. 간혹 방송기자들이 사람들의 말을 악의적으로 잘라 자기가 주장하고 싶은 말만 내보내는 경우가 있다. 시청자는 그 사람에 대해 잘 모르거나, 어떤 사안에 대해 정확한 정보가 없으면, 대개 방송에서 보여주는 말만 보고 기자가 원하는 대로 잘못 인식한다. 이런 일이 복음서 해석에도 일어났다.

이 문제를 지금 끄집어내는 이유는 제자들을 부르신 대목을 해석하는 데에 있어서도 16절부터 보려는 경향이 많기 때문이다. 예수님이 갈릴리 바닷가를 지나면서 우연히 시몬과 안드레를 보고 불렀다고 생각한다. 앞 14, 15절은 예수님의 선포를 축약해서 제시하고, 16절부터는 새로운 이야기가 시작된다고 말이다.[94] 16절에서 무대가 달라지긴 했다. 그러나 그 무대는 15절 다음으로 펼쳐진 것이다. 14, 15절과 연계해서 무대를 상상해야 한다는 뜻이다.

14절에서 예수님은 갈릴리로 가서 하나님의 복음을 선포했다는 말을 했다. 갈릴리 어디인지 명확히 모른다. 그러나 명확한 것은 선포를 혼자서 먼저 하셨다는 점이다. 얼마나 오랫동안 하셨는지 또한 마가는 밝히지 않는다. 앞 4절의 세례자 요한이 광야에 나타나서 회개의 세례를 선포한 뒤, 온 유대지방 사람들이 간 것 사이에 얼마만큼의 시간이 흘렀는지 밝히지 않은 것처럼, 예수님의 선포와 제자를 부르신 것 사이의 시간을 얘기 안 한 것이다. 앞에서 마태복음을 설명한 것과 똑같다. 요나처럼 갈릴리 어떤 지역을 하루만 선포하며 돈 뒤 바닷가를 가셨을까? 만약 단 하루만의 개인적인 활동을 하셨다면, 마가는 이야기했을 것이다. 그러나 아무 말하지 않았다.

영화나 드라마에서 주인공이 긴 시간을 홀로 지냈음을 표현할 때 흔히 쓰는 수법은 다음과 같다. 주인공이 어떤 공간을 이동하는 동안 배경이 봄여름가을겨울로 바뀌거나 주인공의 옷이나 키 등이 바뀌는 것이다. 몇 장면만 바뀌는 것뿐인데도 관중은 세월이 흐르고 있음을 충분히 인지한다.

---

94   Adela Yarbro Collins, *Mark*, 156.

마찬가지다. 예수님이 갈릴리에 가서 선포했으며 그 주요 내용은 이러했다는 말 뒤에, 갈릴리 바닷가를 거쳐 가다 시몬과 안드레를 부른 것을 들으면서, 청중은 시간이 흘렀을 것이라 여겼을 것이다. 선포와 부름이 마치 하룻밤 새 다 일어난 일인 양 받아들이지 않았다는 말이다. 이 셋의 만남이 결코 우연이 아니다. 문제는 우리가 그 당시의 대화법을 잘 모르다 보니, 현대식으로 해석하려다 보니 그 시간 간격을 놓치는 것이다.

예수님은 갈릴리 지역을 돌며 선포하면서 이 어부들을 볼 기회가 있었을 것이다. 그리고 어떤 계기로 예수님은 이들이 당신과 같은 생각을 갖고 있음을 알았을 것이다. 이들 또한 집과 바닷가를 오가며 예수님을 먼발치서 보고 알았을 확률이 크다. 예수님이 선포했다 했다. 들릴 듯 말 듯 작은 소리로 말한 게 아니란 뜻이다. 길거리에서 사람들이 알아듣게 소리 내 말했다는 뜻이다. 종합하자면, 예수님이 이들을 제자로 삼은 것은 이들이 제자로서의 자세가 되어있음을 알고 있어서이다. 이들은 하나님 나라가 임박했으며, 거기에 들어가기 위해선 회개가 필수적임을 알고 있었다. 제자들 역시 예수님의 선포가 올바른 것임을, 더 나아가 예수님의 인격이 결코 거짓 예언자들 같지 않음을 어느 정도 인지하고 있었단 뜻이다.

우리 선조들은 유유상종이라는 말을 썼다. 내가 아무리 옳은 말을 할지라도 주변에 있는 사람들이 타락하면 내 말을 듣지 않는다. 오히려 조롱하지. 돈을 벌기 위해선 수단, 방법 가리지 않는 사람 곁에 의롭게 살려는 사람들이 우글거리지 않는다. 정직한 자 옆에는 정직한 자들이 많지, 거짓말을 밥 먹듯이 하는 사람들은 없다. 앞에서 밝혔듯, 마가는 이 이야기를 통해 예수님의 권능에 찬 카리스마와 제자들의 즉각적인 순종을 강조하려 했다. 그리고 이것은 예수님과 제자들이 같은 가치관을 가졌음도 드러낸다.

예수님이 이들에게 자신의 뒤를 좇으라고 하기 전에 외친 메시지가 이를 증명한다. 제자들이 그분 뒤로 간 것은 그분의 메시지에 동의했기 때문이다. 누가복음과 요한복음 역시 제자들이 예수님을 좇기로 한 사건들을 보면, 예수님의 메시지를 전혀 모른 채 결심하지 않았다(눅 4:38-5:11; 요 1:35-42). 시몬과 안드레, 또 세베대의 아들들 모두 다 예수님을 좇기로 한 것은 예수님을 이미 알고 있었으며, 마음속으로는 예수님의 메시지에 동의하고 있었기 때문이다.

단지 이들이 예수님의 제자가 되기로 결정한 계기는 예수님의 선제적 제안이었다. 비록 어부지만, 당장의 생계보다 하나님 나라가 더 중요하다고 여긴 자들이었다. 만약 이들이 부자가 되는 데에 관심이 있었다면, 예수님의 제안을 받아들이지 않았을 것이다. 하나님 나라가 더 중요했기에 생업도 던질 수 있었다.

예수님이 이들을 만난 자리 또한 절대로 우연이 아니다. 갈릴리에는 가버나움만 있지 않다. 고향 나자렛 말고 당시 헤롯 안티파스가 거주했던 티베리아스나 새롭게 재건된 세포리스도 있었다. 소위 갈릴리의 대도시들이다. 세포리스는 나자렛에서 6킬로미터밖에 떨어지지 않았다. 티베리아스 역시 가버나움에서 16킬로미터 정도 되는 거리로서 수도였으므로 사람들도 훨씬 더 많았고, 융성했을 것이다. 그런데 예수님은 이 도시에 가지 않고, 가버나움에 가서 제자들을 불렀다.

예수님이 티베리아스와 세포리스에 갔으리라 추측하는 학자들도 있다. 하지만 외경에서도 그런 이야기는 없다. 예수님도 헤롯 안티파스의 통치를 받았으므로 그 도시들을 몰랐을 리 없다. 강원도 산골에 살다가 수도권으로 삶의 터전을 옮기면서 경기도만 다니고 정작 수도인 서울을 한 번도 방문하지 않을 수 있을까? 나자렛이 고향이니 호기심에서라도 방문할 만한데 하지 않으신 점이 특이하다.

그 도시들을 방문하셨다가 도시인답게 현세의 흐름에 발 빠르게 사는데 집중하고, 하나님의 나라에 대해 전혀 관심이 없어 하는 것을 보셨을수도 있다. 어쨌든 마가는 예수님이 자신의 제자들을 처음으로 선택하신곳이 갈릴리 대도시가 아니라 주변 어촌이었다고 전한다. 그리고 어부들을 선택하셨다. 예수님이 복음을 선포하면서 당신의 제자로 적합한 자들이 어부인 시몬과 안드레였던 것이다.

5. 사람들의 어부가 되고자 하는 욕심

사람들은 살면서 무언가가 되고 싶어 한다. 꿈이 없다고 하지만, 남들에게 내세울만한 거리가 없다는 뜻이지, 원하는 인생이 없다는 말은 아니다. 최소한 잘 먹고 잘 살고 싶어 한다. 남한테 떵떵거리며 살고 싶어 하는 것도 무언가가 되고 싶어 하는 것이다. 그런데 면밀히 들여다보면 그조차도 어느 정도 채워지고 나면, 거기서 만족해하질 않는다. 남부럽지 않게 사는 데도 행복해하지 않는다. 얼굴에 충족감이 없다. 무언가 부족하다는 갈망의 눈빛을 가지고 있다.

매슬로(A. H. Maslow)에 따르면, 사람이 태어나 가지는 기본적인 욕구가 있다고 하는데, 생리적인 것부터 시작해서 자신에게 필요한 여러 것들을 채우려 애쓴다. 겉으로 보이는 성공이 돈이나 지위나 명예로 이뤄진다 생각하고 거기에 온 힘을 쏟는 경우가 태반이다. 그런데 보통 사람들보다 훨씬 더 많이 가진 것 같고, 더 높은 지위나 명예를 가진 것 같은데, 파헤쳐보면 훨씬 더 힘들어하거나 뒤틀린 인격으로 주변인들을 괴롭히는 경우를 발견한다. 되고 싶어 한 목표가 진정한 자아성취가 아니어서이다.

예수님은 이 어부들에게 약속한 것이 부나 지위나 권력이 아니었다. '사람들의 어부가 되게 하겠다'는 것이었다. 어부는 결코 고위직이 될 수 없다. 신분사회다. 그래서 이들은 서기관이나 대제사장 같은 계급을 꿈꾸진 않았을 것이다. 나중에 드러나지만 전후로 등장한 개혁운동으로 정치적인 힘을 휘둘렀던 자들이 되고 싶었던 것 같다. 문제는 어떤 방법으로 높은 자리에 올라가느냐이다. 이들이 예수님의 부르심에 응답한 것은 어쨌든 폭력이나 돈이 아니었다. 회개였고, 하나님이었다. 가문 배경도 없고, 부자도 아닌 채, 혈혈단신으로 활동하는 자를 지도자로 받아들인 것은 어부지만 하나님의 사람을 제대로 알아보는 눈이 있었던 셈이다.

6. 결론

여러분은 어떤 계기로 예수님을 믿게 되었는가? 누군가는 말씀을 듣고서, 그냥 믿고 행동으로 옮겨버린다. 예수님이 하신 말씀이 참말이니 분명 나를 구해주실 거라는 믿음을 가지고 실천한 자 말이다. 그렇게 한 뒤, 예수님의 능력을 경험한 자, 없는가? 있다. 많다. 그런 자들은 이 마가의 이야기가 맞다고 고개를 끄덕거릴 것이다. 옆에서 "예수님을 믿었는데, 이런 일이 벌어졌다더라"는 둥의 숱한 이야기를 듣고서도 '한 번, 나도 그래봐?'하고 움찔거릴까 말까 고민하는 부류는 절대 이해 못할 실천의 역사를 마가는 말하는 것이다.

그것은 사실 마가 성도들도 이전에 그런 경험을 가지고 있어서였다. 지금은 뒤로 살짝 빼고 겁먹고 있다. 그러나 그런 경험들을 지녔기에 마가는 다시금 앞으로 잡아당기기 위해 이 첫 제자들의 실천을 들려준 것이다. 여러분은 어떤 자인가? "내 뒤로 그냥 어서 오세요!"라고 부르실 때, 다 내던지고 갈 것인가? 마가 담가는 물어본다. 여러분에게.

막 1:21-28, 예수님 뒤를 따를 때

21 그리고 (그들은) 안으로 가는 겁니다. 가버나움 안으로요.[95] 그리고 즉
시 안식일(들)에[96] **회당 안으로 들어가**[97] (그분은) 가르치고 가르치셨습
니다.

22 그러자 (그들은) 계속 기절초풍했습니다. 그분 가르침에. 왜냐면 계속 **그**
들을 가르치셨기 때문이었습니다. 꼭 권세를 가진 것처럼요. 그런데 꼭
서기관들이 (가진 것처럼은 아니었습니다).

23 그런데 즉석에 계속 그들의 회당에[98] 사람이 있었습니다. 안 깨끗한 영 가
운데. 그리고 목청껏 외쳤습니다.

24 말하길, "뭡니까? 우리하고 당신한테! **나자렛인 예수!**[99] 처참하게 죽이려

---

95 <u>εἰσπορεύονται</u> εἰς Καφαρναούμ, 여기서 εἰς 중복사용; εἰσπορεύόμαι(에이스뽀류
오마이), 들어가다(눅 8:16; 11:33; 19:30), 안으로 가다(마 15:17; 막 1:21; 4:19;
5:40; 6:56; 7:15, 18, 19; 11:2; 눅 18:24; 22:10; 행 3:2; 8:3; 9:28; 28:30뿐. 요
한만 없음.

96 τοῖς σάββασιν, 안식일(들)에, 마 12:1, 5, 10, 11, 12; 막 1:21; 2:23, 24; 막
3:2, 4; 눅 4:31; 6:2; 13:10뿐. 안식일이 금요일 저녁부터 토요일 오후까지라 습
관적으로 복수형으로 사용함. 그러나 단수로 사용을 안 하는 건 아니다; 참. ἐν
σαββάτῳ, 안식일에, 마 12:2; 눅 6:1; 요 5:16; 7:22, 23; 느 10:32; 13:21뿐.

97 εἰσέρχομαι(에이세르코마이), 안으로 들어가다, 신약 43회. 막 1:21 외(30).
마태 ~ 행전까지 많음. 롬 5:12; 히 6:20; 9:12, 24; 계 11:11. 21절을 말할 때,
<u>εἰσπορεύονται</u> εἰς Καφαρναούμ, ... <u>εἰσελθὼν εἰς τὴν συναγωγὴν</u>이라 말해, 문장에 εἰς가
네 번 들리게 함. 예수님이 가버나움 사회 안으로 깊숙이 들어갔을 뿐 아니라, 거기
의 회당 사회 안으로 깊숙이 들어갔음을 느끼게 한 것이다. 게다가 '안으로 들어가
다'는 말을 εἰσπορεύόμαι(에이스뽀류오마이)와 함께 εἰσέρχομαι(에이세르코마이)를 사
용해, 변화를 준다.

98 그들의 회당(마 4:23; 10:17; 12:9; 13:54; 막 1:23, 39; 눅 4:15). 마가는 회
당을 말할 때, 이미 예수님과 분리시켜서 말한다.

99 Ναζαρηνός(나자레노스), 나자렛인, 막 1:24; 10:47; 14:67; 16:6; 눅 4:34;
24:1. 마가와 누가에만 있다. 마가는 예수님 고향을 '나자렛'이라 한다(1:9). 그러나
마태와 누가는 '나자라(Ναζαρά)'고도 하기에(마 4:13; 눅 4:16), 고향 사람들을 '나조

고 왔습니까?[100] 우리를? **당신을 압니다! 누군지! 하나님의 거룩한 분!**"[101]

25 그러자 **그를** 꾸짖으셨습니다. 예수님이. 말하길, "(말문) 막혀! 그리고 나

가! 개 밖으로!"[102]

26 그러자 **그를** 발작시키더니, ─ 영, 그 안 깨끗한 것이[103] ─ 그리고 **큰 소리**

라인(Ναζωραῖος)이라 부른다(마 2:23; 26:71; 눅 18:37; 요 18:5, 7; 19:19). 요한도 '나조라인'이라는 용어를 씀. 즉, 마가만 안 쓰는 셈.

100 ἀπόλλυμι(아뽈뤼미), 신약에는 고루고루 있음, 구약에 많음, 처참하게 죽이다(마 2:13; 막 1:24; 3:6; 4:38; 8:35; 9:22 외; 요 3:16 등), 처참하게 망가지다/망치다(마 9:17; 막 2:22; 눅 21:18), 안타깝게 잃어버리다(마 5:29, 30; 10:6, 42; 15:24; 18:14; 눅 15장; 21:18; 요 6:12, 39). 이 동사가 말하는 죽음, 망가짐, 그리고 잃음은 모두 곱게, 보기 좋게 끝나는 상태가 아니다. '비참하고 처참한' 죽음이다. 구약에서 예언자들이 하나님을 대언하다가 악한 자들에 의해 죽거나, 하나님을 저버린 자들이 겪는 죽음이다. 목숨과 관련될 때는 모두 다 비명횡사의 의미로 사용된다. 잃은 자는 아주 안타깝게 느끼는 것이며, 잃어진 것은 처참하게 죽을 상태까지 된 것을 말한다.

101 = 눅 4:34. ὁ ἅγιος ~, 거룩하신 분, 구약에선 다 하나님을, 그리고 신약에선 다 예수님을 가리킬 때 사용됨. 막 1:24; 눅 4:34; 요 6:69; 계 3:7; 6:10; 22:11; 시 71:22; 합 1:12; 3:3; 사 5:16; 12:6; 14:27; 30:12, 15; 40:25; 41:20; 43:3, 14, 15; 45:11; 48:17; 49:7(총 13)뿐.

102 ἔξελθε ἐξ αὐτοῦ, 나가! 개 밖으로!, 막 1:25; 5:8; 9:25; 행 7:3뿐. 원래 의미는 '밖으로 나가! 개 밖으로!"이다. 그러나 우리말로 옮길 때 어색해 하나로 줄였다. 평행말씀; 눅 4:35(ἔξελθε ἀπ' αὐτοῦ, 나가! 개한테서!), '밖으로 나가'라는 명령어 뒤에 원래는 '누구한테서'를 뜻하는 전치사(ἀπό)가 나오는 게 자연스럽다. 그런데 '밖으로 나가'라는 말 뒤에 다시 한 번 더 '밖으로(ἐκ)' 전치사가 나오는 것은 그 곳에서 아주 확실히 나가라는 것임을 강조하는 것이다. 마가의 압도적인 선호어구. 예) ἔξελθε ἐκ τῆς γῆς(나가라! 그 땅 밖으로!, 행 7:3; 창 31:13); ἔξελθε ἐκ τοῦ ἁγιάσματος(나가라!, 그 거룩한 처소 밖으로!, 대하 26:18); ἔξελθε ἐκ Βαβυλῶνος(나가라! 바빌론 밖으로!, 사 48:20).

103 τὸ πνεῦμα τὸ ἀκάθαρτον, 관사를 형용사 앞에 한 번 둬서, 들을 때 그 영이 깨끗하지 않은 점을 더 강조한다. 예) 막 1:27; 3:11; 5:8, 13; 9:25; 눅 8:29; 9:42; 슥 13:2. 관사 없이 그냥 간략하게 표현하는 경우도 있다; 참. πνεῦμα ἀκάθαρτον, 안 깨끗한 영, 관사 없는 형태, 마 10:1; 12:43; 막 3:30; 5:2; 7:25; 눅 4:36; 6:18; 11:24.

로 소리 지른 뒤[104] 나갔습니다. 그의 밖으로. [105]

27 그러자 자지러졌습니다. [106] 모두 다! 하여 계속 왈가왈부했습니다, [107] 자기들끼리. 말하길, "뭐야? 이게? **권세로 누르는**[108] 새 가르침(이다)! 영들, 이 안 깨끗한 것들한테도 명령하시네! 그래서 **그분께** 순종하네!"[109]

28 그리고 나갔습니다. 그분에 대한 소문이 즉시 모든 곳, **갈릴리** 인근 전체로요.

1. 마가 성도들이 좋아하는 이야기

사람들은 대부분 무서운 이야기를 좋아한다. 귀신을 무서워하면서도, 누군가 이야기하면 쫑긋 귀를 세운다. 만약 귀신을 직접 본다면, 앞으로

---

104 *φωνῆσαν φωνῇ μεγάλῃ*, 눈으로 봐도 같은 소리 '포네'가 반복적으로 들리게끔 한다. 이게 마가복음의 언어의 가장 큰 특징이다. 뜻이 같은 소리를 자주 말해 자연스레 그 뜻을 알아듣게끔 하는 것이다. 그리고 원래 말로 메시지를 전할 때는 같은 말을 반복해 말하게 돼 있다.

105 *ἐξῆλθεν ἐξ αὐτοῦ*, 예수님의 말 그대로 이뤄졌음을 마가는 1:16의 말을 강조해서 반복함.

106 *θαμβέω*(탐**베**오), 자지러지다, 신약 3회 용어, 성서 6회 용어, 막 1:27; 10:24, 32; 삼상 14:15; 삼하 22:5; 왕상 7:15뿐. 마가만의 용어, 이 단어의 의미를 'shuddering horor, 전전긍긍해 하며, 몸서리치는 무서움'이라고 함.

107 *συζητέω*(쉬제**떼**오), 신약만의 용어, 왈가왈부하다(막 1:27; 9:10, 14, 16; 12:28; 눅 22:23; 24:15; 행 6:9; 9:29), 말싸움을 걸다(막 8:11), 마가의 압도적 선호용어(6회).

108 *κατ' ἐξουσίαν*, 권세로 누르는, 성서 1회 어구, 막 1:27; 참. *κατεξουσιάζω*(까떽쑤시아조), 권세로 누른다, 신약 2회 용어, 구약에는 없음, 마 20:25; 막 10:42. 번역이 영어본과 한글본이 다르다. 영어본은 '영들, 이 안 깨끗한 것들한테도'와 연결지어, For with authority He commands even the unclean spirits로 옮겼다. 한글본은 권위 있는 새 교훈이로다(개역개정, 새번역).

109 *ὑπακούω*(휘빠**쿠**오), 순종하다(마 8:27; 막 1:27; 4:41; 눅 8:25; 17:6; 행 6:7; 롬 6:12, 16, 17; 10:16 등; 창 22:18; 레 26:14 등). 개문(開門)하다(행 12:13), 말 그대로의 뜻은 '청종(聽從)하다'임. 아래에서 듣고 그대로 행하는 것이다.

달려가 볼 엄두는 못 내면서도, 궁금해서 눈이 거길 떠나지 못할 것이다. 앞에서 예수님은 어부 네 명을 무심한 듯이 갈릴리 바닷가에서 불렀을 때, 두 말 않고 예수님을 따라나섰다. 이는 로마의 그리스도인들이 아직 닥치지도 않았는데, 또 당할 박해가 무서워서 더 이상 복음을 증거 하려 하지도 않고, 나아가 예수님을 계속 믿을까 말까 고민하는 나약한 믿음을 가져서였다. 마가는 중간과정을 빼고 핵심만 전했다는 말을 했다.

마가도, 누가나 마태가 그러했듯, 알았을 것이다. 이 수제자들이 예수님을 어떻게 만나 따르게 되었는지를. 하지만 만나서 이야기를 하고, 같이 잠도 자보고, 그렇게 해서 이들이 '아!!! 이분이 대단한 분이구나! 이분을 따르면, 나중에 뭔가 좋은 일이 생기겠구나!'하고 따르기 시작했다는 이야기를 한다면, 청중들이 재미있다고 계속 들었을까? 이야기를 구구절절이 한다고 해서 귀를 쫑긋 계속 열까? 정작 자기가 하고 싶은 이야기는 그게 아닌데 말이다.

예수님이 활동하시면서 겪은 사건 중에 특별한 것들이 얼마나 많았겠는가? 신나는 일들만 있진 않았다. 또 대적자들과 부딪친 이야기부터 나중에 예루살렘에 가서 돌아가시고, 부활하신 것까지 이야기가 산더미처럼 많다. 마가가 당면한 문제는 듣는 사람들이 지겨워하지 않아야 한다는 것이다.

이야기는 항상 쌍방 간의 소통이 돼야 일어난다. 내가 말하고 싶다 해서 다 말할 순 없다. 듣는 자가 재미있게 들어줘야 말할 수 있다. 그런데 마가의 그리스도인들은 긴 교훈에는 그다지 관심이 없었다. 재미있다고, 또 들려달라고 계속 청했더라면, 마가인들 들려주지 않았겠는가? 다른 담가들은 자기 성도들이 관심을 가졌기에, 우리는 재미없어 하는 족보나 찬양을 읊었다.

이 일화만 해도 마태복음과 다르다. 제자들을 부른 뒤, 가버나움에서 일어난 축귀 사건을 말하지 않는다. 제자들을 데리고 예수님이 얼마나 많은 일을 행하셨는지를 보고하듯 간략하게 전하고선 긴긴 산상수훈으로 넘어 갔다(마 4:23-5:1).[110] 그리고 마가식의 치유 이야기는 8장에 가서야 나온다.[111] 현재 대부분의 교회에서 예배 시 설교 시간을 30분 정도 하는데, 이는 대부분의 성도들이 못 견뎌하기 때문이다. 마가의 성도들과 비슷하다. 교회의 목사님의 설교는 성도들의 성향과 맞닿아있다.

마가는 그래서 자기 성도들의 귀 수준에 맞춰서 재미있는 것으로 유인한다. 마가는 이야기할 때 뜸들이며 이야기하는 축에 속하지 않는다. 좀 대찬 구석이 있다. 이야기를 전개하는 것도 그렇고, 내용을 변경하는 것도 대차다. 개혁적이다. 해석하다 보면, '헉!'하고 놀랄 때가 한두 번이 아니다. 누가가 왜 사실대로 전해야겠다며 소매를 걷어붙였는지 이해가 된다. 다시 돌아가, 마가는 곧 이어서 가버나움에 가서 일어난 일을 알려준다.

---

110 4:23 그리고 (그분은) 계속 돌아다니셨습니다. 온 갈릴리에서요. 그들의 회당들에서 가르치면서 또 나라의 복음을 선포하면서. 그리고 모든 병과 모든 쇠약함을 고치면서요, 백성 안에서 말입니다. 24 그러자 떠나갔습니다, 그분에 대한 소문이 온 시리아로. 그리고 그분 앞으로 데려왔습니다, 모든 나쁜 것을 가지고 있는 자들을, 갖은 병들로요. 그리고 고통들로 짓눌리는 자들을 [그리고] 귀신 들려있는 자들과 간질에 걸려있는 자들 또 중풍병자들을요. 그리고 그들을 고치셨습니다. 25 그러자 그분을 좇았습니다, 많은 군중들이 갈릴리에서부터 그리고 데가볼리와 헤로솔뤼마와 유대(에서부터) 그리고 요단 건너편에서요. 5:1 그리고 군중들을 직접 보고선 올라가셨습니다. 산으로. 그리고 그분이 걸터앉을 적에, 나아왔습니다, 그분께 그분 제자들이.

111 8:1 그래서 그분이 내려오자, 산에서, 그분을 좇았습니다, 많은 군중들이. 2 그런데 보세요! 문둥병자가 나아와 그분께 절한 채 있는 것이었습니다. 말하길, "주님! 정말 하고 싶어 하기만 한다면, 할 수 있으십니다! 절 깨끗하게!"

『눈으로 듣는 마가 · 마태 · 누가』

마가	마태	누가
1:21 그리고 (그들은) 안으로 가는 겁니다. 가버나움 안으로요. 그리고 즉시 안식일(들)에 회당 안으로 들어가 (그분은) 가르치고 가르치셨습니다.	8:16 저녁이, 그리고 되자, 그분 앞으로 데려왔습니다. 귀신 들려있는 많은 이들을. 그래서 쫓아내셨습니다. 영들을 말씀으로. 그리고 모든, 나쁜 것들을 가지고 있는 자들을 고치셨습니다.	4:31 그리고 하행하셨습니다. 갈릴리의 도성, 가버나움으로요. 그리고 계속 그들을 가르치셨습니다. 안식일들에는.

마가와 누가는 가버나움의 회당에서 일어난 사건을 비슷하게 전한다. 그런데 축귀에 대해 마태가 좀 특이했다. 마태는 귀신 이야기하는 것을 안 좋아했다. 그래서 무미건조하게 사람들이 귀신 들려있는 많은 이들을 데려오자, 쫓아냈다는 말로만 끝냈다. 여기뿐 아니다. 다른 곳에서도 마태는 최대한 간략하게 전한다.

마가와 누가 사이에는 차이점이 없는가? 말투가 다르다. 사람이다 보니, 어쩔 수 없이 자기만의 말투가 있다. 누가복음에서 먼저 '하행하다'라는 말이 좀 거슬릴 것이다. 'κατέρχομαι(까떼르코마이)'라는 굉장히 생소한 용어를 누가가 사용했다. 이 단어는 야고보와 에스더에 딱 한 번씩만 나오고, 그 외에는 전부 누가만 줄곧 썼다.[112] 고대부터 헬라인들은 많이 썼는데, 어째서인지 유대인들은 선호하지 않았다. 누가만의 특수용어인 셈이어서 '하행하다'로 눈에 띄게 하고 싶었다.

---

112 κατέρχομαι(까떼르코마이), 하행하다, 에스더만 있음, 눅 4:31; 9:37; 행 8:5 외(13회); 약 3:15; 더 3:13; 토빗 2:1 등. 누가만의 용어. Aeschylus, Eumenides, 436 등 헬라작품에는 많음.

2. 예수님의 활동 진입의 효과

마가는 예수님과 제자들이 가버나움 안으로 들어갔을 때의 일을 들려주기 시작한다. 21절을 원문 그대로 들으면, '안으로 가는 겁니다, 가버나움 안으로... 안으로 들어가, 회당 안으로(εἰσπορεύονται εἰς Καφαρναούμ· ... εἰσελθὼν εἰς τὴν συναγωγὴν)'이다. 'εἰς(에이스)'가 눈에 띄는가? '안으로'라는 뜻을 가진 전치사이다. 예수님이 제자들을 만들자마자, **'가버나움 안으로 들어간다. 그리고 회당 안으로 들어간다'**고 말해, 본격적으로 가버나움 안으로 깊숙이, 사람들 안으로 침투해 들어갔음을 소리로 느껴지게끔 했다.

이것을 깨닫고 다시 눈을 올려 누가를 보면 '하행하셨다, 가버나움으로(κατῆλθεν εἰς Καφαρναούμ)'로 끝난다. 'εἰς(에이스)'가 달랑 한 번만 들린다. 누가의 말에선 귀에 혹 꽂히는 말은 'εἰς(에이스)'가 아니라, '하행하다'이다. 우리는 지금 눈으로 보는 게 중요한 시대에 살고 있지만, 그때는 소리였다. 아마 마가는 21절을 말하면서 'εἰς(에이스)'를 은근슬쩍 세게 발음했을 것이다. 지금 예수님이 가버나움 '안으로', 그것도 회당 '안으로' 쑤욱 들어가서 가르치셨다고 말이다. 사람들 안으로 쑤욱 들어가니까, 일이 터졌다. 영, 그 안 깨끗한 것이 소리쳤다.

> 24 말하길, "뭡니까? 우리하고 당신에게! **나자렛인 예수! 처참하게 죽이려고 왔습니까? 우리를? 당신을** 압니다! 누군지! 하나님의 거룩한 분!"

"우리를 처참하게 죽이려고 왔느냐?"는 말은 예수님의 사역이 이런 안 깨끗한 영을 파괴시키는 것임을 알려준다. 사람 안에는 영이 있다. 그런데 '안 깨끗한 것'이 말썽이다. 내 안에 깨끗한 영은 예수님을 환영하지만, '안 깨끗한 것'은 예수님과 대적한다. 이들은 사람에게 들어가 인생을 엉망으

로 만든다. '아주 못되게' 사람을 괴롭힌다(마 15:22; 17:15; 참. 21:41).[113]

그런데 놀라운 점은 이 안 깨끗한 영이 어디에 있었냐는 것이다. 바로 회당이다. 하나님께 예배를 드리는 곳이다. 말씀이 선포되는 곳이다. 그런 곳이라 해서 이 안 깨끗한 영이 못 가는 게 아니다. 사람 안에 들어가 그 사람의 삶을 피폐시켰을 것인데도 들키지 않고 기생해 있었다. 이 말은 교회에도 안 깨끗한 영이 있음을 말한다. 자기 안에 그런 것이 있는지도 모르는 채 교회를 어지럽히는 자가 있다. 그 깨끗하지 않은 영이 회당을 들락날락하면서 하나님이 기뻐하시는 일을 했을까? 안 했을 것이다. 들쑤시고 분란을 일으켰을 것이다. 하나님 이름을 들먹이면서. 자기 안에 깨끗하지 못한 영이 있는 것을 알지 못한 채 말이다.

그러나 예수님을 대했을 때, 버티지 못했다. 자신의 정체성을 드러내지 않고는 가만히 있질 못했다. 이런 자 때문에 교회는 늘 시끄럽고 어수선할 수 있다. 그래도 교회에 와야, 예수님을 만날 수 있다. 예수님의 말씀의 권세에 꼼짝 못하게 되는 일이 발생한다. 예수님 말씀 자체가 예수님의 영을 가지고 있기 때문이다(요 6:63).[114] 그래서 자꾸 접해야 한다. 그래야 기회가 생기기 때문이다. 자기 안에서 안 깨끗한 영이 '밖으로 쫓겨나가는 기회' 말이다.

우리 안에 안 깨끗한 영이 하나도 없을까? 있을 것이다. 성령으로 가득차기란 쉽지 않다. 우리는 수시로 남을 험담하고, 불평하고, 선하지 않은 수를 꾀한다. 교회에서도 파벌을 조성하고, 거짓말을 한다. 그래서 교회는 안 깨끗한 영의 놀음에 휘둘려 평안할 날이 없다. 우리는 먼저 내 안에 안 깨끗한 영이 없는지 점검해야 하고, 그런 자들과 동조하지 않아야 하는 것이다. 그래야 내 자신을 깨끗하게 지킬 수 있다.

---

113 안 깨끗한 영이 '아주 못되게' 하는 것에 대해 마태가 좀 잘 표현했다.
114 요 6:63 살리는 것은 영이니 육은 무익하니라 내가 너희에게 이른 말은 영이요 생명이라

그 깨끗하지 않은 영을 가진 자는 예수님을 만났을 때, 위기를 느꼈다. 예수님이 입 닫으라고, 그냥 거기서 나가라고 꾸짖었을 때, 그 영은 곱게 나가지 않았다. 나중에 9장을 보면, 거기서도 영은 사람을 막 땅바닥에 구르게 하고선 나간다.

나중에 5장에서도 똑같이 안 깨끗한 영에게 사로잡힌 자가 어떤 상태로 살았는지를 들려주는데, 정말 정상적인 생활을 하나도 하지 못했다. 안 깨끗한 영이 얼마나 사람들 인생을 피폐하게 만드는지, 그리고 그런 영이 예수님을 만나면 얼마나 처참하게 죽는 것인지를 마가는 오늘 사건을 통해 알려주는 것이다. 마가는 자기 성도들에게 예수님의 가르침이 얼마나 큰 능력을 지녔는지, 먼저 말한다.

앞 21절에 예수님이 회당 안으로 들어가 '가르치고 가르치셨다'고 했다. 가르치신 일이 먼저 일어났음을, 그리고 짧은 한두 마디를 한 게 아니라, 좀 긴 시간에 걸쳐서 많이 가르치셨음을 말했다. 그 가르침 뒤에 안 깨끗한 영이 발동한 것이다. 예수님이 실제로 가르침에 신경 쓴 게 아직은 잘 안 드러난다. 예수님의 가르침이 꽤 길었는지를 은근히 드러내는 마가만의 방식인데, 나중에 자세히 다룰 기회가 있을 것이다.

이 이야기로 여러분은 예수님에 대해 어떤 인상을 받았는가? '기적을 행하는 자(miracle worker)'이다. [115] 특별히 마가는 예수님이 귀신들에 대해 탁월한 통제 능력을 갖고 있음을 보여준다. 병을 고치는 것보다도. [116]

---

115   Dorothy A. Lee-Pollard, "Powerlessness as Power: A Key Emphasis in the Gospel of Mark," *Scottish Journal of Theology* 40 (1987), 175.

116   H. C. Kee, "Aretalogy and Gospel," *JBL* 92 (1973): 402-22, 특별히 416-19; D. C. Duling, "Therapeutic Son of David: An Element in Matthew's Christological Apologetic," *NTS* 24 (1978), 393-99.

마가	누가
1:25 그러자 그를 꾸짖으셨습니다. 예수님이. 말하길, "(말문) 막혀! 그리고 나가! 걔 밖으로!" 26 그러자 그를 발작시키더니, − 영, 그 안 깨끗한 것이 − 그리고 큰 소리로 소리지른 뒤 나갔습니다. 그의 밖으로.	4:35 그러자 그를 꾸짖으셨습니다. 예수님이. 말하길, "(말문) 막혀! 그리고 그자에게서 나가!" 그러자 팽개치고선, − 그를 귀신이 한가운데로, − 그자에게서 나갔습니다. 아무 것도 그에게 해를 가하지 않고서요.
"밖으로 나가, 걔 밖으로!" ... "밖으로 나갔습니다, 걔 밖으로"	"그자에게서 밖으로 나가!" ... "그자에게서 밖으로 나갔습니다"

25, 26절이다. 같은 이야기를 전하는 누가와 비교해보면, 마가는 '밖으로'라는 말이 4번이나 보인다. "나가! 걔 밖으로! ... 나갔습니다, 그의 밖으로(ἔξελθε ἐξ αὐτοῦ, ... ἐξῆλθεν ἐξ αὐτοῦ)." 마가는 예수님이 안 깨끗한 영을 그자의 밖으로 나가게 했음을 '밖으로'라는 뜻의 전치사, ἐξ(엑스)가 4번 들리게 했다. 누가는 달랑 2번이다.[117] ἐξ(엑스)대신 '~에게서'라는 전치사, ἀπό(아뽀)를 썼다. 누가는 '밖으로'라는 뜻의 전치사, ἐξ(엑스)가 여러 번 반복해서 들리는 것을 선호하지 않았다. 원래 이렇게 말하지 않는다. 했던 말을 계속 반복하는 것은 좀 무식하게 들린다. 실제로 ἀπό(아뽀)를 쓰는 것이 더 적합하다.

같은 말을 계속 말하면, 머릿속에는 콱 박히지만, 듣는 사람 입장에선, '아.... 좀 너무 단순해! 세련된 느낌이 없어!'라고 느낀다. 목사 중에서도 메시지는 명확하나, 언어가 다양하지 않는 분이 있다. 그분 말씀에 웃기도 하고, 집중도 하고, 은혜도 받긴 하지만, 그분이 엘리트로 느껴지진 않는다. 마가는 전자의 유형이고, 누가는 후자 유형이다.

잠시 딴 길로 샜지만, 마가의 말투 특징이 이렇다. 이것을 한 번 알고 보면, 그게 훨씬 더 많이, 잘 느껴지실 것이다. 이것을 제대로 느끼게 하고

---

117 ἔξελθε ἀπ' αὐτοῦ. ... ἐξῆλθεν ἀπ' αὐτοῦ.

싶어서 『눈으로 듣는 마가의 예수님 이야기』 첫 판에 '밖으로'라는 말을 그대로 적었다. 그런데 그렇게 하니까, 누가가 느꼈듯 너무 질리게 나오는 것이다. 어색하다고 느낄 만큼. 그래서 개정판에서는 대거 정리했다. 두 번 반복될 때에만 한 번 적었다. 메시지를 살리면서도 마가의 이 독특한 어투를 살리기가 여간 어렵지 않다.

마가는 왜 이리도 무식하리만치 '밖으로'라는 말을 많이 썼을까? 이 질문에 대한 답은 21절, '안으로'라는 말을 똑같이 4번 쓴 데에서 얻을 수 있다. 예수님이 가버나움 '안으로', 유대인들의 공동체 '안으로' 깊숙이 들어가서, 그 공동체 안에서 표 나지 않게 숨어서 활동하던 안 깨끗한 영을 '밖으로' 끄집어내셨다는 것이다. 세례자 요한은 광야에서 활동했다. 사람들이 모여 있는 마을 안으로 들어가지 않았다. 그러나 예수님은 안으로 들어갔다. 그리고 거기서 사람 안에 들어있는 더러운 영을 밖으로 끄집어내셨다. 사람을 정결하게 만드는 일을 본격적으로 시작하셨다는 뜻이다.

3. 성령은 권세를 가진다.

예수님이 안 깨끗한 영을 가진 사람에게 나가라고 명령했을 때, 마가는 뭐라 설명하는가? 영, 그 안 깨끗한 것이 그를 발작시키고 나갔다 했다. 마가는 이때도 이 더러운 것이 얼마나 곱게 안 나가는 지를 최대한 표현하려 한다. "**큰 소리로** 소리 지른 뒤($\phi\omega\nu\tilde{\eta}\sigma\alpha\nu$ $\phi\omega\nu\tilde{\eta}$ $\mu\epsilon\gamma\dot{\alpha}\lambda\eta$)"이라 말했는데, 소리를 뜻하는 '포네'가 연속해서 들리도록 일부러 말했다. 눅 4:35을 보길 바란다. 마가처럼 말했는지. 팽개쳤다고만 했지, 소리를 질렀다는 말이 일절 없다. 대신 누가는 귀신 들렸던 자에게 어떤 해도 가하지 않았음을 강조했다.

예수님으로 인해 이 안 깨끗한 영은 밖으로 튀어나갔고, 덕분에 주변에 있던 사람들도 사람 안에 그런 영이 있었음을 알게 되었다. 그 광경을 보고 사람들은 다 자지러졌다. 마가는 이럴 때 사람들의 반응을 θαμβέω(탐베오)라는 동사로 표현했는데(27절), 신약에선 마가만 쓴 용어이다. 구약에서도 그리 많이 쓰이지 않았다. 서너 군데가 다인데, 보면 기쁨에 겨워서 놀라는 것이 아니다.

> θαμβέω(탐베오), 놀라다, 두렵다, 진동하다, 자지러지다
> 막 10:24 제자들이 그 말씀에 놀라는지라 예수께서 다시 대답하여 이르시되 얘들아 하나님의 나라에 들어가기가 얼마나 어려운지
> 32 예루살렘으로 올라가는 길에 예수께서 그들 앞에 서서 가시는데 그들이 **놀라고** 따르는 자들은 두려워하더라 이에 다시 열두 제자를 데리시고 자기가 당할 일을 말씀하여 이르시되
> 삼상 14:15 들에 있는 진영과 모든 백성들이 공포에 떨었고 부대와 노략꾼들도 떨었으며 땅도 **진동하였으니** 이는 큰 떨림이었더라
> 삼하 22:5 사망의 물결이 나를 에우고 불의의 창수가 나를 **두렵게 하였으며**
> 단 8:17 그가 내가 선 곳으로 나왔는데 그가 나올 때에 내가 **두려워서** 얼굴을 땅에 대고 엎드리매 그가 내게 이르되 인자야 깨달아 알라 이 환상은 정한 때 끝에 관한 것이니라

두려움이 내재된 놀라움이다. 그래서 '자지러졌다'고 옮겼다. 막 10장에서 예수님이 재물이 있는 자는 하나님 나라에 들어가기 어렵다고 하면서, 꼴찌가 처음이 된다는 말씀을 하셨을 때 제자들은 놀랐다. 이 놀람도 파격적인 사실을 앎으로서의 놀람이기도 하지만, 자신들도 절대로 안전하

지 않음을 깨달은 데에서 생긴 두려운 놀람이다. 천국이 보장된 느긋함을 가졌다가 땅이 진동하듯 자신의 운명도 뒤흔들릴 수 있다는 놀람이다. 두려움이 포함된 것이다. 이 놀람은 1:22에서 사람들이 놀란 것과 살짝 느낌이 다르다.[118]

ἐκπλήσσω(엑쁠레쏘), 놀라다, 기절초풍하다.

막 6:2 안식일이 되어 회당에서 가르치시니 많은 사람이 듣고 **놀라** 이르되 이 사람이 어디서 이런 것을 얻었느냐 이 사람이 받은 지혜와 그 손으로 이루어지는 이런 권능이 어찌됨이냐

10:26 제자들이 매우 **놀라** 서로 말하되 그런즉 누가 구원을 얻을 수 있는가 하니

11:18 대제사장들과 서기관들이 듣고 예수를 어떻게 죽일까 하고 꾀하니 이는 무리가 다 그의 교훈을 **놀랍게** 여기므로 그를 두려워함일러라

눅 9:43 사람들이 다 하나님의 위엄에 **놀라니라** 그들이 다 그 행하시는 모든 일을 놀랍게 여길새 예수께서 제자들에게 이르시되

행 13:12 이에 총독이 그렇게 된 것을 보고 믿으며 주의 가르치심을 **놀랍게 여기니라**

ἐκπλήσσω(엑쁠레쏘)는 구약에는 없다. 신약, 특히 공관복음서에만 주로 나오는데 사례들에서 보듯이 '놀라다'로 다 옮겨져 있다. 그런데 대부분 예수님 또는 하나님의 가르침에 사람들이 놀랐을 때 쓰였다. 예수님이 무엇

---

118 1장 22절의 놀라움과(ἐκπλήσσω(엑쁠레쏘)) 27절의 놀라움은(θαμβέω(탐베오)) 다르다. 그러나 『개역개정』은 '놀랐다'는 말로 간단하게 처리한다; 참. 22 뭇 사람이 그의 교훈에 **놀라니** 이는 그가 가르치시는 것이 권위 있는 자와 같고 서기관들과 같지 아니함일러라; 27 다 **놀라** 서로 물어 이르되 이는 어찜이냐 권위 있는 새 교훈이로다 더러운 귀신들에게 명한즉 순종하는도다 하더라

을 가르치셨는지를 밝히지 않아 정확히 알 수 없으나, 서기관들이 했을 법한 평범한 가르침은 아니었을 것이다. 예수님의 가르침은 당연하다 여기는 것을 뒤집고 허를 찌르신다. 구원받으리라 확신하는 자들에게 불완전함을 일깨우고, 반대로 구원 받을 수 없다 여기며 절망하는 자들에게는 소망을 주신다. 전통적으로 견고하게 된 토라를 완전히 새롭게 해석하시니, 유대인들에겐 그것이 서기관보다 더 대단한 권세를 가진 자로 비춰진 것이다.

막 10:26에서 ἐκπλήσσω(엑쁠레쏘)가 쓰였는데, 부자가 하나님 나라에 들어가는 것보다 낙타가 바늘귀 안으로 들어가는 것이 더 쉽다 하시니, 어찌 안 놀랄 수 있겠는가? 10:24, 32에 자지러지다(θαμβέω(탐베오))라는 말이 연속해 쓰여 제자들이 속으로 두려워했음을 드러낸다. 그러나 ἐκπλήσσω(엑쁠레쏘)는 좀 더 반전적 지식에 대한 놀람에 가까울 것이다.

여기서 중요한 점은 마가는 '자지러지다'는 말을 특별히 따로 사용해 지금 군중들이 안 깨끗한 영이 나가는 것을 보고, 그런 영에게 영향력을 행사하는 예수님께 놀람과 동시에 두려움을 가졌다는 뜻이다. 이게 도대체 뭐냐고 하면서 '권세를 휘두르는(κατ᾽ ἐξουσίαν, 까떽쑤시안)' 새 가르침이라 했다. '권세를 휘두르는'이라는 말은 성서에 단 1번만 나오는 어구이다. 나중에 10:42에서 이방인들 위에 군림하는 통치자들이 있는데, 실상은 그들보다 더 높은 자들이 권세를 휘두른다는 말을 할 때, '권세를 휘두른다(κατεξουσιάζω(까떽수시아조))'는 말과 철자와 발음이 거의 같다.[119] 22절에서 예수님이 권세를 가진 것처럼 가르쳤다고 했다. 그런데 그 권세가 얼마나 대단한지 그 권세를 휘두르는 듯한 느낌을 받았다는 것이다.

'권세를 휘두른다'는 말을 요즘은 잘 안 쓴다. 그러나 예전엔 '세도가', '권력자'라는 말을 종종 썼다. 권력을 쥔 자들이 가진 권한이 컸기에, 그자

---

119 10:42 그러자 그들을 가까이 부르고선 예수님이 말하시는 겁니다, 그들에게. "(여러분은) 압니다. 이방인들을 계속 통치한다고 생각하는 자들은 그들을 군림한다는 것을요. 그리고 그들보다 더 큰 자들이 그들을 권세로 누른다는 것을요.

들이 명령만 하면 모든 일들이 일사천리로 척척 해결되었다. 그래서 모든 이들이 권력에 탐을 냈다. 그런데 지금 예수님이 명령하니, 저 안 깨끗한 영들이 복종하는 모양새는 권세에 굴복하는 것과 같았던 것이다.

예수님은 가버나움에 가기 전, 성령이 자기 안으로 들어오는 것을 보셨다. 예수님에게 달라진 점이라곤 성령뿐이다. 그런데 하나님의 아들로서 세상에 나가니, 권세를 가진 분으로 드러나셨다. 세례를 받으실 때, 권세를 하늘에서 줬다는 말은 없었다. 그러나 하나님으로부터 아들임을 정식으로 듣는 순간부터, 그에게 영이 안으로 들어간 순간부터 사람들을 놀라게 만들 만한 지식적 권세와 안 깨끗한 영을 쫓아내는 권세를 휘두르시는 것이다. 영적인 권세는 하나님이 주시는 것이지, 인간이 만든다고 해서 가질 수 있는 것이 아니다.

4. 예수님 시대 떠돌던 축사 이야기

마가가 예수님에 대해 전할 때, 예수님의 가르침보다는 축사를 제일 먼저 말한 것은 굉장히 머리에 잘 박히기 때문이다. 마태는 예수님의 가르침을 산상수훈으로 한참이나 길게 먼저 전했다. 더군다나 이 이후에도 마가는 한참을 예수님이 얼마나 능력자인지를 제시했기에 예수님의 가장 큰 능력이 축사나 치유로 인식하는 이들이 적지 않다. 이런 현상은 꼭 그들만의 허점이 아니다. 1:28절에 마가는 예수의 소문이 온 갈릴리 지방에 퍼졌다고 말한 현상이랑 같다. 마가는 예수님이 제자들을 뽑기 전에 먼저 홀로 하나님 나라 복음을 선포하셨다 했다. 그것은 예수님의 주 메시지를 각인시키려는 의도에서였다. 그러나 군중들이 그 메시지를 듣고 어떤 반응을 했는지 일절 없다.

그런데 지금 예수님에 대한 소문이 갈릴리 전 지역에 퍼진 것은 무엇이겠는가? 그분의 가르침이라고 말하지 않을 것이다. 악한 귀신들을 복종시키는 권세이다. 마가는 가버나움 회당에서 벌어진 일이 어떤 현상을 낳았는지 설명하는데(1:28), 일반 대중은 가르침보다 퇴마 능력에 더 관심을 가졌다. 그런데 축사 능력을 가진 이가 어디 예수님만 있었겠는가? 우리는 예수님 당시의 문화나 민간전승을 잘 모르다 보니, 예수님 외 그다지 뛰어난 퇴마사가 없었을 것이라 여긴다. 그러나 그때에도 퇴마를 행하는 자들이 있었다(참. 마 12:27; 눅 11:19). [120]

헬레니즘계 유대교 문헌에서도 귀신을 쫓아낼 때 이런 일이 있었다 말한다. [121] 루키안(Lucian, 약 125-180년)이라는 주후 2세기 시리아 태생인 그리스인은 이런 종류의 일에 대해 다음과 같이 전한다. [122]

> 모든 사람들은 팔레스틴 출신인 시리아인에 대해 안다. 이자는 이런 기술에서 있어서 전문가였는데, 얼마나 많은 사람들을 손으로 처리했는지. 달빛에 쓰러져, 눈을 막 굴리고, 입에서 거품을 무는 자들을.... 그는 세워서, 마음속의 말을 하게하고, 막대한 비용이 들긴 하지만, 이들의 어려움을 해결해줬다. 그가 그런 자들 가까이에 있을 때면, 이들은 땅바닥에 엎어졌는데, 그러면 그는 물었다. "어떻게 해 그 몸에 들어갔냐?" 그러면 그 병자는 조용했으나 사탄이 대답한다. 그리스어든 그가 오게 된 지역의 야만어로, 어떻게, 언제 그자 안에 들어갔는지.

그리고 유대인들 사이에 전설적으로 대단한 퇴마 능력을 지닌 지혜의

---

120 마 12:27(눅 11:19) 또 내가 바알세불을 힘입어 귀신을 쫓아내면 너희의 아들들은 누구를 힘입어 쫓아내느냐 그러므로 그들이 너희의 재판관이 되리라

121 Edwin K. Broadhead, *Naming Jesus: Titular Christology in the Gospel of Mark*, JSNTS (Sheffield: Sheffield Academic Press, 1999), 33.

122 Lucian, *The Lover of Lies*, 16.

왕이 있었다. 바로 솔로몬이다. 경전 축에는 아예 끼지도 못하는『솔로몬의 유언(Testament of Solomon)』이라는 책이 있다. 여러분은 솔로몬을 가장 지혜로운 왕으로 떠올릴 것이다. 그런데 세월이 지나가면서, 그 지혜가 세상을 약삭빠르게 잘 사는 것을 말할 뿐 아니라, 일반인들이 살면서 두려워하는 이런 귀신들까지도 잘 쫓아내는 것으로도 여겼다. 이 책에는 잠언 같은 지혜 말씀이 나오지 않고 귀신들을 쫓아낸 이야기만 잔뜩 등장한다. 귀신만 무려 42명이고, 천사도 35명이나 등장한다. 영화를 보다 보면, 귀신이나 천사들의 이름이 마구 나오는데,『솔로몬의 유언』에서 빼온 것이다. 참고로 바알세불도 거기에 나온다.

거기서 솔로몬은 악한 영이 사람을 괴롭힌 것을 알고 그것들을 쫓아내는 것을 이야기한다. 그런데 쫓아낼 때 말하는 형식이 있다. "너는 누구냐?" 하고 물으면, "나는 누구다"라고 대답한다. 가령 오르니아스(Ornias), 아스모데우스 (Asmodeus), 또는 바알세불(Beezeboul)이라 말한다. 그러면서 자신이 사람들을 어떻게 호려서 망가뜨리는지, 또 자기가 어떤 악한 일을 하는지를 자랑스레 말하는 것이다. 그런 뒤, 솔로몬이 자기 군사들에게 명령한다. "이 자를 묶고, 매우 치라!"고 말이다. 그러면 그 귀신들린 자는 안 묶이려 고함지르고, 군인들은 힘들게 묶고, 그러고 나서야 그 귀신이 나가는데, 이 책은 이런 이야기만 한다. 솔로몬은 지혜 있는 왕이지만, 이 책에서 그는 격언이나 금언을 말하는 자가 아니다. 사람과 세상을 괴롭히는 수많은 귀신들을 쫓아내는 자로 등장한다.

궁금하지 않은가? 성공적인 인생에 대한 훈계나 십자가를 지라는 예수님의 말씀보다 이런 이야기가 더 재미있다. 이천년 전인들 달랐을까? 그때도 이런 이야기를 좋아하는 사람들이 있었기에『솔로몬의 유언』과 같은 책이 있었다. 그리스나 이집트도 신이나 귀신들을 다루는 이야기들이 있다. 우리나라 역시 신화들과 민간전승들이 많은 것처럼 말이다.

그러므로 예수님의 축사는 당시의 유대인들이나 그 사건을 전해들은 이방인들에게 자연히 자신들이 아는 축사 이야기들과 비교하게 만든다. 예수 님처럼 안 깨끗한 영들을 쫓아내는 퇴마사들이 있었으므로, 자연스레 비 교하였을 것이다. 일단 『솔로몬의 유언』에서도 귀신을 '안 깨끗한 영'이라 부른다. 유대인들은 '정결', 즉 깨끗해야 한다'는 관념이 있어서인지, 악한 영을 '안 깨끗한 영'이라 불렀다.

그 외, 눈에 띄는 첫 번째는 솔로몬이 처음부터 귀신들을 분별해내는 능력이 있지 않았다는 점이다. 성전을 건축할 때 돕는 일군들 중에 아이 가 있어 걔에게만 특별히 월급도 많이 주고, 먹을 것도 많이 주었는데, 못 된 귀신이 와서 그 아이의 것을 빼앗아갔다. 솔로몬은 걔가 불쌍해 기도 하는 중에 천사가 나타나 솔로몬에게 반지를 주었다. 이 반지를 끼고 있 다가 그 아이를 만나면 그 반지를 가슴팍에 던지라는 것이었다. 그러면 그 귀신이 튀어 나갈 것이라고 말이다. 그래서 천사 말대로 반지를 던지니까 귀신이 "악~" 소리를 내면서 솔로몬에게 복종하게 되었다. 솔로몬이 그 런 기이한 능력을 가지게 된 것은 '반지'가 있었기 때문이었다. 『반지의 제 왕(Lord of Rings)』에서 반지가 무소불위의 힘을 가졌다는 이야기는 그냥 튀어나온 게 아니다.

무당이 퇴마할 때, 대부분 맨몸으로 하지 않는다. 인간이라 약하기 때 문이다. 검이든, 방울이든, 부채든 뭔가 자기의 힘을 증강시키고, 귀신과 연결하게 만들 것을 필요로 한다. 솔로몬은 그것이 반지였다. 즉 솔로몬은 자기 안에 내재한 능력으로 귀신을 몰아내지 않았다. 천사를 통해 받은 반 지가 있었다. 그러나 예수님께는 무엇이 있었는가? 없다. '성령'이 있었을 뿐이다. 보이진 않지만, 마가가 미리 말했기에 성령의 놀라운 능력을 인 지하게 되는 것이다.

두 번째로 당시 여러 종교들이 귀신들을 내쫓을 때, 주문을 왼다든가, 귀신들린 자를 묶는다든가 했다. 그런데 예수님은 한 번도 그러신 적이 없 다. 그냥 "나가라!"고 말할 뿐이다. 마술이나 주문, 퇴마와 같은 영역에 심취하는 게 결코 사람에게 이롭지 않다. 그래서 이 분야를 깊이 연구하는 자들이 그리 많지 않은데, 베츠(Hans Dieter Betz)라는 학자가 발간한 축사 주문서가 있다. 이집트에서 발견된 오래된 파피루스들을 옮겼는데,[123] 거기에는 말이 안 되는 시 같은 문구들이 줄줄이 적혀 있다. 도대체 이게 무슨 뜻인지 알 수가 없다. 그런데 주술사들은 그게 힘이 있다 여기고 자기들끼리 곱게 곱게 보관하면서 외워 써먹었다.

1세기 당시 이집트에서는 이시스, 오시리스와 같은 신들을 섬겼고, 그리스와 로마에서는 제우스, 디오니소스, 아프로디테와 같은 신들을 섬겼고, 팔레스틴 주변 국가들에서는 미트라, 바알, 아세라 등 온갖 신들을 섬겼다. 고대인들은 이해할 수 없는 현상을 대할 때, 온 세계를 관장한다고 여기는 신들과 연관시켜 해석하고 의지하려 했다. 인간사에는 항상 질병, 죽음, 사고 등이 많다. 게다가 귀신에게 씌었다고 할 수밖에 없는 이상한 증상을 호소하는 이들이 있다. 각 종교 마다 그것을 해결하려고 나름의 방책을 제시하는데, 그 중 유대교, 특히 일반 대중들 사이에서『솔로몬의 유언』이 떠돌아다닌 것이다.

그런데 그런 것들은 대부분 '주문' 혹은 반지 같은 '신령한 물건'에 집착한다. 어떤 특정 주문을 말해야만이 효력을 발휘한다고 믿었다. 물건에 신비한 힘이 있다고 여기고 그것을 꼭 지녔다. 그런데 우리 복음서를 보면, 그런 게 일절 나오지 않는다. 어떤 주문이나 신령한 물건이 없다. 오로지 예수님의 말씀만 있을 뿐이다. 지금 마가의 이 이야기에서도 예수님의 가르침이 먼저 나오지 않았는가? 예수님의 말씀으로 안 깨끗한 영들이 축출된다. 예수님의 존재와 말씀이 능력이다.

세 번째로 누군가 신비한 능력으로 퇴마를 하고나면, 으레 대가를 받았

<hr>

123   대표적인 책으로는 Hans Dieter Betz가 편집한 책이 있다. *The Greek magical papyri in translation, including the Demotic spells* (Chicago : University of Chicago Press, 1992).

다. 퇴마사들은 보수로 부를 축적했다. 일례로 아보노테이코스 출신의 알렉산더(Alexander of Abonotheichos, 약 105-170년)가 대표적이다. 그는 특별히 주문으로 능력을 인정받아 귀인들까지도 그를 의지했다.[124] 마술사들과 편승해 어려운 병을 고쳐준 대가로 떼돈을 번 의사들도 꽤 있었다.[125] 그런데 예수님은 어떠했나? 귀신을 쫓아낸 대가로 돈을 받았다는 이야기가 없다.

우리는 그 당시의 문화를 모르기에 유대 군중들이나 마가 성도들이 예수님의 이야기를 들으면서 이런 차이점들을 느꼈으리라 생각하지 못한다. 그러나 그들은 어릴 때부터 수시로 듣고 보고 살았다. 다른 종교나 주술사들이 어떻게 귀신을 내쫓았는지, 그리고 어떤 대접을 받았는지 등등 말이다. 그들은 자기가 알고 있던 것들을 바탕으로 예수님을 이해했을 것이다. 예수님이 『솔로몬의 유언』의 솔로몬 왕이나 다른 퇴마사들과 결코 비스름하지 않다는 것을 알아챘을 것이다.

5. 결론

예수님은 자신의 생각에 동의하는 제자들을 데리고 이제 본격적으로 유대인 사회로 진입하셨다. '가버나움 안으로, 더 나아가 회당 안으로' 들어가셔서 하나님의 아들다운 권세를 드러내셨다. 그런데 그 권세를 제일 처음 드러낸 분야는 귀신을 쫓아내는 것이 아니다. 가르침이었다. 안타까운 점은 어떤 가르침인지를 밝히지 않았다. 마가는 미끼를 던지듯 그 가르침

---

124   Hugh Chisholm, ed., "Alexander the Paphlagonian," *Encyclopædia Britannica*. Vol. 1, 11th ed. (Cambridge University Press. 1911), 567; Lucian, *The Lover of Lies*(Philopseudes), 8.

125   대 플리니 Pliny the Elder도 의사들이 조금의 기술로 돈을 많이 번다고 일갈한 적이 있다. *Natural History*, 29.5.7-10.

이 권세를 가진 자다운 것이었다고만 전했다.

　그분의 권세는 지식적 차원에서만 그치지 않았다. 회당에서 안 깨끗한 영을 가진 자가 먼저 나서서 정체를 드러냈다. 예수님은 그자를 '밖으로' 나가게 하심으로써 안 깨끗한 영들에 대해서도 권세를 가지심을 보여줬다. 마가는 예수님의 권세가 실로 대단했음을 강조함과 동시에, 이 일은 그분이 유대사회 '안으로' 들어감으로써, 더러운 영들을 '밖으로' 쫓아낼 수 있었음을 각인시킨다.

　안 깨끗한 영을 가진 자가 회당에 버젓이 있었던 점이 놀라게 한다. 예수님이 오시기 전까지는 다른 자들과 전혀 구별되지 않았을 터이다. 예수님이 오시고서 그 영은 드러내지 않고서는 버티지 못했다. 스스로 본색을 드러냈다. 그런데 안 깨끗한 영 가운데 사는 자가 어디 그 사람뿐일까? 성령으로 충만한 자 앞에서 안 깨끗한 영을 가지고 있음을 드러내는 자들이 있다. 그러나 예수님과 함께 있었기에 그자는 자유를 얻었듯, 지금도 여전히 예수님과 함께 있을 때 자유를 얻을 수 있을 것이다.

막 1:29-34, 예수님은 능력이 있으시다

29 그리고 즉시 회당에서 밖으로 나가 가셨습니다. 시몬과 **안드레의** 집으로. 야고보와 요한과 함께요.

30 그런데 시몬의 장모가 드러누워 있는 중이었습니다. 열병을 앓으면서. [126] 그러자 즉시 (그들이) 말하는 겁니다. 그분께 그녀에 대해서.

31 그러자 나아가 **그녀를** 일으키셨습니다. **손을** 잡으니 그러자 **그녀를** 떠났습니다. 열이. 그래서 **그들을** 계속 시중들었습니다.

32 저녁이, 그리고 되자[127] 해가 졌을 때[128] 데려오고 또 데려왔습니다. 그분 쪽으로 모든 나쁜 걸 갖고 있는 자들과[129] 귀신 들려있는 자들을요.

33 그리고 계속 온 도성이 마구 모여들었습니다. 문 쪽으로.

34 그래서 **많이** 고치셨습니다. 나쁜 걸 갖고 있는 자들을. 갖은 병들로요. 그리고 많은 귀신들을[130] 쫓아내셨습니다. 그리고 더 이상 놔두지 않으셨습

---

126 πυρέσσω(쀠레쏘), 열병을 앓다, 신약 2회 용어, 구약에는 없음, 마 8:14; 막 1:30; 참. πυρετός(쀠레또스), 열, 마 8:15; 막 1:31; 눅 4:38, 39, 52; 행 28:8; 신 28:22뿐.

127 Ὀψίας δὲ γενομένης, 저녁이, 그리고 되자, 구약에는 없음, 마 8:16 외(7); 막 1:32 외(6); 요 20:19뿐. 복음서에만 있음(누가만 없음); 참. Ὀψίας γενομένης, 저녁이 되자, 구약에는 없음, 마 16:2; 막 4:35; 6:47; 14:17; 15:42. 마태와 마가에만 있음. '저녁(ὀψία)이라는 단어 자체가 구약에 없다. 신약만의 용어, 마 8:16 외(7); 막 1:32 외(6); 요 6:16; 20:19뿐.

128 δύνω(뒤노), 지다, 신약 2회 용어, 구약에는 없음, 막 1:32; 눅 4:40(그리고 **해가** 질 적에). 누가는 저녁이 되었음을 '해가 졌다'는 말로 끝냈으나, 마가는 '저녁이 되었고, 또 해가 졌다'고 말해, 어두워진 저녁이 되어서도 사람들이 예수님께 몰려왔음을 말해주는 것이다.

129 πάντας τοὺς κακῶς ἔχοντας, 여기서는 한국어처럼 들을 때 용어를 나열해서 말한다. 예) 마 4:24; 8:16; 14:35; 막 1:34; 2:17; 6:55. 비슷한 사례). 마 15:22(제 딸이 아주 심하게 귀신 들려있습니다!). 유사하나 살짝 다르게 '나쁜 자들'을 정말로 심하게 처참한 결말을 맞게 할 것임을 말하기도 한다; 참. 마 21:41(나쁜 자들을 아주 심하게 처참하게 죽일 겁니다! 그들을!)

130 δαιμόνιον(다이모니온), 귀신, 구약에는 조금 등장, 마 7:22 외(11); 막 1:34

니다. **귀신들이** 소리 내 계속 말하는 걸. [131] **그분을** 알았거든요.

1. 시몬의 장모를 고쳐주시다.

마가는 예수님의 권세가 얼마나 충격적이었는지를 입소문이 온 갈릴리로 퍼졌다는 말로 자기 성도들에게 각인시킨 뒤(1:28), 급하게 다른 이야기로 넘어간다. 시몬의 집에 갔는데, 하필이면 거기에 시몬의 장모가 아파 누워 있기에, 예수님이 그녀를 일으켜 낫게 해줬다고 말이다. 그냥 손만 잡았을 뿐인데 열이 떠났다. 그리고 저녁이 되니까 사람들이 모든 아픈 사람들과 귀신 들린 사람들이 몰려오자, 예수님이 다 고치셨다고 말한다.

1:32에서 저녁이 되고 해가 졌을 때 사람들을 데려왔다고 말하는데, 이것은 안식일이 끝난 후, 병자들을 데려왔다는 말이다. 즉 안식일을 예수님은 지키지 않았지만, 다른 일반인들은 준수했으므로, 해가 저물어 안식일이 끝나기만을 기다린 뒤, 예수님께 왔다는 뜻이다. [132]

외(13); 눅 4:33 외(23); 요 7:20 외(6); 행 17:18; 고전 10:20, 21; 딤전 4:1; 약 2:19; 계 9:20; 16:14; 18:2; 신 32:17; 시 90:6; 95:5; 105:37; 사 13:21; 34:14; 65:3. 헬라세계에서는 인간 몸에서 벗어난 영혼을 δαίμων(다이몬)이라 불렀다(마 8:31에만 있음). 악하지도, 선하지도 않은 것이다. 그래서 때론 천사를 '다이몬'이라 부르기도 한다. 구약에서도 '신'이라 부르기도 한다(예. 신 32:17 너희는 하나님도 아닌 <u>신들에게</u> 제사를 드렸다). 그러나 신약에서 이 귀신들은 사탄의 사자요, 도구로 정의 내리는데, 이는 구약 외경에서 많이 발견된다. '깨끗하지 못한 영, 악한 영들, 벨리알의 영들'이란 표현들이 다 구약 외경에 나온다.

131 λαλέω(랄**레**오), 소리 내 말하다, 마 9: 18 외(26); 막 1:34 외(21); 눅 1:19 외(31); 요 1:37 외(59) 등. 요한복음과 고전의 압도적 선호용어. λέγω (레고, 말하다)와 같이 말하는 것이나, λαλέω는 말소리를 내는 것을 더 강조한다. 속삭이고 지껄이는 의미로 쓰일 때도 있다. 그래서 지금 귀신들이 한 번만 말하지 않고 계속해서 쓸데 없는 말을 내뱉는 것을 말한 것이다. 당시 헬라 문학보다 성서에서 유독 많이 사용된 경향이 있다.

132 유대인들의 안식일 준수 성향은 누가복음에서도 여실히 드러난다. 눅 4:40

마가 이야기를 듣는 사람들이 아마 대개 이방인들이어서 그게 그리 문제가 되는 건지, 꼭 그래야 하는 건지 이해를 잘 못했겠지만, 그 유대인들은 안식일이 얼마나 끝나기를 기다리고, 기다렸는지 "땡!!!" 하자마자, 막 아픈 사람들을 데리고 갔다는 것이다. 내일 예수님을 만나도 되지 않는가? 그런데 아픈 가족을 둔 사람, 귀신에 막 씌인 가족이나 친구를 두었다고 생각해 보시라! 얼마나 절박하고, 간절했을지. 그것을 마가는 또 살짝 과장해 사람이 모인 게 아니라, '온 고을'이 문 쪽으로 마구 모여들었다고 말했다.

21-34절까지 예수님은 깨끗하지 않은 영에 씌인 자, 아픈 자, 다 고쳐주면서 아무런 문제가 발생하지 않았다. 그냥 고쳐주면, 사람들은 놀라면서 감탄해하고, '그 정도면 나도!!! 우리 가족도!!!' 하면서 사람들이 모두 와 도움을 입었다고 이야기한다. 물론 조금 더 복잡한 한 가지 요소가 더 들어가 있지만, 그건 다음에 말하고, 오늘 말씀에선 두 가지만 집고자 한다.

하나는 아까 방금 말씀 드린 것처럼, 마가 이야기를 슬쩍 흘려들으면 예수님의 가르침보다는 예수님의 놀라운 능력에 꽂힌다. 사람들이 가르침보단 이런 귀신 쫓은 것에 더 귀를 쫑긋하고, 재미있어 하고, "야!!! 권세 있다!!!" 그러는 것 같다. 그러나 면밀히 들여다보면, 예수님은 회당 안에 들어가서 하신 건 가르치신 일이다. '가르치고 가르치셨다'고 했다. 긴 가르침 중에 안 깨끗한 영 가운데 짓눌린 자가 반응을 한 것이다.

여러분은 어떤 이야기에 귀를 기울이는가? 가르침인가? 귀신이 정체를 드러내는 이야기인가? 후자이다. 마가는 사람들의 경향을 너무나도 잘 알고 있기에 그들이 좋아하는 이야기로 예수님이 어떤 분이시라는 것을 드러낸다. 그런 분에게 우리는 우리 문제를 해결하려면 어떻게 해야 할 지

에 '해의 저묾이 있는 중에' 사람들이 병자들을 데려왔다고 해, 안식일이 끝나는 해질녘을 기다렸음을 가리킨다. 양용의, 『예수와 안식일 그리고 주일: 마태복음을 중심으로』 (이레서원, 2000), 382-83; G. B. Caird, *The Gospel of St. Luke, Pelican Gospel Commentaries* (London: Penguin Books, 1963), 89.

슬쩍 암시하고, 머릿속에 박아 넣어주는 것이다. 이렇게 하는 건, 마가 이야기를 듣는 사람들이 데오빌로처럼 고상한 시를 듣길 원하는 학식자라서 그럴까? 배운 게 있거나, 좀 가진 게 있어도 이런 이야기만 듣는 것을 좋아할까? 이런 이야기는 대부분 다 좋아한다. 그러나 누가 더 이런 이야기를 좋아하냐고 묻는다면, 아무래도 귀족들이나, 공부를 많이 한 사람들이라기보다 좀 덜 배우고, 책을 직접 읽을 일이 없는 사람들이다.

지금 이렇게 여러분에게 하는 식의 설명을 나이가 좀 많이 드시고, 어렵게 사시는 분들, 또 공부를 잘 안 한 분들에게는 재미가 없다. 해 보면, '그래서?'하고 무덤덤하게 본다. 자기 삶과 직결되지 않으면, 눈빛이 반짝이지 않는다. 예화를 많이 이야기하고, 쉽게, 쉽게 풀어서 말씀을 전하는 게 훨씬 더 집중을 잘 한다. 이 복음서, 저 복음서 갖다 들이대면서, 말 한 마디, 말 한 마디 비교해서 이 말씀이 진짜로 전하려고 하는 게 뭔지를 분석하는 것을 좋아하는 이가 별로 없다. 복음서를 이해할 때, 누구에게, 어떤 사람들에게 전하는 것인지를 먼저 생각해야 한다고 말하는 이유가 여기에 있다. 복음서마다 다르기 때문이다. 설교하는 것처럼.

2. 능력의 예수님

두 번째로 마가복음을 시작하면서 계속 말하는 것이 있다. 마가는 자기 교인들에게 "과거에 너무 얽매이지 말고, 다시 예수님을 봐라. 예수님은 요한이 잡혔을 때도 겁먹지 않으시고, 오히려 앞에 나서서 자신 있게 나서셨다! 내 뒤를 따라 오라고, 어서 오라고 하셨다. 그러니까, 봐! 제자들도 그냥 따라갔잖아? 예수님 뒤를? 그리고 봐! 예수님 뒤를 따라가니까, 무슨 일을 겪게 돼? 거침없이 귀신 쫓아내잖아! 병들도 막 다 달아나잖아! 예수님에게 못 이기고! 예수님을 따라 나서면, 이렇게 우린 모든 것을 이길 수 있어!"라고 말한다.

마가	마태	누가
제자 부르심 장모 고침	제자 부르심(4장) 산상수훈 장모 고침	장모 고침 제자 부르심

최대한 간단하게 작성했다. 예수님이 고치신 장모가 시몬의 장모이기 때문이다. 앞에서 살짝 누가복음과 비교했다. 장모를 고친 뒤에도 시몬은 여전히 예수님과 거리를 두고 있다가 제자가 됐다고 말이다. 마가는 정반대의 진술을 한다. 이것은 여러 번 지적했듯이 기적의 경험은 예수님의 말씀에 순종할 때 생김을 말하기 위함이다. 겉으로 볼 때는 예수님의 능력을 강조하는 듯 하지만, 색안경을 벗으면 예수님의 '가르침/말씀'이 항상 먼저 있었음이 보인다. 행동이 먼저였음이 보인다. 시몬의 장모가 낫는 일은 시몬이 제자가 되지 않았더라면 없었다.

흔히 기적을 보면 믿겠다 말하는데, 진정한 믿음은 믿고 좇을 때 기적을 경험하고 형성된다. 기적을 보고 믿는 믿음은 조금만 어려움이 닥칠 때 훅 떨어져 나간다. 그러나 예수님의 부르심에 순종해 먼저 좇는 삶을 살면, 예수님의 구원을 경험한다.

로마에 있는 그리스도인들이 처음에 예수님을 어떻게 믿게 되었을까? '자기가 지은 죄가 너무 많아 늘 죄책감에 시달렸는데, 예수님 믿으면 다 용서가 된다고 하니까?' 아님, '죽으면 어디로 갈까 걱정했는데, 예수님을 믿으면 하나님 나라에 들어간다고 하니까? 잘못했다간 지옥 갈까봐?' 아니지 않겠는가?

이들은 유대인들이 아니다. 이방인들이다. 이방인들은 원래 '하나님 나라'라는 것을 믿지 않았다. 물론 죽고 나면, 그리스인들이 생각하듯, 하데스라는 곳, 죽은 사람들이 가는 곳이 있다고 생각했다. 그러나 지옥과 천국이라는 개념이 별로 없었다. 인과응보 사상은 가졌겠지만, 죽은 뒤에도 살았을 때 지은 죄과들을 다 치룰 벌 받을 곳이 있다고 믿지 않았을 것이다.

아마 이들이 처음 예수님을 알고, 믿게 된 계기는 오늘 마가가 들려주듯이 귀신에 들리거나, 아팠을 때, 그 어떤 종교도 자기를 낫게 해주질 못했는데, 바울과 같은 성령이 충만한 전도자들이 와서 예수님의 이름으로 병을 낫게 해주고, 귀신을 쫓아내 주고, 그래서 다시금 정상으로 돌아와 예전처럼 생활할 수 있게 되어서일 것이다.

그리고 가난하고, 죄를 많이 지어 사회에서도 푸대접을 받았는데, 예수님을 전하는 선교사들이 와서 예수님은 다 사랑하고, 용서해준다고, 그리고 그분을 믿고 그분 뒤를 따라 살면, 곧 올 하나님 심판 때도 하나님 나라에 들어갈 수 있게 될 거라고 말해 믿었을 것이다. 우리나라가 초기에 예수님을 믿었던 자들이 다 그러한 이유로 믿었듯이 말이다. 선교사들로부터 사람대접을 받아보고, 또 성령을 체험하면서 병이 낫고, 그렇게 패악질을 해대던 내가 변해서 말이다. 마가는 지금 두 가지가 겹쳐서 머릿속에 지나가게 했다. 자기들이 예수님을 믿게 되었던 그 때와, 또 예수님이 그렇게 하신 이야기를 듣고, 다시 예수님의 권세와 능력을 의지하도록 말이다.

예수님을 믿고, 그분처럼 겸손하게 남을 섬기며 살려 애쓰는데, 예수님을 잘 모르는 자들은 범죄자를 신이라며 떠받든다고 미쳤다 했을 것이다. 이제 이들은 그 기적적인 경험들 기반으로 다진 믿음을 시험받는다. 예수님 때문에 다 잃는 상황이 됐는데도 여전히 예수님을 쫓을 것인지. 예수님 뒤를 따라가면 이런 이적적인 사건을 또 경험하게 될 것이다. 정치적, 사회적, 경제적으로 어려움은 겪지만, 그래도 다른 종교들이 요구하는 주문 없이, 수고비 없이 도와주신다고 말이다.

1:35-45, 아이러니한 현실

35 그리고 이른 아침 깊은 밤중에[133] 일어서 나가셨습니다. 그리고 떠나셨습니다, 광야장소로. 거기서 기도하고 또 기도하셨습니다.

36 그래서 **그분을** 뒤좇았습니다.[134] 시몬과 그와 함께 한 자들이.

37 그래서 **그분을** 발견했습니다. 그래서 **그분께** 말하는 겁니다. 다들 **당신을** 찾는다고요.

38 그러자 말하시는 겁니다, 그들한테. "갑시다! 딴 데[135] 도성급 마을들이 있는 곳들로![136] 그래야 거기서도 선포할 수 있습니다. 왜냐면 이걸 위해 나왔습니다!"

39 그리고 가셨습니다. 선포하면서[137] 그들의 회당들로, 온 갈릴리로요. 그래서 귀신들을 좇아내는데,

40 그런데 오는 겁니다, 그분 쪽으로 문둥병자가.[138] **그분께** 부탁하면서 [그

---

133 ἔννυχος(엔뉘코스), 밤중에, 성서 1회 용어, 막 1:35; 마카비 3서 5:5. 여기서도 이른 아침(πρωΐ, 쁘로이)만 말해도 되는데, '밤중에'라는 말을 한 번 더 덧붙여 예수님이 새벽에 기도하러 가셨음을 가리킨다.

134 καταδιώκω(까따디오코), 뒤좇다, 신약 1회 용어. 구약에는 많이 사용됨. 막 1:36; 창 14:14 등. 구약에서는 핍박하다(시 143:3; 애 1:3 등)는 뜻으로 사용되었다.

135 ἀλλαχοῦ(알라쿠), 딴 데, 성서 1회 용어, 막 1:38.

136 κωμόπολις(꼬모뽈리스), 도성급 마을, 성서 1회 용어, 막 1:38, 마을(κώμη)과 도성(πόλις)의 합성어. 헬라작품에는 스트라보, 지리학 한 군데만 등장(12.2).

137 ἦλθεν κηρύσσων, '가서 선포하셨다'는 뜻이다. '갔다'는 말 뒤에 분사형태를 써서 문법대로 하자면, '갔습니다, ~하면서'라는 식이나 의미는 '가서 ~을 했다'는 뜻이다. 예) 막 1:39; 2:3(ἔρχονται φέροντες, 오는 겁니다, 데려오는데 → 와서 데려오는 겁니다); 눅 2:16(ἦλθαν σπεύσαντες, 갔습니다, 서둘러 → 가 서둘렀습니다). 이와 반대로 분사를 먼저 말한 뒤, 동사를 쓰는 경우도 있다. 이런 말투가 한국어로는 자연스럽다. 예) 막 12:14(ἐλθόντες λέγουσιν, 와서 말하는 겁니다).

138 λεπρός(레쁘로스), 형용사, 문둥병의/문둥병자(명사형처럼), 구약에 조금 있음, 마 8:2; 10:8; 11:5; 26:6; 막 1:40; 14:3; 눅 4:27; 7:22; 17:12; 레 13:44, 45;

리고 무릎 꿇으면서][139] 그리고 말하길 그분께, 정말 하고 싶어 하기만 한다면, 할 수 있으시다고요. 자기를 깨끗하게.

41 그러자 애가 타서[140] **자기 손을** 내밀어 만지셨습니다. 그리고 말하시는 겁니다, 그에게. "하고 싶습니다! 깨끗해지세요!"

42 그러자 즉시 떠났습니다, 그에게서 문둥병이. 그리고 깨끗해졌습니다.

43 그러자 **그에게** 엄하게 이른 뒤 즉시 그를 쫓아내셨습니다.

44 그리고 말하시는 겁니다, 그에게. "똑바로 보세요![141] 아무한테도 아무 것도 말하지 말고, 오히려 완전히 떠나가세요![142] 당신 자신을 보이세요! 제 사장한테! 그리고 앞으로 가져가세요! 당신 정결에 대해[143] 모세가 이전

14:2, 3 등. 레위기 13장에 의하면, 문둥병은 흔히 아는 '나병, 한센병'만 말하지 않는다. 색점이나 거무스름한 털이 계속 있는 것들, 즉 악성 피부병도 일괄적으로 문둥병이라 불렀다. 뒤에 42절에는 명사 λέπρα(문둥병)가 나온다; 참. λέπρα(레쁘라), 명사, 문둥병, 마 8:3; 막 1:42; 눅 5:12, 13.

139 γονυπετέω(고뉘**뻬떼**오), 무릎 꿇다, 신약 4회 용어. 구약에 없음, 마 17:14; 27:29; 막 1:40; 10:17, γονυ(무릎) + πίπτω(엎드리다)의 합성어.

140 σπλαγχνίζομαι(스쁠랑크**니**조마이), 신약만의 용어, 구약에는 없음, 애가 타다(마 9:36; 14:14; 15:32; 18:27; 20:34; 막 1:41; 6:34; 8:2; 눅 7:13; 10:33; 15:20), 불쌍히 여기다(막 9:22); 마카비 2서 6:8, 공관복음서에만 있음. 하나님과 예수님이 느끼는 감정으로 사용됨. 구약에는 대신 οἰκτείρω(오익**떼**이로)를 많이 썼음, 긍휼(矜恤)하다, 신약 2회 용어. 구약에 많음. 롬 9:15(2); 출 33:19; 삿 5:30; 시 4:2 외(13) 등; 참. σπλάγχνον(스쁠랑크논), 애끓음(눅 1:78; 빌 2:1; 골 3:12), 애(행 1:18; 고후 6:12; 7:15; 빌 1:8; 몬 1:7, 12, 20; 요일 3:17).

141 ὅρα/ὁρᾶτε, 똑바로 보세요!, 마 8:4; 9:30; 16:6; 18:10; 24:6; 막 1:44; 8:15; 눅 12:15; 살전 5:15; 약 2:24; 히 8:5; 계 19:10; 22:9. 현재명령, 약간 부정적인 의미로 '조심해! 똑바로 쳐다봐!(watch out, be on guard)'라는 뜻.

142 ὕπαγε/ὑπάγετε, 완전히 떠나 가세요!, 신약만의 용어. 현재명령, 다시 안 돌아와도 된다는 뜻이다. 토빗서에만 등장.

143 καθαρισμός(까타리스**모**스), 정결(막 1:44; 눅 5:14; 히 1:3; 벧후 1:9), 결례(눅 2:22; 요 2:6; 3:25). 주전 2세기경에 발굴된 이집트의 신 이시스*Isis*, 사라피스*Sarapis*, 아누비스*Anoubis* 신전 비석을 보면, 출산한 지 9일째, 낙태한 지 40일째, 생리 후 7일째, 하혈한 지 7일째, 양과 염소를 먹은 지 삼일 째에 정화되기 위해 성전에 와서 희생 제사를 드릴 수 있었다고 한다.

에 하달한 것들을 증거로 그들한데요!"

45 그런데 그는 나가 **계속 선포하기** 시작했습니다, 많이. 그래서 **말씀을 널리 퍼뜨리고 또 퍼뜨리는 걸요.** [144] 하여 더 이상 그분이 할 수 없을 정도였습니다. 드러나게 도성 안으로 들어가는 걸 말입니다. 오히려 바깥 광야장소 여기저기에 계셨습니다. 그런데 **그분 쪽으로** 오고 또 왔습니다. 사방에서.

1. 기도하신 예수님

예수님이 성령을 받으신 후, 하시는 일이 어찌나 놀라운지 온 사람들이 감탄한다. 깨끗하지 않은 영한테 고생하는 사람도 고쳐 주시고, 또 시몬의 장모도 고쳐주었으니 말이다. 대단한 권세를 보이자 사람들은 흥분했다. 그런데 그런 인기 속에 예수님은 기도하셨다. 온 동네 사람들이 자기한테와 도움을 받고서 기뻐하고, 또 감사해하는 것을 보면 기분 좋다. 예수님인들 안 그러셨을까? 흥분하셨을 것이고, 기쁘셨을 것이다. 그런데 참 안타까운 점은 복음담가들이 그런 예수님의 감정을 전해주지 않았다. 그런 의미에서 네 복음서는 예수님을 있는 그대로 말해주지 않았다. 예수님의 표정이나 감정에 대해선 참 숨겼다. 시몬의 장모를 고쳐주신 후, 예수님이 기도하신 이야기는 누가에도 나온다. [145]

---

144 διαφημίζω(디아페미조), 널리 퍼뜨리다, 신약 3회 용어, 구약에는 없음. 마 9:31; 28:15; 막 1:45.

145 마가와 누가는 예수님이 기도를 오랜 시간에 걸쳐 하셨음을 여러 군데서 이야기한다(막 1:35; 14:35; 눅 22:41, 44). 마태도 기도했다고 말한다. 비록 계속적인 동작을 나타내는 시제는 아니지만 말이다(14:23; 26:36, 39). 이에 반해 요한은 일절 말하지 않았다.

눅 4:39 예수께서 가까이 서서 열병을 꾸짖으신대 병이 떠나
고 여자가 곧 일어나 그들에게 수종드니라
—————
42 날이 밝으매 예수께서 나오사 한적한 곳에 가시니 무리가
찾다가 만나서 자기들에게서 떠나지 못하게 만류하려 하매
43 예수께서 이르시되 내가 다른 동네들에서도 하나님의 나
라 복음을 전하여야 하리니 나는 이 일을 위해 보내심을 받았
노라 하시고

    누가는 예수님이 사람들을 고쳐주신 뒤, 다음 날 외딴 곳으로 혼자 가셨
다고 말한다. 그러나 기도를 하셨다는 말을 하지 않았다. 그냥 외딴 곳으로
가셨다. 또 제자가 아니라, 군중들이 예수님을 찾으러 다녔다고 하면서,
이들의 이기적인 면모를 보여준다. 예수님을 다른 데로 보내지 않고, 딱 자
기들 옆에 놔두고 덕을 보려 했다는 것이다. 그런데 예수님이 거절하셨다.
목적은 동일했다. "다른 동네도 하나님 복음을 전해야 한다"는 것이었다.[146]
    누가에 반해 마가는 명확히 '기도하셨다' 말한다. 그것도 '이른 아침, 깊
은 밤중에' 일어서 광야로 갔다고 말한다. 누가는 간단하게 '날이 밝으매'
였다. 예수님이 전날의 고강도 일로 피곤하였을 텐데, 얼마나 일찍 일어났
는지를 강조하려고 마가는 '이른 아침'이라는 말로도 부족하여, '깊은 밤중
에'를 덧붙인 것이다. 해가 뜨려면 한참 남은 칠흑같이 어두운 새벽에 예수
님은 홀로 광야로 가서 기도하고 또 기도하셨다.
    이후 예수님이 기도하셨다는 이야기는 6장 끄트머리, 오병이어 사건이

---

146   이를 마태는 산상수훈으로 대신했다. 마태는 가버나움에서 권세있음을 드러
낸 후, 예수님이 기도하셨다는 이야기를 하지 않고 바로 이어 산에서 하나님 나라 복
음을 가르쳤다고 말한다; 참. 마 4:25 갈릴리와 데가볼리와 예루살렘과 유대와 요
단 강 건너편에서 수많은 무리가 따르니라 5:1 예수께서 무리를 보시고 산에 올라가
앉으시니 제자들이 나아온지라 2 입을 열어 가르쳐 이르시되

후에 나온다(6:45).[147] 거기에서도 다섯 개의 빵으로 오천 명을 먹인 놀라운 일을 하신 뒤, 그분은 기도하러 가셨다. 밤 3시가 될 때까지. 마가에서 예수님이 기도하셨다고 말하는 곳은 도합 3군데이다.[148] 복음서 중 예수님의 기도를 제일 강조한 담가는 누가다. 8번이나 말했으니 말이다.[149]

나중에 아주 못되고 고약한 귀신을 쫓아내신 일이 있었다. 제자들 중 아무도 쫓아내지 못해 곤욕을 치렀는데, 그때 예수님이 말하셨다. "기도 외에는 어떤 것으로도 나가게 할 수 없다"고.[150] 복음서에 기도하셨다는 말이 몇 번 나오지 않았다고 해서 예수님이 기도를 설렁설렁 하신 게 아니다. 많은 기적을 일으켜 기쁘고 흥분되어도 기도하셨다. 하나님과 만나셨다. 우리도 그래야 된다. 좋은 일이 있어도, 피곤해도 기도해야 한다. 그래야 하나님이 기뻐하는 일을 더 많이 할 수 있다.

2. 예수님이 중요시한 것

예수님이 혼자 계속 기도하고 있을 때, 제자들이 예수님 뒤를 쫓았다.

---

147 『눈으로 듣는 마가』 6:46 그리고 그들에게 작별한 후 떠나가셨습니다, 산으로. 기도하려고요. 47 그리고 저녁이 되자, 계속 배는 바다 한가운데 있었습니다. 그리고 바로 그분만 혼자 땅 위에 (계셨습니다). 48 그리고 그들이 고통스러워하는 걸 직접 보고선, 계속 노 젓는 와중이라, ─ 왜냐면 계속 바람이 그들 반대편이었습니다. ─ 밤 사경 즈음 오시는 겁니다. 그들 쪽으로 바다 위를 걸으면서요. 그리고 정말 계속 하고 싶어 하셨습니다. 그들을 지나쳐 가길.

148 막 1:35; 6:46; 14:35.

149 5:16; 6:12; 9:18, 28, 29; 11:1; 22:41, 44. 마태도 두 군데만 이야기했다 (14:23; 26:39).

150 『눈으로 듣는 마가』 9:28 그리고 그분이 집 안으로 들어갔을 적에, 그분 제자들이 따로 그분께 줄기차게 캐물었습니다. 우리 자신은 할 수 없었는지. 그것을 쫓아내는 것을 말입니다. 29 그러자 말하셨습니다, 그들에게. "이 종류는 어떤 것으로도 나가게 할 수 없습니다. 기도 말고는."

사람들이 예수님을 찾아서였다. 무엇 때문에 예수님을 찾았을까? 마가는 명쾌하게 밝히지 않았다. 누가는 사람들이 예수님이 다른 동네로 떠나지 못하도록 붙잡아놓으려 했다고 했다. 아마 동일한 이유 때문일 것이다. 예수님의 그 대단한 힘이 필요해서이다. 귀신을 쫓아내고, 병이 낫고 싶어서 찾았던 것이다. 그것을 누가가 좀 더 명확하게 드러냈을 뿐이다.

그것을 예수님인들 몰랐을까? 그러나 사람들을 그저 고쳐주는 것이 가장 바라는 일이 아니었다. 하나님의 복음을 선포하는 것이었지. '선포하는 일($\kappa\eta\rho\acute{\nu}\sigma\sigma\omega$(께뤼쏘))'은 예수님이 '밖으로 나왔다'고 표현할 만큼 중요한 것이다. 어디에서 '밖으로 나왔다'고 말하신 것인지는 명확하지 않다. 단순히 '왔다'고 하면 될 것을 굳이 '밖으로 나왔다($\dot{\epsilon}\xi\acute{\epsilon}\rho\chi o\mu\alpha\iota$(엑세르코마이))'라고 하심은 이유가 있을 터인데, 마가가 설명을 해주지 않았다. 마가는 자주 표현을 어물쩍하고선 넘어가버리는 경향이 짙다. 아마 나자렛에서 세상 밖으로 나오신 것을 말하신 게 아닐까 한다. 그래서 누가에서는 "이 일을 위해 보내심을 받았다(눅 4:43)"고 해, 명쾌하게 이해가 된다.

예수님은 가버나움의 주민들을 뒤로 하고, 다른 도성급 마을들로 가서서 선포하셨다. 예수님이 기도하신 이유는 선포하기 위한 준비가 필요해서이다. 선포를 위해선 기도가 먼저 있었다. 그리고 기도를 했기에 선포하기 위해 택하신 장소가 다르다. 38절에 '딴 데($\dot{\alpha}\lambda\lambda\alpha\chi o\tilde{\nu}$(알라쿠)) 도성급 마을들($\kappa\omega\mu\acute{o}\pi o\lambda\iota\varsigma$(꼬모뽈리스)'이라는 아주 희귀한 단어를 쓴다.[151] 특히 '꼬모뽈리스'라는 단어는 헬라인들도 쓰지 않았다. 스트라보(Strabo, 기원전 63-기원후 23년)라는 지리학자만 딱 한 번 썼던 단어이다. 둘 다 신구약 통틀어 한 번만 나온 것이다. 그러니 마가 성도들은 어땠겠는가? 그때는 책이나 모니터도 없어서 그냥 생짜배기 귀로 듣고 알아야 한다. '이게 무슨

---

151 누가는 그냥 평범하게 '도성($\pi\acute{o}\lambda\iota\varsigma$(뽈리스))'이라 말한다; 참. 『눈으로 듣는 누가』 눅 4:43 그분이 그러자 말하셨습니다, 그들 쪽을 향해. "다른 도성들에게도 **내가** 복음을 전해야 합니다! 반드시 하나님 나라를! 이것을 위해 보냄 받았습니다!"

말이지?'하고 귀를 쫑긋했을 것이다.

예수님이 가자고 하신 곳은 마을은 마을인데, 도성급에 해당되는 마을이라 하면, 어디를 말하는 것일까? 머릿속이 좀 복잡해지지 않는가? 보통 헬라작품에서 'πόλις(뽈리스)'를 도시라고 말한다. 그러나 복음서에선 가버나움도 πόλις(뽈리스)라 불렀다(33절). 즉 예수님은 가버나움만한 크기의 마을로 가자고 하신 거다. 가버나움만한 '딴 곳' 말이다. 어제 예수님은 가버나움에서 굉장한 인기를 얻었다. 수많은 사람들이 놀랐고, 더 몰려올 기세다. 그러면 우리는 자연히 더 큰 데를 찾는다. 가버나움보다 더 큰 도성, 진짜 도시라 불릴만한 곳에 가서 내 능력을 인정받고 싶은 욕망이 생긴다. 대도시에서 인정을 받아야 내가 자부심을 확 느낄 수 있을 테니 말이다. 그러나 예수님은 그러지 않으셨다. 그냥 가버나움 같은 동네, 크든 작든 복음을 전할 수 있는 마을로 가자고 하신 것이다. 당시 큰 도시였던 티베리아스나 세포리스에 가지 않으셨다.

그래서 "가셨다. 선포하면서." 39절의 이 말은 '가셔서 선포하셨다'는 뜻일 것이다. 영어도 이런 식인데, 때로는 해석할 때 그 단어가 동사로 쓰였는지, 아니면 분사로 쓰였는지를 봐야 해 원문 그대로 일단 옮겼다. 그러면서 '그들의 회당들로'라고 하는데, 어떤가? 그냥 '회당에' 가셨다하면 되는데, 굳이 '그들의 회당들'이라고 말할 필요가 있을까? 잘 못 느꼈겠지만, 앞 23절에서도 회당을 '그들의 회당'이라고 했다.[152] 마가는. 그런데 앞에서 예수님이 '그들을' 가르치셨다고 말했기에 그리 어색하지 않다. 그래서 아마 무심코 지나갔을 것이다.

그런데 신경 안 써서 그렇지 다른 복음서들, 특히 마태도 회당을 항상 '그들의 회당'이라 했다.[153]

---

152 『눈으로 듣는 마가』 1:23 그런데 즉석에 계속 **그들의 회당에** 사람이 있었습니다. 안 깨끗한 영 가운데. 그리고 목청껏 외쳤습니다.

153 그 외에도 있다. 『눈으로 듣는 마태』 마 12:9 그리고 거기에서 옮겨 가셨습

『눈으로 듣는 마태 · 누가』

마 4:23 그리고 (그분은) 계속 돌아다니셨습니다, 온 갈릴리에서요. **그들의 회당들에서** 가르치면서 또 나라의 복음을 선포하면서, 그리고 모든 병과 모든 쇠약함을 고치면서요, 백성 안에서 말입니다.

10:17 그리고 사람들을 조심하고 또 조심하세요! 왜냐면 여러분을 넘길 것이기 때문입니다. 공의회들로. 그리고 **그들의 회당들에서** 여러분을 매질할 겁니다.

눅 4:15 그리고 바로 그분은 가르치고 가르치셨습니다, **그들의 회당들에서.** 모두에게서 영광을 받으면서,

마태만 그러지 않는다. 누가도 비록 한 번뿐이지만, 회당을 이야기할 때, 예수님이 '그들의 회당'에서 가르쳤다 말한다. 이런 것을 누가 신경 쓸까 싶은데, 신경 쓰는 이가 있다. 누구일까? ... 바로 같은 유대인이지만, 이제 '우리 회당'이 안 된 유대계 그리스도인들이다. 이들에게는 회당이 자기들의 장소였다. 하나님께 예배드리고 또 거기서 동료 유대인들과 교류를 하는 장소였다. 특히 디아스포라 지역에 사는 처지이면, 회당이 갖는 의미는 굉장히 크다. 그런데 마태가 예수님 이야기를 할 때 즈음이면 더 이상 동료 유대인들에게 환영을 못 받게 된 것이다. 그리스도인이 되면 더 이상 유대인 사회와 편하게 교류를 할 수 없었던 것이다. 그래서 '우리 회당'이 아닌 '그들의 회당'이 돼 버렸다.

다 알다시피 마태의 성도들은 유대인들이다. 대부분. 마가와 누가처럼 이방인 성도가 청중이 아니기에, 마태는 아주 수차례에 걸쳐 '그들의 회당'

___

니다, **그들의 회당으로;** 13:54 그리고 자기 고향으로 가서 그들을 가르치고 가르치셨습니다. **그들의 회당에서요.** 하여 그들이 계속 기절초풍할 정도였습니다. 그런데 말하고 또 말했습니다. "어찌 이 자에게 이 지혜와 능력들이 (있지)?

이라고 이야기하며 그들과의 단절을 표명한다. 아쉬움이 묻어나는 어구이다. 마가가 이 이야기를 할 때는 성전이 몰락하기 전일 확률이 높다. 70년 전, 68 내지 69년으로 추정되는데, 이때 로마가 굉장히 어수선했다. 그런데 마가가 회당을 '그들의 회당'이라고 하는 것으로 보아, 아마 로마에선 이미 유대계 그리스도인들은 일반 유대인들과 관계가 소원해졌던 것 같다. 유대인들이 더 이상 예수님을 믿는 동료들을 곱게 놔두지 않았다. 나중에 13장을 이야기할 때 더 살펴볼 것이다.

▸ 더 깊이 파보기(1) - 문둥병자

문둥병자의 이야기는 공관복음서에 다 나오는데, 이들은 우리가 흔히 알고 있는 '한센병' 환자이거나, 또는 악성 피부병자일 수도 있다. 누구를 문둥병자라 규정할지에 대한 규례는 레위기 13, 14장에 나온다.

개역개정	새번역
14:11 이는 그의 피부의 오랜 나병이라 제사장이 부정하다 할 것이요 그가 이미 부정하였은즉 가두어 두지는 않을 것이며 12 제사장이 보기에 나병이 그 피부에 크게 발생하였으되 그 환자의 머리부터 발끝까지 퍼졌으면 13 그가 진찰할 것이요 나병이 과연 그의 전신에 퍼졌으면 그 환자를 정하다 할지니 다 희어진 자인즉 정하거니와	14:11 그의 살갗에 생긴 것은 이미 만성이 된 악성 피부병이다. 제사장은 그에게 '부정하다'고 선언하여야 한다. 그가 이미 부정하게 되었으므로, 제사장은 그를 격리시킬 필요가 없다. 12 그리고 제사장이 보기에, 살갗에 생긴 악성 피부병이 그 환자의 살갗을 모두 덮어서, 머리에서부터 발 끝까지 퍼졌으면, 13 제사장은 그를 다시 살펴보아야 한다. 그 악성 피부병이 그의 몸 전체를 덮었으면, 제사장은 그 감염된 사람에게 '정하다'고 선언하여야 한다. 그의 살갗 전체가 다 하얗게 되었으므로, 그는 정하다.

『개역개정』은 '오랜 나병'이라 옮겼지만, 『새번역』에선 '악성 피부병'이

라 적었다. 피부병은 누구나 있을 수 있다. 그러나 그것이 온 몸을 덮으면 중병이므로 한 동네에 같이 살기엔 좀 위험스럽다. 그러나 그렇다고 완전히 다 내쫓을 순 없다. 누군가 피부병에 걸렸는데, 낫지 않고 만성으로 갖고 있되, 더 이상 악화되지 않으면 정하다고 선언하고 같이 살게 했다. 고쳐질 수 없지만 전염성이 없음이 확실하면, 다시 사람들 속에 살 수 있도록 허락해줬다.

그래서 14:30에 옴이라는 백선에 걸린 것도 나병으로 분류한다. 재미있는 점은 나병으로 분류된 병들 중 대머리도 포함된다는 사실이다.[154] 탈모가 진행 중일 때, 탈모된 두피에 뭔가 피부염이 생기면, 그것도 나병이라고 불렀다. 그래서 피부병이 금방 낫지 않고 자꾸 악화되면 동네 밖으로 보내 격리를 시켜 진행 상태를 지켜봤다. 더 이상 피부병이 진행되지 않으면, 전염성이 없는 것으로 여겨, 다시 불러 동네에서 같이 살았다. 회당에서 예배도 같이 드렸다. 물론 동네 사람들과 함께 있게 하기 보다는 한쪽 구석에 모여 있도록 했다.[155]

---

154 레 13:40 누구든지 머리카락이 다 빠지면, 그는 대머리가 된다. 그러나 그는 정하다. 41 앞 머리카락만 빠지면, 그는 이마 대머리가 된다. 그래도 그는 정하다.

155 W. D. Davies and D. C. Allison, *Matthew 8–18*, ICC (London/New York: T. & T. Clark, 1991), 10–11.

개역개정	새번역
30 제사장은 진찰할지니 환부가 피부보다 우묵하고 그 자리에 누르스름하고 가는 털이 있으면 그가 그를 부정하다 할 것은 이는 옴이니라 머리에나 수염에 발생한 나병임이니라	30 제사장이 그 헌데를 살펴보고, 그것이 살갗보다 우묵하게 들어가고, 거기에 난 털이 누렇게 변하여 가늘어졌으면, 제사장은 그에게 '부정하다'고 선언하여야 한다. 그것은 머리나 턱에 생기는 악성 피부병인 백선이다.
42 그러나 대머리나 이마 대머리에 희고 불그스름한 색점이 있으면 이는 나병이 대머리에나 이마 대머리에 발생함이라	42 그러나 대머리가 된 정수리나 이마에 희끗희끗하고 불그스레한 헌데가 생기면, 그것은 정수리 대머리나 이마 대머리에 생긴 악성 피부병이다.

악성 피부병자에 대해 일반 시골마을은 좀 관대했지만, 예루살렘은 예외로 했다. 그래서 당시 문둥병자는 예루살렘에서 살 수 없었다. 유월절 희생제사를 드릴 때 당연히 참여도 할 수 없었다.[156] 그런데 재미있는 것은 사해 사본에서 발견된 성전 두루마리이다. 이들은 유대 랍비보다 더 엄격한 대응을 하는데, 먼저 나병환자들은 예루살렘에 들어갈 수 없다고 규정한다(11Q19XLV, 17-18). 예루살렘이라는 장소만은 일반 동네보다 더 완벽하게 깨끗한 장소가 돼야 한다는 사고가 에센느파에서도 있었던 것이다. 대신 예루살렘 동쪽에 한 장소를 마련해 거기에 살도록 했다(XLVI, 17-18). 그러면서 마찬가지로 모든 마을들도 그렇게 나병환자 같은 자들이 거처할 곳을 따로 마련하라고 명한다(XLVIII, 14). 그리고 혹여 나병환자가 정상인과 이야기를 하려면, 항상 12 큐빗(cubits, 약 50cm) 떨어져

---

156   요세푸스, 『유대전쟁사』, 5. 227; 6.426. 유대교에 대해 싫어하는 어떤 이들은(Manetho) 모세가 나병에 걸렸다고 주장하기도 했다. 그래서 요세푸스는 "아피온에 반박해서(Against Apion)"에서 모세가 정결법을 얼마나 강조했는지를 말한다. 즉 "그는 나병환자들이 도시 안에, 마을 안에 사는 것을 금지시켰다. 그들이 옷을 입어도 찢어진 것을 입고 돌아다니라고 요구했다. 그래서 이들과 접촉하거나, 한 지붕 아래 사는 이들도 깨끗하지 않은 자들로 여겼다(1. 281)."

있어야 했다(4Q2741 I, 1-2). 다른 랍비 문서들도 나병환자들을 만지거나 가까운 거리에서 접하면, 더럽게 된다고 생각 했다.[157]

그렇다고 이들을 완전히 유대인 사회에서 격리하거나 퇴출시킨 것은 아니다. 즉 벽이 둘러쳐진 성읍 안에 살지 못했지, 그 너머 조그만 거주지들이 있었다(m. Kelim 1:7).[158] 회당의 모임도 참석할 수 있었다. 회합에서 조그만 가리개(partition)를 치면[159] 참석을 허락했다.[160] 심지어는 성적인 관계까지 허용했다는 말까지 있다.[161]

성경에는 들어오지 못했지만, 『이거튼 복음서(Egerton Gospel)』가 있다. 기원후 2세기경에 제작되었으리라 추정하는데,[162] 파피루스가 이 정도라도 보존되어 있는 것이 신기할 정도이다. 이집트에서 발견된 파피루스에서 다음과 같은 말이 나온다. 한센병자가 예수님께 가서 도움을 요청하면서, 자기가 어떻게 해서 이 병을 얻었는지 말한다.

"예수 선생님! 제가 나병인들이랑 여행하고, 그들과 여관에서 밥 먹으면서, 저도 나병인이 되었습니다(2:12-15)."[163]

---

157 m. Kelim 1:1; m. Neg. 13:7.

158 Myrick C. Shinall Jr., "The Social Condition of Lepers in the Gospels," *JBL* 137/4 (2018), 924; 참. Jacob Neusner, *The Tosefta: Translated from the Hebrew* (New York: Ktav, 1977), 166.

159 m. Neg. 13:12.

160 Tosefta, t. Neg. 7:11.

161 t. Neg. 8:6.

162 https://en.wikipedia.org/wiki/Egerton_Gospel 2022. 6. 4에 채록.

163 H. Idris Bell and T. C. Skeat, *Fragments of an Unknown Gospel and Other Early Christian Papyri* (London: Trustees of the British Museum, 1935); Bart D. Ehrman and Zlatko Plese, *The Apocryphal Gospels: Texts and Translations* (Oxford: Oxford University Press, 2011), 250.

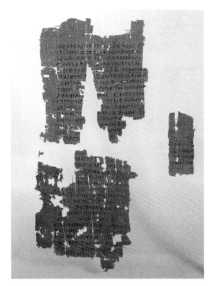

[사진 3. 이거튼 복음]

나병환자는 유대인 사회에서 완전히 배척된 채 살지 않았다.

> 마 8:1 예수께서 산에서 내려 오시니 수많은 무리가 따르니라
> 2 한 나병환자가 나아와 절하며 이르되 주여 원하시면 저를 깨
> 끗하게 하실 수 있나이다 하거늘

그래서 마태복음에서 수많은 무리가 따르는 상황에서 그 무리 중에 한 나병환자가 나아와 예수님께 요청하는 것으로 나온다. 즉 마태복음에서 이 나병환자는 악성피부병자로서 정결하다고 인정받아 유대인들과 한 마을에서 같이 섞여 살았던 자이다. 마가는 마태처럼 명확하게 드러내지 않지만, 나병환자라고 해서 모두 다 마을 밖으로 추방돼 격리생활을 한 것이라 보기도 어렵다.

3. 문둥병자의 자세

39절의 이야기를 보면, 예수님이 갈릴리 지역에 있는 조그마한 마을에 있는 회당들을 중심으로 하나님 나라를 선포를 하셨다. 그런데 한 문둥병자가 예수님을 찾아와 낫게 해 달라고 부탁하는 일이 일어났다. 그가 한 말을 보자.

> 『눈으로 듣는 마가』정말 하고 싶어 하기만 한다면(ἐὰν θέλῃς), 할 수 있으시다고요. 자기를 깨끗하게.
> 『개역개정』한 나병환자가 예수께 와서 꿇어 엎드려 간구하여 이르되 **원하시면** 저를 깨끗하게 하실 수 있나이다
> 『공동번역』단 1:13 그런 뒤에 궁중요리를 먹는 다른 젊은이들과 우리 얼굴을 한번 비교해 보시고 나서 소생들을 **나리 좋으실 대로**(ἐὰν θέλῃς) 하십시오."

그는 '당신이 원하시면'이라 말했다. 이 말을 '정말 하고 싶어 하기만 한다면'이라 옮겼다. 왜냐면 '원한다(θέλω(**텔로**))'의 시제가 가정법 현재시제이다. 헬라어만 가지고 있는 독특한 시제이다. '계속 원하고 원하는 것을' 말할 때 쓰는 시제이다. 계속 원한다는 것은 정말 하고 싶은 것이다. 그래서 똑같이 말하는 단 1:13을, 공동번역이 제일 잘 옮긴 듯 해 가져와봤다. '나리 좋으실 대로', '당신이 원하는 대로' 해라는 뜻이다. [164]

---

164   같은 시제와 같은 가정법을 쓰는 곳은 다음과 같다; 예) 시락 6:32 너는 들어라, 마음만 있으면 지혜를 배울 수 있고 (ἐὰν θέλῃς) 그것에 정진하면 현명해질 것이다; 15:15 네가 마음만 먹으면 계명을 지킬 수 있으며 주님께 충실하고 않고는 너에

즉 당신이 원하는 대로 맡길 터이니, 내 몸은 당신한테 달려있다는 말이다. 내가 낫고 안 낫고는 완전히 당신의 마음 여부에 달려있으니, 완전히 맡기겠다는 뜻이다. 예수님의 권세에 온전히 맡긴 것이다. 이 문둥병자는. 마태에서도 문둥병자는 똑같은 말을 했는데, 콘스탄티노플의 주교였던 크리소스톰(349-407년)은 1500년 전에 이 문둥병자의 마음을 알아차렸다.

> "그는 예수님이 어떤 분인지를 알아차렸다. 그는 조건식으로 이렇게 말하지 않았다. '만약 당신이 이것을 하나님께 요청한다면' 또는 '당신이 나를 위해 기도해준다면'이라고. 반대로 그는 간단하게 말했다. '당신이 원한다면, 날 깨끗하게 만드실 수 있습니다'라고. 그는 기도하지 않았다. '주님! 날 깨끗하게 해주십시오!' 오히려 그는 모든 것을 주님께 내려놨다. 그리고 자기의 치료를 완전히 그분께 맡겼다. 그렇게 모든 권세들이 그분께 달려 있음을 증명했다."(Homilies on the Gospel of St. Matthew, 25.1)

크리소스톰은 4세기에 살았던 분이신데, 지금 우리가 봐도 무릎을 딱 칠만큼 정확하게 파악하셨다. - 이분은 다른 본문도 정곡을 꿰뚫어 잘 보신다. - 문둥병은 악성 피부병으로 오랜 기간을 끌었다. 한 마디로 불치병이다. 자포자기했기에 이런 말을 할 수도 있었으리라. 그러나 자포자기했더라면, 예수님께 가지도 않았다. 자기 주위에 다른 문둥병자는 없었겠는가? 그러나 예수님께 간 사람은 단 한 명이었다. 한 명. 자기 인생을 포기하지 않은 것이다. 오랜 기간을 실패를 겪었음에도 좌절하지 않은 것이다. 그러나 한 편으로는 정말 아무도 해결하지 못했기에 주도권을 예수님께

게 달려 있다. 16 주님께서는 네 앞에 불과 물을 놓아 주셨으니 손을 뻗쳐 네 마음대로 택하여라.

넘겼다. 사람들은 온전히 맡기지 않고, 끝까지 뭔가 자기에게 이로운 것을 쥐려고 한다. 그러나 이자는 예수님의 뜻에 맡겼다.

4. 예수님의 위대함

문둥병자가 예수님께 맡기는 자세를 보고, 예수님은 그자를 깨끗하게 고치셨다. 단 한 마디로 말이다. 이 이야기로 예수님은 단순한 병만 치료하시는 분이 아니라, 만성 악성병도 낫게 하시는 분임을 알 수 있다. 예수님이 문둥병을 고치신 분이라는 이야기는 당시 사람들에게 놀라움을 안겨주지만, 그렇다고 해서 유일무이한 사건은 아니었다. 찬물을 끼얹어 미안하다. 흔히 예수님이나 하나님의 장점을 얘기할 때, 능력을 말하는데, 진짜 중요한 것은 다른 데 있다. 기독교의 장점은 능력도 있지만, 그것보다 훨씬 뛰어넘는 다른 게 있다.

예수님처럼 사람이 병자를 고쳐줬다는 소문은 당시에도 있었다. 특별히 주의를 끄는 인물은 예루살렘 성전을 무너뜨리고 황제가 된 베스파시아누스이다. 그가 황제가 되기 전 이집트에서 장군으로 근무할 때, 이런 일이 있었다. [165]

---

[165]   수에토니우스, 『12인의 로마황제 2』, 박광순 옮김 (풀빛미디어, 1998), 227. 이 일화는 탁키투스도 전하고 있는데, 다음과 같다. (Tacitus, Annals, 4. 81)
"81 1 베스파시아누스가 알렉산드리아에서 여름이면 부는 바람과 바다에 맞춰 기다리는 동안에, 네 가지 놀라운 일들이 벌어졌다. 하늘과 신들이 그를 특별히 편애하신 것이다. 알렉산드리아에 있는 어떤 자가 눈이 먼 것으로 아주 유명했는데, 그는 베스파시아누스 앞에 무릎을 꿇었다. 그리고 자기를 고쳐달라고 사정사정했다. 세라피스 신의 지시를 받았다고 하면서 말이다. – 이 신은 다른 신들보다 가장 미신적인 것이다. – 그는 황제에게 애원했다. 귀찮겠지만, 당신의 침으로 자기 뺨과 눈에 발라달라고 말이다.
그리고 다른 자는 손을 못 쓰게 된 경우였는데, 같은 신에게 이끌려서 카이사르에게 빌었다. 밟아달라고 말이다. 베스파시아누스는 처음에는 이런 간청을 우습게 여겼

"시력을 상실한 한 서민과 한쪽 다리가 불편한 또 한 사람이 법
정에 앉아 있는 베스파시아누스에게 다가와 병이 나을 수 있게
도와 달라고 탄원했다. '꿈속에서 위대한 세라피스 신께서 이
렇게 하라고 가르쳐 주셨습니다. 만약 베스파시우스가 침을 발
라 주면, 전처럼 눈이 보이게 될 것이다. 만약 베스파시아누스
가 발뒤꿈치를 대어 주면, 다리가 튼튼해질 것이라 말입니다.'
그러나 베스파시아누스는 도저히 성공하리라 믿어지지도 않았
고 따라서 시험해 볼 용기도 나지 않았지만, 친구들이 자꾸만
해보라고 격려해 마침내 많은 사람이 보는 앞에서 두 사람을
치료했더니, 결과가 아주 만족스러웠다."(수에토니우스, 베스
파시아누스, 7.2)

베스파시아누스가 실제로 그런 능력이 있었는지 여부는 알 수 없다. 황
제가 된 이후, 수많은 병자들을 고쳐줬다는 이야기가 없기 때문이다. 아
마 황제에 대한 절대적 우위감을 선전하기 위해 고의적으로 퍼뜨렸거나,
민중의 베스파시우스 황제에 대한 호감 때문에 만들어졌을 것이다. 그런

다. 그래서 코웃음 쳤다. 그런데 그자가 하도 끈질기자, 그는 한순간 실패하면 어떻
게 하나 하는 두려움이 생겼다. 그러나 다른 탄원자들의 호소와 동료들의 격려에 힘
을 얻어 할 수 있으리라는 힘을 얻었다. 그래서 결국 그는 의사들에게 가 자문을 구
했다. 그런 실명과 병약함이 사람의 도움으로 해결될 수 있는지. 그들의 대답은 두
경우에 달랐다. 말하길, 처음 것 같은 경우, 시력은 완전히 사라지지 않는다고. 그래
서 혹시 장애가 제거되면 돌아올 수 있다고 말이다. 그리고 후자는 관절들이 빠져나
가서, 잘못 자리 잡았다고 말했다. 그래서 혹 좀 압박을 가하면 고쳐질 수도 있을 거
라고. 그러나 그런 것들은 다 신들의 바람이고, 황제께서 신을 위해 일하도록 선택
된 것 같다고 말이다. 어쨌든 치료가 되면, 영광은 카이사르에게 돌아가지만, 실패할
경우, 조롱은 그저 불쌍한 탄원자에게 떨어질 거라고 말했다. 그러자 베스파시아누
스는 그의 행운으로 할 수 있을 것이라고, 그리고 더 이상 믿을 수 없는 일도 없다고
믿고, 만면에 웃음을 띠고, 그리고 주위에 서 있는 자들은 흥분한 가운데, 요청받은
대로 했다. 손은 즉시 회복돼 사용되었다. 그리고 그날 눈 먼 자도 빛이 비쳤다. 둘
다 눈으로 목격한 증언이 있다. 어떠한 거짓도 없다.

데 그의 능력에 대한 다른 이야기에서도 공통점을 보이는 게 병자들이 찾아온 계기는 세라피스라는 이방 종교의 신의 지시가 있었다는 점이다. 결국 베스파시아누스의 치료는 세라피스 신과의 합작품이 되는 셈이다. 그리고 베스파시아누스는 자신에게서 그런 능력이 있는지에 대한 확신을 가지고 있지 않다. 친구들의 격려에 힘입어 시도했고, 다행히 성공했다는 것이다. 그리고 그 성공으로 인해 더 많은 병자들을 솔선해서 고쳐줬다는 이야기도 없다.

나중에 혹 기회가 되면, 당시 그리스 사회에서 사람들이 아플 때 찾아가는 아스클레피우스 신과 비교를 할 텐데, 비교를 해보면 예수님의 위대함이 더 드러난다. 문둥병자를 고쳐준 이야기를 듣고 예수님이 대단한 능력자라고 여길 터인데, 마가는 고쳐준 병명으로 능력의 크기를 전하는 게 아니다. 예수님의 위대함은 마음이다. 41절이다. 예수님이 '애가 타서 자기 손을 내밀어 만지셨다'는 것이다. '애가 타다'라고 옮긴 말은 성경에서 '불쌍히 여기셨다'로 주로 옮겨져 있다. 그런데 우리가 불쌍한 사람을 볼 때 측은한 마음이 드는 그런 상태를 말하는 게 아니다. 그자에 대해 속에서 불쌍함을 넘어서 애타함이 막 일어나는 것이다. 애간장이 녹아내릴 만큼.

> *σπλαγχνίζομαι*(스쁠랑크니조마이), 애가 타다, 불쌍히 여기다
> 막 6:34 그래서 나와 직접 보셨습니다, 많은 군중을. 그래서 그들에게 **애가 타셨습니다.** 꼭 양들처럼 있었기 때문이었습니다. 목자를 안 가진. 그래서 계속 가르치기 시작하셨습니다, 그들에게 많이 말입니다.
> 8:2 **애가 탑니다.** 군중에게! 벌써 삼일이나 나와 체류하니 말입니다. 그런데 (그들이) 안 갖고 있습니다. 뭘 먹을 만한 것을! 눅 15:20 그래서 일어서 갔습니다. 자기 아버지 쪽으로. 그런데 아직 그가 멀리 떨어져 있을 적에, 그를 직접 봤습니다. 그

의 아버지가. 그래서 **애가 탔습니다.** 그래서 달려가 그의 목을
껴안았습니다. 그리곤 그에게 연거푸 입맞춤했습니다.

　몇몇 구절만 가져왔다. 이 단어는 예수님과 하나님의 감정을 표현할 때
만 쓰인다. 신약에서. 구약에선 등장하지 않는다. 기독교인들이 예수님을
통해 하나님의 사랑의 크기를 재발견했던 것의 흔적이 여기서 나타난다.
예수님이 우리를 향해 느끼셨던 감정은 우리가 흔히 느끼는 측은지심이 아
니다. 잃어버린 자식을 향한 애끓는 감정이다. 속이 타고 녹아내리는 사랑
이다. 구약에선 흔히 긍휼하다(οἰκτείρω(오익떼이로))는 말로 하나님의 감
정을 표현했는데, 예수님에게로 와서 그 긍휼하심만으로는 도대체 충분하
지 않으니, 애타는 감정이었다고 이야기하는 것이다.

　　σπλάγχνον(스쁠랑크논), 애, 애끓음, 창자
　　행 1:18 이 사람이 불의의 삯으로 밭을 사고 후에 몸이 곤두박
　　질하여 배가 터져 **창자가** 다 흘러나온지라
　　빌 2:1 그러므로 그리스도 안에 무슨 권면이나 사랑의 무슨 위
　　로나 성령의 무슨 교제나 **긍휼이나** 자비가 있거든
　　잠 26:22 남의 말 하기를 좋아하는 자의 말은 별식과 같아서
　　뱃속 깊은 데로 내려가느니라

　σπλαγχνίζομαι(스쁠랑크니조마이)를 '애가 타다'라고 옮긴 이유는 그것
의 명사가 '창자, 애'이기 때문이다. 몸 안의 장기인 창자를 뜻하는 단어이
지만, 우리처럼 속에서부터 끓어오르는 마음을 표현할 때도 'σπλάγχνον(스
쁠랑크논)'을 썼다. 재미있지 않은가? 이것을 그냥 '긍휼' 즉, '불쌍히 여김'
이라 하기엔 너무 밋밋하다. 마가는 그 병자가 예수님께로 오기 전까지 어
떤 고생을 했는지 전혀 알려주지 않았다. 얼마나 오랫동안 그 병으로 아픔

을 겪었는지도 말하지 않는다. 마가가 강조한 점은 예수님께 대한 그자의 전적인 의지와 그자에 대한 예수님의 공감이었다. 그자가 그간 겪었을 온갖 고통을 예수님은 그대로 느끼시고 예수님의 애가 탔다는 것이다. 예수님의 이 공감이 주변에 떠도는 수많은 능력자들과 구별 짓게 한다고 마가는 전하는 것이다.

5. 화장실 갈 때의 마음과 나올 때의 마음

사람은 결코 예수님과 같은 수준이 아니다. 동서양 다 이 사실을 직시한 모양이다. 서양에선 'Danger Past, God forgotten'이라는 표현을 쓰고, 우리나라에선 화장실 갈 때의 마음이 다르고, 나올 때의 마음이 다르다고 말한다. 한자로도 '화장실의 두 마음'을 뜻하는 '여측이심(如廁二心)'이라는 말이 있다. 내가 당장 위급할 때는 신에게 무엇이든 약속하지만, 내 문제가 해소되면 언제 그랬냐는 식으로 신을 무시한다.

문둥병자는 예수님의 소문을 듣고 가서 완전히 수그렸다. 마가복음에서 문둥병자가 무릎을 꿇었다고 말한 것은 대부분 후대의 사본이지만, 마태와 누가 다 예수님께 '주님'이라 부르며 절했다. [166] 마가복음에서 나중에 예수님께 무릎을 꿇은 자는 10:17에 영생하길 원했던 부자뿐이다. 문둥병자로선 낫기 위해 예수님께 간절히 부탁했다. 그러나 낫고 나서 그자의 대응은 여느 사람과 다르지 않았다.

---

166 『눈으로 듣는 마태』 마 8:2 그런데 보세요! 문둥병자가 나아와 그분께 **절한 채 있는 것이었습니다.** 말하길, "주님! 정말 하고 싶어 하기만 한다면, 할 수 있으십니다! 절 깨끗하게!";『눈으로 듣는 누가』 눅 5:12 그리고 일이 있었습니다. 그분이 도성들 중 하나에 계속 계시는 와중에요. 그리고 보세요! 문둥병으로 가득 찬 남자가, 그런데 예수님을 직접 보고선 **얼굴을 대고 엎드려** 그분께 빌었습니다. 말하길, "주님! 정말 하고 싶어 하기만 하면, 할 수 있으십니다! 절 깨끗하게요!"

그런데 먼저 예수님이 그자를 고쳐주고서 하신 행동이 조금 특이했다. 43, 44절에, 제사장에게 네 몸을 보이라고 하셨다는데, 엄하게 이르고 쫓아내셨다는 것이다. 'ἐμβριμάομαι(엠브리마오마이)'는 주의를 주는 수준이 아니다. 어떤 학자는 '으르렁거렸다'로 옮겼다. 좋은 소리로 나긋나긋하게 말한 게 아닌 것이다. 예수님은 인상 팍 쓰고, 서슬 푸르게 그를 내쫓았다. 그가 겪었던 고통이 애가 탈 정도로 안타까워 고쳐주긴 했는데, 자기에게서 도움 받아 나왔다는 말 같은 건 하지도 말라고 명령하셨다. 예수님은 그자가 지키지 않을 것을 아셨음을 반영한다. 미래에 그가 할 행동을 좋아하지 않았음도 드러낸다.

45절을 보시라! 그렇게 부탁할 때는 언제고, 그렇게 무섭게 명령했는데 이 사람은 하나도 지키지 않았다. 화장실 나오니 마음이 달라진 것이다. 이자를 보면 인간이 얼마나 변덕이 심한지 알 수 있다. 불순종하는 성향도. 예수님은 제사장에게 가서 네 몸을 보이라고 했는데, 마가는 이자가 예수님의 명령을 전혀 듣지 않고 선포했다고 하는 것이다. 그에게 엄하게 일러 내쫓기까지 한 게 아무 소용이 없었다. 예수님이 내쫓기까지 한 데에는 이유가 있었던 것이다.

6. 예수님에 대한 선포는 예수님의 명령으로 이루어지지 않았다

마가는 이자에 대한 예수님의 독특한 행동뿐 아니라 이자가 한 행동에 대해 예상외의 설명을 한다. 이자는 나가 계속 선포하기 시작했다는 것이다. 지금까지 '선포하는 일'은 예수님이 하신 일이다(막 1:14, 38, 39).[167]

---

167 『눈으로 듣는 마가』 14 그런데 요한이 넘겨짐 다음에 예수님은 가셨습니다. 갈릴리로 하나님의 복음을 **선포하면서요**; 38 그러자 말하시는 겁니다. 그들한테. "갑시다! 딴 데 도성급 마을들이 있는 곳들로! 그래야 거기서도 **선포할 수 있습니다**.

예수님이 선포한 것은 하나님의 복음이었다. 그런데 이자도 선포했다는 것이다. 이자가 선포한 것은 하나님의 복음이 아니었을 것이다. 이자는 분명 예수님을 선포했을 것이다. 그런데 마가는 이자가 선포했다고 말하는 것이다.

마가의 설명이 독특한 것은 마태와 누가를 봐도 분명하다.[168] 예수님이 그자를 고쳐주고 나서 아무한테도 말하지 말고, 그저 제사장한테 가서 네 몸을 보이라 했지, 엄하게 일렀다든가 쫓아냈다는 말이 일절 없다. 마태는 예수님의 명령 이후 냉큼 백인대장의 이야기로 옮겼다. 누가는 예수님에 대한 말씀이 퍼져나갔다고 말하되, 그것이 누구에게서 비롯되었는지를 밝히지 않는다. 즉 마가만 이 문둥병자 걸렸던 자가 선포했다고 한 것이다.

예수님이 사람들을 고쳐주신 뒤 어떤 행동을 취했을까? 예수님은 아마 '내'가 당신을 고쳐줬다고 하지 않으셨을 것이다. 복음서 어디에도 그런 말을 하신 적이 없다. 또 제자들이나 도움을 받은 자들이 자랑하길 원하지도 않으셨다. 마태복음과 누구복음에도 예수님이 어서 가서 내가 고쳤음을 퍼뜨려라 말하신 적이 없다. 예수님이 원한 것은 바로 구원이다. 하나님의 복음을 받아들이는 것이다. 회개하면 하나님이 용서해주시니, 그 사실을 믿으라는 것이다. 하나님의 나라가 가까이 벌써 왔으니, 어서 빨리 회개하

왜냐면 이걸 위해 나왔습니다!"; 39 그리고 가셨습니다. **선포하면서** 그들의 회당들로, 온 갈릴리로요. 그래서 귀신들을 쫓아내는데,

168

마태	누가
8:4 그러자 말하시는 겁니다, 그에게 예수님이. "주의하세요! 아무한테도 말하지 말고, 오히려 떠나 완전히 가세요! 당신 자신을 보이세요! 제사장한테! 그리고 앞으로 가져가세요! 예물, 곧 모세가 이전에 하달한 것을 증거로 그들한테요!"	5:14 그러자 바로 그분은 지시하셨습니다. 그에게 아무한테도 말하지 말라고요. 오히려 "떠나가 보이세요! 당신 자신을 제사장한테! 그리고 앞으로 가져가세요! 당신 정결에 대해 꼭 모세가 그렇게 이전에 하달한 것처럼 말입니다! 증거로 그들한테요!" 15 그러자 더 가로질러 뻗어갔습니다, 그분에 대한 말씀이. 그래서 많은 군중들이 같이 계속 가고 갔습니다. 계속 들으려고 그리고 자기들의 허약함들로부터 계속 고침 받으려고요.

고, 하나님 나라에 들어갈 수 있는 자격을 갖추라는 것이었다.

예수님과 제자들이 선포하는 것은 다 회개하라는 것이다. 그게 하나님의 복음이다. 그런데 예수님 말을 듣지 않은 사람들은 뭘 선포했는가? 예수님의 메시지가 아니다. 그저 예수님이 잘 고친다는 말을 했을 것이다. 눅 5:14에서도 '그분에 대한 말씀'이 뻗어나갔다 했다. 그래서 많은 군중이 예수님께 듣기 위해서 그리고 고침을 받으려고 갔다고 전한다. 마가는 선포한 내용이나 퍼뜨린 말씀이 정확히 무엇인지 밝히지 않았지만, 예수님의 능력이지, 예수님이 선포했던 복음은 아닐 것이다. 선포하는 행위는 같지만, 그 내용이 완전히 다르다. 예수님을 세상에 알렸지만, 엉뚱한 것을 선포해서, 오히려 예수님의 생명을 위태롭게 만들어 버린 결과를 낳았다. 그래서 예수님이 드러나게 도성 안으로 들어가 있을 수 없을 정도가 되었다 했다.

『눈으로 듣는 마가』

막 7:36 그러자 그들한테 분부하셨습니다. 아무한테도 아예 말하지 말라고요. 그런데 그만큼 그들한테 분부하고 분부했는데, 바로 그들은 오히려 더 많이 선포하고 선포했습니다.

37 그래서 엄청 넘칠 정도로 (그들은) 계속 기절초풍했습니다. 말하길, "참 잘 모든 것들을 이제까지 행하셨네! 그리고 귀 먹은 자들을 계속 듣게 하네! 그리고 [그] 아자(瘂子)들도 소리 내 계속 말하게 (하네)!"

7장에서 마가는 예수님의 난처한 상황을 전한다. 예수님은 말하지 말라고 분부했는데, 치유 받은 자들이 더 널리 선포했다고 말이다. 사람들의 반응을 말해주는데, 예수님의 복음 메시지가 아니다. 귀 먹은 자들을 듣게 만들고 아자(瘂子), 즉 벙어리들을 말하게 한다고 떠들었다. 마음이 감동

되고 변해서, 그 인생이 달라졌다는 식의 이야기가 없다. 그저 기적을 행한다고 관심을 가지며 예수님을 전한다는 것이다. 그런데도 마가는 하나님 나라의 복음을 전하는 것도 선포요, 예수님의 능력과 권세를 전하는 것도 선포라고 하는 것이다.

7. 예수님을 전하는 것이 왜 선포인가?

이 마가 이야기는 로마 그리스도인들에게 들려준 것이라고 말했다. 이들은 2년 전에 혹독하게 박해 받았다. 개들에게 끌려가 죽기도 했다. 이 이야기는 예수님이 실제로 겪은 것을 전해주기도 하지만, 마가의 이야기를 듣는 자들에게 이 이야기를 통해 뭔가 메시지를 주려고 한 것이다. 마가는 예수님에게 일어난 일들을 고대로 전하려는 목적으로 이 이야기를 한 게 아니다. 이들은 이 이야기를 들으면서 뭘 연상했을까?

자기들의 과거와 현재를 떠올렸을 것이다. 이들은 잘 살고, 잘 먹고, 좋은 대접을 받았던 자들이 아니다. 오히려 가난하고 무식해서, 아무 자랑할 게 없어서 무시당하고, 의지할 게 없어서 많이 서러워했던 자들이다. 그래서 병도 더 많이 앓았을 것이다. 가난은 죽음을 가장 앞당기는 가장 큰 원인이다. 귀족보다 양민이 더 빨리 죽는다. 이들이 예수님을 믿게 된 계기가 무엇일까? 자기들이 죄인이라는 죄책감을 평소에 가지고 있었는데 예수님 이야기 듣고 믿었을 거라고 보지 않는다. 이들은 이방인이므로 신을 인식해도 근본적으로 하나님 나라에 대한 개념이 없었다. 죽으면 그냥 하데스라 부르는 지하, 즉 저승세계로 간다고 믿었다.

그런 자들이 아프거나, 귀신에 들려 고생했을 때, 예수님의 능력과 권세를 접했을 것이다. 돈이 없는데 실력 있는 의사 도움을 받기는 하늘에 별따기다. 바울과 같은 능력 있는 사도나 전도자의 도움으로 나음을, 그것도 공짜로 경험했을 것이다. 예수님이 다른 신보다 훨씬 더 능력 있으며, 자기와 같은 낮고 천한 자를 더 사랑하심에 감동했을 것이다. 자기 친구나 가족이 아프거나 힘든 상황이 생겼을 때, "너도 한 번 믿어봐! 예수님, 진짜 힘 있어! 대단한 권세를 가지셨어!" 하지 않았을까?

그러나 네로 황제의 명령으로 박해를 받으면서 예수님을 더 이상 적극적으로 전도하거나 선포하는 활동을 하지 못했을 것이다. 한다 하더라도, 몰래 몰래 비밀을 말하듯이, '너만 알고 있어! 너만 알고 살짝 따라 와!' 하지 않았겠는가? 그런데 이게 기독교의 신비이고, 힘이다. 예수님을 믿으면, 박해를 받고 더 힘들어질 수 있는데, 희한하게 예수님의 능력이 엄청나게 일어난다. 자연히 예수의 이름은 더 퍼지고 믿는 자들이 생겨난다는 것이다. 마가는 목숨을 걸고 예수님을 전하는 일도 선포하는 것이라고 말하는 것이다.

박해가 일어나는 위태로운 현장에서 예수님을 전할 때, 신기한 일은 성령의 역사가 더 잘 일어난다는 점이다. 예수님의 이름을 은밀히 전해야 하는 상황일 때, 절대로 퍼뜨리지 말라고 신신당부해도 예수님에 대한 소문이 퍼져서 교회에 온다. 이 아이러니한 현실이 지금 마가교회에 일어났을 것이다. 마가 성도들이 겪는 이 아이러니한 현실을 마가가 예수님 이야기로 대신 표현해준다고 말이다. 예수님에게 이런 일이 일어난 건 맞지만, 이 일이 지금 마가 교회에서 일어난다. 마가는 예수님을 선포함으로써 구원이 일어나고 있다고 해석하였다.

예수님은 누구보다도 사람들이 하나님의 복음을 더 많이 듣고, 받아들여 하나님 나라에 들어가길 원했던 분이다. 하나님의 복음을 선포하는 사람들이 많으면 많을수록 좋아하셨을 것이다. 그런데 이 나병환자를 비롯해서, 귀신들렸던 자들이 예수님 이야기를 한 것은 그런 목적이 아니었다. 귀신들은 자기들이 얼마나 천상의 정보를 잘 알고 있는지를 자랑하고 싶어 한다. 무당이나 귀신 들린 자들은 사람들보다 자신들이 더 능력 있으며, 사람들보다 더 높은 권세가 있음을 주장하려 한다. 그래서 예수님은 "그런 마음으로, 그럴 목적으로 하는 것이면, 아예 하지마!!! 그건 회개하게 하는 게 아니다!!"며 경고하신 거다.

지금 마가 성도들이 주변 이웃들이 병으로 힘들어할 때, 예수님을 전해야 할지, 말아야 할지 고민했을 것이다. 로마에 있는 이방인들에게 예수님을 전하는 것은 자신이 그리스도인임을 드러낼 뿐 아니라, 그들 또한 위험에 빠뜨릴 수 있다. 성도들 중 누군가는 너무 겁에 질린 나머지 예수님을 버릴까 고민했을 것이다. 그런 이들에게 예수님을 믿으라고 전해라는 것은 마음을 무겁게 한다. 그런데 기이하게도 그 와중에 예수님을 새롭게 접했던 이들은 예수님의 치유를 경험하는 일이 벌어졌을 것이다. 마가는 회개, 하나님 나라 등의 복음을 꼭 전하지 않아도, 그저 예수님만 전해도 그것은 선포하는 것이다.

마가복음 2장

막 2:1-12, 죄들을 용서하는 권세를 누가 갖고 있는가?

1 그래서 들어가자, – 다시 가버나움 안으로, – 며칠 뒤 **집에 계시다는** (말이) 들렸습니다.

2 그래서 **많은 이들이** 모였습니다. 하여 더 이상 수용 할 수 없을 정도였습니다. 심지어 문 쪽 있는 곳들까지도요. 그런데 소리 내 말하고 또 말하셨습니다, 그들한테 말씀을.

3 그런데 **데리고** 오는 겁니다, 그분 쪽으로 중풍병자를. **네 명한테** 들려서요.

4 그런데도 **그분 앞으로 데려오는 걸** 할 수 없어서, – 군중으로 말미암아서요, – **지붕을** 지붕걷이했습니다.[1] (그분이) 있었던 자리 말입니다. 그리고 파내어[2] **간이침대를** 늘어뜨리는 겁니다. 그 자리에는 중풍병자가 계속 드러누워 있었습니다.

5 그러자 **예수님이 그들의 믿음을** 직접 보고선 말하시는 겁니다, 중풍병자한테. "얘야! 용서받고 있다! 네 죄들이!"

6 계속, 그런데 몇몇이 서기관들 중에서 거기 앉아 있었습니다. 그래서 궁리했습니다,[3] 자기들 마음속에서.

7 '**이자는** 누군데 이렇게 소리 내 말하지? (그는) 모독하고 있다![4] 누가 할

---

1 ἀποστεγάζω(아뽀스떼**가**조), 지붕걷이하다, 성서 1회 용어, 막 2:4. 지붕을 떼어냈다는 뜻. 마가 이전에 이 용어를 쓴 자는 스트라보Strabo(기원전 64 – 기원후 24년)뿐이다(지리학, 4.4); 참. στέγη(스**떼**게), 지붕, 신약 3회 용어. 마 8:8; 막 2:4; 눅 7:6. '지붕'이라는 말이 연속해서 들리도록 해, 지붕 위에 올라가 온갖 수선을 피우는 것이 상상이 되게끔 했다.

2 ἐξορύσσω(엑소**뤼**쏘), 파내다, 신약 2회 용어, 성서 5회 용어, 막 2:4; 갈 4:15; 삿 16:21; 삼상 11:2; 잠 29:22.

3 διαλογίζομαι(디알로**기**조마이), 궁리하다, 공관복음서에만 있음. 마 16:7, 8; 21:25; 막 2:6, 8; 8:16, 17 외(7); 눅 1:29; 3:15; 5:21, 22; 12:17; 20:14(6).

4 βλασφημέω(블라스페**메**오), 모독하다(마 9:3; 26:65; 막 2:7; 3:28, 29; 눅

수 있어? **죄들을** 용서하고 또 용서하는 거? **하나님** 한 분 말고?'

8 그런데 즉시 **예수님이 자기 영으로** 확실히 알아채고선, – 이렇게 **자기들 속에서** 궁리하는 걸, – 말하시는 겁니다, 그들한테. "왜 이런 것들을 **여러분 마음속에서** 궁리합니까?

9 뭐가 훨씬 더 쉽습니까? **중풍병자한테** 말하는 게! '용서받고 있습니다! 당신 죄들이!' 아님 말하는 거요! '발딱 일어나 있어 보세요! 그리고 **당신 간이침대를** 들으세요! 그래서 걷고 또 걸어 보세요!'

10 그러나 **권세를** 갖고 있는 걸 알게 하기 위해, 사람의 아들이 죄들을 용서하고, 또 용서하는 거 말입니다. 땅에서요." 말하시는 겁니다, 중풍병자한테.

11 "당신한테 말합니다! 발딱 일어나 있어 보세요! **당신 간이침대를** 들으세요! 그리고 떠나 완전히 가세요! 당신 집으로!"

12 그러자 발딱 일어났습니다.[5] 그리고 즉시 **간이침대를** 들고서 나갔습니다. 모두 앞에서. 하여 경악하고 또 경악했습니다, 다! 그리고 **하나님께** 영광을 돌리고 또 돌렸습니다. 말하길, "이런 거 언제 한 번도 직접 본 적이 없는데!"

12:10; 요 10:36 등); 욕을 퍼붓다(막 15:29; 마 27:39; 눅 22:65; 23:39 등); 왕하 19:4, 6, 22; 사 52:5; 단 3:29뿐. 구약에서 이 동사는 모두 다 이방인이나 유대인이 하나님을 욕되게 하는 발언을 하는 것을 가리켰다. 그러나 포로 후기 문헌인 마카비 2 10:34; 12:14에서는 그냥 사람에게 욕을 퍼붓는 것이다. 그래서 나중에 예수님이 십자가에 달리셨을 때, 지나가는 자들이 예수님께 욕을 퍼부었다고 말한다.

5 ἠγέρθη, ἐγείρω(에게이로, 발딱 일어나다)의 과거 수동태, 사람이 앉아 있다가 일어났을 때, 혹은 죽은 자가 살아난 것을 표현하는 말로 쓰였다. 신약에서는 누워있던 자가 발딱 일어나되, 자력으로 일어난 게 아니라, 예수님의 능력으로 일으켜졌음을 말하기 위해 수동태로 쓴다(예. 마 8:15; 막 2:12). 그리고 예수님이 부활했을 때 이 말을 한다. 이는 사람의 의지로 일어나지 않고 하나님에 의해 일으켜졌음을 나타내기 위해 수동태로 표시한 것이다. 예) 마 9:25; 14:2; 27:64; 28:6, 7; 막 6:16; 16:6; 눅 9:7; 24:6, 34; 요 2:22; 롬 4:25; 6:4뿐; 왕하 4:31.

1. 성도 때문에 기적 이야기가 많다.

이 이야기는 여러분도 많이 들었을 것이다. 이 이야기는 마태와(9:1-8)
누가에도(5:17-26) 나온다.

마가	마태	누가
제자 부름	제자 부름	더러운 귀신 축출
더러운 귀신 축출	산상설교	시몬 장모 고침
시몬 장모 고침	나병환자 고침	제자 부름
나병환자 고침	백부장 종 고침	나병환자 고침
중풍병 환자 고침	시몬 장모 고침	중풍병자 고침
	제자 우선됨 요구	
	풍랑 그침	
	귀신 돼지떼	
	중풍병 환자 고침	

위 표는 복음서에 기술되어 있는 일화들을 순서대로 정리한 것이다. 마
가복음에서 제자를 부른 뒤 일어난 이야기들은 마태복음과 누가복음에도
나온다. 다른 게 있다면 마태복음의 경우, 중간 중간에 말씀이 길게 삽입
돼 있다. 산상설교만 해도 무려 5장에서 7장까지 길게 펼쳐져 마가처럼 예
수님의 엄청난 능력만이 기억에 남는 현상이 일어나지 않는다. 누가의 경
우, 제자 부름이 중간에 있다. 그래서 제자들이 아무 이유 없이 예수님을
따른 게 아니라고 말한다. 다른 담가들보다 좀 더 논리적으로 제시했다.

그러나 마가는 좀 다르다. 제자를 부르신 뒤, 계속 귀신을 쫓아내고, 고
치고, 고치고, 고치신다. 겉으로 볼 때, 마가는 사람들에게 예수님이 굉장
히 능력 있고 힘이 세신 분이라는 인상을 주려는 것 같다. 예수님을 이렇
게 제시하는 마가의 속내가 무엇일까? 마가도 예수님의 탁월한 가르침을
모르진 않았을 것이다. 그런데도 대단한 능력자 예수님을 전면에 띄운 것

은 분명히 이유가 있다. 먼저 마가의 말들을 유심히 되새겨보면, 곳곳에서 그의 의도를 추정할 수 있다.

> 1:21 그리고 (그들은) 안으로 가는 겁니다. 가버나움 안으로요. 그리고 즉시 안식일(들)에 회당 안으로 들어가 **가르치고 가르치셨습니다.**
>
> 1:22 그러자 (그들은) 계속 기절초풍했습니다. 그분 가르침에. 왜냐면 **계속 그들을 가르치셨기 때문이었습니다.** 꼭 권세를 가진 것처럼요. 그런데 꼭 서기관들이 (가진 것처럼은 아니었습니다).
>
> 1:38 그러자 말하시는 겁니다, 그들에게. "갑시다! 딴 데 도성급 마을들이 있는 곳들로! 그래야 거기서도 **선포할 수 있습니다.** 왜냐면 이것을 위해 나왔습니다!"
>
> 39 그리고 가셨습니다. **선포하면서** 그들의 회당들로, 온 갈릴리로요. 그래서 귀신들을 쫓아내는데,
>
> 2:2 그래서 많은 이들이 모였습니다. 하여 더 이상 수용 할 수 없을 정도였습니다. 심지어 문 쪽 있는 곳들까지도요. 그런데 **소리 내 말하고 또 말하셨습니다, 그들에게 말씀을.**
>
> 2:13 그리고 나가셨습니다, 다시 바닷가로. 그러자 모든 군중이 계속 왔습니다, 그분 쪽으로. 그러자 그들을 **가르치고 가르치셨습니다.**
>
> 4:1 그리고 다시 **계속 가르치기 시작하셨습니다.** 바닷가에서. 그러자 그분 쪽으로 모이는 겁니다, 제일 많은 군중이. 하여 그분이 배에 올라탄 뒤 계속 앉아계셨습니다. 바다에. 그리고 모든 군중은 바다 쪽을 향해, 땅 위에 있었습니다.

4장까지 보면, 예수님은 여기저기 다니면서 귀신을 내쫓고 고치는 것

만 한 게 아니라는 것을 알 수 있다. 마가는 이야기를 들려주면서 중간, 중간 계속 예수님은 계속 가르치셨고, 복음을 선포하셨다 말한다. 현재 영어본이나 한글본들이 헬라어 원문의 시제를 살리지 않아서 그렇지, 원문을 보면 예수님이 말씀을 하거나, 가르칠 때는 간단하게 '말씀하셨다, 가르쳤다'고 하지 않았다. '계속 말씀하셨다', '계속 가르치고 가르치셨다'고 한다. 2:2에서도 계속 소리 내 말하는데, 말씀을 했다는 것이다. 가르쳤다는 말을 살짝 다르게 표현했을 뿐, 그 가르치는 활동을 쉼 없이 했다는 것이다.

그래서 어떤 학자는 이런 담가의 말을 지적하면서 마가는 정말 말씀을 강조했다고 평가한다. 그러나 그것은 다소 과한 주장이고, 예수님이 계속 가르치셨다고만 했을 뿐, 그 내용은 조금만 전한다. 왜 그랬을까? 예수님이 복음을 전하고, 또 가르치는 데 열심이었음을 강조하고 싶었다면, 왜 마태나 누가처럼 예수님이 가르친 말씀을 말하지 않았을까?'

마태는 산위에서 가르친 것을 전하는데 무려 3장을 할애한다. 그것뿐 아니다. 10장에선 제자도, 13장에선 씨 뿌리는 비유 등, 그 외 18, 23장에서도 길게 예수님의 가르침을 전한다. 누가도 예외 아니다. 마태처럼 몇 장에 걸쳐 길게 하진 않았지만, 6장에서 평지설교 한 판하고서도, 누가 던진 질문에 예수님이 비유들로 답해주신다. 마가가 한 번도 전하지 않았던 이야기들을 많이 해줬다. 이야기 보따리꾼이라 할 정도였다.

반면 마가에는 그런 것이 없다. 이 이야기처럼 무슨 사건이 빵! 터지면 예수님이 간단하게 한두 마디 하는 걸로 끝난다. 거기에 대한 반론도 없고, 그저 한 마디 발언으로 끝난다. 왜 그럴까? 이것은 마가의 청중의 성향과 직결돼 있다. 앞에서 언급했듯이, 마가 청중이 너무 가난하고 무식하다보니 그런 가르침에 관심이 없었다고. 그런데 이런 성향이 현대에도 없지 않다. 여전히 수많은 사람들에게서 발견된다. 대개 지식에 관심 없어하는 사람들은 이런 기적 이야기를 좋아한다. 산상설교 같은 가르침들만 길게 말하면 지겨워한다. 집중해 들으려 하지 않는다.

당시 로마사회는 공교육이 없던 시절이다. 대부분 어릴 때부터 노동을 했고, 주변은 늘 시끄럽고 더러웠으며, 어수선했다. 사람들이 지식을 습득할 수 있는 때는 이야기꾼이 이야기를 들려줄 때나, 장터에서 연설가가 주장을 펼칠 때이다. 거의 다 바깥에서 일어난다. 조금만 상상해보면 금방 파악이 될 것이다. 내가 아무리 말발이 좋아도 내 이야기 하나만으로 청중의 관심을 계속 끌기란 무지 어렵다. 당시 사람들의 주목을 확 사로잡는 것은 많았다. 경기장에서는 피 튀기며 싸우는 검투사들이 있었고, 연극장에선 온갖 노래와 몸짓, 게다가 우스개 대사를 날리는 배우들이 있었다. 그럼 웅변가로서 청중을 잡아두려면 어떻게 해야 하겠는가? 덩달아 고래고래 고함을 질러야 한다. 그래서 로마시대의 유명 수사학자였던 퀸틸리아누스는 요즘 연설가들이 너무 소리 지른다고, 무식한 청중들에 맞춰 격 떨어진 짓을 많이 한다고 못마땅해 했다. 관중의 주목을 끌려면, 손짓, 발짓은 기본이고, 얼굴 표정도 다채롭게 해야 한다. 당시는 또 말없이 몸짓을 연기하는 '무언극[마임]'이 유행하던 시절이었다.

그래서 복음서는 묘사가 없다. 소설을 읽으면 우리는 으레 마주하는 게 주인공에 대한 묘사나, 날씨와 장면에 대한 묘사이다. 작가는 주인공의 눈빛부터 시작해서 얼굴 생김새나 표정, 목소리 등 아주 상세하게 들려준다. 우리는 작가의 설명을 따라 읽으며 머릿속으로 그린다. '주인공이 지금 상당히 화가 났군!'하면서 말이다. 장면 역시 마찬가지다. 하늘빛이 어떻다는 둥, 건물이 어떤 색깔이고, 방에 무슨 물건이 있는지, 시시콜콜하게 적어 놨다. 우리는 작가의 설명에 따라 등장인물이 겪는 상황을 짐작한다.

그런데 복음서에는 없다. 예수님 표정이 어떤지, 제자들이나 군중의 표정이나 복장 등을 알 방법이 없다. 왜 그럴까? 그럴 필요가 없기 때문이다. 담가가 그걸 말소리로, 표정으로, 몸짓으로 해주기 때문이다. 화가 났으면, 화가 난 목소리로 말하면 되고, 부탁할 때는 부탁하는 표정으로, 야단칠 때는 야단치는 표정으로 말하면 된다. 예수님께 꿇어 엎드리는 자세를 취하며 말하면, 웬만큼은 알아듣는다. 어떤 상황인지. 담가가 손이나 몸, 다 동원해 말하니, 묘사를 할 필요가 없는 것이다. 어디 예수님 역에서만 그렇게 하겠는가? 이야기에 나오는 모든 인물에 맞게끔 담가는 변화를 줘 말하므로 소설책에서 보는 묘사를 쓸 필요가 없는 것이다.

마가의 청중들이 재미있어 하는 게 너무 많은 세상이다 보니 담가로선 이들의 관심을 오래 끌 수 있는 것이 사건이었던 셈이다. 마태처럼 길게 훈계식 이야기를 했다간, 금세 시끄럽게 유혹하는 다른 곳으로 고개를 돌릴 판국이니 말이다. 지금도 많은 목회자들이 어려워한다. 예수님 말씀을 많이 전하는 게 좋지만, 정작 듣는 사람들이 듣기 싫어하면 아무리 좋은 말이라 할지라도 쓸모없지 않은가? 지금 책을 읽는 사람들이 적은 이유도 유튜브나 쇼츠 같은 재미있는 동영상이 너무 많아서이지 않는가? 유튜브는 눈만 주면 된다. 내가 눈에 힘주고 글자를 읽을 필요가 없다. 생각도 그리 안 해도 된다. 내 몸을 조금만 주면 쉽게 스르륵 내 눈과 머리로 박히는 게 요즘 세상이다. 그러니 마태처럼 딱딱하고 재미없는 말씀을 2-3분 넘게 했다간 마가성도들은 고개 돌린다.

예수님의 가르침에 비유가 많은 것은 그분이 상대했던 자들이 주로 농부나 어부, 품꾼 같은 자들이어서 어쩔 수 없이 택한 방법이기도 했다. 그런데 마가의 성도들 대부분이 종이었거나 종에서 해방된 가장 낮은 계층이다 보니, 마가 담가도 복음을 전할 때 마다 느꼈던 것 같다. 이들의 주의를 오래 끌려면 재미난 이야기를 많이 들려줘야 한다는 것을.

마가 성도들이 예수님을 믿은 것은 예수님의 정신이 훌륭해서거나 하나님 나라에 들어가고 싶다는 바람보다 훨씬 더 실질적인 문제 때문이었을 것이다. 아프거나, 귀신 들리고, 또 위기에 처했을 때 구원받아서였을 것이다. 종이나 해방민은 권세도 없고, 능력도 없다. 믿을 만한 구석이라곤 없는 상황에서 힘에 겨운 문제로 고통스러워하다가 엄청난 예수님의 능력을 경험하면 의지할 마음이 생긴다. 게다가 복음전도자들이나 초대 그리스도인들이 정말 착했다. 예수님에게서 도움을 받아 구원 받았기에, 교회는 다니나 아직 믿음이 완전 성장하지 못한 단계에 있다 할 수 있었다. 여전히 아직 초보단계에서 벗어나지 못해 긴 교훈을 듣지 못하는 것이다.

여러분이 만약 목사인데, 여러분의 교인이 이런 수준이라면 어떻게 해야 할까? 마가가 선택한 방법을 따르는 것이 수월하지 않겠는가! 이야기 위주로 복음을 증거하는 것이다. 대신 중간, 중간에 계속 "예수님이 계속 가르치셨어. 이렇게 열심히 가르치셨어! 그 때 그 군중들은 또 얼마나 열심히 들었는지! 그리고 말씀을 들으면 기적을 경험하잖아?"하고 말하는 것이다. 그렇게 해, 은연중에 가르침을 듣는 것이 절대로 손해가 아님을 알려줬을 것이다.

마가가 기적을 좋아한 것이 아니다. 그가 상대한 청중들이 너무 좋아하니, 어쩔 수 없이 이야기를 많이 했던 것이다. 서론이 좀 길었지만, 각 교회의 목사의 설교는 그 교회 성도의 성향과 수준을 반영한다. 목사가 아무리 수준 높은 방식으로 설교하고 싶어도 성도가 극도로 싫어하면 못한다. 목사가 나가든, 성도 수준에 맞춰서 예화를 많이 하고, 연극을 곁들여야 한다. 네 개의 복음서가 같은 인물을 이야기하는데도 이야기 방식이 이렇게 다른 것은 그 복음을 듣는 성도들의 성향이 완전히 달랐기 때문이다.

복음담가와 성도, 이 두 인자(因子)의 성향은 이야기의 성격과 길이, 질 등에 지대한 영향을 미친다. 이것이 먼저 이해되지 않으면, 마가복음 전체를 오해 할 수 있다. 이제까지 마가복음을 해석할 때, 청중의 성향을 거의 고려하지 않았기에 마가복음의 독특성에 대한 해석이 잘 안 됐다.

2. 지붕을 지붕걷이한 사연

이제 본문으로 들어가, 나병환자 때문에 예수님은 한동안 애를 먹어야 했다. 자기가 아쉬울 때는 그렇게 간청하더니, 고침을 받고난 뒤에는 싹 돌변했기 때문이다. 야단치듯이 경고했는데도, 그는 말을 듣지 않았다. 그자 입장에선 이해가 안 되는 바는 아니다. 얼마나 기뻤겠는가? 같은 질병을 앓았던 자들은 또 얼마나 졸라댔겠는가? 누구냐고. 너 혼자 입 닫고 편히 살 거냐고 말이다. 결국 예수님은 마을에 살지 못했다. 어쩔 수 없이 광야 같은 외딴 곳에서 기거하다 드디어 오래간만에 집으로 돌아갔다.

1, 2절을 보면, 예수님이 집으로 간 뒤에도 "내가 돌아왔다!! 낫고 싶은 사람은 오십시오!!"하고 공개적으로 광고하지 않으셨다. 오히려 몰래 들어가서서 좀 쉬셨던 것 같은데, 그 기간은 오래가지 못했다. 많은 사람들이 모였다는데, 마가는 밝히지 않았다. 뭐 때문에 우르르 갔겠는가? 말씀을 들으러 가진 않았으리라 추측할 것이다. 마가는 심지어 문 쪽 있는 곳들까지 사람들로 꽉 찰 정도였다고 말하는데, 연유를 밝히지 않은 채, 마가는 예수님의 행태만 들려준다.

2절 끝에 "그들에게 말씀을 소리 내 말하고 또 말하셨다"는 것이다. 예수님은 선포하는 것을 사명으로 여기셨음을 여기서도 어김없이 드러내신 것이다. 마가는 이런 말로 은근히 메시지를 준다. 예수님이 소리 내 계속 말하신 것은 청중이 그래도 계속 듣고 있기에 가능했다고 말이다. 예배라는 공식적인 자리에서도 설교 30분 넘으면 온 몸을 비틀면서 설교자를 향해 빨리 끝내지 않고 뭐하는 거냐고 눈빛을 발사하는 청중과 이들은 달랐다고 넌지시 찌르는 것이다.

[사진 4: 1세기 갈릴리의 일반가옥][6]

　예수님이 말씀을 계속 말하고 계시는데, 어수선해졌다. 네 명이 중풍병자 한 명을 데리고 들어온 것이다. 이들은 지붕을 지붕걷이했다(4절). 팔레스틴의 고대 집은 우리와 달리 네모 모양의 옥상을 가진 흙집이다. 나무와 흙으로 편편하게 천장을 만들어 우리처럼 지붕이라고 부를 게 딱히 없는 구조이다. 즉 지붕걷이 할 만한 구조가 아니라는 뜻이다. 이것을 가장 잘 아는 청중은 마태이다. 대부분 유대인들이니. 물론 사는 지역은 이방인 지역이지만, 마태 성도들은 자기 민족들이 사는 집이 어떤지 알았던 것 같다. 지붕을 덜어낸다는 말을 아예 하지 않기 때문이다.

　마태는 병자를 그냥 예수님 앞으로 데려오려고 했다 한다. 지붕 이야기가 일절 없다. 거기에 반해 누가는 또 어떠한가? 뜬금없이 '기와 κέραμος(께라모스)'가 나온다.[7] 신약에서 한 번만 등장하는 단어다. 밑의 그림은 헬라세계의 고급스런 집이다. 헬라인들은 지붕을 썼다. 지붕을 '기와'라고 부를 만한 소재로 얹어 만드는 것이 그리스인들의 집이었다. 갈릴리와 다르다.

6　https://www.jesus-story.net/ancient-buildings/에서 2022.7.15에 채록.

7　κέραμος(께라모스), 기와, 신약 1회 용어, 성서 2회 용어, 눅 5:19; 삼하 17:28. tile.

마태	누가
9:2 그런데 보세요! 그분 앞으로 계속 데려오려 했습니다. 중풍병자를 침상에 던져져 있는 채로요. 그런데 직접 보고 선, 예수님이 그들의 믿음을, 말하셨습니다, 중풍병자한테. "푹 안심해도 된다! 애야! 용서받고 있다! 네 죄들이."	5:19 그런데 발견하지 못하자, 무슨 수로 그를 안으로 데려갈지, – 군중으로 말미암아서요, – 옥상 위에 올라가 기와들을 통해 그를 소 침상과 같이 내렸습니다, 예수님 앞쪽 한가운데를 향해서요.

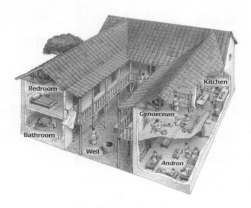

[그림 2. 고대 헬라인들의 집][8]

누가의 청중인 데오빌로가 못 배운 사람은 아니라도, TV도 없는 세상이니 저 먼 나라 유대 시골 사람들의 집 구조를 알 리 만무하리라 여겼던 듯하다. 이방인이니까. 그래서 누가는 데오빌로가 이해할 만하게 바꾼다. 로마나 그리스의 집에 있는 기와, 즉 흙을 구워 타일로 만든 것을 가져와서 '기와를 벗겼다'고 말하는 것이다. 이것을 아는 것은 우리의 신앙과는 상관없다. 그러나 청중이 누구냐에 따라 담가는 이야기의 소재를 조금씩

---

8 "Greek Houses & Daily Life," *Ancient Greece*, N.p., n.d. Web. 17 Dec. 2014. http://oliviagenn.weebly.com/uploads/1/3/3/0/13305923/9207712_orig.jpg?417에서 222.6.18일에 채록함.

바꾼다는 것을 알면 좋다.

예수님에 관한 이야기를 하더라도 담가와 청중에 따라 전달내용이 살짝 바뀐다. 대부분은 복음서가 서로 다른 부분이 있는 것조차도 잘 모르지만, 또 누군가는 그 다른 것으로 인해 혼란스러워하기 때문이다. 심지어는 잘못된 가치관을 주입시켜 왜곡 해석하기도 한다. 메시지가 달라져 버리는 일이 발생하는 것이다. 이 책은 이러한 오류를 밝히고, 왜 예수님에 대한 이야기가 다른지를 설명하는 데 중점을 뒀다. 복음담가는 복음을 전하면서, 청중이 때로는 산만하고, 때로는 감동받는 것을 알았다. 그래서 중요하다 생각하는 메시지를 자신의 청중에 맞춰 때로는 빼고, 때로는 우회하고, 또 때로는 직설적으로 전한 것이다.

마가도 누가와 같은 문제의식이 있었다. 성도들이 이방인이었으니 말이다. 여기에 나오는 '간이침대(κράβαττος(끄라바또스)'는 라틴어 grabattus를 소리 나는 대로 헬라어로 적은 것이다. 마가는 이야기를 하다가 로마인들이 쓰는 말을 소리 나는 대로 헬라어로 종종 쓴다. 마가 성도들이 로마 또는 로마 근처에 살았을 것이라 보는 이유이다. 누가에서는 라틴어가 전혀 등장하지 않는데 반해, 마가에는 라틴어가 수시로 등장한다. 이런 것을 보면 마가 성도는 라틴어가 친숙했다. 사람은 자기도 모르게 자기 자리의 흔적을 남긴다. 언어가 특히 그렇다.

κλίνη(끌리네), 침상

눅 5:18 그런데 보세요! 남자들이 **침상 위에** 사람을 데려오는데, 이자는 계속 중풍병에 걸려 있는 상태였습니다. 그래서 찾고 또 찾았습니다. 그를 안으로 데려오려고요. 그래서 [그를] 그분 면전에 놓으려고요,

창 48:2 어떤 사람이 야곱에게 말하되 네 아들 요셉이 네게 왔다 하매 이스라엘이 힘을 내어 **침상에** 앉아

계 2:22 볼지어다 내가 그를 **침상에** 던질 터이요 또 그와 더
불어 간음하는 자들도 만일 그의 행위를 회개하지 아니하면 큰
환난 가운데에 던지고

잠시 조금 더 곁길로 가서 누가를 보면, 사실 그대로 전하려는 의지 또
는 정확하게 전달하려는 꼼꼼한 성격이 느껴진다. 앞 18절에서 누가는 사
람들이 그를 '침상(κλίνη(끌리네)'에 데려왔다고 말한다. 사람이 평소에 눕
거나, 환자가 아플 때 눕는 요를 '침상(κλίνη(끌리네)'이라고 한다. 창 48:2
과 계 2:22에도 나온 용어이다. 그런데 눅 5:19은 뭐라고 말하나? '소 침
상(κλινίδιον, 끌리니디온)'이라고 침상보다 더 작은 이동용 침상을 말한다.
말이 '소 침상'이지 노끈들로 대강 엮어놓은 간이용이다.[9] 누가 성격으로는
옥상에서 일반 침상으로 그자를 밑으로 내리는 것은 현실적이지 않다고 판
단한 것이다. 누가의 꼼꼼한 성격이 느껴지지 않는가?

마가는 그렇게까지 꼼꼼하지 않다. 대신 대차다. 나중에 여러 번 느끼
게 될 터인데, 그 상황에 딱 적합한 단어를 구사하는 편이 아니다. 게다가
자기 성도들은 데오빌로처럼 기와를 얹어 살 만큼 여유롭지도 않았다. 그
래서 택한 방법이 그냥 '지붕'을 말하는 것이었다. 대신 중풍병자의 동료들
이 얼마나 그 병자를 고치고 싶어 했는지, 그래서 얼마나 열심이었는지를
피력하기 위해 마가는 입담을 늘어놓는다. '**지붕**을 **지붕**걷이했다'고 '지붕'
이라는 말을 반복해서 말했다.

지붕을 계속 말하면, 우리는 자연스레 지붕을 떠올린다. 그리고 여럿이
달려들어 지붕을 들어내는 모양이 그려진다. 게다가 지붕을 파내어 간이
침대를 늘어뜨렸다고 하니, 중풍환자를 예수님 앞에 갖다 놓기 위해 기울

---

9 아리스토파네스의 『뤼시스트라테』에서 남녀가 관계를 급히 할 때 쓰려고 들고
나온 간이침대다. 거의 땅바닥을 느낄 수 있을 정도로 얼기설기한 것. 아리스토파
네스, 『아리스토파네스 희극 전집 2』, 천병희 옮김 (서울: 도서출판 숲, 2010), 69.

인 이들의 노력이 눈에 훤하게 보이는 것이다. 그때는 지금과 달라서 순전히 사람이 낑낑대고 병자를 올려야 한다. 사다리를 놓고, 그 병자를 누군가가 업든, 밀든 해서 지붕으로 올려놓는 것이다. 또 지붕을 걷어내고, 또 병자를 간이침대에 눕혀 조심조심 내리려면 얼마나 비지땀을 흘려야 했겠는가? 이건 절대로 단숨에 후루룩 할 수 있는 게 아니다. 예수님이 동료들의 정성에 탄복할 만한 수준이었다.

핵심은 이것이다. 예수님이 중풍병자의 믿음이 아니라, 이자를 어떻게든 낫게 하려고 무리수를 둬 가며 애쓰는 네 명의 믿음을 보고, "애야! (지금) 용서받고 있다! 네 죄들이!"라고 말했다는 것이다.

3. 누가 용서하는 권세를 가지고 있는가?

> 『개역개정』 5 예수께서 그들의 믿음을 보시고 중풍병자에게 이르시되 작은 자야 네 죄 사함을 **받았느니라** 하시니
> 『새번역』 5 예수께서는 그들의 믿음을 보시고, 중풍병 환자에게 "이 사람아! 네 죄가 **용서받았다**" 하고 말씀하셨다.

『개역개정』과 『새번역』에는 5절의 '용서받고 있다'를 '용서받았다'고 과거형으로 했다. 그런데 그리스어로는 현재시제이다. 곧 '지금 네 죄들이 용서받고 있다'는 말이다. 예수님이 말하는 그 때, 그 시간에 '용서 받고 있다'는 것이다. 게다가 두 한글본은 '네 죄'라고 단수로 처리했지만 본문은 '죄들'이다. 예수님을 만나기 전에 여러 죄를 지었음을 암시한다. 복음서 중 요한 빼고는 전부 다 죄를 복수로 이야기하는데, 인간의 죄성에 대해 조금만 눈을 뜨면 이해된다. 지금껏 지은 죄가 어디 하나뿐이랴! 두 한글본은 단수이지만, 의미상 총체적 죄를 가리킨 것이다. 그러나 여기서 굳

이 '죄들'이라고 복수로 하신 것은 그 중풍병자의 과거의 삶을 명확하게 가리키기 위해서다. 그런데 그 중한 죄들을 지금 용서받고 있다고 선언하신 것이다.

> 삼하 12:13 그 때에 다윗이 나단에게 자백하였다. "내가 주님께 죄를 지었습니다." 나단이 다윗에게 말하였다. "주님께서 임금님의 죄를 **용서해 주실 것입니다.** 그러므로 임금님은 죽지는 않으실 것입니다.
> 시 32:5 드디어 나는 내 죄를 주님께 아뢰며 내 잘못을 덮어 두지 않고 털어놓았습니다. "내가 주님께 거역한 나의 죄를 고백합니다" 하였더니, 주님께서는 나의 죄악을 기꺼이 **용서하셨습니다.**
> 130:4 **용서는 주님만이 하실 수 있는 것이므로,** 우리가 주님만을 경외합니다.

이때 옆에서 들은 서기관 몇몇이 속으로 하나님을 모독한다 여겼다. 유대인들의 입장에서 예수님의 말씀이 걸리는 것은 사실이다. 죄 용서는 하나님이 하실 일이다. 다윗이 죄를 지었을 때, 나단이 찾아가서 뭐라 말하는가? "주님께서 임금님의 죄를 용서해 주실 거라"고 했다. 죄 용서는 하나님의 영역이다.[10] 물론 예수님은 "내가 용서했다"고 하지 않으셨다. "용서받고 있다"고 해, 하나님이 당신 죄들을 지금 용서해주신다는 뉘앙스를 풍겼다. 그러나 이것은 하나님께서 용서를 하셔라는 식의 용서를 구하는

---

10 그 외에도 많다. 사 33:24 거기에서는 아무도 "내가 병들었다"고 말하지 않겠고, 거기에서 사는 백성은 죄를 용서받을 것이다.
55:7 악인은 그의 길을, 불의한 자는 그의 생각을 버리고 여호와께로 돌아오라 그리하면 그가 긍휼히 여기시리라 우리 하나님께로 돌아오라 그가 너그럽게 용서하시리라

말이 아니다.

> 출 32:32 "그러나 이제 주님께서 그들의 죄를 **용서하여 주십시오.** 그렇게 하지 않으시려면, 주님께서 기록하신 책에서 저의 이름을 지워 주십시오."
> 민 14:19 "이집트를 떠날 때부터 이제까지 **주님께서 이 백성을 용서하신 것처럼,** 이제 주님의 그 크신 사랑으로 이 백성의 **죄를 용서하여 주시기 바랍니다."**
> 20 주님께서 말씀하셨다. "너의 말대로 **용서하겠다."**

유대 역사상 하나님께 "용서하셔라!"하고 감히 요구한 사례도 있다. 모세가 이스라엘 백성을 용서해 달라고 하나님께 두 번이나 졸랐다. 그래서 하나님이 "네 말대로 용서하겠다"며 용서하셨다. 이와 같은 사례에서 드러나는 것은 뭔가? 하나님만이 죄를 용서하실 수 있다는 사고다. 그래서 시 130:4에서 뭐라고 말하는가? 용서는 주님만이 하실 수 있다고 선언한다. 그래서 유대인들은 메시야가 와서 이스라엘을 회복시켜 줄 거라고 기대하면서도, 그 메시야가 자기들 죄까지도 없애주실 거라곤 생각하지 않았다.[11]

그런데 대부분 묻지 않는 질문이 하나 있다. 사람이 사람을 용서하고 살지 않았는가? 예수님이 죄 용서에 관한 말씀을 하시기 전까지 유대인들은 서로를 용서하는 일이 없었는가?

> 창 50:17 너희는 이같이 요셉에게 이르라 네 형들이 네게 악

---

11 이사야는 하나님이 이스라엘의 죄를 다 용서하셔서 시온인 예루살렘이 예전처럼 평화로운 시절을 보내게 하겠다고 예언했다. 그 때 하나님을 대신해 백성의 죄까지도 용서해주실 거라는 선언을 한 바 있다. 그러나 주님이 왕이기에 가능한 일이다; 참. 33:24 거기에서는 아무도 "내가 병들었다"고 말하지 않겠고, 거기에서 사는 백성은 죄를 용서받을 것이다.

을 행하였을지라도 이제 바라건대 그들의 허물과 죄를 **용서
하라** 하셨나니 당신 아버지의 하나님의 종들인 우리 죄를 이
제 **용서하소서** 하매 요셉이 그들이 그에게 하는 말을 들을 때
에 울었더라

있었다. 요셉의 형들은 요셉에게 자신들의 죄를 용서해 달라고 요청
한다. 출애굽기에서는 다른 용어를 써서 용서해달라고 말한다(예: 출
10:17).[12] 그러나 구약에서 용서를 비는 자는 거의 대부분 사람이며, 용
서를 해주는 분은 하나님이다. 구약에 사람이 사람을 용서한 사례가 거의
없다고 해서 인간사에서 용서하는 일이 없었을까? 아니다. 비록 정경에는
들지 못했지만, 가톨릭이 읽을 만한 책으로 인정하는 시락서에 있다. 시
락이라는 서기관은 이웃의 잘못을 용서해주라고 권유한다. 용서해줘야 할
이유 역시 예수님처럼 이웃을 용서해주지 못하면, 하나님으로부터 용서를
받기 힘들다는 논리를 펼쳤다.

> 시락 28:2 이웃의 잘못을 **용서해 주어라.** 그러면 네가 기도할
> 때에 네 죄도 사해질 것이다. 3 자기 이웃에 대해서 분노를 품
> 고 있는 자가 어떻게 주님의 **용서를** 기대할 수 있으랴? 4 남
> 을 동정할 줄 모르는 자가, 어떻게 자기 죄에 대한 **용서를** 청할
> 수 있겠는가? 5 자기도 죄짓는 사람이 남에게 원한을 품는다
> 면 누가 그를 **용서해 주겠는가?**
> 마카비 1서 13:39 여러분들이 오늘날까지 범한 어떠한 과실
> 이나 범죄라도 나는 그것을 **용서하며** 여러분들의 빚으로 남아

---

12 출 10:17에서 바로왕이 자기의 죄를 용서해달라고 말하는데, '받아 달라'는 식
의 προσδέχομαι(쁘로스데코마이)를 쓴다(προσδέξασθε οὖν μου τὴν ἁμαρτίαν).

있는 왕관세도 모두 면제하고 그 밖의 예루살렘에서 징수하던
다른 어떠한 세금도 이제부터는 받지 않겠읍니다.

마카비 1서에선 셀류커스의 데메드리오왕이 유대인들에게 화해를 제안하면서, 여러분이 범한 과실과 범죄를 용서하겠다고 말한다.[13] 공식적 문서에 사람이 사람을 용서하는 일이 이뤄지고 있음이 나타나는 것이다. 그 외 유대인 역사가 요세푸스 역시 사람이 용서하고 살았음을 말한다. 바로 『유대고대사』 15권이다.

> 사실상 헤롯은 자기 가족의 잘못은 무참할 정도로 무섭게 다루면서도 **다른 이의 죄는 너그럽게 용서해 준 인물로**(ἐπὶ τοῖς ἀλλοτρίοις ἁμαρτόντας ἀφιέναι) 세상에서 둘째가라면 서러워할 인물이었다(15. 10. 3).

요세푸스는 헤롯이 용서해 준 것이 다른 사람의 죄라고 명확하게 말한다. 잔인하기로 소문난 이두매인인 헤롯도 용서를 이행하고 살았다고 말하는 것이다. 또 "로마 황제 가이사도 왕족을 살인한 사람을 제외하고는 모두 용서해 주었다(ἤφίει τὰς αἰτίας)"라고 말함으로써,[14] 용서하는 행위는 유대인뿐 아니라, 이방인들도 했음을 드러낸다. 다시 말하면, 예수님 당시뿐 아니라, 그전에도 사람은 사람을 용서하고 살았다.

그런데 죄 용서와 관련된 연구들은 하나같이 전부 하나님의 용서에만 초점을 맞추었다. 꼭 예수님 이전에는 사람이 사람을 용서한 적이 없는

---

13 이 외에도 지혜서에도 있다; 참. 지혜 18:2 에집트 사람들은 이스라엘 사람들이 자기들에게 고통을 받고도 앙갚음을 하지 않는 데 대해서 고맙게 생각하였고 그들과 사이가 좋지 않았던 것에 대하여 **용서를 청하였다(은혜를 빌었다).**
14 『유대전쟁사』, 2. 77.

양 하나님의 용서만 다뤘다. 예수님이 이 일화에서 '용서한다'고 말할 때, ἀφίημι(아**피**에미)를 썼는데, 그 당시 사람이 타인의 죄를 용서한다고 말할 때 쓴 헬라어가 똑같은 용어라고 요한슨(Daniel Johansson)도 지적한다.[15] 그러나 예수님이 여기서 말한 용서는 하나님의 전적인 것을 가리킨다고 여기고, 해석에서 제외한 것이다.

인간의 죄와 허물에 대한 '전적인 용서'는 하나님만이 하실 수 있다. 그러나 죄 사하는 권세가 예수님에게만 있는 것인지 물어야 한다. 하나님이 그 사람의 궁극적 죄들을 다 용서받은 것을 말하는 것인지, 아니면 다른 사람들이 그의 죄들을 용서한 것을 직시하고 얘기한 것인지를 알아야 한다. 예수님이 얘기한 용서가 어떤 의미의 용서인지를 아무도 묻지 않았기 때문이다. 이에 대한 답을 얻기 전에, 먼저 사람이 용서를 할 때, 그 용서함이 갖는 작동원리를 알아야 한다. 이것을 이해해야, 예수의 선포가 의미하는 바도 해석이 되리라 본다.

4. 용서하는 일의 작동구조

구약이나 유대문헌에서 용서를 구하거나 용서할 때 대상이 있다. '죄(ἁμαρτία)', '잘못(ἀνομία)', 또는 '허물(ἀδικία)' 등이다.[16] 앞에 인용된 사례들

---

15 Daniel Johansson, "'Who Can Forgive Sins but God Alone?' Human and Angelic Agents, and Divine Forgiveness in Early Judaism," *JSNT* 33 (2011), 360-63. 361.

16 그 외에도 잘못(ἀνομία)이나 포악(ἀδικημα)도 용서를 빌어야 하는 죄목으로 알았다. 예) 시 32:5 드디어 나는 내 죄를(ἁμαρτία) 주님께 아뢰며 내 잘못을(ἀνομία) 덮어두지 않고 털어놓았습니다. "내가 주님께 거역한 나의 죄를 고백합니다" 하였더니, 주님께서는 나의 죄악을 기꺼이 용서하셨습니다; 시락 28:2 이웃의 잘못을 용서해 주어라(ἄφες ἀδικημα).

을 보면, 한결같이 죄를 용서해줬다거나 허물을 용서해준다는 식이다. 용서는 누군가 나에게 도움을 준 것을 갖고 문제 삼지 않는다. 나에게 해서는 안 될 짓을 하거나, 해를 가한 자를 용서한다. 이 말인즉슨, 내가 누군가를 용서했다는 것은 그 누군가가 나에게 '죄를 지었다'고 규정하는 것이다.

어떤 자가 나에게 잘못했다고 생각할 때가 있다. 내가 그자에게서 부당하게 피해를 입었다고 판단이 들면, 나는 그자가 잘못을 했다고 생각한다. 내가 유대인이었다면, 토라에 근거해 그자가 죄를 지었다고 규정했을 것이다. 구약에 따르면, 죄는 하나님의 규례(instruction)를 지키지 않는 것이다. 기원전 6세기 말부터 기원후 1세기까지 유대사회에서 죄는 토라의 규정들을 충실히 지키지 못하는 것을 의미하게 되었다.[17] 그래서 솔로몬은 왕상 8:23-50까지 죄로 인한 고난과 그에 따른 자비를 구한다.

이것을 가장 잘 보여주는 예가 사해의 엣센느파이다. 신입은 회개기도를 해야만 입교가 허락이 되는데, 그들은 꼭 이 기도를 외워야 했다: "우리는 죄를 지었고, 악하게 행했습니다. 우리와 우리 조상들이. 왜냐하면 우리는 언약 규례들과(statutes of the covenant) 반하는 짓을 했기 때문입니다. 그래서 당신이 우리를 심판하시는 것은 맞습니다."(1QS I, 24-26)

여기서 명백히 이들은 죄를 언약규례들을 지키지 않는 것으로 규정한다. 희년서, 솔로몬 시편, 솔로몬의 지혜서, 그리고 제 4 에스라서에서 그렇게 얘기한다.[18] 문서상으로 죄를 이렇게 규정했지만, 사람 사는 세상에서 어디 율법에 명시된 것만 죄며, 허물로 여겼겠는가? 나의 가슴을 후벼 파는 말 한 마디를 날린 자에게도 우리는 용서해야할지, 말아야할지 고민한다.

사람들은 모두 상처받았다 한다. 자기가 상처준 건 없고, 부모부터 시작해서 형제, 자매, 친구 등한테서 상처 안 받은 데가 없다 한다. 이 말

---

17 Thomas R. Blanton IV, "Saved by Obedience: Matthew 1:21 in Light of Jesus' Teaching on the Torah," *JBL* 132 (2013), 401.

18 Ibid., 402.

은 그들을 죄인이라 규정한 것이다. 용서하는 것은 나 혼자 속으로 타인을 죄인으로 만드는 일방적인 행위이다. 상대방의 동의나 허락을 구하고 하는 행동이 아니다. 내가 그자를 소위 죄인으로 판단하고서 벌이는 행동이기 때문이다. 그러므로 다음과 같은 질문을 던질 수 있다: 도대체 무슨 권한으로?

한 사람을 죄인으로 규정짓는 것은 하나님만이 하실 수 있기 때문이다. 사람이 죄에 대해 잘 모르므로, 하나님은 율법 또는 규례를 알려주셨다. 그것을 어기는 자들은 죄인이라 했다. 그래서 토라를 참조해 하나님의 뜻을 따르지 않는 것을 죄라고 했다. 그런데 우리가 일상생활에서 용서하는 자는 토라의 규정을 어긴 자들만 있는 게 아니다. 율법을 어겨서, 더 나아가 세상 법을 어겨 법정에서 죄인이라 심판 받는 자를 용서할지 말지로 고민하는 이가 과연 몇 되겠는가? 대부분은 재판에 올릴 거리도 안 되는 거리들로 상대방을 잘못한 자로 단정하고, 그자를 용서할지 말지로 고민한다.

게다가 냉정하게 판단하면, 그자와 똑같이 나도 유사한 잘못들을 저지른다. 우리는 자신의 죄는 외면하고, 율법에도 없는 죄목들을 들어 나를 힘들게 했다는 이유만으로 그자를 죄인이라고 정죄한 것이다. 이것은 명백히 하나님의 권한을 침범한 것이다. 우리는 그자를 죄인이라 규정할 권한이 없다. 죄인이면서, 타인을 죄인이라 내 마음대로 규정하고선 용서하려 한다.

마가는 예수님의 가르침이 권세가 있다고 그랬다(1:22, 27).[19] 귀신을 쫓아냈을 때 모인 사람들은 '권세로 누른다'고 표현까지 했다. 그러나 도

---

19 『눈으로 듣는 마가』 1:22 그러자 (그들은) 계속 기절초풍했습니다. 그분 가르침에. 왜냐면 계속 그들을 가르치셨기 때문이었습니다. 꼭 권세를 가진 것처럼요. 그런데 꼭 서기관들이 (가진 것처럼은 아니었습니다).
27 그러자 자지러졌습니다. 모두 다! 하여 계속 왈가왈부했습니다, 자기들끼리. 말하길, "뭐야? 이게? 권세로 누르는 새 가르침(이다)! 영들, 이 안 깨끗한 것들에게도 명령하시네! 그래서 그분께 순종하네!"

대체 예수님은 권세라는 말을 어떤 의미로 썼는지 정확하게 파악이 안 되었다 할 수 있다.

> ἐξουσία(엑수시아), 권세, 권한, 권위
> 11:28 그리고 말하고 또 말했습니다. 그분께. "무슨 **권세로** 이런 것을 합니까? 아님 누가 당신에게 줬습니까? 이 **권세를**? 이런 것을 계속 하라고요?"
> 『개역개정』 이르되 무슨 **권위로** 이런 일을 하느냐 누가 이런 일 할 권위를 주었느냐
> 『새번역』 물었다. "당신은 무슨 **권한으로** 이런 일을 합니까? 누가 당신에게 이런 일을 할 수 있는 권한을 주었습니까?"

나중에 예수님이 예루살렘 성전에서 장사치들을 다 내쫓았을 때, 대제사장들과 서기관들, 장로들이 와서 예수님께 도대체 당신이 무슨 권한으로 이런 짓을 했냐고 따졌다. 그때 사용된 ἐξουσία(엑수시아)라는 용어를 '권세'로 했는데, 정확하게 옮기자면『새번역』의 '권한'이다. 같은 단어임을 알게 하려고 일부러 '권세'라 옮겼는데, 장사치들에게 성전 뜰에서 장사할 정식허가권을 주진 않았지만, 그래도 성전과 관련된 권한은 대제사장들과 서기관들, 그리고 장로들이 갖고 있다. 사람이 어떤 높은 공직에 앉으면, 그 자리에서 할 수 있는 권한이 생긴다. 누구에게 시킨다든지, 무엇을 못하게 한다든지, 그게 바로 권세다. 세상에서 사람에게 실질적으로 영향력을 미칠 수 있는 권력을 말하는데, 예수님은 지금 이것을 죄와 연관지었다.

앞에서 죄를 용서하는 권한은 하나님께 있다고 했다. 그러나 사람이 사람을 용서하는 일은 없는가? 있다. 2:10에서 예수님은 사람의 아들이 죄들을 용서하는 권세를 갖고 있다고 했는데, 이는 사람이 일상생활 속에서 타인을 용서하는 행태를 말한 것이다. 유대인들이 한 사람의 죄를 용서하

는 것은 하나님만이 하실 수 있는 권한이라 말하면서도, 하나님으로부터 허락도 받지 않고, 타인을 임의로 죄인이라 규정하고, 하나님인양 그를 용서하는 행동을 가리킨 것이다. 예수님은 사람이 사람을 용서하고 살았는데, 그것은 그런 권한을 갖고 있어서 그렇다고 천명한 것이다.

그래서 같은 일화를 전하는 마태는 예수의 말에 대해 마지막에 뭐라고 전했는가? 무리들이 이런 권세를 주신 '사람들'에게 주신 하나님께 영광을 돌렸다 했다(마 9:8). 마태는 안 것이다. 예수가 이 때 말한 '사람의 아들'은 사람을 가리키는 것이었음을. 그런데도 '사람의 아들'은 무조건 예수여야 한다는 인식에 갇혀, 마태가 말한 '사람들'은 사람을 가리키는 게 아니라, 교회를 가리키는 것이라고 해석을 했다.[20] 심지어는 '사람을 위해서'라고 주장하기도 했다.[21]

마태는 그 뒤 예수의 제자들이 다른 사람의 죄를 용서해줄 수 있는 권한을 받았음을 암시하는 가르침을 전한다: 18:15-18. 땅에서 매면, 하늘에서 매이고, 땅에서 풀면 하늘에서도 풀리리라는 애매모호한 가르침이지만, 타인의 죄를 용서할 수 있는 능력을 말한 것임은 확실하다. 또한 요한도 역시 20:23에서 우리가 누구의 죄든지 간에 용서해줄 때, 그 죄가 용서될 것이라는 예수님의 가르침을 전하는데, 이것은 사람이 타인의 죄에 대한 용서의 권한을 부여받고 있음을 말하는 것이다.[22]

남을 용서하는 것은 하나님의 허락 없이, 하나님의 권한을 침범해 타인에게 일방적으로 행사하는 것이다. 즉 용서하는 일은 자기를 굉장히 우월적인 위치에 놓는 것이다. 하나님의 자리에서 하나님이 하시는 권한을 행사하는 것이기 때문이다. 타인의 동의 없이 자의로 타인을 죄인으로 규정

20 Ulrich Luz, *Matthew 8–20: A Commentary*, Hermeneia (Minneapolis: Fortress Press, 2001), 28–29.

21 W. D. Davies and D. C. Allison, *Matthew 8–18*, 96.

22 Adela Yarbro Collins, *Mark*, 189.

하는 것이기 때문이다. 예수 이전에도 사람들은 용서하고 살았다. 그러나 그 행동이 얼마나 우월적 권한을 행사하는 것인지를 몰랐다. 사람끼리 용서를 하면서도 그것이 권세를 가진 행위였음을 알지 못했다. 그러나 예수는 중풍병자를 고치기 위해 네 명이 수고를 하는 광경을 보며, 사람이 사람을 용서하는 일이 얼마나 대단한 일인지를 간파하고, 사람의 아들은 죄를 용서하는 권세를 가지고 있다고 선포한 것이다. 중풍병자를 용서한 것은 예수님이 아니라, 그를 데리고 온 네 명이었기 때문이다.

5. 누가 중풍병자를 용서한 것인가?

예수가 이 선포를 왜 했는지를 알려면, 중풍병자에게 주목해야 한다. 중풍병자 이야기의 해석들을 보면, 초점은 주로 예수와 중풍병자를 들고 온 네 명이다. 특히 그를 데려온 네 명의 믿음을 강조한다. 2:5에서 예수님이 '그들의 믿음을 보시고서' 중풍병자의 죄들이 용서받고 있다고 발언하셔서이다. 중풍병자에 대해 그리 신경을 쓰지 않는다. 뜬금없는 중풍병자의 죄들의 용서발언으로 일어난 서기관들의 반발에 신경을 쓰지, 그자에 대해 관심을 가지지 않는다.

누군가 수많은 사람들이 있는 앞에서 나에게 "당신은 죄를 지었다"는 말을 하면, 어떻게 반응할까? 대부분 가만히 있지 않는다. 아무리 그자가 자기 병을 낫게 해줄 자라 할지라도, 또 내가 죄를 지은 것을 안다 할지라도, 망신당했다 여기고 발끈한다. "뭘 안다고 헛소리냐, 당신은 죄 없느냐? 조금 대단한 능력 있다고 유세 떠는 거냐?"는 등의 말을 하기 마련이다. 생판 초면인데, 마치 자기를 다 아는 것인 양, 사람들 앞에서 창피를 줬으니 말이다.

그런데 그 중풍병자는 예수의 발언에 대해 아무런 대꾸를 하지 않았다.

마가 외 마태와 누가 역시 그가 발끈했다 하지 않는다. 이것은 자기가 죄인임을 시인한다는 뜻이다. 그간 지은 죄들로 인해 병을 얻었다 생각 했는지는 알 수 없으나, 자기가 죄인이라 생각했음을 뜻한다. 그리고 말은 안 했지만, 회개하며 살고 있었음을 말한다. 이는 그를 낫게 하기 위해 네 명이 땀을 뻘뻘 흘리는 데에서 증명된다.

중풍병자를 데려온 네 명은 정말 수고했다. 마가는 이들의 수고를 지붕을 덜어내고 그를 내렸다는 한 마디로 처리했을 뿐이지만, 한 번 상상해보면, 결코 쉬운 일이 아님을 알게 된다. 그때는 차도 없던 시절이다. 몸 하나 움직이지 못하는 성인을 예수가 있는 곳까지 데려오기 위해 침상째 들고 걸어왔다. 그리고 그 병자를 지붕으로 운반했다. 움직이지 못하는 한 성인의 몸을 업고 사다리를 타고 올라가야 하는 일이다. 그자를 업는 것을 비롯해서 사다리를 붙들며 돕는 일은 절대 만만치 않다. 지붕 위에서 그자를 내리는 일은 또 어떤가! 그자를 들것에 뉘어 떨어지지 않게끔 주의하며 내려야 한다. 그야말로 네 명이 합을 맞춰 진땀을 한참을 빼야 가능한 일이었다.

이러한 수고를 가족이나 친구라고 해서 누구나 하지 않는다. 병자를 간호해본 이들은 안다. 병자 근처에 있는 것만으로도 굉장한 인내심과 인격이 필요하다는 것을. 자기 몸을 자기 마음대로 못 가누는 중풍병이다. 이자는 절뚝거리며 걸을 형편도 못됐다. 환자한테는 엄청 짜증나는 병이다. 통상 병자는 그 짜증을 옆 사람에게 내기 마련이고, 병자의 가족과 지인들은 그것을 감내해야 하는데, 정말 어렵다. 병자가 돈이 많으면, 돈으로 예수에게까지 운반해라고 명령했겠지만, 지금 우리가 대하고 있는 상황은 그런 게 아니다.

중풍병자를 데리고 온 네 명은 정말 진심으로 그를 낫게 해주고 싶어서 수고한 것이다. 예수님도 그걸 눈치 채셨다. 그런 일이 일어날 수 있는 것은 병자가 회개했을 때 가능해진다. 자신의 병이 남탓도 아니고, 그간 지은 수많은 죄들의 결과물임을 깨달을 때, 그래서 병으로 남에게 폐를 끼치는 걸 미안해하고 그들에게 감사해할 때, 그런 일이 일어난다. 또 낫고 싶어 하는 간절한 마음을 드러내야 한다. 그래야 가족과 지인들이 나서서 그 자를 낫게 하려고 정성을 기울이게 되는 것이다.

물론 아프기 전부터 착한 자였다고도 볼 수 있다. 그러나 예수가 '네 죄들이 용서받는다'고 하지 않았는가? 예수님이 그자의 죄들을 꿰뚫어봤기에 한 말이다. 예수님의 능력을 의심할 순 없다. 중풍병자는 죄들을 지었고, 뉘우쳤으며, 그것이 주변 사람들에게 느껴졌다. 환자가 가족이라 해서 자기의 아픔과 괴로움을 다 표출하는 자를 위해 애쓰지 않는다. 친구나 이웃이라는 이유로 그렇게 진땀을 빼면서까지 수고하지 않는다.

예수님은 그걸 본 것이다. 이미 중풍병자는 회개했음을, 그리고 그 회개함이 주변인들의 정성으로 드러난 걸 말이다. 그자가 건강할 때 가족을 포함해서 지인들에게 오만함과 어리석음으로 상처준 것들이 있었으나, 회개하고 감사해함으로써, 그를 용서했음을 말이다. 사람도 사람을 용서한다. 비록 완전하게 용서하지 못하지만, 자기 나름의 방식으로 용서한다. 상대방이 회개할 때에는. 예수님은 중풍병자가 지은 죄들을 깨닫고, 용서받을 만한 행동을 함으로써 주변인들이 그를 마음으로 용서하였음을 본 것이다.

6. 용서는 어떻게 하는 것인가?

『눈으로 듣는 마가 · 마태 · 누가 · 요한』
막 11:25 그리고 (여러분이) 기도하면서 꿋꿋이 서 있는 순간에는 **용서하고 또 용서하세요!** 만약 뭘 갖고 있으면, ― 대립하는 어떤 사람을, ― 그래야 여러분 아버지, 곧 하늘들에 계신 분이 **용서하실 겁니다**, 여러분에게 여러분 허물들을."

마 6:15(눅 6:37) 그러나 사람들에게 **용서해주지 않는다면,** 여러분의 아버지도 **용서하지 않으실 겁니다.** 여러분의 허물들을요.

눅 17:3 스스로 조심하고 또 조심하세요! 당신 형제가 죄지으면, 그를 꾸짖으세요! 그리고 회개하거든, 그에게 **용서해주세요!**

요 20:23 너희가 누구의 죄든지 **용서해 주면,** 그 죄가 **용서될 것이요, 용서해 주지 않으면,** 그대로 남아 있을 것이다.

복음서에서 예수님이 사람의 죄를 용서해주라는 말씀을 대략 가져왔다. 예수님의 가르침 중 따르기 어려운 것들 중 하나가 용서일 것이다. 타인의 잘못을 용서하는 것은 특히나 내 잘못을 용서받는 것과 연계돼 있어(마 6:14, 15; 18:35; 막 11:25 등)[23] 절대로 손해 보는 일이 아님에도 불구하고 쉽지 않다.

그런데 어렵다고 토로하는 이들의 대부분은 용서를 사랑과 동일시하는 데에서 일어난다. 원수를 사랑해라는 예수님의 말씀을 적용해 사랑하는 자를 대하듯이 해야 한다고 여긴다. 나를 심히 힘들게 한 자를 용서하려면, 그자를 쳐다보며 웃어주고, 사랑하는 이를 끌어안듯 쉽게 안아줄 수 있어야 한다고 여기기 때문이다. 그자를 내 절친처럼 대할 수 있어야 한다고 생각한다. 그런데 용서는 그런 수준까지 요구하지 않는다.

용서하는 행위를 가리키기 위해 복음서에서 대표적으로 사용된 헬라어는 ἀφίημι(아피에미)이다. 그런데 이 단어는 '용서하다'는 뜻 외에 '놔두다', '버리다', '하게 하다(허락하다)'라는 뜻으로 많이 사용된다.

23　마 6:14 너희가 사람의 잘못을 용서하면 너희 하늘 아버지께서도 너희 잘못을 용서하시려니와　15 너희가 사람의 잘못을 용서하지 아니하면 너희 아버지께서도 너희 잘못을 용서하지 아니하시리라; 18:35 너희가 각각 마음으로부터 형제를 용서하지 아니하면 나의 하늘 아버지께서도 너희에게 이와 같이 하시리라; 막 11:25 서서 기도할 때에 아무에게나 혐의가 있거든 용서하라 그리하여야 하늘에 계신 너희 아버지께서도 너희 허물을 사하여 주시리라 하시니라

ἀφίημι(아**피**에미), 놔두다, 떠나가다, 버리다, (죄를) 용서하다,
하게 하다, 면제하다

막 1:18 그러자 즉시 그물들을 **놔두고** 그분을 좇았습니다.

31 그러자 나아가 그녀를 일으키셨습니다. 손을 잡으니 그러자
그녀를 **떠났습니다.** 열이. 그래서 그들을 계속 시중들었습니다.

5:19 그러나 그에게 **하게 하지** 않으셨습니다. 오히려 말하
시는 겁니다. 그에게. "떠나 완전히 가세요! 당신 집으로, ..."

마 23:38 보라 너희 집이 황폐하여 **버려진 바 되리라**

그리스인들은 물건이나 사람을 '놔두거나, 떠날 때' ἀφίημι(아**피**에미)를
썼다. 빚이나 법적으로 해야 할 일을 안 해도 된다고 해방시킬 때 자주 썼
다. 한 번도 종교적인 의미로 사용한 적은 없었다.[24] 그런데 유대인들이 이
말을 죄에 썼다. 인간이 죄를 지었을 때, 하나님이 그걸 면제해준다는 뜻
으로도 사용했다. 유대인은 죄에 대해 더 예민하게 바라봤던 자들이다. 하
나님께서 자기 죄에 대해 그대로 치르지 않고, 봐주실 거라고 생각했다. 용
서하신다고 사용한 것이다.[25] 물론 사람이 사람을 용서할 경우에도 사용하
였다. 시락서나 요세푸스 등에서 용례가 보인다.

용서하는 것은 ἀφίημι(아**피**에미)가 뜻하는 것처럼 그자를 놔두고 떠나
는 것이다. 그자 옆에 붙어 있지 않아도 된다. 그자를 떠나서 그자에 대한
생각을 안 하는 것이 용서이다. 그자를 더 이상 만나지 않음으로써 내 안
에 분노를 계속 품고 있지 않는 것도 용서이다. 꼭 그자를 계속 만나 사랑
할 필요가 없다. 현대 심리학에서 용서는 대상에 대해 일어나는 분노나 복

---

24 R. Bultmann, "ἀφίημι," *TDNT* vol. 1, 509.
25 Ibid., 509-12.

수심을 버리려는 '의식적'인 결정이라고 정의한다.[26] 즉 대상을 마주하고 계속적인 관계를 가지는 게 아니라, 그자에 대한 마음을 버리는 것, 즉 그자를 떠나는 것도 용서로 간주하는 것이다. 그자를 놔두고 떠나 거리를 두는 것은 그자에 대한 관심을 버리는 것이다. 그것이 용서다. 용서해라는 사랑해라와 같은 말이 아니다.

또 용서는 그자가 하고 싶은 대로 하게 허락하는 것이다. 중풍병자 같은 경우는 그가 낫고 싶어 하는 욕구를 허락한 것에 해당된다. 예수님이라면 낫게 해 줄 것 같다는 믿음도 있었지만, 저자가 너무 낫고 싶어 하니 저자 원대로 한 번 해주자고 했는데, 바로 그게 용서였다. 만약 중풍병자를 용서하지 않았다면, 그를 고치겠다고 비지땀을 흘리며 수고하지 않을 것이다.

그래서 그 네 명은 그자를 떠나 놔두는 대신, 그자의 바람, 즉 다시 정상인처럼 생활하고 싶어 하는 욕구를 이루게 하려 애썼다. 만약 중풍병자가 불구가 돼 힘들어 죽겠는데 왜 아무도 내 힘듦을 모르냐고 짜증만 계속 냈다면, 그를 용서하지 못했을 것이다. 예수님은 병자를 낫게 하려는 동료들의 열심을 보고서, "네 죄들이 용서받았다!"고 얘기한 것이다.

이 말은 그자의 죄들이 다 용서받았다는 의미가 아니다. 예수님 자신이 용서해줬다는 의미도 더더욱 아니다. 그저 주변 사람들로부터 네가 지은 죄들이 어느 정도 용서받았다는 의미이다. 사람이 사람을 용서하고 살았으므로, 예수님은 그 네 명과 중풍병자의 관계를 보며 서로 간에 회개와 용서가 이뤄진 것을 확언하신 것이다.

마지막으로 용서는 면제하는 것이다. 그자가 나에게 한 만큼 되돌려주고 싶은 마음을 버리는 것이다. 면제라는 것은 빌려준 것을 받지 않는 것이다. 준 만큼 받지 않겠다는 자세이다. 참 재미있는 점은 바울이 용서와 관

---

26 Brick Johnstone, Stacey Bayan, Laura Gutierrez, David Lardizabal, Saen Lanigar, Dong Pil Yoon, and Katherine Judd, "Neuropsychological correlates of forgiveness," *Religion, Brain & Behavior 5* (2015), 24.

련해서 복음담가들처럼 ἀφίημι(아피에미)라는 용어를 쓰지 않고, χαρίζομαι (카리조마이)라는 용어를 썼는데, '면제하다'는 뜻에서 합일한다.

바울의 χαρίζομαι(카리조마이)는 ἀφίημι(아피에미)와 다른 뜻을 가지고 있다. '은혜'를 뜻하는 명사 χάρις(카리스)처럼, 기본적으로는 '은혜나 호의를 베풀다'이다. 바울은 용서하는 것이 예수님의 명령이나 자기 이익 때문에 억지로 해야 되는 것이 아님을 간파한 것 같다. 바울 입장에선 억울할 것이다. 마가를 비롯해서 복음서는 전부 바울 이후에 쓰였다. 그러니 마가를 비롯해서 다른 담가들이 바울이 쓴 용어를 따라 써야 했다. 이들은 바울 서신을 최소한 한 번은 들었을 터이다. 그런데 그들은 다 ἀφίημι(아피에미)를 썼다. 누가만이 χαρίζομαι(카리조마이)를 사용하면서도,[27] 용서하다는 뜻으로 사용하지 않았다.

대신 비슷한 의미인 '탕감하다'로 사용한다. 눅 7:42, 43에 나오는데, 돈을 탕감한 것으로 쓴다. 돈놀이꾼이 빚진 사람들의 빚을 탕감해준 것은 시혜이다. 돈을 빌려줬으면 돌려받아야 정상이다. 그런데 돌려받지 않고 면제해줬으니, 거저 은혜를 베푼 것이다. 남이 나한테 잘못한 것을 면제한 것이 아니라, 대신 빚을 면제한 경우로 썼다.

> 눅 7:42 갚을 것이 없으므로 둘 다 **탕감하여 주었으니** (χαρίζομαι) 둘 중에 누가 그를 더 사랑하겠느냐
> 마 18:32 이에 주인이 그를 불러다가 말하되 악한 종아 네가 빌기에 내가 네 빚을 전부 **탕감하여 주었거늘**(ἀφίημι)

앞에서 ἀφίημι(아피에미)를 다룰 때, '탕감하다'는 뜻도 가지고 있다 했다. 마태가 18:32에서 주인이 자신의 돈을 빌려간 종의 빚을 탕감했을

---

27 눅 7:21, 42, 43; 행 3:14; 25:11, 16; 27:24.

때 썼다. 그런데 눅 7:42에서 예수님이 다른 빚 탕감한 비유를 드시면서 χαρίζομαι(카리조마이)를 쓴다. 『개역개정』은 두 사례를 번역하면서 헬라 용어가 다르지만, 같은 뜻이라 '탕감하다'는 말로 똑같이 옮겼다. 용어가 다르므로 좀 다르게 옮겼으면 더 좋으련만, 뜻 전달을 중요하게 둔 터라 같은 말로 적은 것이다. 어쨌든 두 용어가 같은 뜻을 가짐을 여실히 보여준다.

탕감해줄 수 있는 것은 빚뿐만이 아니다. 나에게 잘못한 것도 탕감해줄 수 있다. 그래서 바울은 누군가를 용서하라는 말을 할 때, χαρίζομαι(카리조마이)를 사용해 탕감해주라고 했다(고후 2:7, 10; 12:13; 골 2:13; 3:13). 이처럼 용서하는 것은 빚을 탕감해주듯이, 죄도 사면해주는 것이다.[28] 빚을 되돌려 받으려 하지 않는 것처럼, 나에게 잘못한 만큼의 대가를 치르기를 촉구하지 않는 것이다. 나에게 진 빚을 받지 않고 면제해주는 일은 실상 빚진 자에게 은혜를 베푸는 일이다.

그래서 용서하는 것은 은혜를 베푸는 일이다. 그래서 누가도 χαρίζομαι(카리조마이)를 '호의를 베풀다' 또는 '면제해주다'는 뜻으로 사용했다.[29] 『개역개정』에서 χαρίζομαι(카리조마이)를 옮길 때, 약간 아쉬운데, 눅 7:21이 그러하다. '보게 했다'로 옮겼기 때문이다. 그나마 『새번역』에서는 '볼 수 있게 해주셨다'로 해 χαρίζομαι(카리조마이)의 가장 기본적인 뜻, '주다'의 의미를 살렸다. 그러나 χαρίζομαι(카리조마이)는 무엇에 대한 대가로 주는 게 아니다. '거저 주는 것'이다. '은혜를 베푸는 것'이다.[30]

---

28   Murray J. Harris, *The Second Epistle to the Corinthians*, NIGTC (Grand Rapids: Wm. B. Eerdmans Publ., 2005), 231-32.

29   Joseph A. Fitzmyer, *The Gospel According to Luke I-IX*, Anchor Bible (New York: Doubleday, 1970), 690.

30   『눈으로 듣는 누가』 7:21 그 시각에 고치셨습니다. 많은 이들을 병들로부터 그리고 천벌들과 악한 영들로부터요. 그리고 많은 눈 먼 자들에게 **계속 보도록** 호의를 베푸셨습니다.

『개역개정』눅 7:21 마침 그 때에 예수께서 질병과 고통과 및
악귀 들린 자를 많이 고치시며 또 많은 맹인을 보게 **하신지라**
(ἐχαρίσατο βλέπειν)

눅 7:21에서 χαρίζομαι(카리조마이)를 '했다'고 간단하게 말했지만, 예수
님이 눈 먼 자들이 보게 한 것은 '호의를 베푸신' 것이다. 질병과 고통과 및
악귀 들린 자들을 돈이나 대가를 받고 고쳐준 것이 아니다. 거저 해주셨
지. 즉 은혜를 베풀었다. χαρίζομαι(카리조마이)의 의미를 가장 잘 살려 번
역한 게 고전 2:12이다.

고전 2:12 우리가 세상의 영을 받지 아니하고 오직 하나님으
로부터 온 영을 받았으니 이는 우리로 하여금 하나님께서 우리
에게 **은혜로 주신 것들을**(χαρισθέντα) 알게 하려 하심이라

하나님이 우리에게 성령을 주신 것은 하나님의 은혜이지, 우리의 노력
이 아니다. 그래서 바울은 χαρίζομαι(카리조마이)를 수동태분사로 썼다(예:
행 3:14; 빌 1:29).[31] 원문대로 옮기자면, '하나님에 의해 우리에게 은혜
로 받은 것임'이다. 하나님이 은혜로 주시기로 선택하셨음을 말한 것이
다.[32] 이처럼 χαρίζομαι(카리조마이)는 받은 것에 대한 대가로 주는 것이 아

---

31 하나님이 직접 하셨음을 능동태로 사용하기도 한다. 예) 롬 8:32 자기 아들
을 아끼지 아니하시고 우리 모든 사람을 위하여 내주신 이가 어찌 그 아들과 함께
모든 것을 우리에게 **주시지 아니하겠느냐**(χαρίσεται); 갈 3:18 만일 그 유업이 율법
에서 난 것이면 약속에서 난 것이 아니리라 그러나 하나님이 약속으로 말미암아 아
브라함에게 **주신 것이라**(κεχάρισται); 빌 2:9 이러므로 하나님이 그를 지극히 높여
모든 이름 위에 뛰어난 이름을 **주사** (ἐχαρίσατο).
32 Anthony C. Thiselton, *The First Epistle to the Corinthians*, NIGTC
(Grand Rapids: Wm. B. Eerdmans Publ., 2000), 263.

니라 거저 주는 것이어서, 바울이나 누가 다 은혜로 베푸는 성격을 말할 때 사용했다.

> 더 8:7 아하수에로 왕이 왕후 에스더와 유다인 모르드개에게 이르되 하만이 유다인을 살해하려 하므로 나무에 매달렸고 내가 그 집을 에스더에게 **주었으니**(πάντα τὰ ὑπάρχοντα Ἀμαν ἔδωκα καὶ ἐχαρισάμην σοι, 하만의 모든 소유물들을 주었다. 그래서 너에게 호의를 베풀었다)

한 예만 더 들고자 한다. 구약에서는 한 차례만 χαρίζομαι(카리조마이)가 나오기 때문이다. 아하수에로 왕이 하만의 모든 소유물을 에스더에게 준다고 말할 때, χαρίζομαι(카리조마이)를 쓴다. 사실 왕이 하만의 재산을 에스더에게 줄 이유는 없다. 그렇지 않은가? 빼앗아서 자기 밑으로 복속시켜도 어느 누구도 반발하지 않았을 것이다. 그런데 아하수에로 왕은 그것을 에스더에게 줬다. 대가? 없었다. 거저 줬다. 호의를 베푼 것이다. 그래서 χαρίζομαι(카리조마이)를 쓴 것이다. "너에게 호의를 베풀었다"고 말한 것이다.

χαρίζομαι(카리조마이)가 얼마나 거저 주어지는 것임을 알기 위해선 이 동사의 명사형인 χάρις(카리스)를 조금 살펴볼 필요가 있다.[33] 바울은 χάρις(카리스)를 무지 많이 했는데, – 바울 서신에서만 100회를 넘는다, – 은혜, 감사, 칭찬이란 뜻을 가진다. 이 세 가지는 서로 얽혀있다. 감사함은 은혜를 깨닫지 못하면 생기지 않는다. 은혜임을 알고 감사해하는데, 이

---

33 동사 χαρίζομαι(카리조마이)와 명사 χάρις(카리스)의 관계를 연구한 콘첼만은 동사는 명사의 의미를 정확하게 가진다고 말할 수 없다고 단언한다. χαρίζομαι는 '주는 것'이라는 기본적인 뜻으로 사용된다는 것이다. 그러나 χαρίζομαι는 그냥 '주는 것'의 뜻에 그치지 않는다. '거저', '은혜로', '호의로' 주는 것이다. Hans Conzelmann and Walther Zimmerli, "χάρις," *TDNT* vol. IX, 396.

것은 나중에 칭찬으로 돌아온다. 그런데 중요한 건 이 은혜라는 게 어디서 비롯되느냐이다. 은혜가 어디에서 나올까?

> 창 6:8 그러나 노아는 **여호와께 은혜를 입었더라** (노아는 주
> 하나님의 시선에서 은혜를 발견했다)
> 『눈으로 듣는』 눅 1:30 그러자 말했습니다, 천사가 그녀에게,
> "그만 겁먹어라, 마리암아! 왜냐면 (네가) **발견했기 때문이다,**
> **은혜를 하나님 계신 데서!**"
> 요 1:17 율법은 모세로 말미암아 주어진 것이요 **은혜와 진리**
> **는 예수 그리스도로 말미암아 온 것이라**
> 롬 1:7 로마에서 하나님의 사랑하심을 받고 성도로 부르심을
> 받은 모든 자에게 **하나님 우리 아버지와 주 예수 그리스도로부**
> **터 은혜와 평강이** 있기를 원하노라

구약과 신약에서 χάρις(카리스)가 맨 처음 나오는 곳이다. 노아가 하나님의 시선에서 은혜를 발견했다는 말에서 은혜가 처음으로 등장한다. 신약에는 마리아다. 천사가 하나님의 은혜를 발견했다 말했다. 즉 모든 경우에 은혜를 발견한 자는 사람이지만, 그 은혜를 준 분이 하나님이시기에 하나님의 은혜를 입은 자를 말할 때 χάρις(카리스)라는 단어를 쓴 것이다. 바울이 이를 알았을까? 복음 담가 중 '은혜'라는 말을 누가와 요한만 썼는데, 둘 다 동일하게 출처가 하나님과 예수님이라고 증언한다. 그것은 그의 구원에 대한 경험에서 비롯되기 때문이다.[34]

바울도 롬 1:7에서 명확하게 은혜는 하나님과 예수님으로부터 옴을 밝힌다. 그는 여기뿐 아니라, 어느 교회든 편지를 보낼 때마다 거의 공식문

---

34 Ibid., 393.

구처럼 은혜와 평강이 두 분으로부터 온다고 항상 말한다.[35] 바울은 예수님의 은혜로 사도가 된 자이다. 두 분의 호의로 자기 죄를 탕감 받았다. 자기의 허물을 봐주지 않으셨더라면, 목숨은 어찌 부지했으며, 성령의 능력은 또 어찌 받았겠는가? 그는 철저하게 하나님과 예수님께로부터 나온 은혜로 제 2의 삶을 살았기에 그 말을 한 것이다.

그래서 바울은 몸으로 고생은 했지만 평화를 누리며 살았다. 더 이상 죄를 짓지 않으려는 불안 속에 살지 않아도 됐다. 평화 역시, 인간이 그걸 하려고 애쓸 순 있으나, 참 은혜와 평화는 두 분한테서만이 나옴을 그는 몸으로 느낀 것이다.

은혜라는 것은 거저 주어지는 것이다. 하나님과 예수님의 호의에서 비롯된 선물이다. 인간은 태어나면서부터 은혜를 입었지만, 어디 사람이 그걸 알던가! 내가 복이 많아서라 그러고, 부모를 잘 만나 그렇다 그러고, 내가 잘해서 좋은 일이 생긴 거라 그런다. 은혜를 도통 시인하려 들질 않는다. 그러나 내가 지금껏 누린 모든 것이 하나님과 예수님의 은혜임을 아는 순간, 우리는 감사하게 된다. 그리고 어떻게 하는가? 그 기쁨에 은혜를 다른 이에게 흘려보낸다. 나에게 딱히 좋은 걸 주지 않은 자들한테도 호의를 베푼다.

즉, 용서는 은혜를 발견한 자만이 할 수 있다. 바울은 누구보다도 하나님과 예수님으로부터 은혜를 입었기에, 자기의 죄들을 봐주신 호의를 받았기에 다른 이들에게도 호의를 베풀라고 말할 수 있었다. 용서하는 것은 호의를 베푸는 것이다. 뭔가 대가성 행위가 아니라, 거저 주는 것이다. 거저 줘 본 사람은 안다. 그 주는 것만으로 위에 서게 됨을. 은혜를 받는 것도 기분 좋지만, 은혜를 베푸는 것은 더 기분 좋은 일이다.

바울이 잘못한 자들을 χαρίζομαι(카리조마이)하라고 한 것은 하나님과

---

35   고전 1:3; 고후 1:2; 갈 1:3; 엡 1:2; 빌 1:2; 골 1:2; 살후 1:2; 몬 1:3.

예수님처럼 은혜를 베풀라는 뜻이다. 높은 위치에 서서 그냥 봐줘라는 뜻
이다. 이미 네가 은혜를 입었으니. 은혜를 이미 경험한 자는 남에게도 은
혜를 베풀 수 있기 때문이다. 어떻게 보면 감사해하는 마음이 있는 가운데
나올 수 있다. 그래서 감정적인 용서를 엡 4:31-32에서 말했을 것이다.[36]

　복음서에서 용서하다는 의미로 쓴 동사는 ἀφίημι(아피에미)라고 말했
다. 두 동사 중 어느 것이 더 파격적인가? χαρίζομαι(카리조마이)다. 거저
아무 대가없이 주라고 하기 때문이다. 놔두고 떠나는 것보다 한 발 더 나
간 행동이다. 나에게 잘못한 자에게 호의를 베풀 수 있는 이유는 하나님과
예수님으로부터 먼저 은혜를 받았기 때문이다. 뒤집어 말하면, 용서하는
자는 하나님으로부터 은혜를 받았음을 가시적으로 보여주는 것이다. 먼저
은혜를 받지 않았으면 호의를 베풀지 못했을 것이므로.

　간단하게 정리하면, 용서는 나에게 잘못을 행한 자를 놔두고 떠나는 것
이다. 내 마음을 그자에게서 버리는 것이다. 그리고 그자가 하고 싶은 대
로 하게 놔두는 것이다. 그런 행위는 그자가 나에게 입힌 상처만큼 돌려주
겠다는 마음을 버린 것이다. 빚을 돌려받지 않듯이, 그 잘못을 되돌리지
않는 것이다. 나는 하나님과 예수님으로부터 은혜를 거저 받았기에, 나 또
한 그자에게 호의를 베푸는 것이다. 이런 행위를 다 하는 것이 용서가 아
니다. 이것들 중 하나만 해도 용서하는 것이다.

36　엡 4:31 너희는 모든 악독과 노함과 분냄과 떠드는 것과 비방하는 것을 모든
악의와 함께 버리고 32 서로 친절하게 하며 불쌍히 여기며 서로 용서하기를 하나님
이 그리스도 안에서 너희를 용서하심과 같이 하라; Glen Pettigrove, "Forgiveness
and Intrepreatation," *Journal of Religious Ethics* 35/3(2007), 431-32.

7. 사람의 아들의 뜻

2:10에서 예수님은 사람의 아들이 죄를 용서하는 권세가 있다고 하셨다. 이천 년간 이 말씀은 예수님 자신이 죄 용서에 대한 권세가 있음을 대외적으로 선포한 것으로 해석해왔다. 그러나 그것은 예수님을 포함한 사람이 갖고 있는 권세를 가리킨 것이며, 그 상황에서는 중풍병자를 데리고 온 네 명이 중풍병자를 용서한 경우를 들어 하신 말씀이었다. 유대인인 예수님으로선 이 네 명이 '사람의 아들'이기에 유대어법에 따라 말하신 것이었다.

'사람의 아들'이란 용어는 헬라인들한테는 생소하다. 구약과 유대문헌에만 나오는 유대인들의 용어다. 그리스인들은 일절 쓰지 않았다.[37] 『70인역』에만 166번 나온다.[38] 그리고 사람의 아들은 사람을 가리켰다.[39] 가장 잘 알려진 예로 시 8:4과 사 51:12를 들 수 있는데, 둘 다 '사람'이라는 말을 쓴 뒤, 뒤에 같은 뜻으로 '사람의 아들'을 사용한다. 유대인들은 같은 뜻을 가진 용어들을 바꾸어가며 쓰는 말장난(wordplay)을 좋아한다. 사람을 반복해서 쓰기 보다는 '사람의 아들'이라는 말로 바꿔 쓴

---

37 대표적인 학자는 Geza Vermes, "The 'Son of Man' Dabate," *JSNT* 1 (1978): 19–32; Joseph Fitzmyer, "New Testament Title, 'Son of Man' Philologically Considered," in idem., *A Wandering Aramean: Collected Aramaic Essays*, *SBLMS 25* (Chico, CA: Scholars Press, 1979), 147–48, 152–53.

38 Philo, Vit. Mos. 1.283; 『솔로몬의 유언』, 23; Larry W. Hurtado, "Summary and Observations," in *'Who is This Son of Man?': The Latest Scholarship on a Puzzling Expression of the Historical Jesus*, LNTS 390, eds. Larry W. Hurtado and Paul L. Owen (London: T&T Clark, 2011), 159–60.

39 Geza Vermes, "The 'Son of Man' Debate," 20; 사람의 아들이란 용어의 출처 근원이 예수에게서 비롯되지 않았다고 여기는 학자들도 있다. 이 용어의 근원부터 사용된 용례에 대한 자세한 설명은 다음을 참조하시오. Adela Yarbro Collins, "The Origin of the Designation of Jesus as "Son of Man," *Harvard Theological Review* 80 (1987), 391–407.

것이다.

> 시 8:4 **사람이**(ἄνθρωπος) 무엇이기에 주께서 그를 생각하시며
> **인자가**(υἱὸς ἀνθρώπου) 무엇이기에 주께서 그를 돌보시나이까
> 사 51:12 이르시되 너희를 위로하는 자는 나 곧 나이니라 너
> 는 어떠한 자이기에 죽을 **사람을**(ἀνθρώπου) 두려워하며 풀 같이
> 될 **사람의 아들을**(υἱοῦ ἀνθρώπου) 두려워하느냐

하나님이 다른 어떤 존재보다 더 생각하며 돌보는 존재는 사람이다. 사
람의 아들이다. 유대인들만 쓴 이 말은 신분고하를 막론하고 그저 한 사람
의 아들에 불과한 존재임을 강조한다. 주변 세계에서 왕이나 탁월한 자를
신의 아들이라 부를 때, 유대인들은 그들 또한 한 사람의 아들일 뿐이라 한
것이다. 한낱 사람에 불과한 존재이므로 신처럼 떠받들 필요도 없고, 두려
워할 필요도 없다고 말이다.

사 51:12의 여러 판본을 보면 더 정확하게 이해할 듯하다.

개역개정	새번역	공동번역
이르시되 너희를 위로하는 자는 나 곧 나이니라 너는 어떠한 자이기에 죽을 사람을 두려워하며 풀 같이 될 사람의 아들을 두려워하느냐	"너희를 위로하는 이는 나, 바로 내가 아니냐? 그런데 죽을 인간을 두려워하며, 한갓 풀에 지나지 않는 사람의 아들을 두려워하는, 너는 누구냐?"	"너희를 위로할 자, 나밖에 또 누가 있으랴? 어찌하여 너희는 죽을 인생을 겁내느냐? 말라 버릴 풀 같은 인생을 겁내느냐?"

오래간만에 『공동번역』까지 가져와봤다. 하나님이 왜 사람을 두려워하
느냐며 꾸짖을 때, 사람을 앞에서는 '죽을 사람(ἄνθρωπος(안트로뽀스)'이

라고 하고, 뒤에서는 '풀 같이 될 사람의 아들(υἱοῦ ἀνθρώπου)'이라 부른다. 『개역개정』과 『새번역』은 그래도 말을 그대로 살렸다. 공동번역은 똑같이 뭐라 옮겼는가? '인생'이다. '사람'이나 '사람의 아들'이나 다 '인생'이란 같은 뜻을 지니고 있음을 강조한 것이다.

원문 그대로 번역하는 게 별 거 아닌 것 같지만, 하나, 하나 그대로 하면 티끌 모아 태산이 되듯 진짜 원래의 메시지가 드러날 때가 있다. 우리나라 신약계에 원로학자 박창환교수가 있다. 이분이 『새번역』을 책임지고 내신 뒤, 나중에 따로 신약을 사역해 내셨었다. 그 책에 그분의 한 서린 속내를 표하셨다. 『새번역』성경을 낼 때 '인자'가 다분히 잘못 이해돼 사용될 수 있으니, '사람의 아들'로 풀어서 번역하는 게 좋겠다고 제안을 했는데, 교단에서 문제시삼아 신학교 교수직을 일시 박탈당하고, 1년 이상 교단에 서지 못하게 되는 사건을 겪었다는 것이다.[40] 예수님이나 마가가 들었으면, 코웃음을 치시며 답답해 하셨을 일이다.

개역개정	새번역
겔 2:1 그가 내게 이르시되 인자야 네 발로 일어서라 내가 네게 말하리라 하시며 단 8:17 그가 내가 선 곳으로 나왔는데 그가 나올 때에 내가 두려워서 얼굴을 땅에 대고 엎드리매 그가 내게 이르되 인자야 깨달아 알라 이 환상은 정한 때 끝에 관한 것이니라	겔 2:1 그가 나에게 말씀하셨다. "사람아, 일어서라. 내가 너에게 할 말이 있다." 단 8:17 그러자 그는, 내가 서 있는 곳으로 가까이 왔는데, 그가 올 때에 나는 무서워서 엎드렸다. 그가 나에게 말하였다. "이 사람아, 그 환상은 세상 끝에 관한 것임을 알아라."

사람을 사람의 아들이라 부르는 대표적인 경우가 에스겔서이다. 천사

---

[40] 그러나 이분이 우려한 인자의 오해는 인자(人子)를 인자(仁者)로 봐서이다. 박창환, 『청포 박창환 전집: 1. 신약성경 사역』, 청포 박창환 전집 출판위원회 (서울: 한들출판사, 2012), 10.

가 에스겔을 부를 때 '사람의 아들아!'(υἱὲ ἀνθρώπου)'라고 부른다. 무려 94번이나. 그런데 보다시피 『개역개정』은 '인자야!'라고 불렀고, 『새번역』은 '사람아!'라고 옮겼다. 다니엘서에서도 천사가 다니엘을 부를 때 '사람의 아들아!'라고 부른다(8:17). 물론 한글본은 '인자, 이 사람아'라고 옮겨져 있는데, 어떤가? 예수님을 가리키는가? 아니질 않는가? 이 외에도 정경에는 못 들어왔지만, 에녹서, 솔로몬의 유언 등에서도 천상계의 존재가 아닌 일반 사람을 가리키기 위해 '사람의 아들'이란 말이 제법 쓰인다. 즉 유대인들은 전통적으로 '사람의 아들'이란 말을 '사람' 대신에 써왔다.

그런데 예수님 때문에 헷갈림이 생겼다. 예수님 이전에 '사람의 아들'은 그저 사람을 가리키는 어구였는데, 예수님이 자신을 가리켜 사용한 말로 이해되었기 때문이다.[41] 묵시문학에서 등장하는 천상적 초월적인 인물, 나중에 고양되는 존재를 말한 것이라고 해석했다.[42] 그러나 대체적인 의견은 예수님이 사용하실 때의 대상은 자신이라는 것이었다. 그러나 다 예수님 자신을 가리켰다고 보기에는 문제가 있다. 시 8:4처럼 안식일 논쟁에서 예수님은 사람을 가리키는 뜻으로 사용하기 때문이다.

> 『눈으로 듣는 마가』 막 2:27 그리고 말하고 또 말하셨습니다, 그들한테. "안식일이 사람으로 말미암아 생겼지, 아닙니다! 사람이 안식일로 말미암아 (생긴 건).
> 28 하여 주인입니다. 사람의 아들은 안식일에서도요!"

---

41 시 8:4 역시 이 사람의 아들이 예수를 가리키는 것으로, 그래서 예수의 수난과 높임 받으심에 대한 한 암시로 해석했다고 본다(히 2:6-8; 고전 15:27). A. 바이저, 『시편(I)』, 국제성서주석, 김이곤 옮김 (천안: 한국신학연구소, 1992), 192.

42 대표적인 학자가 J. Héring, E. Sjöberg, P. Vielhauer, R. Bultmann, H. E. Tödt, J. Knox 등이 있다. 이 주장은 죄 용서와 관련해 묵시문서에서 등장하는 사람의 아들이 죄를 용서하는 권한을 가진 경우가 없어 문제가 있다. Lewis S. Hay, "The Son of Man in Mark 2:10 and 2:28," *JBL* 89 (1970), 69-70, 72-73.

막 2:27은 마가만이 전하는 말씀인데, 여기에서 말한 사람의 아들이 예수님 자신을 말하는 것 같은가? 27절과 28절은 연결돼 해석돼야 한다. [43] 안식일은 사람을 위해 생긴 것이므로, 안식일의 주인은 사람이라고 해석해야 가장 무난하다. 유대인들의 말장난 어법을 사용한 말로써, 사람의 아들은 우리 인간이다. 안식일이 생긴 연유가 사람이므로, 안식일의 주인이 사람임을 말하는 것이다. [44] 그러나 학자들은 유대인들처럼 사람이 안식일의 주인이라고 주장하는 것이 파격적이라고 여긴다. 구약에서 안식일은 하나님의 것이라 말하므로, 사람이 안식일의 주인이라는 주장을 예수님이 하지 않았을 것이라고 대부분 평가한다. [45] 심지어 맨슨(T. W. Manson)은 27절의 사람도 '사람의 아들'이었다고 주장했다. 그래서 '안식일은 사람의 아들 때문에 생겼지, 아닙니다. 사람의 아들이 안식일 때문에 생긴 건'이라고 읽어야 한다고 말했다. [46]

---

43   헐트그렌은 연계해서 해석돼야 한다고 보고서도, 29절의 급진성 때문에 27절과 28절이 한 문서로 보지 않았다. 서로 다른 전승이었다가 편집된 것으로 이해한다. A. J. Hultgren, "The Formation of the Sabbath Pericope in Mark 2:23-28," *JBL* 91 (1972), 38-39.

44   그래서 토레이(C. C. Torrey)는 사람의 아들을 '사람'이라고 옮겨 번역하였다: The sabbath was made for man, and not man for the sabbath; therefore man is master of the sabbath. 앞의 글을 참조하시오. 39; J. Wellhausen, *Das Evangelium Marci* (Berlin: George Reimer, 1909), 20; idem., *Einleitung in die ersten drei Evangelien*, 2nd ed. (Berlin: G. Reimer, 1911), 129; Adela Yarbro Collins, *Mark*, 187-88에서 재인용; F. J. F. Jackson and K. Lake, *The Beginnings of Christianity*, I, 5 vols. (London: MacMillan, 1920-33), 378-79.

45   A. E. J. Rawlinson, *The Gospel According to St. Mark with Introduction, Commentary and Additional Notes, Westminster Commentaries* (London: Methuen, 1925), 34; Morna D. Hooker, *Son of Man in Mark* (London, 1967), 94; Vincent Taylor, *The Gospel According to St. Mark*, 219-20; Robert A. Guelich, *Mark 1-8:26*, WBC 34a (Dallas: Word Books, 1989), 125.

46   T. W. Manson, "The Son of Man in Daniel, Enoch, and the Gospels," in *Studies in the Gospels and Epistles*, ed. Matthew Black (Manchester: Manchester University Press, 1962), 143.

마태와 누가는 막 2:27을 뺐다(마 12:7하; 눅 6:4하). 그래서 '사람의 아들'이 사람을 의미하는지 여부가 명확하지 않다. 그러나 마가의 이야기 맥락상 2:27과 연결돼 있기에 안식일의 주인은 명확히 사람이다. 그래서 안식일 논쟁에서 2:27이 백미다. "안식일이 사람 때문에 생긴 것이라면 (27절), 안식일의 주인은 당연히 사람이다(28절)."[47] 마가는 예수님은 '사람의 아들'을 사람으로 사용했음을 한 번 더 알려주는데, 바로 3:28이다.

> 『개역개정』3:28 내가 진실로 너희에게 이르노니 **사람의**(τοῖς υἱοῖς τῶν ἀνθρώπων) 모든 죄와 모든 모독하는 일은 사하심을 얻되

예수가 귀신들을 쫓아내자 시기하고서 바알세불의 힘으로 쫓아낸다고 비방했을 때 예수가 한 대답이다. 『개역개정』의 '사람'은 원문으로는 '사람의 아들들(τοῖς υἱοῖς τῶν ἀνθρώπων)'이다.[48] 사람의 아들의 복수형이다. 명사에 다 정관사가 붙었다. 사람들을 가리켜서 유대인들이 가끔 쓰던 어법이다.[49] 『새번역』도 이를 '사람들'이라 옮겼다. 예수님은 '사람의 아들'을 당신 자신이 아닌 일반 사람을 가리키는 용어로도 썼던 셈이다. 이를 두고 단수

---

47 김충연, "예수는 안식일의 주인인가? 안식일의 폐기를 말하는가?," 「신약논단」28 (2021), 372-73. 김충연은 사람이 안식일의 주인이며, 여기서 '사람의 아들'은 모든 '인간'을 지칭한다고 볼 수 있다 말을 하면서도, 결국은 메시야로서의 인자인 예수를 가리킨다고 말한다. 예수 안에 다 들어간다고 해버림으로써 예수로 귀속시키고 말았다.

48 『개역개정』은 각주에다 '인자들의'라고 적어놓았다.

49 예로는 창 11:5(여호와께서 **사람들이**(οἱ υἱοὶ τῶν ἀνθρώπων, 사람들의 아들들이) 건설하는 그 성읍과 탑을 보려고 내려오셨더라; 시 11:4(여호와께서 그 성전에 계시니 여호와의 보좌는 하늘에 있음이여 그 눈이 **인생을**(τοὺς υἱοὺς τῶν ἀνθρώπων) 통촉하시고 그 안목이 저희를 감찰하시도다; 11:2 여호와여 도우소서 경건한 자가 끊어지며 충실한 자가 **인생 중에** 없어지도소이다. 그 외 11:9; 13:3; 30:20; 33:13; 36:7; 45:2; 49:2; 53:2; 58:1(**인자들아** 너희가 당연히 공의를 말하겠거늘 어찌 잠잠하느뇨 너희가 정직히 판단하느뇨); 62:9; 66:5; 89:49; 107:8, 15, 21, 31; 115:16; 145:12; 욜 1:12; 렘 39:19; 단 3:82.

로 말해야 하는데, 잘못해서 복수로 말했다든가,[50] 마가의 셈어식 어투로 돌리는데, 그것은 적합지 않다.[51]

예수님이 그렇게 말한 것으로 봐야 한다. 그것은 마태복음에서 증명된다. 마태는 똑같은 말씀을 전하면서 '사람의 아들들'이라 하는 대신 '사람들에게(τοῖς ἀνθρώποις)'라고 바꿨다. 마태 당시 '사람의 아들'을 예수님에게로만 귀속시키려는 경향을 고려해 '사람의 아들들'이라는 용어를 지워버렸다. 그러나 예수님이 뜻한 바는 사람이다. 재미난 곳은 누가복음이다. 누가는 이 말씀만을 다른 상황으로 옮겼다(눅 12:10).[52] 바리새파의 누룩을 조심하라 경고하면서, 나를 부인하는 자에 대해서도 경고했는데, '사람의 아들'이 예수 자신을 가리키는 것으로 사용한 것이다.

> 12:9 사람 앞에서 **나를** 부인하는 자는 하나님의 사자들 앞에
> 서 부인을 당하리라
> 10 누구든지 말로 **인자를** 거역하면 사하심을 받으려니와 성령
> 을 모독하는 자는 사하심을 받지 못하리라

그러나 누가는 예수님을 부인하는 자에 대해 이야기를 했지만, 사람들에게 죄짓는 것이 사함 받을 수 있다는 말을 한 것은 아니다. 마가가 전달하는 것처럼 예수님은 용서받을 수 있는 죄와 용서받지 못하는 죄를 같이 이야기하셨을 것이다. 예수님은 '사람의 아들'을 일반 사람과 자신을 가리키는 용도로 중첩 사용하셨다고 보는 것이 맞다. 마가는 예수님의 이중적

---

50 R. Bultmann, *The History of the Synoptic Tradition*, 131. 이에 대한 자세한 설명은 다음을 참조하시오. Adela Yarbro Collins, *Mark*, 234, n. 150.

51 R. T. France, *Mark*, 176.

52 예수님의 능력에 대한 비방논쟁은 눅 11:14-23에 있다. 그런데 거기에서는 이 말씀을 빼버렸다.

사용을 알고 있으면서, 또 한 편 초대 기독교인들이 사람의 아들을 예수님에게 한정지어 해석하려는 움직임도 알았을 것이다. 그러나 마가는 예수님이 활동 초창기에 당시 유대인들처럼 '사람의 아들'을 일반 사람을 가리키는 용도로도 써왔음을 과감히 드러냈다.

중풍병자 사건에서 '사람의 아들'이 죄를 용서하는 권세를 가지고 있다 하셨을 때의 사람의 아들은 사람이다. 마태도 예수님의 의중을 알았기에 똑같은 사건을 전하면서 마지막에 다음과 같이 말한다.

> 마 9:8 무리가 보고 두려워하며 **이런 권능을 사람에게 주신 하나님께 영광을 돌리니라**

이런 권능을 예수님에게 주셨다 하지 않았다. 간단하게 '사람'에게 주셨다 했다. 마태도 이 때 예수님이 발언하신 '사람의 아들'은 사람임을 그 자리에 있던 무리들은 알았다고 한 것이다.[53] 마태는 누구보다도 가장 유대인으로서의 자부심을 가진 자이다. 그러나 예수님의 말뜻을 제대로 알아듣고 가장 명확히 밝힌다. 마태는 그 외 다른 가르침에서도 사람이 다른 사람의 죄를 용서하는 권한을 행사할 수 있음을 전한다(18:15-18).[54]

---

53 '사람들에게'라는 말을 '사람들을 위해'라는 말로 해석하는 이들도 있다. 죄 용서의 권한은 오로지 예수님께만 있지, 다른 이에게 있다고 하는 것을 부담스러워 하는 것이다. 그러나 이것은 마태의 어법상 그런 법이 없다; 참. Wolfgang Schenk, "Den Menschen 'Mt 9,8," ZNW 54 (1963), 275. 이에 대한 논의는 다음을 참조하시오; Ulrich Luz, Matthew 8-20: A Commentary, Hermeneia (Minneapolis: Fortress Press, 2001), 28-29.

54 마 18:15 네 형제가 죄를 범하거든 가서 너와 그 사람과만 상대하여 권고하라 만일 들으면 네가 네 형제를 얻은 것이요 16 만일 듣지 않거든 한두 사람을 데리고 가서 두세 증인의 입으로 말마다 확증하게 하라 17 만일 그들의 말도 듣지 않거든 교회에 말하고 교회의 말도 듣지 않거든 이방인과 세리와 같이 여기라 18 진실로 너희에게 이르노니 무엇이든지 너희가 땅에서 매면 하늘에서도 매일 것이요 무엇이든지 땅에서 풀면 하늘에서도 풀리리라

8. 예수님의 구원 양태

이 이야기는 정말 너무나도 많은 요소들을 담고 있다. 예수님의 발언에 대해 오해된 점도 있다 보니 다룰 것이 많았다. 마지막으로 볼 점은 예수님의 구원활동에서 알 수 있는 요소들이다. 예수님이 중풍병자에게 "당신 죄가 용서받고 있다"고 했을 때, 서기관들 중 몇몇이 마음속으로 말도 안 된다고 생각했는데, 예수님은 그것을 알아채셨다. 마가는 이를 '예수님의 영으로' 알았다고 말한다. 마음은 눈에 안 보이지 않는가? 그래서 열 길 물속은 알아도, 한 사람 마음은 알 수 없다고 할 만큼 파악하기 쉽지 않다. 변화무쌍하다. 하지만 그 모든 마음속을 꿰뚫어보는 것이 바로 영, 하나님의 영이다.

영은 눈에 보이지 않는다고 해서 부인할 수 있는 존재가 아니다. 실재한다. 귀신이 존재하는 것처럼 우리 안에 우리의 영도 있고, 예수님의 영도 있다. 그런데 영은 마음과 연결돼 있다. 2:8을 『새번역』에서 이렇게 옮겼다: "예수께서, 그들이 속으로 이렇게 생각하는 것을 곧바로 **마음으로** 알아채시고". 『새번역』의 역자가 누군지 모르겠으나, 영은 마음과 직결돼 있다고 한 것이다. 이 역자의 일관성은 8:12에서도 드러난다.[55]

---

55 『개역개정』에서도 8:12은 '마음속으로'라고 옮겼다. 그러나 2:8에서는 '중심에'라고 옮겼다; 참. 2:8 그들이 속으로 이렇게 생각하는 줄을 예수께서 곧 **중심에** 아시고 이르시되 어찌하여 이것을 마음에 생각하느냐; 8:12 예수께서 **마음속으로** 깊이 탄식하시며 이르시되 어찌하여 이 세대가 표적을 구하느냐 내가 진실로 너희에게 이르노니 이 세대에 표적을 주지 아니하리라 하시고

새번역	눈으로 듣는 마가
예수께서는 마음속으로 깊이 탄식하시고서 말씀하셨다. "어찌하여 이 세대가 표징을 요구하는가! 내가 진정으로 너희에게 말한다. 이 세대는 아무 표징도 받지 못할 것이다."	그러자 그분 영으로 한숨을 길게 내쉬고선 말하시는 겁니다. "어찌 이 세대는 징표를 찾습니까? 진실로 말합니다, 여러분한테. 만일 이 세대한테 징표가 주어진다면!"

내가 생각하고 마음먹은 바를, 입 밖으로 내지 않아도 하나님은 아신다. 생각으로만 기도드렸던 것이 이뤄지는 것을 경험했을 것이다. 마음과 영, 나아가 생각과 영은 직결돼 있다. 어떤 마음을 먹느냐에 따라 내 영의 상태도 달라진다. 하나님은 영이시기에 우리가 마음 아파할 때에 하나님도 똑같이 느끼신다.

> 시 139:2 내가 앉아 있거나 서 있거나 주님께서는 다 아십니다. 멀리서도 내 생각을 다 알고 계십니다.
> 3 내가 길을 가거나 누워 있거나, 주님께서는 다 살피고 계시니, 내 모든 행실을 다 알고 계십니다.
> 4 내가 혀를 놀려 아무 말 하지 않아도 주님께서는 내가 하려는 말을 이미 다 알고 계십니다.
> 행 15:8 또 마음을 아시는 하나님이 우리에게와 같이 그들에게도 성령을 주어 증언하시고

그래서 시편 139편 기자는 하나님이 내 생각을 다 알고 계신다고 고백하였다. 혀를 놀려 아무 말 하지 않아도 하려는 말까지 다 알고 계신다고 말이다. 행 15장에서 베드로도 똑같은 고백을 한다. 하나님은 마음을 아시는 분이라는 것이다. 마음과 영이 직결돼 있어서 그렇다. 예수님도 하나님

과 함께 계셨을 때에는 영으로서 존재하셨다. 그래서 그분 영으로 그들의 마음속을 꿰뚫어보신 것이다.

마가를 비롯, 담가들이 중풍병자의 일화를 열심히 전한 것은 지금껏 필자가 다룬 요소들, 즉 예수님의 능력, 죄, 용서도 있지만 대개 네 명의 믿음을 말하기 위해서이다. 이 중풍병자가 나은 것은 죄 회개도 있었지만, 그를 데려온 네 명의 믿음 때문이었다. 물론 그 중풍병자를 용서한 마음보도 중요했다. 그자가 얼마나 개과천선했는지 모른다. 그러나 어쨌든 허물이 있는 인간이다. 어떤 인간도 주위 사람과 갈등 없이 지낼 순 없다. 서로의 기질이나 형편을 몰라서 상처 주는 것이 사람이다. 이 네 명은 그 모든 것을 다 딛고 오롯이 그자를 낫게 하고픈 마음으로 희생했다.

믿음에는 무엇이 포함돼 있는가? 희생과 행동이 들어가 있다. 예수님이라면 이자를 낫게 해 주실 거라는 마음에 예수님이 탄복하셨다. 한 사람의 문제가 해결되기 위해서 꼭 그자의 회개나 믿음이 필요한 게 아니다. 때로는 여기처럼 주변 사람들의 믿음으로도 해결된다. 믿음도 없고, 회개도 하지 않았고, 착하지도 않는데 교회에 나갔다는 이유 하나만으로, 교회 식구들의 기도와 헌신만으로 해결되는 경우를 왕왕 본다. 바로 중풍병자의 경우이다.

여러분이 예수님께 기도 드렸는데, 금방, 또는 아주 쉽게 문제가 해결된 경우가 있었을 것이다. 이럴 때 '내가 하나님이 기뻐하는 기도를 제대로 드려서 되었구나!' 또는 '하나님이 나를 참 예뻐하시구나!'라고 생각한다. 본인이 잘해서 구원을 받았다고 여긴다. 그러나 몰라서 그렇지 여러분을 위해 기도한 이들이 있었을 것이다. 여러분의 문제가 해결되기를 간절히 기도한 이들 때문에 하나님이 움직이셨음을 생각해야 한다. 이 중풍병자처럼. 뒤집어 보면, 그래서 중보기도와 전도가 중요하다. 누군가를 위해 애쓰는 것을 보고 예수님의 마음이 움직이시기 때문이다.

9. 결론

이 사건은 회개, 용서, 믿음, 능력 등이 한데 어우러져 있다. 여기서는 오랜 기간 오해된 용서에 집중해 해석했다. 용서를 말하지 않는 종교는 없다 한다. 힌두교 문서에도 신과 인간 사이, 그리고 인간간 사이의 용서에 관한 이야기가 있다 하고, 불교 역시 연민(compassion), 참을성(forbear-ance)과 더불어 용서를 강조한다 한다.[56] 그러나 기독교만큼 용서를 강조한다고 보지 않는다. 그래서 그만큼 기독교인들은 용서에 대한 부담감을 많이 가지고 있다. 특히 이것은 본인 죄들의 탕감과 직결돼 있어 용서를 시도 안 해본 이는 아마 없을 것이다. 그리고 해본 자라면, 그것이 얼마나 어려운지도 안다.

예수님은 중풍병자 한 명을 고치겠다고 네 명이 온갖 비지땀을 흘리며 수고하는 것을 보고서, 그 네 명의 용서를 읽었다. 중풍병자인들 그 수고를 몰랐을까? 알면서도, 낫고 싶어서 가만히 있지 않았겠는가? 자기의 욕심에 수고하는 지인들을 보면서 미안한 얼굴을 했을 것이다. 그 네 명은 환자를 용서했다는 것조차도 아마 몰랐을 것이다. 그러나 중풍병자가 그들에게 상처를 주었을지 여부는 알 수 없지만, 중풍병자가 죄인이었음은 명확하며, 네 명은 그를 위해 그 정도 수고하는 것은 진정으로 용서해야 가능한 일이다. 예수는 그것을 읽어냈다. 그러나 용서는 하나님만이 하신다는 고정관념에 사로잡혀, 서기관들은 용서하고 살았으면서도 예수의 발언을 수용하지 못했다.

남을 용서하는 것은 궁극적으로는 나를 위한 일이다. 내 유익을 위해 해야 하지만, 그 과정 역시 나의 권한을 높게 확장하는 일이다. 하나님의 권

---

56   M. S. Rye, et. al., "Religious Perspectives on Forgiveness," in *Forgiveness: Theory, Research, and Practice*, eds., M. E. McCullough, K. I. Pargament, & C. E. Theresen (New York: Guilford, 2000), 17–40.

한까지 침범해서 월권하는 일이기 때문이다. 죄인인 우리는 타인을 죄인이라 규정할 권한이 없다. 그러나 하나님은 그 점에 있어서 우리에게 이 땅에 사는 동안 죄를 마음대로 규정할 권한을 부여하셨다. 남을 용서할 때는, 하나님만이 하실 수 있는 권한을 주신 것이다. 예수님은 그것을 정확하게 꿰뚫어 이해하고 사람에게 권세가 있다고 선포했다.

용서는 누군가에게 예수님처럼 은혜를 베푸는 것이다. 우리는 하나님과 예수님으로부터 은혜를 입었다. 사랑도 받아본 자가 할 줄 아는 법이다. 은혜를 받아본 자가 어찌 은혜를 베풀지 못할까? 용서는 누군가의 큰 빚을 탕감해주는 자의 위치에 서는 일이다. 중풍병자의 일화를 해석하면서 깨닫는 점은 용서하는 일은 내 자신을 엄청난 권세를 쥔 자의 위치에 놓는다는 것이다. 예수의 명령에 의해 어쩔 수 없이 억지로 해야 되는 일이 아니라, 모두가 원하는 영광스러운 자리에 앉는 일인 것이다. 예수님만 죄 용서를 하는 권한을 쥔 게 아니라, 실상은 우리 인간 모두가 죄 용서를 하는 권한을 쥐고 살고 있었음을 예수님은 간파하시고, 인간이 얼마나 높은 권한을 가진 존재임을 말하셨다.

막 2:13-17, 레위라는 세리는 누구인가?

13 그리고 나가셨습니다, 다시 바닷가로. 그러자 모든 군중이 계속 왔습니다, 그분 쪽으로. 그러자 **그들을** 가르치고 가르치셨습니다.

14 그리고 거쳐 가다 직접 보셨습니다. 레위, 곧 알패오 아들이 **세관에** 앉아 있는 걸요. 그런데 말하시는 겁니다, 그에게. "나를 계속 좇으세요!" 그러자 일어서 **그분을** 좇았습니다.

15 그리고 일이 있는 겁니다.[57] 드러누워 있는 동안에,[58] ─ 그가 자기 집에서요, ─ 그런데 많은 세리들과 죄인들도 같이 계속 기대앉아 있었습니다.[59] 예수님하고 그분 제자들하고요. 왜냐면 (그들이) 많았기 때문이었습니다. 또 **그분을** 계속 좇았기 때문이었습니다.

16 그런데 **바리새파들 중에서** 서기관들이 (그분이) 먹는 걸 직접 보고선, ─ 죄인들하고 세리들하고 함께요, ─ 말하고 또 말했습니다, 그분 제자들한테. "세리들하고 죄인들하고 함께 먹네요?"

17 그러자 듣고선 예수님이 말하시는 겁니다, 그들한테. "안 필요 합니다, 강한 자들은 의사가. 오히려 나쁜 걸 갖고 있는 자들이지요. (전) 오지 않았습니다. **의로운 자들을** 부르려고요. 오히려 죄인들이지요."

---

57 καὶ γίνεται, 구약에 조금 있음(5회), 그리고 일이 있는 겁니다(마 12:45; 13:32; 막 2:15; 4:32, 37; 눅 11:26; 삼상 5:9; 14:1; 잠 24:31뿐), 그리고 됩니다(눅 12:54, 55뿐; 삼상 25:42; 삼하 14:27). 잘 안 쓰는 말투.

58 κατάκειμαι(까따께이마이), 드러눕다, 구약에는 2회 등장, 막 1:30; 2:4, 15; 14:3; 눅 5:25, 29; 7:37; 요 5:3, 6; 행 9:33; 28:8; 고전 8:10; 잠 6:9; 23:34뿐 (잠 6:9 게으른 자여 네가 어느 때까지 누워 있겠느냐 네가 어느 때에 잠이 깨어 일어나겠느냐). 식사하는 경우를 말하는 경우 ─ 막 2:15; 눅 5:29; 고전 8:10; 크세노폰, 심포지움, 1.14.

59 συνανάκειμαι(쉬나나께이마이), 같이 기대앉다, 구약에 없음, 마 9:10; 14:9; 막 2:15; 6:22; 눅 7:49; 14:10, 15. 공관복음서에만 등장.

1. 세리 레위는 과연 누구인가?

이 이야기는 짧은데도 불구하고 누가와 마태에도 있다. 세 군데에 있다는 것은 중요하다는 뜻이다. 그래서 세 개를 동시에 놓고 봐야 좋다.

마태	마가	누가
9:9 그리고 거쳐 가다 예수님은 거기에서 직접 보셨습니다. 사람이 세관에 앉아 있는 것을요. 마태라 말해지는데, 그런데 말하시는 겁니다, 그에게. "나를 계속 좇으세요!" 그러자 일어서 그분을 좇았습니다.	2:14 그리고 거쳐 가다 직접 보셨습니다. 레위, 곧 알패오 아들이 세관에 앉아있는 것을요. 그런데 말하시는 겁니다, 그에게. "나를 계속 좇으세요!" 그러자 일어서 그분을 좇았습니다.	5:27 그리고 이런 것들 뒤 나가셨습니다. 그리고 세리를 똑똑히 보셨습니다. 이름으로 레위가 세관에 앉아 있는 것을요. 그런데 말하셨습니다, 그에게, "나를 계속 좇으세요!"

이름에 집중했으면 한다. 예수님이 만난 세리의 이름이 같지 않다. 마태는 마태라고 하고, 마가와 누가는 '레위'라 말한다. 마가는 덧붙여 알패오의 아들이라고 했다. 예수님께서 이 레위와 식사를 하신 것을 굳이 전하는 것을 보면, 이 레위는 각별한 자임이 분명하다. 여러분은 이 레위가 누구라고 생각하고 있는가? 열두 제자에 들어간다고 생각하지 않는가?

마태	마가	누가
10:2 그런데 열두 명의 사도들의 이름은 이것들입니다. 먼저 시몬, 곧 베드로라 말해지는 자와 안드레, 곧 그의 형제, 그리고 야고보, 곧 세베대의 (아들)과 요한, 곧 그의 형제, 3 빌립과 바돌로매, 도마와 마태, 곧 세리, 야고보, 곧 알패오의 (아들)과 다대오, 4 시몬, 곧 카나안인 그리고 유다, 곧 이스카롯테인, 곧 그분을 넘기기까지 한 자요.	3:16 [그리고 열둘을 만드셨습니다.] 그리고 이름을 얹으셨습니다. 시몬에게 베드로라고. 17 그리고 야고보, 곧 세베대의 (아들)과 요한, 곧 야고보의 형제를, 그리고 그들에게 얹으셨습니다. 이름[들]을 보아너게라고. 그건 우레의 아들들입니다. 18 그리고 안드레 그리고 빌립 그리고 바돌로매 그리고 마태 그리고 도마 그리고 야고보, 곧 알패오의 (아들)과 다대오와 시몬, 곧 카나안인을요. 19 그리고 유다 이스카롯인데, 이자는 그분을 넘겼습니다.	6:14 시몬, 그를 베드로라고 칭하기도 하셨습니다. 또 안드레, 곧 그의 형제와 야고보와 요한과 빌립과 바돌로매, 15 그리고 마태와 도마와 알패오의 (아들) 야고보, 그리고 시몬, 곧 열심가라 불리는 자, 16 그리고 야고보의 (아들), 유다 그리고 유다 이스카롯, 곧 변절자가 된 자요.

　　마가복음에서 열두 제자 명단 중에 알패오의 아들 레위를 찾아보면 발견하지 못할 것이다. 누가복음에도 레위는 나타나지 않는다. 알패오의 아들이 나오긴 하는데, 보다시피 '야고보'다. '레위'가 아니라. 그러면 마태는 뭐라 말할까? 예수님을 초대한 이도 세리 마태이고, 열두 제자에 포함된다.

　　마가복음의 제자 명단 중에 마태는 있다. 그러나 마가복음에서 마태라는 인물이 등장한 일이 일절 없다. 누가도 마찬가지다. 복잡하지 않은가? 그래서 지난 이천 년간 수많은 성서학자들이 씨름했다. 이 얼마 안 되는 짧은 책에서 뭐 그리 고민할 게 있을까 싶겠지만, 쉽게 해결되지 않는 문제들이 숱하게 박혀있다. 꼼꼼히 읽어보면.

2. 실타래를 쥐고 있는 마태

예수님이 만난 세리 레위가 야고보라는 이름 하나가 더 있었는지, 아니면 나중에 야고보라는 이름으로 바뀌었는지 확실치 않다. 아니면, 알패오의 아들, 레위는 열두 사도와 상관없는 인물일 수도 있다. 마가나 누가, 어느 누구도 설명을 해주지 않기 때문이다. 그런데 이 수수께끼의 실타래는 마태가 쥐고 있다. 열두 제자 명단에서 자기의 이름을 '마태, 곧 세리'라고 말하기 때문이다. 그에 반해 마가와 누가는 그냥 '마태'라고 한다. 마태의 전 직업이 무엇인지를 아예 밝히지 않았다. 무릎이 탁 쳐지지 않는가?

마태복음은 마태가 예수님 이야기를 들려준 것이다. 자기 성도들에게. 그러니 이 부분은 자신의 이야기다. 자기가 원래 세리였는데 어떻게 해서 예수님 제자가 됐는지를 까발린 셈이다. 당시 유대인들은 세리를 죄인으로 쳤다. 부자일지 몰라도 동네 사람들에게는 죄인이다. 로마 제국에 빌붙어서 동족 유대인을 등쳐서 세금을 뜯어가는 죄인. 그런데 그것을 훤히 아는 마태가 자기는 세리였다고 자백하는 것이다. 그것도 제일 잘 아는 유대 성도들 앞에. 마가와 누가가 그것을 몰랐을 리가 없다. 이들은 마태의 치부를 감싸준 것이다.

마태는 마가의 이야기를 먼저 들었던 자다. 분명히 자기 이야기인데, 자기 이름이 아닌, 생뚱맞은 '알패오의 아들 레위'라고 말하는 것을 들었을 때 기분이 어떠했을까? 열두 제자의 명단을 말할 때, 마태의 직업을 아예 거론조차 하지 않은 것을 듣고선 고맙고 미안한 마음이 울컥 치밀어 오르지 않았을까? 그런데 또 그 이야기를 들은 마태의 행동이 놀랍지 않은가? 마태는 내가 바로 세리였다고, 이 죄인인 나를 예수님이 받아들이셨다고 스스로 실토했으니 말이다.

누가도 마가의 이야기를 들었다. 그도 마가와 똑같은 마태보호를 선택했다. 마태가 부자이긴 하나, 세리였다. 우리는 그 말이 무슨 의미인지 잘

와 닿지 않는다. 일제 강점기 때의 일본 앞잡이쯤 될 것이다. 숨기고 싶은 과거다. 드러내 자랑하거나 아무렇지 않게 끄집어낼 만한 과거는 못 된다. 마태라면. 그리고 주변의 열두 제자들도 아마 그랬을 것이다. 누가는 초기 제자 무리에 들지 않았지만, 유대인으로서 그 심리를 알기에 마가와 같은 태도를 취했던 것이다.

서로의 허물을 감싸주는 모습이 아름답다. 그리고 본인은 또 부끄러운 과거를 스스로 밝힘으로써 예수님이 얼마나 대단하신 분인지를 드러낸 것이 놀랍다. 복음서를 꼼꼼히 읽어가다 보면 진정한 신앙인의 모습을 발견하고 고개를 숙인다. 같은 길을 가는 동료나 성도의 허물을 너무 쉽게 발설하기 때문이다. 역시 성경이구나, 성경답구나, 하고 절로 탄복한다. 이들의 자세는 마가의 허당기를 말하면서 발견했던 동일한 행태이다. 상대방의 허물을 숨겨주려는 사랑과 상대방의 치부를 드러냄으로써 자신을 더 높게 보이려 하지 않는 자세가 보인다.

3. 죄인은 어떤 자들인가?

이제 우리는 '이 이야기가 왜 중요한가?'를 물어야 할 것이다. 이 사건은 예수님이 얼마나 죄인들과 가까이 하셨는지를 가장 잘 드러낼 뿐 아니라, 이로 인해 예수님이 바리새인들과 같은, 동네에서 인정받는 자들과 멀어지기도 한 일이었다.

도대체 세리가 뭐길래..... 세리가 뭐 얼마나 잘못했길래,
죄인 = 세리

"이 세상에 확실한 게 뭐가 있느냐? 이 세상엔 죽음하고 세금만 확실하

다!"고 벤쟈민 프랭클린이 1789년에 말했다. 인간이 태어나 죽음만큼 피하지 못하는 게 세금이고, 죽음만큼 싫어하는 게 또 세금이다. 예수님 시대에도 세금을 내야했고, 또 거두는 사람이 있었다. 그런데 왜 하필이면 그 하고 많은 직업 중에 세리가 문제였을까?

좀 후대에 쓰이긴 했지만, 랍비 문서들에 인간이 태어나 가급적 선택하지 말아야 할 직업이 있다고 말한 것이 있다.[60]

Qid. 4	Keth. 7	b. Qid. 82a	b. Sanh. 24b
당나귀몰이꾼	오물수거자	금세공	투전꾼
낙타몰이꾼	구리대장장이	아마빗제조자	고리대금업자
뱃사공	무두장이	절구석공	비둘기경주자
마부		행상인	휴경년의 과일장수
목동		직조인(재단사)	목동
소매상인		이발사	세금징수관리
의사		빨래꾼	세리
푸줏간주인		사혈시술자	
		목욕탕 관리인	
		무두장이	

랍비들은 이들을 왜 천대했을까? 첫 번째(Qid. 4) 명단은 정직하지 않아서였다. 당나귀몰이꾼부터 푸줏간주인에 이르기까지 다 정직하고는 거리가 먼 사람들이라는 것이다. 은근슬쩍 착복을 하니 누가 좋아하겠는가? 사람들이 의사들도 싫어했는데, 이들이 부자는 우대하면서 치료비를 잘 내지 못하는 가난한 사람들을 소홀히 다뤄서였다.[61] 지금 의사에 대해 가지는 불만을 그 당시에도 보는 걸 보면, 다 그런 건 아니지만 사람은 동서

---

60 그 외에도 유대인들이 천대한 직업들이 더 있다. 참고하시오. 요아힘 예레미야스, 『예수 시대의 예루살렘: 신약성서 시대의 사회경제사연구』 (서울: 한국신학연구소, 1988), 383.

61 앞의 책, 384-85.

고금을 막론하고 같다.

두 번째 명단(Keth. 7) 같은 경우는 악취 때문이었다. 똥오줌, 구리, 가죽 같은 것은 역한 냄새가 보통이 아니다. 얼마나 천대를 받았냐 하면, 부인이 남편의 직업을 사유로 이혼을 청구하면 문제가 되지 않을 정도였다. 결혼할 때 알고 결혼했다 할지라도, "계속 할 줄 몰랐다", 또는 "참을 수 있을 줄 알았는데 못 참겠다"고 말하면 지참금을 다 돌려받으며 이혼할 수 있었다.[62]

세 번째 명단(b. Qid. 82a)은 직업성격상 여인들과 같이 일하다 보니 부도덕할 확률이 높아서였다. 아무래도 자주 보며 일하다 보면 정분이 나기 마련이다. 특히 직조인이 주로 여자들이다 보니 남자 직조인은 의심을 많이 샀다. 그래서 이런 직업군은 공적인 일에 일절 관여할 수 없었다.

네 번째 명단(b. Sanh. 24b)도 정직성이 문제되었다. 투전꾼부터 세리까지 이르는 직업들은 거의 다 속임수를 쓴다.[63] 현대에도 도박꾼이나 고리대금업자, 경마관련자(비둘기경주자), 세금징수관리 등에 대해 고운 시선을 가지지 않는다. 돈을 벌기 위해서 거짓말을 자주 하거나, 남에게 해를 끼치는 직업인들을 꺼리는 성향은 지금도 마찬가지다. 죄를 지을 수 밖에 없기 때문이다.

기독교인들이 위 명단을 볼 때 의외라고 여기는 직업은 목동일 것이다. Qid. 4에서도 정직에서 떨어지는 직업군에 목동을 넣었는데, 정직성을 기준으로 삼은 b. Sanh. 24b도 목동을 넣었다. 목동은 사람들의 시선에 벗어나 양하고만 지낸다. 그러다보니 양을 분실했을 때, 그 사유를 도적이나 맹수들에게 돌려도 반증하기가 어렵다. 즉 목동들이 거짓말을 해도 잡아내기가 어렵다. 또 이들이 주로 남자들인데 거의 일 년을 밖에

---

62 앞의 책, 388.
63 앞의 책, 390-91.

서 동물들과 함께 떠돌다 보니, 성적인 욕구를 동물들로 채운다는 의심을 받았다.

생각보다 당시에 참 다양한 직업군이 있지 않은가? 강도, 사기꾼, 살인범, 창녀 등은 율법에 기본적으로 죄인이라 규정하는 자들이다. 그러나 실제 사회에서 일반 백성이 죄인으로 여기는 자들은 더 있다. 직업상 음란죄를 저지를 기회가 많거나, 혹 자기 주머니 채우기 위해 거짓말을 많이 해대는 사람들을 극도로 혐오했다. 그 중에 속한 게 바로 '세리'였다. 그래서 2:16에서 레위가 자기 동료들인 세리들과 함께 초대한 손님들을 죄인이라 하는데, 이들의 직업이 정확하게 무엇인지 모르지만, 율법이 규정한 죄인이라기보다는 가난하진 않으나 정직성이나 도덕성에 흠이 많은 자가 아닐까 한다.

세리라는 직업과 관련해 재미난 것은 유대인만 세리를 혐오한 게 아니라는 점이다. 그리스에서도 세리를 '강매하는 상인, 행상꾼'이라고 했다(디오게네스 Ep. 36.2).[64] 루키아노스(125-180년)는 '강도'라고 했다.[65] 자기 잇속을 차리려 사람들에게 세금을 제멋대로 뜯어내는 짓은 팔레스틴이나 그리스나 당시 모든 나라가 혐오하는 행동이었던 것 같다.

그런데 우리 이야기에서 보듯, 세관에 앉아 있는 세리는 고위직에 있는 자가 아니다. 세금은 대체로 두 가지 종류가 있다. 왕이 공식적으로 지정한 사람이 걷는 토지세와 인두세 같은 것이 있었다. 이 일은 주로 고위 공직자가 맡았다. 이것은 사람을 일일이 상대하며 직접 걷는 방식이 아니다. 그 다음으로 소득세와 통과세 같은 것이 있었다. 이것은 현대식으로 치자

---

64 Abraham J. Malherbe, *The Cynic Epistles: A Study Edition*, SBLSBS 12(Atlanta: Scholars Press, 1977), 14-15. 이 문서는 기원전 1세기경에 저술된 것으로 추정된다.

65 Lucian, Pseudolog, 30-31; 이 외에 세리에 대해 부정적으로 언급한 사례들을 다음을 참조하시오. Adela Yarbro Collins, *Mark*, 193-95.

면 관세였다. 레위 같은 자가 길거리에 조그만 집이나, 의자 같은 것을 놓고 어부들이 바닷가에서 고기를 잡아 팔거나 가져갈 때 세금을 매겼다. 그 자리에서 세금을 몇 푼 받는 형태였다. 물건을 도시에서 도시로 옮길 때, 큰돈은 아니고 소소한 돈을 세금 명목으로 뜯어가는 것이다.

이런 것은 나름의 규칙이 있긴 하겠지만, 지금처럼 딱히 물고기 100마리는 얼마고, 단순 보부상은 얼마라는 법이 없다 보니, 결국에는 그자와 얼마나 친한지 여부에 따라, 또는 그자의 기분 여하에 따라 돈 액수가 달라졌다. 세금 내는 사람 입장에선 늘 속는 기분이 든다. 그런데 또 인간의 심리가 희한한 것이, 돌아서서는 욕하면서도 돈 한 푼 아끼려고 그자 앞에서는 최대한 굽신거리며 알랑거린다. 지금도 커피 한 잔 값도 안 되는 돈을 아껴보겠다고 쓸데없이 꼼수를 이리저리 쓰는 사람을 본다. 백화점에 가선 몇 십 배의 돈을 쓰면서 말이다.

그러니 그런 사람들과 잘 어울리려 할까? 아니다. 직간접으로 자주 만나야 하거나, 어떻게든 엮이는 사람은 어쩔 수 없지만, 대부분은 피하려 하고, 가까이 지내려 하지 않는다. 그래서 바울도 세리라고 콕 집어 말은 안 했지만, 악한 자, 나쁜 일을 행하면서 거짓말을 하는 자들과는 어울리지 말라고 경고한다. 시락서에서도 악을 일삼는 자와 인색한 자에게는 아예 선행도 베풀지 말라고 한다.

> 고전 15: 33 속지 말라 악한 동무들은 선한 행실을 더럽히나니
>
> 시락 12:3 악을 일삼는 자와 인색한 자에게는 선행을 베풀
> 지 말라.

토빗서는 당시 유대인들이 굉장히 즐겨 들었던 책이다. 가톨릭은 이 책을 신앙생활에 도움이 된다고 해서 정경에 포함시켰다. 주인공인 토빗은 자기 아들 토비아에게 생활신조처럼 꼭 지키며 살라고 충고하면서, 특

별히 자선을 굉장히 강조했다. 토빗 자신이 자선을 잘 한 자였기 때문이었다.

> 토빗서 4:16 네 양식을 굶주린 사람에게, 또 네 의복은 헐벗은 사람에게 나누어 주어라. 네게 남는 것이 있으면 모두 자선을 베풀어라. 그리고 자선을 베풀면서 아까와 하지 말아라.
> 17 하나님의 신실한 자들 중 한 명이 죽으면, 그 가족을 위해 음식을 준비해라. 그러나 절대로 이런 짓을 하지 마라. 악한 자가 죽으면.

그는 양식이며 옷을 아낌없이 주라고 말한다. 심지어 남는 게 있으면 '다' 자선을 베풀라고 말한다. 얼마나 선하게 살아야 할지를 강조하면서 말이다. 그런데 악한 자에게는 그럴 필요가 없을 뿐 아니라, 아예 그래서는 안 된다고 못 박았다. 죄인들에 대해서는 냉정하고 차가워야 한다고 말하는 것이다. 토빗과 같은 자비심이 많은 자도 죄인과 그 가족에 대해서도 온정을 베푸는 것을 금하였다. 그의 사고는 죄인에 대한 일반 유대인들의 사고를 가늠케 한다. 죄를 자주 짓는 자들과는 상종을 안 하는 것이 죄에 빠지지 않는 길이다.

4. 레위는 어떤 세리인가?

예수님도 유대인이다. 그런데 지나가시다가 레위에게 먼저 "나를 따라 오세요!"라고 말씀하신 것이다. 그런데 마가는 청중이 들을 때 좀 아리송하게 말했다. 헬라어로 들으면, 처음에 예수님과 레위가 간 곳이 누구 집인지 아리송하다.

『눈으로 듣는 마가』

[14, 15절] 그러자 일어서 그를 좇았습니다. 그리고 일이 있는
겁니다. 드러누워 있는 동안에, – 그가 자기 집에서요, – 그런
데 많은 세리들과 죄인들도 같이 계속 기대앉아 있었습니다. 예
수님하고 그분 제자들하고요.

드러누워 있는 자가 누구라고 연상되는가? 헬라어로는 '그'가 예수님
인지, 레위인지 헷갈린다. 마가 성도로선 확실하지 않으니 '누구 집에 갔
다는 거지?'하고 귀를 쫑긋하게 만든다. 그런데 알고 보니 레위 집에 가
서 식사하셨다. 따라오라고 하셨고, 그가 예수님을 좇았으면, 레위는 예
수님 집에 가서 드러누워 있어야 하는 게 정상이다. 그런데 레위 집에 가
서 식사 대접을 받으셨다. 마가가 '드러누워 있는 동안에, 그가 자기 집
에서요'라는 말을 들었을 때, 마가 성도들은 자연스레 예수님의 집을 상
상했을 터이다.

그래서 누가는 '이건 좀 이상해!'하고선 수정했다. 레위가 큰 향연을 예
수님을 위해 열었다고 말이다.

마태	마가	누가
9:10 그리고 일이 있었습니다. 그가 집에서 기대앉아 있을 적에 그런데 보세요! 많은 세리들 그리고 죄인들이 와서 계속 같이 기대앉아 있었습니다. 예수님과 그분 제자들과요.	2:15 그리고 일이 있는 겁니다. 드러누워 있는 동안에, – 그가 자기 집에서요, – 그런데 많은 세리들과 죄인들도 같이 계속 기대앉아 있었습니다. 예수님하고 그분 제자들하고요. 왜냐면 (그들이) 많았기 때문이었습니다. 또 그분을 계속 좇았기 때문이었습니다.	5:29 그리고 했습니다, 큰 향연을 레위가 그분께 자기 집에서요. 그리고 있었습니다, 세리들과 딴 자들로 (된) 많은 군중이. 이들은 계속 그들과 함께 드러누워 있었습니다.

마가를 자세히 보면, 밥 먹은 이야기를 하면서 '드러누워 있다'와 '기대 앉아 있다'는 두 단어를 썼다.[66] 그런데 그 중에 '드러눕다'는 동사는 거의 대부분 말 그대로 드러누워 있는 것을 말한다. 그런데 그레코-헬라 문화에서 드러누울 때는 크게 두 경우였다. 아프거나 잠자려고, 그리고 식사하려고. 즉 왼쪽 팔꿈치로 기대고 옆으로 누워서 밥 먹을 때였다.[67] 마가 성도들은 그레코-헬라 사회에 산다. 그러니 후자의 뜻으로 알아들었을 것이다. 첫 번째 경우로는 마가복음 1:30과 2:4에서 병자가 드러누워 있었다고 말할 때였다.

κατάκειμαι(까**파**께이마이), 드러눕다

막 1:30 그런데 시몬의 장모가 **드러누워 있는 중이었습니다.**
열병을 앓으면서. 그러자 즉시 (그들이) 말하는 겁니다, 그분께 그녀에 대해서.

2:4 그런데도 그분 앞으로 데려오는 것을 할 수 없어서, - 군중으로 말미암아서요, - 지붕을 지붕걷이했습니다. (그분이) 있었던 자리 말입니다. 그리고 파내어 간이침대를 늘어뜨리는 겁니다. 그 자리에는 중풍병자가 계속 **드러누워 있었습니다.**

고전 8:10 지식 있는 네가 우상의 집에 **앉아 먹는 것을** 누구든

---

66 『개역개정』에서 '앉는다'는 말에 초점을 맞춰 보면, 세 복음서는 그리 큰 차이를 보이지 않는다.

마태	마가	누가
9:10 예수께서 마태의 집에서 **앉아** 음식을 잡수실 때에 많은 세리와 죄인들이 와서 예수와 그의 제자들과 함께 **앉았더니**	2:15 그의 집에 **앉아** 잡수실 때에 많은 세리와 죄인들이 예수와 그의 제자들과 함께 **앉았으니** 이는 그러한 사람들이 많이 있어서 예수를 따름이러라	5:29 레위가 예수를 위하여 자기 집에서 큰 잔치를 하니 세리와 다른 사람이 많이 함께 **앉아 있는지라**

67 J. H. Bernard, *The Gospel according to St. John*, ICC (Edinburgh, 1928), 471; Vincent Taylor, *The Gospel According to St. Mark*, 204.

지 보면 그 믿음이 약한 자들의 양심이 담력을 얻어 우상의 제
물을 먹게 되지 않겠느냐

두 번째 경우로 쓰인 곳이 고전 8:10이다. 고린도인들은 헬라세계에 산
다. 큰 축제나 이방신의 예배로 인해 열린 식사자리에 참가한 성도들이 드
러누워 식사를 했다고 말한다. 물론 이들이 정말 드러누워 식사를 했는지
여부는 확실치 않다. 그러나 헬라 문화권에서 대접받는 식사는 드러눕는
것이었기에, 바울은 앉아 먹었다고 하지 않고, 드러누워 식사했다고 말한
것이다. 현재 『개역개정』과 『새번역』에선 간략하게 '앉아 먹었다'고 하니,
참 재미없지 않은가?[68] 드러누워 식사했다고 하면, 그 식사 풍경이 훨씬
더 드라마틱하게 떠오르게 되는데 말이다.

누가의 말은 더 생생하다. 누가는 마가와 마태처럼 식사를 어디서 하는
지, 아리송하게 말하지 않는다. 명확하게 레위가 예수님을 위해 '큰 향연'
을 베풀었다고 말한다. 우리는 '향연(δοχή, 도케)'을 자주 하지 않는다. 그
래서 δοχή(도케)는 신약에서 2번만 나오고, 구약에도 거의 나오지 않는다.
에스더에 많이 나오는데, 여왕이 큰마음 먹고 여는 잔치였다. 이것은 보통
잔치가 아니다. 아주 큰 잔치다.

그런데 누가복음에서 레위가 그 향연을 열었다는 것이다. 게다가 헬라
인들이 하듯 '함께 드러누워' 식사를 했다는 것이다. 손님들이 밥 먹겠다고
다 같이 드러누우면 규모가 얼마나 성대해야 하는지 감이 오는가? 물론 에
스더 왕비가 여는 규모만큼은 아니었을 것이다. 그리고 모두 다 드러누워
식사를 하지 않았을 것이다. 그러나 누가는 레위가 예수님을 위해 아주 성

68　영어본이라 해서 헬라어를 살린 것은 아니다. 헬라어 원문대로 번역하겠다
는 원칙을 세운 YLT에서만 recline이라 했다; 참. 『NIV』 While Jesus was **having
dinner** at Levi's house... ; 『NKJ』 Now it happened, as He **was dining** in
Levi's house... ; 『YLT』 And it came to pass, **in his reclining (at meat)** in
his house.

대하게, 그리고 헬라식으로 아주 큰 잔치를 열었음을 알려줬다.

이 말은 레위가 비록 죄인이란 낙인을 가진 채 살고 있지만, 대신 상당한 부자였다는 뜻이다. 헤롯 안티파스 왕 밑에서 일하는 하급관료치곤,[69] 꽤 여유로웠으며, 로마제국과 에돔인 왕 밑에 일하는 부하답게 헬라식의 생활을 살았음을 '드러누워' 식사한 것으로 드러내는 것이다. 그러니 동네 사람들에게 욕먹어도 세리 하겠다고 나섰지. 이런 것을 보면, 한때 일본 앞잡이를 했던 자들이 그 동네에서 떵떵거리며 살았을 뿐 아니라, 일본 옷을 입고, 일본가옥에서 사는 등, 문화를 앞장서서 따랐던 것과 아주 유사하다.

드러누워 연회를 가지는 것은 순전히 헬라문화이다. 유대인들은 기대앉아 밥 먹었다. 그레코-헬라 문화에 사는 사람들이라면, 드러누워 식사를 했다는 말만 들어도 주인이 부자임을 알아차렸다. 그래서 마가는 레위가 부자였으며,[70] 헬라문화를 적극적으로 수용하고 살았음을 '드러누워' 식사를 했다는 말로 드러낸 것이다. 레위는 아마 평소에도 드러누워 식사하였을 것이다. 그래서 이를 두고 갈릴리 가버나움에서도 헬라문화식의 식사가 이뤄졌다고 해석하기도 한다.[71] 헬라문화가 갈릴리 동네까지 침투했다고 말이다.

그런데 마태를 보면, 확실치 않다. 마태는 그냥 '기대앉았다'고 이야기하기 때문이다. 마태의 말이 일반적인 유대풍습과 맞긴 한데, 아마 마태는 드러누워 식사했을 것이다. 그저 자신의 이야기를 전할 때 겸손하게, 또 자기 성도들이 거부감 없이 받아들이게 기대앉아 먹었다고 이야기했을 것이다.

---

69   Adela Yarbro Collins, *Mark*, 194.

70   R. T. 프랑스(France)는 이런 식의 표현으로 마지막 시대에 메시야와 함께 큰 잔치를 벌이는 것을 연상하려 했을 수도 있다고 본다. 그러나 이것은 너무 확대해석했다. 뒤이어 시비가 따라붙기 때문이다. R. T. France, *Mark*, 132.

71   J. Jeremias, *The Eucharistic Words of Jesus* (London: SCM, 1966), 48-49.

5. 당시 철학자들과 종교들

예수님이 레위 집에 가서 수많은 세리들과 죄인들이 같이 식사를 한 것이 바리새인들, 특히 율법학자들의 마음을 거스르게 만들었다. 이들은 예수님에게 따지지 못하고, 만만한 제자들에게 네 스승은 왜 이렇게 죄인들하고 계속 밥을 같이 먹냐고 비아냥거렸다. 16절의 표현을 다시 보길 바란다. 제자들한테 '말하고 또 말했다'고 전했다. 이 말은 무슨 뜻인가? 제자들한테 계속 그 문제를 갖고 시비 걸었다는 뜻이다. 한 번 묻고 만 게 아니라, 말하고 또 말함으로써 예수님이 잘못 하고 있으며, 그래서 자기들의 심기가 매우 불편함을 강하게 드러낸 것이다. 결국 예수님이 들을 정도로 말이다.

이 때 예수님은 강한 자들은 의사가 안 필요하다고 하셨다. 당신은 죄인들을 부르려고 왔다고 말이다. 예수님 당시 철학계에서도 죄인들이나 악을 행하는 자들이 고침을 받아야 하는 자들이라 그랬다. 특히 철학자들은 죄인들과 어울린다는 비난에 대해 이렇게 말하곤 했다.[72]

> 나는 모든 사람들하고 식사하지 않는다. 치료가 필요한 자들하고만 한다. 그런 자들은 페르시아의 왕들을 모방하는 자들이다.

> 안티스테네스(Antisthenes)라는 사람도 이렇게 말했다.[73]
> 어느 날 안티스테네스는 계속 나쁜 사람들과 계속 어울린다고 비난을 받았습니다. 그러자 그는 말했습니다. "글쎄. 의사들은 환자들과 계속 같이 있어도, 자기가 그 열에 걸리는 법은 없지!"

---

72 Diogenes Ep. 38.4.
73 Diogenes Laertius 6.6.

아리스티푸스(Aristippus)는 철학자들이 부잣집에 자주 들락거린다고 비아냥거리니까 이렇게 대답했다고 한다.[74]

> "의사들은 아픈 사람들에게 가 있잖아? 그런 이유로 아무도 아
> 픈 것을 안 좋아한다네. 의사가 되는 것을 말고."

철학자들도 죄인들을 착한 자로 변화시키려고 가까이 하고, 이들과 밥도 같이 먹고 어울렸다. 예수님이 하신 일은 뭐가 다른가? 당시 유대인들과 다른 것은 무엇일까? 앞에서 랍비문서에서 사람들이 부정직한 자들을 싫어하고 혐오했다고 말했다. 그 말은 그들을 죄인으로 봤다는 것이다. 나쁜 사람 또는 죄인이라 여겨지는 자들을 꺼려하는 것은 유대인들만 그런 것이 아니다. 그리스, 로마, 심지어 우리나라에서도 다 마찬가지이다. 그리고 누가 아프면 사람들은 대개 그가 나쁜 짓을 저질러서, 신이 화가 나 그 사람에게 벌을 준다고 생각했다.

특별히 팔레스틴 근방 지역, 즉 이집트나 시리아에서의 종교, 특히 여신을 믿는 종교에서 병과 죄를 연결 지었다. 그곳 출신 사람들은 병에 걸리면, 신전에 가서 자기의 죄들을 고백했다. 마음으로 하는 것으로는 용서를 받지 못한다 여겼다. 소리를 내어서 말해야 한다고 했다. 그런데 그게 좀 도가 지나쳤다. 어떤 경우, 눈에 염증이 걸려 시력을 잃어버리자, 길거리에 나가 사람들 앞에서 "나는 이런 벌을 받아도 싸다!!!"하고 고함을 질렀다.[75]

어떤 이는 자기의 죄 고백을 비석으로 남겼다.

---

74   Diogenes Laetius 2.70.

75   Ovid. ex Ponto vv. 51-58; Raffaele Pettazzoni, "Confession of Sins and the Classics," *Harvard Theological Riview* XXX(1937), 1.

"모든 사람들에게 경고한다! 신을 우습게 여기지 말라고! 만약
그가 그렇게 한다면, 그는 내 비석을 본으로 만들 것이다(나에
게 생긴 일이 그에게도 생길 것이라는 뜻)."

소아시아의 프리지아(Phrysia)와 리디아(Lydia) 지역에서 채굴한 비석
들 중에 자기가 죄를 지어 고생했다가 신에게 가서 참회했다는 고백이 있
다. 신에게 용서를 빌었더니 자기를 낫게 해주었다고 적은 것이다.[76] 말 한
마디로 때운 게 아니다. 동네나 신전 근처에 비석을 세우고 거기에다 자기
가 지은 죄들을 적고, 내가 참회하고 고백했더니 신이 나를 낫게 했다고
적었다. 물론 이 비석들은 기원후 2-3세기의 것들이긴 하지만, 그와 같은
행태는 훨씬 이전에 생성돼 내려왔을 것이다. 이런 비석들은 소아시아뿐
만 아니라, 로마에도 발견되었다.

막 1:5 그러자 나갔습니다. 그분 쪽으로 모든 유대 마을과 예
루살렘 사람들, 다요. 그리고 세례를 받았습니다. 그에게 요단
강에서요. 고백하면서 자기 죄들을 말입니다.

우리가 이전에 읽었던 세례자 요한의 이야기다. 자기 죄를 고백하고, 물
속에 들어가 세례를 받는 일은 요한이 만든 일종의 절차였다. 참회하는 것,

76　예를 들면 이런 식이다. "이것은 악시오테노스라는 남성에게 에빠프로데이또
스라는 클라우디오스 스트라또니꼬스의 시종인 자가 바친 것이다. 자기가 원하는
부인을 가지게 해달라고 빌며 서약을 한 뒤, 그녀를 가졌는데, 서약을 지키지 않았
다. 벌을 받고 난 후 이것을 세운다. 이로부터 자기 온 가족과 함께 (신에게) 복을 빈
다. 245년, 데이오스의 달의 12번째 날."(CMRDM I 80; 160 CE, from Sardis. G.
H. R. Horsely, *New Documents Illustrating Early Christianity, 3: A Review
of the Greek Inscriptions and Papyri Published in 1978*, Ancient History
Documentary Research Centre (Wm. B. Eerdmans Publishing, 1997), 6, 27.

'죄를 고백한다'는 말 등은 위에서 몇몇 종교들이 했던 의례와 좀 유사하다. 아프거나 뭔가 안 좋은 일이 생기면, 사람이라면 거기서 탈피하고 싶어 한다. 인간의 본성이 같다 보니 비록 종교는 달라도 비슷한 사고를 하고, 비슷하게 행동하는 것이다.

물론 자기 죄를 공개적으로 시인하는 일을 당시 로마나 그리스에 사는 자들은 하지 않았다. 시리아와 이집트 쪽에 사는 사람들, 특히 여신을 숭배하는 자들만 '죄의 고백'을 강조했다. 그런데 그 행태가 너무 강압적이거나, 소란스러워서 로마인들은 아주 혐오했다. 볼썽사납다고 말이다.[77] 아무리 자기 죄를 자진해서 말한다 하더라도, 길바닥에서 고래고래 소리 지르는 형태는 결코 기분 좋게 받아들여지지 않는다.

6. 예수님의 다른 점

예수님도 제일 강조한 것이 회개였지 않는가? 그런데 세례자 요한과 또 그 외 다른 종교들과 비교하면 한 가지 다른 점을 발견한다. 바로 '고백'을 강요하지 않았다는 점이다. 예수님이 회개를 외치면서, 고백하라고 하신 적이 있었던가? "죄를 지었으면, 시인해야지! 입 밖으로!!" 말씀하신 적이 있었던가? 없다. 물론 자기가 스스로 시인하면 최고다. 그러나 죄용서의 조건으로 고백을 요구하진 않았다.

이집트에서 왕성했던 이시스교 같은 경우, 사람들이 아파서 찾아가면, 사제나 죄인이 이시스 여신을 상징하는 코브라 뱀을 들고 있다가 사람들을 지적했다. 지목된 자는 그때 용서를 소리 내 빌었다. "내가 죄인입니다!!!" 혹은 "저 자가 죄인입니다!!!"라고 말이다.

---

77 Raffaele Pettazzoni, "Confession of Sins and the Classics," 1–14.

그런데 예수님은 자기 죄를 회개해라고 했지만, "당신 죄가 뭐냐?"고 꼬치꼬치 묻지 않으셨다. 또 듣는 사람이나 따라 다니는 사람들도 "제 죄가 뭡니다……"하고 입 밖으로 소리 내지도 않았다. 성경에는 안 나오나, 누군가는 했을 수도 있다. 중요한 점은 예수님이 그런 절차를 강요하지 않았다는 것이다.

그러면 '도대체 회개했다는 것을 무슨 수로 알 수 있을까?' 지금까지 마가는 딱 두 가지를 말한다. '좇았다'는 것이다. 레위 일화의 14, 15절이다. 이 두 절에 '좇았다'는 말이 세 번이나 등장한다. 게다가 '계속 좇았다'는 말이 들리는가? 변덕부리듯 한 번 좇는 행위를 하지 말라는 것이다.

> 14 그리고 거쳐 가다 직접 보셨습니다. 레위, 곧 알패오 아들이 세관에 앉아있는 것을요. 그런데 말하시는 겁니다, 그에게. "나를 **계속 좇으세요!**" 그러자 일어서 그분을 **좇았습니다.**
> 15 그리고 일이 있는 겁니다. 드러누워 있는 동안에, ─ 그가 자기 집에서요. ─ 그런데 많은 세리들과 죄인들도 같이 계속 기대앉아 있었습니다. 예수님하고 그분 제자들하고요. 왜냐면 (그들이) 많았기 때문이었습니다. 또 그분을 **계속 좇았기 때문이었습니다.**

예수님은 활동을 시작하신 후부터 왜 회개를 해야 하는지를 계속 가르치셨다. 그 뒤 제자들이나 레위에게 요구하신 것은 그저 "계속 좇으라!"였다. 그때 가르침을 들었던 자들은 예수님을 좇아 가다가 레위 집에서 식사까지 했다고 했다. 예수님을 좇았다는 것은 내가 죄인임을 입 밖으로 시인하진 않았지만, 예수님의 말씀이 맞다고 생각하는 것을 행동으로 나타낸 방법이다. 내가 죄인임을 시인하는 행위이다. 그래서 예수님이 "내가 죄인들을 부르기 위해 왔다"고 말씀했을 때 이들은 자기들이 죄인이라고 생각했기에 반발하지 않았다.

'죄'는 예수님에게 제일 중요한 것이다. 기독교의 핵심이다. 근래 들어 한국 교회는 너무 '하나님의 사랑/은혜'만 강조했다. 기독교인은 인생을 '은혜'라고 정의내릴 것이다. 일반 사람들은 인생은 '고(苦)'라고 말한다. 사람마다 힘든 게 없는 이가 없기 때문이다. 태어나 죽을 때까지 힘든 순간이 없었다고 말할 이, 누가 있겠는가? 다 힘든 순간들이 있다. 그것도 아주 많이.

그러나 기독교인은 그 힘든 순간들 속에 하나님의 은혜를 경험한다. 그 쓰라린 고통이 복으로 변하는 것을 본다. 태어난 것부터 은혜이고 죽지 않고 살아있는 것도 은혜이고, 죽는 것도 은혜이다. "내 인생은 은혜로 점철돼 있다"는 말이 기독교인이라면 나와야 한다.

"당신의 인생은 뭔가?"

라고 물을 때 여러분은 뭐라 대답할 건가? "은혜다!"라는 말이 나오길 바란다. 잠시 비껴갔지만, 은혜라고 말하는 이유가 뭔가? 우리는 죄인이기 때문이다. 죄인인 주제에 고개 쳐들고 다니지 않는가? 죄인인 주제에 하나님께 천연덕스럽게 원하는 것을 달라고 조르며, 온갖 신령한 복을 받고 살지 않는가? 부끄러운 줄 모르고 남을 쯧쯧거리기까지 하면서 말이다.

중풍병자를 고칠 때, 이자에게 예수님이 뭐라고 했는가? "네 죄들이 용서 받고 있구나!" 하면서 '사람의 아들이 죄를 용서하는 권세 가진 것을 알면 좋겠다'고 했다. 그 중풍병자를 낫게 해주기 위해 예수님은 고백을 받지 않았다. 하나님 대신 자신한테 용서를 구하라고 요구하지 않았다. 당시의 무수한 타종교와의 선명한 차이점이다.

여러분은 뭣 때문에 예수님을 좇는가? 죄인이라 여기는가? 교회에 다니면서 자신이 얼마나 죄인인지, 내가 과거에 지었던 죄들을 교인들 에게 고백한 적이 있는가? 있다면, 자의에서였지, 어느 교회도 그것을 요구하지 않았을 것이다. 예수님은 우리의 마음을 다 아시니까. 사실 고백을 하는 게 더 좋긴 하다. 그럴 때 하늘의 문이 열린다. 하나님이 아주 기뻐하신다. 그러나 속으로 죄인임을 시인하는 것만으로, 또 사람들 앞에 죄인임을 발끈하며 부인하지 않는 것만으로도 예수님은 인정해주신다.

두 번째로 예수님은 이들이 자기가 죄인이라 시인하는 것만으로도 받아들이셨다. 그들과 식사를 했다. 그들을 한 가족으로, 한 이웃으로 받아주셨다. "밥 먹는 게 뭐 대수라고?" 말 하실지 모르겠다. 그런데 16절을 보시라! 서기관들은 이 밥상에 함께 앉아 있지 않았다. 그러면서 그분이 그들과 함께 먹는 것을 놓고 트집 잡았다. 자기는 같이 어울리지도 않으면서, 그 죄인들과 어울려 신나게 드시는 것을 못마땅해 했던 것이다. 예수님은 죄인에 대한 자비와 포용력을 그들과 함께 식사함으로써 표현하셨던 것이다.

우리의 삶을 면밀히 들여다보면, 예수님의 탁월함이 느껴진다. 여전히 우리 사회에서는 정말 별 거 아닌, 이 밥 한 끼 같이 먹는 것으로 상처 받는 사람들이 많다. 그런데 예수님은 밥 먹는 것으로 죄가 용서 받을 수 있다는 것을, 하나님이 나를 미워하고 계시지 않는다는 것을 몸으로 느끼게끔 해주신다. 고백도 할 필요 없이, 예수님을 좇는 행위로 다 아신 것이다.

7. 결론

이 이야기는 세 복음서가 증거하는 꽤 중요한 것이라 했다. 먼저 예수님이 죄인들에게 죄 자백을 강요하지도 않으시면서, 그저 그들이 자신을 좇음으로써 회개했음을 드러내게 하신 것을 본다. 깨끗하다 자부하는 자들은 죄인들과 어울리는 것을 꺼려했지만, 당시 그레코 사회의 철학자들처럼 죄인들과 스스럼없이 식사하셨다. 식사하실 때, 음식평만 하셨을까? 하나님 나라 이야기를 하시면서, 스윽 죄를 다루시고, 의롭게 살아야 한다고 말하셨을 것이다. 비난보다는 대화를 택하셨다.

세리였던 마태가 회심을 하고 열두 제자 속에 들어간 것은 예수님께는 큰 기쁨이었지만, 이후 수많은 사람들에게 예수님을 전하는 데에 도움이 되는 전력은 아니었다. 마가와 누가가 마태의 약점을 조용히 가려준 것만으로도 감이 온다. 마가의 이야기를 전해들은 마태의 마음은 아마 처음에 복합적이었을 것이다. 감사와 부끄러움 등. 죄는 용서받는다. 그러나 대가는 치러야 한다. 마태는 그것을 알았기에 스스로 고백했다. 세리로서 부유함을 누렸지만, 예수님을 만나 변했노라고. 그러나 자신 때문에 예수님은 심히 오해받으셨다고 말이다. 이 일화는 예수님뿐 아니라, 마태를 비롯, 세 복음담가의 인격이 멋지게 드러나는 수작이다.

막 2:18-28, 새로운, 완전히 새로운

18 그런데 계속 요한 제자들과 바리새파들은 금식하고 있었습니다. 그런데 오는 겁니다. 그리고 말하는 겁니다, 그분께. "뭣 때문입니까? 요한 제자들과 바리새파 제자들은 금식합니다. 그런데 당신 자신의 제자들은[78] 금식하지 않습니까?"

19 그러자 말하셨습니다, 그들한테 예수님이. "할 수 있습니까? 혼인집 아들딸들이?[79] 거기에 신랑이 자기들과 함께 있는데, 계속 금식하는 것을? **신랑을 자기들과 함께** 갖고 있는 동안만큼은, **계속 금식하는 걸** 할 수 없습니다!

20 그러나 올 겁니다, 날들이. **자기들한테 신랑이** 확 빼앗기는 순간, 그때서야 금식할 겁니다. 바로 그 날에.

21[80] 아무도 생베 (천) 조각을 깁지 않습니다.[81] 오래된 옷 위에다. 그런데 만일 정말 그러면, **가득히**[82] 들어 올립니다, 그것(조각)한테서요. 새 것이

---

78 οἱ δὲ σοὶ μαθηταί, σός(소스), 당신 자신의/바로 당신의, 마 7:3, 22; 13:27; 20:14; 24:3; 25:25; 막 2:18; 5:19, 눅 5:33; 6:33; 15:31; 22:42; 요 4:42; 17:6, 9, 10, 17; 18:35; 행 5:4; 24:2, 4; 고전 8:11; 14:16; 몬 1:14뿐. 당신을 좀 더 강조한 말. 유사한 사례) 눅 5:33(οἱ δὲ σοὶ, 당신 사람들은). 보통은 그냥 소유격으로 말한다. 예)마 9:14(οἱ δὲ μαθηταί σου, 당신 제자들은).

79 οἱ υἱοί, υἱός(휘오스, 아들)의 복수, 그래서 원래 뜻은 아들들이다. 그러나 사람들을 가리키는 말이었기에 아들딸로 옮김(마 5:45; 막 2:19). 자녀(τέκνον)라는 단어와 구분함.

80 말을 마가가 좀 이해가 잘 안 되게 했다. 그래서 마태는 좀 더 정확하게 한다. 9:16 그리고 아무도 턱 올려놓지 않습니다. 생베 조각을 낡은 옷 위에. 왜냐면 **그것(조각) 가득히** 들어올리기 때문입니다. 옷에서요. 그래서 더 심해져 찢어짐이 있게 됩니다.

81 ἐπιρράπτω(에삐르랍또), 깁다, 성서 1회 용어, 막 2:21; 참. 평행말씀: 마 9:16; 눅 5:36 (턱 올려놓다, ἐπιβάλλω).

82 πλήρωμα(쁠레로마), 가득함(마 9:16; 막 2:23; 6:43; 8:20; 요 1:16; 롬 11:12, 25; 15:29 등), 완성(롬 13:10 등). 주로 바울 서신에서 '충만'으로 옮겨졌음.

오래된 것한테서요. 그래서 더 심하게 찢어짐이 있게 됩니다.

22 그리고 아무도 넣지 않습니다. 갓난[83] 포도주를 낡은 가죽 부대들안에. 그런데 만일 정말 그러면, 터뜨릴 겁니다. 포도주가 가죽 부대들을. 그러면 포도주는 처참하게 망가지는 겁니다. 그리고 가죽 부대들까지도요. 오히려 갓난 포도주는 새 가죽 부대들에 (넣습니다)!"

23 그리고 일이 있었습니다. 그분이 안식일(들)에 지나가고 있는 동안에, – 밀밭들을 통해서 말입니다. – 그런데 그분 제자들이 하기 시작했습니다. 길을 만들고 또 만드는 걸.[84] **이삭들을** 따면서요.[85]

24 그러자 바리새파들이 말하고 또 말했습니다, 그분께. "이거 보세요! 어째서 (그들은) 합니까? 안식일(들)에 하면 안 되는 걸?"

25 그러자 말하시는 겁니다, 그들한테. "언제 한 번이라도 읽어본 적 없습니까? 어떻게 했는지? 다윗이? 필요했을 때, 그리고 주렸을 때, 바로 그와, 그와 함께 한 자들이요.

26 어떻게 들어갔습니까? 하나님 집 안으로 아비아달 대제사장 적에 말입니다. 그리고 진설빵들을 먹었죠? 그건 **먹어서는** 안 되는 것들입니다. 제사장들 말고는요. 그리고 줬지 않습니까? 그와 같이 있는 자들한테도요!"

생베 조각 전체가 들려진다는 뜻일 것인데, '천 조각'에 '충만, 가득($\pi\lambda\acute{\eta}\rho\omega\mu\alpha$)'이라는 단어를 쓰는 경우가 없다. 그래서 이것은 셈어식 표현이라고 본다.

83 $\nu\acute{\epsilon}o\varsigma$(네오스), 갓난(마 9:17; 막 2:22; 눅 5:37, 38, 39), 작은($\nu\epsilon\acute{\omega}\tau\epsilon\rho o\varsigma$, 비교급, 눅 15:12, 13; 22:26; 요 21:18 등). '새로운'이라는 뜻을 물건에 붙일 때, 예수님은 각 단어 마다 적합한 용어로 말했다. 베에는 '생($\mathring{\alpha}\gamma\nu\alpha\varphi o\varsigma$)', 옷에는 '새($\kappa\alpha\iota\nu\acute{o}\varsigma$)', 포도주에는 '갓난($\nu\acute{\epsilon}o\varsigma$)', 이렇게 다르게 말한다. 이런 단어 선택은 공관복음 다 같다. 예수님의 언어구사 능력이 확 드러나는 몇 말씀들 중 하나.

84 $\acute{o}\delta\grave{o}\nu$ $\pi o\iota\epsilon\tilde{\iota}\nu$, 당시 그리스어로 어색하다. 라틴어 viam facere를 그리스어 그대로 옮긴 것.

85 마가의 말이 너무 우아하지 않아서(촌스러워) 누가는 바꾼다; 참. 『눈으로 듣는 누가』 6:1, 그리고 일이 있었습니다. 안식일에 **그분이** 계속 통과하셨습니다, 밀밭들을 통해. 그런데 계속 땄습니다, 그분 제자들이. 그리고 계속 먹었습니다. 이삭들을. 비비면서, 손으로요.

27 그리고 말하고 또 말하셨습니다, 그들한테. "안식일이 사람으로 말미암아 생겼지, 아닙니다! 사람이 안식일로 말미암아 (생긴 건).

28 하여 주인입니다. 사람의 아들은 안식일에서도요!"

1. 식사와 금식

여러분은 먹는 것을 좋아하는가? 보통 사람은 하루에 세 끼를 먹는다. 요즘은 하루에 한 끼만 먹는다는 분들도 좀 생겨났지만, 어쨌든 사람은 음식을 안 먹고는 살 수 없다. 먹는 것을 그리 좋아하지 않아도, 인간이라면 먹어야 한다. 그런데 먹는 일은 그저 육체적 필요만 채우는 행위가 아니다. 가족을 비롯해 주변 사람들과 어울려 생활을 해야 하다 보니, 먹는 일은 사회적 관계에 중요한 것이다. 우리 삶을 행복하게도, 불행하게도 만드는 것이 '먹는 것'이고, 또 우리의 삶을 완전히 다르게 변화시키는 것 또한 '먹는 것'이다.

그래서 예수님도 먹는 것으로 유대인들의 공동체에 큰 변화를 불러 일으키셨다. 마가복음 2장에는 중풍병자 사건부터 레위인과 식사, 금식 논쟁, 그리고 마지막으로 안식일 논쟁이 있다. 그래서 많은 학자들은 이 2장의 주제는 논쟁이라고 말한다. 중풍병자가 나타났을 때부터 사사건건 예수님의 말이나 행동에 제약을 걸거나, 태클을 거는 사람들이 등장한다. 예수님이 엄청난 일들을 막 해내면, "헐!!! 대박!! 대단하다!!"며 놀라는 사람들도 있지만, 반대로 "뭐야? 이렇게 말해도 되는 거야? 이래도 되는 거야? 인기 있다고 너무 막 나가는 거 아냐?"며 예수님에게 계속 제동을 거는 것이다. 그런데 또 누군가 제동을 걸면, 예수님은 대차게 이들의 주장의 맹점을 찌르며 제압하셨다.

여기 말씀인 금식도 결국 먹는 것이다. 누가 예수님께 당시 요한 제자들이나 바리새파들이 금식하는 것을 갖고 예수님과 비교했다. 요한 제자들이 얼마나 금식했는지 모른다. 그러나 바리새파는 당시 일주일에 이틀, 월요일과 목요일에 했다고 한다.

금식이 언제부터 있었는지 아무도 모른다. 인간 안에 영이 있으므로, 원래부터 눈에 보이진 않지만, 이 정신세계, 특히 영적인 측면에서 뭔가 거룩하다고 느껴지는 느낌들을 알았던 것 같다. 특히 금식했을 때 몸에서 느끼는 변화와 기도하는 바가 이뤄지는 경험들이 있었을 것이다. 그래서 아주 오래 전부터 정신적인 것을 추구하는 사람들은 금식을 많이 했다. 유대인들이라고 다르지 않았다.

> 삿 20:26 그러자 온 이스라엘 자손은 베델로 올라가서, 주님 앞에서 목 놓아 울었다. 그들은 거기에 앉아서 **날이 저물도록 금식하고**, 주님께 화목제와 번제를 드리고,

구약에선 유대인들이 금식했다는 말이 처음 나오는 곳이 사사기이다. ― 의외이지 않는가? 아브라함이나 이삭, 야곱이 한 번도 금식했다는 말이 없다니! ― 이스라엘이 베냐민 지파와 싸운 적이 있었다. 같은 동족이지만 베냐민 지파를 혼내기 위해 싸웠는데 그만 져버렸다. 온 이스라엘이 금식하면서 하나님께 호소했다. 하나님께 '우리가 이렇게 정성을 다합니다'의 표시로 금식한 것이다. 그리고 정말 하나님으로부터 이기게 해 주겠다는 응답을 받고 이겼다.[86] 물론 금식을 한다 해서 하나님이 항상 그 기도를 들어주신 것은 아니다(예. 렘 14:12).[87] 하나님이 진정으로 기뻐하는 금식은

---

86   20:28 아론의 손자이며 엘르아살의 아들인 비느하스가 제사장으로 있는 때였다. "우리가 또다시 올라가서 우리의 동기 베냐민 자손과 싸워도 되겠습니까, 아니면 그만두어야 하겠습니까?" 주님께서 말씀하셨다. "올라가거라. 내일은 틀림없이 내가 그들을 너희 손에 넘겨 주겠다."

87   14:12 그들이 금식할지라도 내가 그 부르짖음을 듣지 아니하겠고 번제와 소

진정한 회개다(사 58:6; 슥 7:5 등).[88] 하지만 지금껏 하나님 앞에 지은 죄를 뉘우치고 하나님께로 돌아와 다시 거룩한 백성이 되겠다는 다짐을 표시하는 행동 중 하나가 금식이었다(욜 1:14 등).

> 사 58:6 내가 기뻐하는 금식은 흉악의 결박을 풀어 주며 멍에의 줄을 끌러 주며 압제 당하는 자를 자유하게 하며 모든 멍에를 꺾는 것이 아니겠느냐
> 욜 1:14 거룩한 금식을 선포하고, 성회를 열어라. 장로들과 유다 땅에 사는 모든 백성을 불러 주 너희 하나님의 성전에 모으고, 주님께 부르짖어라.

2. 금식에 대한 예수님의 태도

예수님은 유대인이다. 금식을 모를 리 없다. 그런데 지금 금식할 필요가 없다며 혼인집 손님을 예로 들어 방어했다. 예수님 자신은 신랑이고, 예수님 제자들은 혼인집 손님들이라고 비유한 것이다. 신랑이 있는 동안은 금식할 때가 아니라고 말이다. 새 천을 헌 천에 깁는 것, 또 새 포도주를 헌 가죽부대에 넣는 것으로 또 비유를 드셨다.

제를 드릴지라도 내가 그것을 받지 아니할 뿐 아니라 칼과 기근과 전염병으로 내가 그들을 멸하리라
88 슥 7:5 온 땅의 백성과 제사장들에게 이르라 너희가 칠십년 동안 오월과 칠월에 금식하고 애통하였거니와 그 금식이 나를 위하여, 나를 위하여 한 것이냐

개역개정	눈으로 듣는 마가
21 생베 조각을 낡은 옷에 붙이는 자가 없나니 만일 그렇게 하면 기운 새 것이 낡은 그것을 당기어 해어짐이 더하게 되느니라 22 새 포도주를 낡은 가죽 부대에 넣는 자가 없나니 만일 그렇게 하면 새 포도주가 부대를 터뜨려 포도주와 부대를 버리게 되리라 오직 새 포도주는 새 부대에 넣느니라 하시니라	21 아무도 생베 (천) 조각을 깁지 않습니다. 오래된 옷 위에다. 그런데 만일 정말 그러면, 가득히 들어 올립니다, 그것(조각)에게서요. 새 것이 오래된 것에게서요. 그래서 더 심하게 찢어짐이 있게 됩니다. 22 그리고 아무도 넣지 않습니다. 갓난 포도주를 낡은 가죽 부대들안에. 그런데 만일 정말 그러면, 터뜨릴 겁니다, 포도주가 가죽 부대들을. 그러면 포도주는 처참하게 망가지는 겁니다. 그리고 가죽 부대들까지도요. 오히려 갓난 포도주는 새 가죽 부대들에 (넣습니다)!"

생(ἄγναφος)베
갓난(νέος) 포도주
새(καινός) 가죽 부대

이 말씀은 예수님의 입담을 유난히 느끼게 해, 『개역개정』과 비교해 필자의 역본을 실었다. 예수님은 하나님의 아들이신 당신이 온 뒤의 삶은 예전의 삶의 규칙과 다름을 세 가지 소재를 들어 설명한다. '베', '포도주', '가죽 부대'를 들어, 옛 것은 사라져야 한다고 말이다. 오래된 것은 절대로 새 것을 버티지 못하고 찢어지고 터지듯이, 결국은 새 것이 이긴다고 말이다. 그런데 이 말을 하면서 베에는 '생(ἄγναφος)'이라는 단어를 쓰고, 포도주에는 '갓난(νέος)'이라는 단어를, 그리고 옷과 가죽 부대에는 '새(καινός)'라는 다 다른 단어를 쓰셨다.

지금 이 말은 사람들이 갑자기 질문을 던져 답한 것이다. 준비할 새도 없었다. 그러나 그 와중에도 각 소재에 적합한 말을 다 써가며 대답한 것이다. 게다가 '생(ἄγναφος)'이라는 단어는 마태와 마가 외 다른 헬라작품에 일절 나오지 않는 것이다. 그러니 말을 직접 새로 만든 것이라 할 수 있다. 당신으로부터 시작된 구원이 얼마나 새로운 것이었음을 예수님은 느끼게 하기 위해 용어까지 새로 만들어가며 표현한 셈이다. 물론 예수님이 헬라어를 하신 것은 아니다. 예수님이 아람어로 하신 말을 마가가 먼저 헬라어로 잘 구현해냈고, 이를 마태와 누가가 고대로 전하는 것을 보면[89] 예수님은 진짜 언어순발력이 뛰어나셨음을 보여준다.

3. 안식일의 밀밭에서: 마가의 허당기(2)

마가는 연속해서 안식일에 밀밭 사이를 지나갈 때 벌어진 일을 들려준다. 제자들이 사고를 친 것이다. 지나가면서 길가에 있는 이삭들을 따먹었다. 이번에는 예수님께 직접 계속 따졌다. 어째서 해선 안 되는 행동을 하느냐고 말이다. 이 때 예수님이 다윗 이야기를 끄집어냈는데, 마가가 실수를 했다. 이 이야기 역시 마태와 누가에 다 있다. 비교하면, 마가의 실수가 보인다.

---

[89]

마태	누가
9:16 그리고 아무도 턱 올려놓지 않습니다. 생베 조각을 오래된 옷 위에. 왜냐면 들어올리기 때문입니다. 그것(조각) 가득을 옷에서요. 그래서 더 심해져 찢어짐이 있게 됩니다. 17 아무도 넣지 않습니다. 갓 포도주를 오래된 가죽 부대들안에. 만일 정말 그리 하면, 터집니다. 가죽 부대들이. 그래서 포도주가 흘려집니다. 그리고 가죽 부대들은 처참하게 망가지는 겁니다. 오히려 넣습니다. 갓난 포도주를 새 가죽 부대들 안에. 그래서 양쪽 다 꼭 간직됩니다.	5:36 말하고 말하셨습니다. 그리고 비유까지 그들 쪽을 향해. 아무도 (천)조각을 새 옷에서 찢어 턱 올려놓지 않습니다. 오래된 옷 위에다가요. 그런데 만일 정말 그리 하면, 새 것까지 찢을 겁니다. 그리고 오래된 것에는 어울리지 않을 겁니다. (천)조각, 그 새 것에서 나온 것이요. 37 그리고 아무도 넣지 않습니다. 갓난 포도주를 오래된 가죽 부대들 안에. 만일 정말 그리 하면, 터뜨릴 겁니다. 포도주, 그 갓난 것이 가죽 부대들을. 그리고 바로 그것이 흘려질 겁니다. 그리고 가죽 부대들은 처참하게 망가질 겁니다.

마태 12장	누가 6장
3 예수께서 이르시되 다윗이 자기와 그 함께 한 자들이 시장할 때에 한 일을 읽지 못하였느냐	3 예수께서 대답하여 이르시되 다윗이 자기 및 자기와 함께 한 자들이 시장할 때에 한 일을 읽지 못하였느냐
4 그가 하나님의 전에 들어가서 제사장 외에는 자기나 그 함께 한 자들이 먹어서는 안 되는 진설병을 먹지 아니하였느냐	4 그가 하나님의 전에 들어가서 다만 제사장 외에는 먹어서는 안 되는 진설병을 먹고 함께 한 자들에게도 주지 아니하였느냐

마가에는 다른 복음서들에 없는 이름 하나가 나온다. 바로 '아비아달 대제사장'이다. 아비아달 대제사장이 다윗과 그 일행에게 진설빵을 줬다고 말하며 대제사장의 이름이 툭 튀어나오는 것이다. 그런데 마태와 누가에는 없다. 다윗이 진설빵을 직접 집어 먹은 것처럼 말한다. 이 일화는 원래 다음과 같이 나온다.

> 삼상 21:1 다윗은 놉으로 가서 제사장 **아히멜렉에게** 이르렀다. 아히멜렉이 떨면서 나와서, 다윗을 맞으며 물었다. "동행자도 없이 어떻게 혼자 오셨습니까?"
> 2 다윗이 제사장 아히멜렉에게 대답하였다. "나는 임금님의 명령을 띠고 길을 떠났습니다. 임금님이 나에게 임무를 맡기면서 부탁하시기를, 나에게 맡기신 임무를 어느 누구에게도 알리지 말라고 하셨습니다. 그래서 부하들과는 약속된 곳에서 만나기로 하였습니다.
> 3 그런데 지금 제사장님이 혹시 무엇이든 가까이 가지신 것이 좀 없습니까? 빵 다섯 덩이가 있으면 저에게 주십시오. 그렇게 안 되면, 있는 대로라도 주십시오."

> 6 제사장은 그에게 거룩한 빵을 주었다. 주님 앞에 차려 놓은 빵 말고는, 다른 빵이 달리 더 없었기 때문이다. 그 빵은 새로 만든 뜨거운 빵을 차려 놓으면서, 주님 앞에서 물려 낸 것이었다.

제사장의 이름이 아비아달인가? 아니다. 아히멜렉이다.

> 삼상 22:19 사울은 제사장들이 살던 성읍 놉에까지 가서, 주민을 다 칼로 쳐죽였다. 그는 남자와 여자, 어린이와 젖먹이, 소 떼나 나귀 떼나 양 떼를 가리지 않고, 모두 칼로 쳐서 죽였다.
> 20 아히둡의 손자이며 **아히멜렉의 아들인 아비아달은**, 거기서 피하여 다윗에게로 도망하였다.

아비아달은 아히멜렉의 아들이다. 다윗이 사울을 피해 놉으로 가서 아히멜렉의 도움을 받았는데, 그 때 아히멜렉은 다윗이 사울 왕과 적이 된지 모른 상태였다. 하지만 사울은 극심한 질투에 휩싸였기 때문에 그런 것을 고려하지 않았다. 아히멜렉을 포함해 다 죽였다. 겨우 아히멜렉의 아들, 아비아달이 살아나 도망가 다윗을 계속 따라 다니며 다윗을 후원하는 제사장 세력의 우두머리 역할을 했다. 차후에 다윗 왕가의 최고 제사장이 된다.

어쨌든 진설병을 제사장이 아닌 다윗이 먹은 사건이고, 또 제사장 무리가 어떻게 해서 다윗편이 되었는지를 말해주는 일화이다 보니, 나름 유명한 이야기라고 할 수 있다. 해석서 처음에 말했다. 마가가 허당기가 있다고. 특히 구약 지식에 대해서. 첫 머리에 말라기 말씀을 이사야라고 큰 소리 뺑 쳤다가 틀려서, 다른 복음 담가들이 아주 난처해했다고 말했다. 그런데 여기서도 구약의 이야기를 틀리게 전한 것이다. 이름을 들먹이지 않앉으면 될 일을, 말하는 바람에 오히려 무식을 드러냈다.

마태와 누가는 틀린 것을 알았을 것이다. 마가 담가의 이야기를 어떻게 들었는지 알 순 없지만 어쨌든 접하고선 제사장 이름을 쏙 뺐다. 다윗이 그냥 하나님 집에 들어가서 제사장만 먹을 수 있는 빵을 먹었다고 말했다. 앞과 똑같은 원칙을 적용한 것이다. 마가의 실수를 고치되 드러나지 않는 방법으로, 최대한 은밀히.

두 복음담가의 수정은 또 마가 성도의 구약지식의 정도를 드러낸다. 성도들 중 한 명이라도 좀 성경을 아는 유대인이 있었더라면, 마가에게 잘못 말했다 귀띔해주지 않았겠는가? 마태와 누가 같은 자, 한 명만 있으면 된다. 한 명만. 그런데 그 한 명이 없었다. 청중은 이야기를 들을 때 가만히 있지 않는다. 맞거나 동의할 때는 "응~~", "그렇지!" 등 추임새를 한다. 틀린 경우는 때로 대놓고 그게 아니라고 말한다. 마가의 이야기마당은 현대의 공연처럼 진행되지 않았다. 아주 자유로운 분위기였다. 친구들끼리 여럿 모여 이야기할 때 어떠한가? 완전 틀린 이야기하면, 누군가 못 참고 꼭 지적질을 한다. 그게 이야기의 기본특징이다.

마가 성도 중에는 이로써 유대인이 없었음을 드러내는 것이다. 마가가 틀린 정보를 던져줘도 도대체 뭐가 틀린 건지 잡아내질 못하는 것이다. 그러나 또 한 편으론 그것 때문에 마가는 그만의 자신감 있는 입심을 발휘할 수 있었다. 아무리 말 잘 하는 이라 할지라도 자꾸 딴지거는 이가 있으면 이야기꾼의 기가 꺾인다. 자꾸 눈치를 보게 만들어, 이야기꾼의 흥이 사라진다. 이야기의 흐름도 원활하지 않게 된다.

그래서 이야기꾼은 자기 이야기를 살리기 위해서 꼼수를 쓴다. 몰래 추임새를 넣는 청중을 집어넣는다. 일반 청중인 것처럼 앉혀 놓고선 자기가 중요한 이야기를 할 때마다 "아!!! 맞다! 맞어! 와!"하고 분위기를 띄우는 말을 하게 한다. 옛날에만 그랬는가? 아니다. 지금도 방송에 박수부대 동원하고, 관객석에서 "와!!!"하고 소리가 나오게 만든다. 그래야 텔레비젼을 보는 시청자도 재미있는 줄 알고 잘 듣는다. 그래야 이야기꾼의 기가 산다. 화자의 말에 청중은 얼굴, 눈빛, 몸으로 반응을 해줘야 한다. 그래야 그는 신이 나서 자기가 갖고 있던 자질을 맘껏 발휘한다. 대중을 상대로 하는 강사라면 누구나 동의할 것이다.

예수님의 말씀을 전하는 설교자 역시 매한가지다. 여러분 교회의 목사님의 설교에서 은혜를 받고 싶은가? 그러면 얼굴로, 눈으로, 몸으로 반응을 해줘라! 사투리를 쓰네, 마가처럼 틀린 말을 했네 등등의 복음의 본질과는 상관없는 것으로 트집을 잡지 말라! 마가복음을 분석하면서 아주 절실히 느꼈던 것 중 하나가 이점이었다. 마가성도가 무지한 게 신의 한 수였다. 박식하고 비판적이었다면, 현재의 마가복음은 못 나왔다. 마가의 이 대찬 이야기는 못 나왔다.

4. 안식일의 밀밭에서: 안식일의 주인은 누구인가?

안식일에 동네를 이동하면서 제자들이 이삭을 까부르면서 먹다가 언쟁이 생긴 장면들을 그려 보곤 하는데, 매번 드는 생각이 이것이다: '그것을 먹고 배가 불렀을까?' 배가 절대로 부르지 않았을 것이다. 그러나 그것이라도 먹어야만 했을 상황이 있었을 터이다. 마가는 제자들이 왜 그렇게 했는지, 이유를 말해주지 않았다. 마태가 대신 그 이유를 말해줬다. 제자들이 배가 고팠다고 말이다.

이런 것을 보면 두 사람의 성격이 드러난다. 마태는 뭐든지 정확해야 직성이 풀리는 성격이다. - 또 은근 자상하기도 하다. - 마가는 청중의 자존심을 긁는 듯한 말은 좀 자제한다.

『눈으로 듣는 마태』

마 12:1 곧 그 때에 **예수님은** 가셨습니다. 안식일(들)에 밀밭
들을 통해서요. 그런데 **그분의** 그 제자들이 주렸습니다. 그래
서 하기 시작했습니다, 이삭들을 계속 따는 걸, 그리고 계속 먹
는 것을요.

제자들이 먹은 건 생밀이다. 생쌀을 먹은 것과 매한가지다. 지나가면서
먹는 쌀이 뭐 얼마나 되겠는가? 제자들은 배가 고프다보니 뭔가 씹으면서
시장감을 없애려 했던 것으로 보인다. 먹었다 해도, 결코 많이 못 먹었었
을 것이다. 그런데 바리새인들의 심기를 거스른 것은 따먹은 이삭의 양이
아니었다. 그것을 '안식일'에 했다는 것이었다.

그런데 먼저 그 자리에 바리새파가 어떻게 있었는지에 대해 논란이 있
다. 랍비들 중 온건한 파들은 안식일에 이동할 수 있는 거리를 2,000규빗
(약 900m)로 둔다. 마을과 마을 사이의 거리가 2km 안 되는 경우가 많았
으므로, 온건한 바리새파였다면, 예수님을 따라 밭 가장자리로 나 있는
길을 따라 여행했을 수 있다.[90] 물론 바리새인들이 예수님을 예의 계속 주
시하며 율법을 지키는지 엿보고 있었을 가능성이 있다. 일단 밭의 가장자
리에서 곡식 이삭을 자르는 행동은 불법이 아니다.[91] 문제는 안식일에 그
런 행동을 했다는 점이었다.

막 2:28 하여 주인입니다. 사람의 아들은 안식일에서도요!"
(ὥστε κύριός ἐστιν ὁ υἱὸς τοῦ ἀνθρώπου καὶ τοῦ σαββάτου)

---

90 양용의, 『예수와 안식일 그리고 주일: 마태복음을 중심으로』 (이레서원,
2000), 256–57.
91 레 19:9; 23:22; 신 23:25; 참. m. Peah passim; 4Q 159; 요세푸스, 『유대
고대사』, 4.231–39.

출 16:25 왜냐면 (그것은) 안식일이기 때문이다, 오늘 주님께
(ἔστιν γὰρ σάββατα σήμερον τῷ κυρίῳ)
출 20:10: 신 5:14 안식일(이다), 주 네 하나님께(σάββατα
κυρίῳ τῷ θεῷ σου); 유사: σάββατα τῷ κυρίῳ(레 25:2, 4)
레 23:38 주님의 안식일 외에(πλὴν τῶν σαββάτων κυρίου)
– 유사: 나의 안식일(τὰ σάββατά μου, 출 31:13; 레 19:3, 30;
사 56:4, 6; 겔 20:12, 13, 16, 20, 21, 24; 22:8, 26 외(9)

안식일의 주인이 하나님이라는 것은 창세기 2장에서 명확히 드러난
다.[92] 그래서 출 16:25를 포함해 여러 곳에서 안식일은 하나님이 쉬시는
날로써, '하나님의 안식일'이라 말한다. 그런데 하나님이 정말 안식일에 쉬
셨는가? 아니다. 하나님이 안식일을 강조한 것은 하나님의 백성이 안식
하도록 하기 위함이다.[93] 안식일은 사람을 위해 창조되었던 것이다.[94]그래
서 몇 군데밖에 안 나오지만, 오히려 이 사람을 위해 하나님이 안식일에
일하신다.[95]

그래서 그랬을까? 유대인들은 이 안식일을 가지고 있는 것을 선택받은
민족이 가지는 특권이라 여겼다. 이들이 얼마나 이것을 고집했는지 이방

---

92   C. Westermann, *Genesis 1–11*, trans. by J. J. Scullion (London: SPCK, 1984), 171–72.

93   H. H. P. Dressler, "The Sabbath in the Old Testament," in *From Sabbath to Lord's Day: A Biblical, Historical, and Theological Investigation*, ed. D. A. Carson (Grand Rapids: Zondervan, 1982): 21–41, 29; 양용의, 앞의 책, 32–33.

94   콜린스는 이 논의를 사람이 주인이라는 식으로 넘어가다 마지막에 아주 애매하게 예수님이라고 말한다. 이 논의를 참고하시오. Adela Yarbro Collins, *Mark*, 204–5. 사람의 아들에 관해 187–89.

95   Michael H. Barer, *The Historical and Cultural Background of Divine Sabbath Work and its Relationship to Key Controversy Passages in the Gospels*, Dissertation: Dallas Theological Seminary (UMI: 2004), 38.

인들도 유대인들의 안식일이 굉장히 독특한 제도라고 여겼다.[96] 유대인들은 자기들만 안식일을 지킬 권한이 있다 여겼다. 그래서 심지어는 이방인들은 안식일을 지킬 권한이 아예 없다고 주장하기도 했다. 랍비 문서에 이런 이야기가 있다.[97]

> "하닌나(R. Jose b. Hanina)가 말했다. '유대인이 아닌 자가 할례를 받지도 않은 상태에서 안식일을 지키면, 죽음에 처하는 법적 책임을 받는다. 왜냐고? 유대인이 아닌 자는 그것을 명령받지 않았기 때문이다.'
>
> R. 압바(R. Hiyya b. Abba)가 말했다. 요한나(R. Johana)의 이름으로. '세상사에서 왕과 부하가 앉아서 함께 대화를 나눌 때, 누군가가 와서 방해한다면, 그는 죽음에 처하는 벌을 받아야 하는가? 그렇다. 마찬가지로 안식일은 이스라엘과 하나님의 [결합]이다. 흔히 말하듯이, 나와 이스라엘 자녀 사이의 징표이다(출 31:17). 그러므로 유대인이 아닌 자, 할례 받지 않은 자는 그들 사이에 주제넘게 끼어든 것이므로, 죽음에 처하는 벌을 받아야 하는 것이다.'
>
> 랍비는 말한다: 모세는 하나님 앞에서 말했다. '우주의 주재시여! 이방인들이 안식일을 지켜야 한다는 명령을 받지 않았다 해서, 만약 그들이 그것을 지킨다면, 그들에게 호의를 베푸실 생

---

96 이방인들이 유대인들의 특유한 고집들을 지적한 게 공통적으로 네 가지이다. 유일신, 안식일 준수, 금지 음식, 할례. Erich S. Gruen, *Diaspora: Jews amidst Greeks and Romans* (Cambridge/ Massachusetts: Harvard University Press, 2002), 6; M. Stern, *Greek and Latin Authors on Jews and Judaism*, 2 vols. (Jerusalem, 1980[original. 1976]).

97 Deut. Rab. 1:21; Michael H. Barer, *The Historical and Cultural Background*, 37에서 재인용.

각입니까?' 하나님이 그에게 응답하셨다. '너는 이게 두렵느냐? 네 인생에서, 만약 그들이 토라에 있는 모든 명령을 다 지킨다 해도 나는 그들이 네 앞에 엎드러지게 하겠다!'

어떠한가? 너무 도도한 자신감 아닌가? 이방인들이 안식일을 지키는 것에 대해 칭찬하고 격려해도 모자랄 판국에 이들은 자신들만이 안식일을 갖고 있다고 가르쳤다. 이 해석은 2~3세기 것이다. 독립된 나라를 갖추지도 못한 힘든 상황인데도 여전히 선택받은 유일한 민족이라는 오만함이 상당했음을 드러낸다. 그러니 예수님이 얼마나 화가 나셨을지 십분 이해가 되지 않는가! 잘 지키는 건 좋은데, 그것을 못 따라오는 이들이나 이방인들을 너무 경멸했던 것이다. 교만이 최고의 죄다.

예수님은 안식일이 도대체 누구를 위한 것이라고 이야기하시나?

눈으로 듣는 마가	개역개정
27 그리고 말하고 또 말하셨습니다, 그들에게. "안식일이 사람으로 말미암아 생겼지, 아닙니다! 사람이 안식일로 말미암아 (생긴 건). 28 하여 주인입니다. 사람의 아들은 안식일에서도요!"	27 또 이르시되 안식일이 사람을 위하여 있는 것이요 사람이 안식일을 위하여 있는 것이 아니니 28 이러므로 인자는 안식일에도 주인이니라

안식일이 생긴 것은 '사람' 때문이고 하신다. 사람이 안식일보다 더 우선이라는 것이다. 그러고 나서 사람의 아들이 주인이라고 하셨다. '안식일에서도!' 필자는 이 문장을 옮기면서 '사람 선언문'을 느꼈다. 『개역개정』에는 '사람의 아들'이 '인자'라고 돼 있다. 27절에는 사람을 썼지만, 28절에선 '인자'라고 달리 옮긴 것이다. 이렇게 옮기면 27절의 메시지가 인자에게 묻혀버린다. 그러나 27, 28절을 나란히 읽으면 어떤가? 여기의 '사람의 아

들'이 꼭 예수님을 가리키는 것 같은가?

여기서 말하는 '사람의 아들'이 누구냐에 대해 의견이 분분하다. 특이하게 예수님이 메시야와 관련해서 당신 자신이 "난 메시야다, 그리스도다, 하나님의 아들이다"고 말한 적이 한 번도 없다. 대신 예수님은 계속 '사람의 아들'이라는 말을 사용했다. 그러나 중풍병 환자 일화에서 살펴봤듯이 사람의 아들이 죄들을 용서해주는 권세를 가지고 있다 하셨을 때는 예수님 자신이 아닌 일반 사람을 가리켜 하신 것이다. 그러나 기독교 역사적으로 인간은 죄를 용서해주는 권세를 가질 수 없다고 단정하고, 이것은 예수님만이 하실 수 있는 권세를 가리킨다고 해석했다. 이 안식일 이야기도 거기에 맞춰 해석했다.

마가는 이야기 시작을 예수님은 '하나님의 아들'이라고 선포했다. 그리고 예수님 당신이 세례 받으실 때 하늘에서 직접 들어 당신 자신이 인지하셨다. '하나님의 아들'은 어떤 존재인가? 우리는 지금 하나님과 동급이라고 생각한다. 하나님과 예수님은 신이다. 그러나 마가가 이야기할 당시는 어떠했을까? 그렇지 않았다. 지금 우리가 생각하는 신과 같은 존재로 생각하지 않았다. 신에게서 뭔가 은총이나 대단한 권세와 능력을 부여 받은 한 인간으로 여겼다. 유대인들도.

앞에서 사람의 아들을 다뤘기에, 여기서 번역과 관련해 아쉬운 점을『개역개정』을 중심으로 해 다루려 한다. 시 144:3과 8:4이다.

> 시 144:3 여호와여 사람이 무엇이기에 주께서 그를 알아주시며 **인생이** 무엇이기에 그를 생각하시나이까?
>
> 『NKJ』 LORD, what is man, that You take knowledge of him? Or **the son of man**, that You are mindful of him?
>
> 『가톨릭 성경』 주님, 사람이 무엇입니까? 당신께서 이토록 알아주시다니! **인간이** 무엇입니까? 당신께서 이토록 헤아려 주

시다니!

『칠십인역』 κύριε τί ἐστιν ἄνθρωπος ὅτι ἐγνώσθης αὐτῷ ἢ υἱὸς ἀνθρώπου ὅτι λογίζῃ αὐτόν, "사람이 무엇이기에 주께서 그를 알아주시며, **사람의 아들**이 무엇이기에 그를 생각하시나이까?"

시 8:4　사람이 무엇이기에 주께서 그를 생각하시며 **인자가** 무엇이기에 주께서 그를 돌보시나이까(ἢ υἱὸς ἀνθρώπου ὅτι ἐπισκέπτῃ αὐτόν)

　시 8:4과 144:3의 헬라어 본문이 거의 같지만, 보다시피 번역에서 차이가 있다. 시 144:3은 칠십인역의 말을 최대한 살려 '인생, 인간'으로 옮겼다. 『NKJ』도 the son of man이지, the Son of Man이 아니다. 즉 일반 사람을 가리킨다고 한 것이다. 그런데 시 8:4에서는 '인자'라고 썼다. 그러나 헬라어 원문은 똑같은 '사람의 아들'이다.[98] 144:3의 앞에 사람을 쓴 뒤, 굳이 인생이라 한 이유는 단조로운 반복을 피해서이다. 의미만 생각한다면, 『개역개정』의 인생도 맞고, 『가톨릭 성경』의 인간도 맞다. 그러나 원 시인은 처음에 사람이라 말한 뒤, 뒤에 굳이 사람의 아들이라 말한 것은 '사람'을 강조한 것이다. '사람의 아들'은 '사람'이다.

　27, 28절을 다시 읽어보면 좋겠다. 여기의 사람의 아들이 그리스도를 말하는 것 같은가? 아니다. 그냥 사람의 아들, 우리 인간이다. 안식일의 주인은 우리 사람이다.[99] 그러나 구약에서 안식일은 하나님의 것이라 말

---

98 '하나님의 사람'이라는 말도 있다. 예) 느 12:24 레위 족속의 지도자들은 하사뱌와 세레뱌와 갓미엘의 아들 예수아라 그들은 그들의 형제의 맞은편에 있어 **하나님의 사람 다윗의**(Δαυιδ ἀνθρώπου τοῦ θεοῦ) 명령대로 순서를 따라 주를 찬양하며 감사하고

99　J. Wellhausen, *Das Evangelium Marci* (Berlin: George Reimer, 1909), 20; F. J. F. Jackson and K. Lake, *The Beginnings of Christianity*, I, 5 vols. (London:MacMillan, 1920-33), 378-79; T. W. Manson, *The Teaching of*

하므로, 예수님이 일반 인간이 안식일의 주인이라는 주장을 하지 않았을 것이라고 대부분 평가한다.[100] 그래서 심지어 맨슨(T. W. Manson)은 27절의 사람도 '사람의 아들'이었다고 주장했다. 그래서 '안식일은 사람의 아들 때문에 생겼지, 아닙니다. 사람의 아들이 안식일 때문에 생긴 건'이라고 읽어야 한다고 말했다.[101]

그러니 인간인 우리가 안식일의 주인이어야 한다고 해석하면 수많은 사람들이 발끈해하며 반발할 것이다. 지금도 그런데, 예수님의 말을 들었던 그들은 엄청 충격을 받았을 것이다. 예수님이 하나님보다 인간을 더 중심에 두는 것처럼 말하셨으니 말이다.

이 일화에서 백미가 어디일까? 아마 대부분은 28절, "사람의 아들은 안식일에서도 주인이다"는 말을 꼽을 것이다. 그러나 사실은 27절이다. 백미는. 왜냐면 이 가르침이 없다면, 안식일의 주인이 사람이라는 주장을 감히 할 수 없을 것이기 때문이다. 마태와 누가를 보면 명확하다.

Jesus: Studies of its Form and Content (Cambridge: Cambridge University Press, 1955), 214.

100 A. E. J. Rawlinson, *The Gospel According to St. Mark with Introduction, Commentary and Additional Notes*, Westminster Commentaries (London: Methuen, 1925), 34; Morna D. Hooker, *Son of Man in Mark*, 94; Vincent Taylor, *The Gospel According to St. Mark*, 219–20; Robert A. Guelich, *Mark 1–8:26*, 125.

101 T. W. Manson, "*Mark* ii, 27–28," in *Coniectanea neotestamentica XI: In Honorem A. Fridrichsen* (Lund: Gleerup, 1947), 138–46; idem., "The Son of Man in Daniel, Enoch, and the Gospels," in *Studies in the Gospels and Epistles* (Manchester: Manchester University Press, 1962), 143.

마태	누가
12:7 나는 자비를 원하고 제사를 원하지 아니하노라 하신 뜻을 너희가 알았더라면 무죄한 자를 정죄하지 아니하였으리라 8 인자는 안식일의 주인이니라 하시니라	6:4 그가 하나님의 전에 들어가서 다만 제사장 외에는 먹어서는 안 되는 진설병을 먹고 함께 한 자들에게도 주지 아니하였느냐 5 또 이르시되 인자는 안식일의 주인이니라 하시더라

마태와 누가는 마가의 27절을 **빼버렸다**. 27절이 말하는 의미를 안 것이다. 세 복음서를 비교해보니 마가의 용기가 느껴지지 않는가? 백미는 27절이다.

5. 새로운 사고로 낡은 사고를 찢어버리시다

예수님의 발언은 정말 생베 조각을 오래된 옷에 놓는 것과 같다. 새 포도주를 오래된 가죽부대에 넣는 것처럼 안 맞다. 예수님은 죄 용서나 금식, 그리고 안식일 등 다, 그전까지 사람들이 이래야 한다고 생각하는 것을 깨버리는 주장과 행동을 하셨다. 죄는 하나님만이 용서해줄 수 있다는 생각, 금식하는 자만이 거룩하고 하나님과 가까운 자라는 생각, 또 안식일을 악착같이 지켜야만 하나님을 제대로 믿는 사람이라는 신념을 다 옳지 않다고 주장하시고, 또 깨는 행동을 해버리시니 일반인들은 얼마나 놀랐을 것이며, 경악했겠는가?

예수님의 주장은 기존의 하나님 인식이나 신앙인의 삶과는 완전히 다른 새 천 조각이라 사람들이 이전에 갖고 있던 관념에 절대로 붙여 쓸 수 없는 것이었기 때문이다. 어떻게든 붙여서 해보려고 한다면, 결국 고정 관념이 못 견디고 찢어진다. 폭발해버리고 만다. 담지 못하기에 말이다. 새 포도주는 새 포도주 가죽부대에 담아야 하듯, 기존 관념을 완전히 버리고, 새로운 관념을 받아들여야 한다. 예수님은 이렇게 과감하게 버려야 한다고 주장했고, 기독교는 그것을 다 받아들여서 시작하는 듯 했다.

그런데 지금 다시 보면 우리는 여전히 새 포도주 부대에 담지 못했다. '사람의 아들'만 해도 우리는 여전히 사람의 아들은 예수님이어야만 한다는 고정 관념에 사로잡혀서 구약에 버젓이 나오는 말을 원형대로 쓰지 못한다. 예수님이 한 말은 모두 '메시야적 권세의 발언', '메시야임을 드러내는 발언'이라고 해석한다. 우리는 예수님에 관해서나, 성경을 해석하는 것에 있어서도 여전히 자유롭지 못하다. 주일이면 꼭 예배를 드려야 하고, 금식기도 하는 교인들을 더 경건한 자로 여기고, 십일조 잘 내는 교인을 믿음이 좋다고 생각한다. 새벽기도를 하지 않으면 열심 있는 교인이 아니라고 생각한다.

이런 주장으로 또 자기의 불경건함을 정당화하는 이도 있다. 예수님은 경건한 자가 하는 행동을 함으로써 더 이상 회개할 필요가 없다고 여기는 교만한 자세를 꾸짖었던 것이지, 그런 경건의 행동이 필요 없다고 말하신 게 아니기 때문이다. 목회자로 사역을 해 보니, 예배에 열심히 참석하고, 금식 기도를 해보려 애쓰고, 또 십일조, 새벽기도, 교회 봉사 등 열심히 하는 분들은 그래도 하나님께 고개 숙이는 자들이었다. 자기 삶에 어떤 문제가 발생하면, 먼저 하나님을 찾으려 하고, 예수님의 말씀에 순종하려 한 자들을 많이 보았다. 그러다 보니 확실히 이분들은 하나님의 은혜를 더 많이 받는다. 덜 교만하다. 예배에 꼬박꼬박 참석하면서 마음이 겸손할 기회를 많이 얻기 때문이다.

문제는 오히려 자기에게 문제가 막 터지는데도 예배를 드리지 않는 자이다. 자기 힘으로는 절대로 해결할 수 없는 일인데도 기도하지 않는 자다. 자기 벌이의 십분의 일이 아까워 몇 십분의 일을 겨우 내면서, 예수님 운운하면서 목사의 설교와 행동을 계속 시비 삼는 자이다. 교회 내 골칫덩

이인 몇몇 교인들의 허물을 들먹이며 교회 전체가 다 쓰레기인양 떠벌리는 자들이다. 자기에게 똥파리가 날아다니는 것을 보지 못하고서 말이다. 예수님이 그들을 보고 더 화를 내실 터인데 말이다.

안식일과 관련해, 그 자리에서 예수님께 따졌던 바리새파가 지금 이 시대에 왔다면, 어떻게 생각할까? 안식일을 그들처럼 철저히 지키지 않는다 하여 하나님의 은총에서 배제된 자라 말할 수 있을까? 70년대만 해도 주일에 돈 쓰는 것을 죄로 여겼다. 커피 한 잔 마실 때 기도해야 할지로 고민한 청년도 꽤 있었다. 예배 시간에 드럼을 치는 것으로 싸워야 될 때도 있었다. 지금 들으면 웃겠지만. 이천 년이란 시간이 흐르는 가운데 생베가 오래된 옷에 덧씌워졌다가 찢어진 적이 얼마나 많았을까?

예수님이 맞부닥뜨린 시비 거리가 안식일이지만 본질은 신앙인에 대한 이해이다. '사람의 아들'에 대한 번역과 이해도 그 중 하나다. 이천 년에 비해 많이 의식이 바뀌었지만, 사람의 아들은 여전히 답보상태이다. 그러니 마가가 대단한 것이다. 마가 당시는 사람의 아들이란 호칭이 예수님을 가리키는 것으로 당연시되던 때이다. 마가인들 몰랐을까. 예수님은 자신을 가리키는 말로 사람의 아들을 쓰시기도 했다. 즉 자신과 일반 사람을 가리키는 것으로 섞어서 쓰셨다. 예수님은 정말 겸손하신 분이시다. 마가는 다 알면서 예수님의 겸손함을 앞에 내세웠다. 우리도 사람의 아들이며 안식일의 주인이라 하셨다고. 대차지 않은가?

백 년 뒤, 천 년 뒤, 기독교인들은 안식일을 어떤 식으로 지키며 살아갈까? 주일에 예배를 꼬박꼬박 드리기나 할까? 어떤 신앙태도를 지녀야 경건하다고 여길까? 현재의 신앙태도와 다를 것이다. 예수님의 가르침의 본질을 정확히 꿰뚫지 않으면, 또 우리도 예전부터 입던 오래된 옷을 고집만 하면, 예수님께 야단맞을 수 있다. 안 찢어진다고 오래된 가죽부대에 새 포도주를 넣겠다고 고집할 수 있다.

6. 결론

첫째, 이 일화는 예수님의 언어순발력을 보여준다. 새로운 것을 말하기 위해 '생(베)', '갓난 (포도주)', '새 (가죽부대)'라는 다채로운 용어를 쓰신다. 갑작스런 상황에서 하신 말씀치곤 다양한 언어를 구색에 맞춰 쓰셨다. 이는 유대인들이 안식일에 대해 갖는 너무 고정된 생각은 너무 낡은 것이라 완전히 버려야 함을 말하기 위함이었다. 베에는 생베를 쓰고, 포도주에는 갓난 포도주를 쓰고, 가죽부대에는 새 것을 써야 하듯, 맞닥뜨리는 상황, 사람, 여건에 따라 맞춰서 우리도 새로운 사고로 접근해야 함을 알리기 위해서였다.

둘째, 이 이야기는 절대로 의도하지 않았겠지만, 마가의 구약지식의 허점을 드러낸다. 그리고 마가성도들의 무지 덕에 마가는 기죽지 않고 입담을 계속 살려 복음을 자신 있게 증거 할 수 있었다. 게다가 마태와 누가의 동료의 허물을 감싸주려는 태도는 귀감이다.

셋째, 안식일의 존재이유는 사람이다. 그것도 동물이나 노예 같은 특히 낮은 자들의 쉼을 주기 위함이었다. 안식일은 지금도 필요한 날이다. 그래서 안식일의 주인은 사람이다. 여기서 말하신 사람의 아들은 일반 사람을 가리킨다. 물론 예수님이 확실한 주인이다. 하나님이 안식일을 제정하셨기에 그렇다. 그러나 안식일은 사람으로 말미암아 생겼지, 사람이 안식일로 말미암아 생긴 것은 아니다.

마가복음 3장

막 3:1-6, 병자도 사람이다!

1   그리고 들어가셨습니다. 다시 회당 안으로. 그런데 계속 거기에 사람이[1]
    말라져있는 것을 갖고 있었습니다, 손을.[2]

2   그래서 (그들은) 그분을 계속 엿봤습니다. 혹 안식일(들)에 그를 고쳐줄까
    해서요. 그분을 고발하기 위해서 말입니다.

3   그런데 말하시는 겁니다, 그 사람, 그 마른 손을 갖고 있는 자한테요. "발
    딱 일어나 있어 보세요! 한가운데로요!"

4   그런데 말하시는 겁니다, 그들한테. "됩니까? 안식일(들)에 선한 걸 행해
    도? 아님 악행 해야 합니까?[3] 생명을 구해야 합니까, 아님 죽여야 합니
    까?" 그러자 그들은 계속 (입) 다물고 있었습니다.

5   그러자 그들을 둘러본 뒤, - 진노와 함께 - 그들 마음의 (눈이) 먼 것을
    두고[4] 심하게 근심하면서[5] 말하시는 겁니다, 그 사람한테. "손 내미세요!"

---

1   *ἄνθρωπος*(**안트로뽀스**), 사람, 2:28에서 '사람'이 안식일의 주인이라고 일갈한 뒤,
손이 마른 자를 '(한) 사람'이라 부른다.

2   *ἐξηραμμένην ἔχων τὴν χεῖρα*. 말이 좀 어색하다. 그래서 3절에서(그 마른 손을 갖
고 있는 자한테요, *τῷ τὴν ξηρὰν χεῖρα ἔχοντι*) 좀 더 자연스럽게 바꾸었다. 다른 평행
복음서들 역시 이 말을 다 고친다; 참. 마 12:10(사람이 손을 갖고 있는데, 마른 것
이었습니다); 눅 6:6(그런데 있었습니다, (한) 사람이 거기에. 그런데 그의 손, 그 오
른쪽이 **말라** 있었습니다.)

3   *κακοποιέω*(**까꼬뽀이에오**), 악행하다, 신약 4회 용어, 구약에 좀 있음, 막 3:4; 눅
6:9; 벧전 3:17; 요3 1:11; 창 31:7, 29; 43:6; 레 5:4 등. 앞에 '선한 걸 행해도(*ἀγαθὸν
ποιῆσαι*)'라는 말과 다르게 표현함; 참. *ἀγαθοποιέω*(**아가토뽀이에오**), 선행하다, 눅 6:9,
33, 35; 벧전 2:15, 20; 3:6, 17; 요삼 1:11; 민 10:32; 삿 17:13; 습 1:12뿐.

4   *πώρωσις*(**뽀로시스**), (눈이) 먼 것, 신약 3회 용어. 구약에는 없음. 막 3:5; 롬
11:25; 엡 4:18.

5   *συλλυπέω*(**쉴뤼뻬오**), 심하게 근심하다, 신약 1회 용어, 성서 3회 용어, 막 3:5;
시 68:21; 사 51:19; 참. *λυπέω*(**뤼뻬오**), 근심하다, 마 14:9; 17:23; 18:31; 19:22 외
(6); 막 10:22; 14:19; 요 16:20; 21:17 등. 누가에만 없음.

그래서 내밀었습니다. 그러자 회복되었습니다, 그의 손이.

6 그러자 나가 그 바리새파들이 즉시 헤롯 일당들과 함께 상의를 계속 해주었습니다. 그를 대적해서요. 어떻게[6] 그를 처참하게 죽일까하고 말입니다.

1. 예수님에 대한 태도가 달라졌다

이 이야기는 앞의 이야기와 연결돼 있다. 안식일에 예수님은 회당에 예배를 드리러 갔는데, 분위기가 심상치 않다. 제자들이 이삭을 먹은 일이 회당 가기 전, 언제 벌어진 것인지 확실치 않다. 그 날 예수님은 바리새파와 설전을 한바탕 치뤘다. 바리새파들에게 안식일은 사람을 위하여 생긴 것이므로, 사람이 주인이라고 말했지만, 그 말에 자신들의 생각을 바꾼 이가 몇 되었을까? 마가가 자세히 전하지 않아서 그렇지, 아마 예수님 뒤에서 서슬 퍼런 눈빛을 던진 바리새파들도 있었을 것이다. 고정된 생각의 틀 안에 갇혀 있는 사람과는 대화를 계속 나누는 일이 무의미하다. 예수님은 결국 그들을 뒤로 하고 떠났을 것이다.

안식일에 대한 예수님의 주장은 바리새파들뿐만이 아니라 일반 유대인들도 수용하기 힘들었던 모양이다. 그것은 예수님이 제자들을 이끌고 다른 마을의 회당 안으로 들어갔을 때 드러난다. 예수님이 간 회당에 하필이면 손이 마른 사람이 있었는데, 사람들이 예수님이 그 사람을 고쳐줄지 말지 엿보고 있었다는 것이다. 그것도 계속. 그런데 이 엿본 자들이 누군지는 정확히 모른다. 마가는 말을 안 했다. 누군지. 그러나 바리새파라 말하지 않았으므로, 이들은 일반 사람들일 확률이 높다.

---

6 ὅπως(호뽀스), 어떻게 해서 ~할까하고, + 가정법(마 12:14; 22:15; 26:59; 막 3:6; 눅 7:3; 24:20), 해서(마 2:8, 23; 6:2; 눅 2:35; 10:2; 요 11:57 등), 허면(마 5:16, 45 등).

앞 사건 이후 일이 어떻게 돌아갔는지 대강 짐작이 된다. 예수님이 사람을 고쳐줄지 말지 기대하는 분위기가 아니라, '안식일에' 고치면, 그것으로 고발하겠다는 자세를 취했다는 것은 이미 안식일 이삭 사건이 그 동네에 알려졌다는 뜻이다. 이 이야기 이전에 예수님이 안식일에 사람을 고쳐줬다는 말이 없다. 앞에 회당에서 귀신을 쫓아낸 것은 갑작스런 해프닝이다. 누가 봐도 예수님의 의도적인 일이 아니었다. 그래서 예수님을 대하는 사람들의 태도가 적대적이지 않았다.

2. 안식일에 대한 유대인들의 입장

그런데 이번에는 차원이 다르다. 고발이라니! 고발은 법정에 세우는 일이다. 길바닥에서 설전을 벌이는 것과 차원이 다르다. 마가복음에서 고발하는 일은 언제 일어났는가? 예수님을 죽이려 할 때였다. 대제사장들이 빌라도에게 예수님을 끌고 가 고발했다고 하는데(15:3, 4),[7] 3:2의 고발하다(κατηγορέω(까떼고레오))와 똑같은 용어를 썼다. 그리고 우리는 다 안다. 예수님이 고발돼 결국 사형 판결을 받았다는 것을.

> κατηγορέω(까떼고레오), 고발하다
> 눅 23:2 **고발하여** 이르되 우리가 이 사람을 보매 우리 백성을 미혹하고 가이사에게 세금 바치는 것을 금하며 자칭 왕 그리스도라 하더이다 하니
> 요 8:6 그들이 이렇게 말함은 **고발할** 조건을 얻고자 하여 예수

---

7 15:3 그리고 그분을 **계속 고발했습니다**, 대제사장들이, 많이.
4 그래서 그 빌라도가 다시 줄기차게 캐물었습니다, 그분께. 말하길, "대답 안 하느냐? 아무 것도? 이거 봐라! 얼마나 많이 널 **고발하는지!**"

를 시험함이러라 예수께서 몸을 굽히사 손가락으로 땅에 쓰시니 행 22:30 이튿날 천부장은 유대인들이 무슨 일로 그를 **고발하는지** 진상을 알고자 하여 그 결박을 풀고 명하여 제사장들과 온 공회를 모으고 바울을 데리고 내려가서 그들 앞에 세우니라

신약에서 κατηγορέω(까떼고**레**오)는 모두 법정으로 소환하는 일이다. 출 31:14에서 안식일을 더럽히는 자는 반드시 죽여야 한다고 모세는 강력하게 명령했다.[8] 안식일에 나무를 감히 한 자가 있어 돌 맞아 죽은 적도 있다(민 15:32-36).[9] 그러나 이 명령과 사건은 모두 다 아주 오래 전에 일어난 일이다. 그 명령이 수천 년이 지난 그때에도 똑같이 유효했을까? 안식일에 모든 유대인들이 일을 하지 않고 다 쉬는 장면이 상상되는가?

유대인들도 사람이다.

> 사 56:2 **안식일을 지켜 더럽히지 아니하며** 그의 손을 금하여 모든 악을 행하지 아니하여야 하나니 이와 같이 하는 사람, 이와 같이 굳게 잡는 사람은 복이 있느니라
> 58:13 만일 **안식일에 네 발을 금하여 내 성일에 오락을 행하지 아니하고** 안식일을 일컬어 즐거운 날이라, 여호와의 성일을 존귀한 날이라 하여 이를 존귀하게 여기고 네 길로 행하지 아니하며 네 오락을 구하지 아니하며 사사로운 말을 하지 아니하면
> 렘 17:21 여호와께서 이와 같이 말씀하시되 너희는 스스로 삼

---

8 출 31:14 너희는 안식일을 지킬지니 이는 너희에게 거룩한 날이 됨이니라 그 날을 더럽히는 자는 모두 죽일지며 그 날에 일하는 자는 모두 그 백성 중에서 그 생명이 끊어지리라

9 민 15:32 이스라엘 자손이 광야에 거류할 때에 안식일에 어떤 사람이 나무하는 것을 발견한지라 ..... 36 온 회중이 곧 그를 진영 밖으로 끌어내고 돌로 그를 쳐 죽여서 여호와께서 모세에게 명령하신 대로 하니라

가서 **안식일에 짐을 지고 예루살렘 문으로 들어오지 말며**

22 **안식일에 너희 집에서 짐을 내지 말며** 어떤 일이라도 하지 말고 내가 너희 조상들에게 명령함 같이 안식일을 거룩히 할지어다

느 13:16 그 때에 내가 **본즉 유다에서 어떤 사람이 안식일에 술틀을 밟고 곡식단을 나귀에 실어 운반하며 포도주와 포도와 무화과와 여러 가지 짐을 지고 안식일에 예루살렘에 들어와서 음식물을 팔기로** 그 날에 내가 경계하였고

안식일에 대한 하나님의 관심을 드러내는 곳이 예언서에 두서 군데 있는데, 이사야와 예레미야는 안식일을 지키라, 안식일에 짐을 지고 예루살렘에도 들어오지 말고, 집에서 짐을 내오지도 말라는 명령을 한다. [10] 하나님이 안식일을 지키라고 한 것은 백성들의 삶과 생존을 위해서이다. 나라의 영존을 위해서 안식일이 필요하다고 하셨다. [11] 이렇게 여러 예언자들에게 안식일에 일하지 마라고 계속 얘기하신 것은 안 지켜서이다. 누군가는 열심히 지켰겠지만, 아마 많은 이들은 안식일에 계속 일을 했을 것이다. 특히 종들을 둔 주인이 안식일이라고 종들이 하루 종일 아무 일도 안 하고 노는 꼴을 볼 수 있을까?

---

10 위 예 외에도 사 56:4 여호와께서 이와 같이 말씀하시기를 나의 **안식일을 지키며** 내가 기뻐하는 일을 선택하며 나의 언약을 굳게 잡는 고자들에게는; 6 또 여호와와 연합하여 그를 섬기며 여호와의 이름을 사랑하며 그의 종이 되며 **안식일을 지켜 더럽히지 아니하며** 나의 언약을 굳게 지키는 이방인마다; 렘 17:24 여호와의 말씀이니라 너희가 만일 삼가 나를 순종하여 **안식일에 짐을 지고 이 성문으로 들어오지 아니하며 안식일을 거룩히 하여 어떤 일이라도 하지 아니하면;** 27 그러나 만일 너희가 나를 순종하지 아니하고 안식일을 거룩되게 아니하여 **안식일에 짐을 지고 예루살렘 문으로 들어오면** 내가 성문에 불을 놓아 예루살렘 궁전을 삼키게 하리니 그 불이 꺼지지 아니하리라 하셨다 할지니라 하시니라

11 William L. Holladay, *Jeremiah 1*, Hermeneia (Philadelphia: Fortress Press, 1986), 509-511.

느헤미야서는 더 노골적이다. 13:16에 유다 사람이 술틀을 밟고 곡식단을 실어 팔기까지 했다. 종을 시킨 것이 아니라, 직접 돈을 벌려고 일한 것이다. 평일처럼 똑같이 살았다. 느헤미야는 그것을 보고 분노해 나라가 망한 것이 이런 행태 때문이었다고 꾸짖었었다.[12] 다시 말하면, 남유다가 망하기 전, 그리고 바벨론에서 돌아온 후에도 유대인들은 안식일을 다 지키지 않았다. 생활의 편의와 경제적 이득을 위해 안식일을 어긴 자들은 있었다. 인간을 알면, 절대로 모두가 다 지킬 것이라는 착각을 안 한다.

그러나 그 이후부터 셀류커스 왕조의 극심한 종교탄압을 겪으면서 유대사회는 안식일에 대해 엄격한 준수를 요구하는 방향으로 바꿔진 듯하다. 예수님 당시, 그리고 그 이후의 문헌에서 안식일을 어긴 자에 대한 법칙이 제안되는데, 사형까지는 아니지만 여전히 강력한 제재를 가하고 있기 때문이다.

> "타락해서 안식일과 절기를 더럽히는 자는 반드시 죽어야 한다; 그를 구금시켜야 할 것이다. 그리고 만약 그가 잘못해서 고침을 받으면, 그를 7년 동안 구금시켜야 할 것이다. 그리고 그 후에야 모임에 나갈 수 있다(12:2-6)."

다마스쿠스 문서(Damascus Document)에 많은 유대인들이 그 명령을 완전히 지키지 않았음이 드러난다. 안식일을 더럽힌 자를 죽여야 마땅하나, 죽이지 않았다. 대신 7년 동안 옥에 가두는 형벌을 가했다. 쿰란 동굴에서도 이 문서 사본이 발견된 것으로 봐, 구금징벌은 당시에 유효했으리라 추측된다. 후대 미쉬나에서도 안식일 규정을 어긴 자에게는 속죄제

---

12   13:16 또 두로 사람이 예루살렘에 살며 물고기와 각양 물건을 가져다가 안식일에 예루살렘에서도 유다 자손에게 팔기로 17 내가 유다의 모든 귀인들을 꾸짖어 그들에게 이르기를 너희가 어찌 이 악을 행하여 안식일을 범하느냐

사를 드리거나, 마흔에 하나를 감한 매를 때리라고 권한다. [13] 즉 예수님 당시에 안식일을 어긴 자가 있었고, 어겼다고 해서 무조건 그를 사형시키지는 않았다. 그렇다고 해서 미쉬나가 말하듯이 무죄로 놔두지도 않았다. 태형을 하려면 고발이 있어야 한다. 실수로 어겼으니 속죄제사로 용서해준다는 것도 안식일을 어긴 것이 실수인지 아닌지를 묻는 일이 먼저 있어야 했다. 즉 안식일을 엄수하는 일이 목숨이 달린 것은 아니라 할지라도 고발당하는 건이었으며, 무겁고 필히 지켜야 할 의무였다.

예수님은 물었다. 안식일에 병자를 고쳐주면 고발하겠다는 자들에게 "안식일에 선을 행해도 되냐?"고, "악하게 행해야 하는 거냐"고. 생명을 구해야 되는 건지, 죽여야 되는 건지 물어보셨다. 이 이야기 역시 마태와 누가도 전하는데, 안식일과 관련해 한 가지를 더 파악할 수 있어 비교해 볼 만하다.

마태	누가	마가
12:11 예수께서 이르시되 너희 중에 어떤 사람이 양 한 마리가 있어 안식일에 구덩이에 빠졌으면 끌어내지 않겠느냐 12 사람이 양보다 얼마나 더 귀하냐 그러므로 안식일에 선을 행하는 것이 옳으니라 하시고	6:9 예수께서 그들에게 이르시되 내가 너희에게 묻노니 안식일에 선을 행하는 것과 악을 행하는 것, 생명을 구하는 것과 죽이는 것, 어느 것이 옳으냐 하시며	3:4 그들에게 이르시되 안식일에 선을 행하는 것과 악을 행하는 것, 생명을 구하는 것과 죽이는 것, 어느 것이 옳으냐 하시니 그들이 잠잠하거늘

같은 사건에 대해 예수님이 하신 말씀이 조금 다르다. 가장 차이가 나는 곳이 마태복음이다. 유독 독특한 설명이 있다. 양 한 마리가 안식일에 구

---

13   m. Sanh. 7. 8; m. Mak. 3. 15; Adela Yarbro Collins, *Mark*, 207–208에서 재인용.

덩이에 꽉 떨어진 경우를 예로 들어 재산을 귀하게 여기는 태도를 끄집어내, 사람 생명은 그보다 더 귀하다고 주장하였다. 안식일 준수는 유대인과 이방인을 가르는 푯대이다. 이방인 그리스도인들이 안식일 준수를 그렇게 열심히 지켰을까? 어림도 없다.

즉, 마태는 자기 성도들이 거의 다 유대인이다 보니 예수님을 믿긴 하지만 여전히 안식일을 예전처럼 지켰을 것이다. 안식일을 어기는 것에 대해 마음이 불편해 했을 것이다. 그래서 예수님이 얼마나 합당한 논리를 제시했는지 알려줬다. 예수님이 그렇게 말씀하셨을 것이기 때문이다. 그러나 마가 성도나 누가 성도는 다 이방인이다. 안식일을 철저히 지킬 마음도 없거니와 그것 가지고 말씨름을 벌이는 것을 이해 못한다. 안식일에 양이 빠졌건 말았건 그런 경우를 놓고 고민할 이유가 없다. 그래서 누가와 마가는 예수님이 말하셨던 긴 설명들을 빼버렸다. 내가 상대하는 청중이 누구인지에 따라 예수님의 말씀을 얼마만큼 전달할지 유연하게 대처하는 모습을 보여주는 대목이다.

후대 랍비 문서에서, 병자가 안식일에 뭘 할 수 있을지를 가르치는데,[14] 이것을 보면 이 문제에 왜 그리 유대인들이 적대적이었는지 감이 온다.

---

14 미쉬나에는 안식일 규례에 대해 치료와 관련해 다음과 같은 말도 있다: 그리스의 히솝풀(hyssop, 위에 있는 기생충의 치료용)은 안식일에 먹으면 안 된다. 건강한 자의 음식이 아니기 때문이다. 그러나 박하종류(pennyroyal, 간에 있는 기생충의 치료용)나 마디풀 즙을 마시는 것(독성이 있는 음료 해독제용)은 먹을 수 있다. 둘 다 건강한 자도 먹을 수 있다. 치료에 도움이 되는 것은 어떤 음식이라도 먹을 수 있으며 마실 수 있다. 설사용 물이나 뿌리 물(root-water)을 제외하곤. 이것들은 황달을 치료하는데 도움을 주기 때문이다. 그는 갈증을 해소하기 위해 설사용 물을 마실 수는 있다. 그리고 치료에 쓰이지 않는다 해도, 뿌리 기름으로 자기에게 붓기 위해 쓸 수 있다. 만약 이빨이 너무 아프면, 식초를 삼키지 말고, 평소대로 식초를 먹어도 될 것이다. 만약 나으면, 나은 것이다. 만약 허리가 아프면, 거기를 포도주나 식초로 문지르지 말고, 기름으로 발라야 할 것이다. 그러나 장미 기름은 안 된다. 왕의 자녀들은 장미 기름으로 상처를 기름 부어도 된다. 평상시에 그렇게 하는 것이 습관이기 때문이다. R. 시므온(R. Simeon)이 말한다: 모든 이스라엘인들은 왕의 자녀이다!(m. Šabb. 14.3-4)

불모스(Bulmos)와 같은 치명적인 병에 걸린 경우, 그래서 견딜 수 없고, 속이 비었을 때 느끼는 통증으로 시야가 보이지 않게 되면, 속죄일(욤 키푸르) 때에도 그에게 정결하지 않은 음식을 먹여도 될 것이다. 그의 눈이 회복될 때까지, 그의 시력이 회복될 때까지 말이다. 그리고 미친개에게 물렸을 경우, 치료에 도움이 된다고 여기는 개의 간엽(葉)을 안 먹어도 된다. 랍비들은 그것이 비효과적이라고 본다. 그러나 랍비 마띠아 벤 하라쉬(Matya ben Harash)는 효과 있다고 보고, 허용했다. 게다가 그는 말하길: 목통증으로 고생하는 자에게 안식일에 그의 입 안에 약을 주는 것은 된다. 안식일에 약을 주는 게 금지돼 있긴 하지만 말이다. 그자에게 그 병이 치명적일지, 치명적이지 않은지 확실치 않기 때문이라는 것이다. 복부의 통증의 심각성이 어느 정도일지를 가늠하기가 어렵기 때문이다. 치명성 여부가 불확실해서이다(m. Yoma 8;6).

불모스라는 병은 목숨이 위태로울 정도까지 간 굶주림 상태이다.[15] 즉 목숨이 왔다갔다할 정도쯤 돼야 안식일에 열외를 둘 수 있다고 주장하는 랍비가 있는가 하면, 또 유연한 입장을 띤 자도 있었다. 그러나 랍비들이 고민한 병들은 어떤 병들인가? 까딱하다간 죽을 수도 있는 병이다. 당장 처방을 내려야 하는 위급한 상황이다. 지금 같으면 고민도 하지 않을 문제를 놓고 안식일에 약을 줘야 할지 말아야 할지로 논의를 한 것이다.

회당에서 예수님이 만난 자는 손이 마른 자이다. 혈당이 급속도로 떨어졌다거나, 출혈과다인 상태가 아니다. 장기간에 걸쳐 손을 못 쓴 환자였

---

15 불모스는 심하게 허기를 느끼는 병이다. 아마 혈당이 급격하게 떨어져 생기는 것으로 유추되는데, 이때는 율법이 금하는 음식이라도 먹어서 목숨을 건지도록 허락되었다. https://steinsaltz.org/daf/yoma83/ 2022. 7. 27에 채록.

다. 즉 오늘 이 안식일에 안 고쳐도 아무 문제가 없는 환자다. 이런 자를 고치는 것은 명백히 안식일을 지키겠다는 마음 자체가 없는 것이다.

3. 병자도 사람이다

예수님은 회당에서 사람들이 병자와 예수님을 번갈아보며 어떻게 할지 엿보는 것을 알고 있었다.

> παρατηρέω(빠라떼레오), (기회를) 엿보다, 꼼꼼하게 지키다
> 시 37:12 악인이 의인 치기를 **꾀하고** 그를 향하여 그의 이를 가는도다
> 130:3 여호와여 주께서 죄악을 **지켜보실진대** 주여 누가 서리이까
> 눅 20:20 그리하여 그들은 **기회를 엿보다가**, 정탐꾼들을 보내서, 이들이 거짓으로 의로운 사람들인 체 행세하면서 예수께로 접근하게 하여, 그의 말씀을 책잡게 하였다. 그렇게 해서, 그들은 예수를 총독의 치리권과 사법권에 넘겨주려고 하였다.
> 행 9:24 그 계교가 사울에게 알려지니라 그들이 그를 죽이려고 밤낮으로 성문까지 **지키거늘**
> 갈 4:10 여러분이 날과 달과 계절과 해를 **지키고 있으니**,

παρατηρέω(빠라떼레오)는 성경에 그리 많이 나오는 단어가 아니다. 이것은 신약과 구약에서 대부분 나쁜 의도를 가지고 옆에서 지켜보는 행위를 말할 때 사용되었다. παρατηρέω(빠라떼레오)는 τηρέω(떼레오)동사 앞에 παρά(빠라)라는 전치사가 붙은 합성어이다. '지키다'라는 동사에 '옆에'라는 전치사가 붙어서 '옆에 딱 지켜보는 것'를 뜻한다. 옆에서 지켜보는 일

은 갈 4:10처럼 꼼꼼하게 지키는 것도 있지만, 상대방이 잘못 하나 안 하나 지켜보는 것도 된다. 악인이 옆에서 지켜보는 것은 기회를 엿보기 때문이다. 사람만 사람을 지켜보지 않는다. 하나님도 딱 지켜보신다. 시 130:3은 말한다. 죄악을 지켜보신다고.

지금 회당에서 사람들은 예수님을 엿봤다. '안식일에 그를 고치면 그를 고발하리라'는 마음이 있었기 때문이었다. 이것은 예수님에 대해 명백히 선한 의도가 없음을 드러낸다. 예수님도 사람들의 시선이 예전 같지 않음을 눈치 챘을 것이다. 이런 가운데 마가는 예수님의 생각을 암시하는 용어, 하나를 앞의 이야기와 이어서 사용했다. 앞 2:27, 8이다.

2:27 그리고 말하고 또 말하셨습니다, 그들에게. "안식일이 **사람**으로 말미암아 생겼지, 아닙니다! **사람이** 안식일로 말미암아 (생긴 건).

28 하여 주인입니다. **사람의 아들은** 안식일에서도요!"

3:1 그리고 들어가셨습니다. 다시 회당 안으로. 그런데 계속 거기에 **사람이** 말라져있는 것을 갖고 있었습니다, 손을.

2 그래서 (그들은) 그분을 계속 엿봤습니다. 혹 안식일(들)에 그를 고쳐줄까 해서요. 그분을 고발하기 위해서 말입니다.

3 그런데 말하시는 겁니다, **그 사람**, 그 마른 손을 갖고 있는 자에게요. "발딱 일어나 있어 보세요! 한가운데로요!"

—————

5 그러자 그들을 둘러본 뒤, – 진노와 함께 – 그들 마음의 완고함을 두고 심하게 근심하면서 말하시는 겁니다, **그 사람한테**. "손 내미세요!" 그래서 내밀었습니다. 그러자 회복되었습니다, 그의 손이.

그것은 바로 '사람'이다. 두 사건은 '사람'과 '안식일'이라는 사안과 연결돼 있다. 다. 앞의 이야기 발단은 제자들이 안식일에 밀알을 먹어서였다. 그때 예수님이 내세운 것이 안식일보다 사람이 더 귀하다는 점이었다. 사람을 위해 안식일이 생겼을 정도로 사람은 귀하다고 하셨다. 그리고 장소는 바뀌었지만, 회당에서도 사람이 귀하다 하셨다. 그것을 마가는 '사람'이라는 용어를 계속 사용함으로써 예수님이 가장 소중히 여기시는 것을 드러냈다.

예수님이 안식일에 회당에 들어가셨는데, 딱 거기에 '사람'이 있었다고 말이다. 그리고 '그 사람'은 말라져 가고 있었다 했다. 손이. 그는 질병을 갖고 있다. 그러나 안식일 논쟁을 봤듯이 목숨과는 상관없는 질병이다. 그러나 그가 회당에 있었던 건강한 사람들과 같은 사람으로서 대접을 받았을까? 마가는 그자에 대해 1, 3, 5절에 걸쳐 계속 '사람'이라고 말했다.

10절에 보면, '천벌들'을 가진 사람들이 예수님에게 와서 낫고 싶어, 예수님을 만지려고 그렇게 덮쳤다고 했다. '천벌($\mu\acute{\alpha}\sigma\tau\iota\xi$, 마스띡스)'이란 단어는 원래 말을 때릴 때 쓰는 채찍을 가리킨 말이었다. 그래서 나훔 3:2에 **'말채찍'** 소리($\phi\omega\nu\grave{\eta}\ \mu\alpha\sigma\tau\acute{\iota}\gamma\omega\nu$)라고 말한다. [16] 그래서 $\mu\acute{\alpha}\sigma\tau\iota\xi$(마스띡스)는 주로 두 가지 뜻으로 쓰였다. 채찍질과 천벌이다. 성경에서 대부분 이 단어는 채찍질을 뜻했다. 채찍질은 아무나 맞지 않는다. 죄를 지으면 그에 상응한 벌로 내리는 것이 채찍질이다.

$\mu\acute{\alpha}\sigma\tau\iota\xi$(마스띡스), 천벌, 매질
왕상 12:11　내 아버지께서 너희에게 무거운 멍에를 메게 하였으나 이제 나는 너희의 멍에를 더욱 무겁게 할지라 내 아버지는 **채찍으로** 너희를 징계하였으나 나는 전갈 채찍으로 너희

16　Carl Schneider, "$\mu\acute{\alpha}\sigma\tau\iota\xi$," *TDNT* 4, 518–19.

를 징계하리라 하소서

행 22:24 천부장이 바울을 영내로 데려가라 명하고 그들이 무슨 일로 그에 대하여 떠드는지 알고자 하여 **채찍질하며** 심문하라 한대

시 32:10 악한 자에게는 고통이 많으나(**많은 채찍질이 있다**, 죄인에게는), 주님을 의지하는 사람에게는 한결같은 사랑이 넘친다.[17]

89:32 내가 지팡이로 저희 범과를 다스리며 **채찍으로** 저희 죄악을 징책하리로다.

나 3:2 찢어지는 듯한 **말채찍 소리**, 요란하게 울리는 병거 바퀴 소리. 말이 달려온다. 병거가 굴러온다.

시 32:10에 '악한 자에게는 고통이 많으나'라고 돼 있으나, 헬라어 본문은 '많은 채찍질이 (있다), 죄인에게는'이다. 채찍질을 하나님이 치시는데, 어찌 고통이 없겠는가? 슬픔과 고통이 뒤따른다. 하나님의 채찍질은 어떤 형식으로든 고통과 연결돼 있다. 그래서 '고통이 많다'고 옮긴 것이다. 시 89:32에서는 하나님이 죄지은 자들을 채찍으로 내리친다고 표현한다. 채찍질을 받을 때 느껴질 만큼의 고통을 받게 하실 것이라고 말하는 것이다.[18]

마가는 손이 마른 병을 가진 자를 천벌 받은 자라고 말하지 않았다. 그러나 그가 사람대접을 받았을 것이라 여겨지지 않는다. 깨끗하지 않은 자다. 사람들은 그가 죄를 지어서 걸렸다 생각했을 것이다. 담가는 이걸 아주 교묘하게 표현했다. 그 병자를 사람들은 사람이 아니라, 그냥 '그'라고 봤다는 것이다(2절). 한 '사람'으로 보는 게 아니라, 여러 명 중 하나인 '그'

---

17 칠십인역 31:10 πολλαὶ αἱ μάστιγες τοῦ ἁμαρτωλοῦ

18 헬라인들도 신이 말채찍을 내리칠 때가 있다고 한다. 그래서 재앙, 즉 천벌이 일어났다고 봤다. 호머, 일리아드, 12.37; 13.812 등. Carl Schneider, "μάστιξ," *TDNT* 4, 518-19.

다. 이들은 손이 마른 자를 사람으로 안 보고, 대신 '예수'를 엿보고 있었다고 말한다. 마음에 나쁜 게 있으면, 봐야 하는 것이 안 봐 지는 법이다. 그런데 예수님은 어떤가? 그를 '사람'으로 보고, 한 가운데로 나오라고 말했다. [19] 이래서 예수님은 '사람'을 아끼는 분이시다. [20]

예수님은 선을 행하는 것이라면 안식일이라도 된다는 입장을 지니셨지만, 회당에 있는 유대인들은 그렇지 않았다. 손이 마른 자를 고치는 일은 생명과는 상관없는 것이다. 그러나 손이 마른 그 '사람'은 다르다. 나았을 때 삶은 생명으로 바뀐다. 살아있으나 죽은 것 같은 인생이 활짝 꽃이 필 생명의 세계로 진입한다. 예수님은 그래서 생명을 구해야 하냐고 물었다.

---

19   이 부분에 관한 『새번역』이다; 2:27 그리고 예수께서는 그들에게 말씀하셨다. "안식일이 **사람을** 위하여 생긴 것이지, **사람이** 안식일을 위하여 생긴 것이 아니다. 28 그러므로 인자는 또한 안식일에도 주인이다." 3:1 예수께서 다시 회당에 들어가셨다. 그런데 거기에 한쪽 손이 오그라든 **사람이** 있었다. 2 사람들은 예수를 고발하려고, 예수가 안식일에 그 사람을 고쳐 주시는지를 보려고, 예수를 지켜보고 있었다. 3 예수께서 손이 오그라든 **사람에게** 말씀하셨다. "일어나서 가운데로 나오너라." 마가의 원문과 비교해보면, 인자라 쓴 바람에 '사람'의 아들을 드러내지 못하고, 2절에서는 '사람들', '그 사람'이 덧붙여져서 이들이 병자를 '사람'으로 인식하지 않음이 드러나지 않는다. 이런 현상은 『개역개정』도 마찬가지이다.

20   정말 예수님이 죄인이든 병자든 간에 당신과 같은 '사람'임을, 그래서 소중히 여기셨음을 드러나나, 마가보다는 약하다. 『눈으로 듣는 마태 · 누가』

마태	누가
12:9 그리고 거기에서 옮겨 가셨습니다, 그들의 회당으로. 10 그리고 보세요! **사람이** 손을 가지고 있는데, 말라있(었습니다). 그런데 그분께 (그들이) 캐물었습니다. 말하길, "되는 건지요? 안식일(들)에 고쳐도?" 그분을 고발하기 위해서 말입니다.	6:6 일이, 그런데 있었습니다. 다른 안식일에 그분이 회당 안으로 들어갔을 시에, 그리고 가르칠 시에요. 그런데 있었습니다. **사람이** 거기에. 그런데 그의 손, 그 오른쪽이 말라 있었습니다. 7 그런데 그분을 계속 엿보고 있었습니다. 서기관들과 바리새파들이. 혹 안식일에 고칠까 해서요. 발견하기 위해서였습니다. 그분을 계속 고발할 것을요.

4. 예수님의 진노

유대인들의 안식일에 대한 관념이 완고한 것을 아시고 진노하셨다. 마가는 이들의 마음이 완고했다고 이유를 설명하는데, 예수님이 화를 내신 경우가 마가에서 여기 외 없다. 예수님이 애가 탔다거나,[21] 탄식했다는 말이 있어도[22] 노하셨다는 말은 없다. 헬라어 원문에는 명사, '진노(ὀργή(오르게))와 함께'라는 식으로 표현했는데, '진노', 즉 화는 예수님뿐 아니라, 하나님도,[23] 그리고 사람들도 낸다.[24] 요즘 사회가 화를 내는 것이 잘못된 것인 양 말하는 경향이 많은데, 기독교인들이 흔히 착각하는 것이 하나님은 절대 화를 안 내는 분이라는 점이다. 그렇지 않다. 성경 구석구석에서 하나님이 화를 내신다. 아니 화가 났다고 말하신다.

복음서에서 3:5처럼 예수님이 화나셨다는 말을 분명하게 하는 경우는 적지만, 말씀의 어조에 분노가 실려 있는 경우가 많다. 바울도 할례를 주장하는 이들에 대해 얼마나 분노를 내는가? 하나님도 화를 내시는데, 인간인 우리가 화를 안 낼 순 없다. 문제는 어떤 사안에 화를 내는냐이다. 불의한 자들에 대해 하나님이 만약 화를 안 내셨다면, 이 세상은 결코 아름다운 곳이 되지 못했을 것이다. 어리석은 것을 고집하는 자들에게 분노하지 않으셨다면, 우리는 이 세상에 대한 소망을 가질 수 없을 것이다.

---

21   마 9:36; 14:14; 15:32; 18:27; 20:34; 막 1:41; 6:34; 8:2; 눅 7:13; 10:33; 15:20.

22   7:34 그리곤 하늘을 우러러 본 후 **탄식하셨습니다.** 그리고 말하시는 겁니다, 그에게. "에바다!" 이건 '활짝 열려라!'입니다.

23   구약에서 하나님이 진노를 내셨다고 하시는 곳은 출 4:14, 모세에게이다. 주님께서 모세에게 크게 **노하시어** 말씀하셨다. "레위 사람인 너의 형 아론이 있지 않느냐? 나는 그가 말을 잘 하는 줄 안다. 그가 지금 너를 만나러 온다. 그가 너를 보면 참으로 기뻐할 것이다.

24   진노라는 단어가 구약에서 처음 등장하는 곳이 에서의 분노이다. 창 27:45 네 형의 **분노가** 풀리고, 네가 형에게 한 일을 너의 형이 잊으면, 거기를 떠나서 돌아오라고 전갈을 보내마. 내가 어찌 하루에 자식 둘을 다 잃겠느냐!"

중요한 것은 화를 안 내는 것이 아니라, 어떤 것에 화를 내느냐이다. 마가는 말한다. 예수님이 진노와 함께 그들을 둘러보셨다고. 화내신 이유는 안식일이라 할지라도 선한 일을 하는 것이라면 응당 해야 하건만 하나님의 명령을 핑계로 외면하고서 안식일을 준수했다며 의롭다는 자부심을 가지는 자세 때문이다. 마가는 그것을 마음의 (눈)이 멀었다고 평가했다.

(눈이) 멂(πώρωσις(뽀로시스))이란 말은 구약에 아예 나오지 않는다. 어디 구약뿐이랴! 헬라인들도 아예 쓰지 않는 단어이다. 마음의 (눈)이 멀 때, 어떤 일이 벌어지는가?

▸ 헬라어 풀이 (2): πώρωσις(뽀로시스)/ πωρόω(뽀로오))
πώρωσις(뽀로시스), (눈)이 멂, 완악함, 굳어진 것

πώρωσις(뽀로시스)의 뜻이 '(눈)이 멂'이라고 했을 때, 독자들은 의아해했을 것이다. 왜냐하면 성경에서는 '완악함', 또는 '굳어진 것'으로 읽었기 때문이다.

개역개정	새번역
그들의 마음이 완악함을 탄식하사 노하심으로 그들을 둘러 보시고 그 사람에게 이르시되 네 손을 내밀라 하시니 내밀매 그 손이 회복되었더라	예수께서 노하셔서, 그들을 둘러보시고, 그들의 마음이 굳어진 것을 탄식하시면서, 손이 오그라든 사람에게 말씀하셨다. "손을 내밀어라." 그 사람이 손을 내미니, 그의 손이 회복되었다.

πώρωσις(뽀로시스)는 신약에 달랑 3번밖에 안 나온다. 그래서 이 단어의 뜻이 도대체 무엇일지 감 잡기가 여간 어렵지 않다. 헬라인들도 이 단어를 아예 쓴 일이 없다. 결국 동사 πωρόω(뽀로오)의 쓰임새를 통해 유추할 뿐인데, 이 πωρόω(뽀로오)는 과도하게 살이 찌면서 생기는 '무감각함'을

가리켰다. 돌처럼 석화되는 현상을 가리키기도 하지만, 석화됨으로써, '무
디고', '감각이 없으며', '눈이 먼 것'을 말할 때 쓴 것이다.[25]

> 고후 3:14 그러나 그들의 마음이 **완고하여** 오늘까지도 구약을
> 읽을 때에 그 수건이 벗겨지지 아니하고 있으니 그 수건은 그
> 리스도 안에서 없어질 것이라

고후 3:14에 '그들의 마음이 완고하여'라고 옮겨진 πωρόω(뽀로오)의 쓰
임새를 살펴보면, 그들이 구약을 읽을 때 수건을 쓰고 있어서 봐야 할 것
을 보지 못하는 상태를 말한다. 자기가 옳다고 생각하는데, 그것은 수건
을 뒤집어쓰고 보는 형국이란 뜻이다. 즉 지적으로 둔감하여 안 보이는 것
(intellectual obtuseness or blindness)이다. 고집이 아니다. 깨닫지 못
하는 것이다.

고후 3:14는 '완고하다'로 옮겼지만, πωρόω(뽀로오)가 쓰인 나머지 4곳
은 '무디다' 또는 '눈이 멀다'는 뜻으로 해석했다.[26]

> 막 6:52 그들은 빵을 먹이신 기적을 깨닫지 못하고, 마음이
> **무뎌져 있었다.**
>
> 8:17 예수께서 이것을 아시고 말씀하셨다. "어찌하여 너희는
> 빵이 없는 것을 두고 수군거리느냐? 아직도 알지 못하고 깨닫
> 지 못하느냐? 너희의 마음이 그렇게도 **무디어 있느냐?**

---

25 J. A. Robinson, *"ΠΩΡΩΣΙΣ and ΠΗΡΩΣΙΣ,"* *JTS* 3 (1902), 81–82.

26 요 12:40의 『개역개정』은 '완고하다'로 옮겨져 있다; 참. 요 12:40 그들의 눈을
멀게 하시고 그들의 마음을 **완고하게 하셨으니** 이는 그들로 하여금 눈으로 보고 마
음으로 깨닫고 돌이켜 내게 고침을 받지 못하게 하려 함이라 하였음이더라; 롬 11:7
의 『새번역』은 '완고하다'로 돼 있음; 참. 롬 11:7 그러면 무슨 결과가 생겼습니까?
이스라엘 백성은 찾던 것을 얻지 못하였지만, 택하심을 받은 사람들은 그것을 얻었
습니다. 그리고 그 나머지 사람들은 **완고해졌습니다.**

요 12:40 "주님께서 그들의 눈을 멀게 하시고, 그들의 마음을 **무디게 하셨다.** 그것은 그들이 눈이 있어도 보지 못하게 하고, 마음으로 깨달아서 돌아서지 못하게 하여, 나에게 고침을 받지 못하게 하려는 것이다."

롬 11:7 그런즉 어떠하냐 이스라엘이 구하는 그것을 얻지 못하고 오직 택하심을 입은 자가 얻었고 그 남은 자들은 **우둔하여졌느니라**

욥 17:7 근심 때문에 눈이 **멀고**, 팔과 다리도 그림자처럼 야위어졌다.

복음서들에서 πωρόω(뽀로오)가 쓰일 때는 한결같이 둔감해 깨닫지 못함을 질타하는 상황이다. 로마서에서도 이스라엘인들 중에 은혜를 받지 못한 자들이 우둔하다고 한 까닭에 대해 바울은 그 다음 8절에서 이렇게 설명했다. 이들이 혼미한 심령과 보지 못할 눈과 듣지 못할 귀를 가져서 '우둔해졌다'고 말이다. 봐야 할 것을 보지 못하고, 깨달아야 할 것을 깨닫지 못한다는 것이다. 남은 자들이 지적인 측면에서 아둔한 것이다.[27]

재미있는 점은 명사형 πώρωσις(뽀로시스)가 나오는 3곳의 고대 라틴어본, 시리아어본, 아르메니아어본은 다 '눈 먼 상태(blindness)'로 옮겨 놨다. 그런데 1557년에 나온 제네바 영어본이 '굳어진 것(hardening)'이라 옮겨진 뒤부터 계속 사용됐다.[28] πωρόω(뽀로오)동사와 πώρωσις(뽀로시스)명사가 신약에서 사용된 경우를 다 보면, 인지면에서의 둔감함 또는 흐릿함이다. 보여야 하는데, 눈이 멀어 제대로 보지 못하는 것이다. 그래서 결국 도덕적으로 옳고 그름을 분간 못하는 결과를 낳는다.[29] 오리겐 역시 동사를

---

27 J. A. Robinson, "*ΠΩΡΩΣΙΣ* and *ΠΗΡΩΣΙΣ*," 82–5.

28 앞의 글, 81.

29 앞의 글, 85–7.

해석할 때, 도덕적 또는 지적인 측면에서 안목이 없음을 뜻한다고 봤다.[30]

그래서 로빈슨(J. A. Robinson)은 이 단어들의 문맥 내 의미와 고대사본들의 해석을 통해 두 단어는 '지적인 아둔함과 눈이 멂'을 뜻한다고 주장한다. 고대 번역본들은 제대로 옮겼는데, 후대의 영어본에서 πώρωσις(뽀로시스)를 '굳음(hardeness)'으로 옮기는 바람에 해석상에서 오류가 발생했다는 것이다.[31] 흔히 '완고함', 또는 '강퍅함'의 뜻으로 사용되는 단어인 형용사 σκληρός(스끌레로스), 명사 σκληροκαρδία(스끌레로까르디아), 동사 σκληρύνω(스끌레뤼노)와 비슷한 뜻을 띠고 있다 생각하지만, 완전히 다른 부류에 속한다는 것이다. πώρωσις(뽀로시스)는 오히려 지적인 측면의 무감각, 무딤, 죽은 것과 같은 상태라고 말한다. '완고함'은 의지의 측면인데 말이다.[32]

막 3:5 외 πώρωσις(뽀로시스)가 쓰인 두 구절이다.

> 롬 11:25 형제들아 너희가 스스로 지혜 있다 하면서 이 신비를
> 너희가 모르기를 내가 원하지 아니하노니 이 신비는 이방인의 충
> 만한 수가 들어오기까지 이스라엘의 더러는 **우둔하게 된 것이라**
> 엡 4:18 그들의 총명이 어두워지고 그들 가운데 있는 무지함
> 과 그들의 마음이 **굳어짐으로** 말미암아 하나님의 생명에서 떠
> 나 있도다

둘 다 우둔하고 굳어져있다고 평가받는 자들의 공통된 특징이 뭔가? 깨닫지 못함이다. 스스로는 지혜 있다 하지만, 하나님이 준비하신 신비를 모르니, 총명은 없고 무지하다는 것이다. 바울이 비판하는 점은 다 지적

---

30 앞의 글, 87-9.
31 앞의 글, 92-3.
32 앞의 글, 92.

인 우둔함이다. 이것은 이들이 고집을 마구 피워서가 아니다. 마음의 눈이 먼 것이다.

— ✦ ✦ ✦ —

안식일을 지키기 위해서는 선한 일도 해서는 안 된다는 생각을 가지는 것은 마음의 눈이 먼 것이라고 예수님은 봤다. 손이 마른 자의 고통을 보려는 눈이 먼 것이라고 말이다. 이자를 굳이 안식일에 고칠 필요는 없다. 그런데 그자 입장에선 어떤가? 하루라도 빨리 낫고 싶다. 자기도 동네 사람들과 똑같은 한 사람으로서 대접받으며 살고 싶다. 이 바짝 마른 손 때문에 창피해 악수조차도 주저했던 시간들을 더 이상 맞고 싶지 않았을 것이다. 예수님은 그 사람의 마음을 봤고, 다른 이들은 못 봤다.

모두 마음을 가지고 있다. 그런데 내 마음만 보고 남의 마음을 못 보는 경우가 많다. 이들이 악하다고는 볼 수 없다. 이들도 나름 착하게 살려고 했을 것이다. 그저 다른 이들의 마음까지 헤아리지 못했을 뿐이다. 그러나 그 지적인 둔함과 눈멂은 예수님의 진노를 일으켰다. 하나님이 안식일을 만든 이유는 인간, 특별히 종으로 일 년 삼백육십오일 휴일도 없이 일하는 자들을 위해서다. 인간의 유익을 위해 만든 제도가 하나님의 마음을 보는 눈이 없어 되레 인간에게 해를 가하는 것이 됨을 예수님이 보신 것이다.

약한 자에 대한 마음이 πώρωσις(뽀로시스)하면, 즉 그들에 대한 마음이 '무디거나' 또는 '무감각해지면', 약한 자의 마음을 보지 못한다. 이웃이나 친구, 나아가 가족이 뭘 하는지, 뭣 때문에 고생하는지 신경을 안 쓰는 이가 있다. 마음이 무딘 것이다. 그들에 대한 마음의 눈이 먼 것이다. 그럴 때는 내가 옳다고 여기는 것에만 맹목적으로 움직이게 된다. 안식일에 쉬는 것은 옳다. 그러나 모든 경우에 그 푯대를 맹목적으로 들이대면 안 된다. 그들의 마음, 더 나아가 하나님의 그들에 대한 마음까지도 볼 수 있어야 한다.

5. 손이 말랐던 사람에 대한 묵상

간단하게 운이 좋아 예수님의 덕을 본 한 사람을 살펴보려 한다. 이자 입장에선 회당에 출입 한 번 한 것으로 수 년 간의 고생을 접었다. 예수님께 부탁한 것도 아니다. 그저 회당에 갔을 뿐이다. 예수님이 먼저 일어나 한가운데로 오라 해 갔을 뿐이다. 예수님의 은혜는 때로 이렇게도 임한다. 예수님을 만나기만 하면 되지, 자기의 믿음이 꼭 필요한 것도 아니다. 선한 일로 업을 쌓지 않아도 된다. 죄의 회개도 안 해도 일어난다. 그저 예수님을 뵙기만 하면 된다.

> 약 5:14 너희 중에 병든 자가 있느냐 그는 교회의 장로들을
> 청할 것이요 그들은 주의 이름으로 기름을 바르며 그를 위하
> 여 기도할지니라
> 15 믿음의 기도는 병든 자를 구원하리니 주께서 그를 일으키
> 시리라 혹시 죄를 범하였을지라도 사하심을 받으리라

신앙생활을 오래 하다 보면 부러운 이가 있다. 신앙도 별로 없는데, 교회에 나오고 나서 자기의 문제가 쉽사리 해결된 자이다. 내가 신앙이 별로 없다면, 이 말씀을 꼭 기억하기 바란다. 병든 자가 낫는 것은 그 병든 자의 믿음이 아니라고 말하기 때문이다. 교회의 장로들이 그를 위해 믿음의 기도를 해줬는데, 주께서 그를 낫게 해주시는 일이 일어난다고 말한다. 진짜 그런 일이 비일비재하다. 자기보다 훨씬 믿음이 좋은 목사나 장로, 권사 등의 기도로 예수님의 은혜를 경험한다. 지금 이 손이 마른 자가 그랬다.

예수님은 사람들이 싫어하는 것을 뻔히 알면서도 선한 일을 할 수 있는 처지라면, 하는 것이 옳다고 여기시고 그자를 고쳤다. 마가는 "내밀었습니다. 그러자 회복되었습니다, 그의 손"라고 말하며 그 고침이 아주 간단

하게, 금방 이뤄졌음을 전한다. 이 이후에 그자의 근황을 우리는 모른다. 그자도 역시 자기를 놓고 회당 안의 공기가 심상치 않음을 눈치 챘을 터이다. 그도 역시 안식일 계명을 몰랐을 리 없다. 그러나 한 번만 이웃들의 미움을 외면하는 길을 택했다. 손이 말라 고생하는 이는 자기가 아닌가!

너무 심한 억측일 수 있지만, 그자는 아마 손이 나은 후, 적잖이 마음고생을 했을 것이다. 바리새파들은 동네 유지다. 그들이 예수님께 가진 적개심을 그자에게도 일부 안 퍼부을 리 없다. 요한복음 9장에 보면, 예수님 덕분에 눈을 고친 자가 그 이후 바리새파들한테 얼마나 곤욕을 치르는지 나오지 않는가! 그가 사는 곳은 농촌이다. 오랫동안 다 아는 사이였고, 죽을 때까지 도움을 주고받으며 살아야 하는 문화이다. 오랜 기간을 정상적인 노동활동을 못 했을 터인데, 부모의 유산이 없으면 궁색해지기 십상이다. 바리새파들의 묵인과 도움이 있어야 할 터인데, 인제 쉽지 않아졌다.

그가 택할 길은 두 가지다. 지금껏 살아왔던 터를 놔두고 예수님 뒤를 좇든가, 아니면 자기를 고친 예수님에 대해 좋은 말을 안 하는 것이다. 마음은 아니라도 말이다. 어떤 길이 쉬운 길인지 알 것이다. 농촌에서 최선을 다해 목회를 했는데도 그 교회의 수석장로님과의 관계가 틀어져 쫓겨나는 목회자를 가끔 본다. 교인들이 밤늦게 찾아와 죄송하다고 말한다는 것이다. 평생 이 동네에서 그 장로님과 살아야 해, 어쩔 수 없었다고 말이다.

예수님이 살던 시대는 능력보다 관계가 중요한 사회다. 이웃들과의 관계가 아주 중요했다. 생계까지 영향을 미쳤다. 내 인생의 평탄함이 동네 유지에게 달려있다 해도 과언이 아니었다. 예수님도 그 문화를 모르셨을 리 없다. 이런 현상은 뒤에도 일어난다. 마가는 그래서 손이 말랐던 자에 대해 아무런 뒷이야기를 전해주지 않는다. 이 말인즉슨 그는 예수님과 무관하게 살았음을 뜻한다.

여기에서 한 가지를 더 깨닫는다. 예수님에게서 은혜를 받았다 해서 모두가 예수님을 진실되게 믿지는 않는다는 것이다. 예수님을 구세주로 믿고 의지함으로써 죽을 때까지 더 받을 은혜들을 경험하지 못한다는 것이다. 예수님의 도움을 받을 일은 한 번만 있지 않다. 끊임없이 있다. 내 의지와 상관없이 접했던 예수님의 은혜가 믿음으로 나아가는 진전이 없으면 오히려 내 평안과 안녕이 깨질 수 있다.

6. 결론

안식일 준수는 유대인 사회에서 민족적 정체성을 확인하는 제도였다. 사람에 대한 하나님의 사랑에서 비롯된 제도였건만, 인간의 사랑은 그 수준에 훨씬 못 미치다 보니 병자가 겪는 고통을 보지 못했다. 그러나 예수님은 사람들에게 사람대접을 잘 못 받는 또 한 명의 손이 마른 '사람'을 본 바람에 사랑과 의분이 겹쳐 나섰다. 그러나 예수님인들 몰랐을까? 지금 이 바리새파들의 분노 수위가 찰랑찰랑 하는 것을? 자기를 고발하려고 엿보려는 그 쏘아보는 눈빛을 못 봤을 리 없다. 그러나 예수님은 그 공격 기회를 엿보는 자들을 두려워하지 않으셨다. 단 하나의 원칙, 안식일에 선한 일을 하는 것이 옳은지, 악행을 하는 것이 옳은지, 그것만 생각했다. 하나님만 바라본 것이다. 하나님이 무엇을 기뻐하시는지.

마가는 말한다. 이 사건으로 예수님에게는 여러 변화와 아픔들이 일어났다고 말이다. 그러나 예수님의 사람이 우선이라는 신념으로 인해 반대자들이 세력화한 현상이 예수님을 위축시키지 못했다. 사람에 대한 사랑이 그분의 복음 선포전략을 바꾸시게 만들었다.

마가 성도들에게로 초점을 돌려서, 안식일 준수에 자부심을 가진 자는 이런 논의에 관심을 가지겠지만, 안식일에 그리 큰 부여를 안 하는 이방인에게는 쓸데없는 짓이다. 이들은 힘들고 어렵게 사는 자들이다. 글자는 당연히 몰랐을 것이다. 구약에 대해서도 잘 모른다는 것은 이제 알지 않았는가? 이야기를 분석하다보면 또 드러나겠지만, 노예들도 꽤 있지 않았을까 싶다. 태반(太半)이 완전 하층민인 셈인데, 안식일법을 지켰을까? 당연히 안 지켰을 것이다. 만약 종이라면, 주인이 시키면 안식일이든 상관없이 무조건 일해야 할 판국에 뭘 따지겠는가? 종에서 해방된 자들 또한 하루, 하루 밥 벌어 먹기 힘들었을 터이다. 게다가 지금은 기독교인 핍박 때문에 운신의 폭이 더 줄어들었다. 이방인으로서 안식일을 준수하려 고생을 자초했을까? 어림 반 푼어치도 없다.

그래서 마가와 누가는 가장 원칙이 되는 점, 안식일에 선한 것을 행해야 하느냐, 악행을 해야 하느냐에만 집중한다. 그래야 예수님이 옳은 결정했음이 드러난다. 복음서를 놓고 귀찮긴 하지만, 이렇게 나란히 놓고 비교하면, 청중이 누구냐에 따라 담가들은 이야기를 살짝 살짝 각색한다. 그렇다고 예수님이 안 하신 말을 거의 첨가하지 않았다. – '거의'라고 했다. 나중에 그런 것들이 몇 군데 있기 때문이다. – 이것은 이들의 잘못이 아니다. 당연히 그래야 한다.

예수님도 군중을 놓고 말하실 때와, 제자나 바리새파 등 청중이 누구냐에 따라 가르침의 내용과 어법을 다 바꾸셨다. 그게 지혜 아닌가? 앞에 있는 자가 누군지 전혀 고려하지 않고 하고 싶은 말을 다 한다면, 그자는 아주 맹추이거나 아주 교만한 자이다. 사람들이 복음서를 읽으면서 아예 생각을 안 하는 점이 있는데, 그것은 담가들이 자기 성도들의 믿음을 진작 (振作)시키기 위해서 했다는 점이다. 복음서를 읽는 이천 년 후의 사람을 고려하지 않았다. 자기 앞에서 자기 이야기를 듣는 성도들이 지금 갈팡질팡하고 흔들리며 힘들어 하는 것을 다잡아주기 위해서였다. 예수님 이야기를 들으면서 위로를 얻고 힘을 내게 하기 위해서였다.

그러다 보니 각자 자기 성도들의 특성에 맞게 조금씩 메시지를 고친다. 의도적으로 고친 것도 있고, 무의식적으로 첨가한 것도 있다. 내 눈에 포착된 그 시도들의 의도를 알게 됐을 때, 나는 거의 감탄사를 연발했다. 이렇게까지 신경을 썼구나! 이렇게 배려하셨구나! 이들이 얼마나 소중했으면, 심지어는 예수님의 메시지나 활동까지도 확 다르게 전하는지, 예수님이 한 사람, 한 사람의 구원을 소중히 여기는 것을 정확하게 꿰뚫어본 자들이 담가들이라는 생각을 떨쳐버릴 수 없다. 바라기는 내가 느꼈던 감탄사들을 잘 전달할 수 있었으면 한다.

3:6-10, 예수님 쪽으로 가고 있는가?

6 그러자 나가 그 바리새파들이 즉시 헤롯 일당들과 함께 상의를 계속 해주었습니다. 그를 대적해서요. 어떻게 그를 처참하게 죽일까하고 말입니다.

7 그리고 예수님은 자기 제자들과 함께 물러나셨습니다. 바다 쪽으로. 그러자 많은 무리가 갈릴리에서부터 [좇았습니다]. 그리고 유다에서부터도요.

8 그리고 혜로솔뤼마에서부터 그리고 이두매에서부터[33] 그리고 요단 건너편에서 그리고 튀로스와 시돈 근처에서[34] 많은 무리가[35] **얼마나 많이 행하고 행했는지**를 들으며 왔습니다. 그분 쪽으로.

9 그래서 말하셨습니다. 자기 제자들한테. 거룻배가[36] **자기를** 대기해 있도록, - 군중으로 말미암아서요. - 그만 **자기를** 압박하게 하려고 말입니다.

10 왜냐면 많은 이들을 고치셨기 때문이었습니다. 하여 **그분께** 덮치고 또 덮쳤습니다. 그분을 만졌으면 하고요. **천벌들을** 계속 갖고 있었던 자들은 누구나 말입니다.

---

33 Ἰδουμαία(이두마이아), 이두매, 신약 1회 용어, 구약에 좀 나옴, 막 3:8; 창 36:16; 수 13:1 등. 구약에선 '에돔'으로 옮겨져 있음; 참. 에돔인(대상 18:13)

34 ἀπὸ τῆς Γαλιλαίας [ἠκολούθησεν], καὶ ἀπὸ τῆς Ἰουδαίας καὶ ἀπὸ Ἱεροσολύμων καὶ ἀπὸ τῆς Ἰδουμαίας καὶ πέραν τοῦ Ἰορδάνου καὶ περὶ Τύρον καὶ Σιδῶνα, 7절부터 굳이 전치사 ἀπὸ, πέραν, περὶ를 안 써도 되는데, 매 지역마다 다 쓰는 이유는 예수님을 만나기 위해서 얼마나 다양한 사람들이 왔는지를 강조하기 위해서이다.

35 πλῆθος πολὺ, 말 그대로 하자면, '**많은 무리가**'이다. 바로 앞 절에서는 'πολὺ πλῆθος(많은 무리가)'이다. 7절과는 어순을 바꿔, 마가는 주어를 한 번 더 말했다.

36 πλοιάριον(쁠로이아리온), 거룻배, 신약 5회 용어, 구약에는 없음, 막 3:9; 요 6:22, 23, 24; 21:8. 요한의 압도적 선호용어. πλοῖον(배)보다 작은 배.

1. 이야기로서의 해석 원칙

성경을 보면 이야기가 6절에서 끝나고, 7절에서 새로운 이야기가 시작된다. 몇 번을 말할지 모르겠는데, 이야기는 항상 이어서 들어야 한다. 한 이야기가 끝나고 다른 이야기가 나온다 해서 앞 이야기와 연관이 없는 경우가 거의 없다. 마가가 이야기할 때 1부, 2부, 이런 식으로 하지 않았다. 또 한다 해도, 2부는 1부와 직접적으로 연결돼 있다. 이것은 이야기다. 담가는 이야기를 하면서 본인이 필요하다 여길 때 숨을 고르거나, 성도들 얼굴을 죽 훑어보면서 흐름을 조절했을 것이다. 그러나 그들은 다 사라졌고, 우리는 현재 글로만 갖고 있다. 그러니 그저 눈으로 읽어보면서 그 흐름을 유추해갈 뿐이다.

그래서 복음서는 해석을 이어서 해야 한다. 지금까지의 성서신학의 오류는 일화를 끊어서 해석했다는 점이다. 일화마다 문서형태의 전승이 있다고 여겼다. 복음서마다 조금씩 다른 것은 다르게 적은 문서들이 있어서라고 보았다. 손 마른 자 이야기 같은 경우, 마가가 알고 있거나 물려받은 한 문서전승이 있고, 마태와 누가는 마가 것 외, 또 나름 수집한 다른 문서들이 있다고 보았다. 두 담가는 그래서 수집한 문서들을 좍 펼쳐놓고, 어떤 것이 자기 성도들에게 가장 적합할까 고민하며 적었다고 보았다. 일화는 없고, 예수님 말씀만 모아서 적은 말씀문서도 있었으리라는 가설까지 세웠다. 그러다 보니 자연적으로 일화마다 끊어서 해석했다.

그러나 여러분들이 친구에게 이야기를 할 때 사건별로 뚝뚝 끊어서 전하는가? 아니다. 앞의 이야기에서 촉발돼 뭔가 떠오르는 새로운 이야기가 있으면 이어서 한다. 우리가 한참 이야기할 때, 주제든, 소재든, 말 한 마디든, 뭐든 앞과 연결되는 고리가 있다. 즉 일화와 일화 사이를 연결하는 고리가 있다는 뜻이다. 물론 뜬금없이 떠오르는 게 있어 말꼬리를 획 바꿔 전할 순 있지만, 태반이 그런 식이다. 오늘도 6절의 이야기는 7절 이후의 이야기와 연결돼 있다는 뜻이다.

2. 가시화된 예수님의 적대세력(1): 헤롯 일당

예수님이 손 마른 사람을 고쳐준 뒤, 마가는 짧지만 그 이후에 벌어진 일을 전한다. 예수님이 1:21에서 제자들을 데리고 회당에 들어가신 뒤부터 여러 가지 일이 일어났는데, 마가는 간략하긴 하지만 반응을 알려줬다. 예를 들면 이런 식이다.

사건	반응
귀신 들린 자	1:27 그러자 자지러졌습니다. 모두 다! 하여 계속 왈가왈부했습니다, 자기들끼리. 말하길, "뭐야? 이게? 권세로 누르는 새 가르침(이다)! 영들, 이 안 깨끗한 것들한테도 명령하시네! 그래서 그분께 순종하네!"
나병환자	1:45 그런데 그(나병환자)는 나가 계속 선포하기 시작했습니다, 많이. 그래서 말씀을 널리 퍼뜨리고 또 퍼뜨리는 걸요. 하여 더 이상 그분이 할 수 없을 정도였습니다. 드러나게 도성 안으로 들어가는 걸 말입니다. 오히려 바깥 광야장소 여기저기에 계셨습니다. 그런데 그분 쪽으로 오고 또 왔습니다. 사방에서.
중풍병자	2:12 그러자 발딱 일어났습니다. 그리고 즉시 간이침대를 들고서 나갔습니다. 모두 앞에서. 하여 경악하고 또 경악했습니다, 다! 그리고 하나님께 영광을 돌리고 또 돌렸습니다. 말하길, "이런 거 언제 한 번도 직접 본 적이 없는데!"
레위 부름	2:17 그러자 듣고선 예수님이 말하시는 겁니다, 그들한테. "안 필요 합니다, 강한 자들은 의사가. 오히려 나쁜 걸 갖고 있는 자들이지요. (전) 오지 않았습니다. 의로운 자들을 부르려고요. 오히려 죄인들이지요."

금식 논쟁	2:22 그리고 아무도 넣지 않습니다. 갓난 포도주를 낡은 가죽 부대들안에. 그런데 만일 정말 그러면, 터뜨릴 겁니다, 포도주가 가죽 부대들을. 그러면 포도주는 처참하게 망가지는 겁니다. 그리고 가죽 부대들까지도요. 오히려 갓난 포도주는 새 가죽 부대들에 (넣습니다)!"
안식일 밀 이삭	2:28 하여 주인입니다. 사람의 아들은 안식일에서도요!
안식일 손 고침	3:6 그러자 나가 그 바리새파들이 즉시 헤롯 일당들과 함께 상의를 계속 해주었습니다. 그를 대적해서요. 어떻게 그를 처참하게 죽일까하고 말입니다.

1:27, 45, 2:12, 이 세 구절은 같이 있던 자들이 놀라워하며 좋아했던 반응을 알려준다. 나병환자가 선포한 말이 나쁜 게 아님을 알 것이다. 그러나 2:17, 22, 28의 말은 누구의 말로 끝났나? 바로 예수님의 발언이다. 예수님의 말씀을 들은 자들이 어떤 반응을 보였는지 아무런 정보를 제공해주지 않은 것이다. 마가가. 그들은 어떤 반응을 보였을까?

답이 나올 것이다. 예수님의 발언에 동의하지 않았다는 것을. 바리새파들 중 서기관, 금식 안 한다고 물었던 자들, 바리새파들, 모두 다 예수님의 말을 듣고 "아! 그렇군요! 제가 잘못 생각했군요! 역시 예수님의 생각은 탁월하십니다!"하고 꼬리를 내리지 않았다. 말은 안 했지만, 속으로 '지만 잘난 척 하고 있네! 지가 뭐라고 조상 대대로 지켜오던 것을 함부로 까고 있어?'했을 것이다. 상대방이 내가 전혀 동의하지 않는 발언을 할 때, 대꾸하지 않는 경우가 많다. 해봤자 소용없고, 언쟁하기도 싫고, 상대방과 이 일로 원수가 되고 싶지 않아서이다.

관계를 그냥 이 상태로 원만하게 놔두고 싶을 때 우리는 이의를 제기하지 않는다. 속으로 '이자를 다음부턴 경계해야 되겠군!' 생각한다. 우리는 우리의 마음이 들키지 않으려 조심하지만, 대부분 표정까지 숨기지 못한다. 물론 탁월한 대인관계 능력을 가진 자는 잘 숨기겠지만, 아마 그들은 예수님 말을 들으면서 떨떠름한 표정을 지었을 것이다.

위의 이야기를 통해 우리는 마가의 이야기 원칙을 다음과 같이 정리할 수 있다. 호응이 좋을 때는 들려주나, 호응이 안 좋거나 또는 상대가 전혀 동의를 하지 않을 때는 아예 이야기하지 않는다. 그냥 예수님의 발언으로 끝내버린다. 이게 또 효과가 좋은 게, 이렇게 해야 예수님의 가르침이 빛이 난다. 그 뒤에 바리새파가 얼굴을 찡그렸다는 둥, 자기들끼리 쑥덕거렸다는 둥 해봤자, 예수님의 가르침의 진수만 흐려질 뿐 아무 도움이 되지 않는다. 마가가 지금 상대하는 이는 저 무지하고 고집 센 유대인이 아니다. 예수님을 믿는 이방인이지. 이들한테는 예수님의 메시지가 중요하지, 굳이 악인들 때문에 예수님의 선포가 빛을 잃게 만들 필요 없다.

이 말을 듣기 전까지 마가복음을 읽으면서 이런 생각을 해봤는가? 안 해봤을 것이다. 예수님의 발언을 들으면서 그 말씀만 마음에 새기고 지나갔을 것이다. 그게 마가가 원하던 바였다. 아주 교묘한 하나의 이야기 장치이다. 마가는 지금까지 이야기를 하면서 예수님이 상대했던 자들이 부정적으로 반응한 경우는 아주 은밀하게 전달했다가, 이제 3:6에서 표출시켰다. 예수님을 처참하게 죽이고 싶어 했다고 말이다.

마가는 지금까지 세 번의 군중들의 호응과 세 번의 바리새파의 은밀한 반대를 드러냈다. 따박따박 세어 보니 세 번이다. 마가는 군중의 우호적 반응을 죽 이어서 들려주다, 적대적 반응을 죽 이어서 들려준 것이다. 이것은 무슨 뜻인가? 예수님의 활동과 메시지를 껄끄러워하는 자들이 나타나기 시작했다는 뜻이다. 귀신 들린 자를 고쳐주고, 병자를 고쳐줄 때는 환영했다가, 점차 예수님의 행태와 메시지가 가시화되면서 반감을 가지는 자들이 생긴 것을 알려준 것이다. 하나님도 아닌 사람이 죄 용서하는 권세가 있다고 선언하는데 어찌 안 놀랐겠으며, 죄인들과 식사를 하며 마구 어울리니 볼썽사나웠을 터였다.

그러다 드디어 손 마른 자를 굳이 안식일에, 그것도 회당에서 고쳐주겠다고 나선 예수님을 보고 참았던 분노를 가시화했다. 회당에 있었던 바리새파는 화가 나 헤롯 일당한테 예수님을 완전히 끝장낼 방안을 모색했다는데, 바리새파가 마가의 이야기를 들었다면 억울해 했을 것이다. 자기들은 예수님을 죽일 만큼의 권한을 갖고 있지 않기 때문이다. 게다가 당시 분위기상 안식일 문제로 사람을 죽일 수도 없었다. 마가가 의도적으로 조금 과장해 말한 것이라 할 수 있다.[37]

여기서 귀가 솔깃한 말은 '헤롯 일당'이다. 헤롯 일당('Hρῳδιανοί(헤롯디아노이))이란 말은 구약이나 다른 유대문서에 없는 말이다.[38] 헤롯대왕을 비롯해 헤롯 왕가를 지지하는 자들을 말하는 것으로 보인다. 어떤 학자는 헤롯 안티파스왕이 가버나움 근처인 티베리아스를 수도로 18-20년경에 세웠는데, 아마 이들은 티베리아스에 살면서 헤롯왕 밑에 일하는 관리들이거나 가까운 측근이었을 것이라 본다.[39] 바리새파들이 헤롯 일당들과 함께 상의를 했다는 것은 이들이 동네의 평범한 주민이 아니었을 것이다. 예수를 죽이게 만들 방도를 마련할 만한 능력을 가진 관리나 영향인이었을 확률이 높다.

가버나움을 비롯해서 예수님이 활동한 동네들은 거반 헤롯 안티파스의 영토이다. 게다가 지금 세례자 요한은 어디에 있는가? 감옥에 있다. 마가는 밝히지 않았지만 우리는 안다. 누가 그를 구금했는지. 바로 헤롯 안티파스이다. 그런데 지금 헤롯 일당이 예수님을 주목하고 있다는 말은 예수

37　Adela Yarbro Collins, *Mark*, 210.

38　헤롯 일당('Hρῳδιανοί(헤롯디아노이))은 헬라어지만, 형성은 라틴어법으로 됐다. 로마인들은 폼페이우스를 지지하는 자들을 폼페이우스 일당(*Πομπηίανοί* (뽐뻬이아노이)), 케이사르는 케이사르 일당(*Καισαριανοί*(까이사리아노이))이라 부른다. 단어의 끝이 '이아노이'로 끝나는 식이다. 라틴어법식으로 단어를 만들어 말하는 것이 익숙한 것은 청중들이 라틴어법식의 언어가 익숙하기 때문이다. Samuel Sandmel, "Herodians," *IDB* 2: 594-95.

39　John P. Meier, *A Marginal Jew: Rethinking the Historical Jesus*, vol. III (New York: Doubleday, 2001), 560-65.

님 또한 세례자 요한처럼 요주의 인물로 찍혔음을 뜻한다.

더군다나 6절의 마가의 표현도 이를 확증한다. 바리새파들이 헤롯 일당들과 함께 상의를 '계속 해주었다'고 말하기 때문이다.[40] 상의를 했다가 아니다. 상의를 '해주었다'이다. 도움을 줬다는 것이다. 누가 도움을 요청했다는 말인가? 헤롯 일당이다. 한 명도 아니다. 여러 명이다. 헤롯 지지자 여러 명이 이미 예수님을 못마땅해 하고 있었는데, 안식일 문제에서 바리새파들이 결국 반대편에 서는 것으로 결정을 하면서 이들의 도움을 받았다는 뜻이다.

이 문제를 지금은 깊이 다룰 단계가 아니나, 지금껏 마가가 들려준 이야기 중에서 한 가지만 일단 되짚어보면 좋을 듯하다. 마가가 지금까지 예수님 이야기를 들려주면서 헤롯 안티파스가 싫어할 만한 행동을 했다던가, 메시지를 선포한 적이 있었던가? 기억이 잘 안 날 것이다. 없었다. 헤롯 일당의 등장은 솔직히 뜬금없다. 다른 복음담가들은 언급조차 하지 않았다.[41] 마가만 여기서 언질을 줬다.

이것은 예수님의 고난과 죽음 뒤에 헤롯 안티파스가 일정 부분 책임이 있음을 말하는 것이다. 마태도 자기만의 방식으로 암시를 주는데, 마가는 여기서 헤롯 측에서는 예수님의 초기 활동부터 주시하고 있었음을 알려준

---

40 ἐδίδουν으로써, 주다(δίδωμι(디도미)) 동사의 미완료시제이다. 마가는 15:1에서는 대제사장들이 서기관들과 '상의를 했다'고 표현했다. '하다(ποιέω)'라는 다른 동사를 쓴 것이다. 이는 상의를 함께 하는 것과 상의를 해주는 것이 다른 것임을 드러낸다. '상의'라는 용어를 사용한 다른 책도 '해주었다'는 말을 하지 않는다(마 12:14; 22:15; 27:1, 12; 28:12; 행 25:12); 참. 15:1 그리고 즉시 이른 아침 **상의를 한 뒤**(ποιέω), 대제사장들은 장로들과 서기관들과 함께, 그리고 온 공의회는 예수님을 묶어서 옮겼습니다. 그리고 넘겼습니다, 빌라도에게.

41

마태	누가
12:14 바리새인들이 나가서 어떻게 하여 예수를 죽일까 의논하거늘	6:11 그들은(서기관과 바리새파들) 예수를 어떻게 할까 하고 서로 의논하니라

다. 현재 마가는 예수님이 로마제국을 비롯, 헤롯 왕가와 적대관계를 가졌다는 인상을 안 줘야 한다. 지금 마가의 성도들이 네로 황제로부터 엄청난 핍박을 받고 있지 않는가? 그런 상황에서 공개적으로 예수님의 정치적 성향을 드러낼 수 없다. 그러나 세례자 요한이 헤롯 안티파스에 의해 죽은 데에서 드러나듯, 예수님도 결코 그 왕과 좋은 관계를 가질 만큼이 아니었음은 명백하다. 마가는 그 실상을 살짝이지만 드러낸 것이다. 그래야 차후 예수님을 둘러싸고 벌어진 일이나 예수님의 말씀을 이해하는 데 도움이 된다.

3. 가시화된 예수님의 적대세력(2): 바리새파

예수님이 안식일에, 그것도 회당에서 한 사람을 고쳐주었을 때, 이로써 앞에서 마가가 숨겼던 예수님을 엿보았다는 자들이 누군지 밝혀졌다. 바리새파다. 앞에서 제자들이 이삭을 먹은 것으로 예수님께 따진 것도 바리새파들이었다.[42] 예수님이 안식일은 사람을 위해 만들어졌다 했을 때, 바리새파가 아무런 대꾸를 하지 않은 것은 예수님의 말씀에 전혀 동의하지 않았기 때문이다. 그래서 회당에서도 예수님이 분명히 안식일을 어길 짓을 하리라 예상하고 노려본 것이다.

그들의 예상에 맞게 예수님은 결국 이들의 눈빛 경고를 무시하고 손이

---

42 마가는 2:24에서의 바리새파들을 27절에서 '그들'이라고 명시한 바 있다. 마가는 27절에 이어 3:2에서도 바리새파가 예수님을 고발하려 지켜봤다고 한 것이다; 참) 24 그러자 바리새파들이 말하고 또 말했습니다, 그분께. "이거 보세요! 어째서 (그들은) 합니까? 안식일(들)에 하면 안 되는 걸?"
___

27 그리고 말하고 또 말하셨습니다, **그들한테**. "안식일이 사람으로 말미암아 생겼지, 아닙니다! 사람이 안식일로 말미암아 (생긴 건)."

마른 사람을 고쳐줬다. 이때 바리새파는 예수님을 죽여야겠다고 결심했다는데, 도대체 얼마나 미우면, 처참하게 죽일까 생각할까? 회당에서 이들은 예수님께 시비를 걸지 않았다. 입 다물고 있었다. 이들의 미움과 증오는 어디에서 비롯되었을까?

딱 두 가지이다. 하나는 안식일에 목숨이 위태로워지는 경우가 아니면 절대로 아무 일도 하지 말아야 한다는 신념이다. 둘째는 자기들의 주장과 신념이 무시되었다는 것이다. 한 마디로 자존심이 상했다.

후대 2~3세기 랍비문서이긴 하지만, 그때에도 여전히 유대인들에겐 안식일 준수가 문제였음을 보여줌과 동시에 뭘 주장할 때, 그 이면에는 실질적인 주도권 욕심 때문임을 알려주는 재미있는 이야기 하나가 있다. 랍비들 사이에 전해오는 전승인데, 다윗이 안식일에 죽었다는 것이다. 그런데 할라카(halakha)는[43] 솔로몬이 시신을 옮기는 것을 허락하지 않았다. 해도 뜨겁고, 개들이 위협적인 데도 불구하고 말이다. 그래서 솔로몬은 산헤드린과 의논해야 했다. 할라카로부터 승인을 받기 위해.[44]

종교지도자들의 회합이 다른 이도 아닌 다윗왕의 죽음을 놓고 안식일 운운했던 것이 하나님의 계명을 지키고 싶은 순수한 신앙심이라고 봐선 안 된다. 이런 것을 빌미로 랍비들은 군주들을 자기들의 권한 하에 두고 싶어 했기 때문이었다. 실제로 이들의 권세가 결코 만만치 않았다. 솔로몬이 윤일을 연중에 끼워 놓고 싶어도 일곱 학자들과 상의, 즉 허락을 받은 뒤에야 가능했을 정도였다(Exod. R. 15:20). 남들이 볼 때는 절대 권력자일지 모르나, 그 솔로몬 군주보다 더 위에 있었던 것이 할라카라고 후

---

43 할라카(Halakha)는 구전토라와 문서토라를 통해 만들어진 유대 종교법을 결정하는 연합모임이다. 랍비들은 여기서 일상생활뿐 아니라 종교적인 행사나 규율을 결정했다.

44 Ruth R. 3:2; b. Sabb. 30b; Sandra R. Shimoff, "The Hellenization of Solomon in Rabbinic Texts," in *The Age of Solomon: Scholarship at the Turn of the Millenium*, ed. Lowell K. Handy (Leiden: Brill, 1997), 459.

대 랍비문서들은 말했다.

다른 왕도 아니고, 유대 역사에서 제일 권력을 누렸던 다윗과 솔로몬이다. 그들 앞을 어느 누구도 막지 못했을 것이라 생각할 것이다. 그러나 어느 사회든 항상 그 기세를 꺾으려는 반대세력은 있기 마련이다. 그게 누구든 간에, 유대 땅에서는 토라를 쥔 자가 우위를 쉽게 점할 수 있었다. 왕이라 할지라도. 지금 예수님은 회당에서 공개적으로 바리새파들을 무시했다. 안 보이는 데서 했더라면 모른 척 하고 넘어가줄 수 있지만, 내 눈앞에서 떡 보란 듯이 했으니, 자존심이 상할 수밖에 없다. 그래서 이들은 한계선을 넘었다 보고 처단해야겠다는 결심을 한 것이다.

> 2:6 그런데 계속, **율법학자들** 중 몇이 거기에 앉아 있었는데, 궁리했습니다. 자기들 마음속에서.
> 16 그런데 **바리새파들** 중에서 서기관들이 (그분이) **먹는 것을** 직접 보고선, – 죄인들하고 세리들하고 함께요, – 말하고 또 말했습니다, 그분 제자들에게. "세리들하고 죄인들하고 함께 먹네요?"
> 24 그러자 **바리새파들이** 말하고 또 말했습니다, 그분께. "이거 보세요! 어째서 (그들은) 합니까? 안식일(들)에 하면 안 되는 것을?"
> 6 그러자 나가 그 **바리새파들이 즉시 헤롯 일당들과 함께** 상의를 계속 해주었습니다. 그를 대적해서요. 어떻게 그를 처참하게 죽일까하고 말입니다.

지금 앞 2장부터 오늘 3장까지 무려 예수님에게 시비를 건 게 4건이다. 그런데 시비건 자들이 대체적으로 바리새인들하고 율법학자들이다. 이들이 마을에서 서민들일까? 하루, 하루 밥 벌어 먹기 위해 힘들게 아침부터 일하는 자들일까? 무식한 자들일까? 아니다. 물론 아주 부자는 아니었을 것이다. 그러나 마을에서 절대로 함부로 못할 존경받는 자들이다. 이들이 마을일에 "이렇게 합시다!!" 하면 따라가야 하는 마을의 어르신들이다. 그런데 이들이 제일 가난한 자들의 어려운 사정을 이해했을까? 아마 안 했을 것이다. 십일조 같은 것도 한 번도 내지 않는 그들을 보면서 '저러니.... 쯧쯧' 했을 것이다. 죄인들과는 겸상도 안했다. 바리새파들은 하층민들과 동류의식을 갖고 있지 않았다.

그러면 마가 이야기를 들었던 그리스도인들은 누구 입장에서 들었을까? 이들은 주로 종이거나 날품팔이 같은 일을 하며 살았던 가난한 자들이다. 예수님을 중심에 놓고 보면 두 부류의 집단이 있다. 하나는 바리새인들, 서기관들, 그리고 헤롯 일당. 또 하나는 이야기에 도드라지게 드러나지 않지만, 숨어서 지켜보는 군중들이다. 이들이 회당에서 예수님이 말하실 때 어떤 생각을 했을까? 알 수 없다. 마가는 이들의 생각을 전혀 말해주지 않기 때문이다. 이들의 생각은 다음의 이야기에서 드러난다.

4. 후퇴한 예수님과 예수님 쪽으로 간 무리

예수님은 바리새파들이 자기를 칠 기회를 엿보는 것을 무시하지 말았어야 했다. 이 일로 예수님은 더 이상 그 동네에 계속 있을 수 없어 '물러나셨기' 때문이다. 마가는 이 단어를 한 번만 썼지만, 마태가 참 많이 썼다. 무려 10번이다. 그가 사용한 것을 보면, 어떨 때 이 동사를 쓰는지 알 수 있다. 다 어떤 장소에 있다가 거기 계속 있을 처지가 못 돼 이동한 경우다.[45]

---

45 누가복음에는 이 단어가 없다. 대신 사도행전에 2번 나오는데, 여기에도 똑같은 의미로 쓰였다; 참. 23:19 천부장이 그의 손을 잡고 **물러가서** 조용히 묻되 내게 할 말이 무엇이냐; 26:31 그들은 **물러가서** 서로 말하였다. "그 사람은 사형을 당하거나, 갇힐 만한 일을 한 것이 하나도 없소."

ἀναχωρέω(아나코레오), 물러나다, 이동하다, 피하다

출 2:15 바로가 이 일을 듣고 모세를 죽이고자 하여 찾는지라 모세가 바로의 낯을 **피하여** 미디안 땅에 머물며 하루는 우물곁에 앉았더라

수 8:15 여호수아와 이스라엘 온 군대가 그들 앞에서 패하는 척하며 광야 길로 **도망쳤다.**

마 2:12 그리고 미몽(迷夢)시 탁선(託宣)받고선, 헤롯에게로 복귀하지 말라고 말입니다, 딴 길을 통해 **물러났습니다,** 자기들의 지방으로.

4:12 그런데 요한이 넘겨졌다는 것을 듣고선 **물러나셨습니다,** 갈릴리로.

27:5 그리고 은들을 성소 안으로 팽개쳐놓고서 **물러났습니다.** 그리고 떠나가 목맸습니다.

요 6:15 그러니까 예수님이 알고선, − (그들이) 곧 오고 있다는 것을, 그리고 곧 자기를 계속 강인(強引)하려는 것을, (그들이) 왕으로 만들기 위해서요. − **물러나셨습니다,** 다시 산으로 바로 그분만요.

ἀναχωρέω(아나코레오)는 출애굽기와 여호수아에서는 다 '피하여 도망치다'로 옮겨졌다. 마 2:12에선 동방박사들이 꿈에서 지시를 받고 조용히 딴 길로 돌아간 것을 말한다. 당당하게 가고 싶은 길로 간 것이 아니다. 피신한 것이다. 4:12 역시 예수님이 세례자 요한이 잡혔다는 소식을 듣고 잠시 몸을 숨긴 것이다. 27:5에서도 가룟 유다가 예수님을 배신한 뒤 은돈을 성소에 갖다 준 뒤, 성소에서 물러났다는 했는데, 그는 성소에 떳떳하게 머

물 입장이 못 된다. 요 6:15도 다르지 않다. 일종의 피신이다.[46] 자기를 강제로 왕으로 옹립하려고 하자 그것을 피하기 위해 물러났다. 그 자리에 계속 있었다간 몸도 마음도 피곤한 상황이 될 게 뻔해서 말이다.

마가가 예수님이 물러나셨다고 한 것 역시 회당이 있던 동네에 계속 머무를 수 없어 거기를 뜨셨다는 뜻이다. 왜일까? 바리새파와 헤롯 일당이 예수님을 처참하게 죽이려는 것을 예수님도 아셨기 때문이다. 마가는 그 사이에 시간적인 간격이 있었다거나 혹은 누군가 예수님께 심상치 않은 분위기를 알려줬는지를 말하지 않는다. 그러나 예수님에 대한 그들의 적대감이 절대로 비밀이 아니었다. 예수님은 당신의 안전이 위태로워져 바다 쪽으로, 동네 사람들이 없는 곳으로 물러나신 것이다.[47]

그러자 지금껏 아무 반응을 드러내지 않았던 사람들이 움직였다. 말없이 그저 지켜보기만 했던 자들이 '예수님 쪽으로 갔다'는 것이다. 7절의 [좇았다]는 후대 첨가말이다. 원래는 없었다.

πρός(쁘로스), ~쪽으로

1:5 그러자 밖으로, 밖으로 나갔습니다. **그의 쪽으로** 모든 유대 지방과 혜로솔뤼마인들, 다! 그래서 그에게 세례를 받고 받았습니다. 요단 강에서 자기 죄들을 고백하면서 말입니다.

---

46 프랑스는 마태의 사용 중 다음의 구절만 피신한 뜻으로 이해한다(4:12; 12:15; 14:13; 15:21). 그러나 마 2:12, 13, 14 역시 천사의 꿈을 꾸고 동방박사들이 떠나간 것 역시 헤롯 대왕을 피해 간 것이다. R. T. France, *Mark*, 153.
47 이 사건 이후에 대한 진술에서 마태도 마가와 동일하다. 누가는 이 일 이후에 예수님이 밤새 기도하신 후, 12제자들을 선발하셨다.

마태	누가
12:15 그러자 이 예수님은 알고선 물러나셨습니다. 거기에서요. 그러자 그분을 좇았습니다, 많은 [군중들]이. 그러자 고치셨습니다. 그들 다!	6:12 일이, 그런데 있었습니다. 이 시기에 그분이 나갔을 시에요. 산으로 기도하려요. 그리고 계속 밤새고 계셨습니다. 하나님께 기도(하는) 가운데에서요.

32 저녁이, 그리고 되자 해가 졌을 때 데려오고 또 데려왔습니다. **그분 쪽으로** 모든 나쁜 것을 갖고 있는 자들과 귀신 들려있는 자들을요.

40 그런데 오는 겁니다, **그분 쪽으로** 문둥병자가. 그분께 부탁하면서 [그리고 무릎 꿇으면서] 그리고 말하길 그분께, 정말 하고 싶어 하기만 한다면, 할 수 있으시다고요. 자기를 깨끗하게.

45 그런데 그는 나가 계속 선포하기 시작했습니다, 많이. 그래서 말씀을 널리 퍼뜨리고 또 퍼뜨리는 것을요. 하여 더 이상 그분이 할 수 없을 정도였습니다. 드러나게 도성 안으로 들어가는 것을 말입니다. 오히려 바깥 광야장소 여기저기에 계셨습니다. 그런데 **그분 쪽으로** 오고 또 왔습니다. 사방에서.

2:3 그런데 데리고 오는 겁니다, **그분 쪽으로** 중풍병자를. 네 명에게 들려서요.

13 그리고 나가셨습니다, 다시 바닷가로. 그러자 모든 군중이 계속 왔습니다, **그분 쪽으로**. 그러자 그들을 가르치고 가르치셨습니다.

πρός(쁘로스)라는 전치사는 어떤 특정 대상 '쪽으로' 가고 있음을 말할 때 쓴다. 누구에게 가는지를 좀 더 명확하게 말하려고 말이다. 마가의 이야기를 들으면서 아무도 신경 안 썼을 것이다. 그런데 어떠한가? '~쪽으로'라는 전치사를 사용한 경우만 쏘옥 빼놓으니, 누구에게 갔는지, 그리고 간 자들이 누구인지가 드러난다. 세례자 요한과 예수님 쪽으로만 갔다고 하질 않는가? 게다가 간 자들은 전부 무리나 병자와 같이 예수님의 도움을 필요로 했던 자들이다. 바리새파는 그렇게 많이 등장했는데, 한 번도 '예수님 쪽으로 가서 물었다'는 이야기가 없다. 일절.

마가가 말하면서 이렇게까지 세밀하게 신경써가며 말했을까 싶은데, 의도했든, 의도하지 않았든 간에, '예수님 쪽으로' 간 자들은 예수님을 거부했던 자들이 아니다. 예수님을 싫어하고 외면하고 싶어 했던 자들은 '예수님 쪽으로' 가지 않았다. 여러분은 '예수님 쪽으로' 가고 있는가?

> 3:7, 8 많은 무리가 갈릴리**에서부터** 그리고 유다**에서부터** 그리고 헤로솔뤼마**에서부터** 그리고 이두매**에서부터** 그리고 요단 **건너편에서** 그리고 튀로스와 시돈 **근처에서** 많은 무리가 얼마나 많이 행하고 행했는지를 들으며 왔습니다, 그분 쪽으로.
> πολὺ πλῆθος ἀπὸ τῆς Γαλιλαίας, καὶ ἀπὸ τῆς Ἰουδαίας καὶ ἀπὸ Ἱεροσολύμων καὶ ἀπὸ τῆς Ἰδουμαίας καὶ πέραν τοῦ Ἰορδάνου καὶ περὶ Τύρον καὶ Σιδῶνα πλῆθος πολὺ ἀκούοντες ὅσα ἐποίει ἦλθον πρὸς αὐτόν.

예수님이 바리새파들과 껄끄럽게 된 바람에 그 동네에서 나오셨는데, 놀라운 일이 벌어졌다. 많은 무리들이 갈릴리에서부터 예수님을 좇아 온 것이다. 헬라어를 안 쓰고 싶지만, 흔치 않은 거라 끄집어냈다. 모르는 글자지만 굵은 것만 보시기 바란다. 마가는 많은 무리가 유다 뿐 아니라, 헤로솔뤼마와 이두매에서도 왔다고 이야기한다. 마가는 예수님을 만나기 위해 온 지역에서부터 온 게 결코 당연한 게 아님을 강조하기 위해 전치사 'ἀπό(~로부터)'를 갈릴리, 유다, 헤로솔뤼마, 그리고 이두매까지 일부러 일일이 붙였다. 원래는 한 번 'ἀπό(아뽀, ~로부터)'를 쓴 뒤, 죽 지역명만 말한다. 다른 복음담가들은 'ἀπό (~로부터)'를 한 번만 썼다.[48] 마가는 그러나 지역마다 'ἀπό(~로부터)'를 붙여, 얼마나 여러 지역에서 무리들이 예수

---

48 마태와 누가는 이 상황을 말하면서 전치사 ἀπό(아뽀)를 한 번만 사용한다; 예) 마 4:25 그러자 그분을 좇았습니다, 많은 군중들이 갈릴리와 데가볼리와 헤로솔뤼마와 유대**에서부터**, 그리고 요단 건너편에서요; 눅 6:17 그리고 그들과 함께 내려와 서셨습니다, 평평한 장소에. 그리고 그분 제자들의 많은 군중과 백성의 많은 무리도요. 모든 유대와 예루살렘과 튀로스와 시돈의 해안**에서부터** 말입니다.

님에게 왔는지 청중들이 깨닫도록 한 것이다.

그리고 '이두매'라니! '이두매'에서부터 예수님을 좇아 왔다고 말한 이는 마가뿐이다. 복음서에 '이두매'라는 단어 자체가 아예 등장하질 않는다. '이두매'가 어디인가? 헤롯 대왕의 고향이다. 헤롯 안티파스는 유대인이 아니다. 이두매인이지.[49] 즉 이두매인인 헤롯왕의 일당들은 예수를 어떻게 하면 죽일까 고민인데, 그의 고향 거주민들은 예수님에 대한 소문을 듣고 도움을 받기 위해 찾아왔다는 것이다. 마가가 굳이 이두매를 이야기한 것은[50] 예수님에 대한 인식에 있어서 고위관료들과 서민들 사이에 차이가 있었음을 나타낸다.

마가는 얼마나 많은 사람들이 곳곳에서 왔는지를 사소한 전치사와 지역명을 꼬박꼬박 나열해가며 말한 뒤, 그들이 찾아간 대상은 다름 아닌 바로 예수님이었음을 맨 마지막에 '그분 쪽으로'라는 말로 맺었다. 마가의 이야기를 직접 들어보진 못했지만, 아마 이 때는 말을 좀 천천히 했을 것이다. 한 문구, 한 문구, 다 하고선 그리고 '그분 쪽으로'라는 말은 침을 한 번 꼴깍 삼키고 했을 것이다. 그래야 누구에게 그리 쏠렸는지가 확 드러나니까.

이들이 예수님 쪽으로 갔다고 말한 장소가 참 많은 생각을 하게 한다. 이들이 예수님 쪽으로 간 곳은 회당이 있는 마을이 아니었다. 바리새파와 헤롯 일당의 권세 밖이다. 물론 바다 쪽에 이들이 보낸 염탐꾼들이 있을 수 있다. 자기 동네 유지가 대놓고 예수님을 싫어하는데, 그 앞에서 아무렇지도 않게 드나들 사람은 별로 없다. 그 유지들과 껄끄러워지면 안 된다. 그들과 같은 입장이 아니더라도, 드러나게 표낼 필요는 없다. 도움을 얻고 싶으면 몰래 가는 게 상책이다. 3:7이 보여주는 군중의 심리가 그러했다.

그럼 우리는 이 질문을 던져봐야 한다.

---

49 그의 할아버지 안티파테르가 이두매인이라고 요세푸스는 명확하게 이야기한다. 『유대고대사』, 14. 1. 3. §10.
50 이두매에서 예수님을 찾아왔다고 말한 이는 마가뿐이다.

'예수님 쪽으로 간 것은 예수님을 좇는 것과 같은 것인가?'

> 1:18 그러자 즉시 그물들을 놔두고 그분을 **좇았습니다.**
> 2:14 그리고 거쳐 가다 직접 보셨습니다. 레위, 곧 알패오 아들이 세관에 앉아있는 것을요. 그런데 말하시는 겁니다, 그에게. **"나를 계속 좇으세요!"** 그러자 일어서 그분을 **좇았습니다.**
> 15 그리고 일이 있는 겁니다. 드러누워 있는 동안에, - 그가 자기 집에서요, - 그런데 많은 세리들과 죄인들도 같이 계속 기대앉아 있었습니다. 예수님하고 그분 제자들하고요. 왜냐면 (그들이) 많았기 때문이었습니다. 또 그분을 **계속 좇았기 때문이었습니다.**

예수님 제자들은 예수님이 "나를 계속 좇으세요"하니까 다 버리고 좇았다. 레위라는 죄 많은 세리도 '좇았다'. 15절에서도 제자들이 많이 좇았다고 말한다. 그러나 많은 군중들은 '예수님 쪽으로' 갔지만, '예수님이 얼마나 많이 행하고 행했는지를 들으며' 왔다고 하지, 좇았다라고 하지 않는다. 이들은 제자들의 좇음과는 다른 의도를 가지고 있었음을 유추하게 한다. 그리고 이 군중의 특성을 보라! 회당에서 예수님 쪽으로 가지 않았다. 회당에서 예수님을 칭찬하지 않았다. 예수님이 광야로 물러나시자, 그때 그분 쪽으로 갔다. 동네 유지들로부터 미움을 받을 각오를 한 정도의 공개적인 추앙은 아닌 것이다.

이들이 예수님께 몰려간 이유가 뭘까? 안타깝게도 예수님의 가르침이 아니다. 마가는 말한다. '얼마나 많이 행하고 행했는지'를 듣고 왔다고. 이들의 관심사는 예수님의 치유와 기적이었다. 그것을 모를 예수님이 아니시다. 그러나 그럼에도 불구하고 예수님은 다 고쳐주셨다. 예수님은 그런 분이시다. 자신의 안위를 지키기 위해서 예수님을 공개적으로 지지하지 못해도, 예수님 쪽으로 가 도움을 요청하면 도와주시는 분이시다.

5. 결론

예수님의 발언, 생각, 그리고 주장은 당시 사람들에게 상당히 파격적이었다. 아마 지금 오셔도 현재 또 사람들이 지키는 가치나 법칙보다 '사람'이 더 중요하다고 외치시고 행하실 것이다. 예수님이 옳다고 믿고 목숨처럼 따랐던 자들은 또 경악할 것이다. 그러나 늘 평소에 사람대접 제대로 받지 못했던 사람들 입장에선 예수님의 말씀과 행동은 엄청 위로를 주고, 힘을 주었다. 그리고 능력 또한 출중하시다 보니, 사람들은 예수님 쪽으로 갔다. 그러나 가되 눈치를 보며 갔다. 바리새파들을 비롯한 권세자들은 자신의 권위가 손상되면서까지 하나님의 자비를 요구하는 예수 쪽으로 가지 않았다. 여러분은 어느 쪽으로 가고 있는가?

예수님은 당신의 선택으로 인해 유지들의 지지를 얻지 못해 바다 쪽으로 물러나야 했지만, 오히려 더 많은 사람들이, 심지어는 헤롯 왕의 고향인 이두매에서부터 '예수님 쪽으로' 왔다. 그것은 예수님으로부터 도움을 얻기 위함이었다. 유지들이 싫어하는 것을 아니, 대놓고 지지할 순 없었지만, 어쨌든 자기들의 이 힘듦을 해결해 줄 수 있는 분이어서이다. 예수님은 그것만으로도 괜찮다 여기시고, 당신을 좇지 않아도 고쳐주셨다. 죄를 외치는 자신에게 온다는 것 자체만으로도 자기의 자존심을 굽혔음을, 또 대놓고 다 털어놓진 않았지만, 죄 있는 존재임을 시인한 것임을 아셨기 때문이다. 당신 죄가 뭐냐며 꼬치꼬치 묻지 않으시고, 그냥 받아주셨다. 여러분은 그런 예수님 쪽으로 가고 있는가?

마가는 예수님의 메시지가 정치적 성향을 띤 것이라 말하지 않았다. 아직 한 번도 밝힌 적이 없다. 대신 예수님의 행보를 헤롯왕이 결코 좋아하지 않았음을, 그리고 예수님의 메시지 속에 헤롯왕의 심기를 거스르는 정치적인 내용이 있었음을 은근히 말한다. 마태와 누가를 보면, 똑같은 손마른 자를 안식일에 고친 사건으로 인해 화난 자들을 이야기할 때 바리새파와 율법학자들만 언급하지, 헤롯일당을 이야기 안 하기 때문이다. 헤롯이 예수님을 왜 싫어했을지는 나중에 조금 살펴볼 텐데, 어쨌든 중요한 점은 이 안식일 치유로 인해 동네 유지들과는 관계가 완전히 틀어져, 이 계기로 예수님은 열두 제자들을 뽑으셨다는 점이다.

3:7-12, 그래도 예수님은 고치신다!

7   그리고 예수님은 자기 제자들과 함께 물러나셨습니다. 바다 쪽으로. 그러
    자 많은 무리가 갈릴리에서부터 [좇았습니다]. 그리고 유다에서부터도요.

8   그리고 혜로솔뤼마에서부터 그리고 이두매에서부터 그리고 요단 건너편
    에서 그리고 튀로스와 시돈 근처에서 많은 무리가 **얼마나 많이 행하고 행**
    했는지를 들으며 왔습니다. 그분 쪽으로.

9   그래서 말하셨습니다. 자기 제자들한테. 거룻배가 **자기를** 대기해 있도
    록. - 군중으로 말미암아서요. - 그만 **자기를** 압박하게 하려고 말입니다.

10 왜냐면 많은 이들을 고치셨기 때문이었습니다. 하여 **그분께** 덮치고 또 덮
    쳤습니다. 그분을 만졌으면 하고요. **천벌들을** 계속 갖고 있었던 자들은
    누구나 말입니다.

11 그리고 영들, 이 안 깨끗한 것들은 그분을 바라보는 순간마다 **그분** 앞으로
    엎드리고 또 엎드렸습니다. 그리고 계속 외쳤습니다. 말하길. "바로 당신
    이 **바로 그 하나님의 아들입니다!**"라고요.

12 그러면 많이 **그들을** 꾸짖고 또 꾸짖으셨습니다. 자기를 드러나지 않게 하
    기 위해서요.

1. 군중은 착하지 않다!

예수님이 계신 바다 쪽으로 찾아온 자들은 무척 많았다. 얼마나 많이
찾아왔는지, 예수님은 거룻배를 준비해라 할 정도였다. 거룻배 (πλοιάριον,
쁠로이아리온)는 일반 배보다는 조금 더 작은 배를 말한다. 일반 배는
πλοῖον(쁠로이온)이다. 이따 예수님이 사람들을 가르치기 위해 올라타신 '

배'(4:1), 풍랑이 일 때 고물에서 주무셨던 '배'가 바로 πλοῖον (쁠로이온)이다(4:37).[51] 거룻배(πλοιάριον, 쁠로이아리온)는 이것보다 좀 작은 배이다. 고기를 잡으려는 게 아니라, 그저 사람들과 거리를 두기 위해서이니 '배'까지는 필요 없었다. 군중이 얼마나 예수님께로 몰려들었는지, 예수님은 압박을 받는다고 느꼈다.

> ▶ 헬라어 풀이(3): θλίβω(틀리보)
>
> θλίβω(틀리보), 압박하다, 압제받다, 학대하다
>
> 고후 4:8 우리는 사방으로 **죄어들어도** 움츠러들지 않으며, 답답한 일을 당해도 낙심하지 않으며,
>
> 7:5 우리가 마게도냐에 이르렀을 때에도 우리 육체가 편하지 못하였고 사방으로 **환난을 당하여** 밖으로는 다툼이요 안으로는 두려움이었노라
>
> 출 3:9 지금도 이스라엘 자손이 부르짖는 소리가 나에게 들린다. 이집트 사람들이 그들을 **학대하는 것도** 보인다.

θλίβω(틀리보)는 옮긴 대로 양쪽에서 압박하는 것이다. 그래서 고후 4:8에서 바울이 사방으로 '죄어들었다'고 말했다. 사방에서 사람을 계속 죄면 어떤가? 압박을 받으면? 괴롭다. 그래서 출 3:9에서는 그것을 '학대한다'고까지 했다. 사람을 괴롭히려면 압박을 가하면 된다. 바울은 사방으로 '환난을 당한다'고 표현했다.

θλίβω(틀리보)의 명사가 'θλῖψις(틀립시스)', 환난이다. 성경에서 '환난'이

---

51 『눈으로 듣는 마가』 4:1 그리고 다시 계속 가르치기 시작하셨습니다. 바닷가에서. 그러자 그분 쪽으로 모이는 겁니다, 제일 많은 군중이. 하여 그분이 **배에** 올라탄 뒤 계속 앉아계셨습니다. 바다에. 그리고 모든 군중은 바다 쪽을 향해, 땅 위에 있었습니다; 37 그런데 일이 있는 겁니다. 바람의 큰 폭풍. 그리고 파도들이 철썩 또 철썩거렸습니다. 배안으로. 하여 벌써 **배는** 채워져 있을 정도였습니다.

라고 옮겨진 단어가 바로 이것이다. 그런데 환난의 단어 뜻은 근심과 재난이다. 근심과 재난이 다 한꺼번에 겹치면 어떤가? 진짜 괴롭다. 그런데 이 단어를 환난이라고 해버리면, 한 가지 중요한 점이 빠진다. 이 괴로움이나 고통은 누군가가 고의적으로, 지속적으로 압박을 가해 일어난 것이기 때문이다. 사람을 괴롭히려고 일부러 쪼고 구박하는 것인데, 그것을 환난이라고 해버리면 원인 제공자가 사라져버린다. 그냥 갑자기 들이닥친 천재지변과 같은 의미가 돼버린다. 그래서 '압박, 압제, 박해(迫害)'라고 옮겨야 한다. 출 3:9에서 학대한다고 하지 않았는가? 못되게 압박을 하는 짓은 학대다.

> 마 7:14
> 『눈으로 듣는 마태』 어찌 그리 좁은지! 출입문은! 그리고 (어찌 그리) **이제껏 압제받고 (사는) 것인지!** 길, 곧 생명으로 끌고 딱 가는 것은! 그래서 적습니다, 그걸 발견하는 자들은!
> 『개역개정』 생명으로 인도하는 문은 좁고 길이 **협착하여** 찾는 자가 적음이라

잠시 옆길로 새, 마 7:14을 봤으면 한다. ─ 마태복음 주해서를 내려면 몇 년 더 있어야 하기 때문이다. ─ 똑같은 θλίβω(틀리보)가 나오는데,『개역개정』은 '협착하여'라고 옮겼다. 이러면, 길이 좁아서 대부분이 못 들어가는 것으로 이해한다. 단순하게 어렵다는 의미로만 받아들여진다. 그런데 헬라어 원문은 좀 다르다. 필자가 옮긴 것처럼 '이제껏 압제받으며 사는 길'이다. θλίβω(틀리보)의 단어가 현재완료라는 시제로 쓰였다. 과거부터 현재까지 계속적으로 핍박받으며 사는 삶이라는 것이다(τεθλιμμένη). 생명을 얻으려고 그 길을 걸음으로 말미암아 말이다. 생명을 얻는 길은 장기간에 걸쳐 사방에서 압박을 받으며 사는 삶이다. 출입문을 좁은 이유는

학대와 박해를 받으며 사는 사람들이 적기 때문이다. 문이 넓어지지 않는 것이다.[52]

생명으로 가는 길로 가려면 압제를 받을 수밖에 없다. 사람들로부터. 예수님 말씀대로 살기는 절대로 쉽지 않다. 착하고 의롭게 살면 꼭 주변부터 못마땅해 한다. 그들 때문에 자신들이 착하지 않은 자임이 드러나는데 싫기 때문이다. 세상을 몰라도 너무 모른다고 조롱하기도 한다. 하나님보다 돈이 더 빠르다며 돈으로 목구멍을 틀어막기도 한다. 술 한 잔도 안마시면서 사회생활 어떻게 하겠냐고 마구 권한다. 하나님의 뜻대로 사느라고 괴롭힘을 당하고 있는가? .... 그럼 길을 제대로 가고 있는 것이다. 이 말씀이 그저 아주 좁은 길로만 조심조심 걸어가라고 말하는 것 같은가? 다를 것이다. 단어 하나가 아주 다르게 느끼게 만드는 구절이다.

+ + +

『개역개정』 9 예수께서 무리가 **에워싸 미는 것을** 피하기 위하여 작은 배를 대기하도록 제자들에게 명하셨으니
『새번역』 9 예수께서는 무리가 자기에게 **밀려드는 혼잡을** 피하시려고, 제자들에게 분부하여 작은 배 한 척을 마련하게 하셨다.

θλίβω(틀리보) 동사로 막 3:9을 보면, 예수님이 느끼신 압박이 다시 보일 것이다. 도대체 군중들이 얼마나 압박했길래, 그렇게까지 말할까? 그런데『개역개정』은 무리가 '에워싸 미는 것'으로, 또『새번역』은, '밀려드는 혼잡'이라고 옮겼다. 군중이 예수님을 마구 옥죄게 했다고 느껴지는가? 사람이 아주 많았다고만 느껴진다. 이들의 무지막지함이 잘 느껴지지 않는다.

52　영어본은 그나마 조금이라도 어려움을 표현했다. 예를 들어 『NKJ』은 이렇게 적었다; 참. "Because narrow is the gate and **difficult** is the way which leads to life, and there are few who find it."

두 한글본들은 군중을 좀 미화시켜서 표현했다. 원문을 보면, '그만 자기를 압박하게 하려고'이다. 이미 압박을 심하게 했다. 예수님이 괴로울 정도로.

이것을 굳이 지적하는 이유는 군중이 절대로 착하지 않아서이다. 흔히 마가복음을 민중신학의 보고(寶庫)라 여긴다. 맞는 부분이 많다. 복음서들 중에선 탑이다. 그러나 그것은 예수님이 민중과 가장 가까운 모습으로서 제시되었다는 것이지, 군중이 정말 예수님을 잘 좇았다는 것은 아니다.

이렇게 말하면, "앞에서 이제껏 군중이 열심히 '예수님 쪽으로' 간 것을 칭찬해놓고선, 딴 소리냐?" 할 것이다. 바리새파에 비해 그들이 잘했다는 것이지, 그리고 '예수님 쪽으로' 간 덕분에 그들이 구원받았다는 것이지, 그렇다고 그들이 자기들의 본성, 즉 자기만을 생각하는 이기심이 없어진 것은 아니다. 이들은 자기들의 고통을 해결하기 위해 아주 결사적으로 예수님께 매달렸다. 이들도 헤롯왕의 부하들이 예수님을 싫어하는 것을 알았다. 그래서 예수님의 처소로 가지 않았다. 그러나 당장 그들의 시급한 문제를 해결해줄 이가 예수님밖에 없으므로 갔다.

『눈으로 듣는 누가』

눅 6:17 그리고 그들과 함께 내려와 서셨습니다, 평평한 장소에. 그리고 그분 제자들의 많은 군중과 백성의 많은 무리도요. 모든 유대와 예루살렘과 튀로스와 시돈의 해안에서부터 말입니다.
18 이들은 왔습니다. 그분 (말을) 들으려고 그리고 자기들의 병에서 나으려고요. 그리고 안 깨끗한 영들에게 들들 볶이는 자들은 확실하게 고쳐졌습니다.
19 그리고 모든 군중이 찾고 또 찾았습니다. 그분을 계속 만지려고요. 이는 능력이 그분에게서 계속 나와서였습니다. 그래서 계속 낫게 해주셨습니다, 다!
20 그런데 바로 그분은 자기 눈을 치켜 올리고 자기 제자들을

향해 말하고 말하셨습니다. "복 있습니다, 궁핍한 자들은! 그대
들의 것이기 때문입니다, 하나님 나라가!"

군중들의 열렬하나 순수하지만은 않은 태도가 누가에도 있는데, 잘 보
면 더 충격적이다. 여러분은 이 글을 읽으면서 '군중이 진짜로 열심히 예
수님을 찾았구나! 예수님이 진짜 인기가 많았구나!'하고 생각할지 모른다.
그런데 원문을 찬찬히 읽으면, 그것 외에 누가가 전하려고 하는 메시지가
하나 더 있다. 군중들은 예수님께로 와 도와달라고 그렇게 찾고 찾자 예수
님은 고쳐주셨다. 그러나 이들이 원하는 것은 자신의 복음을 듣는 것이 아
님을 정확하게 인지하셨다.

그래서 예수님이 어떻게 하셨다 그러는가? 20절이다. 예수님이 자기 눈
을 치켜 올리고 '자기 제자들을 향해' 말하고 말하셨다고 말한다. 그 다음에
이어지는 말씀은 평지설교이다. 복 있는 자가 누구인지, 어떤 자를 내가 인
정하는 자인지를 설파하셨다. 군중들이 예수님을 찾으러 온 것은 잘한 일
이다. 예수님도 이들에 대해 애타하는 마음이 있었기에 다 고쳐주셨다. 그
러나 이들이 그것만을 바라는 것은 기쁘지 않으셨다. 마음속을 다 꿰뚫어
보시는 분이시기에 오로지 자신들의 이기적인 문제만을 해결하고 싶어 하
는 마음보는 싫어하신 것이다.

예수님이 세상에 오신 것은 복음, 즉 회개하면 천국 갈 수 있음을 선포
하기 위해서이다. 그래서 복음을 들을 마음이 있는 자인 '제자들을 향하여'
눈을 돌리셨다. – 그것을 '눈을 치켜 올리고'라고 독특하게 표현했다. – 한
번 이 장면을 상상을 해보시라! 사람들은 예수님을 만지고 싶어서 손을 뻗
고 난리를 치는데, 예수님은 그들을 향하지 않고 얼굴을 확 돌려 제자들을
향하는 것을! 손을 뻗는 자기를 보지 않고 '제자들을 향해' 말하시는 모습
을! 가슴이 서늘해지지 않는가?

평지 설교를 끝냈을 때, 누가는 **"모든 자기의 말소리들을 백성의 귓가들**

에 채운 다음에 가버나움 안으로 들어가셨습니다(7:1)"라고 말해, 이 복음을 거기 있던 백성들도 들었음을 알게 해준다. 예수님이 소리 내 말했으니, 당연히 근처에 있는 군중도 들을 수 있었다. 그러나 예수님의 눈은 누구를 향하셨는가? 백성의 귓가에 채우긴 했으나, 마음 저 밑바닥까지 내려갔을까? 예수님의 복음은 '제자들'이 가장 귀담아 들었고, 마음에 담아두었을 것이다. 우리는 예수님 쪽으로 가야 한다. 그것은 너무나도 확실하다. 그러나 내 마음도 복음을 들으려는, 내가 진정으로 거듭나고 싶다는 마음보가 있어야 한다. 그래야 예수님과 눈을 마주칠 수 있다. 예수님의 말씀대로 선하고 의롭게 살아야 한다. 마가는 군중의 이기적인 욕망을 심한 압박으로 슬쩍 표현했다면, 누가는 이를 조금 더 차갑게 드러냈다.

2. 고대 철학자와의 차이점

마가는 10절에 조금 더 부연설명 해준다. 많은 이들을 고치시니까 사람들이 덮치고 또 덮쳤다는 것이다. 그분을 만졌으면 하고. 천벌들을 계속 갖고 있었던 자들은 누구나 그랬다는데, 앞에서 천벌을 설명했다.[53] 천벌은 쉽게 낫는 가벼운 병이 아니다. 그러면 천벌이라고 안 했다. 신이 재앙을 내린 연유는 신의 화를 돋우어서이다. 오죽하면 하나님이 화를 내셨을까! 하나님을 우습게 알고 자기 마음대로 말하고 사는 자들이 있다. 그렇게 살아도 돈과 지위가 있으니까 괜찮다고 생각한다. 그러나 면밀히 보면 이미 징벌을 받고 있다. 눈치를 못 채고, 또 시인을 하지 않아서이지. 하나님은 절대로 그냥 놔두지 않는다. 정말 뿌린 대로 거둔다.

예수님을 만지려고 마구 덮쳤던 자들이 천벌을 갖고 있었던 자들이라 했는데, 그게 마가의 표현인 건지, 아니면 자기들이 이미 그 정도는 인지

---

53 μάστιξ(마스띡스)에 관해 315쪽을 보시오.

를 했던 것인지, 사람들이 그렇게 본 건지는 정확하지 않다. 그러나 누군가 내 옆에서 예수님을 만진 순간 나았다면, 가만히 있을 텐가? 지금 이 병 때문에 가산이 기울고, 아픈데? 그래도 '에라! 모르겠다!'하며 자포자기하는 자도 있지만, 이들은 달랐다. 이미 예수님을 만나러 해안가로 간 자들이다. 그것도 며칠을 걸어서. 그만큼 절박했고, 정성을 기울였다. 그러니 덮친 것이다.

마가는 또 다른 사례도 이야기한다. 영들, 이 안 깨끗한 것들은 그분을 바라보는 순간마다 그분 앞으로 엎드리고 또 엎드렸다는 것이다. 예수님이 그전처럼 나오라고 소리치지도 않았는데, 자기가 알아서 팍 수그린 것이다. 그리고 "바로 당신이 바로 그 하나님의 아들입니다!"하고 외쳤다 했다. 이 정도면 어마어마한 능력이 아닌가? 내가 그 자리에 있었다면 그것을 보는 것만으로도 감격했을 것 같다.

저런 탁월한 능력자가 예수님 이전엔 없었을까? 그리스 사회에서? 있었다. 소크라테스(기원전 470-399년) 이전에 살았던 엠페도클레스(Empedocles, 대략 기원전 494 - 434년)가 있었다. 예견자이자 철학자인데, 워낙 고대 인물이라 이분의 글은 없다. 그저 몇 줄, 이 분이 하신 말이 있는데 자신감이 남다르다.[54]

"위대한 황색 아크라가스(Acragas)에 사는 친구여! 드높은 성채에 살면서 선행을 하는 중에 그대들에게 인사하오. 불멸의 신, 더 이상 죽지 않는 자인 나는 계속 모두에게 영화로운 대접을 받고 있소. - 뭐 그건 합당한 것이지만, - 리본과 화환들로 만들어진 왕관도 쓰고, 큰 성읍으로 들어가면, 만나는 모두에

54 Empeodocles Καθαρμοί ("Purification") frg. 112 (DK); frg. 102 in M. R. Wright, *Empedocles: The Extant Fragments* (New Haven: Yale University Press, 1981); Adela Yarbro Collins, *Mark*, 212에서 재인용.

게, 즉 남자와 여자들에게 존경을 받고 있소. 그들은 수천 명씩 좇으며, 길을 어디에 깔아야 이득을 볼지, 또 그들이 알고 싶어 하는 예언을 묻기도 합니다. 또 다른 이들은 온갖 병을 낫게 하는 말 한 마디를 듣고 싶어 합니다. 오랫동안 아주 심한 고통을 준 병을 말이오."

대단한 자신감을 가지지 않았는가? 자신을 불멸의 신이라 하다니! 당시에 대단한 분이셨다.[55] 피타고라스에게 영향을 받아 동물 희생제사를 드리는 것을 반대했다. 당시 모든 예배는 동물 희생제사가 기본이었다. 그런데 엠페도클레스는 먹기 위해 동물을 죽이는 것조차도 반대했다. 당시 고기를 안 먹는 자가 몇 되었겠는가? 거의 모두가 하기 힘들어하고 싫어하는 것을 옳다는 이유로 주장한 것이다. 그런데 또 대단한 능력을 갖고 있어서 근방 시민들이 굉장히 존경했다. 약초에 대한 지식도 상당했던 것 같은데, 그의 주장으로는 노인을 고치기도 하고, 악한 영을 파멸시키고, 심지어는 바람과 비까지도 마음대로 하는 능력을 갖고 있었다는 것이다.

아리스토텔레스는 그가 60세에 죽었다고 하지만, 그에 관한 여러 전설 중에는 에트나산에서 화염으로 그냥 사라졌다고까지 한다.[56] 얼마나 능력이 출중했으면, 자기 입으로 신이라고 하는데도 사람들이 받아들이고 존경했다지 않는가? 고대의 철학자의 말을 군이 번역까지 해가면서 전하는 이유는 엄청난 능력의 소유자들이 있었지만, 그럼에도 불구하고 예수님과 지금 한 가지 차이를 보인다는 것이다. 자신을 하나님의 아들임을 드러내려 하지 않으셨다는 점이다.

1:24 말하길, "뭡니까? 우리하고 당신에게! 나자렛인 예수! 처

55 https://en.wikipedia.org/wiki/Empedocles 2022. 7.29에 채록.
56 Diogenes Laërtius, viii. 67, 69, 70, 71; Horace, ad Pison. 464.

참하게 죽이려고 왔습니까? 우리를? 당신을 압니다! 누군지!
하나님의 거룩한 분!

34 그래서 많이 고치셨습니다. 나쁜 것을 갖고 있는 자들을.
갖은 병들로요. 그리고 많은 귀신들을 쫓아내셨습니다. 그리고
더 이상 놔두지 않으셨습니다. 귀신들이 소리 내 계속 말하는
것을. 그분을 알았거든요.

앞에서 악한 영들은 예수님을 만나면 당신이 누군지 안다고 막 떠들었
다. 예수님이 이들에게 내가 누군지 아냐고 묻지 않았다. 내 정체를 밝히
라고 요구하지 않았다. 자기들이 먼저 예수님이 '하나님의 거룩한 분', '하
나님의 아들'이라고 말했다. 왜 그랬을까? 자기들의 지식을 과시하려고?

비록 외경이긴 하지만, 예수님 당시 군중들이 좋아할 내용이었을 것이
므로 알고 있었을, 또 이들의 심보를 엿볼 수 있는 책을 가져왔다. 『솔로
몬의 유언』으로서, 솔로몬이 모든 귀신들을 자유자재로 다루는 능력을 지
녀 그들과 대화를 나누는 내용이 담겨 있다. 그 중 솔로몬이 아스모데우스
(Asmodeus)라는 악한 영을 소환한 적이 있었다.[57]

> 나(솔로몬)는 그에게 물었다. '너는 누구냐?'
> 그는 나를 째려보며 말했다. '그러면 너는 누구냐?'
> 나는 그에게 말했다. '네가 (감히 건방지게) 그렇게 대답하느
> 냐? 넌 지금 이렇게 벌을 받고 있는데도?'
> 그래도 그는 계속 같은 식으로 쳐다보며 말했다.
> '어떻게 내가 당신에게 대답해야 하는가? 너는 사람의 아들이
> 다! 비록 내가 사람에게서 태어났지만, 나는 천사의 (아들이다)!'

---

57 『솔로몬의 유언』, 5:2-3.

이런 이야기를 어두컴컴한 밤에 불을 쪼면서 어른들이 들려준다 생각해보라! 어찌 귀를 쫑긋하지 않겠는가! 잠언서보다 더 재미있는데, 어찌 사람들이 즐겨 듣지 않았겠는가! 아스모데우스는 솔로몬 앞에서 꼼짝 못하는 상태인데도 기죽지 않았다. 여기서 자기들이 비록 악령이지만, 그래도 사람의 아들인 인간보다 더 월등한 존재라 주장한다. 그도 그럴 것이 온갖 사람들 속에 들어가 휘저으면서 타락시키고, 가정을 깨뜨리고, 어렵게 쌓은 명예를 무너뜨려서 몰락시키는데, 어찌 교만하지 않겠는가?

귀신들은 정체가 탄로 나면 상대방의 기를 꺾기 위해 정체가 뭔지 발설했다. 아스모데우스 귀신이 솔로몬에게 하듯이 예수님을 무시하진 못 했지만, 저는 저 나름대로 어떻게든 기선을 잡으려고 한 것이다.[58] 거기에 귀신들이 솔로몬을 만나서 다음과 같은 말을 한 적이 있다: "우리는 하늘까지 올라가 별들 주위를 날아다니고, 하나님이 하신 결정들을 듣습니다. 인간들에 관한 것 말입니다."[59]

귀신들은 하늘에서 일어난 것, 특히 하나님이 하시는 결정까지 들을 정도로 천상의 일을 안다고 말한다. 욥기에서도 하나님은 사탄과 대화를 나누시며, 당신의 결정을 알려주신다(욥 1:6, 7; 2:6).[60] 회당에 있었던 안 깨끗한 영도 예수님을 보고 당신이 누군지 안다고 했다. 하나님의 거룩한 자라는 것을 발설했다(막 1:24). 이런 일화를 봐도 귀신들은 하나님이 아실 것을 조금 안다고 할 수 있다. 우리 복음서도 이런 귀신들이 천상의 일을 인간보다 더 빠삭하게 알고 있다고 한다. 어떻게 아는지 모르지만, 이들은 몇몇 인간에 대해 주도권을 쥔 것처럼, 예수님도 그렇게 쥐려고 시

---

58 Adela Yarbro Collins, *Mark*, 169.

59 『솔로몬의 유언』, 20:12.

60 욥 1:6 하루는 하나님의 아들들이 와서 여호와 앞에 섰고 사탄도 그들 가운데에 온지라 7 여호와께서 사탄에게 이르시되 네가 어디서 왔느냐 사탄이 여호와께 대답하여 이르되 땅을 두루 돌아 여기저기 다녀왔나이다; 2:6 여호와께서 사탄에게 이르시되 내가 그를 네 손에 맡기노라 다만 그의 생명은 해하지 말지니라

도했다. 그래서 그러셨는지, 마가복음에서 예수님은 이들의 입을 닫는다.

> 막 1:25 그러자 꾸짖었습니다. 그에게 예수님이 말씀하시길,
> "(입) 다물어! 밖으로 나와! 그 사람 밖으로!"

예수님은 입 다물고 나오라고 하셨다. 귀신이 말하는 것을 허락하지 않았다. 그러니까 귀신을 쫓아내거나 병을 고칠 때, "어이구!! 당신은 대단한 분이시군요! 거룩한 자이군요!" 한다 해도, "야!! 딴 데 가서 내 얘길 하지 마!!" 하셨다. 그런데 그렇게 당부하는 데도 사람들이 말을 들었는가? 안 들었다. 자기들이 겪은 사실을 퍼뜨린다. 이게 유독 마가에 심하다.

여기 3:11, 12에서도 나온다. 악한 귀신들이 여기서도 자꾸 예수님이 하나님의 아들이라고 막 떠벌리면, 예수님은 "세상에 드러내지 마!!" 하면서 아주 추상같이 엄하게 꾸짖으셨다고 말한다. 그럼에도 불구하고 이들은 말을 안 들었다. 7장에도 예수님은 당신이 고쳐준 것을 아무에게도 발설하지 말라고 분부한다. 그러나 사람들은 듣지 않았다.

> 『눈으로 듣는 마가』
> 7:36 그러자 **그들에게 분부하셨습니다. 아무에게도 아예 말하지 말라고요.** 그런데 그만큼 그들에게 분부하고 분부했는데, 바로 그들은 오히려 더 많이 선포하고 선포했습니다.

12절이다. 예수님은 귀신들을 꾸짖으셨다. 그런데 그 이유를 뭐라고 말하는가? '자기를 드러나지 않게 하기 위해서'라는 것이다. φανερός(파네로스)라는 형용사는 '드러나는'이라는 뜻인데, 자기의 뛰어남을 숨기셨다는 것이다. 앞에서 이야기한 엠페도클레스(Empedocles)와 다르시다.

φανερός(파네로스), 드러나는

막 4:22 왜냐면 (등불은) 숨겨지지 않기 때문입니다. 드러나
보이지 않게 하려 해도요. 어떤 것도 감추어지지 못했습니다.
오히려 드러나는 방향으로 갈 따름입니다.

6:14 그러자 헤롯왕이 들었습니다. 왜냐면 **드러나게** 되었기
때문이었습니다. 그분 이름이. 그래서 (그들이) 말하고 또 말
했습니다. "요한, 그 세례 주는 자가 이미 일으켜졌다! 죽은 자
들 중에서! 그래서 이것으로 말미암아 역사하는 거구나! 능력
들이 그자 속에서!"

예수님은 자신이 하나님의 아들인 것을 아신다. 귀신도 안다. 모르는 이
는 사람들뿐이다. 사람들이 안다면, 지금까지 자기를 인정하지 않는 바리
새파들의 태도가 달라질 수 있지 않는가? 저들이 자기에 대해 적의까지 드
러내는데, 한 번에 확 기죽일 수 있다. 이것이 널리 널리 알려진다면, 훨씬
활동하는 데에 편해진다. 엠페도클레스가 받았던 것처럼 온갖 찬사와 존
경, 영광을 받으며 사실 수 있다. 그러나 그러지 않으셨다.

왜일까?

이와 관련해 신약학계에서는 유명한 '메시야 비밀' 이론이 있다. 예수님
은 사람들을 고쳐주면서 당신에 대해 말하지 말라고 해도, 사람들은 그 말
을 안 듣고, 오히려 반대로 더 널리 선포하는 일이 발생했다고 말하는 것
이다. 귀신들에게 예수님은 계속 입 다물라 명하시지 않는가! 마가는 유독
다른 복음서에 비해, 예수님은 심하게 입 단속시키는데, 귀신과 사람들은
말을 듣지 않고 예수님을 선포하는 아이러니한 상황을 말한다.

윌리엄 브레데(William Wrede)가 1901년에 마가복음에는 '메시야 비
밀'이라는 주제가 있다고 설명했다. 예수님이 자신이 메시야라고 생각하
지 않았다가 부활 후에 메시야임이 드러나면서, 이 간극을 메우기 위해 마

가가 이런 식으로 이야기했다는 것이다.

그러나 마가복음에서의 예수님의 마음을 헤아려보면, 이해가 안 되는 바도 아니다. 등불이 드러나 보이지 않으려 해도 숨겨지지 않는 것처럼 (4:21, 22), 예수님도 결국에는 드러날 것을 아셨을 것이다. 나중에 헤롯 안티파스 왕의 귀에 그분의 이름이 들어간다(6:14). 헤롯은 기원전 4년부터 갈릴리를 다스렸다. 그러니 예수님 당시면 거의 30년을 통치한 셈이다. 하도 헤롯대왕의 그늘에 가려 별 볼일 없는 이처럼 여겨지지만, 그래도 30년 넘게 왕좌에 있었던 인물이다. 지금 세례자 요한을 잡아들인 헤롯 안티파스의 일당들이 이미 예수님을 주시하고 있는 상황이다. 그래서 지금 잠시 바닷가로 물러나 있지 않은가? 헤롯왕의 레이다 망에 걸려들어 봤자 좋은 게 하나 없다. 어차피 드러나게 될 것을 알고 계셨지만, 그래도 최대한 덜 드러난 상태에서 움직여야 더 많은 사람들을 구원하실 수가 있는 것이다.

이런 것들을 하나, 하나 되짚어 보면, 예수님은 마음이 쫓겼을 것 같다. 시간이 한정적이지 않은가! 그것도 달랑 3년(넉넉하게 어림잡아 그렇다. 정확하게는 모른다)이다. 그런데 눈을 들고 보면, 온갖 귀신들에 사로잡혀 제 삶을 살지 못하는 자들은 너무 많고, 온갖 병에 걸렸으나 치료할 여력이 없어 그저 아파만 했던 자들이 널브러져 있고, 회개만 하면 새로운 인생을 살 수 있는 자들이 우글우글 거리는 것을 보면서 얼마나 조급하셨을까?

3. 결론

여러분은 예수님을 왜 믿으시는가? 당신이 원하는 것을 얻기 위해서? 당신도 예수님을 압박해 괴롭히지 않는가? 예수님의 말씀은 듣지도 않는 채, 하나님의 뜻에 순종하지도 않는 채, 그저 당신이 원하는 것을 이루게 해 달라고 조르진 않는가? 당신의 그 못된 심보에 질려서 거룻배로 저만큼 띄워 계시게 만들진 않는가? 물어보길 바란다.

우리는 착하지 않다. 그런데 예수님은 압박을 당해 괴로운 상황에서도 짜증내지 않으시고 고쳐주셨다. 그래서 예수님 쪽으로 가야한다. 예수님 쪽으로 가라고 권해야 한다. 죄인이라 해서, 천벌을 받는 자라 해서 절대로 내치지 않으시기 때문이다.

예수님은 겸손하시다. 당신 입으로 "내가 바로 하나님의 아들이야!" 자랑하지 않으셨다. 오히려 숨기려 하셨다. 더 많은 이들과 손쉽게 만나 구원하고 복음을 전하기 위해서였다. 당신에게 시간이 한정돼 있는 것을 아셨기에, 최대한 많은 사람들을 살리길 원하셨다. 우리는 자랑하길 좋아한다. 자랑할 게 있으면 입이 근질근질 거린다. 누군가 나를 칭찬해주면 그리 좋을 수 없다. 옆에서 띄워주길 바란다. 그러나 우리가 칭찬 들어야 할 대상은 하나님이지, 사람이 아니다. 귀신이 우리가 하나님의 아들, 딸임을 알아챌 정도의 영성을 갖고 있는 자는 자기를 드러내려 하지 않는다. 어차피 알고 피하기 때문이다. 성령을 못 보는 인간들이 성령이 충만한 자를 몰라보지, 귀신들은 다 본다. 그래서 예수님을 믿고, 성령을 받은 자들은 두려워할 필요가 없다. 그저 예수님을 계속 좇아서 살면 된다.

막 3:13-16, 베드로라 부르시다니!

13 그래서 **산으로** 올라가시는 겁니다. 그리고 가까이 부르시는 겁니다. **바로
그분이** 계속 원했던 자들을요. 그러자 떠나왔습니다, 그분 쪽으로.

14 그리고 만드셨습니다, 열둘을 [그들을 사도들이라고까지 칭하셨습니다].
(그들이) 계속 **그분과 함께** 있게 하기 위해서, 그리고 그들을 계속 보내기
위해서요. 계속 선포하게,

15 그리고 **권세를** 계속 가지고 **귀신들을** 계속 쫓아내게 말입니다.

16 [그리고 **열둘을** 만드셨습니다.] 그리고 **이름을** 얹으셨습니다, 시몬에게
베드로라고.

1. 베드로는 무슨 뜻인가?

이 이야기는 예수님이 산에서 당신이 원하는 사람들, 열둘을 뽑았다는
것이다. 지난 번 세리, 레위 이름을 이야기하면서 그의 이름을 다뤘으니,
알패오의 아들 레위라는 이름이 나오지 않는 것을 알고 있을 것이다. 마가
는 우리에게 제자들의 이름과 별명만 아주 간략하게 알려줬는데, 이후 이
천 년의 세월이 흐르다보니 고것만 가지고도 지식이 상당히 축적돼 꽤 상
당한 것을 끄집어낼 수 있다.

먼저 베드로부터 살펴보자. 시몬이 왜 베드로라 불리는지 알 필요가 있
다. 일반적으로 베드로는 '바위' 또는 '반석'을 뜻한다고 알고 있다. 그러나
사실은 잘못 알려졌다.

간단하게 말하자면, 바위와 관련된 것(예: 바위 틈, 돌)은 헬라어로

'πέτρος(베드로)'와 'πέτρα(베드라)'이다.[61] 헬라어로 남성단어와 여성단어, 2개가 있는데,[62] 성경에서 주로 남성단어, '베드로(πέτρος)'는 돌(stone)과 절벽 같은 곳에 보이는 커다란 바위굴(crag)로 쓰였다. 구약에선 사람들이 거주했던 '바위틈'으로 많이 쓰였다. 우리는 절벽에 있는 조그만 틈, 즉 암혈에 집을 짓고 살지 않는다. 그러나 그 일대가 사막이라서 그런지, 아니면 시원해서 그런지, 그런 곳에 집으로 만들어 사는 자들이 꽤 있었다. 그런데 그런 절벽 같은 곳에 있는 바위를 '베드로(πέτρος)'라 불렀다. 그래서 영어로 말하면, stone이다.[63] rock이 아니라.[64]

πέτρος(베드로), 돌, 바위틈, stone

마카비 1서 1:16 그리고는 천장에 뚫어 놓은 비밀문을 열고 그 문으로 왕과 그의 일행에게 벼락처럼 **돌을** 내리 던져서 모두 쓰러뜨렸습니다.

4:41 군중은 리시마코스가 공격해 오는 것을 알고 어떤 사람은 돌을 들고 어떤 사람은 몽둥이를 들고 또 어떤 사람은 가까이 있는 재를 손에 가득 집어 가지고 리시마코스와 그 주위에 있는 부하들에게 마구 던져서 수라장을 이루었다.

옵 1:3 너의 마음의 교만이 너를 속였도다 **바위틈에** 거주하며 높은 곳에 사는 자여 .....

렘 49:16 **바위틈에** 살며 산꼭대기를 점령한 자여 .....

---

61 Oscar Cullmann, "Petra," *TDNT 6* (1968), 95.

62 헬라어는 불어나 독일어처럼 명사가 남성명사, 여성명사, 그리고 중성명사가 있다.

63 Peter Lampe, "Das Spiel mit dem Petrus-Namen Mt 16, 18," *NTS* 25(1978–79): 227–45; Ulrich Luz, *Matthew 8–20*, 358–59.

64 학자들도 이것이 제대로 정착되지 않아서, 두 단어를 그냥 일괄적으로 rock이라 옮겼다. 예. P. Grelot, "Qumran: B. Culture et langues, II," *DBS fasc.* 51 (1978) 802–4.

51:25 여호와의 말씀이니라 온 세계를 멸하는 멸망의 산아
보라 나는 네 원수라 나의 손을 네 위에 펴서 너를 **바위에서** 굴
리고 너로 불 탄 산이 되게 할 것이니

그래서 예수님 시대에 쓰였던 마카비서는, 돌멩이를 말할 때 '베드로
(πέτρος)'를 쓴다. 예레미야서도 암혈, 또는 바위틈을 '베드로'라 불렀다. 물
론 렘 51:25에서 '바위'라는 뜻으로 사용된 적이 있다. 그러나 유일하게 쓰
인 경우다. 거의 다 성경에서 '바위틈'으로 쓰였다. 우리가 흔히 단단한 바
위를 가리키는 '반석'으로 옮겨진 곳은 한 곳도 없다. 산에 있는 바위동굴,
즉 암혈을 가리킬 때 '베드로(πέτρος)'를 썼다. [65]

예수님이 씨 뿌리는 비유를 이야기할 때, 돌밭이 나온다(4:5). [66] '돌밭'
으로 쓰인 헬라어는 πετρώδης(뻬뜨로데스)이다. 신약에만 나오는데, 딱 봐
도 베드로에서 유래한 단어다. 헬라인들은 '바위투성이' 땅을 말할 때 사
용했다. [67] 널찍하고 단단한 바위를 가리키지 않았다. 플라톤은 베드로를
'거친 토석'이라 했다. [68] 즉 헬라인에게 '베드로(πέτρος)'는 돌멩이 자체이
거나 돌멩이와 흙이 마구 뒤섞인 토석이다. 다시 말하면, 베드로는 반석

---

65 원래 πέτρος를 소리 나는 대로 적으면, '뻬뜨로스'이다. 그러나 성경에서 '베드
로'라 적혀 있어 여기서만 헷갈리지 않게 하기 위해 '베드로'라 적겠다. '베드로'는 구
약에서 그리 많이 나오지 않는다. 그 외 나오는 곳은 다음과 같다. 예) 사 2:21 <u>암혈
과(πέτρα)</u> 험악한 <u>바위틈에(πέτρος)</u> 들어가서 여호와께서 땅을 진동시키려고 일어나
실 때에 그의 위엄과 그 광대하심의 영광을 피하리라; 지혜서 17:17 바람 부는 소리
를 들어도 무성한 가지에서 우짖는 아름다운 새소리를 들어도 장단 맞추어 세차게
흐르는 물소리를 들어도 굴러 떨어지는 억센 <u>바위소리를 들어도</u>
66 『개역개정』 더러는 흙이 얇은 **돌밭에** 떨어지매 흙이 깊지 아니하므로 곧 싹이
나오나; πετρώδης(뻬뜨로데스)는 신약에만 나온다. 마 13:5, 20; 막 4:5, 16뿐.
67 아리스토파네스, 테스모포리아 축제의 여인들, 995. 코로스: 나뭇잎이 무성
한 그늘진 산들과 **바위투성이** 골짜기들이 되울린다오.
68 플라톤, 국가론, 10. 612a: 행복한 잔치들로 인해 온통 들러붙어 있게 된 많
은 **거친 토석**일세.

이 아닌 것이다.

그러면 반석이나 단단한 바위는? '베드라($\pi\acute{\epsilon}\tau\rho\alpha$)'로 불렀다. 우리 성경에서는 '반석'이라 옮겨진 경우가 많은데, 평평한 바위였다. 베드로는 돌멩이나 아예 절벽 같은 바위, 곧 사람이 기거했던 암혈 같은 곳이고, 베드라는 평평한 바위나 반석이다. 성경에서 베드로($\pi\acute{\epsilon}\tau\rho\varsigma$)를 반석이라고 쓴 경우는 단 한 번도 없었다. 반석은 다 '베드라($\pi\acute{\epsilon}\tau\rho\alpha$)'였다.

> '바위(רוצ)', 반석, $\pi\acute{\epsilon}\tau\rho\alpha$, rock
>
> 출 17:6 내가 호렙 산에 있는 그 **반석 위** 거기서 네 앞에 서리니 너는 그 **반석을** 치라 그것에서 물이 나오리니 백성이 마시리라 모세가 이스라엘 장로들의 목전에서 그대로 행하니라
>
> 시 81:16 또 내가 기름진 밀을 그들에게 먹이며 **반석에서** 나오는 꿀로 너를 만족하게 하리라 하셨도다
>
> 신 32:4 **하나님은 반석**, 하시는 일마다 완전하고, 그의 모든 길은 올곧다. 그는 거짓이 없고, 진실하신 하나님이시다. 의로우시고 곧기만 하시다.
>
> 37 그 때에 주 하나님이 말씀하신다. '그들의 신들이 어디에 있느냐? 그들이 피난처로 삼던 **그 반석은** 어디에 있느냐?

구약에선 '베드라($\pi\acute{\epsilon}\tau\rho\alpha$)'가 훨씬 더 많이 등장한다. 사 2:21처럼 '암혈(巖穴)'로 쓰이기도 했지만, 보다시피 주로 '반석'이다. 출애굽 시 모세가 반석 위에서 물을 내다보니, '하나님을 반석이다'라는 말을 하기도 했다. [69] 시편 81:16을 잘 뜯어보면, 말이 안 되는 말을 한다. 어떻게 반석에서 꿀

---

69 헬라어로는 반석, 바위 단어가 등장하지 않으나, 히브리어로는 나오는 것도 있다. 예) 신 32:37 그 때에 주 하나님이 말씀하신다. '그들의 신들이 어디에 있느냐? 그들이 피난처로 삼던 그 반석은 어디에 있느냐?

과 기름을 낼 수 있는가? 꽃에서 꿀이 나오거나 벌집이 있을만한 동굴이
나 나무에서 꿀이 나올 수 있어도 반석, 바위에서 꿀이 나오고 기름이 나
올 리는 만무하지 않는가!

반석은 단단하고 평평해서 터처럼 굳건한 기반으로 쓰이니, 주님은 나
의 반석이라는 말이 나오는 것이다. 그래서 히브리어로 하나님은 반석이라
는 말을 여러 번 하는데, 모두 다 '하나님은 베드라'고 이야기하지, '하나님은
베드로'라고 말하지 않았다. 아까 말한 것처럼 베드로는 작은 돌멩이나 암혈 같
은 것이니, 하나님은 작은 돌멩이라고 말하기가 좀 그렇지 않은가!

כֵּיפָא → Κεφας(께파스), Πέτρος(뻬뜨로스)

바위나 돌을 가리키는 히브리 말(아람어)도 조금 살펴봐야 한다. 왜냐
면 베드로는 원래 게바에서 나왔기 때문이다. 마가복음에는 게바라는 말
이 등장하지 않는다. 요한복음과 바울이 유독 게바를 많이 사용했다.[70] 갈
2:8, 9에서 바울은 베드로와 게바를 섞어서 쓴다. 그러나 바울은 베드로
를 두 번만 썼다. 게바는 무려 여덟 번이다.[71] 이는 베드로라는 이름이 초
대 교회부터 꽤 사용되었음을 보여준다.

> 요 1:42 데리고 예수께로 오니 예수께서 보시고 이르시되 네
> 가 요한의 아들 시몬이니 장차 **게바**(Κηφᾶς)라 하리라 하시니
> 라 (게바는 번역하면 베드로라)
> 갈 2:8 그들은, **베드로**(Πέτρος)에게는 할례 받은 사람에게 복

---

70 이 외에도 고전 1:12 다름이 아니라, 여러분은 저마다 말하기를 "나는 바울
편이다", "나는 아볼로 편이다", "나는 게바 편이다", "나는 그리스도 편이다" 한다고
합니다(고전 3:22; 9:5; 15:5 등).
71 베드로 - 갈 2:7, 8; 게바 - 고전 1:12; 3:22; 9:5; 15:5; 갈 1:18; 2:9, 11, 12, 14.

음을 전하게 하시려고 사도직을 주신 분이, 나에게는 할례 받지 않은 사람에게 복음을 전하게 하시려고 사도직을 주셨다는 사실을 깨달았습니다.

9 그래서 기둥으로 인정받는 야고보와 **게바(Κηφᾶς)와** 요한은, 하나님이 나에게 주신 은혜를 인정하고, 나와 바나바에게 오른손을 내밀어서, 친교의 악수를 하였습니다. 그렇게 하여, 우리는 이방 사람에게로 가고, 그들은 할례 받은 사람에게로 가기로 하였습니다.

히브리어로 바위를 가리키는 용어들 중 하나가 케파(כֵּיפָא)이다. 요한 1:42에서 헬라어로 'Κεφας(께파스)'고 한 건 히브리어(כֵּיפָא), '께파'를 헬라어로 발음 나는 그대로 적은 것이다. 한글 이름을 영어로 소리 나는 대로 적는 것처럼 말이다. 그런데 케파가 무슨 뜻이냐 하면 바위로도 쓰이지만, 그건 거의 가뭄에 콩 나듯이고, 거반 다 '바위 굴, 또는 바위틈'이다. 산기슭에 있는 동굴(crag) 같은 것이다.

> כֵּיפָא(케파), 바위, 바위 굴, 바위 틈
> 욥 30:6 침침한 골짜기와 흙 구덩이와 **바위 굴에서(πετρος)** 살며
> 사 2:19 그 때에 사람들이, 땅을 뒤흔들며 일어나시는 주님의 그 두렵고 찬란한 영광 앞에서 피하여, **바위 동굴(πετρος)과** 땅굴로 들어갈 것이다.
> 렘 51:25 여호와의 말씀이니라 온 세계를 멸하는 멸망의 산아 보라 나는 네 원수라 나의 손을 네 위에 펴서 너를 **바위에서(πετρος)** 굴리고 너로 불 탄 산이 되게 할 것이니
> 출 33:22 내 영광이 지날 때에 내가 너를 **반석 틈에(πέτρα)** 두고 내가 지나도록 내 손으로 너를 덮었다가

렘 4:29 기병과 활 쏘는 자의 함성으로 말미암아 모든 성읍
사람들이 도망하여 수풀에 들어가고 **바위에**(πέτρα) 기어오르며
각 성읍이 버림을 당하여 거기 사는 사람이 없나니

그런데 사례구절을 보면서 뭔가 의아했을 것이다. 출 33:22을 기점으
로 위 세 구절은 헬라어로 'πέτρος(베드로)', 그리고 밑 두 구절은 'πέτρα(베
드라)'가 있기 때문이다. 나도 복잡한 게 되게 싫은데, 구약이 히브리어본
과 헬라어본, 두 가지가 있다 보니 어쩔 수 없다. 이 구절들은 히브리어
로는 כֵּיפָא(케파)인데, 헬라어로는 두 단어가 섞여 옮겨져 있기 때문이다.
그러면 진짜 바위나 반석을 히브리어로 뭐라 불렀을까? 히브리어로 바
위, 특히 반석이나 평평한 바위(rock)을 가리키는 말은 '케파'가 아니라 '쑤
르(צוּר)'이다.

צוּר (쑤르), 반석, 바위
출 17:6 내가 호렙 산에 있는 그 반석 위 거기서 네 앞에 서리
니 너는 그 **반석을**(πέτρα) 치라 그것에서 물이 나오리니 백성이
마시리라 모세가 이스라엘 장로들의 목전에서 그대로 행하니라
시 18:46 여호와는 생존하시니 나의 **반석을** 찬송하며 내 구원
의 하나님을 높일찌로다
사 44:8 너희는 두려워 말며 겁내지 말라 내가 예로부터 너희
에게 들리지 아니하였느냐 고하지 아니하였느냐 너희는 나의
증인이라 나 외에 신이 있겠느냐 과연 **반석이** 없나니 다른 신
이 있음을 알지 못하노라
욥 14:18 무너지는 산은 정녕 흩어지고 **바위는**(πέτρα) 그 자
리에서 옮겨가고

바위나 반석은 히브리어로는 쭈르(צור), 헬라어는 베드라(πέτρα)이고, 돌멩이나 바위틈은 히브리어로 게바(כיפא), 헬라어는 베드로(πέτρος)이다. 그러므로 예수님이 시몬을 게바라 부르신 것은 "돌멩이!" 또는 "바위틈!" 이라 부른 것이다. 우리나라 문화에서 이해하자면, "돌쇠야!"하고 부른 것과 같다.[72]

2. 왜 베드로라 부르셨을까?

예수님이 '베드로'를 시몬의 이름으로 쓰신 이후, '베드로'라는 용어가 돌이나 바위를 가리키는 용도로 사용되었을까? 싹 사라졌다. 대신 '베드라(πέτρα)'라는 단어만 반석/바위로 사용되었다. 신약에서.

> 막 15:46 그래서 아마포를 사고선 그분을 끌어내린 뒤 아마포로 싸맸습니다. 그리고 그분을 놓았습니다. 묘지 안에. 거기는 **바위에서** 이미 다듬어져 있었습니다. 그리고 앞으로 굴렸습니다, 돌을 묘지 문에요.
>
> 마 7:24 그러므로 모든, 정녕 시방 내 이 말씀들을 듣는 자는 그리고 시방 그것들을 행하는 자는 슬기로운 남자와 마찬가지일 겁니다. 정녕 지은 자 말입니다. 자기 집을 **바위 위에요.**
>
> 고전 10:4 다 같은 신령한 음료를 마셨으니 이는 그들을 따르는 신령한 **반석으로부터** 마셨으매 그 **반석은** 곧 그리스도시라
>
> 계 6:16 산들과 **바위에게** 말하되 우리 위에 떨어져 보좌에 앉으신 이의 얼굴에서와 그 어린 양의 진노에서 우리를 가리라

---

[72] 용어 그대로 옮기자면, '돌멩이야!'이지만, 우리나라의 '돌쇠'와 가장 뜻이 부합된다 여겨 그냥 사용했다.

복음서든 바울서신이든 신약에서 쓰인 모든 '바위'와 '반석'은 다 베드라 (πέτρα)다. 지금까지의 설명을 들으면서, 속으로 이런 질문을 안 했는가 모르겠다. 예수님 당시에 유대인들 중에서 '게바'라 불리는 사람이 있었는지. 학자들은 했다. 그래서 열심히 찾았다. 찾은 게 딱 한 군데다. 현재까지.[73] 아주 오래 전부터 유대인들이 이집트 엘레판틴이라는 곳에 이주해서 살았는데, 그곳에서 나온 기원전 416년 문서를 보면 '게바'라는 이름이 보인다 (BMAP 8:10).[74] 그러나 하나뿐이다. 그리고 베드로라는 이름이 사용된 사례로 제시하는 경우가 대개 기원후 2~3세기이다.[75] 그러니까 유대인들은 사람을 '게바'라 부르는 일이 없었다고 보는 것이 더 정확할 것이다.[76] 그리스에선? 사람을 베드로라고 한 사례가 없다.[77]

그러면 반석을 뜻하는 쑤르(צור)는 없을까? 딱 두 번 있다.

---

73 Oscar Cullmann, "Petros, Kēphas," *TDNT* 6 (1968), 100. n. 6.

74 E. G. Kraeling, *The Brooklyn Museum Aramaic Papyri: New Documents of the Fitth Century B.C. from the Jewish Colony at Elephantine* (New Haven: Yale University, 1953; reprinted, New York: Arno, 1969), 224-31. 엘레판틴에 있는 군인집단에 유대 이름을 가진 자들이 있었음이 드러난다. 여기에는 시리아인뿐 아니라 바빌론, 이집트, 페르시아의 이름도 있다; Brookly Museum Aramaic Papyri, 8:10에 나온다. J. A. Fitzmyer, "The Aramaic Language and the Study of the New Testament," *JBL* 99 (1980): 5-21, 10.

75 Gen. Rab. 62:2 등. 릿다 Lydda 주변에 있는 안티파트리스(Antipatris) 근처 한 마을의 이름이 베드로라고도 있다. t. Demai. 1.1. 그런데 이 또한 후대 랍비문서로서, 기원후 2, 3세기 것이다.

76 J. A. Fitzmyer, "Aramaic Kephā' and Peter's Name in the New Testament," in *To Advance the Gospel: New Testament Studies*, 2nd ed. (Grand Rapids/ Cambridge: William B. Eerdmans, 1998), 116; R. E. Brown, *The Gospel According to John (i - xii): Introduction, Translation, and Notes, AB 29* (Garden City, NY: Doubleday, 1966), 76.

77 J. A. Fitzmyer, "Aramaic Kephā'," 119. 두 경우를 제시한 자가 있으나, 증거자료를 1세기 것으로 보기 어렵다 판단한다. 오히려 로마제국 후기 또는 비잔틴 시대의 것이라는 것이다.

78 Ibid., 11. 피츠마이어는 민 3:35의 수리엘(צוריאל)도 쑤르 이름에 속한다고 말

민 25:15 죽임을 당한 미디안 여인의 이름은 고스비이니 수르의(צוּר) 딸이라 **수르는**(צוּר) 미디안 백성의 한 조상의 가문의 수령이었더라

대상 8:30 장자는 압돈이요 다음은 **술과**(צוּר) 기스와 바알과 나답과

즉 반석 또는 바위를 가리키는 쭈르(צוּר)로 사람 이름을 썼지만, 돌멩이 또는 바위틈을 가리키는 게바(גֵּבָא)로는 사람 이름을 안 쓴 것이다. 하긴 '돌쇠'라는 이름으로 불리는 것을 누가 좋아하겠는가? 우리나라에서도 종이나 천민, 또 양민이 썼지, 양반은 당연하고 중인계급에서도 쓰지 않았다. 우리는 베드로라는 이름이 아주 익숙하지만, 마가는 자기 이야기에서 '베드로'를 여기부터 쓰기 시작했다. 이전에는 전부 '시몬'이라 불렀다.[79] 그리고 이후부터 마가는 거의 베드로라 부른다.

그러면 또 질문이 생긴다. 예수님은 베드로를 뭐라고 불렀을까? 시몬이라 부르셨을까, 아님 베드로라 부르셨을까?[80] 예수님이 베드로를 부를 때, 복음담가들은 한결같이 다 '시몬아!'를 말했다.

한다. 쭈르는 수리엘의 약자라는 것이다. 그리고 민 1:6의 수리삿대(צוּרִישַׁדָּי) 역시 쭈르와 연결된다고 말한다. 대상 9:36은 실질적으로 8:30을 반복한 것이므로 ~~뺐다~~; 참. 그의 맏아들은 압돈이요 다음은 술과(צוּר) 기스와 바알과 넬과 나답과

79 예를 들어 이런 식이다. 예) 막 1:16 그리고 갈릴리 바닷가를 거쳐 가다 직접 보셨습니다. <u>시몬과</u> 안드레, 곧 시몬 형제가 바다에 투망하는 것을요. 왜냐면 어부였거든요.

30 그런데 <u>시몬의</u> 장모가 드러누워 있는 중이었습니다. 열병을 앓으면서. 그러자 즉시 (그들이) 말하는 겁니다, 그분께 그녀에 대해서.

80 마 16:17 대답하여 그래서 예수님이 말하셨습니다, 그에게. "복 있습니다! <u>시몬 바리오나!</u> 살과 피가 당신에게 계시한 게 아니기 때문입니다! 오히려 내 아버지, 하늘(들)에 계신 분이 (계시하셔서입니다)!

눅 22:31 <u>시몬, 시몬</u>, 보세요! 사탄이 여러분에게 청원했습니다. 꼭 밀을 체질함처럼 말입니다.

『눈으로 듣는 마가 · 마태 · 누가 · 요한』

막 14:37 그리고 가시는 겁니다. 그리고 발견하시는 겁니다. 그들이 자고 있는 것을. 그래서 말하시는 겁니다, 베드로에게. **"시몬!** 잡니까? 해내지 못합니까? 한 시각을 깨어 있는 것을요?

마 17:25 말하는 겁니다. "예!" 그리고 집 안으로 들어갔는데, 그보다 선수 치셨습니다, 예수님이. 말하길, "당신에게는 어떻게 생각됩니까? **시몬?** 땅의 왕들은 누구들에게서 받습니까? 조세나 혹 인두세를요! 자기들 아들들로부터입니까, 혹은 남들로부터입니까?

눅 7:40 그러자 대답하여 예수님은 말하셨습니다, 그의 쪽을 향해. **"시몬!** (내가) 가지고 있습니다, 당신에게 말할 것을 좀!" 그러자 그가, "선생님! 말하십시오!"하자, 힘주어 말하시는 겁니다.

요 21:15 그러므로 (그들이) 식사했을 때, 말하시는 겁니다, 시몬 베드로에게 예수님이. "요한의 아들, **시몬!** 날 사랑합니까? 이것들보다 더 많이?" 말하는 겁니다, 그분께. "예! 주님! 바로 당신이 아십니다. 당신을 좋아한다는 것을!" 말하시는 겁니다, 그에게. "밥 먹이세요, 계속! 내 양 새끼들을!"

마가부터 요한에 이르기까지 다 예수님의 직접대화를 전할 때, '베드로'가 아니라, '시몬'을 쓴 것을 보면,[81] 아마 예수님은 시몬에게 베드로라는 별명을 주시긴 했지만, 보통 때는 시몬이란 이름을 더 많이 부르신 것

---

81 베드로의 이름을 예수님이 부르신 경우는 눅 22:34뿐이다. 나중에 행전에서 하나님이 부르실 때 베드로라 부른다(10:13; 11:7); 참. 눅 22:34 그분이 그러자 말하셨습니다. "당신에게 말합니다. **베드로!** 안 울 겁니다. 오늘 수탉이 세 번 날 아는 것을 확실히 부인할 때까지 말입니다!"; 행 10:13 또 소리가 있으되 **베드로야** 일어나 잡아 먹어라 하거늘.

같다.

예수님은 왜 시몬에게 베드로라는 이름을 주셨을까? 마가는 이에 대해 별다른 설명을 하지 않았다. 이것을 그나마 설명해준 이는 마태다. 이런 점에 있어서는 마가는 불친절하다. 여기뿐 아니라 다른 곳에서도 마가는 친절하게 설명을 해주지 않는다. 필요 없다 여겨서인지, 아니면 그런 것으로 이야기의 흐름이 느슨해지는 것을 피하기 위해서인지 모르지만.

> 마 16:17 대답하여 그래서 예수님이 말하셨습니다, 그에게. "복 있습니다! 시몬 바리오나! 살과 피가 당신에게 계시한 게 아니기 때문입니다! 오히려 내 아버지, 하늘(들)에 계신 분이 (계시하셔서입니다)!
> 18 그리고 나도 친히 당신에게 말합니다! 바로 당신은 **베드로라고!**($\pi\acute{\epsilon}\tau\rho\sigma\varsigma$) 그리고 이 **바위 위에**($\pi\acute{\epsilon}\tau\rho\alpha$) (내가) 지을 겁니다, 내 교회를! 그리고 음부의 출입문들은 그것을 제압하지 못할 겁니다!

마태에서 예수님은 베드로를 바위라고 하셨다. 시몬이 바위처럼 단단한 믿음을 가진 자임을 아셨다. 바위 같은 자로서 교회의 지반 역할을 너끈히 해내리라고 하셨다. 그러나 이름은 돌멩이나 바위틈으로 불려야 한다고 하신 것이다. 그러나 마태복음에서도 왜 시몬을 베드로라고 굳이 부르겠다 하셨는지 이유를 말하진 않으셨다. 그러나 아무 생각 없이 그냥 생각나는 대로 툭 던지듯이 말하진 않으셨을 것 아니겠는가!

> 사 51:1 구원을 받고자 하는 사람들아, 내가 하는 말에 귀를 기울여라. 도움을 받으려고 나 주를 찾는 사람들아, 내가 하는 말을 들어라. **저 바위를**($\pi\acute{\epsilon}\tau\rho\alpha$) **보아라. 너희가 거기에서 떨어져**

나왔다. 저 구덩이를 보아라. 너희가 거기에서 나왔다.
2 너희 조상 아브라함을 생각하여 보고, 너희를 낳아 준 사라
를 생각하여 보아라. **"내가 아브라함을 불렀을 때에는 자식이
없었다. 그러나 내가 그에게 은혜를 내려서, 그 자손을 수없이
많게 하였다."**

이사야는 유대인들이 '바위(베드라($\pi\acute{\epsilon}\tau\rho\alpha$))'에서 나왔다고 말한다. 유대
인들의 조상은 아브라함인데, 그에게서 유대인 자손이 나왔으므로, 아브
라함을 '베드라'라고 말한 것이다.[82] 아까 앞에서 "하나님은 베드라시다"
라고 말했다 했다. 반석 같은 커다란 바위라고. 즉 전통적으로 하나님이나
아브라함은 '베드라, 반석' 같은 분이시라고 했지만, "다윗도 베드라다!"한
적은 없다. 시몬이 반석과 같은 자이지만, 다윗도 반석이라 감히 부르지
않는 전통적인 사고를 고려한 것이다.

예수님은 오히려 그를 그냥 '돌'이라 부르셔서 교만해지는 것을 막으셨
다. 베드로는 반석/바위 같은 자다. 실지로는. 제자들 중에 제일 충실한 자
아닌가! 특별한 능력을 갖추진 않았어도, 예수님께는 그의 충실함이 반석
처럼 느껴졌을 것이다. 예수님은 시몬을 비록 '돌(베드로)'이라고 부르지
만, 그러나 너를 '반석/바위'로 삼아 그 위에 교회를 세울 만큼의 큰일을 행
하게 하겠다 약속하셨다. 예수님 말씀대로 그는 바위와 같은 일을 해냈다.
나중에. 그러나 겸손해라고 하신 것이다. 아브라함과 같은 반열로 불린다
고 우쭐대지 말라고 말이다.

고전 10:4에서 바울이 예수님을 반석이라고 한 것을 생각해보면, 반석
이라 불린 분은 '하나님 - 예수님 - 아브라함'밖에 안 된다. 다윗도 그 반
열에 넣지 않았다. 그런데 시몬을 그렇게 부른다면, 주변 유대인들이 수용

82　Ulrich Luz, *Mattthew 8-20*, 362.

할리 만무하다. 동료 제자들의 시기 또한 만만치 않을 것이며, 시몬으로서
도 기고만장해질 수 있었다.

3. 베드로를 바위/반석으로 해석한 연유

지금까지의 해석을 들으면서, 베드로의 이름에 대한 해석이 여러분이
알고 있는 것과 다르다고 느낄 것이다. 전통적으로 베드로의 뜻이 '바위'
라고 배웠으니 말이다. 오래 전에 람쁘(P. Lampe)라는 학자가 베드로를
돌이라는 뜻으로 예수님이 줬을 것이라고 해석했다. 그런데 그 이유를 찾
지 못했다. 그저 생각한 것이라고는 교회를 세울 때 바위 위에 짓는 게 아
니라, 기초가 돌이니, 돌이라 불렀을 것이라 추측했다. 또 부활 이후에 게
바가 베드로로 정착이 되었을 것이라 해석해, 인정을 받지 못했다.[83] 그리
고 람쁘의 해석이 맞다고 생각하는 학자들도 그 이유를 찾지 못했다.[84] 그
래서 많은 학자들은 편하게 베드로를 반석이라는 뜻이라고 해석해버렸다.

서구학자들은 당시 유대인들이 '베드라(반석)'를 사람에게 붙이는 것을
얼마나 조심스러워 했는지 고려하지 못했다. 또 왜 이름으로 겸손함을 갖
추려 한 예수님의 사고를 알지 못했다. 이런 점은 예수님도 동양인이었음
을 깨닫게 한다. 동양인인 우리는 단박에 알아차리질 않는가! 재미있는 점
은 그 이름을 받은 시몬은 예수님의 그 뜻을 헤아린 것 같다. 그 이름이 사
라지지 않았기 때문이다. 자고하지 않도록 이름을 낮춰버린 그 의도에 전
혀 섭섭해 하지 않았다.

83   Peter Lampe, "Das Spiel mit dem Petrus-Namen Mt 16, 18," *NTS*
25(1978-79): 227-45; 람쁘의 해석에 대한 분석은 다음을 참조하시오. W. D.
Davies and D. C. Allison, *Matthew 8-18*, 625-7; Ulrich Luz, *Mattew 8-20*,
358-59.
84   *Ulrich Luz, Mattew 8-20*, 359.

통상 별명이든 이름이든, 누구나 좋은 뜻을 가진 것을 갖고 싶어 한다. 현재의 자신보다 훨씬 더 세련되고 고결한 존재로 보이고 싶어 한다. 남들도 천박하다고 기피하는 이름을 군이 선택하지 않는다. 예수님은 하나님의 아들인데도 사람들 앞에서 '사람의 아들'이라고 말했다. 겸손이었다. 당신의 첫 제자에게도 멋진 반석이 아닌 별 볼 일 없는 '돌'로 부르신 것은 이름에서조차도 겸허함을 놓지 마라는 의지로 읽힌다.

예수님은 그렇다고 평소에 시몬을 베드로라고 막 부르진 않으셨다. 원래의 이름, 시몬을 자주 부르셨다. 당신으로 인해 괜히 시몬이 놀림감이 될 것을 조심한 탓이리라. 그리고 나중에 시몬이 초대 교회에서 반석/바위와도 같은 인물로 단단히 매겨졌을 때, 사람들은 그를 베드로라 불렀지만, 돌은 사라지고, 반석/바위만 남았다. 헬라인들은 아마 의아해했을 것이다. 베드로는 분명히 돌/바위틈/거친 토석인데, 저 그리스도인들은 바위/반석이라고 해석하니 말이다. 용어의 뜻이 완전히 와전돼 굳어버린 일은 시몬이 자신을 한낱 돌과 같은 존재임을 받아들였기에 가능했다. 온전히 반석/바위 같은 존재로 노력했기에 가능했을 것이다.

당신은 당신 자신을 뭐라고 부르는가? 흔히 호(號)라고 하는, 허물없이 자신의 정체성을 드러내는 이름을 뭐라고 짓고 싶은가? 베드로를 잘 생각해보길 바란다. 예수님과 베드로의 겸손을 잘 닮은 호를 지어서 평생 자신의 마음과 행동을 잘 다루시길 바란다.

4. 결론

마가복음에서 시몬은 예수님의 첫 제자이다. 마가담가는 시몬의 별명이 베드로가 된 연유에 대해 자세히 설명해주지 않았다. 그저 "베드로라는 이름을 얻었다"고만 했다. 마가의 성도들이 베드로를 원래 용어가 뜻하는 대

로 '돌멩이' 또는 '바위틈'이라 생각하며 받아들였을지 의심스럽다. 68-9
년경 이미 시몬은 초대 교회에서 바위/반석으로서 자리매김을 했을 것이
기 때문이다. 초대 교인들은 예수님의 진의를 잘 몰랐을 수 있다. 그러나
적어도 시몬만은 알았을 것이다. 유대인들은 아브라함이 아닌 어느 조상
에게도 반석이라 부르지 않았을 것이기 때문이다.

감히 자신이 아브라함과 같은 반열에 있을 수준이 아님을 알았다 할지
라도, '돌멩이'로 불리는 것을 좋아할 이 없다. 스승이라 할지라도 말이다.
그러나 베드로는 자신의 별칭을 '돌멩이'로 하겠다는 스승의 마음을 읽었
던 것 같다. 그랬으니 받아들이고 평생 예수님을 좇지 않았겠는가? 예수
님도 베드로 안에 있는 바위 같은 성정과 재능 뿐 아니라, 겸손함까지도
갖고 있음을 꿰뚫어 보셨음이 분명하다. 순종은 그래서 빛을 발한다. 교회
를 세우는 열매를 만든다.

막 3:17-19(1), 안드레와 보아너게

17 그리고 야고보, 곧 세베대의 (아들)과 요한, 곧 야고보의 형제를, 그리고
   그들한테 얹으셨습니다. 이름[들]을 보아너게라고. 그건 우레의[85] 아들
   들입니다.
18 그리고 안드레 그리고 빌립 그리고 바돌로매 그리고 마태 그리고 도마
   그리고 야고보, 곧 알패오의 (아들)과 다대오와 시몬, 곧 카나안인을요.
19 그리고 유다 이스카롯인데, 이자는 **그분을** 넘겼습니다.

1. 안드레

12명의 이름들을 죽 보면, 시몬에게 형제, 안드레가 있다는 것을 다시
한 번 인식한다. 1:16에서 안드레가 시몬 형제라고 말했는데,[86] 안드레는
시몬처럼 그리 적극적인 성격이 아니었던가 보다. 이름을 죽 읊을 때, 시
몬 다음엔 자연스럽게 동생 안드레를 말할 것 같은데, 마가는 그러질 않
았다. 시몬에게 베드로라는 이름을 얹어주셨다고 한 뒤, 마가는 야고보와
요한의 이름을 먼저 말하니 말이다. 안드레는 세베대 아들들을 언급한 후
에야 말했다.

---

85 βροντή(브론떼), 우레, 막 3:17; 요 12:29; 계 4:5; 6:1; 8:5; 10:3, 4; 11:19;
14:2; 16:18; 19:6 뿐; 시 77:18; 104:7; 욥 26:14; 암 4:13; 사 29:6뿐. 계시록의
압도적 선호용어(10회).
86 『눈으로 듣는 마가』 1:16 그리고 갈릴리 바닷가를 거쳐 가다 직접 보셨습니
다. 시몬과 안드레, 곧 시몬 형제가 바다에 투망하는 것을요. 왜냐면 어부였거든요.

마태	누가
10:2 그런데 열두 명의 사도들의 이름은 이것들입니다. 먼저 시몬, 곧 베드로라 말해지는 자와 안드레, 곧 그의 형제, 그리고 야고보, 곧 세베대의 (아들)과 요한, 곧 그의 형제, 3 빌립과 바돌로매, 도마와 마태, 곧 세리, 야고보, 곧 알패오의 (아들)과 다대오, 4 시몬, 곧 카나안인 그리고 유다, 곧 이스카롯테인, 곧 그분을 넘기기까지 한 자요.	6:14 시몬, 그를 베드로라고 칭하기도 하셨습니다, 또 안드레, 곧 그의 형제와 야고보와 요한과 빌립과 바돌로매, 15 그리고 마태와 도마와 알패오의(아들) 야고보, 그리고 시몬, 곧 열심가라 불리는 자, 16 그리고 야고보의 (아들), 유다 그리고 유다 이스카롯, 곧 변절자가 된 자요.

마태와 누가 담가도 소개하는데 마가와 살짝 다르다. 둘 다 베드로 다음에 안드레를 언급한다. 이것이 정상이다. 이들은 형제이니 나란히 언급하는 것이 자연스럽다. 마가도 그것을 모르지 않았을 텐데 굳이 베드로 다음에 세베대의 아들인 야고보를 말한 것은 왜 그럴까? 학자들은 마가가 당시 열두 제자들의 서열을 이야기한 것이라 본다.

『눈으로 듣는 마가』
막 5:37 그리고 하게 하지 않으셨습니다. 아무도 그분과 함께 동행해 좇는 것을, 베드로 말고는요. 그리고 야고보와 요한, 곧 야고보의 형제(말고는)요.
9:2 그리고 엿새 뒤 아울러 데려가시는 겁니다, 예수님이 베드로와 야고보와 요한을. 그리고 그들을 위로 이끄시는 겁니다. 높은 산속으로 따로 딱. 그리고 변모되셨습니다, 그들 앞에서.
13:3 그리고 그분이 앉아있을 적에, – 올리브 산으로 (가), 성전 정반대쪽에서요, – 그분께 줄기차게 캐물었습니다. 따로 베드로와 야고보 그리고 요한과 안드레가요.

이후에 야고보, 요한, 그리고 안드레가 나오는 곳을 뽑았다. 예수님은 야이로의 딸을 살릴 때와 변모산에 올라갈 때, 베드로, 야고보, 그리고 요한, 딱 세 사람만 대동하셨다. 안드레가 언급된 유일한 곳이 성전 맞은편에서 마지막 날에 있을 일을 물을 때다. 그것도 야고보와 요한 뒤, 덧붙이듯이 안드레를 말했다. 그래도 열두 제자들 중 네 번째로 언급되는 것을 보면, 그래도 인정을 받았음을 유추할 수 있다.

> 행 1:13 들어가 그들이 유하는 다락방으로 올라가니 베드로, 요한, 야고보, 안드레와 빌립, 도마와 바돌로매, 마태와 및 알패오의 아들 야고보, 셀롯인 시몬, 야고보의 아들 유다가 다 거기 있어

사도행전을 보면 안드레 이름이 언급되는데, 여기서도 마가와 똑같이 베드로 다음에 이름이 요한이다. - 누가는 야고보의 이름을 요한 뒤에 쓴다(예외; 눅 9:54). - 야고보 뒤에 안드레를 써준 것이다. 즉 네 번째의 서열로 말하는 것인데, 이는 교회에서 안드레의 입지가 세베대의 아들들보다는 아래임을 드러내는 것이다. 이를 뒷받침하는 것은 마태복음과 누가복음이다. 둘 다 마가복음처럼 안드레의 이름이 더 이상 나오지 않기 때문이다. 즉 열두 제자 명단을 말할 때만 안드레를 언급하고 그 이후의 여러 사건에는 마가복음처럼 베드로와 야고보, 그리고 요한만 말했다(마 17:1; 눅 8:51; 9:2).[87]

> 요 1:40 요한의 말을 듣고 예수를 따르는 두 사람 중의 하나는

---

87 마 17:1 엿새 후에 예수께서 베드로와 야고보와 그 형제 요한을 데리시고 따로 높은 산에 올라가셨더니; 눅 8:51 그 집에 이르러 베드로와 요한과 야고보와 아이의 부모 외에는 함께 들어가기를 허락하지 아니하시니라; 9:28 이 말씀을 하신 후 팔 일쯤 되어 예수께서 베드로와 요한과 야고보를 데리고 기도하시러 산에 올라가사

시몬 베드로의 형제 안드레라

41 그가 먼저 자기의 형제 시몬을 찾아 말하되 우리가 메시야
를 만났다 하고 (메시야는 번역하면 그리스도라)

안드레를 가장 많이 소개한 자는 아마 요한일 것이다. 요한은 특이하게
안드레가 세례자 요한의 제자로서 자기 형인 시몬을 예수님께로 이끈 자
라고 이야기한다. 그리고 나중에 오병이어 사건을 이야기할 때도 안드레
가 나서서 아이를 예수님께로 데려왔다고 말한다(6:8 이하). 그리고 예수
님의 밀 한 알 가르침을 하게 만든 장본인으로 이야기한다(12:22).[88] 요한
처럼 이렇게 안드레를 적극적인 인물로 소개한 자는 없었다. 이것은 요한
이나 요한의 교인들이 안드레의 영향을 많이 받았음을 유추하는데, 이것
은 요한복음의 주해서를 할 때 다룰 일이다.

다시 공관복음으로 돌아가서, 이 안드레를 소개할 때, 마태나 누가 다
한결같이 '그의 형제'라고 말했다는 점이다. 예수님 제자들 중 다른 안드레
가 있을 수 있다. 복음서에 나오진 않지만 말이다. 그러나 이는 안드레가
항상 베드로의 형제로서 자리매김을 했음을 가리킨다. 아마 예루살렘 교
회에서도 그리 강한 영향력을 행사하지 않았을 것이다. 교회 역사가인 유
세비우스조차 안드레에 대해 아무 말도 하지 않질 않는가! 그러나 안드레
입장에서 생각해보면, 자기 형 베드로가 제일 신임 받는 제자로서 인정받
는 것을 십분 이용했을 수 있다. 그러나 베드로처럼 적극적으로 나대지 않
은 점으로 봐, 교만하지는 않았던 것으로 보인다.

---

88 6:8 제자 중 하나 곧 시몬 베드로의 형제 안드레가 예수께 여짜오되 9 여기
한 아이가 있어 보리떡 다섯 개와 물고기 두 마리를 가지고 있나이다 그러나 그것이
이 많은 사람에게 얼마나 되겠사옵나이까
12:22 빌립이 안드레에게 가서 말하고 안드레와 빌립이 예수께 가서 여쭈니

2. 우레의 아들들인 야고보와 요한

다음으로 세베대의 아들들인 야고보와 요한에 대해서 살펴보자. 이들의 소개에서 슬쩍 사회적 자리를 알 수 있다. 이들에 대해 여러분은 어떻게 소개할 텐가? 아마 이런 식은 아니었을 것이다.

> 막 3:17 야고보, 곧 세베대의 아들과 요한, 곧 야고보의 형제를,
> 마 4:21 그리고 거기에서부터 앞으로 가다가 직접 보셨습니다, 딴 두 형제들을, 야고보, 곧 세베대의 아들과 요한, 곧 그의 형제를요. 배 안에서 세베대, 곧 자기들의 아버지와 함께 자기들의 그물들을 수선하고 있는데, 그런데 그들을 부르셨습니다.

마가는 야고보를 세베대의 아들이라 소개하고, 요한은 야고보의 형제라 소개했다. 요한도 세베대의 아들이다. 마태도 다르지 않다. 야고보만 세베대의 (아들)이라 말한다. 그리고 요한은 그의 형제란다.[89] 두 형제 중 항상 야고보를 먼저 말한 뒤, 그의 형제로서 소개한다.[90] 누가는 조금 또 독특하다. 열두 제자 명단을 말할 때는 '야고보와 요한'이라 하고선, 다른 데에서 순서를 바꿔 '요한과 야고보'라 전한다.

마가복음을 통해 파악되는 것은 요한의 위치가 안드레와 마찬가지로 야

---

89 이 외에도 『눈으로 듣는 마태 · 누가』 마 10:2 그런데 열두 명의 사도들의 이름은 이것들입니다. 먼저 시몬, 곧 베드로라 말해지는 자와 안드레, 곧 그의 형제, 그리고 **야고보, 곧 세베대의 (아들)과 요한, 곧 그의 형제,**
누가는 좀 다르게 소개한다. 야고보와 요한, 이들을 세베대의 아들들이라고 말했다; 참. 5:10 그리고 마찬가지로 **야고보와 요한, 세베대의 아들들까지도요.** 이들은 시몬의 동료들이었습니다. 그런데 말하셨습니다, 시몬 쪽을 향해 예수님이. "그만 겁먹으세요! 지금부터 사람들을 생포하는 자가 될 겁니다!"
90 17:1 그리고 엿새 뒤 아울러 데려가시는 겁니다. 예수님이 베드로와 **야고보와 요한, 곧 그의 형제를요.** 그리고 그들을 위로 이끄시는 겁니다. 높은 산속으로 따로.

고보의 동생으로 결정된다는 점이다. 예수님 당시 야고보보다 서열상 아래라는 뜻이다. 그래도 요한은 안드레보다 더 적극적이고, 능력에 있어서도 뛰어났던 것 같다. 예수님은 능력이 필요한 자리에는 야고보와 더불어 요한을 자주 대동하셨기 때문이다.

마가는 이들에 대해 유일하게 '보아너게'라는 별명이 있었다고 전한 뒤, 이 말뜻이 '우레의 아들들'이라고 풀이해줬다. 그러나 왜 그런 별명을 가졌는지에 대해 별다른 설명을 하지 않았다. 그래서 그 연유에 대해 주로 성격을 든다. 이 둘이 우레처럼 다혈질이라서 그렇게 지었을 것이라는 것이다.

『눈으로 듣는 마가 · 누가』

막 10:35 그러자 그분 쪽으로 다가가는 겁니다. **야고보와 요한, 곧 세베대의 아들들**. 말하길 그분께. "선생님! 원합니다! 뭐든지 간에 (우리가) 당신에게 구하는 것을 우리에게 행하시길요!"

눅 9:54 그러자 직접 보고선, **그 제자들, 야고보와 요한이** 말했습니다. "주님! (우리가) 말했으면 하시는지요? 불이 하늘에서 내려오라고! 그래서 그들을 소멸해라고 말입니다!"

나중에 예수님은 제자들에게 내가 곧 죽을 것이라고 말하면서 괴로워하는데, 야고보와 요한은 눈치 없이 나서서 예수님의 영광의 자리에 자기들도 끼워달라고, 그것도 왕의 보좌 양옆을 요구했다. 자기들 외에 다른 제자들이 있는 것을 모르지 않았을 터임에도, 자기들의 우월함을 확신하고서 당당하게 요구한 것이다. 앞에서 살펴봤듯이 예수님은 이들을 더 가까이 두긴 했다.

그런데 마가는 이들의 탁월한 능력에 대해 말을 아꼈다. 그러나 누가는 드러낸다. 사마리아 마을 사람들이 예수님 일행을 유대인이라고 적대시하자, 이들이 "주님! 우리가 불을 불러서, 저들을 확 태워 버릴까요?"라고 말한다. 유대인과 사마리아인 사이에 있는 반목으로 푸대접을 받자, 야고보와 요한은 앙갚음을 하려 했다. 이 일화는 이들의 성격이 조심스럽지 않았음을 드러낸다. 오히려 아주 불같은 성격을 가졌으리라 본다. 그래서 이 둘 별명이 '우레의 아들들'이라 불렸을 것이라고 추측하기도 했다.

그러나 또 한 편 생각해보라! 이렇게 말했을 배경이 뭔지! 자신들의 신령한 능력에 대한 자신감이 없으면 이런 말을 뱉을 수 있을까? 없다. 예수님이 제자들에게 하늘의 능력을 부어주었겠지만, 이들이 받은 능력은 분명 더 탁월했을 것이다. 예수님이 야이로의 딸을 살리려 갈 때 대동시킨 자들은 베드로와 이들 형제뿐이었다. 아마 베드로보다 이들의 능력은 더 대단했을 것이다. 하늘에서 불을 쏟아 내리게 만들 수 있다는 자부심이 엿보이지 않는가?

한편, 이들이 '우레의 아들들'이라 불린 배경에 대해, 어떤 학자는 전혀 다른 설명을 했다.

> 시편 104:7 주의 견책을 인하여 도망하며 주의 **우레 소리를** 인하여 빨리 가서
> 이사야 29:6 만군의 주님께서 너를 찾아오시되, **우레와** 지진과 큰 소리를 일으키시며, 회오리바람과 폭풍과 태워 버리는 불 길로 찾아오실 것이다.

시편과 이사야에서 우레가 나온 대표적인 사례를 끄집어냈다. 보면, 여호와 하나님이 움직이실 때, 자주 대동하시는 게 '우뢰'이다. 난 이것을 '우레'라고 옮겼는데, 예전 단어라서 그렇다. 신이 현현할 때 고대 팔레스틴 사람들은 우레, 지진, 폭풍 같이 정말 인간이라면 너무 두려운 천재지변을 대동하신다고 봤다. 예수님 당시에도 예외가 아니었다. 즉 이들은 병

자를 치료하기도 했지만, 심지어는 날씨에도 변화를 일으키는 능력을 가졌을 수 있다고 한 것이다.

누가복음이 전하는 것처럼, 하늘에서 불이 내려오게 한다는 것은 아무나 할 수 없다. 우연인지 진짜 그런 능력이 있었는지 알 수 없지만, 불이나 바람을 조그마한 것이라도 일으킨 사례가 있었기에 대찬 발언을 하지 않았겠는가! 구약에서 하나님 외 우레와 연관된 자가 한 명도 없었는데, 예수님께서 이들에게 굳이 이 별명을 붙여주신 것은 불같은 성격이 아니라, 불이나 우레와 관련되었을 것이라 보는 것이 정확할 것이다.

3. 우레의 아들들인 디오스쿠리

예수님이 야고보와 요한을 '우레의 아들들'이라 부른 것이 이들의 대단한 능력이라 여기는 이유 중 또 하나는 이것을 마가 성도들에게 말했다는 점이다. 마가 성도들은 유대인이 아니다. 이방인이다. 그레코-로마 문화 속에 살았던 자들이다. 이들은 그들이 '우레의 아들들'이라 불렸다는 말을 들었을 때 누구를 떠올렸을까? 이방인들에게 '우레/천둥'은 딱 한 신을 떠올렸다. 헬라사회에서 최고의 신인 제우스다. 제우스는 번개와 천둥을 관장했던 신이었기 때문이다.[91] 제우스신이 우레/번개 막대기를 들고 멋있게 서 있는 모습이 떠오를 것이다.

---

91   제우스의 아버지, 크로노스(Cronos)에 대해 쓸 때는 '천둥과 번개의 아버지'라고 말한다. Dennis R. MacDonald, *The Homeric Epics and the Gospel of Mark* (New Haven: Yale University Press, 2000), 25.

[사진 5: 1680년 스미르나(Smyrna)에서 발견된 제우스신상.
루브르박물관 소재]

대중들이 제우스에 대해 가장 자연스럽게 접하고 배우는 곳이 연극이다. 그런데 그리스의 유명 작가들은 제우스를 언급할 때 '천둥/우레'의 신이라 말한다. 하늘에서 우레가 치면 사람들은 으레 '아! 제우스신이 화가 나셨구나!'하고 생각했다. 미트라교인들은 자기 신 미트라라고 여겼지만 말이다.

"올륌포스의 주신(主神) 제우스와도 같은 페리클레스는 노발대발하여 벼락을 던지고 천둥을 쳐서 헬라스를 뒤죽박죽으로 만들었고"(아리스토파네스, 아카르나이 구역민들, 530)

"제우스가 천둥을 칠 테면 치라지 뭐!"(아리스토파네스, 새, 570)

"크게 천둥을 치는 제우스시여!"(아리스토파네스, 벌, 320)

"천둥을 치는 제우스가...."(유리피데스, 박카이, 90).

여러분도 아마 우레를 치는 제우스에 대해선 알고 있었을 것이다. 그런데 제우스에게 유명한 쌍둥이 아들이 있었다는 것을 아시는지? 바로 '까스또르(Castor)'와 '폴룩스(Pollux)'이다. 이들도 제우스의 아들이다 보니 신이었지만, 단순히 신으로서 경배되지만은 않았다. 이들에 대해 호머는 이렇게 예찬한다.[92]

"반짝이는 눈을 가진 뮤즈들이 말한다, 틴다리우스의 아들들, **제우스의 아들들**, 매끈한 발목을 가진 레다(Leda)의[93] 영광스런 아들들, **말들의 조련사인 까스또르와 흠 없는 폴룩스.** 레다가 어두운 구름인 자, 크로노스의 아들과 누워 테이게투스 큰 언덕 꼭대기 아래에서 이들을 낳았다. ─ 이 아이들은 지상에서는 사람들을, 그리고 바다에서 돌풍이 폭풍처럼 무자비하게 불며 휘몰아칠 때 배를 가볍게 가게 만드는 **구원자들(saviors)이다.** 어부들은 이들을 **위대한 제우스의 아들들**이라고 부르며, 흰 양들을 바치며 서약하면서 고물 꼭대기로 갔다. 그런데 강

---

92 Homeric Hymns 33.1-17.

93 매끈한 발목을 가졌다는 말(neat-ankled)은 여인이 굉장히 매력적이었음을 가리킨다. 당시 여인들은 팔이나 몸을 드러내는 옷을 입지 않고 가리는 긴 옷을 입었다. 여인의 아름다움을 외부인이 볼 수 있는 부분은 발목밖에 없었기 때문이다.

한 바람과 바다의 파도들이 배를 물 밑으로 놓을 때, 갑자기 이 둘이 갑자기 황갈색의 날개로 쏜살같이 휙 지나가는 것이 보인다. 이들은 혹 부는 잔인한 바람들과 하얀 표면을 보이는 바다의 파도들을 당장 가라앉힌다. 이들이 나타나는 것은 좋은 표시이다. 고통에서 이제 구원되었다는. 그래서 어부들은 이들을 보면, 기뻐하고, 그들의 힘듦과 수고에서 놓여나 쉬게 된다."

이들을 아주 열렬히 숭배했던 자들은 군인들과 어부들이었지만, 일반인들도 굉장히 친근하게 여겼다. 이들이 존재하게 된 연유가 좀 특별했기 때문이다. 스파르타에서 이들은 아주 오래전부터 신화처럼 여긴 왕인 '틴다리우스 왕(Tyndareos)'의 아들들이었다. 그러다 보니 스파르타인들은 이들의 존재를 신과 인간의 경계선상에 놓았다. 까스또르(Castor)는 완전한 인간, 그리고 폴룩스(Pollux)는 완전한 신이라 불렸기 때문이다.[94] 스파르타인들은 인간인 까스또르를 위해 사당(shrine)을 세우고, 신인 폴룩스를 위해선 도시 바깥에 신전(temple)을 세우고 예배를 드렸다.[95] 그리고 자기 도시의 수호신으로 섬겼다. 그래서 전쟁을 하러 나갈 때면, 항상 군대 앞에 이들의 상들을 끌고 갔다. 전쟁을 돕는 신들이기도 했다.

94　Pindar, Nemean Ode, 10, 79-81. Iliad 3:243-244. 아니면 둘 다 처음에는 인간이었는데, 나중에 신이었다고 말하기도 한다(참. Ibycus Fragment 294 GL.). '틴다리우스의 아들들'이라는 뜻으로 'Tyndaridai'라 불렸다(Homeric Hymn, 33 to the Dioscuri); 틴다리우스왕은 까스또르를 꼬시고, 제우스는 폴룩스를 꼬셨다. 그래서 까스또르는 죽고, 폴룩스(Polydeuces)는 불멸이 됐다. 나중에 싸움터에서 까스또르는 죽는다. 그러자 폴룩스는 자기 형제를 너무 사랑해 제우스에게 자기도 죽여 달라고 간청했다. 그래서 제우스는 둘이 함께 한 불멸체가 되도록 기회를 줬다. 핀다르(Pindar)에 따르면, "쌍둥이는 하루는 자기의 아버지 제우스 옆에서 보내고, 또 하루는 지구 저 밑으로 내려가 보낸다"고 말한다. 즉 하루는 살고 하루는 죽는 식으로 보낸다고 본 것이다. Pindar, Nemean Odes 10.55-56; Odyssey 11.298-304 등; 참. Dennis R. MacDonald, Homeric Epics, 29.

95　Pausanias 3:17,4; 20,1; 13,1.

그리스 전역에선 이들을 디오스쿠리(Dioscuri)라 불렀다. 그리고 그들과 남매인 헬렌과 함께 신으로 경배 드렸다. 그리스의 다른 신들은 다 전차(chariot)를 타는데, 이 디오스쿠리는 말을 탔다고 생각했다.[96] 로마도 이 신들을 사랑했기에 로마 수도에 조각상이 지금도 세워져 있다.

[사진 6: 로마의 디오스쿠리 조각상]

그리스인들은 매년 디오스쿠리를 기리는 축제를 열었는데(Disk-oureia), 특히 남자 청년들의 보호자로 인식돼 있어 소년들이 시합에 즐겁게 참여했다.[97] 그리스에서도 이들은 스파르타처럼 신과 인간 사이에 모호하게 존재했고, 게다가 제우스의 아들들이어서 어린 신이었다. 그러다 보니 이들은 젊은이들이 어른으로 성장되도록 돕는 '구원자(Savior)', 그 경

96 이것은 청동시대의 편견을 깨는 것이다. 말을 타는 것이므로. 116쪽; 원래 Plath, 1994, 110.
97 Henry John Walker, "THE GREEK AŚVINS," *Annals of the Bhandarkar Oriental Research Institute* Vol. 88 (2007), 99-103.

계선을 무난히 진입하도록 인도하는 신으로서 예배되었다.

또 그리스에는 바다에서 어부들을 도와주는 것으로 유명했다. 그래서 호머 시에는 '디오스쿠리께 찬양을!(Hymn to the Dioscuri)'이라는 노래가 있다. 호머는 이렇게 말한다.[98]

> 그녀는 소년들을 낳았다.
> 그들은 **땅에 사는 사람들의 구원자들(Saviors)**이라네!
> 아주 빨리 가는 배들의! 겨울 폭풍이 분노할 때,
> 바로 인정사정없는 바다에서!(implacable)

배가 막 침몰할만한 위험한 상황이 되면 선원들은 디오스쿠리를 향해 노래 불렀다.[99]

> 그러자 갑자기 그분들이 나타나셨다!
> 바람을 통해 휙 오시는데, 시커먼 날개들을 달고!
> 그러면 그분들은 무서운 폭풍이 휘몰아치는 것을 멈추게 하고,
> 하얗게 된 바다 수면의 파도를 잠잠케 하신다!
> 선원들에게 얼마나 아름다운 징조인지!
> 이들의 고생이 이제 끝났다고!

그리스 사람들이 디오스쿠리(Dioscuri)를 숭배하는 이유이다.[100] 바다

---

98 Homeric Hymn 33 to the Dioscuri, 6-8.

99 Homeric Hymn 33 to the Dioscuri, 12-16; Henry John Walker, "THE GREEK AŚVINS," 106쪽에서 재인용.

100 시인 알카이우스(Alcaeus of Lesbos)는 다음과 같이 칭송한다:
넓은 땅과 바다 전체를 걸쳐
당신은 그 재빠른 발을 가진 말들을 타고 가십니다!

에서 폭풍이 휘몰아 칠 때, 가끔 하늘에서 번개가 내리치면서 그 불꽃이 배의 삭구(索具, rigging)에 나타날 때가 있다. 이것을 시인은 '끔찍한 밤에 나타나는 빛'이라 표현했다. 그리스 사람들은 이 빛이 디오스쿠리가 나타난 징표라고 믿었다.[101] 말을 탄 신이 바다 위로 와 선원을 구한다는 게 생뚱맞다고 느껴질 것이다. 그래서 그림으로 묘사된 적이 별로 없다. 대신 돌고래가 바다에서 헤엄을 치는 그 바다 위에서 '디오스쿠리(Dioscuri)'가 같이 말을 타고 달리는 동전이 있다. 대중들은 이런 것을 오래 전부터 듣고 자라 믿다 보니, 현대인이 말도 안 된다고 보는 이상한 점을 전혀 이상하다 느끼지 않았다.[102]

> 행 28:11 석 달 후에 우리가 그 섬에서 겨울을 난 알렉산드리아 배를 타고 떠나니 그 배의 머리 장식은 **디오스구로(Διόσκουροι)라**

그래서 여러분은 행 28:11에서 바울이 탄 배에 디오스쿠리가 있었는데도 그것이 이들을 말한 것인 줄 몰랐을 것이다. 배의 장식머리에 디오스쿠리, 즉 두 형제의 상이 있는 건 이들이 바다의 구원자로 숭상됐기 때문이다.[103] 디오스쿠리가 자기들 배가 난파당하지 않도록 지켜주리라는 염원을 담은 것인데, 알다시피 결국 난파했다. 하나님만이 그 배와 그 배에 탄

그리고 당신은 쉽게 사람을 풀어주십니다!
그 슬픔 가득한 죽음에서!
잘 건조된 배 꼭대기로 뛰어내려 오시니
멀리서도 환히 빛나시고, 줄들을 따라 달리시니,
그 끔찍한 밤에 빛을 가져 오시니
어두컴컴한 배로!
Alcaeus Fragment 34 GL.; 앞의 글, 106-7에서 재인용.

101   Saint Elmo's fire라 불리기도 한다. 앞의 글, 107.
102   앞의 글, 107.
103   앞의 글, 116.

자들의 주인임을 누가는 암시한 것이다.

그리스에는 테오제니아(Theoxenia)라는 축제가 있는데, 신들을 손님으로 자기 집에 초대하는 풍습이다. 'ξένος(제노스, zenos)'라는 단어가 이방인, 또는 나그네라는 뜻인데, 이 축제는 특별히 신을 이방인처럼 맞아들이는 행사를 하는 것이 특징이었다.[104] 그런데 여기에 가장 많이 초대하는 신이 바로 디오스쿠리였다.[105] 아테네에서는 매일 시청에서 옛날의 아침 식사였던 올리브와 치즈를 갖다놓고 디오스쿠리를 초대해 기릴 정도로[106] 그리스인들이 가장 편안하게 여긴 신들이었다.

그리스인들이 원래 신에게 접촉하는 방법은 희생제사이다. 동물을 죽이고 난 뒤, 기름과 뼈를 발라 그것을 태운다. 그래서 이 연기가 올라가면 신들은 하늘에서 그 향기를 맡으면서 식사한다고 생각했다. 인간은 살코기를 요리해 자기들끼리 나눠먹으며 즐기고, 신들은 기름과 뼈의 향기를 자기들끼리 먹는다고 생각한 것이었다. 신들은 인간과 함께 하기 위해 내려오진 않는다. 그런데 테오제니아 축제(Theoxenia)는 두 세계가 하나로 합쳐지는 때였다. 그런데 그리스인들이 수많은 신들 중에서 가장 편안하게 여긴 이들이 디오스쿠리(Dioscuri)였기에, 자기들과 함께 식탁에 둘러 앉아 친구처럼 즐겁게 식사하리라 생각한 것이다.

이들이 신으로 숭배되는 이유는 사람들이 어려울 때 구원해주는 구원자

---

104 ξένος(크세노스), 나그네(마 25:35, 38, 43, 44; 27:7; 행 17:18, 21; 엡 2:12, 19; 히 11:13; 13:9; 벧전 4:12; 요삼 1:5), 식주(食主)(롬 16:23) 뿐. 예문); ἐγώ εἰμι ξένη(바로 나는 이방여자입니다, 룻 2:10)

105 Walter Burkert, *Greek Religion*, trans. by John Raffan (Cambridge: Harvard University Press, 1985), 107.

106 Eckart **Köhne**, *Die Dioskuren in der Griechischen Kunst von der Archaik bis zum Ende des 5. Jahrhunderts v. Chr.* (Hamburg, Verlag, Dr. Kovac., 1998), 130(156쪽에서는, 로마인들이 전쟁 때 이 신들이 자기들이 이기도록 도와준다고 활용해서 사용했다고 말한다); Henry John Walker, "THE GREEK AŚVINS," 105에서 재인용.

이기 때문이다. 게다가 이들은 제우스의 아들이기 때문에 젊다. 그래서 특
별히 어린 청년들을 더 보호해준다고 생각했다. 또 무섭지 않다. 식탁에서
같이 밥 먹을 수 있을 정도로 친근하다. 특별한 시기에만 도움을 주는, 멀
리에 존재하는 어려운 신들이 아니라, 도움이 필요할 때면 언제든 도움을
주는 신이다. 아마 그리스인들은 일상생활 속에서 늘 기도했을 것이다.[107]

중요한 점은 그리스인들은 이들 두 형제가 활동하는 것을 제우스가 활
동하시는 것으로 연상했다는 점이다. 그리스 역사에서 이미 크세노폰의
아들들이 '디오스쿠리'라는 특별한 별명을 받은 바 있다.[108] 콜린스(Adela
Yarbro Collins)는 당시 마가 공동체는 이방인들이므로 제우스가 우레와
번개의 신임을 확실히 알고 있었으므로, 이들의 별명만으로 이들이 예언
자였을 것이라 생각했을 것이라 본다.[109] 그러나 앞에서 말했듯, 디오스
쿠리는 그리스인들에게 분명히 구원을 해주는 신으로 받들어졌다는 점이
다. 즉 단순한 예언자를 뛰어넘는다. 이들은 로마제국 시대에 제우스신이
보좌에 앉아 있을 때, 항상 오른쪽과 왼쪽을 차지하고 있는 것으로 묘사된
다.[110] 그 정도로 신뢰받는 신인의 경지에 있다 여겼다.

'보아너게의 아들들'이라는 별명에 너무 많은 배경 설명을 했는지 모르
겠다. 그러나 마가의 이야기를 들은 마가 성도들이 가장 먼저 떠올렸을 디
오스쿠리에 대해 너무 설명이 없어, 세베대의 아들들을 그저 불같은 성정

---

107 앞의 글, 108-9.

108 크세노폰의 두 아들, 그릴루스(Gryllus)와 디오도루스(Diodorus)는 디오스
쿠리(Dioscuri)라고 불렸다고 전한다. 둘 중 그릴루스는 기원전 362년에 전쟁 중 사
망했다. James Rendal Harris, "Sons of Thunder," *Expositor* 3(1907), 149-52.

109 Adela Yarbro Collins, *Mark*, 220-21

110 보석에서 이 두 형제는 제우스신의 양옆을 차지한다. 그리고 로마제국 시대
에 다른 예술작품에서도 이 둘은 세라피스, 미트라의 에온(Mithraic Aeon), 사투
르, 마르스, 유노, 쥬피터의 신 양옆을 차지하고 있다. LIMC, "Dioskouroi," 161-
64, "Dioskouroi/Castores," items 14, 27a, 43-46, 49 52, 86, 93, 142, 143.
Dennis R. MacDonald, *Homeric Epics*, 26-7.

을 지닌 자들로만 이해하는 것이 안타까웠다. 이들의 원래 직업이 어부다. 그래서 이들이 '우레의 아들들'인 디오스쿠리처럼, 전쟁을 치룰 때는 자기들 목숨을 구해주고, 또 배를 타고 나갈 때는 침몰하지 않도록 구해주는 구원자처럼 받아들여졌을 것이다. 또 제우스의 보좌 좌우를 차지한 신들이 아닌가! 나중에 이들이 예수님의 보좌 좌우를 차지하겠다고 나선 것도 디오스쿠리다운 행동인 것이다.

물론 이들은 신이 아니다. 그저 그레코-로마 문화에 젖어 있는 사람들이 친근하게 생각했던 디오스쿠리처럼 세베대의 아들들을 이해했을 것이다. 이들은 다른 신들처럼 변덕이 심하고, 가까워하기 어렵던 신들이 아니다. 자기 밥상에 초대해 함께 먹는다고 여기기도 했던 신들이었다. 즉 도움이 필요할 때는 나타나 자기들을 구원해줄 만큼 능력 있고, 또 친하게 여겼던 친밀한 신들로 알고 있었기에 이 야고보와 요한의 존재 역시 그런 이미지로 전달되었을 것이다.

우리는 이들을 베드로보다 훨씬 못한 존재로 여기지만, 그건 야고보가 일찍 순교하면서, 이들의 존재감이 약해져서이다. 그래서 그런지 누가는 사도행전에서 야고보가 죽기 이전부터(12:2) 요한만을 부각시켰다. 야고보가 아직 죽기 전인데도 베드로가 요한하고만 함께 다녔다고 말한다(행 3:1, 3, 4, 11; 4:13, 19; 8:14).[111] 세베대의 큰 아들인 야고보가 등장하질 않는 것이다. 더 나아가 누가는 세베대라는 이름을 일절 사용하지 않았다. 열두 사도 중에 야고보의 위치가 상당했을 터인데 말이다.

그러나 정말 이들이 베드로보다 못한 인지도를 가지고 있었을까? 앞에서 말했듯 예수님 당시에는 오히려 베드로보다 더 큰 영향력을 가지고 있

---

111 3:1 제 구 시 기도 시간에 **베드로와 요한이** 성전에 올라갈새
4:13 그들이 **베드로와 요한이** 담대하게 말함을 보고 그들을 본래 학문 없는 범인으로 알았다가 이상히 여기며 또 전에 예수와 함께 있던 줄도 알고
8:14 예루살렘에 있는 사도들이 사마리아도 하나님의 말씀을 받았다 함을 듣고 **베드로와 요한을** 보내매

었을 것이다. 이들은 베드로보다 더 한 재산을 가진 자로서 예수님의 여행에 도움을 주었을 터이며, 또 그들의 어머니도 함께 가세해 운동에 참여했다. 게다가 이들이 베드로보다 더 예수님의 능력을 받아 축사나 치유를 강력하게 했을 확률이 높다. 마가는 이들의 그런 활약상을 알고 있었기에, '보아너게의 아들들'이란 별명을 가졌다고 소개한 것일 것이다. 디오스쿠리처럼 대단한 능력과 인지도를 가진 자들이었다고 말이다.

마가는 자기 성도들에게 예수님 이야기를 설렁설렁 말하는 것 같아도, 당시의 문화 속에서 해석하면 허투루 말한 바가 없음을 알 수 있다. 비록 단 하나의 별명이지만, 마가 이야기를 듣는 성도들은 팔레스틴에 살지 않아도 안드레보다는 야고보 형제들이 교회 내에서 더 높은 영향력을 갖고 있었음을 알았을 것이다. 예수님의 최측근 제자들이었다는 것도 말이다.

예수님은 야이로의 딸을 살릴 때 야고보와 요한만을 베드로와 함께 데려갔다. 9장에서 예수님은 이들 셋만 데리고 올라가 모세와 엘리야를 만나는 장면을 보여주기까지 한다. 겟세마네 동산에도 이들만 대동했다. 마가는 예수님이 중요한 일을 하실 때 항상 야고보와 요한을 데려가셨다고 말한다.

이들의 역할은 제자들 중에서 절대로 작지 않았다. 제자들끼리 누가 더 큰 지로 싸우거나, 예수님께서 영광스럽게 될 때 오른쪽과 왼쪽 둘 다 자기들이 갖겠다고 말한 것을 헛된 욕심으로 받아들일 수 있다. 그러나 그렇게 했던 것은 그만큼 예수님과의 관계, 또 이들의 능력과 기여도가 컸기 때문이다.

4. 결론

이 단락에는 안드레와 세베대의 두 아들들만 다뤘다. 먼저 안드레는 예수님 당시 세베대의 아들들보다 서열이 낮았다. 예수님이 서열을 두지 않았음에도 말을 하다 보면, 누가 더 인정을 받는지가 드러난다. 마가는 안드레에 대해 베드로의 형제라는 것과 예수님이 세상의 종말 시 일어날 일에 대해서 들었던 것 외엔 어떤 말을 하지 않았다. 베드로보다 조용한 성격으로, 그저 형을 돕는 것만으로 만족했던 것 같다.

야고보와 요한, 이 두 형제의 시작에는 자신의 아버지, 세베대의 뒷배가 있었다. 재정적 여유와 부모의 후원을 다 가졌기 때문이다. 물론 거대한 가문의 뒷배는 아니나, 예수님의 초기 제자들을 놓고 비교하자면 장점이다. 시기상 베드로보다는 살짝 늦게 예수님을 좇았으나, 베드로보다 탁월한 능력을 가졌다. 그리고 이 둘은 시몬과 안드레 형제들보다 더 의기투합해 열심을 냈다. 비록 맏형 야고보가 먼저 순교하는 바람에, 그들이 꿈꾸던 큰 영광을 직접 보진 못했지만, 어떤가?

나중에 남은 동생 요한이 이룬 성과는? 요한복음과 요한문서, 그리고 요한계시록의 실제 저자가 이 요한인지 아닌지 이견이 많다. 모두 다 요한의 작품이라고 보기 어려운 구석이 많다. 그러나 요한의 영향이 아예 없다고 말하기에는 또 뭔가가 있다. 어쨌든 이 둘이 세상을 뜬 시점은 큰 차이가 있지만, 이 둘은 예수님을 만나 좇은 것을 후회했을까? 아니라는 말이 확 나오질 않는가?

이들에게는 세베대의 아들들이란 말이 지금껏 꼬리표로 붙었지만, 결국 각자의 능력을 여한 없이 발휘했다. 열두 제자들 중 가장 강력한 능력을 지녀 예수님으로부터 인정을 받고 살았다. '보아너게의 아들들'이란 별명은 자기들이 붙인 게 아니다. 예수님이 주신 것이다. 하나님이 우레를 대동함으로써 신임을 드러내신 것처럼, 이들도 하나님의 능력을 드러내는 자로 비춰졌을 것이다. 그런데 '우레의 아들들'이라는 별명이 이방세계로 넘어가서는 제우스의 아들들인 디오스쿠리와 연결돼 능력자들로 여겨졌으니 참 예수님의 혜안이 대단하시다.

막 3:17-19(2), 카나안인 시몬과 유다 이스가롯

17 그리고 야고보, 곧 세베대의 (아들)과 요한, 곧 야고보의 형제를, 그리고
그들한테 얹으셨습니다. 이름[들]을 보아너게라고. 그건 우레의 아들들
입니다.

18 그리고 안드레 그리고 빌립 그리고 바돌로매 그리고 마태 그리고 도마 그
리고 야고보, 곧 알패오의 (아들)과 다대오와 시몬, 곧 카나안인을요. [112]

19 그리고 유다 이스카롯인데, [113] 이자는 **그분을** 넘겼습니다.

1. 카나안인 시몬

> 『개역개정』 막 3:18 또 안드레와 빌립과 바돌로매와 마태와
> 도마와 알패오의 아들 야고보와 및 다대오와 **가나나인 시몬이**
> **며**(Σίμωνα τὸν Καναναῖον)
> 마 10:4 **가나나인 시몬**(Σίμων ὁ Καναναῖος) 및 가롯 유다 곧 예
> 수를 판 자라

이제 마가복음의 열두 제자 가나안인 시몬을 살펴보자. 마가는 시몬
을 카나안인(Καναναῖος(까나나이오스))이라 덧붙였다. Καναναῖος(까나나이

---

112 Καναναῖος(까나나이오스), 카나안인, 성서 2회 용어, 마 10:4; 막 3:18, 영본
은 the Cananite라고 했음; 참. 눅 6:15(ζηλωτής, 열심분자), 히브리어 קנא를 소리
나는 대로 적은 것으로 보임.

113 Ἰσκαριώθ, 이스카롯, 막 3:19; 14:10; 눅 6:16, 히브리식 이름형태; 참.
Ἰσκαριώτης, 이스카롯테, 마 10:4; 26:14; 눅 22:2; 요 6:71; 12:4; 13:2, 26;
14:22. 그리스식 이름형태. 뜻에 따라 변화를 한다.

오스)이라는 말은 마태에도 똑같이 시몬을 설명할 때 나온다. 이 용어가 흔히 '가나안인'이라 생각하기 쉽지만, 아니다. 마 15:22에서 '가나안 여자'가 나오는데,[114] 그것은 'Χαναναῖος(카나나이오스)'이다. 창 10:18부터 계속 등장하는 '가나안인'은 'Χαναναῖος(카나나이오스)'이지,[115] 'Καναναῖος(까나나이오스)'가 아니다. 그래서 『개역개정』은 둘 다 '가나나인'이라 한다. '가나안인'이라 안 한 것이다. 그리고 각주에서 이 말은 '아람어에서 온 말로 열심당원'이란 뜻이라고 설명한다.

누가는 시몬을 열심가(ζηλωτής(젤로떼스))라 부르는데,[116] 시몬을 놓고 일치하지 않아 어떻게 해석해야 좋을지 고민한다. 같은 인물이 아닌가? 그런데 누가는 열심가라 그러고, 마가와 마태는 카나안인이라 그러니 어떻게 받아들여야 할까? 그래서 이 열심가(ζηλωτής(젤로떼스))는 헬라어지만, 예수님은 분명히 아람어로 말하셨을 것이므로, 그 열심가의 아람어 발음이 Καναναῖος(까나나이오스)로 들려서 그렇게 적었다 본다.[117] 아까 게바(Κεφας(께파스))도 아람어 כיפא를 소리 나는 대로 헬라어로 적은 것처럼 말이다.

누군가는 '열심가(ζηλωτής(젤로떼스))'를 열심당원(Zealots)중 한 명이라고 해석하기도 한다. 그러나 열심당원은 67-68년이 되기 전까지 나오지 않았던 존재들이다.[118] 그러므로 그들과 시몬을 연결 짓는 것은 맞지 않다. 열심가는 갈 1:14의 바울처럼 열심이었던 자를 말하는 것으로 해석해

---

114 15:22 가나안 여자 하나가 그 지경에서 나와서 소리 질러 이르되 주 다윗의 자손이여 나를 불쌍히 여기소서 내 딸이 흉악하게 귀신 들렸나이다 하되

115 창 10:18 아르왓과 스말과 하맛을 낳았다. 그 뒤에 가나안 족은(τῶν Χαναναίων) 사방으로 퍼져 나갔다.

116 눅 6:15 그리고 마태와 도마와 알패오의 (아들) 야고보, 그리고 **시몬, 곧 열심가라 불리는 자.**

117 W. D. Davies and D. C. Allison, *Matthew 8-18*, 156.

118 Adela Yarbro Collins, *Mark*, 222.

야 할 것이다. [119] 결론적으로 '카나안인' 시몬은 하나님께 열심이었던 자라고 봐야 할 것이다.

2. 질투하시는 하나님

누가복음에서의 열심가(ζηλωτής(젤로떼스))를 다룰 때, 자연히 따라 나오는 하나님에 관한 설명이 있다. 『새번역』은 '열심당원'이라 적었는데, [120] 이 ζηλωτής(젤로떼스)라는 말은 원래 하나님의 특징관련어였다.

▸ 헬라어 풀이(3), ζηλωτής(젤로떼스), ζηλόω(젤로오)

ζηλωτής(젤로떼스), 질투하는, 열심인

눅 6:15 마태와 도마와 알패오의 아들 야고보와 열심당원
(ζηλωτής)이라고도 하는 시몬과

출 20:5 너희는 그것들에게 절하거나, 그것들을 섬기지 못한
다. 나, 주 너희의 하나님은 **질투하는 하나님이다**(θεὸς ζηλωτής).
나를 미워하는 사람에게는, 그 죄값으로, 본인뿐만 아니라 삼
사 대 자손에게까지 벌을 내린다.

나 1:2 주님은 **질투하시며** 원수를 갚으시는 하나님이시다. 주
님은 원수를 갚으시고 진노하시되, 당신을 거스르는 자에게 원
수를 갚으시며, 당신을 대적하는 자에게 진노하신다.

---

119 갈 1:14 내가 내 동족 중 여러 연갑자보다 유대교를 지나치게 믿어 내 조상
의 전통에 대하여 **더욱 열심이 있었으나**(περισσοτέρως ζηλωτής)
120 『개역개정』은 소리 나는 대로 '셀롯'이라 옮겼다; 참. 마태와 도마와 알패오의
아들 야고보와 **셀롯이라는** 시몬과

갈 1:14 나는 내 동족 가운데서, 나와 나이가 같은 또래의 많은 사람보다 유대교 신앙에 앞서 있었으며, 내 조상들의 전통을 지키는 일에도 훨씬 더 **열성이었습니다**(ζηλωτής).

보다시피, '하나님은 질투하시는 분'이라 말할 때, 헬라어로 ζηλωτής(젤로떼스)를 썼다. ζηλωτής(젤로떼스)를 '질투한다'고 옮겼지만, 실질적인 뜻은 갈 1:4처럼 '열심이다'이다. ζηλωτής(젤로떼스)를 설명할 시간이 여기밖에 없을 것 같아서 잠시 비껴가 설명을 좀 하고자 한다.

ζηλόω(젤로오), 질투하다, 사모하다, 열심을 내다
행 7:9 여러 조상이 요셉을 **시기하여** 애굽에 팔았더니 하나님이 저와 함께 계셔
고전 12:31 너희는 더욱 큰 은사를 **사모하라** 내가 또한 제일 좋은 길을 너희에게 보이리라
갈 4:17 저희가 너희를 대하여 **열심 내는 것이** 좋은 뜻이 아니요 오직 너희를 이간 붙여 너희로 저희를 대하여 **열심 내게 하려 함이라**
잠 3:31 포학한 자를 부러워하지 말며 그 아무 행위든지 **좇지 말라**
4:14 사특한 자의 첩경에 들어가지 말며 악인의 길로 **다니지 말찌어다**

ζηλωτής(젤로떼스)는 형용사이고, 그 근원인 동사는 ζηλόω(젤로오)이다. ζηλόω(젤로오)는 구약과 신약에 고루 나오는 단어인데, 헬라인들도 자주 썼다. 주로 다른 사람이나 상황을 '부러워할 때' 사용하였다. [121] '부러움'은

121　아리스토파네스(기원전 446-386년) 같은 경우, 자신의 작품에 다 '부럽다'는 의미로 썼다; 참. 아리스토파네스, 아카르나이 구역민들, 1008. 코로스: 나는 당신

언제 생기나? 내 자신과 비교하면서 생긴다. 내 처지나 자기 자신을 남과 비교할 때, 마음에서 올라오는 감정이다. 그런데 부러워하는 감정이 꼭 나쁜 것만은 아니다.[122] 사모하는 것도 있지 않는가?[123]

ζηλόω(젤로오) 단어를 군이 설명하려는 의도는 시기하고 질투하거나, 사모하는 그 감정이 단지 감정차원에만 머무는 것이 아님을 말하기 위해서이다. 질투든, 사모든 간에 그것에 열심히 있다 보니 결국 뭔가 행동으로 나타나기 때문이다. 그래서 예문으로 올린 잠 3:31과 4:14에서 ζηλόω(젤로오)는 행위를 '좇고', 또 악인의 길로 '다닌다'는 의미로 사용되었다.[124] 포학한 자를 부러워하게 되면, 그자를 따라 포학한 행동을 열심히 한다는 뜻이다. 잠 4:14에서 악인의 길로 다니지 말라고 한 말도, 그 악인을 부러워하며 열심히 좇아가지 마라는 것이다. 즉 ζηλόω(젤로오)는 대상을 향한 감정뿐 아니라, 그 감정이 결국 어떤 행동으로도 나타날 것임을 가리킨다.

다시 ζηλωτής(젤로떼스)로 돌아오자. 하나님이 질투하시는 분이라고 당신 자신이 이야기하신다. 이것은 무엇을 뜻하나? 우리에 대한 열심이 있다는 뜻이다. 우리를 향한 감정이 사모한다 할 만큼이다. 그러다 보니 우리를 지켜주시고, 보호해주시고, 구원해주실 때도 열심이다. 그래서 뭐라고까지 표현하셨는가?

의 진수성찬이 **부럽소이다**; 구름, 1205. 스트렙시아데스: 친구들과 이웃들은 **부러워하며** 그렇게 말하겠지. 네가 소송에서 말로 이기면, ...너를 잔치로 데려가 잔치를 벌여주고 싶구나; 기사, 835. 코로스: 난 그대의 달변이 **부럽소.**

122 Albrecht Stumpff, "ζηλόω," *TDNT* vol. 2, 882.

123 그 예로 사용된 경우. 고전 14:12 그러면 너희도 신령한 것을 **사모하는 자**인즉 교회의 덕 세우기를 위하여 풍성하기를 구하라; 딛 2:14 그가 우리를 대신하여 자신을 주심은 모든 불법에서 우리를 구속하시고 우리를 깨끗하게 하사 선한 일에 **열심하는** 친 백성이 되게 하려 하심이니라

124 앞의 글, 883-84.

신 32:10 여호와께서 그를 황무지에서, 짐승이 부르짖는 광
야에서 만나시고 호위하시며 보호하시며 자기의 눈동자 같이
지키셨도다
시 17:8 나를 눈동자 같이 지키시고 주의 날개 그늘 아래에 감추사

눈동자 같이 지키신다 하신다. 우리에 대한 열심을 행동으로 움직이신
다. 그렇게까지 열심히 쳐다보시며 사랑해주시는데, 우리가 완전히 무시
하고, 더 나아가 다른 신들에게 기웃거리며 열심을 보이니, '질투하신다'고
표현하신 것이다. 하나님보다 다른 신들을 의지하거나, 돈이나 사람에 더
기대는 것은 하나님을 무시하고 경멸하는 것이다. 돈에 의지하는 것은 하
나님이 능력이 없다고 여겨서이다. 하나님의 그 열심어린 사랑을 무시와
경멸로 갚는데, 심지어 당신 가르침은 틀렸다며, 거슬러 대적까지 하는데,
어찌 질투하지 않으시겠는가?

◆ ◆ ◆

하나님은 거룩하고 의롭고 사랑이 많으신 분이라 우리는 자주 이야기한
다. 여러분은 '질투하시는 하나님'이란 말이 좋은가? 솔직하게 말하면, 편
하게 들리지 않는다. 그래서 그런지 신약에 이 표현이 있을까? ...... 떠오
르는가? 없다. 예수님도 그런 말을 하신 적이 없고, 바울 또한 삼간다. 바
울 같은 경우, 숱한 신들을 알고 섬기는 이방인들에게 이러한 하나님 상을
제시하는 것이 하등 도움 되지 않는다 여긴 듯하다.

주변에 시기하고 질투하는 이들을 가끔씩 본다. 아마 여러분도 볼 것이
다. 그들과 가까이 하고 싶은가? 물론 아둔한 자들은 모르고 끌려 다닌다.
또 그런 성품을 지닌 자들은 절대로 시인하지 않을 것이다. 질투는 주변
사람들을 피곤하게 만든다. 그리고 결국은 자기를 망친다. 질투가 강한 사
람이 잘 사는 꼴을 못 봤다.

그런데 출 20:5와 34:14에서 [125] 하나님 자신이 '질투하는 하나님'이라 하신다. 이것은 남이 보고 말하는 게 아니다. 당신 자신이 '질투하는 신'이라 하신 것이다. [126] 질투가 많다고 말할 때는 흔히 상대방을 보고 평가하는 것이지, 자기가 스스로 이야기하는 법은 잘 없다. 그런데 지금 하나님은 모세를 통해 다른 신을 절대로 의지하지 말라고 엄하게 명령하면서, 그 이유를 당신이 '질투한다'고 이야기하시는 것이다.

어떻게 이해해야 될까? 하나님 자신의 심성이 고약해서가 아니다. 그만큼 우상을 섬기는 것이 안 좋은 것이기 때문이다. 구약에서 하나님이 질투하시는 분임을 말할 때는 다 한결같이 우상을 믿지 말라고 할 때이다. 하나님만큼 거룩한 신이 또 있는가? 없다. 하나님만큼 자신을 다 내어주는 사랑을 하시는 분이 계시는가? 없다. 다른 신을 믿는 자들도 자기 신에게서 은혜를 받았다고 고백한다. 구원까지도 경험했다고 이야기한다. 그럴 수 있다. 귀신도 인간을 혹하게 하는 능력을 갖고 있다. 과거의 사건을 읊고 때로는 안 좋은 일이 미리 터지는 것을 알고 알려주기도 한다. 그러나 거룩하진 않다. 의롭게 살라고 요구하지 않는다. 그저 자기가 능력 있는 신임을 인정하고 희생제사를 드리라 요구하지, 나를 믿는 것은 바르게 사는 것이라 말하지 않는다. 네가 가진 것을 나누라고 하진 않는다.

하나님과 예수님이 아닌 다른 신을 의지하면, 자연히 거룩한 생활을 하지 않게 된다. 가난하고 힘없는 자를 외면한다. 나를 괴롭힌 자를 용서할 필요를 못 느낀다. 한 마디로 죄를 짓게 되는 것이다. 하나님 아닌 다른 신

---

125 출 34:14 너희는 다른 신에게 절을 하여서는 안 된다. 나 주는 '질투'라는 이름을 가진, 질투하는 하나님이기 때문이다.

126 하나님이 아닌 모세나 다른 예언자가 하나님을 '질투하시는 분'이라 말하는 경우는 다음과 같다. 신 4:24; 5:9; 6:15; 나 1:2; 참. 신 4:24 주 당신들의 하나님은 삼키는 불이시며, 질투하는 하나님이십니다; 나 1:2 여호와는 투기하시며 보복하시는 하나님이시니라 여호와는 보복하시며 진노하시되 자기를 거스리는 자에게 보복하시며 자기를 대적하는 자에게 진노를 품으시며

을 섬기는 것은 결국 인간을 불행하게 만든다. 그런데 그것을 일일이 설명을 한들 알아듣기나 할까? 구약을 보다 보면, 하나님은 친절히 설명을 하지 않으신 곳이 참 많다.

용서와 관련해서, 남을 용서하지 못하면 내 뇌의 편도체(amgydala)가 마구 활성화된다. 게다가 코티솔 같은 부신피질 호르몬이 흘러 나와 결국 내 몸을 망가뜨린다. 나를 힘들게 한 자가 망하기 전에 내가 먼저 망하게 된다. 그것을 하나님이 "네 머릿속의 편도체라는 조직이 있는데, 네가 계속 미워하는 마음을 가지면, 그게 자꾸 움직여서 네 몸이 아프게 돼"라고 설명한들, 수천 년 전의 사람들이 이해할 수 있었을까? 지금도 사실 우리는 다 안다고 할 수 없다. 아주 조금 인간의 감정이 뇌뿐만 아니라 온 몸에 절대적 영향을 미친다는 것을 알게 되었을 뿐이다. 그러니 백 년이 지나면, 우리는 얼마나 더 하나님이 금하신 이유를 정확히 알게 되겠는가? 하나님은 다 아셨지만, 수천 년 전의 유대인들에게는 설명할 도리가 없다. 그저 그들이 가장 잘 받아들이는 방법으로 가장 간단히, 해야 할 것과 절대 하지 말아야 할 것을 제시하셨을 뿐이다. 그 방법들 중 하나가 하나님 자신에 대해 스스로 부정적인 이미지를 덮어씌우는 것이다. 우리를 위해.

하나님은 사람들이 싫어하면서도 질투가 일으키는 무서운 결과를 알기에 자신을 '질투하는 신'이라 내세웠다. 다른 신을 섬겼을 때 내가 질투라는 감정으로 열심히 벌을 주겠노라고 말이다. 그러니 절대로 다른 신을 의지하려는 마음을 갖지 말라고 말이다. 그렇게 세게 금했음에도 불구하고, 유대인들은 결국 다른 데에 더 의지하지 않았는가! 그만큼 유대인들은 완악했다. 아니 인간이 완악하다.

에스겔 5:13을 보면, '열심/질투'라는 명사, ζῆλος(젤로스)와 진노가 같이 엮여서 나온다.

개역개정	새번역
이와 같이 내 노가 다한즉 그들을 향한 분이 풀려서 내 마음이 가라앉으리라 내 분이 그들에게 다한즉 나 여호와가 열심으로 말한 줄을 그들이 알리라	이렇게 나의 분을 다 쏟아야, 그들에게 품었던 분이 풀려서, 내 마음도 시원하게 될 것이다. 내가 내 분을 그들에게 다 쏟을 때에, 그들은 비로소 나 주가 질투하기 때문에 그와 같이 말하였다는 것을 알게 될 것이다.

여기서 하나님이 화나신 이유는 유대인들이 우상을 섬기며 성소를 더럽혀서이다(겔 5:11).[127] 에스겔을 통해 하나님은 내가 질투가 나 내 분을 쏟아 붓겠다고 무섭게 말했지만, 사실상 그들의 죄 대가일 뿐이다. 우상을 섬겼을 때, 자연히 짓는 죄들로 인해 일어나는 대가를 하나님은 그냥 치르게끔 하셨을 뿐이다. 하나님은 우리가 행복하고 평안하게 사는 데에 대한 열심이 있으시다. 그 열심을 질투로 표현하셨지만, 고집 센 그들에게 맞춘 대화법이지. 질투를 내시는 분은 아니다.

3. 유다 이스가룃

유다 이스가룃(Ἰούδαν Ἰσκαριώθ)을 살펴보자.[128] 학자들은 이스가룃은 수 15:25에 나오는 그리욧 헤스론이라는 헤브론 남쪽 약 15km 떨어진

---

127 5:11 그러므로 내가 나의 삶을 두고 맹세한다. 나 주 하나님의 말이다. 진실로 너희가 온갖 보기 싫은 우상과 역겨운 일로 내 성소를 더럽혀 놓았기 때문에, 내가 너희를 넘어뜨리겠고, 너희를 아끼지 않겠으며, 너희를 불쌍하게 여기지도 않겠다.

128 참. 마 10:4 (Ἰούδας ὁ Ἰσκαριώτης), 이름이 살짝 다르다. 마가와. 마태 것은 그리스 어투와 더 가깝고, 마가 것은 히브리 어투와 더 가깝다고 볼 수 있다. 마태는 속격식으로 적었기 때문이다. H. J. Klauck, *Judas - ein Jünger des Herrn(QD 111)* (Freiburg: Herder, 1987), 40.

곳을 말하는 게 아닐까 한다. [129] 즉 이스가룟 출신이라는 말은 유다 지파 땅 헤브론 출신이라는 것이다. 마가는 유다에 대해 미리 언질을 준다. '그분을 넘긴 자'라고. 여러분은 유다에 대해 얼마나 알고 있는가? 우리가 알고 있는 정보는 대부분 마태복음, [130] 요한복음[131] 등 복음서가 전하는 것이다. 특이한 점은 바울이나 순교자 저스틴, 터툴리안, 오리겐 등 초대 교부들이 아무도 그에 대해 이야기를 하지 않는다는 것이다. 그렇게 많은 전승들을 전해 들었다고 전하면서 말이다. 이후 어거스틴은 베드로는 교회를 대표했으나, 유다는 이름의 어원이 '유대인'이므로, 유대인들을 대표하는 자라고 해석했다. 그 덕분에 반셈주의(쉽게 표현하자면, 유대인 혐오사상)가 확 오르기도 했다. [132]

4. 결론

예수님의 열두 제자 중 시몬에 대해 외경이나 기독교 역사서에도 알려진 바가 없다. '카나안인' 또는 '열심가'라는 말 외에는. 마가 성도들은 이방인이므로, 마가가 들려준 '카나안인'이라는 말로 받았을 인상이 그리 크지 않았을 것이다. 그러나 마가가 세베대의 아들들을 소개한 뒤, 냅다 이름들만 나열한 뒤, 시몬에게만 '카나안인'이라는 말을 덧붙인 데에는 분명

---

129   수 15:25 하솔하닷다와 **그리욧 헤스론**, 곧 하솔과

130   마 27:3 그 때에 예수를 판 유다가 그의 정죄됨을 보고 스스로 뉘우쳐 그 은 삼십을 대제사장들과 장로들에게 도로 갖다 주며 4 이르되 내가 무죄한 피를 팔고 죄를 범하였도다 하니 그들이 이르되 그것이 우리에게 무슨 상관이냐 네가 당하라 하거늘 5 유다가 은을 성소에 던져 넣고 물러가서 스스로 목매어 죽은지라

131   요 13:29 어떤 이들은 유다가 돈궤를 맡았으므로 명절에 우리가 쓸 물건을 사라 하시는지 혹은 가난한 자들에게 무엇을 주라 하시는 줄로 생각하더라

132   Augustus, Enarration in Ps. 108. 18,20; CC 40,1593,1596; Augustus, Sermon, 152,10; PL 38,824.

나름의 이유가 있을 터이나, 아직은 갖고 있는 정보가 얄팍하다. 가나안인은 아니라는 것만 알 뿐이다.

누가는 마가의 설명이 마음에 들지 않았음이 분명하다. '카나안인'이 분명 아람어를 그대로 발음한 것이라면, 자기의 청중인 데오빌로가 그 뜻을 모를 것이기 때문이었다. 그래서 '열심가'라는 말로 바꿨다. 그런 이름을 가질 정도면 바울처럼 하나님께 열심이었던 자인 셈이다. 그 이름을 동일하게 가졌던 하나님은 인간을 너무 열심히 사랑하신다. 우리 인간이 해를 안 입도록 하기 위해선 자신에 대해 부정적 이미지를 스스럼없이 씌울 정도이다. 부모도 그 정도로 사랑하지 못한다. 그런데 인간은 센 강도로 하지 말라고 하시는 것들을 기어코 해버리니, 그 완악함이 대단한 존재인 것이다.

3:13-15, 20. 사도가 된 이유

13 그래서 **산으로** 올라가시는 겁니다. 그리고 가까이 부르시는 겁니다, **바로 그분이** 계속 원했던 자들을요. 그러자 떠나왔습니다, 그분 쪽으로.

14 그리고 만드셨습니다, 열둘을 [그들을 사도들이라고까지 칭하셨습니다]. (그들이) 계속 **그분과 함께** 있게 하기 위해서, 그리고 **그들을** 계속 보내기 위해서요. 계속 선포하게,

15 그리고 **권세를** 계속 가지고 **귀신들을** 계속 쫓아내게 말입니다.

─────

20 그리고 **집으로** 오시는 겁니다. 그러자 같이 오는 겁니다, 다시 [그] 군중이. 하여 **그들은** 할 수 없을 정도였습니다. 빵조차도 먹는 걸.

　　마가 성도들이 이 열두 명의 이름을 들을 즈음, 여전히 살아 있는 이들도 있었다. 대략 69년일 때 이 열두 명은 이미 대단한 사도로 인식될 때이다. 그들에게 이들의 이름을 듣는 것은 굉장히 남달랐을 것이다. 어떻게 해서 그들은 예수님의 최측근 제자가 되었을까? 그들 같은 자가 되고픈 욕구가 생기지 않았을까? 자신을 좇는 자들이 많으면, 자연히 소수가 측근이 될 수밖에 없고, '사도'라는 자격을 부여하게 된다. 그런데 그 좇는 자들 중 열두 명을 굳이 '사도'로 선택하게 된 계기가 있었을 것이다. 도대체 무슨 연유로 예수님은 이들을 택했을까? 우리는 그것을 발견해야 한다. 예수님이 산으로 올라간 시점은 앞 이야기 6-12절까지와 연관이 있다.

1. 안 깨끗한 영들에 대한 자세

마가는 제자를 뽑기 전에, 예수님이 아주 인기가 많았다고 했다. 배를 대기시켜야 할 정도로. 언뜻 보면 그렇다. 맞는 이야기이긴 하나 한 가지가 더 있다. 바리새인들과 헤롯 일당들이 예수님을 죽이고 싶어 했다는 이야기가 나온다. 그것을 예수님은 눈치를 챘다. 그래서 자기 제자들과 함께 바다 쪽, 그들이 없는 쪽으로 물러났다. 그런데 마을의 유지나 지역의 힘센 자들은 예수님과 떨어졌는데, 병이나 귀신 때문에 사회에서 나가떨어진 자들이 예수님이 계신 바다 쪽으로 찾아오기 시작했다.

지금도 병이나 귀신 문제로 고생하는 이들이 있다. 이들은 낫고 싶어서 고쳐줄 이를 찾아 여기저기 다니기 마련이다. 자기 병을 낫게 해줄 만한 이가 잘 없다 보니, 예수님만이 유일한 희망이 돼 필사적으로 매달렸다. 마가는 그것을 뭐라고까지 표현했나? 예수님을 만지려고 덮쳤다고 했다. 예수님도 이 상황이 얼마나 힘들었으면, 자기를 압박하지 않도록 배를 이용해, 좀 떨어져 있으려고까지 했다.

마가는 병든 자들 때문에 예수님이 겪는 고충만 전하지 않는다. 귀신들이 다 못 됐다고 할 순 없지만, 안 깨끗한 영들은 사람을 괴롭힌다. 한 마디로 못됐다. 그래서 『개역개정』은 '더러운 귀신'이라 옮겼지만, 『새번역』은 '악한 귀신'이라 옮겼다. [133] 안 깨끗한 영들을 '악한 귀신'이라 옮긴 이유는 못됐기 때문이다.

이 영들은 사람에게 못된 짓을 꼭 한다. 어디 사람뿐인가? 어떻게 하든, 자기가 인간들보다 더 많이 아는 존재임을 드러낼 뿐만 아니라, 예수님을 어떻게든 이겨보려고 자꾸 예수님이 어떤 사람인지를 발설한다. "바

---

133 3:11 『개역개정』 **더러운 귀신들도** 어느 때든지 예수를 보면 그 앞에 엎드려 부르짖어 이르되 당신은 하나님의 아들이니이다 하니; 『새번역』 또 **악한 귀신들은** 예수를 보기만 하면, 그 앞에 엎드려서 외쳤다. "당신은 하나님의 아들입니다."

로 당신이 하나님의 아들입니다!!!"하고 말이다. 예수님이 하나님의 아들인 것은 예수님하고 하나님만 아는 것이다. 세례자 요한도 듣지 못했다. 예수님은 그것을 사람들 앞에서 발설하지 않았다. 오히려 당신은 '사람의 아들'이라 말했다. 자기에게 고침을 받는 사람이나, 자기나 다 똑같이 '사람의 아들'이라고 말이다.

앞에서 예수님이 세례 후 회당에 가셨을 때, 제일 처음 만난 귀신 들린 자가 예수님을 '하나님의 거룩한 분'이라 불렀다(1:24).[134] '하나님의 거룩한 자'라는 말은 메시야임을 뜻하진 않는다. 그저 하나님과의 관계에 있어 굉장히 특별한 사람임을 말한다.[135]

> 왕하 4:9 여인이 그의 남편에게 이르되 항상 우리를 지나가는
> 이 사람은 하나님의 거룩한 사람인 줄을 내가 아노니
> 시 106:16 그들이 진영에서 모세와 여호와의 거룩한 자 아론
> 을 질투하매

열왕기하 4:9에서 수넴 여인이 엘리사를 부를 때, '하나님의 거룩한 사람'이라 한다. 안 깨끗한 영들이 예수님을 '하나님의 거룩한 자'라 부른 것과 같은 말이다. 마찬가지로 시편 106:16에서 아론을 뭐라 부르는가? '여호와의 거룩한 자(Ααρων τὸν ἅγιον κυρίου)'라 부른다. 즉 회당에서 이 안 깨끗한 영들은 예수님이 하나님의 아들이라고 발설한 것은 아니었다. 엘리사와 아론과 같은 하나님의 택하심을 입은 위대한 인물이라 한 것이다.

그 이후 마가는 예수님이 많은 귀신들을 만났지만, 이들이 자기의 신분

---

134 『눈으로 듣는 마가』 1:24 말하길, "뭡니까? 우리하고 당신에게! 나자렛인 예수! 처참하게 죽으려고 왔습니까? 우리를? 당신을 압니다! 누군지! 하나님의 거룩한 분!"
135 R. T. France, *Mark*, 104.

을 발설하는 것을 허락하지 않으셨다 했다(1:34).[136] 그런데 안식일에 회당에서 손 마른 자를 고쳐준 것 때문에, 이제는 헤롯 일당까지 가세해 예수님 목숨이 위태롭게 되었다. 지금. 그런데 그것을 예수님만 알고 계시는가? 아니다. 안 깨끗한 영들도 알고 있다. 그것을 알고 사람들 앞에서 "바로 당신이 바로 그 하나님의 아들입니다!"하고 외친 것이다(3:11). 바로 당신이! 지금 유대인들이 기다리는 바로 그 하나님의 아들이라고 공개적으로 발설했다. 이건 뭘 뜻하나? 언뜻 보면 예수님을 칭송하는 듯 보인다. 그러나 되레 예수님을 곤란하게 만드는 짓이다.

그런데 이런 난처한 상황을 이것들은 계속 만들었다. 예수님을 보기만 하면, 계속해서 그렇게 외쳤다는 것이다. 드라마를 보면, 도망자가 자기 신분을 숨기고 도망가는데, 누군가가 자꾸 알아보고 아는 체 할 때가 있다. 자기가 대단하다는 것을 알아봐줘 기쁠까? 아니다. 이럴 때는 눈치 없이 안다고 막 때려주고 싶다. 멀리 멀리 도망가야 하는 사람을 곤경에 처하게 만드니 말이다. 지금 상황이 딱 그랬다.

그래서 예수님은 계속해서 꾸짖었다. 잘 했다 칭찬한 게 아니라, 입 다물라고, 아주 야단치셨다는 것이다. 한편으론, 안 깨끗한 영들이 얼마나 고약한지 드러나는 대목이다. 이것들이 예수님의 곤란한 처지를 모르지 않았을 것이기 때문이다. 뻔히 알면서, 눈치 잘 못 채는 어리석은 인간들 앞에서 예수님을 골리듯 마구 떠들었다. 여기서 하나 짚고 넘어갈 점은 예수님 옆에 있는 제자나 군중이 볼 때, 이 장면이 어떻게 비춰질까이다. 야단치는 게 마냥 은혜로워 보이지 않는다. 이유를 모르면.

군중은 이 더러운 영들의 고약함을 모른다. 군중들은 그저 사람들이 갑자기 엎드리며 "바로 당신이 하나님의 아들입니다!" 말하는 것을 보는 것

---

136 1:34 그래서 많이 고치셨습니다, 나쁜 것을 갖고 있는 자들을. 갖은 병들로요. 그리고 많은 귀신들을 쫓아내셨습니다. 그리고 더 이상 놔두지 않으셨습니다. 귀신들이 소리 내 계속 말하는 것을. 그분을 알았거든요.

이다. 놀랐을 것이며, 수군댔을 것이다. 그런데 예수님의 반응이 거칠다. "왜 이러십니까? 괜찮습니다. 됐습니다" 식의 공손이 아니다. 꾸짖을 때, 예의바른 말을 하겠는가? 안 한다. 반말이다. 하대어(下待語)이다. 그것은 꾸짖는 대상이 더러운 영이기 때문이다. 사람이 아니다.

이 점을 군이 지적하는 이유는 예수님에 대해 흔히 착각하는 부분이 있어서이다. 예수님은 항상 온유하셨다고 본다(마 11:29).[137] 맞기도 하지만 항상 그렇진 않으셨다. 화도 내셨다. 그리고 꾸짖기도 하셨다. 특히 여기처럼. 겉으로 볼 때, 사람에게 꾸짖는다. 그러나 실지로는 안 깨끗한 영들에게 하신 것이다. 축사를 하는 분들을 보면, 귀신 들린 자들에게 반말로 명령을 하는데, 이런 연유에서다. 대개 온 힘을 내 큰 소리로 하는데, 그저 신나서 하는 것일까? 난 아니라고 본다. 그 영들 때문에 괴로움을 겪는 사람을 구하기 위해 하는 것이다. 사랑이 없으면 하지 못한다.

2. 왜 열둘을 뽑으셨나?

예수님이 산으로 올라가신 연유는 안 깨끗한 영들 때문이었다. 당분간 피신하시려는 예수님의 속내를 모르고, 병자며 귀신 들린 자들이 자꾸 예수님을 궁지로 몰아가자, 산으로 올라가셨다.

예수님이 열둘을 뽑은 이유에 대해 마가는 두 가지로 꼽았다. 첫째는 그들이 예수님하고 함께 계속 있게 하기 위해서라는 것이다.[138] 둘째는 이들

---

137 나는 마음이 온유하고 겸손하니 나의 멍에를 메고 내게 배우라 그리하면 너희 마음이 쉼을 얻으리니

138 14절 원문, ἵνα ὦσιν μετ' αὐτοῦ에 대한 번역에서 대부분의 번역본이 ἵνα를 잘 살리지 않았다. 그러나 바로 뒤이어 나오는 문장에도 똑같이 ἵνα를 사용해, 예수님이 그들을 선포하도록 보내기 위해서라고(ἵνα ἀποστέλλῃ αὐτοὺς κηρύσσειν) 말한다. 콜린스(Adela Yarbro Collins)은 ἵνα를 살려 다음과 같이 옮겼다; "And he appointed twelve **in order that** they might be with him.", Adela Yarbro Collins, *Mark*, 214.

이 복음을 선포하도록 보내기 위해서라는 것이다. 그런데 첫 번째 이유와 13절에서 예수님 당신이 그들을 계속 원했다는 말과 좀 어긋난다. 이 말은 열둘과 예수님이 서로를 곁에 두고 싶어 했다는 뜻이다.

『눈으로 듣는 마태 · 누가』

마태	누가
10:1 그리고 열두 명의 자기 제자들을 가까이 부르고선 주셨습니다. 그들에게 안 깨끗한 영들에 대한 권세를. 하여 그것들을 계속 쫓아내게요. 그리고 모든 병과 모든 쇠약함을 계속 고치게요.	6:12 일이, 그런데 있었습니다. 이 시기에 그분이 나갔을 시에요. 산으로 기도하려. 그리고 계속 밤새고 계셨습니다. 하나님께 기도(하는) 가운데에서요. 13 그리고 날이 새었을 때 자기 제자들을 앞으로 불러내셨습니다. 그리고 그들에게서 열둘을 불러택한 뒤, 그들을 사도들이라고까지 칭하셨습니다.

열둘을 사도로 뽑은 다른 담가들의 이야기이다. 한 가지에 주목하길 바란다. 예수님이 뽑은 이유를 말하는지. 마태나 누가, 다 말하지 않는다. 그저 뽑았다는 말만 한다. 흔히 마가복음을 평가할 때, 제자들에 대한 칭찬이 박하다 한다. 거의 맞다. 다른 담가들보다 더 많이 제자들의 어리석음을 알려주고, 심지어는 예수님이 꾸짖었다는 말도 한다. 그러나 열둘을 뽑은 일화를 들려줄 때만큼은, 마가만 이들의 탁월한 점을 이야기한다.

여러분은 자신과 같이 계속 있게 할 만한 이들이 있는가? 오랫동안 내 주변에 놔두는 것이 의외로 쉽지 않다. 열둘을 정하는 과정에서 마가는 예수님이 먼저 원하신 자들이라 말했다. 주체가 누구인가? 예수님이다. 제자들이 아니다. 예수님이 원하고 원한 자들만 가까이 불렀다. 그만큼 그들의 믿음이나 인성이 남달랐다는 뜻이다. 사도로 삼을 만 했다.

사도(ἀπόστολος(아**뽀**스톨로스))라는 말은 '보냄을 받은 자'이다. 그런데 이런 뜻으로 사용된 적이 구약에는 없다. 신약만의 용어다. 보내다

(ἀποστέλλω(아뽀스**뗄**로)) 동사는 많이 사용됐지만, 사람을 가리키는 용도로 일반 헬라인들이나 유대인들은 사용하지 않았다.[139] 어떻게 보면, 예수님이 복음을 선포할 수 있는 자격을 갖춘 자로서 처음 사용한 것이라 할 수 있다. 지금 마가도 이야기하지 않는가? 이들에게 선포하고 귀신을 쫓아내게 하셨다고 말이다. 중요한 점은 사도들이 자원해서 된 게 아니라, 예수님의 선택으로 됐다.

3. 예수님은 귀신에 대한 권세를 주셨다!

예수님은 열둘에게는 특별히 복음을 선포할 수 있게 하셨다. 지금까지 선포는 세례자 요한과(1:4) 예수님의 일이었다(1:14, 38, 39).[140] 물론 문둥병자도 선포했다(1:45).[141] 그러나 예수님이 문둥병자에게 선포해라 하신 적 없다. 그냥 가서 나은 몸을 제사장에게 보이라고만 했다. 그런데 그 자가 예수님의 명령을 어기고 제 마음대로 예수님을 전했다. 마가가 그 활

---

139 헤로도투스(Herodotus)가 두 번 정도 사용한 적이 있긴 하다. 역사서, 1,21; 5,38. 그 외는 없다. W. D. Davies and D. C. Allison, *Matthew 8–18*, 153–54.

140 1:4 요한이 있었습니다. [그는] 광야에서 세례 주면서, 그리고 회개 세례를 **선포하면서요**. 죄들 용서를 위해 말입니다; 14 그런데 요한이 넘겨짐 다음에 예수님은 가셨습니다. 갈릴리로 하나님의 복음을 선포하면서요; 38 그러자 말하시는 겁니다, 그들에게. "갑시다! 딴 데 도성급 마을들이 있는 곳들로! 그래야 거기서도 **선포할 수 있습니다. 왜냐면 이것을 위해 나왔습니다!**"; 39 그리고 **선포하면서** 가셨습니다. 그들의 회당들로, 온 갈릴리로요. 그래서 귀신들을 쫓아내는데,

141 44 그리고 말하시는 겁니다, 그에게. "똑바로 보세요! 아무에게도 아무 것도 말하지 말고, 오히려 완전히 떠나가세요! 당신 자신을 보이세요! 제사장에게! 그리고 앞으로 가져가세요! 당신 정결에 대해 모세가 이전에 하달한 것들을 증거로 그들에게요!" 45 그런데 그는 나가 계속 선포하기 시작했습니다, 많이. 그래서 말씀을 널리 퍼뜨리고 또 퍼뜨리는 것을요. 하여 더 이상 그분이 할 수 없을 정도였습니다. 드러나게 도성 안으로 들어가는 것을 말입니다. 오히려 바깥 광야장소 여기저기에 계셨습니다. 그런데 그분 쪽으로 오고 또 왔습니다. 사방에서.

동을 선포했다고 말한 것이지, 예수님이 선포해라 명한 것은 아니다. 그러니 열둘을 정식으로 제자삼기 전까지는 선포는 예수님 당신만의 일이었다.

그런데 이제 이들에게도 선포하라는 허락을 내린 것이다. 게다가 권세까지 줬다 했다. 마가는 조금 더 덧붙여 설명한다. 귀신들을 쫓아낼 수 있는 것이라고 말이다. 마가는 귀신들을 쫓아내는 데 필요한 게 능력이라 하지 않는다. 마태도 동일하게 말한다(10:1). '권세'라고 이야기하지. '귀신들을 쫓아내는 것'은 사람 안에 있는 것을 바깥으로 강제로 끄집어내는 일이다. 귀신들이 자진해서 나가지 않는다. 사람 안에서. 그러기 위해선 뭐가 필요하다고 이야기하는가? '권세'다. 영어로 흔히 'power'라고 돼 있는데, 단순한 능력을 말하지 않는다.

권한을 가진 능력이다. 내가 내 능력으로 취득할 수 있는 게 아니다. 주어져야 한다. 귀신이 사람 안에 거하지 못하게 하는 것은 하나님께서 주신 권한을 쓰는 일이다. 그래서 나중에 이런 귀신들을 쫓아내는 것은 기도 말고는 할 수 없다 하신 것이다(9:29).[142] 기도는 하나님을 하나님으로 인정하고 그분께 아뢰며, 그분의 말을 듣는 행동이다. 내가 잘났다 생각하면, 하나님께 기도하지 않는다. "하나님이 있다고 생각해!"라고 하면서도, 기도하지 않는 자는 하나님이 있다고 여기지 않는 자이다. 모든 권세를 다 쥐고 계신 분이 하나님인데, 어찌 기도하지 않을 수 있는가?

흔히 기도를 하나님께 내가 원하는 바를 아뢰는 행위로 알고 있는데, 틀렸다. 그러나 한 가지 점에 있어서 하나님은 기뻐하신다. 하나님께 기도하는 것은 하나님을 인정하고 있기 때문이다. 그래서 교만한 자를 하나님이 더 싫어하신다. 하나님이 필요 없다 여기니까. 자기의 힘으로 어쨌든 해결하려 하니 말이다. 그래서 냅다 조르기만 하는 기도자가 잘못인 것을 알면

---

142 9:29 그러자 말하셨습니다, 그들에게. "이 종류는 어떤 것으로도 **나가게** 할 수 없습니다. 기도 말고는요."

서도, 때로 그 기도자의 요구를 들어주시는 것이다.

다시 돌아가서 안 깨끗한 영들을 쫓아내는 데 필요한 것은 권세이다. 그런데 14, 15절을 잘 보면, 귀신을 쫓아내는 권세를 누가 줬는지 좀 애매모호하다. '권세를 계속 가지고 귀신들을 계속 쫓아내게' 하셨다고 하니 말이다. 귀신에 대한 권세를 원래 이들이 가지고 있었음을 알게 하신 것인지, 아니면 예수님이 주신 것인지 명확하지 않다. 귀신들에 대한 권세는 내가 갖고 싶다고 해서 가질 수 없다. 주어져야 한다. 그것을 확실하게 말한 이가 마태다.

마태는 '예수님이 주셨다'고 했다(10:1). 안 깨끗한 영들에 대한 권세를. 예수님은 부활 전에 이미 하나님의 권세를 남에게 줄 수 있는 상태였던 것이다. 귀신에 대한 권한은 하나님이 주실 뿐 아니라, 예수님도 주신다. 이 말은 뭘 뜻하나? 예수님을 쫓는 우리도 그 권한을 가진다는 뜻이다. 자기 자신만을 위해 살길 포기하고, 예수님을 쫓아 복음을 선포하는 삶을 사는 자는 귀신에 대한 권한을 받는다. 예수님으로부터. 복음을 선포하는 자는 귀신을 두려워할 필요가 없다. 귀신을 쫓아내는 권세를 이미 가지고 있다.

사람들은 귀신을 무서워한다. 납량특집과 같은 으스스한 영화나 드라마일수록 항상 다루는 소재는 귀신이다. 안 보이는데, 사람에게 영향을 미치기 때문이다. 심지어는 물건까지도 다루는 신출귀몰한 능력을 가지기도 한다. 그래서 귀신에게 심리적으로 지는 경우가 허다하다. 그러나 열두 명에게 귀신을 쫓아내는 권세를 주셨다는 이야기는 힘을 준다. 귀신을 물리치는 권세는 예수님만 가진 게 아니기 때문이다. 우리도 가진다. 그래서 수많은 목회자나 신도들이 귀신을 쫓아내고, 병을 치유한 것이다. 그런 일이 가능한 것은 오순절 이후부터가 아니었다. 예수님 생전에 이미 예수님이 그런 권한을 제자들에게도 주셨다.

귀신을 쫓아내고 싶은가? 예수님을 쫓아라! 복음을 증거 하는 일에 힘을 쏟아보시라! 내 일이 아닌, 하나님이 기뻐하실 일에 내 시간과 정성을 사용해보시라! 그러면 여러분의 기도에 능력이 생긴다. 귀신을 쫓아내는 권세를 주신다. 이 권세는 절대로 내가 갖고 싶다 해서 가질 수 없다. 오로지 받아야만 한다. 영이 눈에 안 보여서 그렇지, 성도들의 중보기도로 귀신들이 기도대상에게서 억지로 나가는 일이 일어난다. 귀신에 대한 권한을 우리는 받았다. 잊지 마시기 바란다.

4. 사도들을 뽑은 계기와 결정

예수님이 산으로 올라가 열둘을 특별한 제자로서 임명한 이유는 무엇일까? 계기가 뭘까? 회당에서 손이 마른 자를 고쳐준 사건은 예수님을 위험하게 만들었다. 바리새파와 헤롯 일당들의 모의는(3:6) 예수님에게 새로운 결심을 하게 만들었다. 나의 분신들을 만들어야 되겠다고.

열두 제자들을 선정한 계기를 누가도 똑같이 죽음의 위협에서 하셨다고 전한다.[143] 누군가 내 목숨을 위협하려 하면, 흔히 움츠러든다. 자신보다 그들이 더 권력이 있으면, 그들의 심기를 거스르지 않기 위해 애쓴다. 나에게 힘이 더 생길 때를 기다리는 것이 지혜다. 그런데 예수님은 다른 방

143

마태	누가
9:35 예수께서 모든 도시와 마을에 두루 다니사 그들의 회당에서 가르치시며 천국 복음을 전파하시며 모든 병과 모든 약한 것을 고치시니라 36 무리를 보시고 불쌍히 여기시니 이는 그들이 목자 없는 양과 같이 고생하며 기진함이라 ---- 10:1 예수께서 그의 열두 제자를 부르사 더러운 귀신을 쫓아내며 모든 병과 모든 약한 것을 고치는 권능을 주시니라	6:11 그들은 노기가 가득하여 예수를 어떻게 할까 하고 서로 의논하니라 12 이 때에 예수께서 기도하시러 산으로 가사 밤이 새도록 하나님께 기도하시고 13 밝으매 그 제자들을 부르사 그 중에서 열둘을 택하여 사도라 칭하셨으니

법을 택하셨다. 자신이 갖고 있는 권세를 나눠줬다. 제자들이 나가 더 활기차게 복음을 전할 역량을 가지게끔 하신 것이다. 차후 제자들을 보내기 위한 기초작업을 하신 셈이다.

사람들은 독보적인 존재가 되길 원한다. 자기의 능력과 가치를 알아주길 원한다. 그래서 열심히 공부하거나 일한다. 아무도 생각하지 못한 물건을 만들어 내거나, 모두가 포기한 일을 성사함으로써 탁월함을 드러내고 싶어 한다. 그러나 자신을 세상에 드러내는 것은 결코 쉽지 않다. 또 그렇게 애써서 이뤄내면, 또 다른 어려움에 부닥친다. 그때까지 경계하지 않던 자들이 갑자기 경계하기 때문이다. 심지어는 질시해 나를 끌어내리려는 시도들을 한다. 가까웠다 생각했던 자들이 그 대열에 합류한 것을 아는 순간, 배신감을 느낀다. 아무렇지도 않은 자, 아무도 없다.

남들보다 뛰어난 무언가를 가지려면 남모르는 노력이 있어야한다. 그 수고를 알아주지 않고, 그저 나의 잘못이나 허물만을 끄집어내는 자들을 보면서, 움츠러들지 않을 이가 있을까? 예수님도 그런 느낌이었을 것이다. 아마 당신의 운명을 이미 알고 계셨을 수도 있다. 그래서 그 준비를 해야겠다고 마음먹고 산으로 올라가신 것이다. 당신 이후에 제자들이 당신을 이어서 복음을 선포하고 사람들을 구원할 수 있도록 말이다.

우리 모두 다 하나님과 사람들로부터 칭찬 듣고 싶어 한다. 나만이 할 수 있는 뭔가가 있길 원한다. 그 영광을 나 홀로 받고 싶어 한다. 그러나 독점해선 안 된다. 내가 없더라도, 누군가 나 대신 더 잘 해낼만한 이를 키워야 한다. 하나님은 소수의 사람들이 영광을 독점하길 원하지 않으신다. 예수님 이후 예루살렘 교회가 수천 명이 모일 정도로 흥왕할 때, 스데반 사건을 통해 흩으셨다(행 8:1). 복음이 유대 땅에서 유대인들에게만 전해지니, 억지로 고통을 줘가며 이방인들에게도 전해지게 하셨다. 하나님이 원하시는 바를 항상 생각하고, 미리 미리 움직이는 게 상책이다. 예수님이 그렇게 하셨다.

5. 결론

예수님은 제자들 위계를 딱 세운 뒤, 예수님은 집으로 돌아왔다. 돌아오니, 다시 예전처럼 또 군중이 몰려들었다고 말한다. 마가는 이 군중이 다시 오긴 왔지만, 예수님 쪽으로 왔다곤 하지 않았다. 그냥 왔다고 했지. 그리고 이들한텐 예수님이 가까이 오라고 하지 않질 않는가! 이 군중은 예수님을 필요로 했지만, 이로 인해 권세를 받는 자와 도움을 받는 자가 있음을 보여준다.

예수님이 함께 있게 하면서, 함께 일을 하는 자와 군중과는 차이가 있다. 군중들은 예수님을 찾아갔다. 그래서 구원을 받았다. 그러나 그것으로 끝이다. 이들은 예수님과 계속 같이 있으면서 가르침을 계속 받지 않았을 뿐더러, 예수님의 깊은 애정을 받지 못했다. 당연히 하나님 나라 복음을 선포하거나, 귀신을 쫓아내는 권세도 가지지 못했다. 물론 제자들도 견고한 믿음을 가진 건 아니다. 이들도 뼈아픈 실수를 저질렀다. 그러나 그들이 나중에 누린 그 큰 기쁨과 비교되겠는가?

여러분은 군중이 될 수도 있고, 예수님 제자도 될 수 있다. 사실 예수님 쪽으로 가기만 하면, 어떤 천벌이라도 떨어낼 수 있다. 병이 낫고, 귀신도 다 쫓아낼 수 있다. 어떤 누구도 하지 못할 재앙을 처리해 주신다. 그래서 우리는 무슨 문제가 생기면 '예수님 쪽으로' 가야한다. 그렇다고 해서 예수님은 절대로 군림하지 않으셨다. 함께 있도록 허용하셨다. 제자들을 부르시면서, "야!! 베드로야!! 네가 지금 나를 따르면, 네가 원하는 것 다 줄 게"와 같은 악마의 짓을 하지 않으셨다.

나를 따르라고, 같이 하나님 나라 운동 하자고 하셨을 뿐이다. 예수님을 좇으려면, 자기가 이전에 거주하던 집, 일터, 뭔가 늘 안정되어 있던 것에서 떠나야 한다. 쉽지 않다. 아브라함과 똑같다. 그러나 그랬을 때 예수님은 결코 그냥 자신의 뒤를 따르게만 하진 않으신다. 자신의 제자로서 해야 할 일도 할 수 있도록 그 능력과 권세를 주신다.

막 3:21-35, 진정한 가족을 만들려면

21 그런데 듣고선 그분 친속들이[144] 나왔습니다. **그분을** 잡으려고. 왜냐면 (그들이) 말하고 또 말했기 때문이었습니다. 미쳤다고.

22 그리고 서기관들, 곧 혜로솔뤼마들에서부터 내려온 자들이 말하고 또 말했습니다. 바알세불을 갖고 있다고요. 그래서 귀신들의 통치자로 **귀신들을** 쫓아낸다고요.

23 그래서 **그들을** 가까이 부르고선 비유들로 말하고 말하셨습니다, 그들한테. "어떻게 할 수 있습니까? 사탄이 사탄을 쫓아내고 또 쫓아내는 걸?

24 그런데 나라가 자기한테 맞서 나누어지면, 할 수 없습니다. 서게, 그 나라는요.

25 그리고 집이 자기한테 맞서 나누어지면, 할 수 없을 겁니다. 그 집이 서게.

26 그리고 만일 사탄이 **자기한테 맞서** 일어섰다면, 그래서 나누어졌다면, 할 수 없습니다. 서게. 오히려 끝을 가집니다.[145]

27 오히려 할 수 없습니다. 아무도 강한 자 집 안으로 들어가 그의 세간들을 강탈하는 걸. 먼저 강한 자를 묶지 않는 한! 그때서야 그의 집을 싹 다 강탈할 겁니다.

28 진실로 말합니다, 여러분한테. 모두 용서될 겁니다. 사람의 아들딸들에게 [146] 죄과(罪過)들과 모독들이. (그들이) 모독한 것이 얼마든 간에 말입니다.

---

144 οἱ παρ' αὐτοῦ, 그분의 친속들, 성서 1회 어구, 막 3:29, 예수님과 관련 있는 사람들이라는 뜻도 된다. 왜냐면 구약에서 친척 외 그자 근처에 있는 자들을 가리키기 위해서도 쓰였다. 예) 일당(마카비 1서 9:58), 병사들(마카비 1서 12:28, 29), 부하(13:52; 16:16), 일행(15:15).

145 τέλος ἔχει, 3:22의 '바알세불을 갖고 있다(Βεελζεβοὺλ ἔχει)와 의도적 대조. ἁμάρτημα(하마르떼마), 죄과(罪過), 신약 4회 용어, 구약에 좀 있음, 막 3:28, 29; 롬 3:25; 고전 6:18; 창 31:36; 출 28:38 등; 참. ἁμαρτία(하마르띠아), 죄, 구약에 많음, 마 1:21 외(7); 막 1:4 외(6); 눅 1:77 외(11); 요 1:29 외(17) 등.

146 τοῖς υἱοῖς τῶν ἀνθρώπων, 원래 말 그대로는 '사람들의 아들들', 막 3:28; 엡

29 그러나 누구든지 간에 모독하면, – 거룩한 영에게, – **용서함을** 가지지 못
합니다, 영원히. 오히려 **영원한 죄과(罪過)로** 처벌받습니다."

30 (그들이) 말하고 또 말했거든요. "안 깨끗한 영을 (그가) 갖고 있다!"[147]

31 그런데 오는 겁니다, 그분 어머니와 그분 형제들이. 그리고 바깥에서 꼿꼿
이 서 있으면서[148] 보냈습니다. 그분 쪽으로. **그분을** 부르면서요.

32 그런데 앉아 있는 중이었습니다, 그분 둘레에 군중이. 그래서 (그들이) 말
하는 겁니다. 그분께. "보세요! 당신 어머님과 당신 형제들이 [그리고 당
신 누이들이] 바깥에서 **당신을** 찾습니다!"

33 그러자 대답하여 그들한테 말하시는 겁니다. "누굽니까? 내 어머니와
[내] 형제들이?"

34 그리고 **그분 둘레에 빙 둘러**[149] 앉아 있는 자들을 둘러본 뒤 말하시는 겁
니다. "이거 보세요! 내 어머니와 내 형제들!

35 [왜냐면] 누구든지 간에 **하나님 뜻을** 행하면, 이자가 내 형제 또 누이 또
어머니입니다!"

3:5; 창 11:5; 시 11:4; 12:1, 8; 14:2; 31:20; 32:13; 36:8; 45:3; 49:3; 53:3;
58:2; 62:10; 66:5; 89:48; 107:8; 107:15, 21, 31; 115:16; 145:12; 렘 39:19; 욥
1:12; 단 2:38; 3:82; 에스드라1 4:37 등; 참. 창 11:5(여호와께서 **사람들이**(사람의
아들딸들이) 건설하는 그 성읍과 탑을 보려고 내려오셨더라).

147 ἔχει를 사용하여, 이들 주장의 허구를 강조. 22, 30절은 그들 주장, 26, 29
절은 예수의 확언.
   22 바알세불을 갖고 있다(Βεελζεβοὺλ ἔχει).
     26 끝을 가집니다(τέλος ἔχει).
     29 가지지 못합니다. 용서함을(ἔχει ἄφεσιν).
     30 안 깨끗한 영을 갖고 있다(πνεῦμα ἀκάθαρτον ἔχει).

148 στήκω(스떼꼬), 꼿꼿이 서있다, 구약에 없음, 막 3:31; 11:25; 롬 14:4; 고전
16:13; 갈 5:1; 빌 1:27; 4:1; 살전 3:8; 살후 2:15; 삿 16:26뿐. 저속한 헬라어에 속
함. ἵστημι(서다)의 완료형인 ἕστηκα에서 유래.

149 κύκλῳ(뀍끌로), 빙 둘러, 구약에 많음(208회), 막 3:34; 6:6, 36; 눅
9:12; 롬 15:19; 계 4:6; 5:11; 7:11뿐. 마가의 선호용어. 말 그대로 하자면, '둥글게'
이다. '원을 그리듯이' 뭔가를 할 때 쓰는 말이다.

1. 가족이 이럴 수 있나?

　세상에 태어난 모든 이에게는 공통적인 공동체가 있다. 바로 가족이다. 태어났는데 가족이 없는 이는 없다. 태어나자마자 부모와 이별해 가족을 경험 못 하기도 하지만, 그렇다 해서 부모가 없다고 할 순 없다. 가족은 내가 고른 공동체가 아니다. 태어나면서 자연적으로 생긴 공동체이다. 그러다 보니 가족은 나와 갈등이 안 생길 수 없다. 내가 좋아서 선택한 친구도 나를 때로는 힘들게 하는데, 내가 고르지 않은 가족은 당연히 어렵다. 그래서 세상 모든 이들이 힘들다고 하소연하는 근원이 대부분 가족이다.

　인간이신 예수님에게도 그런 고충이 없으셨을까? 있었다. 마가는 예수님 입장에서 예수님이 가졌을 속상함을 슬쩍 알려준다. 예수님이 집에, ─ 아마 베드로 집일 것 같은데, ─ 돌아오자마자 문전성시를 이루었다. 얼마나 사람들이 들이닥쳤으면, 빵조차도 먹기 힘들었다. 이런 상황에서 가족들이 찾아왔다고 하는데, 이들이 찾아온 이유가 맥 빠졌다. 예수님이 미쳤다고 생각했다는 것이다. 예수님 친속들이 예수님이 정상이 아니라고 계속 그렇게 말했다는 것이다. 친속은 가족 뿐 아니라, 일가친척까지 다 포함해서 하는 말이다. 미쳤다고 말하는 것은 욕이다. 그런데 욕으로 그치지 않았다. 더 이상 미친 짓을 막아야 한다고 잡으러 왔다.

　지금까지 이야기를 들으면서 예수님이 미쳤다고 말한 자가 있었는가? 아니면, 예수님이 하신 일을 보면서, '저 사람, 이상해!'라고 수군거렸다는 말, 들은 적이 있는가? 없었다. 다 놀랐고, 귀신을 쫓아내는 권세가 대단하다 그랬다. 물론 예수님을 싫어한 이들이 있었다. 바리새인들과 율법학자들이. 하지만 미쳤다고는 안 했다. 그런데 가장 예수님을 잘 알았을 가족들과 친척들이 아무도 하지 않았던 말을 주위 사람들에게 했던 것이다. 당사자인 예수님은 얼마나 속상했겠는가!

　물론 예수님이 잘못을 저지르시긴 했다. 온 가족의 생계를 책임져야 할 장남으로서의 의무를 저버리셨기 때문이다. 돌아가신 아버지 역할을 대신 해야 하는데, 그래서 여동생들을 시집보내고, 남동생들도 장가보내야 하는데 그 의무를 하나도 하지 않질 않았는가! 앞에서 이야기했듯이, 가족에 대한 책임을 하지 않았으므로, 가족이 비난한다면, 받아들여야 했다. 그러나 미쳤다는 말은 심했다.

도대체 누구 말을 듣고 그런 판단을 내렸는지, 궁금하지 않은가? 마가는 아주 은근한 기법으로 원인제공자를 가리켰다. 바로 그 다음 말 22절, 헤로솔뤼마에서 내려온 서기관들의 말을 전함으로써 말이다. 이들은 미쳤다고 하진 않았다. 대신 예수님이 바알세불을 갖고 있다고 거듭 말했다. 즉, 예수님 안에 대장귀신이 있어서 잡귀들을 쫓아낸다고 한 것이다.

앞에서 『솔로몬의 유언(the Testament of Solomon)』이라는 위경을 이야기한 적이 있다. 절대로 정경은 될 수 없으나, 그 내용만큼은 사람들이 너무 재미있어 하는 내용이라고 말이다. 현재의 작품은 주후 2-3세기, 그러니까 기독교가 한창 활성화될 때 만들어졌다고 하지만, 이런 이야기가 그때 형성되지 않았을 것이다. 현재 발견된 사본이 주후 2-3세기이지, 유대인들의 귀신이나 천사, 그리고 세상사에 대한 이해를 반영한다. 우리 복음서도 사본은 빨라야 2-3세기다. 1세기에 적힌 사본은 아예 없다. 그런데도 내용을 보고 70년 이전에 지어졌을 것이라 주장하지 않는가! 이 책을 뜬금없이 말하는 이유는 이 책에 바알세불이, 거기서 대장으로 등장하기 때문이다.

솔로몬이 한 오르니아스(Ornias)라는 귀신한테, "바알세불을 불러 데려 오거라!"하고 시켰다. 오르니아스는 갔다. 솔로몬이 부른다고. 그런데 오르니아스를 시킬 때, 그냥 가라 하면 말을 안 들을 거니까, 천사가 자기에게 준 반지를 줬다. 그것은 꼼짝 못하게 만드는 힘이 있기 때문이었다.

그래서 오르니아스가 바알세불 가슴에 그 반지를 던지면서 말했다. "솔로몬이 당신을 부릅니다!" 그러자 바알세불이 너무 아파서 막 고함을 질렀다. 자기 몸에서 불똥도 튀어, 결국 못 견디고 갔다. 오르니아스는 그 뒤를 따라갔다.

솔로몬이 이 귀신들의 왕자를 보면서, – 바알세불을 그렇게 불렀다, – 하나님께 영광을 돌렸다. "너에게 복 있도다! 전능하신 하나님은 솔로몬에게 자신의 지혜를 주셨고, 또 지혜로운 자를 감정하는 자로 삼으셨고, 나에게 모든 악한 세력들이 굴복하게 하셨도다!"

그러고 나서 그에게 물었다. "너는 누구냐?" 귀신이 대답했다. "나는 바알세불, 귀신들의 총독(exarch)이다. 그리고 모든 귀신들은 자기들의 최고 높은 자리들을 나와 가까이 둔다. 그리고 나는 모든 귀신들이 유령으로 나타나게끔 한다."

그러고 나서 그는 솔로몬에게 모든 깨끗하지 않은 영들을 묶어서 데려다 주겠다고 약속했다. 그래서 나는 다시 하늘과 땅의 하나님께 영광을 돌렸다. 내가 늘 항상 그분께 감사를 드리는 것처럼 말이다(13-15).

————

그러고 나서 다시 난 바알세불을 소환했다. 내 앞에 서라고. 나는 그를 좀 높은 곳에 있는 영예스러운 자리에 앉혔다. 그리고 물었다. "왜 너는 혼자 있느냐? 귀신들의 왕자여?" 그러자 그는 나에게 말했다. "왜냐면 나는 홀로 하늘의 천사들 중에서 떨어져서 내려왔다. 왜냐면 나는 첫 번째 하늘에서 제일 으뜸가는 천사였는데, 그때 바알세불이라 불렸다. 그리고 지금 나는 타르타러스(Tartarus)에 묶여 있는 모든 것들을 조종한다. 그러나 나도 아이가 하나 있다. 그는 홍해(the Red Sea)를 뒤쫓는다. 그리고 적절할 때, 그는 나에게 올라와 나에게 복종한다.
그리고 나에게 그가 한 것들을 드러내면, 나는 그를 후원한다."
그래서 솔로몬인 내가 그에게 말했다.

"바알세불! 네가 하는 일은 뭐냐?"

그러자 그는 대답했다.

"나는 왕들을 파괴한다. 나는 외국의 통치자들과 협력한다. 그
래서 내가 소유하는 귀신들을 인간들에게 붙이는데, 이 인간들
이 그 귀신들을 믿고, 떨어지도록 하려는 것이다. 그리고 나는
하나님이 선택하신 종들, 신부들, 그리고 신실한 사람들을 흥
분시켜서 사악한 죄들, 악한 이단들, 불법적인 행위들을 하고
싶은 욕구를 가지게 한다. 그리고 나는 이들이 파괴되도록 한
다. 그리고 나는 사람들을 부추겨서 시기하게 하고, 살인하고
싶어 하게 만들고, 또 전쟁이나 남색이나 또 악한 일들을 하게
한다. 그래서 나는 세상을 파괴시킬 것이다(26-27)."

이 책에서 솔로몬은 바알세불을 비롯한 모든 귀신들을 제압하는 힘을
지닌다. 그가 물으면, 바알세불이라 할지라도 이실직고해야 한다. 솔로몬
은 그래도 바알세불을 귀신들의 왕자라 불러주며 귀신들 중 높은 자로 인
정한다. 바알세불은 세상의 악한 모든 일들을 자신이 다 벌렸다고 고백하
는데, 그가 한 짓들 중 선한 것은 하나도 없다. 세상을 파괴시킬 목적으로
살아가는 존재다.

조금 곁길로 빠져, 맨 마지막 27절을 주목하길 바란다. 그가 겨냥하는
대상이 하나님이 선택한 종이나 신부처럼, 신실한 자라는 것이다. 이들을
흥분시켜 온갖 유혹에 빠지게 하는 게 자기 일이라 한다. 그들을 파멸시키
려고 말이다. 자기보다 한참 아래 등급인 잡귀들은 일반인을 상대해 파멸
시키지만, 바알세불은 신부나 하나님이 선택하신 종들을 끌어내리는 일에

집중한다는 것이다. 왕들도 마찬가지고. 큰일을 하는 자일수록, 그리고 하나님의 일을 하는 자일수록 덤벼드는 악령은 더 강하다. 정신 바짝 차려야 한다. 바알세불급이 덤벼드는 것은 그 선택받은 자가 할 일들이 더 중하기 때문이다.

서기관들이 바알세불을 들먹였다는 것은 『솔로몬의 유언』을 알고 있었음을 뜻한다. 예수님 안에 바알세불이 들어있다고 떠든 것은 예수님이 바알세불급의 강한 권세와 능력을 가지고 있음을 인정한 것이다. 대신 예수님이 활동하는 목적이 이 유대 사회를 무너뜨리는 것이라고 말한 것이다. 겉으로 볼 때, 사람을 낫게 만들고 돕는 것 같지만, 실제로는 사람들을 부추겨 지도자들한테 대적하도록 유도하고, 결국은 우리 공동체를 무너뜨릴 것이라고 비난한 것이다. 예수는 바알세불처럼 이 사회를 엉망으로 만들 자라고 말이다.

예수님 가족들이 이들의 이야기를 듣고 믿은 것인지, 아닌지 명확하지 않다. 마가는 예수님 가족들이 어떻게 해서 그런 생각을 했는지 이유를 밝히지 않았다. 그러나 친속들의 주장 뒤 연이어 서기관들의 주장을 달아, 마가 성도들이 들으면서 교묘하게 친속들이 서기관들의 말을 믿은 것처럼 느껴지게 했다.

마가는 예수님 가족들이 어떻게 해서 말도 안 되는 그런 생각을 했는지, 또 그것을 왜 입 밖으로 다른 사람들에게 했는지, 소상하게 알려주지 않았다. 그냥 마가 이야기를 듣는 성도들은 연달아 이런 이야기를 들으면서, '아!!!! 이 가족들은 서기관들의 말을 믿었구나!'라고 생각하게끔 했다. '친가족이면서 그럴 수 있나!' 탄식하게 만든 것이다.

2. 예수님의 주장 (1): 사탄을 들먹이면, 용서를 가지지 못한다!

서기관들이 괴담을 유포시키는 것을 예수님은 묵과하지 않았다. 일단 이들을 가까이 불러서 이들의 주장의 허점을 지적했다. 사탄이 어떻게 사탄을 쫓아낼 수 있냐고 물으신 것이다. 이방인들이라면, 바알세불도 그렇고, '사탄'이라는 단어가 낯설었을 것이다. 사탄은 히브리어 שָׂטָן을 소리 나는 대로 적은 말이다. 욥 1-2장과 스가랴 3:1-2 등에 사탄이 등장한다.

> 사탄, שָׂטָן, διάβολος(디아볼로스)
>
> 슥 3:1 주님께서 나에게 보여 주시는데, 내가 보니, 여호수아 대제사장이 주님의 천사 앞에 서 있고, 그의 오른쪽에는 그를 고소하는 **사탄이** 서 있었다.
>
> 대상 21:1 **사탄이** 이스라엘을 치려고 일어나서, 다윗을 부추겨, 이스라엘의 인구를 조사하게 하였다.

구약에서 사탄은 '고발하거나 중상모략 하는 일'을 한다. 하나님과 인간 사이를 중상해서 이 둘 사이의 관계를 끊고, 사람을 타락하게 만들어 결국 그 사람뿐 아니라 세상까지도 파멸시키려 하는 것이 사탄이다. 주로 세 가지 방면, 죄를 짓도록 유혹하거나, 하나님 앞에서 고발하거나, 구원하려는 하나님의 계획을 좌절시키려 한다. 우리가 흔히 알고 있는 천상에서 쫓겨난 천사, 그것도 고양된 천사라는 개념이 어디에서 나왔는지 확실하지 않다. 물론 앞에서 본 『솔로몬의 유언』은 바알세불이 하늘에서 제일 으뜸가는 천사였다고 말했지만, 위경인데다, 아직은 후대에 쓰인 책으로 추정되므로 여기서 유래되었다 말할 순 없다. 『솔로몬의 유언』과 같은 내용을 예수님 당시 유대인들이 알고 있었으리라 추측하지만 말이다. 유대인들이 사탄을 타락한 천사로 인지했다고 말이다. 사탄이 하는 짓은 파괴,

이간질, 멸망이지만, 하나님 아래 있다. 하나님과 대등하다거나 대립하는 존재가 못된다.

그런데 사탄이 바알세불만을 가리키지 않는다. 바알세불이 사탄이지. 귀신도 사탄이다. 즉, 사탄이라는 존재는 인간을 망하게 하려는 악령들을 다 칭하는 것이다. 우리가 죄를 짓도록 유혹하는 온갖 영들이 사탄이다. 하나님과의 관계를 어그르뜨리기 위해서. 예수님은 사람들 안에 거하면서 사람이 사람과 제대로 관계를 못 가지게 하고, 나아가 하나님과의 관계도 멀어지게 하는 사탄들을 쫓아내셨다. 그런데 서기관들은 예수님 안에 사탄이 있다고 했으니, 예수님은 사탄이 어떻게 사탄을 쫓아낼 수 있냐고 하신 것이다.

사탄은 유대인들만 갖고 있는 개념이라, 헬라어로는 없었다. 그래서 헬라인들한테 말할 때, 그들이 이해할 수 있는 용어가 필요했다. 그래서 선택한 게 διάβολος(디아볼로스)였다. '중상모략 하는 자'다. 사탄이 하는 일이 거짓말로 사람과 사람 사이를 갈라놓는 것이기 때문이다. 그만큼 이간질은 못된 짓이다. 안 한 짓을 했다고 하거나, 한 짓을 안 했다고 말해, 한 사람의 평판을 망가뜨리는 짓을 하는 자는 사탄이다. 사탄이나 악마를 뿔 달린 도깨비처럼 생각하는데, 그렇지 않다. 누군가를 음해해 관계를 망치는 자가 악마다. 사탄이 하는 짓을 하므로.

22절부터 30절까지 한 번 보길 바란다. 이제껏 예수님의 말씀이 긴 적이 없었다. 늘 단답문으로 질문에 대답했는데, 여기가 처음으로 길다. 원문을 직역식으로 옮겼다. 나도 안다. 어색하게 들리는 것을. 그런데 같은 말을 굳이 반복해서 예수님이 사용했기에, 살리고 싶었다. 같은 말이 반복해서 나오는 것을 볼 수 있을 것이다.

22 바알세불을 갖고 있다고(Βεελζεβοὺλ ἔχει).

24 그런데 나라가 <u>자기에게 맞서 나누어지면, 할 수 없습니다.</u>

서게, 그 나라는요.

25 그리고 집이 자기에게 맞서 나누어지면, 할 수 없을 겁니다. 그 집이 서게.

26a 그리고 만일 사탄이 자기에게 맞서 일어섰다면, 그래서 나누어졌다면, 할 수 없습니다. 서게.

26b 오히려 끝을 가집니다(τέλος ἔχει).

29 가지지 못합니다. 용서함을(ἔχει ἄφεσιν),

30 안 깨끗한 영을 (그가) 갖고 있다고(πνεῦμα ἀκάθαρτον ἔχει).

22절과 30절의 말, "바알세불을 가지고 있다"와 "안 깨끗한 영을 갖고 있다"는 말은 다 서기관들이 한 말이다. 예수님은 이들의 말에 대해, 자신은 지금 사탄을 쫓아내고 또 쫓아내는 일을 하는 것이라고 말한 뒤, 사례를 들었다. 24, 25, 26절이다. '자기끼리 맞서 나누어지면, 서게 할 수 없다'는 말을 주체만 바꿔 계속 말했다. 나라든, 집이든, 사탄이든 다 자기끼리 맞서 싸우면, 다 무너진다고 말이다. 그들이 주장하는 바대로라면, 사탄을 계속 쫓아내는 것은 너 죽고, 나 죽는 일인데, 바알세불이 하겠냐는 것이다.

그러면서 이 율법학자들의 주장이 얼마나 악한 건지, 그리고 그런 말이 얼마나 안 좋은 결과를 가지는 것인지를 ἔχει(에케이)라는 말을 사용해서 이야기하셨다. 서기관들이 내가 바알세불을 '갖고 있다(ἔχει(에케이))' 말하지만, 사탄이 자기들끼리 맞서 일어서면, 끝을 '갖고 있다(ἔχει(에케이))'고 말한 것이다. 우리말대로 하자면, '끝장난다'고 말하면서, 서기관들의 용어, '갖고 있다(ἔχει(에케이))'를 일부러 사용하셨다. 누구든지 간에 거룩한 영을 모독하면, 용서함을 "갖지(ἔχει(에케이))' 못한다고도 하셨다. 예수님은 서기관들의 용어를 굳이 끄집어내 26b, 29절에 사용하셨다.

마가는 예수님의 말씀을 전하면서, 다시 한 번 마지막으로 서기관들의 비난을 인용한다. 그들은 그분이 안 깨끗한 영을 '갖고 있다(ἔχει(에케이))' 말했다고 말이다. 이 말은 미쳤다는 뜻이다.

그리스 단어는 주어에 따라, 시제에 따라, 또 사용되는 형태에 따라 엄청 다양하게 변한다.

ἔχω(에코), 갖고 있다

ἔσχηκα, ἕξω, εἴχαμεν, ἐχομένας, ἔχουσιν

윗 단어들은 다 '갖고 있다'는 뜻을 가진 ἔχω(에코)의 변화형이다. 눈으로 보면서 이게 다 같은 말인지 금방 구분이 가는 자도 있겠지만, 그래도 보는 순간 같은 동사의 변형임을 눈치 채기 쉽지 않다. 그런데 마가는 지금 예수님 이야기를 하고 있다. 말은 천천히 할 때도 있지만, 대부분 빠르게 했을 것이다. 그래야 집중이 된다. 계속 사건, 사건별로 말하는데, 늘어지게 이야기한다고 생각해 보시라! 얼마나 지루하고 힘 빠질지! 그런데 이 최초로 긴 가르침에서 어떤가? 초지일관, "그가 갖고 있다"며, ἔχει(에케이)를 4번 사용한다. ἔχει, ἔχει, ἔχει, ἔχει 하는 것이다. 이렇게 하는 것, 결코 쉽지 않다. 같은 동사가 같은 시제와 형태로 계속 나오는 건. 주어에 따라, 시제에 따라, 변형태에 따라 계속 바뀌는 게 동사의 형태인데, 예수님은 이것을 억지로 다 해낸 것이다.

솔직히 말하면, 마가가 좀 더 노력을 기울였다. 왜냐면 똑같은 가르침을 전하는 마태와 누가는 ἔχει(에케이)를 말하지 않기 때문이다. 신기할 정도로. [150] 똑같은 내용이지만, 용어와 표현이 다르다. 어찌 보면 마가가 자

---

150 『눈으로 듣는 마태·누가』마 12:25 그래서 그들의 숙려(熟慮)들을 알고 있어서 말하셨습니다. 그들한테. "자기와 대적해서 나눠진 모든 나라는 황폐해집니다. 그리고 자기와 대적해서 나눠진 모든 도성 혹 집은 서지 못할 겁니다. 26 그리고 만일 사탄이 사탄을 쫓아낸다면, 자기한테 맞서서 나눠졌습니다. 그런데 어떻게 서 지

기 성도들이 잘 알아들으라고 일부러 ἔχει, ἔχει, ἔχει, ἔχει를 계속 말했다. 마가는 단어를 반복적으로 사용하는 경향이 있는데, 여기서도 드러난다. 그래서 그들의 바알세불의 주장이 얼마나 안 좋은 결과를 낳을지를 강조한 것이다.

3. 예수님의 주장 (2): 성령을 모독한 죄는 영원한 죄과를 가진다!

예수님은 자신 안에 바알세불을 갖고 있다 말하는 것은 용서함을 가지지 못할 뿐 아니라, 성령을 모독한 죄라고 규정한다. 용서받을 수 있는 죄와 용서받지 못하는 죄가 있다고 말하시는데, 이를 살펴보기 전에 먼저 봐야 할 용어가 있다. 28절이다.

눈으로 듣는 마가	개역개정	새번역
진실로 말합니다, 여러분에게. 모두 용서될 겁니다. 사람의 아들딸들에게 죄과(罪過)들과 모독들이. (그들이) 모독한 것이 얼마든 간에 말입니다.	내가 진실로 너희에게 이르노니 사람의 모든 죄와 무릇 훼방하는 훼방은 사하심을 얻되	내가 진정으로 너희에게 말한다. 사람들이 짓는 모든 죄와 그들이 하는 어떤 비방도 용서를 받을 것이다.

사역에는 '사람의 아들딸들에게'라고 옮겼는데, 원문은 '사람들의 아들들에게'다. 앞에서 예수님이 말한 '사람의 아들'은 꼭 예수님 자신만을 말한 게 아니라고 했다. '사람의 아들'이 일반 사람을 가리키듯이, 복수인 '사람들

겠습니까? 그의 나라가? 27 그런데 만일 바로 내가 바알세불로 귀신들을 쫓아낸다면, 여러분의 아들딸들은 누구로 쫓아내는 겁니까? 이걸로 말미암아 바로 그들이 재판관이 될 겁니다! 여러분의!
눅 11:17 그런데 바로 그분은 그들의 꿍꿍이들을 알고 있어서 말하셨습니다, 그들한테. "자기끼리 맞서 쪼개 나눠진 모든 나라는 황폐해집니다. 그리고 집이 집끼리 맞서면 무너집니다. 18 그런데 만일 사탄마저 자기끼리 맞서 쪼개 나누어졌다면, 어떻게 서겠습니까? 그의 나라가? 이는 (여러분이) 말하고 있어서입니다. 바알세불로 계속 쫓아낸다고요. 내가 귀신들을.

의 아들들'도 '사람들'이다. 그래서 『개역개정』, 『새번역』 둘 다 '사람(들)'이라고 옮겼다. 사람을 '사람들의 아들들'로 말하는 경우가 여기에만 있는 건 아니다. 구약에도 있다.[151] 아래에 제시했는데, 시편에 특히 많다.[152]

창 11:5 주님께서 **사람들이**(οἱ υἱοὶ τῶν ἀνθρώπων, **사람들의 아들들이**) 짓고 있는 도시와 탑을 보려고 내려오셨다.

시 11:4 여호와께서는 그의 성전에 계시고 여호와의 보좌는 하늘에 있음이여 그의 눈이 인생을 통촉하시고 그의 안목이 **그들을**(τοὺς υἱοὺς τῶν ἀνθρώπων, **사람들의 아들들을**) 감찰하시도다

욜 1:12 포도나무가 시들었고 무화과나무가 말랐으며 석류나무와 대추나무와 사과나무와 밭의 모든 나무가 다 시들었으니 이러므로 **사람의**(οἱ υἱοὶ τῶν ἀνθρώπων, **사람들의 아들들이**) 즐거움이 말랐도다

엡 3:5 지나간 다른 세대에서는 하나님께서 그 비밀을 **사람의 아들들에게**(τοῖς υἱοῖς τῶν ἀνθρώπων) 알려주지 아니하셨는데, 지금은 그분의 거룩한 사도들과 예언자들에게 성령으로 계시하여 주셨습니다.

늘은 아니지만, 간혹 그래도 『개역개정』은 원문대로 '인자들'이라고 옮

---

151 예문으로 제시한 것 외에도 많다. 예) 시 14:2 여호와께서 하늘에서 **인생을**(ἐπὶ τοὺς υἱοὺς τῶν ἀνθρώπων) 굽어 살피사 지각이 있어 하나님을 찾는 자가 있는가 보려 하신즉; 31:19 주를 두려워하는 자를 위하여 쌓아 두신 은혜 곧 **인생 앞에서**(ἐναντίον τῶν υἱῶν τῶν ἀνθρώπων) 주께 피하는 자를 위하여 베푸신 은혜가 어찌 그리 큰지요; 33:13 여호와께서 하늘에서 굽어보사 모든 **인생을**(τοὺς υἱοὺς τῶν ἀνθρώπων) 살피심이여; 렘 32:19 주는 책략에 크시며 하시는 일에 능하시며 **인류의**(τῶν υἱῶν τῶν ἀνθρώπων) 모든 길을 주목하시며 그의 길과 그의 행위의 열매대로 보응하시나이다

152 시 11:4; 12:1, 8; 14:2; 31:19; 33:13; 36:7; 45:2; 49:2; 53:2; 58:1; 62:9; 66:5; 89:47; 107:8, 15, 21, 31; 115:16; 145:12.

기기도 했다(시 58:1 통치자들아 너희가 정의를 말해야 하거늘 어찌 잠잠
하냐 **인자들아**(οἱ υἱοὶ τῶν ἀνθρώπων) 너희가 올바르게 판결해야 하거늘 어
찌 잠잠하냐). 그런데 '사람의 아들/인자'가 너무 예수님을 가리키는 특별
호칭으로 자리매김을 하다 보니, 성경에서 갈수록 사람을 가리키는 것으
로는 옮겨지지 않는다. 영어본이라고 다르지 않다. [153]

마지막에 제시한 엡 3:5처럼, 신약시대에서도 사람을 말하기 위해 '사
람의 아들들'이란 말을 여전히 사용한다. 에베소서 저자가 '사람의 아들들'
이라는 유대인 용어를 사용하는 데에 무리를 못 느꼈듯이, 마가도 못 느
꼈을 것이다. [154]

그럼 예수님의 말씀에 대해, 다른 담가들은 어떤 자세를 취했을까? 마
12:31을 보면, '사람들'이라고 돼 있음을 알 것이다. 마태는 마가의 예수
님처럼, 사람이 사람에게 죄를 짓거나 모독하는 것은 용서받을 것이라는
말을 간단명료하게 '사람들에게'라고 했다. 그리고 난 뒤, 마가는 하지 않
은 한 마디를 더 첨언한다. 누구든지 간에 사람의 아들에 대적해서 말하면,
용서될 거라는 것이다. 32절의 말을 누가도 했다.

---

153   예) 『NIV』 시 12:8 when what is vile is honored by **the human race**;
시 36:7 **People** take refuge in the shadow of your wings; 『NKJ』 시 36:7 **the
children of men** put their trust under the shadow of Your wings; 『NIV』 시
58:1 Do you judge **people** with equity?
154   R. T. France, *Mark*, 176.

마태	누가
12:31 이것으로 말미암아 말합니다, 여러분에게. 모든 죄와 모독은 사람들에게 용서될 겁니다. 그러나 영의 모독은 용서되지 못할 겁니다. 32 그리고 누구든지 간에 사람의 아들에 대적해서 말씀을 말하면, 그에게 용서될 겁니다. 그러나 누구든지 간에 거룩한 영에 대적해서 말하면, 그에게 용서되지 못할 겁니다. 이 시대뿐 아니라, 곧 오는 (시대에서도)요.	12:10 그리고 모든, 말씀을 말할 자는, 사람의 아들을 거슬러, 그에게 용서받을 겁니다. 그러나 거룩한 영을 거슬러 모독한 자에게는 용서받지 못할 겁니다.

누가는 대신 마태의 31절 말을 뺐다. 누가도 사람의 아들을 거슬러 말한 자는 용서받을 거라 하기 때문이다. 이 사람의 아들이 누구를 가리키는 것일까? 보봉(F. Bovon)은 예수님이 세상 종말에 영광스럽게 오실 분으로서가 아니라, 평소처럼 당신 자신을 가리키기 위해 한 것이라고 해석한다. [155] 당시 사회에서 '사람의 아들'은 늘 사람을 가리켰다. [156] 그러므로 예수님은 이때 당신 자신을 포함해 사람에게 모욕적인 발언을 한 것은 용서받을 수 있다고 말하신 것이다. '나를 거슬러', 즉 '나를 반대해' 말한다고 해서, 용서 안한다면, 사람은 어찌 살 수 있겠는가?

예수님이 자신에게 대적해서 말하는 자들이 용서받을 것이라고 하신 이유는 당신이 사람이기 때문이다. 그래서 마가나 마태 모두 다 '사람의 아들들', '사람들'이라고 옮겼다. 나중에 사도행전에서 베드로는 유대인들에게 너희들이 무지해서 그리스도이신 예수님을 죽였다고 말한다. 그러나 그것도 회개하면, 죄 씻음을 받을 것이라고 하지 않았는가?(행 3:17-9). [157] 사

155   F. Bovon, *Luke 2: A Commentary on the Gospel of Luke 9:51-19:27*, Hermeneia (Minneapolis, MN: Augsburg Fortress, 2013), 184.

156   Wellhausen, *Einleitung*, 75-76.

157   행 3:17   그런데 동포 여러분, 여러분은 여러분의 지도자들과 마찬가지로 무지해서 그렇게 행동했다는 것을 나는 알고 있습니다. 18   그러나 하나님께서는, 모

람들이 짓는 죄는 다 용서받을 수 있다. 중요한 것은 성령을 모독하는 것이다. 세 복음서 동일하게 전하는 것은 성령을 거스르는 것이다.

사실 예수님이 이 말씀을 하신 것은 인간이 지은 온갖 죄들이 용서받을 수 있음을 말하려는 게 아니다. 뒷말, 즉 성령을 모독하는 자는 절대로 용서함을 가지지 못함을 말하려는 것이다. 성령을 모독하는 것이 얼마나 큰 죄인지를 강조하기 위해 29절 하반절에, "용서함을 가지지 못합니다, **영원히.** 오히려 처벌받습니다, **영원한** 죄과로"라며 '영원히'를 두 번이나 사용했다. 예수님이 귀신들을 쫓아낼 수 있었던 것은 성령을 사용해서이다. 그런데 성령을 악한 사탄이라고 하는 것은 하나님을 사탄이라고 하는 것과 같은 것이다. 하나님의 영을 안 깨끗한 영, 그것도 괴수인 바알세불의 영이라고 하니, 어찌 용서가 되겠는가!

이 세상에 용서받지 못하는 죄가 있을까? 예수님 외 용서받지 못하는 죄에 대해 말한 사례가 하나 있다. 그리스 아테네 남쪽에 수니오(Sounio)란 곳이 있다.[158] 여기엔 포세이돈 신전이 남아 있어 관광객들이 많이 찾아가는데, 이곳에서 기원 후 2세기경에 세운 것으로 추정되는 한 비석이 발견되었다. 포세이돈이 아닌, 또 다른 밀의종교가 세운 것으로 내용이 특이하다. 프리지아 출신의 산토스(Xanthos)라는 자가 설립자로서 정결을 강조한다.[159]

든 예언자의 입을 빌어서 그리스도가 고난을 받아야만 한다고 미리 선포하신 것을, 이와 같이 이루셨습니다. 19 그러므로 여러분은 회개하고 돌아와서, 죄 씻음을 받으십시오.

158 Eng. Sounion.

159 돼지고기와 마늘을 먹으면 정결하지 못하다 말한다. 또 여인과 관계를 한 뒤에도 불결하다고 말한다.
https://philipharland.com/greco-roman-associations/22-regulations-for-a-sanctuary-and-association-of-the-god-men-tyrannos/에서 2023. 6.14에 채록.

"신에게 속한 것들을 건드리는 자는 누구든 간에, 또 인간 티라
노스(Men Tyrannos)에게 대항하여 죄를 짓는 자는, 절대로 속
죄함을 못 받을 것이다."

신에게 속한 것들을 건드리는 자는 속죄를 못 받는다는 것이다. 유대
인들도 지성소에 아무나 들어가지 못하게 한다. 그러니 산토스(Xanthos)
가 경고한 것은 그다지 새롭지 않다. 문제는 뒷말이다. '인간 티라노스'에
게 대항하는 자도 속죄를 절대 못 받는다는 것이다. 이 '인간 티라노스'
가 누군지 모른다. 티라노스 뜻이 압도적인 권력을 가진 통치자이다. 아마
'인간 티라노스'는 신이 선택한 자로서, 그 밀교의 우두머리를 가리킬 것이
다. 즉 그는 '절대적인 통치자(absolute ruler)'로서, 그의 허락 없이 희생
제사를 드린 것은 전혀 효력이 없다고 말한다.[160] 이 종교의 설립자인 산토
스는 '인간 티라노스'의 권위를 절대화시킨 것이다. 그는 지도자의 권위를
'속죄'와 연결시켜서 강화시켰다.

예수님은 산토스처럼 자신의 권위를 강화하려고 그렇게 말하신 것이 아
니다. 사람을 구원코자 하는 하나님의 뜻을 악한 사탄의 짓으로 격하시킨
것을 꾸짖은 것이다. 하나님을 모독하였기 때문이다.

성령의 능력에 대해 예수님은 비유로 27절에서 강한 자를 묶는 것으로
설명하셨다. 강한 자의 집 안에 들어가 세간을 강탈하려면, 그 강한 자를
먼저 묶어야 한다는 것이다. 알레고리식 해석을 해야 하는데, 여기서 강
한 자는 누군가? 귀신이다. 그리고 세간은 귀신에게 괴롭힘을 당하는 사
람들이다. 예수님은 사람을 구하기 위해선 사탄이 꼼짝 못하도록 묶었다
는 뜻이다.

통상 강탈하는 것은 나쁜 짓이다. 그런데 예수님은 자신의 행동을 강탈

---

160   Adela Yarbro Collins, *Mark*, 234에서 재인용; 위 사이트.

하는 것으로 표현했다. 이는 하나님이 이스라엘 백성을 구할 때, 적군에게서 전리품을 빼앗듯이 하겠다고 부정적으로 말하신 것과 같은 방식이다 (사 49:24, 25).[161] 그 적군은 폭군이기 때문이다. 예수님이 말한 강한 자도 선량한 강한 자가 아니다. 사람을 완전 망가뜨리게 만든 못된 자이다.

예수님이 왜 이렇게까지 한 사람 안에 들어가 있는 사탄을 쫓아내는 것을 비비꼬아서 말하셨을까? 사탄에게 사로잡힌 사람의 처지를 알아야 한다. 원래 집의 주인은 사람이다. 세간살이가 주인이 아니다. 그런데 지금 안 깨끗한 영의 강력한 영향 안에 사는 사람의 처지는 사람이 주인이 아니다. 누가 주인인가? 안 깨끗한 영이다. 사탄이 그 집의 주인이 돼 있다. 그리고 그 사람은 세간살이에 불과한 존재로 전락했다. 사탄이 그 사람을 마구 조종해 올바른 행동을 하지 못하게 하는 것은 강한 자가 집 물건들을 자기 마음대로 하는 것과 매한가지이다. 그래서 예수님은 그 사람 안에 들어가 성령으로 그 사탄을 묶어놓고 세간을 강탈했다 한 것이다.

예수님은 27절 하반절에서 그 사람을 구원하는 것을 '강탈한다'고 표현하셨다. 강탈은 강제로 빼앗는 것이다. 사탄이 절대로 곱게 그 사람을 놔주지 않기 때문이다. 사탄을 힘으로 눌러 그에게서 사람을 뺏어내고 사탄을 쫓아내는 것이다. 예수님이 귀신 들린 자를 구하는 일은 강제로 귀신에게서 빼앗는 것이다. 사탄을 자기 몸에 들이면, 결국 자기는 세간에 불과한 존재가 된다. 주인이 마음대로 쓰고 버리는 존재 말이다. 사탄이 그 사람을 마구 조종하고 마음대로 부려먹다, 쓸모없으면 버려버리는 존재로 전락한다는 말이다. 그러나 아무리 사탄이 힘세다 해도, 예수님이 들어가시면, 예수님께 묶인다. 꼼짝 못한다. 성령님의 힘이 그만큼 세다. 이처럼 강

161　사 49:24 적군에게서 전리품을 빼앗을 수 있느냐? 폭군에게서 사로잡힌 포로를 빼내 올 수 있느냐? 25 주님께서 이렇게 말씀하신다. "내가 적군에게서 포로를 빼어 오겠으며, 폭군에게서 전리품도 빼앗아 오겠다. 나는 나와 맞서는 자들과 겨루고, 네 자녀들을 구원하겠다.

한 자 비유는 영적인 측면으로 봐야 이해가 되는 것이다.

예수님이 하신 일은 병자나 귀신 들린 자를 구원하고자 하는 하나님의 뜻을 이행한 것이다. 하나님의 영으로.[162] 그런데 서기관들의 주장은 하나님의 뜻을 모독한 것이다. 예수님이 하신 일은 병을 고치고, 귀신을 쫓아내 사람을 다시 회복시키고, 정상생활 하도록 만드는 것이다. 사람을 구원하는 것, 이것이 바로 하나님이 원하시는 뜻이 아닌가? 세상을 멸망시키는 일이라 할 수 없다. 예수님이 하신 일을 귀신이 했다고 하는 것은 하나님의 역사를 모독하는 것이다.

4. 친속들은 왜 예수님을 미쳤다고 했나?

예수님을 제일 잘 아는 사람은 누구여야 하는가? 가족이어야 하지 않는가? 누가 예수님 편에 서 있어야 하는가? 가족이어야 하지 않는가? 예수님이 미쳤다고 주변 사람들에게 떠드는 것은 누구를 끌어내리는 행동인가? 예수님이다. 그런데 아무도 묻지 않은 질문이 하나 있다. 친속들은 무슨 잇속으로 서기관들의 말대로 예수님을 미쳤다고 했을까?

이를 이해하려면, 3장6절과 22절을 유의해야 한다. 6절에서 헤롯 일당과 바리새파는 예수님을 죽일 음모를 꾸몄다고 했다. 그리고 예루살렘에서 내려온 서기관들도 예수님 안에 바알세불이 들어있다 말한다. 이 말은 뭘 뜻할까? 가버나움이나 나자렛은 누구의 지배를 받는가? 헤롯 안티파스의 지배를 받는다. 지금처럼 민주국가가 아니다. 왕이 잡으라고 명령하면 잡히고, 죽이라 하면 죽는다. 합당한 이유가 필요 없다. 같은 귀족들이야 마음대로 죽일 수 없지만, 한 양민 목숨은 아무 것도 아니다.

---

162   F. Bovon, *Luke 2*, 185.

그런데 동네 유지급인 바리새파들이 전부 예수님을 욕한다. 심지어 헤롯 일당들은 이미 예수님을 곱게 보지 않았다. 세례자 요한이 감옥에 갇혀 있질 않는가? 헤롯 일당이 이 일에 관여돼 있다 봐야 한다. 그가 이미 죽었는지는 확실치 않다. 그러나 아직은 아닌 것 같다. 세례자 요한과 같은 메시지를 선포하는 예수님으로선, 그처럼 되긴 시간문제다. 게다가 상황이 갈수록 더 험악해지고 있다. 이젠 예루살렘에서 내려온 고관들까지 예수님 안에는 바알세불이 들어있다고 한다. 나자렛이라는 이름도 없는 산골 마을에 사는 마리아는 자기 아들 예수에 관한 소문들을 들었을 것이다. 아무 것도 가진 것 없고, 쥐뿔도 없는 촌사람 입장에서는 겁이 덜컥 나지 않겠는가! 이러다간 다 죽게 됐다고 말이다.

예수님 가족들이 가졌을 겁과 그에 대한 반응을 가장 잘 설명하는 게 희한하게 우리나라에 있다. 유명한 이야기인 바로 '아기장수 설화'다. 우리나라에는 마을마다 대대로 내려오는 이야기들이 있다. 사람들이 시간 나면 자기들끼리 나누는 설화들이 있는데, 주로 마을이 생기게 된 유래나 유명 인물의 설화들이다. 그런데 전국 어느 마을이고 간에 다 아는 이야기가 있다. '아기장수 설화'다. 난 솔직히 도시출신이라 이런 이야기가 있는 줄 몰랐다. 마가의 기독론을 연구하기 전까지.

마가가 전하는 예수님의 이야기는 여러 면에서 독특해서 그것을 설명하는 시도들은 있었지만, 다 성에 차지 않았다. 예수님의 가족이 예수님이 미쳤다고 떠들었다 하는 곳은 마가복음뿐인데, 기껏 설명이라고 제시하는 게 가족마저도 예수님을 이해하지 못했다는 것이다.[163] 그래서 결국 예수님의 명성에 흠집이나 내는 행동을 했다고 말이다.[164] 일반인들이 신의 특별한 영감을 받은 자들을 이해 못하듯, 가족도 이해하지 못했다고 말이다. 몰이

163 Adela Yarbro Collins, *Mark*, 226-27.
164 R. T. France, *Mark*, 168.

해로 해석할 뿐이었다.

기껏 한다면, 소크라테스가 지혜를 특별히 사랑한 사람이 신을 가까이 할 때 겪게 되는 관계의 어려움을 말한 것을 예로 든다: "번잡한 인간사에서 물러서서 신적인 것과 가까이하면, 많은 사람에게 제정신이 아니라고 손가락질을 당하겠지만, 많은 사람들은 그가 접신 상태에 있음을 모른다네."[165] 또는 시편 기자가 어려움에 봉착하고선 하나님께 탄식할 때, 가족마저도 외면한 상황을 토로한 것을 예로 든다: 시 69:7 주님 때문에 내가 욕을 먹고, 내 얼굴이 수치로 덮였습니다. 8 친척에게 따돌림을 당하고, 어머니의 자녀들에게마저 낯선 사람이 되고 말았습니다. [166] 그러나 이 설명들은 예수님의 강력한 능력과 엄청난 구원행위와 잘 연결되지 않는다.

그런데 '아기장수 설화'에 담긴 일반 양민들의 사고가 절묘하게 맞아 떨어진다. '아기장수 설화' 내용은 이러하다. 어느 한 산골 농부가 아들을 하나 낳았는데, 너무 특이했다. 태어날 때부터 겨드랑이에 날개가 있을 뿐 아니라, 말도 했고, 힘도 무척 셌다. 이 아이가 크면 완전 무적장수가 될 감이었다. 그러자 그 부모는 이 아이를 죽이려 했다. 아기일 때는 베개로 죽이려고도 했고, 높은 낭떠러지에서 떨어뜨리기도 했다. 그런데 이 아이는 죽지 않았다. 늘 아무렇지도 않다는 듯이 건강한 모습으로 집에 돌아왔다. 하도 부모가 자기를 죽이려 드니까, 나중엔 아이가 자기가 죽는 방법을 알려줬다.

뒷이야기도 있지만 생략하겠다. 비슷한 점이 보이는가? 부모로서 아이가 장수감이면 좋아해야 할 텐데, 왜 오히려 잔뜩 겁을 집어 먹고, 죽이려 나섰는가? 그건 바로 역적으로 몰릴까봐서이다. 이 아이가 커서 장수가 된다는 것은, 양반도 아닌데, 결국 반역을 하는 장수가 된다는 것이다. 왕은

---

165 소크라테스, 『파이드로스』, 조대호 옮김 (문예출판사, 2016), 69; 249D.

166 Adela Yarbro Collins, *Mark*, 226-27.

당연하고, 사또도 좋아하지 않는다. 반역의 기미가 보이면, 미리 싹을 잘라야 한다. 반역해서 성공하기란 하늘의 별따기다. 결국 반역자뿐 아니라, 그 일가족까지 무사하기 어렵다. 부모는 그래서 자진 싹수제거에 나선 것이다. 자기들의 목숨을 보전하기 위해서.

그래서 실제로 '아기장수 설화'에서도 관가에서 병사들을 내려보냈다. 장수감인 아이가 있다는 소식을 듣고선 죽이려 말이다. 부모가 어떻게 이럴 수 있는가 하고 생각지 말라! 이런 행태는 한민족 역사 내내 일어났다. 애써 외면했을 뿐이지, 막상 그 일이 나에게 닥치면, 나도 모르게 그렇게 한다. 현실이 너무 팍팍하면 변혁을 일으킬만한 영웅이 나타나길 바라면서도, 그자가 내 가족일 때는 자동적으로 그 변혁의 여파를 두려워하는 게 민중이다.[167]

6, 70년대 우리나라에 독재에 저항하는 청년들이 있었다. 주로 이들은 가난한 계층의 자녀들이었고, 똑똑했다. 물론 전태일처럼 못 배운 청년도 있었지만, 그래도 재단사로서 척박한 환경 속에서 노동자의 권리를 깨우치고, 앞장섰다는 것은 똑똑하다는 뜻이다. 어쨌든 이들이 정부와 가진 자들의 권세에 맞서 운동할 때, 제일 말렸던 이들은 가족이었다. 부모들이 자식들의 주장에 동조해 적극 가담하고 협력했다는 말을 들어본 적이 없다. 말려도 보고, 심지어는 때리거나 가둔 것이 일반적인 부모의 반응이다.

그러다가 자식이 정부의 표적대상이 되면, 어떻게 하나? 버린 자식이라 그런다. 집에 안 들어온 지 한참 됐다, 더 이상 그놈을 자식이라 안 한다, 미친놈이라 이미 우리는 내놨다는 등 말한다. 집에서는 걱정하더라도, 밖에 나가선 자식욕 하지, 자식 칭찬 하지 않는다. 자식이 하는 행동이 옳은 것이라 두둔하지 않는다. 오히려 자식 농사 망쳤다 넋두리를 하는 게

167 홍태한, 『인물전설의 현실인식』(민속원, 2000), 64-68; 조동일, 『인물전설의 의미와 기능』(경산: 영남대학교 민족문화연구소, 1994), 410-29; https://encykorea.aks.ac.kr/Article/E0034222에도 참고하라. 2023. 6.16 채록.

예사다. 그래야 그나마 붙들려가지 않기 때문이다. 대놓고 자식을 위해서 뭐라도 했다간, 자기들도 끌려가 치도곤(治盜棍) 당하기 십상이기 때문이었다. 온 가족이 쫄딱 망하게 생겼는데, 자기들이라도 일단 살아남아야 하지 않겠는가!

당시 민주화운동을 한다는 자식을 둔 부모들의 처세방법은 거의 다 한결 같았다. 이것이 어찌 2000년대를 사는 대한민국의 부모만의 행태일까? 시간과 장소, 민족이 달라도 전권을 가진 통치자 밑에 어쨌든 살아야 하는 백성이라면, 누구나 취할 자세이다. 그래야 목숨 건진다. 그렇지 않으면, 온 가족이 몰살한다. 예수님 친속들이 예수님이 미쳤다고 떠든 건 그런 처세다.

앞에서 밝혔듯, 회당장이나 서기관들 눈 밖에 났다가는 앞으로 살 일이 고단해진다. 속은 어떨지 몰라도, 겉으로는 그들과 같은 뜻임을 밝혀야 한다. 그래야 혹여나 붙들려 가 치도곤을 안 당할 수 있다. 그래야 보릿고개와 같은 험난한 시절이 오면, 그들에게 먹을 것을 꿀 수 있다. 당시 왕이나 관료들이 공정하게 서민들 먹거리를 챙겨주는 시기가 아니었다. 내가 마을을 뜨지 않는 이상, 그들과 죽을 때까지 같이 살아야 하지 않는가? 내가 그들보다 권세가 없는 이상, 그들과 동색인 것처럼 가면을 써야 한다.

5. 예수님의 가족 보호행동(1): 모셔서 비유로 해명한다.

예수님과 마가는 예수님 가족들의 마음을 잘 알았던 것 같다. 무엇보다 마가는 예수님이 서기관들을 직접 모셔서 바알세불 괴담에 대해 항변했다고 하기 때문이다. 마가는 그들을 가까이 불러서 말했다고 했지만, 예수님의 처지와 그들의 신분을 생각하면, '정중히 모셨다'고 해야 옳다. 마태복음과 누가복음에도 이 반박이 나온다. 그런데 상황이 좀 다르다. 둘 다 예수님의 친속 이야기가 없다. 예수님 친속들이 미쳤다고 말한 데는 마가 뿐이다. 다른 복음서에는 귀신 들려 말 못하는 자를 고쳐줬는데, 이를 본 주변인들이 삐딱하게 해석하자, 바알세불 악담을 정식으로 비판하신다.

마태 12장	누가 11장
귀신 들려 눈 멀고 말 못하는 자 고침 군중 속 바리새파들에게 반박	귀신 들려 말 못하는 자 고침 군중에게 반박
29 사람이 먼저 강한 자를 결박하지 않고서야 어떻게 그 강한 자의 집에 들어가 그 세간을 강탈하겠느냐 결박한 후에야 그 집을 강탈하리라 30 나와 함께 아니하는 자는 나를 반대하는 자요 나와 함께 모으지 아니하는 자는 헤치는 자니라	22 더 강한 자가 와서 그를 굴복시킬 때에는 그가 믿던 무장을 빼앗고 그의 재물을 나누느니라 23 나와 함께 하지 아니하는 자는 나를 반대하는 자요 나와 함께 모으지 아니하는 자는 헤치는 자니라

위 표를 보다시피 마태복음과 누가복음에서는 마가가 전하지 않는 한 마디 말이 더 첨언돼 있다. '나와 함께 있지 않는 자는 나와 대적하는 것'이라는 말이다. 마가는 왜 이 말을 전하지 않을까?

첫째, 대답에 앞서 이 질문을 먼저 해야겠다. 예수님은 바알세불 괴담에 대한 반박을 한 번만 하셨을까? 수많은 주석서를 보다 보면, 항상 보게 되는 설명들이 있을 것이다. 위처럼 조금 다른 예수님 말씀이 있는 곳도 있고, 없는 곳도 있는데, 어떤 게 더 진짜 예수님이 하신 말씀이냐는 것이다. 그래서 저마다 단어나 문구 등을 쪼개 분석한 뒤, 의견을 제시한다. 마태의 것이 더 원 전승이라는 둥, 마가가 더 처음이라는 둥. 다시 한 번 묻겠다. 예수님의 사역을 두고 예수님 안에 바알세불이 있다는 괴담에 대해 예수님은 한 번만 반박을 하셨을까?

아니라는 대답이 금방 나올 것이다. 우리가 지금 보고 있는 마가복음도 마가가 여러 번 이야기한 것 중 하나이다. 토씨, 용어, 어구, 심지어는 이야기 순서 등이 조금씩은 달랐을 것이다. 아무리 원고를 써놓고 그대로 하려 마음먹어도, 딱 말하는 순간 내 기분에 따라, 또는 청중의 구성이나 호응에 따라 이야기는 달라진다. 심지어는 평소에 하지 않았던 내 과거까지도 막 끄집어 내 말할 때도 있다. 그게 이야기다. 상황에 따라, 대화하는 대상이 누구냐에 따라 말은 달라진다. 원고가 있어도, 일단 말을 시작하면 원고대로 하기란 하늘의 별따기다.

예수님이 수많은 병자들과 귀신 들린 자들을 고쳐내는 것을 모두가 다 좋게 여기지는 않았다. 복음서에 군중에 대해 나쁘게 말하는 곳이 별로 없다 해서, 실제로 그렇다고 보면 안 된다. 군중도 사람이다. 근본이 죄인이다. 하나님을 제대로 알았으면, 그냥 군중으로 살지 않았다. 마가가 말한 대로 예루살렘에서 내려온, 원래부터 예수님을 비딱하게 봤을 서기관들부터, 마태와 누가의 말처럼 군중이나 바리새파들은 예수님의 능력을 폄하, 왜곡하려고 괴담을 발설했을 것이다.

예수님은 때로는 못 들은 척, 때로는 모르는 척 하셨다가도 어느 순간 그냥 놔뒀다간 다른 이들까지도 물들겠다 판단되시면 반박을 하셨을 것이다. 예수님이 돌아다닌 마을이 어디 한두 군데인가? 심보가 뒤틀린 자들이 어디 한두 명인가? 복음담가들은 그것을 각자의 이야기에 맞게끔 넣은 것뿐이다. 그렇다고 여기서도 이 말 하셨고, 저기서도 저 말 하셨다고 하기엔, 이야기가 너무 지루해진다. 게다가 마가 성도들은 긴 가르침을 못 견뎌한다.

둘째로, 예수님께서 "나와 함께 있지 않는 자는 나와 대적하는 자다"라는 말을 예루살렘에서 온 서기관들에게 하셨을까? 사실 이들은 사회적으로 예수님보다 훨씬 높으신 양반들이다. 이분들에게 예수님이 내 안에 바알세불이 없다 말하신 건 이들의 잘못된 견해를 수정하기 위함이다. 물론 속으로 아셨을 것이다. 아무 소용없다는 것을. 그러나 이 자리는 그들을 대적자로 놓으려는 게 아니다. 그들에게 최대한 내가 경계대상감이 아님을 알리려는 목적이 있다. 이들을 직접 보면서, 나와 함께 하지 않는 자는 나와 대적하는 자라고 말하는 것은, 이제 당신들이랑 원수 하겠다 선포하는 꼴이 돼버린다. 그건 예수님이 확실히 막아야 하는 상황이었다.

그들의 오해를 최대한 풀어야 예수님 가족들의 불안이 해소된다. 마가는 예수님 가족들이 왜 예수님을 미쳤다고 말했는지, 명확히 밝히지 않았다. ― 이 점이 마가의 큰 단점이다. ― 그러나 자기를 두고 어떤 이야기들이 오갔고, 또 그것을 가족들이 들었을 것임을 알았을 것이다. 그리고 그것 때문에 당신 가족들이 불안해 할 것도 알았을 것이다. 예수님은 그래서 그들을 직접 불러 놓고 해명한 것이다. 그래서 '비유로' 말하신 것이다.

우리는 직설적으로 말하기 애매할 때, 비유로 말한다. 직설적으로 말하면 확실히 이해는 되지만, 상대방이 기분 나빠할 때가 많다. "너, 너무 뚱뚱하다!"고 확 내지르고 싶지만, 그대로 말했다간, 못된 사람이라 욕먹는다. 그래서 "너, 오늘 얼굴이 달덩이 같다"고 하지 않는가!

앞에서 예수님이 '갖고 있다'를 뜻하는 'ἔχει(에케이)' 동사만 일부러 연거푸 쓰셨다 했다. 나름 정교하게 그들 생각이 잘못됐다는 것을 설명했지만, 꽤 길게 말하셨다. 그러나 평소와는 달리 논조가 아주 거세지 않다. 쉽게 표현하자면, 예수님이 이 말을 하실 때 어조가 부드러웠을 거란 이야기다. 이들의 감정을 상하게 하지 않되, 논리적으로 그들의 말이 맞지 않음을 지적한 것이다. 하도 마가성도들이 긴 가르침을 들을 습관이 안 돼 있기에, 그들을 가까이 부르고선 비유들로 '말하고 말하셨다' 했다(23절). 마가는 줄여서 이야기하지만, 예수님은 한참을 시간 들여서 이들에게 설명했다는 뜻이다.

6. 예수님의 가족 보호행동(2): 나에게는 가족, 없습니다!

예수님이 그들에게 꽤 공을 들이고 있을 때, 갑자기 전갈이 왔다. 예수님 가족들이 예수님을 보려고 왔다는 것이다. 지금 바깥에 있다고 말이다. 그런데 이것을 전하는 마가의 말속에서 가족들의 생각이 드러난다. '바깥에서 꼿꼿이 서 있으면서 보냈다'는 것이다(31절). στήκω(스떼꼬)는 '서 있다'는 뜻이긴 한데, 옮긴 것처럼 '꼿꼿이 서 있다'는 뉘앙스가 있다. 헬라인들은 저속해서 딱 한 번만 썼다.[168] 그런데 바울이 자주 썼다. 7회나.[169] – 아직 바울을 본격적으로 해석하지 않아서 장담할 순 없지만, 바울이 늘 고상하고 식자층의 용어를 쓴 것은 아닌 것 같다. –

> 고전 16:13 깨어 믿음에 **굳게 서서** 남자답게 강건하여라
> 갈 5:1 그리스도께서 우리를 해방시켜 주셔서, 자유를 누리게 하셨습니다. 그러므로 **굳게 서서**, 다시는 종살이의 멍에를 메지 마십시오.
> 살전 3:8 그러므로 너희가 주 안에 **굳게 선즉** 우리가 이제는 살리라

바울이 쓴 사례에 드러나듯이 στήκω(스떼꼬)는 '굳게 서 있는 것'이다. 굳게 서 있는 것은 목표를 이루겠다는 마음으로 흔들리지 않고 단호하게 서 있는 것이다. 예수님의 어머니와 형제들이 지금 이 자세로 있다는 것이다. 이들의 목적은 예수님을 만나기 위해서다. 그러면 예수님의 집으로 들어오면 된다. 그러나 들어오질 않고, 굳이 사람을 보내 예수님을 불렀다. '바깥에서 꼿꼿이 서서' 말이다. 이는 뭘 의미하나? 앞에서 말했듯, 예수님

---

168 Herodotus, *Histories*, 4.15. 뜻은 똑같이 '서 있다'로 사용했다.
169 롬 14:4; 고전 16:13; 갈 5:1; 빌 1:27; 4:1; 살전 3:8; 살후 2:15.

과 한 편이 아님을 대외적으로 알리는 것이다. 가족이지만, 이젠 그와 함께 은밀하게 이야기하는 사이가 아니라고 말하는 행동이다. 우리는 그를 잡으러왔지, 그의 활동에 동조하기 위함이 아니라고.

아직 한 번도 마리아의 입장을 고려해보질 않았다. 우리는 너무 누가의 이야기에 사로잡혀 마리아가 예수님의 행동을 다 이해하고 받아들이리라 추정한다. 그러나 조금만 현실적으로 생각해보면, 그리 간단하지 않다. 예수님은 장남이다. 예수님 나이가 대략 서른 살이라 추정하는데, 그때면 장가를 들 나이였다. 그리고 어머니는 이제 시어머니요, 할머니로서 대접 받아야 하는 나이였다. 그녀는 어림잡아 사십 대 중반이었을 것이다. 지금 생각하면 젊지만, 당시에는 나이 많은 과부다. 즉 예수님이 온 가족을 부양할 의무와 책임이 있었는데, 덜렁 혼자 하나님 일을 하겠다고 가버렸으니, 얼마나 막막했겠는가?

마가에 의하면, 예수님은 세례자 요한에게 세례 받은 후, 광야에서 40일을 지내고, 갈릴리에서 활동하셨다. 광야기도 후 귀가했을 수 있다. 그러나 그 후의 행보에 대해 마리아가 적극적으로 찬성하지 않았을 것이다. 어떤 어머니가 나가라고 집밖으로 밀겠는가? 게다가 그때는 이미 세례자 요한이 구속된 상태였다. 죽으리라 예상했을 것이고, 집안의 기둥을 요한 처럼 무참하게 잃을 순 없었다. 그것도 왕과 수많은 윗분들의 심기를 거스른다면, 아들의 죽음 이후는 더 막막했을 것이다.

그런데 예수님이 전갈을 받고, 주변의 사람들이 더 놀랄만한 대답을 하셨다. 누가 내 어머니고, 누가 내 형제냐는 것이다. 그러곤 당신 주변에 빙 둘러 앉아 있는 자들을 둘러본 뒤 말하셨다.[170] 내 어머니와 내 형제들

---

[170] 이야기 흐름을 끊는 것 같아서 각주로 돌렸다. 마가가 '빙 둘러 앉아 있는 자들을 둘러본 뒤'라고 말할 때를 한 번 상상해 보라! 마가는 그냥 둘러본다고 말하지 않는다. '빙 둘러(χύκλῳ, 뀍끌로)'라는 단어를 일부러 사용해 천천히 성도들을 둥글게 둘러보며 이야기했다고 말한다. 예수님이 다음에 하실 파격적인 말을 가장 효과적으로 전달하기 위해서 말이다. 마가는 셋 중 가장 탁월한 이야기꾼이다. 참고로

은 당신들이라고. 하나님 뜻을 행하는 자가 내 형제고, 내 누이, 내 어머니라고 말이다.

난 그 때 앉아있었던 자들의 표정이 궁금하다. 어떤 표정을 지었을지. 자기들을 예수님 가족이라 하신다고 마냥 해맑게 웃었을까? 아닐 것이다. 당혹해했을 것이며, 어쩔 줄 몰라 했을 것이다. 좋아해야 할지, 말아야 할지. 여러분이 그 자리에 있었다면, 어떤 표정을 지었을 텐가? 제 삼자 입장에서 듣는 우리는 그 말씀이 힘이 된다. 예수님을 좇아 하나님의 뜻을 더 열심히 행해, 꼭 예수님으로부터 형제, 자매라는 이야기를 듣고 싶다는 욕망을 불러일으킨다.

그러나 그 말을 했을 당시의 예수님 표정도 절대 밝지 않았을 것이다. 가족들이 자신을 미쳤다고 떠드는 것을 섭섭해 하거나, 원망하지 않았을 것이다. 아기장수가 자기를 기어코 죽이려 드는 부모를 이해했듯, 자기 어머니의 행동을 이해했을 것이다. 당신 또한 자기 때문에 어머니와 동생들의 생명을 위험에 빠뜨리고 싶지 않았을 것이기 때문이다. 할 수만 있다면 먼 나라로 보내고 싶은 심정이었을 것이다. 자기 때문에 마음 고생했을 어머니의 얼굴을 또 얼마나 보고 싶었겠는가? 무릎 꿇고 죄송하다고 사죄하고 싶었을지도 모른다. 그러나 지금 그들을 정겹게 만날 수 없다. 지금 봤다간, 옆에서 나를 미워하는 서기관들에게 공격거리를 주게 된다. 지금 정성껏 설득 중인 그들한테, 나와 가족은 완전히 연(緣)이 끊어졌음을 보여줘야 한다. 그것이 가족을 위하는 길이다.

예수님은 당신 가족이 오기 전에 집이 서로 나누어지면 무너진다고 말했다(25절). 서로의 갈 길이 달라 이렇게 쪼개져있음을 이 적대자들 앞에

마태와 누가는 일절 그런 이야기기법을 쓰지 않았다; 『눈으로 듣는 마태·누가』 마 12:48 그분이 그러자 대답하여 말하셨습니다, 자기에게 말하는 자에게. "누굽니까? 내 어머니가? 그리고 누굽니까? 내 형제들이?"/ 눅 8:21 그분이 그러자 대답하여 말하셨습니다. 그들 쪽을 향해. "내 어머니와 내 형제들은, 이들은 하나님의 말씀을 듣는 자들입니다. 그리고 행하는 자들요!"

서 확실히 보여줄 절호의 기회다. 정말 예수님의 차가운 선언으로 서기관들은 확실한 인상을 받았을 것이다. '음... 쟤 혼자 저렇게 설치는 것이었군! 참! 쟤 엄마도 속이 문드러지겠군!'

예수님의 말은 집 바깥에서 꿋꿋이 서 있는 가족들에게 전달되었을 것이다. 이들이 예수님의 속내를 이해했을지, 모르겠다. 아마 단박에 이해하진 못했을 것이다. 동생들은 울화를 터뜨렸을지도 모르겠다. 어떻게 그 깊은 마음을 이해했겠는가? 미리 고지를 받았다 해도, 내 눈앞에서 수많은 사람들이 보고 있는 가운데 푸대접을 받으면 기분이 나쁜 법이다. 제자가 전할 때, 주변의 사람들이 듣고선 "어이구! 저런! 진짜 미친 거 아냐?" 등의 말을 수군수군 댔을 것인데, 어찌 웃을 수 있겠는가? 속에서 분노가 치밀어 올랐을 것이다. 마지막 말을 전해 듣고. '도대체 하나님의 뜻을 행한다는 게 뭐냐? 우릴 이렇게 푸대접하는 게 하나님의 뜻을 행하는 거냐?'고 따져 묻고 싶었을 것이다.

7. 도대체 하나님의 뜻을 행한다는 것은 무엇인가?

지금 예수님 앞에 와 있는 서기관들은 자신들이 하나님의 뜻을 행하며 산다고 생각하지 않았을까? 물론 개 중에는 자기 자신과 가족, 나아가 가문의 영화를 위해 사는 자도 있었을 것이다. 그러나 일반 백성들보다 더 토라를 외우며 살았다. 일반 서민보다 십일조를 더 제대로 냈을 것이다. 계명을 잘 지키며 살았을 터이므로, 피부 깊숙이 하나님의 뜻을 생각하고 살려 애쓴다고 자부했을 것이다. 그리고 당연히 부모와 가족들을 살뜰히 챙기며 살지 않았겠는가? 그런데 예수라는 자가 자기 가족은 더 이상 가족이 아니라고 말하니, 얼마나 아연실색했겠는가? 이상한 놈이라 여겼을 것이다.

예수님 가족들도 장남이 가족을 이렇게 내팽겨 치는 건 하나님의 뜻을

저버리는 것이라 생각했을 것이다. 아니, 하나님의 뜻 운운하지만, 실상
은 위선자라고 여겼을 것이다. 가정을 저버리고 자기 하고 싶은 대로 사는
자, 나아가 왕과 윗분들과 맞서는 바람에 남은 가족들까지 생명의 위험에
빠뜨리는 자를 어찌 잘하고 있다 말하겠는가?

예수님의 발언은 가족들을 두 번 죽였다. 동네 유지뿐 아니라, 저 가버
나움, 나아가 헤롯왕의 부하들까지 예수님을 험담하는 바람에 자기들까지
덩달아 죄인된 기분으로 사는데, 큰 맘 먹고 찾아갔더니 자기들은 하나님
의 뜻을 전혀 행하지 않는단다. 그것을 온 사람 있는 데서 내뱉었다. 공개
적으로 자식이요, 형에게 죄인이라는 말을 들었다. 그 발언이 자기들 목
숨을 살리기 위한 극단의 조치였음을 어찌 그 순간 타다닥 깨달았을까! 가
슴만 잔뜩 피멍이 든 순간이었다. 하나님의 뜻을 행하는 것은 때로 이렇게
주변 사람들을 피멍 들게 한다.

마가는 왜 이 이야기를 이렇게 전할까? 하나님의 뜻을 행하는 자들이
내 가족이라는 예수님의 냉엄한 선언은 세 복음서에 다 나온다. 그런데 보
면, 예수님 가족이 방문한 상황과 시기가 다르다. 마태는 바리새파들에게
한참 바알세불 괴담을 반박한 뒤에도 또 눈치 없이 기적을 보길 구하자, 악
하고 음란한 자들만 기적을 구한다고 꾸짖은 뒤였다. 그러니 이때도 예수
님을 미워하는 바리새파가 약점을 찾을 때였다. 가족들을 정겹게 반길 상
황이 아니었다. 마가처럼 냉정하게 내쳐야할 때였다.

마가 3장	마태 12장	누가 8장
가족 미쳤다	징표만 구하는 서기관들	마을을 두루 전도
바알세불 반박	꾸짖음	씨 뿌리는 비유 설명
예수님 가족 방문	예수님 가족 방문	예수님 가족 방문

누가는 좀 다르다. 예수님이 마을을 두루 전도하면서 군중들에게 한참

씨 뿌리는 비유를 설명할 때였다. 그때 가족이 방문한 것이다. 그렇게까지 차갑게 말을 안 하셔도 됐다. 참 복잡하지 않은가? 이천 년간 최고의 수재들이 머리 싸안을 만 했다. 여기서는 일단 이야기가 다르게 전개되었음을 알리는 것으로 그만두려 한다. - 이것까지 설명하면, 언제 4장을 할 수 있을지 모르겠다. -

마가는 왜 가족이 미쳤다고 말한 뒤, 예루살렘에서 내려온 고위관료들 발언을 싣고, 가족을 내쳤다고 말했을까? 마가가 이 이야기를 할 때의 처지가 어쨌길래, 이렇게 피멍 드는 아픔으로 구성했을까? 일단 예수님이 그런 일을 겪으셨다. 예수님은 세도가의 자식이 아니다. 가난한 과부의 아들이다. 마가가 전하는 예수님의 처지가 현실 그대로이다. 그렇기에 사회 고위층들이 보이는 미움을 가족들은 결코 무시할 수 없었을 것이다. 또 예수님이 가족들의 반응을 이해 못하지도 않았을 것이다.

그리고 마가가 이런 가슴 아픈 사건을 그대로 전한 것은 지금 자신의 성도들이 너무 심하게 박해를 겪었기 때문이다. 그 때 어쩌면 많은 가정이 와해되었을 것이다. 가족이라 해서 다 예수님을 믿는 것은 아니다. 여러분 가족들은 모두 다 예수님을 믿는가? 네로 황제는 예수를 믿는 자를 다 찾아내 죽이려 들었다. 예수님을 안 믿었던 가족들은 예수님을 믿는 가족에게 뭐라고 요구했을까? 그래도 예수 믿으라고? 당연히 아닐 것이다. "버려! 떠나! 너 때문에 우리까지 잡혀가게 생겼다고! 네가 계속 믿으면, 우리는 살아야겠으니, 너를 고발하겠다!"

아마 개 중에는 가족이 고발해 잡혀가 고문당하기도 했을 것이다. 이건 목숨이 달려있는 문제이다. 잘못하면 나도 죽는다. 누구는 그래서 배교를 했겠지만, 또 누구는 끝까지 버티다, 결국은 죽기까지 했을 것이다. 그리고 예수님을 계속 믿겠다 고집 부린 자들은 가족과 생이별을 해야 했을 것이다. 그래야 각자의 삶을 살 수 있으니까 말이다. 마가 성도들은 이런 처참한 상황을 한 번 겪었다. 마가 성도들은 더 이상 가족들과 연락하지 않았을 것이다. 예전처럼 함께 밥 먹고, 일하며 얼굴을 보는 관계를 가지지 못했을 것이다. 68년에 네로가 죽었을 때, 네로가 죽었으니, 이제 다시 보자 했을까?

인간관계를 너무 쉽게 보는 것이다. 사람 감정이라는 게, 가족이어서 금방 스르륵 녹아내리기도 하지만, 또 완전 원수도 될 수 있다. 아마 그들의 가족은 거의 다 와해되었을 것이다. 혹시 길거리에서 마주친다 해도 서로 아는 척도 안 했을 것이다. 완전 남남처럼 지냈을 확률이 높다. 마가 성도들은 예수님을 안 믿는 가족들의 불안과 공포를 충분히 이해했을 것이다. 그러나, 예수님이 너무 좋고, 진짜 버릴 수 없어 계속 그리스도인으로 살지만, 마음이 행복할까?

'그래!!! 나에겐 가족은 필요 없어!!! 저것들은 원수야!!!' 그렇게 마음을 완전히 정리하고 편하게 살 수 있었을까? 그럴 수 없을 것이다. 진짜 마음이 괴로웠을 것이다. 그리고 그 가족이며, 그를 예전에 알았던 자들은 얼마나 성도들을 욕했겠는가? 독하다고, 저것들은 가족과 친구까지도 다 버린, 못 돼 처먹은 인간들이라고, 욕하지 않았겠는가? 이 상황을 겪어보진 않았지만, 쌍방의 마음이 그려진다. 예수님 가족들이 말했듯이, 마가 성도 가족들도 "저것들은 미쳤어!!!" 말했을 것이다. 가족은 맞지만, 연을 끊은 지 한참 된다고, 어떻게 사는지 아예 모른다고, 인상을 쓰며 말했을 것이다. 욕도 했을 수 있다. 그렇게 해야 자기들에 대한 의심의 시선이 거둬진다.

내가 그리스도인이 아님을 확신시켜주기 위해, 로마 병사들보다 앞장서서 그리스도인을 축출하려 했을 수도 있다. 우리나라 6.25 전쟁 통에 빨갱이를 가족으로 둔 가정은 얼마나 시련을 겪었는가? 그리고 꼭 일부러 한 게 아니더라도, 빨갱이를 원수로 규정한 사회에서 일반인처럼 살고 싶어, 더 앞장서서 빨갱이를 축출하려 기를 쓴 사람들이 꽤 있었다.

사실 예수님 가족들이 말한 건, 마가 성도들의 가족들과 친구들이 한 대사를 고대로 읊은 것이기도 하다. 정말 마가 성도들이 걷는 길은 진짜 예수님이 걸어가신 길이었다. 마가 교회 성도들은 엄청 괴로웠을 것이다. 마가의 이야기를 들을 때의 그들의 얼굴 표정을 그려보면, 지금의 나처럼 느긋하고, 행복한 표정이 그려지지 않는다. 비장한 표정과 겁먹은 얼굴, 피멍이 가득 든 얼굴이 떠오른다. 그래서 참 속상하고, 마음이 아프다. 예수님만 아픈 게 아니었기 때문이다. 이천 년이나 지났는데도, 그들의 아픈 속사정이 느껴졌다. 예수님과 그분의 가족들의 아픔이 그려졌다.

'예수님도 그랬어...... 너희보다 먼저 예수님이 그런 아픔을 겪으셨어.... 그리고 가족들도 되게 아팠을 거야.'

아마 이들은 마가 담가 이야기를 들으면서 울컥 했을 것이다. 엄청 위로를 받았을 것이다. 그리고 이제 거의 다 가족과 절연돼 이 교회 공동체 식구들밖에 남지 않은 성도들을 보면서, 서로를 보듬어주고, 더 가족으로 품었을 것이다. 서로를 가족으로 여김으로써, 아픔을 달랬을 것이다. 하나님의 뜻을 행하는 건 고사하고, 예수님을 믿는 게 때론 이리 혹독한 아픔을 준다. 우리는 이 세상 살면서 가족을 포함해 여러 관계를 맺는다. 책임을 다하려 한다. 모두가 예수님을 믿으면 좋으련만, 결코 그렇지 못하다. 그래서 어쩔 수 없이 소통의 단절의 아픔을 겪는다. 예수님과 마가 성도들처럼, 완전히 의절해야할 처지는 아니지만, 마음 편하게 내 생각을 나누지 못할 때 나도 모르게 느껴지는 씁쓸함이 있다. 예수님으로 인해 피를 나눈 부모자식과 형제자매가 서먹서먹한 관계가 되기도 하는 것이다.

그러나 또 한 편, 예수님의 말씀은 위로를 준다. 예수님을 더 묵상하면, 소망이 생긴다. 하나님의 뜻을 행한 자가 내 형제요, 누이, 어머니라고 하신 것으로, 예수님과 그 가족 간의 관계는 끝나지 않았기 때문이다. 예수님이 끝까지 하나님의 뜻을 행함으로써, 결국은 자신의 가족 모두 다 하나님의 뜻을 행하는 자가 됐기 때문이다. 진정한 형제, 누이, 어머니가 됐다. 피눈물 흘리는 아픈 길이었지만, 그 길을 끝까지 걸어갔기에, 결국 예수님 가족 모두 다 그 생명의 길을 걸었다. 그래서 만약 여러분이 지금 여러분의 가족과 진정한 형제, 자매, 부모자식 관계가 형성되지 않아 괴롭다 해도, 그 괴로움에 갇혀 지낼 필요가 없다. 지금은 아니지만, 언젠가는 진정한 내 가족이 되리라는 소망을 가진다. 예수님이 그 열매를 거두셨기에.

　조건이 있다.

　하나님의 뜻을 끝까지 행해야 한다. 먼저 여러분이 예수님처럼 도망가지 않고, 포기하지 않고 순종해야 한다. 지금은 가족과 지인에게서 미쳤다는 소리도 듣고, 이제 관계를 끊었다는 아픈 소리를 전해들을 수 있다. 그러나 그것으로 끝난 일이 아니다. 우리에게 달려있다. 그들이 나와 큰 기쁨을 누릴 수 있는 길을 내가 먼저 끝까지 걸어가면 된다. 그러면 우리에게서 흘러나오는 길표지가 그들이 헤매고 있을 때 환하게 비춰 우리 뒤로 오게 할 것이다. 그들도 하나님이 그들에게 원하시는 뜻을 행할 것이다. 우리 각자는 하나님이 주신 십자가만 지면 된다. 그게 때로는 피멍이 들게 만들지만, 포기만 하지 않으면, 그리고 끝까지 걸어가기만 하면, 하늘에서 한 가족으로 기쁘게 상봉할 수 있을 것이다.

8. 결론

　이 이야기는 상당히 길다. 이천 년간 예수님의 가족들이 살기 위해 취해야 했던 자세나, 예수님이 가족을 보호하기 위해 어쩔 수 없이 취해야 했던 자세를 이해하지 못했기 때문이다. 마가의 이야기를 듣는 성도들의 가슴 아픈 사연을 헤아리며 해석하지 않았다. 마가복음의 탄생에는 분명 대상자가 중요했음을 알면서도 그들의 자리에서 이야기를 들어보려 하지 않았다.

　우리는 예수님을 구세주로 믿기에 예수님이 늘 강자이고, 모든 이들에게 당당하게 하고 싶은 말을 다 하시며 사셨으리라 생각한다. 예수님도 한 인간으로서 그 시대의 권세자들의 억지 부리는 주장에 대해 야단치지도 못하고 그저 변호만 해야 했던 처지를 생각하지 못한다. 특히 사탄과 성령의 일에 관련해서, 사탄에게 사로잡힌 사람을 도와주는 일은 성령이 아니면 할 수 없다. 성령을 모독하는 사람은 결국 사탄을 돕는 것이므로 영원한 죄과로 처벌받는다.

하나님의 뜻을 행하는 것은 항상 가족의 지지를 받는 것은 아니다. 당사자뿐 아니라 가족에게도 고통이 되기도 한다. 관계의 단절까지도 일어난다. 마가복음에 따르면, 예수님은 죽는 순간까지 당신의 가족이 진정한 가족으로 되는 것을 못 보셨다. 다른 복음서를 보면 꼭 그렇지 않은 것 같은데, 마가는 자기 성도들의 아픔을 고려해 일부러 예수님이 당신의 가족들과 계속 서원하셨던 것처럼 이야기를 했다. 그렇다 해서 마가 성도들이 그것을 모르진 않았을 것이다. 예수님은 끝까지 하나님의 뜻에 순종했다. 그래서 결국 그분의 모든 가족들은 진짜 가족이 되었다. 예수님이 끝까지 행했기에 가능했다.

마가복음 4장

막 4:1-20, 열매는 누구에게 달렸나?

1 그리고 다시 **계속 가르치기** 시작하셨습니다. 바닷가에서. 그러자 **그분 쪽으로** 모이는 겁니다. **제일 많은** 군중이. 하여 그분이 배에 올라탄 뒤 계속 앉아계셨습니다. 바다에. 그리고 모든 군중은 바다 쪽을 향해, 땅 위에 있었습니다.

2 그리고 **그들을** 가르치고 가르치셨습니다. 비유들로, 많이요. 그리고 말하고 또 말하셨습니다. 그들한테 자기 가르침으로요.

3 "잘 들어놓으세요! 보세요! 나갔습니다! 씨 뿌리는 자가 씨 뿌리려고요.

4 그런데 일이 있었습니다. 계속 씨 뿌리는 와중에[1] 하나가 떨어졌습니다, 길가에. 그러자 **새들이** 왔습니다. 그리고 **그걸** 집어삼켰습니다.

5 그리고 딴 것이 떨어졌습니다, 돌밭 위에. 그 자리에 **많은 흙을** 갖고 있지 않았습니다. 그래서 즉시 튀어 돋아났습니다. **흙을 깊이** 계속 갖고 있지 않음으로 말미암아서요.

6 그리고 **해가** 떠올랐을 때 바짝 탔습니다. 그리고 뿌리를 계속 갖고 있지 않음으로 말미암아 말라졌습니다.

7 그리고 딴 것은 떨어졌습니다, 가시덤불 속으로. 그래서 **가시덤불이** 올라갔습니다. 그래서 **그걸** 싹 다 같이 숨 막히게 했습니다. 그래서 열매를 내주지 못했습니다.

8 그리고 딴 것들이 떨어졌습니다, 땅, 곧 좋은 것을 향해요.[2] 그러자 **열매를**

---

1 ἐν τῷ σπείρειν, ἐν + 부정사, ~ 하는 와중에, ~함을(눅 1:21 등), 구약에 아주 많음, 마 13:4, 25; 27:12; 막 4:4; 6:48; 눅 1:8, 21 외(28) 등; 창 4:8 외(18) 등. 누가의 압도적 선호 어구.

2 εἰς τὴν γῆν τὴν καλήν, 우리나라 말로는 '땅위에 떨어졌다'가 자연스럽다. 그러나 앞에서 씨가 떨어진 곳을 '길가에', '돌밭 위에', '가시덤불 속으로'라고 굳이 말한 바 있다. 가시덤불과 같이 사용된 전치사 'εἰς(속으로)'의 의미를 살리려 했다. 평행말씀인 마 13장은 전부 '~ 위에' 떨어졌다고 말한다. 눅 8장은 '가시덤불 한가운데에', '땅, 곧 괜찮은 것 속으로'라고 말한다.

내고 또 내주었습니다. 올라오면서 그리고 자라면서. 그래서 맺고 또 맺었습니다. 한 개가 삼십 개로, 또 한 개가 육십 개로, 또 한 개는 백 개로요."

9 그리고 말하고 또 말하셨습니다. "**계속 들을 귀를** 갖고 있는 자는 좀 집중해 잘 들으세요!"

10 그리고 **혼자** 있게 되었을 때, 꼬치꼬치 물었습니다. 그분께 그분 둘레에 있는 자들이 열두 명하고 같이 비유들을요.

11 그러자 말하고 또 말하셨습니다. 그들한테. "여러분한테 비밀이 이미 주어져 있습니다. 하나님 나라의. 그러나 저 바로 바깥에 있는 자들한테는 **모든 것들이** 비유들로 됩니다.

12 보고, 계속 본다 해도, 직접 보지 못하게 하려고요. 또 듣고, 계속 들어도, 계속 깨닫지 못하게 하려고요. 되돌아오면 안 되니까요. 그래서 **그들한테** 용서될 수 있으니 말입니다."

13 그리고 말하시는 겁니다, 그들한테. "알지 못합니까? 이 비유를? 그런데 어떻게 모든 비유들을 알겠어요?

14 씨 뿌리는 자는 말씀을 씨 뿌리는 겁니다.

15 그런데 이들은 **길가에 있는 자들**입니다. 그 자리에 떨어집니다, 말씀이. 그리고 듣는 순간 즉시 갑니다, 사탄이. 그리고 **빼앗아갑니다**, 말씀, 곧 **그들을 향해** 이제까지 씨 뿌려져있던 그것을요.[3]

16 그리고 이들은 **돌밭들 위에 씨 뿌려지는 자들**입니다. 이들은 **말씀을** 듣는 순간 즉시 기쁨과 함께 **그걸** 받습니다.

17 그런데 갖고 있지 않는 겁니다, 뿌리를 자기들 속에. 오히려 잠깐만 있습니다. 그리고 나서 생기자, – 압박이나[4] 핍박이 말씀으로 말미암아서요, – 즉

---

3 τὸν ἐσπαρμένον εἰς αὐτούς, 비슷한 사례: 갈 6:8 자기의 육체를 **위하여** 심는 자는(ὁ σπείρων εἰς τὴν σάρκα ἑαυτου); 호 10:12 너희가 자기를 위하여 **의**를 심고 (σπείρατε ἑαυτοῖς εἰς δικαιοσύνην)

4 θλῖψις(틀립시스), 압박, 마 13:21 외(4); 막 4:17 외(3); 요 16:21, 33; 행 7:10 외(5);

시 걸림돌에 걸리는 겁니다.

18 또 딴 자들은 **가시덤불을 향해 씨 뿌려지는 자들**입니다. 이들은 **말씀을 들은 자들**입니다.

19 그런데 현세의 염려들 그리고 부유함의 유혹[5] 그리고 여느 일들에 대한 욕망들이 안으로 와 **말씀을** 싹 다 같이 숨 막히게 하는 겁니다. 그래서 열매가 안 됩니다.[6]

20 그리고 저자들은 **땅 위, 곧 좋은 것에 씨 뿌려진 자들**입니다. 정녕 이들은 **말씀을** 듣습니다. 그리고 흔쾌히 받아들입니다.[7] 그리고 열매 맺습니다. 한 개가 삼십 개로, 또 한 개가 육십 개로, 또 한 개는 백 개로요!"

1. 이해하기 어려운 군중의 심리

마가는 예수님이 당신 가족들을 보호하기 위해 서기관들 앞에서 일부러 나에게 가족은 더 이상 의미 없다는 선포를 한 뒤, 더 이상의 이야기를 하지 않았다. 마가 성도들에게 그 다음이 필요 없을 것이기 때문이다. 그들은 여전히 가족과 고통스런 관계를 갖고 있어서이다. 그들은 예수님이 왜 그런 말씀을 하셨는지 잘 이해했을 것이다. 마가는 자신의 성도들이 아픈

롬 2:9 외(5); 고전 7:28; 고후 1:4 외(9) 등. 거의 성경에서 '환난'으로 옮겨져 있는데, 환난은 근심과 재난을 통틀어 말한다. 재난은 급작스럽게 이유 없이 벌어지는 것이지만, '압박은 이유가 있는 어려움이다. 즉 복음을 듣고, 그것을 삶으로 옮길 때 주변이 하지 마라고 핀잔주고 불이익을 안기는 등 여러 방면으로 압박을 가하는 걸 말한다.

5 ἀπάτη(아빠떼), 유혹(마 13:22; 막 4:19; 엡 4:22; 히 3:13), 속임수(골 2:8; 살후 2:10; 벧후 2:13). 고대 그리스 문학 저자들은 속임수라는 뜻으로 썼고, 후에 헬라인들은 '쾌락'이라는 뜻으로 사용했다. 당시 항간에서 사용하는 의미로 사용했을 것이다.

6 ἄκαρπος γίνεται, 앞 7절에선 열매를 내주지 못했다고 표현했다. 이에 반해 좋은 땅은 열매를 '내고 또 내주었음'을 참고하라!

7 παραδέχομαι(빠라데코마이), 신약 6회 용어, 흔쾌히 받아들이다(막 4:20; 행 16:21; 22:18; 딤전 5:19; 출 23:1), 흔쾌히 환영하다(행 15:4; 히 12:6; 잠 3:12뿐).

마음을 억지로 드러내지 않으려 애쓰는 것을 보면서, 조금 뜸을 들인 뒤, "다시 계속 가르치기 시작하셨다"는 말로 예수님의 새로운 하루를 전한다.

'계속 가르치기 시작하셨다(ἤρξατο διδάσκειν)'는 말은 마가만 자주 쓴 상투어이다(막 4:1; 6:2, 34; 8:31). 마가는 예수님이 어디를 가시든 간에 늘 가르쳤다고 말했다(1:21, 22; 2:13). 그러나 무엇을 가르치셨는지를 말한 바 없다. 가르쳤다 말한 뒤, 항상 뭔가 터진 일에 초점을 맞췄다.[8] 그런데 지금 마가는 '다시' 계속 가르치기 시작하셨다고 말한다. 그건 바로 장소와 관련 있다. 예전에 바닷가에서 군중들을 놓고 가르친 적이 있었기 때문이다(2:13). 지금 어디 와 계시는가? 바닷가다.

그런데 마가는 한 마디 더 덧붙인다. '제일 많은' 군중이 모였다는 것이다. 예수님은 항상 군중이 많았다. 그래서 예수님께 도움을 받으려던 자들은 자주 애를 먹었다. 중풍병자가 왔을 때에도 군중 때문에 할 수 없이 지붕을 뚫지 않는가! 그런데 지금껏 몰려왔던 군중들보다 '제일 많은' 군중이 왔다 하니, 예수님의 인기가 뜨거웠음을 가리킨다. 마가는 왜 이리 강조할까? 마태도 마가처럼 바닷가에 가셨을 때 군중이 왔다고 하면서, 그저 '많은 군중'이 왔다고 했지, '제일 많은' 군중이라고 하진 않았다(마 13:2).[9]

이 사건 전에 예수님이 서기관들을 포함해서 수많은 사람들을 앉혀 놓고, 자기에게는 피로 섞인 어머니는 없다 했다. 그 말로 감동받고 은혜 받

---

8 1:22 그러자 (그들은) 계속 기절초풍했습니다. 그분 가르침에. 왜냐면 계속 그들을 가르치셨기 때문이었습니다. 꼭 권세를 가진 것처럼요. 그런데 꼭 서기관들이 (가진 것처럼은 아니었습니다). 23 그런데 즉석에 계속 그들의 회당에 사람이 있었습니다. 안 깨끗한 영 가운데. 그리고 목청껏 외쳤습니다.
2:13 그리고 나가셨습니다. 다시 바닷가로. 그러자 모든 군중이 계속 왔습니다. 그분 쪽으로. 그러자 그들을 가르치고 가르치셨습니다. 14 그리고 거쳐 가다 직접 보셨습니다. 레위, 곧 알패오 아들이 세관에 앉아있는 걸요. 그런데 말하시는 겁니다, 그에게. "나를 계속 좇으세요!" 그러자 일어서서 그분을 좇았습니다.
9 『눈으로 듣는 마태』 13:1 그 날에 예수님이 그 집에서 나가 계속 앉아계셨습니다. 바닷가에. 2 그러자 모였습니다, 그분 쪽으로 **많은 군중들이**. 하여 그분은 배에 올라탄 뒤, 계속 앉아 계셨습니다. 그런데 모든 군중이 해안가에 당시 서 있었습니다.

앉다는 이, 별로 없었을 것이다. 예수님은 가족도 외면하실 만큼 냉정한 분으로 비춰진다. 하나님의 복음을 선포하기 위해 가족을 버렸다고 했다. 가족을 하나님 나라에 들어가게 하려면 그 자세가 맞다. 그러나 그것은 또한 서기관들의 배석 때문에 어쩔 수 없이 뱉은 말이었다. 당신 가족을 보호하기 위해서 그들의 가슴을 아프게 하는 선언을 해야 했다.

그 자리에 앉아있던 자들은 예수님의 심정을 알았을까? 모르겠다. 그러나 그 선언이 터져 나온 뒤, 예수님의 인기는 더 치솟았다. 이런 게 선뜻 이해하기 어려운 인간사이다. 아니 군중의 이상한 심보다. 자기 부모를 버리고, 오로지 하나님의 뜻을 행하는 자를 가족으로 인정하겠다는 자를 냉혈한이라 욕하면서도, 찐 예언자처럼 인정하니 말이다. 자기는 가족이나 이웃, 친구 등 세상의 관계를 소중히 여기면서, 종교인은 그 관계를 끊을 때 거룩하고 신비스런 존재로 여긴다. 가족보다 타인을 더 신경 쓸 때 좋아한다. 종교인들이 정상적인 가정생활을 하기가 참 힘들다.

갈릴리의 군중도 예수님이 가족보다 도움을 필요로 하는 자들을 위해 살겠다 하시니, 예수님의 활동을 반대하는 가족을 멀리하시니, 좋아했다. 그리하여 군중은 예수님을 추앙하며 '제일 많이' 몰려갔다. 부득불 예수님은 배에 올라탈 수밖에 없었다. 당신은 배를 띄워 바다 가운데 앉아 계시고, 군중은 바다 쪽을 향해 앉아서 가르침을 받았다.

마가는 1절에 계속 가르쳤다고 해놓고선, 2절에 다시 가르치고 가르치셨다고 말한다. 마가의 이야기는 설핏 들으면 되게 얼기설기 구성돼 있고, 그냥 기적 이야기만 잔뜩 늘어놓는 것처럼 느껴진다. 맞다. 마태에 비하면 상당히 조직적이지 않다. 그러나 마가는 나름 예수님의 활동이 절대로 사람을 고치는 데에 있지 않았음을 사소한 것 같지만, 이런 식으로라도 전달하려 한다. 마가 성도들이 마태 성도들만 같았어도 이렇게 하진 않았을 것이다.

2. 예수님만 씨 비유를 사용하셨을까?

예수님이 가르치고 가르쳤다며 전하는 이야기는 모두가 잘 아는 씨 뿌리는 비유다. 이것은 마태와 누가에도 있어서, 아무래도 다른 이야기보다 여러 번 들을 기회가 많았다. 그래서 대부분 '아~~ 내가 아는 이야기!'라며 호기심을 가지지 않는다. 그런데 조금 복병이 숨어 있다. 먼저 난 이 질문으로 여러분들의 주의를 환기시키고 싶다.

이 씨를 가지고 예수님이 가르쳤는데, 씨로 예수님처럼 교훈이나 가르침을 말한 사람이 없었을까? 우리 기독교인은 예수님을 존경하고 경외하긴 하는데, 이게 좀 너무 지나치게 심해서, 예수님이 말씀하신 것은 다 예수님이 처음으로 새롭게 이야기하셨다고 본다. 예수님이 제일 창조적인 분이라고 생각하는 경향이 없지 않아 있다. 무슬림들이 무함마드를 너무 존경한 나머지, 이름조차도 부르는 것을 신성모독으로 여긴다. 그들에게서 느끼는 과도함이 때로는 우리 기독교인들에게도 보인다.

이 씨 뿌리는 비유 역시 예수님만 이런 가르침을 준 것 같지만, 사실은 아니다. 당시는 농경사회다. 씨, 특히 밀 씨가 없으면 빵을 먹을 수 없는 세상이었다. 당시는 상업보다 농업을 더 쳐주는 사회였다. 씨를 잘 일구어 양식을 만들어 내는 일이 얼마나 귀한 일인지를 그 어느 때보다 더 잘 알았던 때다. 그러다 보니 자연히 고대부터 이 '씨'를 소재로 여러 메시지를 만들었다.

먼저 구약에서 호세아를 보면, 하나님이 이스라엘을 심었다고 하신다. 내가 심었기에 내 백성으로 키우겠다 하셨다. 이스라엘을 씨로 이야기하신 것이다.

> 호 2:21 그 날에 내가 응답할 것이다. 나 주의 말이다. 나는 하
> 늘에 응답하고, 하늘은 땅에 응답하고,

22 땅은 곡식과 포도주와 올리브 기름에 응답하고, 이 먹거리
들은 이스르엘에 응답할 것이다.

23 그 때에 내가 이스라엘을 이 땅에 심어서 나의 백성으로 키
우고, 로루하마를 사랑하여 루하마가 되게 할 것이다. 로암미
에게 '이제 너는 암미다!' 하고 내가 말하면, 그가 나에게 '주님
은 나의 하나님이십니다!' 하고 대답할 것이다.

씨로 교훈을 준 자는 유대인만 있지 않다. 세네카도 있었다. 세네카
는 (기원전 4년-기원후 65년) 네로가 황제로서 무난히 시작할 수 있도록
만들었던 정치인이었지만, 원래는 스토아 철학자였다. 그가 루킬리우스
(Lucilius)에게 보내는 편지에 이렇게 말한 바 있다.

"신들은 업신여기거나 질투하지 않는다. 오히려 그들은 너에게
문을 열어준다. 그들은 손을 내밀어 네가 잡을 수 있게 한다.
너는 한 인간이 신들에게 가는 것이 신기하느냐? 그러나 하나
님이 인간들에게 가는 것이다. 그는 가까이 간다, 인간들에게.
신이 없다고 생각하는 마음은 좋은 것이 아니다. 신의 씨앗들
은 우리 죽을 몸들에 골고루 뿌려져 있다. 만약 좋은 경작자가
그것들을 받으면, 그것들은 솟아오른다. 그 근원과 같은 모양
으로, 그리고 씨앗들끼리 서로 같이 동등하게. 그러나 만약 경
작자가 나쁘면, 꼭 황폐하고, 축축한 땅 같이 되어, 그는 그 씨
앗들을 죽인다. 그래서 잡초가 자라게 만든다. 밀 대신에 말이
다(Ep. Mor. 73. 16)."

우리는 이방인들이 신심이 약하다고 생각하는데, 그렇진 않았다. 어쩌
면 더 뜨거웠을 수도 있다. 인간으로서 신과 같은 존재가 되고자 하는 욕

망은 그때도 있었다. 그런데 그런 욕망을 가진 이가 있고, 그냥 세상살이에만 관심을 가진 이가 있다. 세네카는 인간이 신심을 가진 것은 신의 '은혜'가 먼저 있음을 이야기하면서, 인간이 신의 속성을 가지고 있음을 신의 씨앗이 있다고 표현했다. 인간이 불완전하지만, 그래도 신의 자질을 품고 있는 존재라는 사고를 가진 자들이 많았다. 씨는 작다. 그만큼 인간이 신의 속성을 보유한다 하지만, 각자 얼마큼 갖고 있는지는 눈에 잘 띄지 않질 않는가!

세네카는 씨로 신성을 비유하지만은 않았다.

> "말씀들은 씨처럼 뿌려져야 한다. 그 씨가 얼마나 작든 간에, 만약 그것이 한 번 좋은 땅을 발견하면, 그것은 그 힘을 펼쳐, 그 하찮은 것에서 엄청나게 뻗어 자란다. 이성도 같은 식으로 자란다. 그것은 밖에서 볼 때는 그리 크지 않다. 그러나 그것이 제대로 작동할 때 자란다. 몇 마디 말이 말해졌는데, 마음이 진정으로 그것들을 받아들이면, 힘을 가지게 돼, 솟아난다. 그렇다. 계율들과 씨앗들은 같은 성질을 가지고 있다. 그것들은 많이 만든다. 그러나 하찮은 것들이기도 하다. 단지 내가 말한 것처럼, 좋은 마음으로 그것들을 받아들여 증가하게 해라. 그러면 그 스스로 마음 또한 엄청나게 되돌려서 만들어낼 것이다. 받은 것보다 더 많이 되돌려 줄 것이다(Ep. Mor. 38.2)."

예수님 말씀과 아주 비슷하지 않은가? 가르침을 좋은 마음으로 받아들일 때, 그 결과가 엄청날 것이라는 말은 좋은 땅에 뿌려진 씨가 맺는 열매들과 같은 이야기이다. 세네카 외 그리스의 제일 위대한 의사인 히포크라테스도 약을 다루는 법을 배우는 건 식물이 자라는 것과 똑같다고 말하며, 씨를 끄집어낸다. 우리의 자연적인 능력은 흙, 땅이고, 어릴 때부터 공부하는 것은 씨들이 적절한 땅에 제 때에 딱 뿌려지는 것이랑 똑같다고 말이다. 공부는 어렸을 때 매진하는 것이 제일 좋다. 농사에서 제일 중요한 건 때다. 비가 올 때 비가 와야 하고, 열매도 제 때 따지 않으면 다 썩는다. 히포크라테스 역시 농경사회에 살았기에 비록 농사를 직접 짓지 않아도 씨의 속성을 알았다. 그래서 히포크라테스는 의학을 제 때에 공부하는 것이 씨가 딱 제 때에 떨어지는 것과 같다고 말했다. 부지런한 것은 흙이 작용하는 것과 같다고 말했다.

농경사회에서 씨를 뿌리고, 자라고, 거두는 일은 모든 이들이 적용해서 말하기 좋은 사례였다. 그래서 예수님도 갈릴리에서 주 청중이었던 농부들에게 씨를 끄집어낸 것이다.

3. 씨 뿌리는 비유(1): 길가인 자

씨 뿌리는 이야기를 9절까지 들으면서 여러분은 어디에 꽂혔는가? 얄팍하게 추정하자면, 군중은 아마 마지막 결과, 즉 좋은 땅에 떨어진 씨들이 엄청나게 많아졌다는 데에 꽂혔을 것이다. 씨 한 개가 무려 백 개나 되었다는데 상상만 해도 흐뭇하지 않은가?

씨 뿌리는 이야기에는 크게 세 가지 소재가 있다: 씨 뿌리는 사람, 씨, 씨 뿌려진 곳(길가, 돌밭, 가시덤불, 좋은 땅).

열매는 씨 뿌려진 곳에 달렸다. 4절에 '씨 뿌리는 와중에' 길가에 떨어졌다 했다. 의도적인 게 아니다. 하다 보니 그렇게 된 것이다. 즉 씨 뿌리는 사람의 잘못이나 의도가 없단 말이다. 씨는 다 같다. 이것이 중요하다. 떨어진 곳이 다르다. 그에 따라 결과물이 달라졌다.

다시 말해 씨가 떨어진 곳 자체가 문제였다. 먼저 길가다(4절). 새들이 와서 그것을 집어 삼켰다. 이에 대해 예수님은 말씀을 듣는 순간 사탄이 즉시 가서 **빼앗아간다**는 해석하셨다(15절). 말씀을 듣는 자들은 사탄이 빼앗아 가도, 아무 것도 안 하고 있었다. 그저 **빼앗아가게** 놔뒀다. 그 씨는 '그들 속으로 이제까지 씨 뿌려져 있던 것'이다.

『눈으로 듣는 마가 · 마태 · 누가』

마가 4:15	마태 13:19	누가 8:12
그런데 이들은 길가에 있는 자들입니다. 그 자리에 떨어집니다. 말씀이. 그리고 듣는 순간 즉시 갑니다. 사탄이. 그리고 빼앗아갑니다. 말씀, 곧 그들을 향해 이제까지 씨 뿌려져있던 그것을요($\tau\grave{o}\nu$ $\dot{\epsilon}\sigma\pi\alpha\rho\mu\acute{\epsilon}\nu o\nu$ $\epsilon\dot{\iota}\varsigma$ $\alpha\dot{\upsilon}\tauο\acute{\upsilon}\varsigma$)	모두 나라의 말씀을 들을 적에 그런데 깨닫지 못할 적에 오는 겁니다. 악한 자가. 그리고 강탈합니다. 그의 마음속에 이제까지 뿌려져 있는 것을요($\tgrave{o}$ $\dot{\epsilon}\sigma\pi\alpha\rho\mu\acute{\epsilon}\nu o\nu$ $\dot{\epsilon}\nu$ $\tau\tilde{\eta}$ $\kappa\alpha\rho\delta\acute{\iota}\alpha$ $\alpha\dot{\upsilon}\tauο\tilde{\upsilon}$). 이자가 길가에 씨 뿌려진 자입니다.	그리고 그 길가에 (떨어진) 것들은 들은 자들입니다. 그리고 나서 악마가 옵니다. 그리고 빼앗아 갑니다. 말씀을 그들 마음에서. 그리하여 믿어서 구원 받지 못하게 하려고요.

길가에 떨어진 씨에 대한 각 복음담가들의 설명이다. 예수님이 제자들에게 설명을 단 한 번만 해줬겠는가? 한 번만으로 다 알아듣고 외우면 제자로 머물지 않았다. 제자들은 성인이 될 때까지 체계적인 교육을 받지 못한 자들이다. 대부분. 마태는 모르겠지만. 물론 기억력은 현재의 우리보다 탁월했을 것이다. 그러나 머리도 자꾸 써야 발달된다. 예수님이 가르치고 또 가르친 이유는 청중이 늘 바뀌기도 했지만, 제자들 역시 반복교육이 필요했다.

그런데 누구의 설명이 탁월한 것 같은가? 마태라고 본다. 세 명을 놓고 보면, 누가는 번번이 마태에게 밀린다. 누가는 다양한 이야기를 잘 전하는 재주는 있으나, 설명할 때 두루뭉술하게 할 때가 제법 있다. 마가도 이상하리만치 자세하게 설명을 하지 않는다. 마태가 제일 조직적으로 잘 설명하는 경향이 있다.

마가에게로 돌아가서, 듣는 순간 즉시 사탄이 가서 말씀을 빼앗아간다고 했는데, 길가인 자의 잘못이 크게 없는 듯 느껴진다. 듣는데 곧바로 사탄이 왔는데, 무슨 방도가 있겠는가? 그런데 '그들을 향해 이제까지 씨 뿌려져 있던 말씀들'을 말할 때 마가는 조금 특이한 전치사를 썼다. 바로 εἰς(에이스)이다. 말씀이 '그들한테' 뿌려졌다는데, 원문 그대로 옮기자면, 그들 '속으로' 또는 그들을 '향하여'이다. 마태는 εἰς(에이스) 전치사를 쓰지 않았다. 대신 ἐν(엔)을 썼다. 전치사 ἐν(엔)은 '속에'라는 뜻으로, '그의 마음속에(ἐν τῇ καρδίᾳ αὐτοῦ) 이제까지 뿌려져 있는 것'이다.

그런데 씨 뿌리다(σπείρω(스뻬이로))는 동사는 성경에서 전치사를 아예 안 쓰거나 마태처럼 ἐν(엔)을 쓰지,[10] 마가처럼 εἰς(에이스)를 쓰지 않는다. 호 10:12와 갈 6:8 외에는. εἰς(에이스)는 방향을 강조하는 전치사이다. 즉 마가는 씨가 뿌려진 방향을 강조한 것이다. 18절, 가시덤불 비유에도 똑같이 εἰς(에이스)가 쓰였는데(οἱ εἰς τὰς ἀκάνθας σπειρόμενοι), 이 역시 가시덤불을 '향해' 씨가 뿌려진 것이라 할 수 있다.[11]

> 갈 6:8 자기의 육체를 **위하여** 심는 자는(ὁ σπείρων εἰς τὴν σάρκα ἑαυτου)
> 호 10:12 너희가 자기를 위하여 **의를** 심고 (σπείρατε ἑαυτοῖς εἰς δικαιοσύνην)

게다가 갈 6:8을 보면, εἰς(에이스)가 그저 방향만을 말한다고 할 수 없다. '위해서'이다. 그래서 갈 6:8은 '자기의 육체를 위하여' 심는 자라 말했

---

10   출 23:16 밭에 뿌린 것의(σπείρῃς ἐν τῷ ἀγρῷ σου); 슥 10:9 내가 그들을 열방에 뿌리려니와(σπερῶ αὐτοὺς ἐν λαοῖς).

11   그래서 프랑스(R. T. France)는 수신자 '방향으로' 씨가 뿌려진 것을 뜻하는 것으로, 전치사 ἐν(엔)보다 마가처럼 εἰς(에이스)를 쓰는 게 더 정확한 어구라고 해석했다; 참. R. T. France, *Mark*, 181.

다. 자기의 육체 '속으로' 씨를 뿌렸다는 것은[12] 자기의 육체 쪽을 향해 뿌린 것이다. 이건 자기의 육체를 위하여 뿌린 것이다. 호 10:12도 원문대로 하자면, '자기에게 의를 향하여 씨를 뿌려라'이다. 자기에게 의의 안으로 씨를 뿌리는 것은 자기에게 의를 심는 것이다. 그건 남을 위한 일이 아니다. 자기를 위한 일이지. 그래서 『개역개정』이 '자기를 위하여 의를 심고'라고 옮긴 것이다.

다시 15절로 돌아오자. 씨 뿌린 자가 뿌린 말씀은 길가에 있는 자들을 '향해' 간 것이다. 예수님이 말씀을 한 것은 자기의 말씀을 듣는 자들을 '위해서'이다. '그들을 위해' 계속 말씀을 뿌렸건만, 이들은 자기들을 위해 준 말씀들을 그냥 빼앗아가도록 놔뒀다. 어째서 그렇게 했을까? 이들에 대해 조금이라도 이해할 수 있는 대목이 바로 그 다음에 나오는 돌밭이다.

16절을 보자. 예수님은 이 돌밭인 자들은 말씀을 듣는 순간 기쁨과 함께 말씀을 받아들인다고 말한다. 이 말은 길가인 자들은 말씀을 들을 때 기쁨을 느끼지 않았다는 뜻이다. 예수님이 전한 말씀은 하나님 나라에 관한 복음이다. 하나님 나라에 들어가고 싶으면, 이 땅에서 어떻게 살아야 할지 알려주신 것이다. 하나님이 우리에게 주신 가르침들은 전부 다 우리를 위한 것들이다. 우리가 잘 먹고 잘 살기 위한 것이지, 하나님이 좋으라고 하신 게 아니다. 물론 우리가 행복한 것을 보면, 하나님도 기쁘실 것이다. 그러나 가장 본질적인 목적은 우리다. 그러므로 우리는 들을 때 기뻐해야 한다. 나한테 좋은 일이 생길 것이 아닌가! 그래서 예수님은 그들을 위해 열심히 가르쳤건만, 길가인 자들은 무덤덤했다. 마음에 기쁨이 전혀 생기지 않았던 것이다. 그래서 사탄이 그 말씀을 빼앗아가도 아까워하지 않고 놔뒀던 것이다. 말씀이 그들에게 귀하다 여겨졌다면, 절대로 빼앗기게 하지 않았을 것이다.

---

12   Richard N. Longenecker, *Galatians*, WBC 41(Word Books, 1990), 280.

이들은 왜 기뻐하지 않았을까? 길게 다룰 수 없어 간단하게 말하려 한다. 하나님 나라에 관심이 없어서이다. 하나님이 믿어지지 않아서이다. 예수님의 말씀이 믿어지지 않아서이다. 사람들은 당장 자기에게 주어지는 것, 가질 수 있는 것, 눈에 보이는 것 등에 관심을 가진다. 다른 사람들한테 자랑할 수 없으면, 시들해한다. 그래서 복음을 들어도 아무 느낌이 없는 것이다. 백억을 주겠다는 말을 들었다면, 기뻐했을 것이다. 설교를 들을 때, 기쁨이 안 생겼다면 사탄이 와서 가져간 것이다.

4. 씨 뿌리는 비유(2): 돌밭인 자

돌밭이다(5절). 예수님은 씨가 돌밭 위에 떨어졌다 그랬다. 그런데 그 돌밭을 설명하길, 그 자리에는 많은 흙을 갖고 있지 않았다고 했다. 돌밭의 약점을 이야기한 것이다. 그러고선 그 씨가 즉시 튀어 돋아났다고 말하는데, 그 이유가 특이하다. 흙을 깊이 갖고 있지 않아서 그렇다는 것이다. 계속 흙을 강조한다.

돌밭 이야기는 한 절로 끝나지 않았다. 예수님은 더 이어서 말한다. 해가 떠올랐을 때, 바짝 탔다는 것이다. 그런데 그 이유가 예상을 빗나간다. 지금까지 돌밭의 약점으로 계속 흙이 많지 않다고 짚어놓고선, 씨가 타버린 이유를 뿌리를 갖고 있지 않아서라는 것이다. 이 이야기의 마태와 누가를 보면, 마태는 마가와 거의 유사하게 전한다.[13] 누가는 흙을 일절 언급 안 한다. 떨어진 곳도 바위이고, 뜬금없이 습기가 등장한다.

『눈으로 듣는 마가 · 마태 · 누가』

---

13   뒷 구절도 유사하다. 『눈으로 듣는 마태』 마 13:6 그런데 해가 떠오르자 바짝 탔습니다. 그리고 **뿌리를** 계속 갖고 있지 않음으로 말미암아 말라졌습니다.

마가 4:5	마태 13:5	누가 8:6
그리고 딴 것이 떨어졌습니다. 돌밭 위에. 그 자리에 많은 흙을 갖고 있지 않았습니다. 그래서 즉시 튀어 돋아났습니다. 흙을 깊이 계속 갖고 있지 않음으로 말미암아서요.	그러자 딴 것들이 떨어졌습니다. 돌밭 위에. 그 자리는 많은 흙을 갖고 있지 않았습니다. 그래서 즉시로 튀어 돋아났습니다. 흙을 깊이 계속 갖고 있지 않음으로 말미암아서요.	그런데 다른 것은 툭 떨어졌습니다. 바위 위에. 그래서 솟아나 말라졌습니다. 습기를 계속 갖고 있지 않음으로 말미암아서요.

이 돌밭에 대해 예수님은 설명하길(16절), 이들은 말씀을 듣는 순간 기쁨과 함께 그것을 받았다 했다. 그런데 뿌리를 갖고 있질 않아서 말씀으로 말미암아 압박이나 핍박이 생기면 즉시 걸림돌에 걸린다고 하셨다. 돌밭인 자들은 그래도 말씀을 들으면서 기쁨을 느꼈다. 기쁨을 느낀 건 말씀을 받아들였다는 뜻이다. 그게 깨달음이든, 소망이든, 위로이든, 도전이든, 뭔가 내 마음에 하나 박히는 게 있으면, 말씀을 받아들인 것이다. 이 책을 읽고 있는 이라면, 다 경험했을 것이다.

알 것이다. 문제는 그 다음이라는 것을. 해가 내리쬘 때 말이다. 내 안에 뿌리가 있는지 없는지를 가늠하게 만드는 압박과 핍박 말이다. 앞 3:7에서 '압박'이라는 단어를 좀 설명했다.[14] 'θλῖψις(틀립시스)'를 성경에는 '환난'이라 옮겼으나, 이것의 실지 뜻은 사방팔방으로 가해진 압박이라고 말이다. 우리가 받아들인 말씀으로 인해 뭔가 변화를 시도할 때 그것을 싫어하는 사람들의 압박을 말하신 것이다. 말씀이 내 안에 콱 박히면, 생각이 달라지게 돼 있다. 그래서 평소와 다른 행동이나 말을 하게 되고, 또 삶의 목표의 방향을 튼다. 그런데 나의 변화에 모두가 환영하지 않는다. 먼저 가족, 더 나아가 주변 사람들과 갈등이 생긴다. 사방팔방으로 압박감을 받

14 '압박' 용어 설명은 310쪽을 참조하시오.

는 것이다. 결코 한 쪽에서만 가하는 압박이 아니다.

가족으로부터 미움과 내침을 당해본 적이 있는가? 상당히 버겁다. 그런데 다른 곳에서도 반대와 저항이 일어나면 포기하고 싶은 마음이 절로 일어난다. 예수님이 말한 압박은 결코 가벼운 수준이 아니다. 압박 뒤에 이어 말한 '핍박'이 말한다. 성경에서 '핍박(διωγμός(디오그모스))'은 박해로 주로 옮겨져 있는데, 이것은 상대방을 해할 목적으로 못되게 괴롭히는 것이 아닌가! 예레미야 애가에서 예레미야가 부르짖는 재난은 나라를 잃은데다가 가족을 잃고 모든 것이 파괴된 상태를 견뎌야 하는 재난이다. 가벼운 수준이 아닌 것이다. 그래서 걸림돌에 걸리는 것이다.

> διωγμός(디오그모스), 박해, 핍박, 재난
> 행 8:1 사울은 그가 죽임 당함을 마땅히 여기더라 그 날에 예루살렘에 있는 교회에 큰 **박해가** 있어 사도 외에는 다 유대와 사마리아 모든 땅으로 흩어지니라
> 살후 1:4 그러므로 우리는 온갖 **박해와** 환난 가운데서도 여러분이 간직한 그 인내와 믿음을 두고서 하나님의 여러 교회에서 여러분을 자랑하고 있습니다.
> 애 3:19 내 고초와 **재난** 곧 쑥과 담즙을 기억하소서

이쯤 되면 궁금하지 않은가? 도대체 무슨 말씀이길래 이리 압박과 핍박을 받는 건지.... 이 정도로 압박과 박해를 받았는지 여부를 자신에게 물어보길 바란다. 냉정하게. 대부분 '아니구나'라 답할 것이다. 우리를 넘어뜨리는 방해물 크기를 재보면, 우리의 뿌리는 엄청 얕고 가느다란 것이다. 우리 대부분은 초대 기독교인들이나 예레미야가 경험한 핍박과 재난을 예수님의 말씀 때문에 겪지 않는다. 그런데도 그 말씀대로 살지 못하고 뜻을 접었다. 압박과 핍박을 견딜 뿌리는 내 속에 있어야 한다. 예수님은 제자

들에게 설명 시 냉정하게 분석하셨다. 17절에. "갖고 있지 않는 거야, 뿌리를 자기들 속에!" 실천하기 어려운 말씀이 문제가 아니다. 내가 문제이지.

5. 씨 뿌리는 비유(3): 가시덤불인 자

예수님이 세 번째로 언급한 경우가 가시덤불이었다(7절). 씨가 떨어졌는데, 길가처럼 이 씨도 가시덤불을 '향해', 가시덤불을 '위해' 떨어졌다. 이 가시덤불은 돌밭처럼 씨를 받아들였다. 그래서 올라갔다. 그런데 그걸 다 숨 막히게 만들었다는 것이다. 이에 대해 예수님은 19절에서 설명을 해 주셨다. 말씀을 들은 자들한테 현세의 염려들, 부유함의 유혹, 그리고 여느 일들에 대한 욕망들이 안으로 와 말씀을 숨 막히게 만들었다는 것이다.

말씀을 완전히 숨 막히게 만드는 것으로 세 가지를 꼽았는데, '염려들', '유혹', 그리고 '욕망'은 바깥에서 터진 것이 아니다. 내 마음에서 일어나는 시끄러움이다. αἰών(아이온)을 여기서는 현세라 옮겼지만, '시대' 혹은 '세대'로 쓰이기도 한다.[15] 우리가 살고 있는 현재 이 시대가 되겠다. 세상은 항상 문제가 있다. 아니 넘친다. 일 년 삼백육십오 일 중에 문제가 안 터지는 날이 어디 있던가? 항상 문제가 있는 시대를 염려하며 산다는 것이다.

> ἀπάτη(아빠떼), 유혹, 속임수
> 엡 4:22 너희는 **유혹의** 욕심을 따라 썩어져 가는 구습을 따르는 옛 사람을 벗어 버리고

---

15 예) 눅 18:30 몇 배로 못 [돌려] 받을 자는 결단코 (없습니다). 이 때에. 그리고 오는 **시대에는** 영원한 생명을!: 롬 12:2 너희는 이 **세대를** 본받지 말고 오직 마음을 새롭게 함으로 변화를 받아 하나님의 선하시고 기뻐하시고 온전하신 뜻이 무엇인지 분별하도록 하라

골 2:8 누가 철학과 헛된 **속임수로** 너희를 사로잡을까 주의하
라 이것은 사람의 전통과 세상의 초등학문을 따름이요 그리스
도를 따름이 아니니라
벧후 2:13 불의의 값으로 불의를 당하며 낮에 즐기고 노는 것
을 기쁘게 여기는 자들이니 점과 흠이라 너희와 함께 연회할 때
에 그들의 **속임수로** 즐기고 놀며

둘째로 부유함의 유혹이다. '유혹'은 ἀπάτη(아빠떼)인데, 속임수로도 쓰
였다. 유혹의 동사는 ἀπατάω(아빠따오)인데, 다 하나같이 '속이다', '꾀다'
이다.[16] 그 중 필자의 눈을 끄는 구절은 창 3:13이다. 하나님이 여자에게
왜 명령을 어겼냐고 물었을 때, "뱀이 저를 **꾀어서** 먹었다"고 말할 때 사용
되었기 때문이다. 뱀은 여자한테 거짓말을 했다.

창 3:13 주 하나님이 그 여자에게 물으셨다. "너는 어쩌다가
이런 일을 저질렀느냐?" 여자도 핑계를 대었다. "뱀이 저를 **꾀
어서** 먹었습니다."

꾀는 것도 종류가 있다. 좋은 것을 주기 위해 꾀는 것과 없으면서 줄 것
처럼 꾀는 것 말이다. ἀπάτη(아빠떼)는 당연히 후자이다. 선악과를 먹는다
고 해서 하나님처럼 될 일이 없는데, 뱀은 된다고 꾀었다. 부유함의 유혹
도 매한가지이다. 부유함은 모두가 원한다. 하나님을 두려워하고 살면 확

---

16 ἀπατάω(아빠따오), 속이다, 꾀다, 신약 3회 용어, 구약에 좀 있음, 엡 5:6; 딤
전 2:14; 약 1:26; 창 3:13; 출 22:16 등; 참. 엡 5:6 누구든지 헛된 말로 너희를 **속
이지 못하게 하라** 이를 인하여 하나님의 진노가 불순종의 아들들에게 임하나니; 딤
전 2:14 아담이 **속임을 당한 것이** 아니라, 여자가 속임을 당하고 죄에 빠진 것입니
다; 약 1:26 누가 스스로 경건하다고 생각하면서도, 혀를 다스리지 않고 자기 마음
을 **속이면,** 이 사람의 신앙은 헛된 것입니다; 출 22:16 사람이 정혼하지 아니한 처
녀를 **꾀어** 동침하였으면 빙폐를 드려 아내로 삼을 것이요.

실히 부유해지건만(잠 8:18; 시 112:3),[17] 반대로 하면 부유하게 해 줄 거라고 꾀는 것이다. 거짓말이다. 속인 것이다.

세 번째는 여느 일들에 대한 욕망들이다. 욕망(ἐπιθυμία(에삐튀미아)) 자체는 나쁜 것이 아니다. 사람이 무언가를 이루려면 열망이 있어야 한다.

> ἐπιθυμία(에삐튀미아), 열망, 욕망, 욕심
>
> 눅 22:15 그러자 말하셨습니다. 그들 쪽을 향해. "**열망으로 열망했습니다.** 이 유월절 (양)을 여러분과 함께 먹기를요. 저의 고난 겪음 전에 말입니다.
>
> 살전 2:17 형제들아 우리가 잠시 너희를 떠난 것은 얼굴이요 마음은 아니니 너희 얼굴 보기를 **열정으로** 더욱 힘썼노라
>
> 갈 5:24 그리스도 예수의 사람들은 육체와 함께 그 정욕과 탐심을 십자가에 못 박았느니라
>
> 약 1:14 오직 각 사람이 시험을 받는 것은 자기 **욕심에** 끌려 미혹됨이니

그래서 예수님이 제자들과 마지막 식사를 할 때, 누가복음에서 예수님은 유월절 양을 함께 먹기를 열망하고 열망했다고 말한다.[18] 바울 또한 살전 2:17에서 '열정으로' 여러분 얼굴 보기를 힘썼다고 말했다. 마음 깊은 곳에서부터 욕심을 열심히 부렸다는 뜻이다. 문제는 욕심을 부린 대상이 무엇이냐이다. 더 많이 가지려 하는 것은 자기를 파괴시키는 욕심이다. 지

---

17 하나님을 경외하는 것이 지혜의 근본이며, 그 지혜는 부귀를 준다고 말한다; 참. 잠 8:18 부귀가 내게 있고 장구한 재물과 공의도 그러하니라; 시 112:3 부와 재물이 그의 집에 있음이여 그의 공의가 영구히 서 있으리로다

18 『개역개정』은 '원하고 원하였노라'라고 옮겼다. 그러나 원문은 ἐπιθυμία ἐπεθύμησα (열망으로 열망했다)이다; 참. 이르시되 내가 고난을 받기 전에 너희와 함께 이 유월절 먹기를 **원하고 원하였노라**

금 예수님이 문제 삼는 것도 필요 없는 일에 욕심을 부리는 것이다.

결국 이 세 가지, 염려들, 유혹, 욕망은 다 현재 내가 가진 것보다 더 많이 갖고 싶은 욕심이다. 지금은 자본주의 시대이므로 돈에 대한 과욕을 부리는 게 당연하다 싶지만, 예수님 당시에도 돈 욕심을 부리는 자들이 많았다. 결국 열매를 맺지 못하는 이유는 마음을 다스리지 못해서인 것이다.

이에 대한 현상을 예수님은 말씀을 '싹 다 같이 숨막히게 한다'고 표현하셨다. συμπνίγω(쉼쁘니고)라는 용어인데, '숨 막히게 하다'인 πνίγω(쁘니고)가 더 강화된 것이다. 한 쪽에서만 숨을 막는 게 아니라, '싹 다 같이' 합심해서 숨을 막는 것이다. 한 사람 안에 얼마나 많은 마음이 들어앉아 있는가! 부자가 되고 싶은 욕구만 있는 게 아니라, 살면서 느끼는 온갖 관계들 속에서도 인정받고 칭찬 받으며 살고 싶어 한다. 그런 잡다한 여러 욕망들을 쳐내지 않으면, 내 안에 들어와 있는 말씀이 자라질 못한다는 것이다. 그래서 열매가 안 된다고 말한다.

이와 비슷한 가르침이 마 6:24에 있다.

> 마 6:24 한 사람이 두 주인을 섬기지 못할 것이니 혹 이를 미워
> 하고 저를 사랑하거나 혹 이를 중히 여기고 저를 경히 여김이라
> 너희가 하나님과 재물을 겸하여 섬기지 못하느니라
> ───────
> 33 그런즉 너희는 먼저 그의 나라와 그의 의를 구하라 그리하
> 면 이 모든 것을 너희에게 더하시리라
> 34 그러므로 내일 일을 위하여 염려하지 말라 내일 일은 내일
> 이 염려할 것이요 한 날의 괴로움은 그 날로 족하니라

사람이 재물과 하나님을 같이 섬기지 못한다는 가르침이다. 모두 자신의 인생에서 열매를 맺고 싶어 한다. 특히 좋은 열매를, 많이 맺고 싶어 한

다. 이 시대를 살면서 흐름도 알아야 하고, 무엇이 문제인지도 알아야 하지만, 너무나도 많은 염려와 욕심들이 내 마음을 채우면, 말씀이 마음속에서 자라지 못하고 그 속에 파묻혀 질식사하게 되는 것이다. 말씀이 자라야 믿음이 생기며, 소망이 커져 결국에는 결실물을 보게 되는데 말이다.

6. 씨 뿌리는 비유(4): 좋은 땅인 자

8절이다. 예수님은 아주 간단하게 씨들이 땅, 곧 좋은 것 속으로 떨어졌다고 했다. 씨가 땅, 곧 좋은 것을 '향해(εἰς τὴν γῆν τὴν καλὴν)' 떨어졌다고 말한 것은 우연이 아니다. 평행본문인 마태는 가장 적합한 어법으로 다르게 말한다. 좋은 것 '위에' 떨어졌다고 하니 말이다.

> 마 13:8 그리고 딴 것들이 떨어졌습니다. 흙 위, 곧 좋은 것 **위에요**(ἐπὶ τὴν γῆν τὴν καλὴν).

앞에서 말했다시피 씨가 좋은 땅을 '향해' 떨어진 것은 좋은 땅을 '위해서'였다. 예수님은 나중에 비유를 설명할 때, 살짝 수정해 일반적으로 쓰는 어법으로 고쳤다. 전치사 ἐπί(에삐)를 써, '땅 위, 곧 좋은 것에' 씨 뿌려진 자들이라고 했기 때문이다(20절). 좋은 땅은 알았다. 씨가 자기를 위해 왔다는 것을. 그래서 열매를 내고 또 내주었다. 예수님의 사랑이 자기를 위한 것임을 알아야 열매가 생긴다.

잠시 곁길로 빠져 누가복음을 살펴볼까 한다. 누가는 좋은 땅이라 하지 않고, 의외의 다른 것을 연상하도록 '괜찮은 땅'이라 했다. 흔히 땅은 '좋은(καλός(깔로스))'이란 말을 붙인다. καλός(깔로스)는 하나님이 천지를 창조하실 때 보시고서 "좋군!" 하셨을 때 한 말이다. [19] 그런데 누가는 '좋은 땅' 이 아니라, ἀγαθός(아가토스)인 땅을 향해 떨어졌다고 했다. 그런데 'ἀγαθός (아가토스)' 땅은 신명기의 젖과 꿀이 흐르는 '아름다운 땅'이다. 신 31:20 과 똑같은 어구인 것이다. 하나님이 '젖과 꿀이 흐르는 아름다운 땅으로' 인도하겠다 하신 것처럼, 그 '아름다운 땅으로' 떨어졌다는 것이다. 전치사 εἰς(에이스)까지 똑같다.

> 눅 8:8 그리고 다른 것은 떨어졌습니다. 땅, 곧 괜찮은 것을 향
> 해요(εἰς τὴν γῆν τὴν ἀγαθήν)
> 신 31:20 내가 그들의 조상들에게 맹세한 바 젖과 꿀이 흐르
> 는 땅으로(εἰς τὴν γῆν τὴν ἀγαθήν, 아름다운 땅으로) 그들을 인도
> 하여 들인 후에 그들이 먹어 배부르고 살찌면 돌이켜 다른 신
> 들을 섬기며 나를 멸시하여 내 언약을 어기리니
> 3:25 구하옵나니 나를 건너가게 하사 요단 저쪽에 있는 **아름**
> **다운 땅**(τὴν γῆν τὴν ἀγαθὴν), 아름다운 산과 레바논을 보게 하
> 옵소서 하되

하나님은 히브리인들을 애굽에서 빼내 아름다운 땅에 보내겠노라 약속 하셨다. 그런데 그 땅을 헬라어로는 누가복음처럼 땅에 ἀγαθός(아가토스) 를 붙였다. 그것도 전치사까지 일일이 붙여서 부르는데, 유독 신명기에서 그러했다(7회 등장). [20] 신명기 칠십인역에 능통한 자였다면, 예수님이 말 하시는 좋은 땅은 바로 하나님이 약속하셨던 젖과 꿀이 흐르는 아름다운

---

19 창 1:31 하나님이 손수 만드신 모든 것을 보시니, 보시기에 참 **좋았다**(χαλὰ). 저녁이 되고 아침이 되니, 엿샛날이 지났다.
20 신 3:25; 4:22; 6:18; 9:4, 6; 31:20, 21. 민수기에서도 나오나, 누가복음처 럼 땅과 연결 지어서 사용하지 않는다(예: 민 14:7 ἡ γῆ ἣν κατεσκεψάμεθα αὐτήν ἀγαθη).

땅으로 이해했을 것이다.[21] 예수님의 가르침을 잘 받아들인 자들은 마음 밭이 젖과 꿀이 흐르는 아름다운 땅이다.

다시 돌아가 마가는 좋은 땅 속으로 떨어진 씨의 결과를 이야기한다. 마가의 특성을 눈으로 확실하게 인지하도록 다른 복음서와 같이 실었다. 좋은 땅을 향해 뿌려진 씨의 결과를 말하면서 마가가 제일 길게 한다. 열매를 계속 냈다는 것으로 만족하지 않고, '올라오고, 자랐다', 또 '계속 맺었다'고 말한다. 그리고 씨 하나하나가 삼십 개가 되고, 육십 개, 백 개가 됐다고 말한 것이다. 마태는 간단하다. 누가는 더 간단하다. 복음서의 전체 길이는 누가가 제일 길다. 비유 이야기를 누가가 제일 길게 할 것 같지만, 그렇지 않다. 마가는 예수님의 가르침을 많이 싣지 않은 대신, 전할 때는 길면서도 찰지게 한다. 그래서 그가 전한 일화들은 대부분 다른 복음서들보다 길다.

『눈으로 듣는 마가 · 마태 · 누가』

마가	마태	누가
4:8 그리고 딴 것들이 떨어졌습니다. 땅, 곧 좋은 것을 향해요. 그러자 열매를 내고 또 내주었습니다. 올라오면서 그리고 자라면서. 그래서 맺고 또 맺었습니다. 한 개가 삼십 개로, 또 한 개가 육십 개로, 또 한 개는 백 개로요."	13:8 그리고 딴 것들이 떨어졌습니다. 흙 위, 곧 좋은 것 위에요. 그래서 열매를 내고 또 내주었습니다. 그래서 그것을 백 개로, 그리고 그것을 육십 개로, 그리고 그것을 삼십 개로요.	8:8 그리고 다른 것은 떨어졌습니다, 땅, 곧 괜찮은 것을 향해요. 그래서 솟아나 만들었습니다. 열매를 백 배로."

마가는 좋은 땅 속으로 떨어진 씨들이 얼마나 건강하게 올라가 얼마나 많

---

21 그 외 역대상 28:8에서만 비슷한 어구를 썼다; 참. 이제 너희는 온 이스라엘 곧 여호와의 회중이 보는 데에서와 우리 하나님이 들으시는 데에서 너희 하나님 여호와의 모든 계명을 구하여 지키기로 하라 그리하면 너희가 **이 아름다운 땅을**(τὴν γῆν τὴν ἀγαθὴν) 누리고 너희 후손에게 끼쳐 영원한 기업이 되게 하리라)

은 열매를 내었는지를 강조했다. 20절에 예수님의 설명을 보면, 이들은 말씀을 듣되, 아주 흔쾌히 받아들인다. παραδέχομαι(빠라데코마이)인데, 행 15:4에서는 '환영하다'는 뜻으로도 쓰였다. 환영은 기쁘게 받아들이는 것이다.

> παραδέχομαι(빠라데코마이), 퍼뜨리다, 환영하다, 받아들이다.
> 출 23:1 너는 거짓된 풍설을 **퍼뜨리지** 말며 악인과 연합하여 위증하는 증인이 되지 말며
> 행 15:4 예루살렘에 이르러서, 그들은 교회와 사도들과 장로들에게 **환영을 받고**, 하나님께서 그들과 함께 행하신 일들을 모두 보고하였다.
> 16:21 이 사람들은 로마 시민인 우리로서는, **받아들일 수도 없고** 실천할 수도 없는, 부당한 풍속을 선전하고 있습니다" 하고 말하였다.
> 딤전 5:19 장로에 대한 고발은 두 사람이나 세 사람의 증인이 없이는 **받아들이지 마십시오.**
> 히 12:6 주께서 그 사랑하시는 자를 징계하시고 그가 **받아들이시는** 아들마다 채찍질하심이라 하였으니

대표적인 예로 뽑은 παραδέχομαι(빠라데코마이)의 문장을 보면, '퍼뜨리다'는 뜻은 '환영하다'나 '받아들이다'와 반대의 방향성을 지닌다. '퍼뜨리다'는 밖으로 내보내는 행동이기 때문이다. 그러나 퍼뜨리는 자나 환영하는 자의 자세는 둘 다 적극적이다. 마지못해 하는 것이 아니라, 의지를 가지고 적극적으로 하는 태도이다. 받아들일 때 억지로, 내키지 못해서 받아들이는 것이 있고, 적극적으로 수용하는 것도 있다. παραδέχομαι(빠라데코마이)는 적극적으로 다 받아들이는 행동이다. 다시 말하면 좋은 땅은 말씀

을 아주 기쁘게 받아들여 변화하려 한다는 것이다. 좋은 땅의 자세는 적극적이다. 말씀을 받는 자의 자세가 중요하다.

중요한 것은 가르치는 자가 아니라, 듣는 자임을, 특히 듣는 자의 선한 심성과 끈기임을 적시하는 자가 누가이다. 씨 뿌리는 비유는 마태와 누가에도 있는데, 누가는 비유의 설명을 다음과 같이 했다.

마가 4:20	마태 13:23	누가 8:15
그리고 저자들은 땅 위, 곧 좋은 것에 씨 뿌려진 자들입니다. 정녕 이들은 말씀을 듣습니다. 그리고 흔쾌히 받아들임입니다. 그리고 열매 맺습니다. 한 개가 삼십 개로, 또 한 개가 육십 개로, 또 한 개는 백 개로요!	그리고 좋은 땅 위에 씨 뿌려진 자, 이자는 말씀을 듣고 또 깨닫는 자입니다. 그자는 정말로 열매 맺습니다. 그리고 만듭니다. 그걸 백 개로, 그리고 그걸 육십 개로, 또 그걸 삼십 개로!	그리고 좋은 땅에 (떨어진) 것, 이들은 정녕 좋은 그리고 선한 마음으로 말씀을 듣고선 굳게 유지하는 자들입니다. 그래서 열매 맺습니다, 인내로.

마가가 강조하는 점은 '말씀을 듣되, 흔쾌히 받아들이는 것'이다. 그런데 과연 어떤 자가 흔쾌히 받아들이는가? 누가는 그것을 '좋고 선한 마음으로 말씀을 듣고선 굳게 유지하는 자'라 설명을 했다. 마지막엔 '그게 바로 인내야!'를 한 번 더 콕 찍어준다. 아무리 유익한 것을 준다 해도, 마음이 비뚤어진 자는 절대로 곱게 받는 법이 없다. 흔쾌히 환영하듯 받아들이지 않는다. 그리고 말씀을 잘 견지한다. 하루 결심했다 해서 다음 날 열매가 맺히지는 않는다. 인내가 필요하다.

마가는 말씀을 환영하듯 받아들이면 잘 견지해나가리라 봤다. 누가처럼 길게 예수님의 설명을 달지 않았다. 대신 마가는 긍정적인 태도가 얼마나 효과가 좋은지를 강조하기 위해, 씨 한 개가 삼십 개, 또 씨 한 개가 육십 개, 또 한 개가 백 개가 되었다고 일일이 나열해 말했다. 누가처럼 왕창 열매가 백배로 늘었다고 말하지 않았다. 이것은 자기 성도 한 사람, 한 사람의 태도에 따라 열매가 맺히는 정도가 달라짐을 강조하기 싶어서였다. 사실 모두가 긍정적인 태도로 말씀을 받아들인다 해도, 결과물이 다 똑같지 않지 않는가! 모두가 다 백 개를 내면 얼마나 좋으련만, 실제로 그런 일은 일어나질 않지 않는다.

7. 예수님이 뿌린 말씀은 무엇인가?

씨 뿌리는 자 이야기를 제자들이 이해 못했을 때, 예수님이 씨는 말씀이라 그랬다. '말씀'은 원래 말이다.

> λόγος(로고스), 말, 말씀
> 5:36 예수께서 그 하는 **말을** 곁에서 들으시고 회당장에게 이르시되 두려워하지 말고 믿기만 하라 하시고
> 7:29 예수께서 이르시되 이 **말을** 하였으니 돌아가라 귀신이 네 딸에게서 나갔느니라 하시매

마가복음에서 '말씀'이 지금처럼 예수님이 선포한 '말씀'으로 옮겨지기도 했지만, 단순히 인간이 하는 '말'로도 옮겨진 경우도 많다.[22] 위의 5:36이나 7:29만 해도, 회당장의 집에서 온 사람들과 시로페니키아 출신의 여자가 한 '말'도 동일한 λόγος(로고스)이다. 예수님도 사람들에게 뿌린 것은 실상 '말'이다. 차이가 있다면 무엇을 담고 있는 말이냐다.

예수님이 씨를 뿌리는 것으로 비유한 '말씀'은 '복음'이라 할 수 있다.[23] 예수님은 하나님 나라 운동을 펼칠 때 한 말이 "때가 찼고 하나님의 나라

---

22 그 외 8:38; 11:29; 13:31.
23 R. T. France, *Mark*, 204.

가 가까이 왔으니 회개하고 복음을 믿으라"였다(1:15). 마가는 예수님이
그 이후 선포한 내용이 뭔지 정확히 한 번도 밝히지 않았다. 그러나 아무
리 큰 죄를 지었다 할지라도 회개하기만 하면, 충분히 하나님 나라에 들어
갈 수 있다는 복음을 말로 했으리라는 것은 확실하다.

그런데 하나님 나라에 들어가려면, 단 한 번만 회개해선 안 된다. 필자
가 옮겼듯이, '거듭 회개해야 한다'. '회개하고 또 회개해라'고 말하신 예
수님이었다. 거듭 회개해야 우리가 달라지고, 인생의 방향이 완전히 바뀌
기 때문이다. 그래서 『개역개정』은 2:2에서 단순히 '말씀'이라 옮기지 않
았다. '도'라 옮겼다.

개역개정	눈으로 듣는 마가
많은 사람이 모여서 문 앞까지도 들어설 자리가 없게 되었는데 예수께서 그들에게 도를 말씀하시더니	그래서 많은 이들이 모였습니다. 하여 더 이상 수용할 수 없을 정도였습니다. 심지어 문 쪽 있는 곳들까지도요. 그런데 소리 내 말하고 또 말하셨습니다, 그들한테 말씀을.

안타깝게도 말씀을 '도'라 부른 경우는 더 이상 나타나지 않는다. 그러
나 예수님이 전파하거나 가르친 것들은 우리가 살아가는 동안 귀중히 여
겨야 할 '도'라 할 수 있다. 우리가 지금 쓰는 성경을 번역하는 데에 지대한
공을 세운 학자들 중 박창환이란 분이 계신다. 이 분은 은퇴 후 신약을 다
시 한국어로 옮겨 책을 냈다. 성경번역판을 낼 때마다 직접적으로 관여하
신 분이 굳이 따로 신약을 낸 이유가 있었다.

아주 중요하다 생각되는 낱말들을 옮기는 데에 있어 본인의 주장을 관
철시키기 어려웠기 때문이었다. 그 중 대표적인 사례가 바로 λόγος (로고
스)였다. 신약에서 로고스는 그냥 단순히 말씀이 아니라, '도, 도리'라는 뜻
이었기 때문이었다. 요한복음에 등장하는 λόγος(로고스)도 단순한 '말'이라

하기엔 너무나도 철학적이고 신학적인 심오한 뜻을 가지고 있는 어휘인데 '말씀'이라고 옮기는 것이 너무 평가절하 하는 느낌이 든다는 것이었다.[24]

박창환의 말대로 예수님의 말씀은 우리가 어떻게 살아야 할지를 가르치는 '도리'이다. 앞에서 예수님의 말씀의 큰 메시지는 회개하는 것이라 했지만, 사람 사는 데에 어디 회개만 갖고 될 일인가? 하나님 나라가 어떤 곳인지, 어떤 자가 들어갈 수 있는 것인지에 대한 여러 가르침들이 있어야 한다. 사람과의 관계에 있어서도 어떤 자세가 필요한지에 대해서도 알아야 한다. 재물에 대해서도 하나님이 원하시는 마음을 알아야 한다. 이 모든 것을 예수님은 다 '말씀'하셨다. '도'를 가르친 것이다.

씨가 뿌려지는 땅과 관련해 그 말씀을 우리가 어떻게 받아들이냐에 따라, 삶은 달라진다. 예수님이 전파한 말씀이 '도'라 이해할 때, 그리고 좋은 땅만이 삼십 배, 육십 배, 백배의 열매를 맺는 것을 볼 때, 이것은 하루 사이에 이룰 수 있는 일이 아니다. 특히나 요즘처럼 인생이 아주 길어진 현대에 우리는 '도'를 닦듯이 매일 매일 자신을 예수님의 말씀으로 갈고 닦아야 한다.

8. 결론

여기서는 일단 씨 뿌리는 비유만 집중해서 설명했다. 예수님은 여러 번 이 이야기를 했을 것이다. 그리고 하면 할수록 똑같은 생각을 했을 것이다. 하나님 나라에 대한 이야기를 하는 사람은 변함이 없는데, 받아들이는 사람이 누구냐에 따라 반응이 제각각임을. 자기의 가르침을 듣는 이들에게 눈을 맞춰가며 얘기하다 보면, 나의 열정을 고대로 쏘옥 받아들이는

---

24   박창환, 『청포 박창환 전집』, 11.

이가 있는가 하면, 듣는 건지 안 듣는 건지 도통 표정에 변화가 없는 이가 있다. 혹시나 하는 마음에 그를 향해 열정을 퍼부어도 밑 빠진 독에 물 붓는 듯한 느낌이 들 때도 있었을 것이다. 이 비유는 예수님의 경험에서 우러나온 것이다.

열매가 맺히고 안 맺히고는 씨를 뿌리는 사람이나 씨 문제가 아니다. 장소가 문제이지. 길가 속으로 떨어진 씨도 길가를 위해서 간 것이었다. 돌짝밭 경우도 압제나 핍박을 견디지 못한 것은 씨 문제가 아니다. 그 안에 뿌리가 없어서이다. 가시덤불도 마찬가지로 마음이 하나님 나라가 아닌 이 세상에 가 있어서이다. 좋은 땅은 마음이 여러 갈래로 흩어져 있지 않았다. 듣고 기쁘게 긍정적으로 받아들였다. 뭔가 의심하거나 불평하거나 그러질 않았다. 모든 사례는 하나를 가리킨다. 말씀을 듣는 자의 마음이다. 어떤 마음으로 듣는지에 따라 결과가 달라지는 것이다. 씨 뿌리는 자를 탓하지 않고, 씨를 탓하지 않아야 한다.

예수님은 이 이야기를 비유로 할 수밖에 없었다. 자기 이야기를 듣는 청중들에게 "여러분 중에 심보가 고약한 자들은 자신 때문에 좋은 결과를 얻지 못하는 것이오!" 하고 어찌 돌직구를 날리겠는가? 사람은 배웠든, 안 배웠든 자기 자신의 허물을 대놓고 지적하는 자를 안 좋아한다. 지금 좋은 성과를 못 낸 것은 내 탓이 아니라, 니 탓이라 하는 이를 배척한다. 자기 옆에 못난이가 자기와 똑같이 헤매고 있어도, 나는 저 못난이보단 낫다는 생각을 하는 게 인간이다. 자신은 좋은 밭이라 여기고 싶어 한다. 예수님은 그래서 이 이야기를 비유로 하신 것이다.

현대의 성도들 대다수가 목사의 설교자질을 많이 거론한다. 잘 하는 분, 못 하는 분, 확실히 있다. 그런데 내가 은혜를 받는 데에는 설교자의 자질이 중요하지 않다. 듣는 자의 심보가 중요하다. 내가 지금 위급하고 하나님의 말씀을 들으려는 갈급한 마음이 있으면, 설교자가 엉성하게 전해도 기가 막히게 메시지를 받는다. 말씀에서 해결을 받았다 한다. 그 자리에 앉은 모두가 해결을 받아야 하는데, 절대로 그렇지 않다. 내가 어떤 자세로 지금 듣느냐에 따라, 선물의 크기는 달라진다.

4:9-13, 비밀과외를 받는 법

9   그리고 말하고 또 말하셨습니다. "**계속 들을 귀를** 갖고 있는 자는 좀 집중해 잘 들으세요!"

10   그리고 **혼자** 있게 되었을 때, 꼬치꼬치 물었습니다. 그분께 그분 둘레에 있는 자들이 열두 명하고 같이 비유들을요.

11   그러자 말하고 또 말하셨습니다, 그들한테. "여러분한테 비밀이 이미 주어져 있습니다, 하나님 나라의. 그러나 저 바로 바깥에 있는 자들한테는 **모든 것들이** 비유들로 됩니다.

12   그리하여 보고, 계속 본다 해도, 직접 보지 못합니다. 또 듣고, 계속 들어도, 계속 깨닫지 못합니다. 그래서 되돌아오지 않습니다. 그리고 그들이 용서받지 못합니다."

13   그리고 말하시는 겁니다, 그들한테. "알지 못합니까? 이 비유를? 그런데 어떻게 모든 비유들을 알겠어요?

1. 마가 성도들을 위한 비유

이 부분은 씨 뿌리는 비유와 그것을 해설하는 단락 사이에 있는 이야기이다. 예수님이 군중 앞에서 가르친 비유를 제자들이 묻자, 설명하면서 하신 말씀인데, 보다시피 비유보다 더 어렵다. 우리가 생각하는 예수님과 다른 모습을 보기 때문이다. 원래 비유라는 것은 어떤 주장을 좀 더 쉽게 이해시키려고 사용하는 방법이다. 그러니 예수님이 비유를 든 것은 청중들이 좀 더 잘 알아듣게 하려 한 것인데, 이것 때문에 깨닫지 못해 용서받지 못하는 상황까지 된다고 하신다.

성경을 처음 읽는 이는 이상한 것을 눈치 못 채겠지만, 좀 읽은 이는 고개를 갸웃거릴 것이다: '4:12이 이랬나?' 여러분이 맞다.

개역개정	가톨릭 성경	새한글
이는 그들로 보기는 보아도 알지 못하며 듣기는 들어도 깨닫지 못하게 하여 돌이켜 죄 사함을 얻지 못하게 하려 함이라 하시고	'보고 또 보아도 알아보지 못하고 듣고 또 들어도 깨닫지 못하여 저들이 돌아와 용서받는 일이 없게 하려는 것이다.'	그래서 그들이 보고 또 보겠지만 알아보지 못하고, 듣고 또 듣겠지만 깨닫지 못합니다. 그러니까 그들이 돌아와서 용서받지 못합니다.

개역개정과 가톨릭성경을 가져왔다. 모두 예수님이 비유를 말하시는 이유가 의도적이었다고 한다. 죄인들이 깨닫지 못해 용서받는 일이 없게 하기 위해서 비유를 말했다고 한다. 이 말은 예수님을 다시 보게 만든다. 이 구절은 학자들을 상당히 고심하게 만들었다.[25] 단서는 ἵνα(히나)를 어떻게 해석하냐다.

ἵνα(히나)는 다양한 의미로 사용되는 접속사다. 개인적으로 해석하기 제일 어렵다.[26] 주로 '~하기 위해'라는 뜻으로 사용되는데, 여기서는 다르게 봐야 한다. 앞에서 동사가 말한 것의 결과를 말할 때 썼다고 봐야 하는 것이다. 즉 11절에서 예수님이 저 바깥에 있는 사람들에게 비유로 말했는데, 그 결과 저들은 보고 또 본다 해도 직접 보지 못하는 상황, 즉 보

---

25 4:12의 ἵνα(히나) 해석 시도에 대해 다음을 참조하시오. R. T. France, *Mark*, 199-200.

26 22년에 마가복음 개정판을 냈을 때 ἵνα(히나)를 달리 해석했다; 참. 보고 계속 본다 해도, 직접 보지 못하게 하려고요. 또 듣고 계속 들어도 계속 깨닫지 못하게 하려고요. 되돌아오면 안 되니까요. 그래서 그들한테 용서될 수 있으니 말입니다. 김현정, 『눈으로 듣는 마가』, 93.

는 게 뭔지 알지 못하는 결과가 된다는 것이다. 원래 헬라작품에서 ἵνα(히나)를 말의 결과를 말하기 위해 쓰는 일은 없다. 그런데 희한하게 신약에는 사용된다.[27]

위의 표를 보면 『개역개정』과 『가톨릭성경』은 예수님이 바깥사람들이 회개하지 못하도록 일부러 비유를 말했다고 적혀 있다. 가장 최근에 발간한 『새한글』이 다르게 옮겼다. 비유를 말한 결과를 말하는 것으로 ἵνα(히나)를 해석한 것이다. 12절 해석은 예수님을 어떤 분으로 볼 것이냐에 달려있다. 사람들이 당신의 말을 못 알아듣고 구원 받지 못하길 원하는 분으로 보느냐, 아니냐. 당연히 후자이다.

성경에는 하나님의 처사가 이해되지 않는 부분들이 간혹 있다. 예를 들어, 출애굽 시 하나님이 바로에게 보이셨던 태도이다. 모세를 시켜 이스라엘 백성을 탈출시키면서 하나님이 일부러 바로가 모세에게 맞서게 하셨다고 자주 이야기했기 때문이다.[28]

> 출 9:12 그러나 여호와께서 바로의 마음을 완악하게 하셨으므로 그들의 말을 듣지 아니하였으니 여호와께서 모세에게 말씀하심과 같더라
> 10:1 여호와께서 모세에게 이르시되 바로에게로 들어가라 내가 그의 마음과 그의 신하들의 마음을 완강하게 함은 나의 표징을 그들 중에 보이기 위함이며

27　비슷한 사례로는 요 9:2와 롬 11:11이 있다; 참. 요 9:2 제자들이 물어 이르되 랍비여 이 사람이 **맹인으로 난 것이** 누구의 죄로 인함이니이까 자기니이까 그의 부모니이까; 롬 11:11 그러므로 내가 말하노니 **그들이 넘어지기까지** 실족하였느냐 그럴 수 없느니라 그들이 넘어짐으로 구원이 이방인에게 이르러 이스라엘로 시기 나게 함이니라. 참고하시오. Daniel B. Wallace, *Greek Grammar Beyond the Basics: An Exegetical Syntax of the New Testament* (Grand Rapids: Zondervan Publ. House, 1996), 473.

28　그 외 출 10:20, 27; 11:10; 14:8.

하나님이 바로의 마음을 완악하게 했다고 말하면서도, 또 때론 바로가 스스로 마음을 완악하게 먹었다고 말하기도 했다. 바로의 태도에 대해 해석이 왔다갔다하는 것이다.

> 8:15 그러나 바로가 숨을 쉴 수 있게 됨을 보았을 때에 그의 마음을 완강하게 하여 그들의 말을 듣지 아니하였으니 여호와께서 말씀하신 것과 같더라
> 32 그러나 바로가 이때에도 그의 마음을 완강하게 하여 그 백성을 보내지 아니 하였더라
> 9:34 바로가 비와 우박과 우렛소리가 그친 것을 보고 다시 범죄하여 마음을 완악하게 하니 그와 그의 신하가 꼭 같더라

그러나 출애굽기는 하나님이 바로의 마음을 악하게 만드셨다는 말을 더 많이 한다. 즉 출애굽기는 하나님이 바로의 마음을 조종하거나, 스스로 모세를 대적했다고 전하는데, 이와 같은 이중적인 메시지는 안 좋은 상황이라 할지라도 하나님이 관여하고 계심을 말하기 위함이다.[29] 하나님이 어떤 일을 이루실 때 그것을 방해하려는 자들이 있다 해도, 그 역시 필요하기 때문에 훼방꾼으로서 세우신다고 본 것이다.

이사야 6:9, 10 역시 하나님의 이해 못할 발언이다.

> 사 6:9 여호와께서 이르시되 가서 이 백성에게 이르기를 너희가 듣기는 들어도 깨닫지 못할 것이요 보기는 보아도 알지 못하리라 하여
> 10 이 백성의 마음을 둔하게 하며 그들의 귀가 막히고 그들의

---

29 존 도미닉 크로산, 『비유의 위력』, 김준우 옮김 (일산: 한국기독교연구소, 2012), 35.

눈이 감기게 하라 염려하건대 그들이 눈으로 보고 귀로 듣고
마음으로 깨닫고 다시 돌아와 고침을 받을까 하노라 하시기로

하나님은 이사야에게 예언하라고 지시하셨는데, 이스라엘 백성들의 회
개와 되돌아옴이 목적이 아니라는 것이다. 이들이 돌아와 고침을 받을까
하나님이 염려한다는데, 이 본문 역시 하나님을 이해하기 어렵게 만든다.
이사야서에서의 하나님은 이스라엘이 지금이라도 돌이키길 원하셨기 때
문이다. 어디 이사야서뿐인가? 하나님은 끊임없이 돌이킬 기회를 주신다.
하나님은 이스라엘이 멸망하여 황폐하게 하리라고 작정했으므로, 그들이
돌이켜도 절대로 바꾸지 않을 것이라는 태도를 가지지 않으셨다.

이사야가 이스라엘 백성에게 경고를 하면서, 그들이 믿지 않고, 듣지 않
을 것을 미리 예고하고 멸망을 예언하신 것으로 봐야 한다.[30] 그들이 그릇
된 선택을 할 것을 알고 계심을 말한 것이라 봐야 한다.

학자들은 예수님이 이사야의 말을 하신 것은 아마 그때 당신의 가르침
을 거부하는 자들이 있는 것을 해석하기 위함이라고 본다.[31] 즉 비유를 말
해도, 거부하는 자들이 있을 것이라는 결과를 말하신 것으로 보는 것이다.
앞에서 보다시피 예수님의 활동에 대해 모두가 환영하고 수용하지 않았
다. 서기관들을 비롯한 무리들은 거세게 반발했다. 예수님도 분명 반대를
예상하셨을 터이다.

마가가 들려주는 예수님의 가르침은 목숨을 내걸고 예수님을 선택한 성

---

30 John D. W. Watts, *Isaiah 1–33*, WBC 24(Waco: Word Books, 1985),
75; W. D. Davies and D. C. Allison, *Matthew 8–18*, 393; 이사야의 이 예
언구절은 일이 나중에 다 터지고 나서 쓰였다고 해석하는 학자도 있다. 앗시리아
로 인해 북이스라엘이 멸망한 뒤, 그 일을 하나님이 이미 이전에 결정하셨기에 사
람들이 예언을 해도 듣지 않았던 것이라고 해석한 데에서 비롯되었다고 봤다.
Joseph Blenkinsopp, *A History of Prophesy in Israel*, rev. ed. (Louisville:
Westminster John Knox, 1996), 102.

31 W. D. Davies and D. C. Allison, *Matthew 8–18*, 393.

도들에게는 아주 힘이 된다. 자신들은 좋은 땅이 아닌가? 네로황제의 박해를 통해 돌짝밭과 가시덤불 같은 성도들이 싹 거둬져 사라졌다. 만약 압제나 현실의 유혹 때문에 마구 흔들리는 성도들이 있었다면, 죄책감을 느끼거나 혹은 자신을 콕 가리켜 지적하는 것 같아 불편한 기색을 감추지 못했을 것이다. 물론 마가 성도들도 상당히 흔들렸으며, 지금도 흔들리고 있다. 그러나 어쨌든 예수님을 계속 믿겠다고 지금 목숨 뿐 아니라 가족, 나아가 인생 전체를 걸었지 않는가? 씨 뿌리는 비유는 그들에게 기쁨과 소망을 주는 것이다.

2. 마태에서 드러나는 예수님의 진짜 마음

마태와 누가도 이 비유를 전하는데, 마태가 예수님의 평소의 생각을 보여준다.[32] 누가는 마가와 비슷하지만, 마태는 사뭇 다르다.

『눈으로 듣는 마태』

13:13 이로 말미암아 비유들로 그들한테 (내가) 소리 내 말하는 겁니다. 보고도 보지 못하고 있기 때문에요. 그리고 듣고도 듣지 못하고 있고, 또 깨닫지도 못하고 있기 때문입니다.

14 그래서 그들한테는 성취되고 있습니다. 이사야의 예언, 곧 말하는 것이. '(여러분은) 소문으로 들을 것이다! 그러나 절대로 깨닫지 못할 것이다! 그리고 보고 볼 것이다! 그러나 절대로

---

32 누가복음도 평행본문이 있는데, 마가보다 더 짧긴 하지만, 같은 식으로 말한다; 참. 8:10 그분은 그러자 말하셨습니다. "여러분한테 알게 이미 주어져 있습니다, 하나님 나라의 비밀들이. 그러나 여느 (사람)들한테는 비유들로 (주어집니다). 보고도, 제대로 못 봅니다. 또 듣고도, 제대로 못 깨닫습니다.

직접 보지 못할 것이다!

15 왜냐면 비대해졌기 때문이다. 이 백성의 마음이. 그래서
귀로 굼뜨게 들었다. 그리고 자기들의 눈을 감았다. 그렇지 않
으면, 눈으로 직접 볼까 해서이다. 그리고 귀로 듣고, 그래서
마음으로 깨닫고 그래서 되돌아갈까 해서이다! 그러면 그들을
(내가) 낫게 해주었을 것이다!'

16 그러나 여러분의 (것이) 복 있습니다! 눈들이! 보고 있으
니 말입니다! 그리고 여러분의 귀들이 (복 있습니다)! 듣고 있
으니 말입니다!

17 왜냐면 진실로 말합니다, 여러분한테. 많은 예언자들과 의
로운 자들이 열망했습니다! (여러분이) 보고 있는 것들을 직접
보기를! 그러나 직접 보지 못했습니다. 그리고 듣고 있는 것들
을 듣기를 (열망했지만), 그러나 듣지 못했습니다.

아주 길지만 일부러 다 실었다. 마태가 얼마나 다른지 직접 눈으로 봐야
느낄 수 있어서이다. 13:13 이후를 보면, 마태는 이사야를 콕 집어서 인
용할 뿐 아니라, 그에 대한 설명이 다르다. 자신의 말을 안 듣는 이유가 예
수님이 의도해서가 아니다. 듣는 자들의 마음이 비대해져서, 도통 깨달으
려 하지 않는다는 것이다. 예수님을 거부하는 것은 예수님이 원해서가 아
니다. 못 깨닫는 이들의 영적인 무딤 때문이다. [33] 이들은 고생길에 들어설
까봐 스스로 눈을 감고 귀를 막고 있다.

예수님은 이들을 낫게 해주고 싶어 하나, 이들이 스스로 거부해버려 어
쩔 수 없었다고 말하신다. 예수님은 자신의 가르침을 열심히 듣는 이들에
게 여러분은 얼마나 복이 많은지 모른다고 들려준다. 모두가 보고 듣기를

---

33 W. D. Davies and D. C. Allison, *Matthew 8-18*, 392-93.

열망했는데, 그들이 스스로 눈을 감는 바람에 보지 못했는데, 바로 여러분은 마음이 가난해 듣고, 보고, 깨닫는다고 말이다. 하늘나라의 비밀을 알게 된 것은 듣는 자의 마음상태에 달려있다고 하셨다.

예수님이 말하신 말씀이 이사야의 것임을 지적한 이는 마태다. 그러나 이사야의 말씀과 비교해 보면, 오히려 마태가 정확하지 않다. 마가가 이사야서가 의도한 대로 전했다. 그러나 현실적으로 생각해보자. 사람들이 예수님의 말씀을 듣지 않은 것이 예수님이 의도한 바일까? 듣는 자의 마음보가 문제이지 않겠는가? 그래서 이사야보다 예레미야서가 더 맞다고 볼 수 있다.

하나님은 태초부터 여러 가지 방법으로 당신이 유일한 신이며, 당신의 가르침대로 거룩하면 복이 있음을 알려주셨지만, 어리석고 깨닫지 못하는 백성들은 눈이 있어도 보지 못하고, 귀가 있어도 듣지 못했다(렘 5:21).[34] 하나님이 없다고 하며 마음대로 살고, 그래서 곤경에 빠지는 것은 순전히 사람들의 못된 마음에서 비롯된 것이다. 예수님은 그 마음의 악함을 직시하고 회개하길 원하셨지, 그들이 그 속에서 계속 허우적거리는 것을 원하지 않으셨다. 즉 백성이 깨닫지 못하길 원한 것은 아니라는 것이다.

예수님이 만약 죄인은 원래 하나님의 역사를 보지 않으려 하고, 하나님의 가르침을 듣지 않으려 하므로, 영원한 형벌을 받아 마땅하다 생각했다면, 동네에서 죄인으로 취급받는 자들에게 적극적으로 가까이 가지 않았을 것이다. 의인들을 상대하는 것이 나았다. 그러나 예수님은 병자한테 의사가 필요하듯, 죄인한테 당신이 필요하다고 여겼던 분이다. 즉 마태복음이 전하는 말씀이 훨씬 더 역사적인 예수님답다.

---

34 렘 5:21 어리석고 지각이 없으며 눈이 있어도 보지 못하며 귀가 있어도 듣지 못하는 백성이여 이를 들을지어다

3. "제발 좀 잘 들어놔!"

마태복음을 놓고 비교 해석할 때, 자연히 드는 의문이 있을 것이다: 뭐가 예수님이 직접 하신 말일까? 둘 다 가능하다. 여러 번 말했듯, 예수님이 비유를 한두 번 하신 게 아니다. 수십 번, 아니 수백 번 하셨을 것이다. 제자들이 한 번 듣고 다 깨우쳐 두 번 다시 묻지 않았을 것이라 보는 것이 이상하다. 예수님이 대답하실 때, 모든 제자들이 초집중하며 다 듣고, 한 번에 다 알아들었으리라 생각하는 것은 비현실적이다. 제자들 중 깨닫지 못한 이가 다시 한 번 더 물었을 가능성이 있다. 그리고 그 때가 씨 뿌리는 비유를 말하신 다음이 아닐 확률은 또 얼마나 높은가?

예수님의 가르침들 중 씨 뿌리는 비유는 특별히 군중에게 직설적으로 말하기 힘든 메시지다. 마태복음 13장의 '밭에 감추인 보화' 같은 천국 비유는 듣는 이들이 그리 불편한 감정을 가지지 않는다. 보화를 집에 잔뜩 가진 자들은 불쾌했겠지만. 그러나 씨 뿌리는 비유에서만큼 많은 수가 아니다.

예수님이 복음을 선포하면서 자신의 복음의 씨를 기쁘게 받아들이는 자들을 보기도 했지만, 반대로 길가처럼 그대로 튕겨내거나, 뜨뜻미지근하게 받아들이는 자들을 숱하게 만났을 것이다. 좋은 흙 같은 자들은 상관없지만, 미심쩍어하는 자들에게 "당신은 내 말을 안 받아들이니, 하나님 나라 가긴 글렀소!" 말할 수 있었을까? 없다. 안 하셨다. 어차피 부정적인 자는 경고해봤자, 반발만 더 할 뿐이다. 그래서 예수님은 비유를 택하셨다. 자기 인생에서 좋은 열매 맺는 것은 말씀을 받아들이는 자한테 달려있다고 말이다.

그러나 그렇다고 해서, 당신의 말을 듣는 청중들이 다 제 생긴 대로 살 거라 여기고, 포기하셨는가? 그렇지 않다. 예수님이 씨 뿌리는 비유를 시작할 때, "잘 들어놓으세요!(Ἀκούετε(아꾸에떼))"라 말한다(3절). 보통 내 말을 들으라 요구할 때, "들으세요!(ἀκούσατε(아꾸싸떼))"라 말했다. 35 구약에서 "들으세요!(ἀκούσατε(아꾸싸떼))"라 말한 사례는 총 103번인데 반해, 36 "잘 들어놓으세요!('Ακούετε(아꾸에떼))"는 9번밖에 안 된다. 그것도 거의 다 "그만 들어라!"였다. 지금까지 듣던 태도를 버리라고 요구할 때 한 말이었던 것이다. 37

상대방이 내 말을 제발 좀 잘 듣기를 바랄 때, 우리는 "제발 좀 잘 들어놔!"라 한다. 간단하게 "들어봐!"라고 하는 말보다 더 강한 요구이다. 마가복음에서 "제발 좀 잘 들어놔!"고 요구하는 곳은 여기 말고 변모산뿐이다. 하나님이 예수는 내 사랑하는 아들이니, 그의 말을 '제발 좀 잘 들어라!'고 요구할 때다(막 9:7). 38 당신의 아들의 마지막 희생을 앞두고, 그가 제자들한테 남기는 말들이 제대로 잘 수용되기를 바라는 아버지의 간절하고 아픈 마음이 느껴지는 말이다. 다시 말하면, 예수님은 씨 뿌리는 비유를 말할 때, 청중들이 좀 주의해 잘 듣고 좋은 열매를 많이 맺기 바라셨다. '내가 아무리 잘 얘기해도, 결국 열매 맺을 사람은 정해져있어! 하나 마나 똑같지, 뭐!', 이런 생각 안 하셨다.

---

35 예) 막 7:14 그리고 다시 군중을 가까이 부르고선 말하고 또 말하셨습니다. 그들한테. "내 (말을) 들으세요, 다! 그래서 깨달으세요!

36 신약에서는 총 10번 등장한다.

37 그것도 사 28:23 빼고는 전부 "그만 들어라!"를 뜻하는 "μὴ ἀκούετε"이다. 지금까지 누구의 말을 들어왔던 자세를 이제 버리라는 뜻으로 구약에서 주로 사용됐다.

38 9:7 그리고 일이 있었습니다. 구름이 그들 위에 드리우는데. 그리고 일이 있었습니다. 소리가 구름 밖으로요. "이자는 내 아들, 곧 사랑하는 자다! 그의 말을 **잘 들어놓아라!**"

4. 비밀이 이미 주어져 있는 자는 깨달을 기회가 있다!

11절에서 예수님은 제자들한테는 하나님 나라의 비밀이 이미 주어져 있다고 하셨다. 비밀(μυστήριον(뮈스**떼**리온))이라는 용어는 신약에서 많이 나온다.[39] 구약에선 다니엘서 2장에만 나왔는데(9회), '은밀한 것'으로 옮겨졌다.

> μυστήριον(뮈스**떼**리온), 비밀, 은밀한 것, 신비
> 2:27 다니엘이 왕 앞에 대답하여 이르되 왕이 물으신 바 **은밀한 것은** 지혜자나 술객이나 박수나 점쟁이가 능히 왕께 보일 수 없으되
> 28 오직 **은밀한 것을** 나타내실 이는 하늘에 계신 하나님이시라 그가 느부갓네살 왕에게 후일에 될 일을 알게 하셨나이다 왕의 꿈 곧 왕이 침상에서 머리 속으로 받은 환상은 이러하니이다

비밀(μυστήριον(뮈스**떼**리온))은 숨겨져 있어 남들이 잘 알지 못하는 것이다. 느부갓네살 왕은 꿈 내용을 말하지도 않은 채 부하들에게 자기가 꾼 꿈을 맞히고 해석해라고 요구했다. 숨긴 것이다. 이런 비밀은 신만이 알 수 있다. 비밀은 아무나 알 수 없다. 특별히 선택된 자만이 알 수 있다. 비밀을 아는 자로 선택된다는 것은 상당한 특권을 부여하는 것이다. 그래서 당시 사회에 밀의종교가 만연했다. 누구를 믿는지, 어디서 예배를 드리는지, 어떻게 예배를 드리는지 등을 떠벌리지 않고, 선택한 자에게만 알려주

---

39 특히 바울문서에 많이 사용된다(총 21회), 예) 롬 11:25 형제들아 너희가 스스로 지혜 있다 하면서 **이 신비를** 너희가 모르기를 내가 원하지 아니하노니 이 **신비는** 이방인의 충만한 수가 들어오기까지 이스라엘의 더러는 우둔하게 된 것이라; 고전 2:7 오직 **은밀한** 가운데 있는 하나님의 지혜를 말하는 것으로서 곧 감추어졌던 것인데 하나님이 우리의 영광을 위하여 만세 전에 미리 정하신 것이라

고, 그들만 신의 선물을 받을 수 있다고 했다. 다른 이들에게 숨기며 비밀을 갖고 있는 것이 특징이었다.[40]

하나님 나라도 아무나 들어갈 수 없다. 그곳에 정확하게 누가 들어갈 수 있는지는 비밀이다. 학자들은 예수님이 하나님 나라의 비밀이 이미 주어져 있다고 한 것은 예수님으로 인해 하나님 나라가 이미 실재한 것을 말한다고 해석한다. 그래서 이 말을 했을 당시의 제자들은 그 말의 의미를 정확하게 꿰뚫지 못했다고 말한다. 그래서 오병이어 사건을 겪은 뒤에도 예수님의 말씀을 이해하지 못하자, 눈이 있어도 보지 못하냐고 질책을 들었다는 것이다(8:17, 18).[41]

그러나 4:11에서 하나님 나라의 비밀이 이미 주어져 있다는 말과 13절에서 "너희가 이 비유를 알아듣지 못하면서 어떻게 모든 비유를 이해하겠느냐?"는 질문이 보여주듯, 주어진 것과 깨닫는 것은 다른 차원이다. 예수님은 이들에게 하나님 나라에 어떻게 하면 들어갈 수 있는지 일단 알려줬다. 그러나 알려줬다고 해서 다 아는 것은 아니다. 알고, 이해하는 것이 얼마나 귀한 것인가!

예수님은 하나님 나라를 선포하면서 "계속 회개해라"고 요구했다. 천국에 들어가려면 회개가 필수적이며, 지금까지 죄인으로 살았다 해도 회개하고 새로운 삶을 산다면 가능하다고 외쳤다. 죄인에게 하나님 나라가 완전히 닫힌 문이 아님을 알려줬다. 한편 안식일과 같은 규례를 철저히 지키니 하나님 나라에 당연히 들어갈 것이라 안심하는 자들에게는 절대로 그

---

40 다니엘서 2:28, 29이나 지혜서 14:23에서 은밀하고 비밀스런 것을 알고 깨닫는 것은 신비종교가 하는 일이라고 여겼다; 참. 지혜 14:23 자식을 죽여서 제사를 지내고 **비밀** 의식을 올리며 광적인 주연으로 이상한 예식을 거행한다. Adela Yarbro Collins, *Mark*, 248.

41 8:17 예수께서 아시고 이르시되 너희가 어찌 떡이 없음으로 수군거리느냐 아직도 알지 못하며 깨닫지 못하느냐 너희 마음이 둔하냐 18 너희가 눈이 있어도 보지 못하며 귀가 있어도 듣지 못하느냐 또 기억하지 못하느냐

렇지 않다고 외쳤다. 낮은 마음으로 상대방을 종처럼 섬기는 것이 하나님 나라에 들어갈 수 있는 비결이라고 말했다. 예수님의 가르침은 지금껏 모두가 생각하지 못했던 천국의 문의 위치를 알려주신 것이다. 하나님 나라의 비밀을 알려주셨다. 당신으로 인해 하나님 나라가 시작되었다는 것도 비밀이 되지만, 하나님 나라에 죄인도 충분히 들어갈 수 있다는 비밀을 보여준 것이 더 맞지 않을까 싶다.

그런데 이 놀라운 복음을 모두가 수용하지 않았다. 서기관 같은 자들은 안식일을 지키지 않는 자들이나 병자와 죄인들이 하나님 나라에 들어갈 수 있다는 말에 반발했다. 자기는 열심히 율법을 지키며 살았으니 하나님 나라에 들어가는 것이 당연한데, 자기들이 못 들어간다고 하니 받아들일 수 없었다. 예수님이 보시기에, 이들은 하나님 나라의 비밀을 모른다. 그래서 그 비밀을 갖고 있지 않는 자는 그 갖고 있는 것도 빼앗길 것이라고 경고하셨다(마 13:12).[42] 자기의 의로움으로 능히 천국에 갈 수 있다 여기는 것은 교만이다. 하나님의 은혜가 주어질 자리가 없다. 죄지은 자가 안 되려 애썼지만, 자기의 의로움만을 과신함으로써, 하나님 나라의 문을 자기 자신이 닫아버린 것이다.

예수님의 그 비밀을 받아들이지 않는 자들을 마가는 '저 바깥에 있는 자들'이라 했다. 이것은 지금 마가성도들의 처지를 고려한 발언이다. '저 바깥에 있는 자들'은 예수님이 그리스도라는 것을 아예 인정하지 않는다. 예수님이 활짝 열어놓은 하나님 나라의 비밀 문에 관심도 없다. 예수님 자체를 거부하므로, 그들은 하나님 나라의 '저 바깥에 있는 자'들인 것이다. 완전 길가인 자들이다. 이런 그들에게 예수님이 자신만만해하는 태도는 사탄이 좋아할 거라고 말할 순 없다. 그래서 비유로 말하셨다. 그자들은 그 비밀을 다시금 알 기회가 없다. 그러나 제자들은 비록 야단을 맞지만, 제

---

42   13:12 무릇 있는 자는 받아 넉넉하게 되되 없는 자는 그 있는 것도 빼앗기리라

대로 깨달을 기회가 주어지는 것이다.

마가복음에서 제자들은 금방 깨닫지 못했다. 부활을 겪기 전까지는. 마가는 그만큼 제자들 역시 처음부터 좋은 땅이 아니었음을 보여준다. 중요한 것은 하나님 나라에 대한 비밀이 주어졌느냐, 안 주어졌느냐이다.

5. 청자에게 주어진 혜택

마가는 지금까지 예수님이 사람들을 계속 가르쳤다 했지, 뭘 도대체 가르쳤는지, 그 내용을 말 안했다. 예수님 가르침이라고 밝히는 방식이라는 것이 활동 중에 한 마디, 한 마디 던지는 것이었다. 마태나 누가처럼 좀 긴 강의가 없었다. 그러다 제대로 된 가르침이 처음으로 시작한 데가 4장이다. 그래서 도대체 왜 이렇게까지 하는지 이해가 안 돼 호기심의 대상이었다.[43]

그런데 그 고민들은 주로 마가를 향해, 즉 마가의 의도에 집중했지, 정작 그 가르침을 듣는 마가 성도들을 고려하지 않았다. 마가 성도들은 그리 공부하는 것을 좋아하는 편은 아니다. 마태나 누가의 성도와 비교하면 현저히 떨어진다. 설교를 길게 하면 집중을 잘 못했던 것 같다. 그래서 마가는 고작 이 짧은 내용을 설교하면서도 잘 집중을 못할까봐, 중간 중간에 "좀 집중해봐!" 소리친다.

> 3 잘 들어놓으세요!(Ἀκούετε(아꾸에떼)

---

43 예를 들어, Quentin Quesnell, The Mind of Mark: Interpretation and Method through the Exgesis of Mark 6:52, AnBib 38(Rome: Pontifical Biblical Institute, 1969), 139–40; Augustine Stock, Call to Discipleship: A Literary Study of Mark's Gospel, GNS 1 (Wilmington, Del: Michael Glazier, 1982), 66–69 등.

9　**계속 들을 귀를** 갖고 있는 자는 좀 집중해 잘 들으세요!
(ἀκουέτω(아꾸**에**또)

23　좀 집중해 잘 들으세요!(ἀκουέτω(아꾸**에**또)

24　잘 지켜보세요!(βλέπετε(블**레**뻬떼) 뭘 듣는지! 뭘 듣는지!

　　마가는 이 씨 뿌리는 비유를 전하면서 "제발 좀 잘 들어봐!", "잘 지켜봐!"라는 말을 네 번이나 말한다. 비유를 설명할 때도 제자들에게 '제발 좀 집중해 들어봐, 잘 지켜봐!' 말한 게(23, 24절) 겉으로는 제자들한테 말한 것 같지만, 실제로는 마가 성도들한테 한 것이다. 위 네 구절에 쓰인 모든 동사들은 다 현재시제 명령형이다. 계속해서 어떤 동작을 해라는 것으로, 거의 강조다. 수업 시간에 애들이 계속 산만하면, 선생님들이 칠판을 막 두드리면서, "야!!! 앞을 봐!!! 잘 들어!! 이거 되게 중요한 거야!!" 여러 번 말한다. 마찬가지다. 지금에서야 겨우 처음으로 좀 긴 가르침을 전하는데, 마가 성도들이 하도 금방 산만해 하니까, "제발 좀 잘 들어봐!!!"하고 예수님 입을 통해 주의시키는 것이다.

　　그렇게 하면서, 또 이게 얼마나 중요한 건지를 한 번 더 강조하기 위해 11절에서 "야!! 딴 사람들은 이 말이 무슨 말인지 몰라!!! 이 뜻은 예수님이 제자들에게만, 예수님 주위에 있는 자들에게만 설명해주신 거야!! 그 정도로 비밀인 거니까, 잘 집중해서 듣고, 예수님 도를 지켜야 돼!"한 것이다. 이런 어법은 듣는 사람 입장에선 굉장히 특혜를 받는 것 같다. 누가 "남한테는 일절 안 가르쳐줬는데, 너한테만 지금 알려주는 거야"하면 우리는 그 말하는 사람과 굉장히 가까운 관계에 있는 것처럼 느껴진다. 우리가 중요한 사람인 것처럼 여겨져 으쓱해지게 된다. 그리고 큰 반감 없이 귀를 열게 된다.

　　지금 예수님 제자들이나 마가 성도들은 엄청난 가르침의 특혜를 받고 있다. 그러나 청강의 특혜를 받았다 해서, 이해까지 혜택을 받은 것은 아니다. 이들은 깨달음을 얻을 기회를 가졌다. 그러나 듣는 것으로 다 깨닫는 것은 아니다. 4:34에서처럼 예수님은 제자들에게 자세하게 설명해주셨지만, 이것은 그 의미를 깨달았다는 것은 아니다.[44] 즉 이 비유가 강조하는 바는 듣는 자에게 달려있다는 것이다. 말씀을 듣고, 어떤 상황이든 걸려 넘어지지 말고, 열매를 맺으라는 것이다. 그래서 이 비유는 세네카의 것과 비슷하다. 결국 우리가 어떻게 하느냐에 달려있기 때문이다. 열매를 맺고, 못 맺고는.

6. 결론

예수님은 복음을 받아들일지 말지 여부는 온전히 청자에게 달려있음을 직설적으로 말하지 않으셨다. 대신 씨 뿌리는 비유로 전했다. 마가는 지금 인생을 걸고 예수님을 믿는 성도들에게 '여러분은 이 비밀스런 가르침을 이제 들을 자격이 있어!'라고 말한다. 이들은 예수님의 복음을 흔쾌히 들은 자들이다. 목숨의 위협과 가난을 견디며 예수님을 붙드는 좋은 땅이다. 비록 긴 가르침을 집중해 들을 만큼의 훈련은 부족해 "제발 좀 잘 들어봐!"라는 말을 계속 해야 했지만, 그래도 세상적인 욕심을 다 버린 자들이 아닌가! 이들은 하나님 나라의 비밀이 맡겨진 자들이었다.

하나님의 나라는 우리 눈에 보이지 않는 세계이다. 그래서 신비하고 비밀스럽다. 그런데 거기에 살고 싶으면 방법을 알아야 하기에 가르침이 필요하다. 그러나 제자들도 그렇고, 마가 성도들도 그렇고 깨달음의 속도가 느렸다. 똑똑하면 잘 깨달을 것 같으나, 하나님 나라는 더 힘든 곳이다. 결국 방법은 딱 하나 예수님 곁에 계속 붙어있는 것이다. 그래야 '따로 제자

---

44 Robert M. Fowler, *Let the Reader Understand: Reader-Response Criticism and the Gospel of Mark* (Minneapolis: Fortress Press, 1991), 213-4.

들한테만 계속 풀이해 주셨듯' 들을 수 있기 때문이다. 그리고 경험할 수 있다. 마가가 자기 성도들한테 제일 처음으로 들려주는 예수님의 비밀과 외는 그들이 바로 제자들임을 일깨워주기 위함이었다.

막 4:21-25. 부익부 빈익빈 원리

21 그리고 말하고 또 말하셨습니다, 그들한테. "오지 않잖아요? 등불이? 들통 아래 놓아지려고, 또는 침상 아래에요! 등경 위에 놓아지려고 하지 않습니까?

22 왜냐면 (그것은) 숨겨지지 않기 때문입니다. 드러나 보이지 않게 하려 해도요. 어떤 것도 **감추어지지** 못했습니다. 오히려 **드러나는 방향으로** 갈 따름입니다.[45]

23 만일 누가 **계속 들을 수 있는 귀를** 갖고 있는 자는 좀 집중해 잘 들으세요!"

24 그리고 말하고 또 말하셨습니다, 그들한테. "잘 지켜보세요! 뭘 듣는지! **(여러분이) 계산하는** 그 계산으로 **여러분한테** 계산될 겁니다. 그리고 **여러분한테** 더해질 겁니다!

25 왜냐면 갖고 있는 자는 **그에게** 주어질 것이기 때문입니다. 그러나 안 갖고 있는 자는 갖고 있는 것도 **자기한테서 빼앗길** 겁니다."

1. 등불이 온다고?

아주 간단한 듯 보이는 이 말씀은 은근히 어렵다. 아마 이 말씀을 읽으면서 한 번 고개를 갸우뚱하지 않았을까 싶은데, 이는 한글성경이나 영어성경, 다 헬라어 원문과는 달라서 그렇다.

> 『개역개정』 또 그들에게 이르시되 **사람이 등불을 가져오는 것**
> 은 말 아래에나 평상 아래에 두려 함이냐 등경 위에 두려 함

---

45 οὐδὲ ἐγένετο ἀπόκρυφον ἀλλ᾽ ἵνα ἔλθῃ εἰς φανερόν.

이 아니냐

『NIV』 He said to them, "Do you bring in a lamp to put it under a bowl or a bed? Instead, don't you put it on its stand?

보다시피 헬라어 원문은 '등불'이 주어다. "등불이 오지 않질 않느냐?" 고 예수님은 물으셨다.[46] 그러나 『개역개정』이나 『NIV』 다 사람이 주어로 돼 있다. '사람이 등불을 가져오는 것'을 예로 들어 말하셨다고 했다. 그래서 4:21을 들으면, 누가복음에 나오는 말씀과 같은 것으로 여긴다. 그도 그럴 것이 누가복음도 마가복음과 똑같이 씨 뿌리는 비유 뒤에 나오기 때문이다.

> 눅 8:15 좋은 땅에 있다는 것은 착하고 좋은 마음으로 말씀을 듣고 지키어 인내로 결실하는 자니라
> 16 누구든지 등불을 켜서 그릇으로 덮거나 평상 아래에 두지 아니하고 등경 위에 두나니 이는 들어가는 자들로 그 빛을 보게 하려 함이라
> 17 숨은 것이 장차 드러나지 아니할 것이 없고 감추인 것이 장차 알려지고 나타나지 않을 것이 없느니라

게다가 마가복음의 한글본이 '사람이 등불을 가져온다'고 했기에 자연히 이 말씀은 좋은 땅처럼 등불로서의 역할을 제대로 해야 한다는 훈계로 들린다. 등불은 빛으로서, 빛이 숨겨지지 않고 드러나는 것처럼, 좋은 성정을 가진 사람은 결국 숨겨지지 않고, 다른 사람들에게 선한 영향력을 끼친다고 이해된다. 마태도 이 말씀을 전하는데, 그는 두 담가보다 더 명확

---

46 μήτι ἔρχεται ὁ λύχνος

하게 이런 뜻으로 전달했다.

> 마 5:14　너희는 세상의 빛이라 산 위에 있는 동네가 숨겨지
> 지 못할 것이요
> 15　사람이 등불을 켜서 말 아래에 두지 아니하고 등경 위에 두
> 나니 이러므로 집 안 모든 사람에게 비치느니라
> 16　이같이 너희 빛이 사람 앞에 비치게 하여 그들로 너희 착
> 한 행실을 보고 하늘에 계신 너희 아버지께 영광을 돌리게 하라

　사람들에게 여러분은 세상의 빛이므로 사람 앞에 비쳐야하는 존재가 돼
야 한다고 훈계하기 위해 예로 '등불'을 들었다. 등불은 등경 위에 둬야 하
는 것을 예로 삼았다. 대신 마태는 막 4:22처럼 어떤 것도 숨길 수 없고,
결국에는 다 드러난다는 말씀을 넣지 않았다. 즉 예수님은 사람들에게 빛
처럼 드러나는 존재이므로, 온 세상을 밝히는 빛이 돼야 한다고 말하기 위
해 등불을 사용한 것이다.
　그런데 예수님이 등불이라는 소재를 사용한 일이 꼭 이런 가르침 에만
하신 게 아니다. 누가복음 11장에 이르면, 예수님이 요나 이야기를 하시
면서 요나보다 더 큰 이가 여기 있다는 말을 하시면서, 또 등불을 끄집어
냈기 때문이다.

> 눅 11:32　심판 때에 니느웨 사람들이 일어나 이 세대 사람을
> 정죄하리니 이는 그들이 요나의 전도를 듣고 회개하였음이거
> 니와 요나보다 더 큰 이가 여기 있느니라
> 33　누구든지 등불을 켜서 움 속에나 말 아래에 두지 아니하고
> 등경 위에 두나니 이는 들어가는 자로 그 빛을 보게 하려 함이라
> 34　네 몸의 등불은 눈이라 네 눈이 성하면 온 몸이 밝을 것이

요 만일 나쁘면 네 몸도 어두우리라

사람들은 이 말씀을 34절의 네 몸의 등불은 눈이라는 말씀과 연결해 이해하려 한다. 32절까지는 예수님이 당신 자신에 대한 말을 한 뒤, 33절부터는 눈이 등불처럼 온 몸에 영향을 주는 몸임을 말해, 주제 두 개가 연결돼 있다. - 누가는 이런 식이 많다. 갑자기 뜬금없는 말씀들이 툭툭 나온다. - 여기서 누가복음 11장을 깊게 해석할 순 없고, 등불만 보면 등불이라는 한 소재를 가지고, 그것도 등경 위에 둬야 한다는 말씀이 다르게 엮여서 나오는 것을 알 수 있다.

예수님이 등불을 가지고 말한 사례가 또 없을까? 잠시 눈을 들어 생각해보길 바란다. 하나가 더 남아 있다. 바로 요한복음이다. 예수님이 요한을 등불이라 비유하셨다. 요한이 비추는 그 빛을 즐거워했다고 하시며, 요한이 빛으로서의 역할을 했다고 하신 것이다.

> 요 5:35 **요한은 켜서 비추이는 등불이라** 너희가 한때 그 빛에 즐거이 있기를 원하였거니와
> 36 내게는 요한의 증거보다 더 큰 증거가 있으니 아버지께서 내게 주사 이루게 하시는 역사 곧 내가 하는 그 역사가 아버지께서 나를 보내신 것을 나를 위하여 증언하는 것이요

이런 것들을 보면, 예수님은 등불을 가지고 상황에 따라 적절히 여러 말을 한 걸 알 수 있다. 등불과 관련된 막 4:21은 학자들 사이에 조금은 골칫덩이였다. 예수님은 이렇게도 말하시고, 저렇게도 말하셨을 텐데, 학자들은 예수님이 등불 말씀을 딱 하나만 했을 거라고 봤다. 문서전승도 가장 오래된 것만 찾으면, 그게 바로 예수님이 제일 처음 말했을 것이라 봤다. 예수님이 하신 말이 무엇일까를 궁구하는 학자들 사이에서 막 4:21은 결

코 쉽게 대답할 수 있는 것이 아니었다.[47] 도대체 지금까지 끄집어낸 세 복음서 중 어떤 것이 예수님이 하신 말씀이었을까?

등불(λύχνος(뤼크노스))은 기름을 담아 불을 밝히려고 흙으로 만든 그릇이다. 전기가 삶에 필수인 것처럼, 고대엔 등불이 필수였다. 집마다 밤이 되면 등불을 썼기에 예수님은 자연히 등불을 예로 들어 말씀을 많이 하셨을 것이다. 예수님이 등불을 예로 들어 말을 한 적이 어디 한두 번이겠는가? 여러 번이었을 것이다. 마가복음에서처럼 '등불이 온다'고 하거나, 또 누가복음처럼 '등불은 등경 위에 놔둬져 드러난다'거나, 또는 '네 몸의 등불은 눈이다'고도 하셨을 것이다. 또 세례 요한을 가리켜 말하시기도 했을 터이다. 즉 어떤 말씀이 예수님에게서 나왔을지 고민할 필요가 없다는 뜻이다. 예수님이 수많은 동네들을 돌아다니며 만난 사람들은 얼마나 많았을 것이며, 가르칠 것은 또 얼마나 많았겠는가!

등불은 예전부터 여러 가지를 가리켜 사용되었다.

> 시 18:28 주께서 나의 **등불을** 켜심이여 여호와 내 하나님이
> 내 흑암을 밝히시리이다
> 119:105 주의 말씀은 내 발에 **등이요** 내 길에 빛이니이다
> 잠 6:23 대저 명령은 **등불이요** 법은 빛이요 훈계의 책망은 곧
> 생명의 길이라
> 욥 21:17 악인의 **등불이** 꺼짐이나 재앙이 그들에게 임함이나
> 하나님이 진노하사 그들을 곤고케 하심이나

한 사람의 목숨이나 인생, 또는 하나님의 계명이 등불로 비유되었다. 그러니 예수님이 등불을 사용해 훈계를 하는 것은 지극히 자연스러운 현상이다. 문제는 막 4:21처럼 '등불이 온다'고 표현한 적이 있느냐이다. 없다.

---

47 R. T. France, *Mark*, 207-8.

일상적인 말에서도 없다. 그러므로 우리는 다음과 같은 질문을 던져야 한다: 왜 예수님은 등불이 오지 않느냐고 말하셨을까?

2. 오는 하나님 나라인 등불

막 4:21를 해석하는 데 가장 도움을 주는 것은 맥락이다. 예수님은 도대체 이 말씀을 뭘 말할 때 하셨는가? 이 말씀은 씨 뿌리는 비유 뒤에 나왔다. 그 비유의 주제는 '하나님 나라'이다(11절).[48] 그리고 21절 이후에 한 스스로 자라는 씨 비유도(25절) 하나님 나라를 이해시키려고 하신 것이다. 30절에 한 겨자씨 비유도 마찬가지다.[49] 그러니 이 등불이 온다고 말한 것은 하나님 나라를 말하기 위해서라고 보는 것이 정확할 것이다.[50]

하나님 나라는 온다. 그런데 하나님 나라가 오는 이유가 숨겨지기 위해서인가? 아니다. 하나님의 통치는 숨겨지지 않는다. 세상에서 금방 눈에 띄지 않는 듯하나, 결국에는 드러난다. 예수님은 바로 앞에 좋은 땅을 이야기하셨다. 좋은 땅은 복음을 받아들이고 부귀영화에 홀리지 않고, 꿋꿋이 회개하며 선한 일을 하는 자들이다. 이런 자가 열매를 삼십 개, 육십 개, 심지어는 백 개를 맺는다고 했는데, 청중 중에는 이런 생각을 했을 것이다.

'못된 놈이 더 잘 사는 세상인데, 무슨 소리야! 의인은 배곯고 무시당하기 일쑤지!' 아마 여러분 중에서도 예수님의 말씀대로 꿋꿋이 살아내는 자

48　11 이르시되 하나님 나라의 비밀을 너희에게는 주었으나 외인에게는 모든 것을 비유로 하나니

49　누가는 8:15 이후 뒤에는 다른 일화를 전한다. 예수님의 가족들이 방문한 이야기를 전하고, 더 이상 하나님 나라 비유를 전하지 않는다.

50　이것은 예수님이 지상에 오신 것을 말하는 것으로 보기도 하고, 또 어떤 학자는 '온다'는 말을 히브리어 '가져온다'는 말을 잘못 번역하는 바람에 빚어진 것이라고도 했다; 참. Vincent Taylor, *Mark*, 263.

가 이 땅에서 열매를 왕창 맺을 거라고 생각을 안 할 것이다. 열매를 맺는다면, 그건 하나님 나라에 가서나 일어날 일이라고 말이다. 즉 하나님의 통치가 지상에서는 계속 감추어질 거라 본다. 하나님 나라는 죽은 다음에나 경험할 먼 미래의 일이라고 말이다.

예수님이 청중들의 생각을 헤아리지 못할 분이 아니다. 등불은 무조건 등경 위에 놓여져야 하는 물건인 것처럼, 그래서 항상 드러나는 것처럼, 하나님 나라도 무조건 드러난다고 하신 것이다. 그 열매가 흔히 생각하듯 부귀영화가 아니라 할지라도, 모두가 부러워하는 형태로 분명히 드러난다. 세상사도 단 기간만 보면 악인이 계속 승리할 것 같고, 그들의 부귀영화가 영원할 것 같다. 그러나 폭력으로 뺏은 것은 결국 뺏기게 돼 있다. 폭력으로 장악한 권력도 언젠가는 무너진다. 그것을 아는 자는 오래 살았거나 역사를 공부한 자이다. 일이십 년만 보고 하나님 나라가 안 드러난다고 말할 순 없다.

예수님의 복음을 받아들인 자는 이미 하나님의 통치 아래 산다. 예수님이 부활하신 이후, 보내주신 성령으로 그리스도인들은 더 강력한 하나님의 도우심과 역사를 경험한다. 진정한 그리스도인으로 산다면, 이 땅에서 하나님의 나라 백성임이, 더 나아가 하나님의 자녀임이 안 드러날 수 없다. 감추어질 수가 없다. 그자의 얼굴과 몸, 인생이 달라지게 돼 있다. 심지어는 자녀의 인생에서도 드러난다. 하나님의 통치를 예민하게 보는 자만 잘 볼 뿐이다.

그런데 예수님의 이야기를 듣는 청중들은 예수님의 말씀이 영 못 미더웠던 것 같다. 그래서 23절에 다시 한 번 큰 소리를 내셨다. "귀가 있으면, 제발 좀 잘 집중해 들으세요!"하고 말이다.

3. 여러분이 계산하는 것보다 더 받는다!(24절)

24절이다. 여러분이 계산하는 그 계산으로 여러분한테 계산될 거라는 것이다. 그래서 더해질 거라고 하셨다. 그런데 그 이유가 놀랍다. 갖고 있는 자는 더 주어지고, 안 갖고 있는 자는 갖고 있는 것마저도 빼앗기게 되는 것이 원리라는 것이다. 통상 갖고 있는 자의 것이 안 갖고 있는 자에게 가야 한다. 부익부 빈익빈 현상은 안 좋다. 그런데 하나님 나라의 원리가 그렇다는 것이다.

24절의 말씀은 마태복음과 누가복음에도 있다.[51] 그런데 보다시피, 다 사람들이 남을 분별하는 데를 넘어 심판하고 처벌까지 해버리는 행동에 대해 꾸짖으면서 말하셨다.

마태는 사람들을 정죄하는 행태에 대해 단출하게 전달했지만, 누가는 그것 외에 용서하고 베푸는 행동을 덧붙인다. 누가는 데오빌로에게 후자를 더 강조하고 싶어 했다. 그가 비록 지금 힘든 상황에 있지만, 그래도 여전히 가진 자였기 때문이다. 누가는 예수님의 가르침을 데오빌로의 수준에 맞춰, 대신 조금 더 다양하게 표현했다. 남한테 준 자는 하나님이 딱 그만큼만 돌려주지 않고, '좋게' 계산해 줄 것이라 전하면서, '지르밟힌 상태로', '흔들려있는 상태로', '위로 넘쳐흐르는 것으로'라는 세 가지 분사형 형용사를 더 나열한다. 아마 이때 누가는 데오빌로를 쳐다보며, 또박또박 읊었을 것이다.

51 『개역개정』마 7:1 비판을 받지 아니하려거든 비판하지 말라 2 너희가 비판하는 그 비판으로 너희가 비판을 받을 것이요 너희가 헤아리는 그 헤아림으로 너희가 헤아림을 받을 것이니라; 눅 6:37 비판하지 말라 그리하면 너희가 비판을 받지 않을 것이요 정죄하지 말라 그리하면 너희가 정죄를 받지 않을 것이요 용서하라 그리하면 너희가 용서를 받을 것이요 38 주라 그리하면 너희에게 줄 것이니 곧 후히 되어 누르고 흔들어 넘치도록 하여 너희에게 안겨 주리라 너희가 헤아리는 그 헤아림으로 너희도 헤아림을 도로 받을 것이니라

『눈으로 듣는 마태 · 누가』

마태 7장	누가 6장
1 그만 심판하세요! 심판 받지 않으려면! 2 왜냐면 (여러분이) 심판하는 그 심판으로 심판 받을 것이기 때문입니다. 또 계산하는 그 계산으로 (그것이) 계산 받을 것이기 때문입니다, 여러분한테.	37 그리고 그만 심판하세요! 그러면 절대로 심판 받지 않을 겁니다! 그리고 그만 유죄판결 하세요! 그러면 절대로 유죄판결 받지 않을 겁니다! 풀어 보내고 또 보내십시오! 그러면 풀어 보내질 겁니다! 38 주고 주세요! 그러면 여러분한테 주어질 겁니다! 좋은 계산으로, 지르밟힌 상태로, 흔들려있는 상태로, 위로 넘쳐흐르는 것으로 (그들이) 줄 겁니다. 여러분 품속으로요. 왜냐면 (여러분이) 계산하는 그 계산으로 (그것이) 여러분한테 되돌려 계산될 것이기 때문입니다."

다시 마가에게 돌아와 24절을 보면, 마가는 사람들이 계산하는 것만큼 계산 받을 거라는 말로 그치지 않는다. "그리고 여러분에게 더해질 것입니다"라는 말이 더 있다. 누가가 전한 것처럼, 여러분이 남들에게 주고 줄 때, '좋은 계산'으로 더 주어질 것이라는 말과 같다. 누가복음에서는 일상생활에서 남들에게 베푸는 생활을 할 때, 돌려받는 것이 더 클 거라고 이야기하지만, 마가복음은 하나님 나라와 연결 지었다.

좋은 땅에 떨어진 씨가 삼십 배, 육십 배, 백배로 열매를 맺듯, 복음을 잘 받아들여 행하면, 계산하는 것보다 훨씬 더 많이 얹어서 받을 것이다. 지금 이 말은 무엇보다 마가 성도들을 향해 말하는 것이다. 이들은 지금 자기 머리로 계산하고 있다. '여기서 계속 예수를 더 믿어야 하나? 이러다가 생업도 다 잃고, 또 잡혀갈 수 있는데, 예수님을 계속 믿는 건 어리석은 짓 아냐?' 이렇게 계산하고 있다.

사실 뭐 이들만 그런가? 우리도 그런 계산을 하고 산다. 만약 우리가 누군가의 도움을 입어 좀 잘 살다가, 시대가 바뀌어 그 사람하고 가깝다는 이유만으로 우리 생계가 흔들리면, 어떻게 하는가? 발 끊지 않는가?

손절한다. 몰래 관계를 할지언정, 내 은인이 온 세상의 지탄을 받으면, 자신도 관계를 끊은 양 행동한다. 그게 세상이 흔히 하는 일이다. "심하다! 야속하다! 너무 비정하다!" 하면서도 인간은 당장 자기 눈앞에 보이는 이득에 마음이 흔들린다. 마찬가지로 마가 성도들도 지금 사실 굉장히 믿음이 흔들려 있는 상태였다. 예수님을 믿는다는 것은 로마 황제만을 대적할 뿐 아니라, 이젠 유대인들 때문에 로마인들 전체에게 욕먹는 상황이 되었으니 말이다.

미국에서 9.11 테러 사건이 터진 뒤, 미국은 아프가니스탄에 전쟁 선포를 했다. 그 때 우리는 무슬림도 아니고, 아프가니스탄 출신도 아니어서 확 와닿지 않았지만, 아프가니스탄 출신 무슬림들은 어떠했을까? 특히 미국에 살았던 아프가니스탄 사람들 말이다. 무슬림임을 당당하게 드러낼 수 있었을까? 아니었을 것이다. 특히 아프가니스탄 출신인은 최대한 움츠렸을 것이다.

마가 성도들도 그런 상황이었다. 그래서 마가는 예수님의 말씀, "지금 여러분이 그 계산하는 것으로 계산하고, 계산될 것이다. 그러나 복음을 여전히 잘 믿고 살면, 하나님은 계산한 것보다 더 얹어줄 거야!"하고 말하는 것이다. 예수님을 믿고 복음을 받아들이는 것은 손해 보는 일이 아니다. 그런데 엄청 손해볼 것 같다. 고생길이 훤히 열리는 것 같다. 인간은 철저히 이기적인 동물이다. 마가도 그걸 알고 있기에 하나님 나라의 복음은 더해지는 것이지, 절대로 잃는 것이 아니라고 전하는 것이다. 마가는 "여러분에게 더해질 것이다"는 말로는 약하다 느꼈나보다. 한 마디, 더 독한 말을 했다. 25절이다.

4. 부익부 빈익빈 원리(25절)

『눈으로 듣는 마태 · 누가』

마태 25장	누가 19장
28 그러므로 그에게서 빼앗아라! 달란트를! 그래서 줘라! 열 달란트를! 갖고 있는 자한테! 29 왜냐면 모든 갖고 있는 자에게 주어질 것이기 때문이다! 그래서 남아돌게 될 것이다! 그러나 갖고 있지 않는 자의 것은, 갖고 있는 것마저도 자기에게서 빼앗길 것이다!	25 그러자 (그들이) 말했습니다, 그에게. '주님! (그는) 갖고 있습니다! 열 므나를요!' 26 '말한다, 너희한테. 갖고 있는 모든 자에게 주어질 거라고! 그리고 갖고 있지 않는 자의 것에게서 갖고 있는 것마저도 빼앗길 것이다!

"갖고 있는 자는 더 가질 것이고, 안 가진 자는 갖고 있는 것마저도 빼앗길 것이다!" 이 말씀을 들어보신 적이 있지 않는가? 이것은 마태복음과 누가복음에 다 나온다. 유명한 달란트(므나) 비유에서. 다 실을 수는 없어서, 핵심만 가져와 봤다.[52]

마가복음에는 이런 비유 이야기가 없다. 그저 이 마지막 말씀, 갖고 있는 자는 더 주어질 것이고, 안 가진 자는 더 빼앗길 것이라는 말씀만 있을 뿐이

---

52 마태복음은 달란트 비유 외 하늘나라에 대해 비유를 전하면서 미리 한 번 더 원칙을 말했다; 참. 13:11 대답하여 이르시되 천국의 비밀을 아는 것이 너희에게는 허락되었으나 그들에게는 아니되었나니 12 무릇 있는 자는 받아 넉넉하게 되되 없는 자는 그 있는 것도 빼앗기리라; 달란트와 므나 비유는 일단 원문 그대로 비교해 보는 것이 낫다 싶어 필자의 사역본을 실었다. 『개역개정』은 여기에 추가로 싣는다.

마태 25장	누가 19장
28 그에게서 그 한 달란트를 빼앗아 열 달란트 가진 자에게 주라 29 무릇 있는 자는 받아 풍족하게 되고 없는 자는 그 있는 것까지 빼앗기리라	25 그들이 이르되 주여 그에게 이미 열 므나가 있나이다 26 주인이 이르되 내가 너희에게 말하노니 무릇 있는 자는 받겠고 없는 자는 그 있는 것도 빼앗기리라

다. 마태는 더 많이 가지게 된 것을 '남아도는 지경까지' 가질 것이라 살짝 강조했지만 마가복음을 비롯해 다, 갖고 있지 않는 자는 **빼앗긴다**고 했다. 별로 가진 게 없는 자 입장에서 가진 것마저도 빼앗긴다는 것은, 더더군다나 그 피 같은 것이 가진 자에게 간다는 선언은 충격이 아닐 수 없다.

위 두 복음서는 달란트와 므나라는 소재도 다르지만, 누가는 이 이야기가 하나님 나라와 연관되어 있다고 지적하지 않는다. 그러나 마태는 분명한 것을 좋아하는 유형이다. "야!!! 하나님 나라는 이런 거야!"하고 처음부터 말을 해준다. 주어진 것을 잘 받아들여 열심히 하는 자는 훨씬 더 많이 받는다고 말해준다.

마가복음에서 예수님은 하나님 나라가 올 때 복음을 받아들였는지 안 받아들였는지, 그리고 받아들여 얼마나 충성되게 살았는지에 따라 계산 받을 것이라 말하셨다. 예수님의 복음을 받아들인다는 것은 자신이 이전에 누리는 것을 다 잃는 일이다. 그래서 그만큼 믿음을 지키며 복음대로 산 자는 훨씬 더 많이 얹어서 받을 것이라 말했다. 그러나 하나님이 심판하실 때, 열매를 적게 갖고 있는 자는 적은 만큼의 대가를 치룬다고 하셨는데, 문제는 적게 한 만큼만 치루는 것이 아니라는 점이다.

5. 부익부 빈익빈 대 행한 대로 갚는다

24, 25절의 말씀은 부익부 빈익빈 원칙이 하나님 나라의 원리라는 것이다. 하나님이 기뻐하실 열매를 가진 입장에서는 아주 기쁜 소식이지만, 가진 자는 원래 많지 않다. 당연지사 이 선언은 굉장히 기분 나쁘다. 특히 구약과 신약을 통틀어 하나님이 사람을 심판할 때 말씀하신 원칙과 상당히 다르다. 바로 '하나님은 행한 대로 갚으신다'는 원칙과 말이다.

시 62:12 주여 인자함은 주께 속하오니 **주께서 각 사람이 행한 대로 갚으심이니이다**

잠 24:12 네가 말하기를 나는 그것을 알지 못하였노라 할지라도 마음을 저울질 하시는 이가 어찌 통찰하지 못하시겠으며 네 영혼을 지키시는 이가 어찌 알지 못하시겠느냐 **그가 각 사람의 행위대로 보응하시리라**

마 16:27 인자가 아버지의 영광으로 그 천사들과 함께 오리니 그 때에 **각 사람이 행한 대로 갚으리라**

롬 2:6 **하나님께서 각 사람에게 그 행한 대로 보응하시되**

계 2:23 또 내가 사망으로 그의 자녀를 죽이리니 모든 교회가 나는 사람의 뜻과 마음을 살피는 자인 줄 알지라 **내가 너희 각 사람의 행위대로 갚아 주리라**

하나님이 인간에게 행하시는 심판은 항상 그 자가 행한 만큼 그대로 갚아주신다는 것이다. 시편을 비롯해 유대역사 속에서 하나님은 여러 번 인간이 죄를 지을 때마다 그 대가를 확실하게 치르게 하신다고 하신다. 또 유대인들도 그것을 잘 알아서 자신들의 삶에서 벌어지는 사건을 인과응보로 받아들였다. 그런데 인과응보 원칙은 유대인만 갖고 있지 않다. 가나안에 살던 아도니 베섹 역시 자신이 칠십 명이나 되는 왕들의 엄지손가락과 엄지발가락을 모두 잘라 내고 자기 식탁에서 주워 먹게 했던 일들이 결국 자기에게로 고스란히 돌아와 이스라엘 자손에게 잡혀 죽는다고 한탄했다(삿 1:7). [53]

---

53   삿 1:7 아도니 베섹이 이르되 옛적에 칠십 명의 왕들이 그들의 엄지손가락과 엄지발가락이 잘리고 내 상 아래에서 먹을 것을 줍더니 하나님이 내가 행한 대로 내게 갚으심이로다 하니라 무리가 그를 끌고 예루살렘에 이르렀더니 그가 거기서 죽었더라

　사사기에서 기드온의 아들 아비멜렉 역시 자기 형제 칠십 명을 죽인 것은 결국 자기에게로 돌아와 비참하게 돌아갔다 한다(삿 9:56, 57).[54] 구약 곳곳에서 사람은 자기가 행한 대로 받게 된다는 원칙, 즉, 하나님은 공의롭게 악한 일을 한 것은 꼭 대가를 치르고, 선한 일은 상으로 갚으신다는 원칙을 읊조린다(삼하 22:21, 25; 왕상 8:32, 39; 대하 6:23, 30; 욥 34:11; 시 18:20, 24; 28:4 등).[55] 자기의 일을 합리화하기 위해서든 (삼하 4:8),[56] 아니면 세상에 벌어지는 일을 두고 평가를 하든, 인과응보 원리는 어디서든 나온다.

　바울도 이를 언급하며, 요한계시록에서도 사람들을 심판하실 때 원칙

54　삿 9:56 아비멜렉이 그의 형제 칠십 명을 죽여 자기 아버지에게 행한 악행을 하나님이 이같이 갚으셨고 57 또 세겜 사람들의 모든 악행을 하나님이 그들의 머리에 갚으셨으니 여룹바알의 아들 요담의 저주가 그들에게 응하니라

55　삼하 22:21 여호와께서 내 공의를 따라 상 주시며 내 손의 깨끗함을 따라 갚으셨으니; 25 그러므로 여호와께서 내 의대로, 그의 눈앞에서 내 깨끗한 대로 내게 갚으셨도다; 왕상 8:32 주는 하늘에서 들으시고 행하시되 주의 종들을 심판하사 악한 자의 죄를 정하여 그 행위대로 그 머리에 돌리시고 의로운 자를 의롭다 하사 그의 의로운 바대로 갚으시옵소서; 39 주는 계신 곳 하늘에서 들으시고 사하시며 각 사람의 마음을 아시오니 그들의 모든 행위대로 행하사 갚으시옵소서 주만 홀로 사람의 마음을 다 아심이니이다; 대하 6:23 주는 하늘에서 들으시고 행하시되 주의 종들을 심판하사 악한 자의 죄를 정하여 그의 행위대로 그의 머리에 돌리시고 공의로운 자를 의롭다 하사 그 의로운 대로 갚으시옵소서; 30 주는 계신 곳 하늘에서 들으시며 사유하시되 각 사람의 마음을 아시오니 그의 모든 행위대로 갚으시옵소서 주만 홀로 사람의 마음을 아심이니이다; 욥 34:11 사람의 행위를 따라 갚으사 각각 그의 행위대로 받게 하시나니; 시 18:20 여호와께서 내 의를 따라 상 주시며 내 손의 깨끗함을 따라 내게 갚으셨으니; 24 그러므로 여호와께서 내 의를 따라 갚으시되 그의 목전에서 내 손이 깨끗한 만큼 내게 갚으셨도다; 28:4 그들이 하는 일과 그들의 행위가 악한 대로 갚으시며 그들의 손이 지은 대로 그들에게 갚아 그 마땅히 받을 것으로 그들에게 갚으소서.

56　삼하 4:8 같은 경우, 레갑과 바아나라는 작자들은 사울의 아들 이스보셋을 반역하여 급습해서 죽인 뒤, 자신의 배반을 합리화하기 위해 인과응보를 내세웠다; 참. 삼하 4:8 헤브론에 이르러 다윗 왕에게 이스보셋의 머리를 드리며 아뢰되 왕의 생명을 해하려 하던 원수 사울의 아들 이스보셋의 머리가 여기 있나이다 여호와께서 오늘 우리 주 되신 왕의 원수를 사울과 그의 자손에게 갚으셨나이다 하니

으로 삼으신다고 말한다.[57] 인간은 선과 악을 다 행한다. 선만 행하는 자, 없다. 우리가 행한 만큼 인생에서 되돌려 주신다는 말씀은 성경에서 하나님이 세우신 큰 원칙이다. 예수님도 마 16:27에서 마지막 날 당신이 오실 때 심판은 행한 대로 갚으신다고 얘기하셨다. 그러나 위 대표구절과 그 외 사례에서 보듯, 예수님이 이런 말을 하셨다는 곳이 거의 없다.

> 마 7:2 너희가 비판하는 그 비판으로 너희가 비판을 받을 것이요 너희가 헤아리는 그 헤아림으로 너희가 헤아림을 받을 것이니라
> 막 4:24 또 이르시되 너희가 무엇을 듣는가 스스로 삼가라 너희의 헤아리는 그 헤아림으로 너희가 헤아림을 받을 것이며 더 받으리니
> 25 있는 자는 받을 것이요 없는 자는 그 있는 것까지도 빼앗기리라
> 눅 6:38 주라 그리하면 너희에게 줄 것이니 곧 후히 되어 누르고 흔들어 넘치도록 하여 너희에게 안겨 주리라 너희가 헤아리는 그 헤아림으로 너희도 헤아림을 도로 받을 것이니라

오히려 예수님은 달란트 비유와 므나 비유, 그리고 마가복음 4:25의 말씀을 더 많이 하셨다. 이를 더 드러내는 말씀이 '갚는다'가 아닌 '헤아린다'는 말로 하신 가르침이다. 세 복음서에 다 나오는데, 읽어보면, 중점이 약간 다름을 발견할 것이다. 마태를 제외하고, 마가와 누가 모두 우리가 헤아

---

57 이 외에도 딤후 4:14; 계 22:12; 고후 5:10; 11:15; 벧전 1:17.
딤후 4:14 구리 세공업자 알렉산더가 내게 해를 많이 입혔으매 주께서 그 행한 대로 그에게 갚으시리니; 계 22:12 보라 내가 속히 오리니 내가 줄 상이 내게 있어 각 사람에게 그가 행한 대로 갚아 주리라; 고후 5:10 이는 우리가 다 반드시 그리스도의 심판대 앞에 나타나게 되어 각각 선악간에 그 몸으로 행한 것을 따라 받으려 함이라; 11:15 그러므로 사탄의 일꾼들도 자기를 의의 일꾼으로 가장하는 것이 또한 대단한 일이 아니니라 그들의 마지막은 그 행위대로 되리라; 벧전 1:17 외모로 보시지 않고 각 사람의 행위대로 심판하시는 이를 너희가 아버지라 부른즉 너희가 나그네로 있을 때를 두려움으로 지내라

리는 만큼 헤아림을 받을 것이라 말하면서도, 마가는 살짝 초점을 바꿨다. 24절 말미에 부익부 빈익빈 원칙을 내세우기 때문이다. 받는 자는 받되, 더 받을 것이라 이야기하지 않는가! 그런데 이 말은 좀 애매모호하다 느꼈는지, 더 확실하게, 있는 자는 받을 것이지만, 없는 자는 빼앗길 것이라고 말했다. 누가는 없어서 더 잃을 자를 말하는 대신, 남에게 베풀 것을 적극적으로 권장한다. 누군가에게 주면, '후히 되어 누르고 흔들어 넘치도록 될 것'이라 말한 것이다. 이것은 어떤 원리인가? 즉 부익부 빈익빈 원리다.

구약에서 이와 같은 원칙을 하나님은 이야기 안 하셨을까? 많이 하지는 않으셨다. 가장 명확한 사례는 출 34:7일 것이다.

> 출 34:7 인자를 천대까지 베풀며 악과 과실과 죄를 용서하리
> 라 그러나 벌을 면제하지는 아니하고 아버지의 악행을 자손 삼
> 사 대까지 보응하리라
> 렘 31:29 그 때에 그들이 말하기를 다시는 아버지가 신 포도를
> 먹었으므로 아들들의 이가 시다 하지 아니하겠고
> 30 신 포도를 먹는 자마다 그의 이가 신 것 같이 누구나 자기
> 의 죄악으로 말미암아 죽으리라

하나님이 모세에게 자신에 대해 설명을 하실 때, 인자는 천대까지 베푼다고 하셨다. 그러나 벌은 면하지 않으신다고 하신다. 더더군다나 아버지가 악행을 저지르면, 그 죄는 삼사 대 자손까지 가게 하실 거라고 하셨다. 우리가 죄를 지으면 용서하실 뿐 아니라, 자비를 천대까지 베푸실 것이라는 말이다. 물론 대가는 치러야 한다고, 나아가 자손 삼사 대에 이르기까지 치룰 것이라 하셨지만, 천대까지 이르는 자비가 더 크지 않는가?

이것도 후세에 가혹하다는 불평을 들어서인지, 예레미야에게는 말을 바꾸셨다. 아버지가 신 포도를 먹었다 해서, 그 자식들의 이가 시다 말하게는

안 하시겠다고 하신 것이다. 신 포도를 먹은 자의 이가 시게만 하겠다고 하셨으니, 죄를 지은 자가 그 행한 만큼 대가를 치르게 하겠다는 원칙을 말하신 것이다. 이른바 행한 대로 갚겠다는 원칙을 말하신 것이다. 도대체 하나님의 통치 원리는 무엇인지 다시 오리무중으로 빠지게 된다.

그러나 신구약을 통틀어 살펴보면, 하나님은 우리가 행한 '만큼' 갚기보다는 '후하게' 갚으셨다. 하나님은 사람들이 죄를 지었다 해서 즉시 갚지 않으셨다. 온갖 우상들에게 절하며, 약한 자들을 착취하는 자들을 즉시 처벌하지 않았기에, 유대인들은 계속 죄를 짓지 않았는가? 그래서 솔로몬은 말했다. 사람들이 죄를 지어도 바로 벌이 내리지 않으니 서슴지 않고 죄를 짓는다고 말이다(전 8:11).[58] 다윗왕만 해도 그가 간음을 행했을 때, 아들에게 쫓기는 벌을 받았지만, 하나님을 위해 성전을 세우고 싶어 하는 마음을 보고, 그에게 화려한 영광만 주지 않으셨다. 자식들까지 후계자로 세워 그의 왕조가 대대손손 이어주겠다는 약속까지 하신다(삼하 2:8-16).

하나님에 대한 다윗왕의 믿음과 헌신이 예수님에게까지 내려올 정도로 그가 한 행동은 위대한 것이었는가? 가히 칭송받을 만하지만, 대대손손 내려가는 왕조를 받을 만큼은 아니다. 다시 말하면, 하나님을 기쁘게 하는 자가 받는 상은 훨씬 크다는 것이다.

그에 반해 사울왕은 단 한 번의 불순종으로 왕위가 **뺏겼다**(삼상 15장). 물론 길갈에서 사무엘에 의해 왕위를 당장 **빼앗긴** 것은 아니나, 하나님의 명령대로 좋은 동물들을 희생제사용으로 남겨놓은 대가는 너무 가혹했다. 즉 사울은 가진 것 다 **빼앗기는** 꼴이었다. 그래서 다윗을 죽이려 들었다. 그런데 오랜 세월 추격하며 죽이려 든다. 다윗한테 여러 번 자비를 입었고, 다시는 다윗을 죽이지 않겠다 약속해놓고선, 시기심을 이기지 못했

---

58 전 8:11 사람들은 왜 서슴지 않고 죄를 짓는가? 악한 일을 하는데도 바로 벌이 내리지 않기 때문이다.

다. 사울의 계속된 악행을 보면, 왜 하나님이 그 단 한 번의 불순종으로 판결했는지 이해가 된다. 이것은 인생 전체를 걸쳐 볼 때에야 가능해진다.

예수님을 좇는 것은 십계명을 다 지켜야 할 뿐 아니라, 자기가 가진 재산마저 내놓아야 할 정도이다(막 10:17-22). 특히 부자는 하나님 나라에 들어가기가 아주 힘들다. 그러나 예수님을 위해 집이나 가족, 재산을 버린 자는 박해를 받겠지만, 그 모두를 백배나 받을 뿐 아니라 영원한 생명까지 받는다고 약속하셨다(막 10:29-30).[59] 예수님을 위해 버린 것이 집 한 채인데, 백 채를 주시겠단다. 이것은 결코 행한 대로 갚으시는 것이 아니다. 씨 하나가 백 개를 맺는 것으로, 하나에게 구십 아홉 개를 더 주시는 것이다. 부익부이다.

복음을 위해 집을 버린 자가 백 채를 받는다는 말은 반대로 누군가는 구십구 채를 잃는다는 말이다. 살면서 여러 힘든 순간들이 많은데, 그 중 힘든 것은 가졌다가 잃는 것이다. 처음부터 없는 자는 그 없는 것 때문에 서럽고 힘들지만, 여러 개를 가지고 누리며 살았다가 다 잃고 한 개만 가지게 되면, 그 서러움과 힘듦은 말로 다 못한다. 1억을 가졌다가 실패해 5천만 원을 가진 자와 500억을 가졌다가 10억을 가진 자 중에 누가 더 힘들까? 당연히 후자이다. 1억만 가진 자는 망한 부자가 10억을 가지고 있는 것을 부러워할 것이다. 그러나 후자는 자기가 지금 가지고 있는 10억은 1억보다 더 못한 돈이다. 완전 거지가 된 기분일 것이다.

이처럼 예수님을 위해 세상 사람들이 귀하게 여기는 돈과 관계를 내던진 자에게 예수님은 백배의 수익을 되돌려주시겠다고 약속하셨다. 예수님은 이 말씀을 하실 때 부자를 상대했기에 물질적인 차원을 예로 드셨지만,

---

59 다른 복음서에도 나온다; 참. 마 19:29 또 내 이름을 위하여 집이나 형제나 자매나 부모나 자식이나 전토를 버린 자마다 여러 배를 받고 또 영생을 상속하리라; 눅 18:29 이르시되 내가 진실로 너희에게 이르노니 하나님의 나라를 위하여 집이나 아내나 형제나 부모나 자녀를 버린 자는 30 현세에 여러 배를 받고 내세에 영생을 받지 못할 자가 없느니라 하시니라

복음을 위해 인생을 던져본 자는 안다. 예수님이 주신 것이 어디 물질뿐이던가? 아니다. 그것보다 더 중요한 기쁨과 평안, 사랑 등을 마구 부어주신다. 바울이 누구보다 그런 삶을 살았기에 자신 있게 성령의 열매로 무려 9가지를 열거했다(갈 5:22-23).[60] 돈으로 살 수 없는 귀한 재산이다. 영원한 생명을 받을 것이라 약속하셨는데, 이것은 집 백 채보다 더 한 선물을 안겨주시는 것이다.

부익부 빈익빈 원칙과 관련해서 예수님은 하나님 나라를 위해 현세에서 버리지 못하고 아등바등 움켜쥐거나 오히려 남에게 해를 가한 자가 받을 일을 설명하지 않으셨다. 8:35이 그나마 조금 풀이한 것인데, 예수님은 '자기 목숨을 구하려는 욕심'에 대조되는 것이 '처참하게 죽는 것'이라 하셨다.

> 8:35 왜냐면 누구든지 간에 정말 계속 자기 목숨을 구하고 싶
> 으면, 그걸 처참하게 죽일 것이기 때문입니다. 그러나 누구든
> 지 간에 자기 목숨을 처참하게 죽이면, – 나와 복음을 소중히
> 여겨서요, – 그걸 구원할 겁니다!

사람은 누구나 자기 목숨을 구하고 싶어 한다. 그러나 자기 목숨만을 생각하고 행동에 옮긴 자가 받는 대가는 '처참한 죽음'이다. 그냥 편안하게 죽는 죽음이 아니다. 고통스런 죽음이다. 죽기 싫어 예수님을 버렸는데, 그 대가가 죽음이라 해도 억울한데, '처참한 죽음'이라니! 멸망을 경험하길 원하는 자가 어디 있는가! 돈을 구하려 한 것도 아니다. 인간에게 남아있는 유일한 재산인 목숨을 구하고 싶었던 것이다. 마지막 남은 그 하나마저도 얻지 못하고 반대로 처참한 죽음이 기다리는 것이다. 빈익빈이다.

앞에서 출 34:7에서 한 사람의 악행이 자손 삼사 대까지 간다 했다. 나

---

60 갈 5:22 오직 성령의 열매는 사랑과 희락과 화평과 오래 참음과 자비와 양선과 충성과 23 온유와 절제니 이같은 것을 금지할 법이 없느니라

이를 어느 정도 먹은 어른은 이것이 얼마나 속상한 일인지 알 것이다. 때로는 내 성공보다 자식의 성공이 더 기쁘고 뿌듯한 법이다. 나이를 먹으면 먹을수록, 내 구원도 소중하지만, 자식의 구원이 더 애달파진다. 이젠 손자, 증손주의 삶까지 다 관망하게 됐다. 내 자식이 온 사회가 지탄하는 대상이 되면, 그 힘듦을 어찌 표현할 수 있겠는가! 손주가 욕먹을 때, 할아버지가 자유롭지 않은 세상이 되 간다.

예수님은 그래서 아예 죄짓는 손이나 발을 찍어 버리라고 할 정도로 매서운 말씀을 하셨다(막 9:42-47). 바울은 육체적 쾌락, 곧 세속적인 데에만 집중하는 자들이 겪게 되는 일들을 나열한 적 있다. 음행이나 우상 숭배, 술 취함에만 그치지 않는다. 분쟁과 시기, 분냄 등 인간관계에서도 고통을 겪는다(갈 5:19-21).[61] 하나님 나라에 들어가지 못할 것을 미리 이 땅에서부터 알 수 있다.

인생을 어떻게 사느냐에 따라 내가 얻을 미래는 행한 대로 받는 것이 아니다. 많이 가진 자는 더 많이 가지게 되고, 없는 자는 더 없게 되는 부익부 빈익빈 원칙이다. 양극화다. 하나님 나라에 들어가길 위해 내가 예수님을 중심으로 놓고 사는 것이 얼마나 득인가! 근래 들어 투자라는 말이 오르내리는데, 이런 투자는 이 세상 어디에도 없다.

6. 결론

하나님 나라는 드러나기 위해 왔다. 하나님이 아끼는 자는 드러난다.

---

61 갈 5:19 육체의 일은 분명하니 곧 음행과 더러운 것과 호색과 20 우상 숭배와 주술과 원수 맺는 것과 분쟁과 시기와 분냄과 당 짓는 것과 분열함과 이단과 21 투기와 술 취함과 방탕함과 또 그와 같은 것들이라 전에 너희에게 경계한 것 같이 경계하노니 이런 일을 하는 자들은 하나님의 나라를 유업으로 받지 못할 것이요

그자 위에 날개가 달려있는 것도 아닌데, 결정적인 순간에 꼭 드러난다. 그런데도 영안이 어두운 자들은 못 본다. 예수님은 그것을 가시적으로 드러내기 위해 활동하셨다. 하나님의 보상원리는 후할 뿐 아니라, 어마어마하다고 말이다. 최고의 부자 빼고는 부익부 빈익빈 원리를 안 좋아할 것이다. 불평등하다고 소리를 높인다. 그런데 하나님의 통치 원리가 부익부 빈익빈이다.

양극화 원칙이 자기에게 적용돼 갖고 있는데도 더 많이 가지는 상황이 된다면 기뻐 어쩔 줄 모를 것이다. 수많은 이들이 공정하지 않다고 떠들어도, 그게 나한테 득이 되면 좋아한다. 예수님을 좇는 것이, 복음을 위해 내 귀한 것을 포기하는 것이 백배로 튀겨져 돌아온다. 하나님께 영광 돌릴 일이 생기고, 하늘의 기쁨을 자주 맛보는 바람에 마음이 불안할 일이 별로 없고, 밑의 자녀들 덕분에 뿌듯할 일이 생긴다. 더 나아가 죽은 뒤에는 더 진하고 꽉 찬 육감의 복을 누린다. 한 번 잘 지켜보길 바란다. 그럼 발견할 것이다. 결코 농이 아님을.

막 4:26-29, 하나님 나라는 던지기만 하면 된다?

26 그리고 말하고 또 말하셨습니다. "**하나님 나라는** 이렇습니다! 꼭 사람이 **종자를**[62] 던지는 것 같습니다. 땅 위에.

27 그리고 자고 또 잡니다. 그리고 깨나고 또 깨납니다. 밤낮. 그리고 그 종자는 (싹이) 나고 또 납니다. 그래서 길쭉 또 길쭉하게 됩니다.[63] 꼭 **바로 그자만** 알지 못했습니다.

28 자기 스스로[64] 땅은 열매 맺습니다. 먼저 풀을, 그리고 나서 이삭을, 그리고 나서 가득 찬 낟알을[65] 이삭 안에요.

29 그런데 **열매가** 익는 순간[66] 즉시 **낫을** 보냅니다. **추수가** 이미 곁에 서 있어서입니다."

---

62   σπόρος(스뽀로스), 종자, 구약에 좀 있음, 막 4:26, 27; 눅 8:5, 11;고후 9:10 뿐; 레 26:5, 20; 27:16 등. 밭갈이(출 34:21), 파종할 때 쓰는 씨; 참. σπέρμα(스뻬르마), 씨, 마 13:24 외(7회); 막 4:31 외(5회); 눅 1:55 외(2회); 요 7:42 외(3회); 행 3:25 외(4회) 등.

63   μηκύνω(메뀌노), 길쭉하게 하다, 신약 1회 용어, 성서 4회 용어, 막 4:27; 사 44:14; 겔 12:25, 28.

64   αὐτόματος(아우또마토스), 자기 스스로, 신약 2회 용어, 구약에 조금 있음, 막 4:28; 행 12:10; 레 25:5, 11; 수 6:5; 왕하 19:29; 욥 24:24뿐. αὐτός + μέμαα(열심히 바라는 것), 자기 자신의 의지로 움직여지는 것을 말함.

65   σῖτος(시또스), 곡식(마 3:12; 13:25, 29, 30; 눅 12:18 등), 밀(눅 16:7; 22:31; 요 12:24), 낟알(막 4:28), 알곡(눅 3:17).

66   παραδίδωμι(빠라디도미), 전해주다(눅 1:2), 익다(막 4:29), 넘기다(마 4:12 외(31); 막 1:14 외(20); 눅 4:6 외(16); 요 6:64 외(15); 행 3:13 등), 예수의 죽음을 예언할 때 집중적으로 쓰인 용어.

1. '종자'

이 비유는 오직 마가만 전하는 것이다. 예수님은 등불로 비유를 든 다음, 바로 이어 "하나님 나라는 이렇다!"고 하며, 사람이 종자를 던지는 것 같다고 말한다. 여기에 나온 종자라는 σπόρος(스뽀로스)는 특별한 용어가 아니다. 그러다보니 내로라하는 주석서들이 이 단어에 대해 설명을 안 한다. 궁금증을 가질 분들을 위해 조금 설명이 필요하다 싶다. σπόρος(스뽀로스)의 동사는 'σπείρω(스뻬이로)'이다. '씨 뿌리다'이다. 앞의 '씨 뿌리는 비유'에서 계속 쓰였다. 그런데 'σπείρω(스뻬이로)'라는 동사에서 나온 명사가 두 개다. σπόρος(스뽀로스)와 'σπέρμα(스뻬르마)'이다. 둘 다 성경에서 '씨'라 번역되었는데, 차이가 있다면, 전자는 남성명사이고, 후자는 중성명사이다.

> σπόρος(스뽀로스), 종자, 파종, 후손
>
> 출 34:21 너는 엿새 동안 일하고 일곱째 날에는 쉴지니 밭 갈 때에나(파종할 때, τῷ σπόρῳ) 거둘 때에도 쉴지며
>
> 욥 21:8 그들의 후손이(ὁ σπόρος αὐτῶν) 앞에서 그들과 함께 굳게 서고 자손이 그들의 목전에서 그러하구나
>
> 눅 8:5 씨를 뿌리는 자가 그 씨를 뿌리러 나가서 뿌릴새(ἐξῆλθεν ὁ σπείρων τοῦ σπεῖραι τὸν σπόρον αὐτοῦ, καὶ ἐν τῷ σπείρειν) 더러는 길 가에 떨어지매 밟히며 공중의 새들이 먹어버렸고
>
> 고후 9:10 심는 자에게 씨와 먹을 양식을 주시는 이가(ὁ δὲ ἐπιχορηγῶν σπόρον τῷ σπείροντι καὶ ἄρτον) 너희 심을 것을 주사 풍성하게 하시고 너희 의의 열매를 더하게 하시리니

위의 예에서 보듯, σπόρος(스뽀로스)는 '파종'이라는 뜻으로도 사용되었

으나, 누가복음과 고린도후서처럼 '씨'라는 의미로 썼다. 말을 할 때, 좀 더 말장난하듯 언어유희를 잘 하는 이가 누가라는 것이 여기서도 살짝 드러난다. 눅 8:5을 보면, 누가가 '씨 뿌리다'는 동사와 '종자'는 명사를 계속 써가며 말한다. 본문대로 옮기자면 이렇다: 나갔다. **씨 뿌리는 자가** 자기의 **씨앗을 씨 뿌리러**. 그리고 **씨 뿌릴 새** ~. '씨 뿌리다'는 동사를 세 번이나 썼다.

우리는 헬라어로 성경을 보지 않으니, 씨 뿌리는 비유를 말할 때 '씨'라는 말을 계속 했으리라 생각한다. 그러나 마가는 의외로 명사 '씨'를 쓰지 않았다. 과다하다 느낄 정도로 '씨 뿌리다($\sigma\pi\epsilon\acute{\iota}\rho\omega$(스뻬이로))'는 동사만 줄창 쳤다. 20절까지 무려 10회나 쓴다. 마태도 마가를 따라 동사만 사용했다.[67] 그래서 필자는 이를 조금이나마 살리기 위해서 '씨 뿌리는 자'라 할 때, '씨를 뿌리는 자'라 하지 않았다.

> 3 "잘 들어놓으세요! 보세요! 나갔습니다! 씨 뿌리는 자가 씨 뿌리려고요($\acute{o}$ $\sigma\pi\epsilon\acute{\iota}\rho\omega\nu$ $\sigma\pi\epsilon\tilde{\iota}\rho\alpha\iota$).
> 4 그런데 일이 있었습니다. 계속 씨 뿌리는 와중에($\acute{\epsilon}\nu$ $\tau\tilde{\omega}$ $\sigma\pi\epsilon\acute{\iota}\rho\epsilon\iota\nu$) 하나가 떨어졌습니다, 길가에. 그러자 새들이 왔습니다. 그리고 그걸 집어삼켰습니다.

세 복음담가 중 누가만 '씨 뿌리는 비유'에서 동사와 명사를 적절히 섞어가며 말한 것이다. 언젠가 누가복음을 자세히 풀이할 텐데, 누가는 정말 용어를 다양하게 구사한다. 그러면 마가는 이 이야기에서 어떤 차별을

---

67 마가의 말투를 고대로 따른 게 마태이다. 마태 역시 이 '씨 뿌리는 비유'에 있어서는 마가처럼 '씨 뿌리다'는 동사만 사용한다. 예) 13:3, 4 예수께서 비유로 여러 가지를 그들에게 말씀하여 이르시되 씨를 뿌리는 자가 뿌리러 나가서 뿌릴새($\acute{\epsilon}\xi\tilde{\eta}\lambda\theta\epsilon\nu$ $\acute{o}$ $\sigma\pi\epsilon\acute{\iota}\rho\omega\nu$ $\tau o\tilde{\upsilon}$ $\sigma\pi\epsilon\acute{\iota}\rho\epsilon\iota\nu$. $\kappa\alpha\grave{\iota}$ $\acute{\epsilon}\nu$ $\tau\tilde{\omega}$ $\sigma\pi\epsilon\acute{\iota}\rho\epsilon\iota\nu$) 더러는 길 가에 떨어지매 새들이 와서 먹어버렸고

두었을까? 먼저 '종자'라는 지금까지 안 썼던 새로운 명사를 끄집어 내 씨 비유를 한다. 그리고 두 번째로 '씨 뿌리다(σπείρω(스뻬이로))'는 동사를 쓰지 않았다. 대신 '던지다(βάλλω(발로))'는 의외의 동사를 사용했다. 그래서 앞의 '씨 뿌리는 비유'와는 전혀 다른 이야기임을 슬쩍 암시 줬다. 그런데 안타까운 점은 현재 우리 한글본은 그것을 전혀 눈치 챌 수 없게 옮겼다는 것이다.

2. 종자를 던져?

개역개정	새번역	눈으로 듣는 마가
또 이르시되 하나님의 나라는 사람이 씨를 땅에 뿌림과 같으니	예수께서 또 말씀하셨다. "하나님 나라는 이렇게 비유할 수 있다. 어떤 사람이 땅에 씨를 뿌려 놓고,"	그리고 말하고 또 말하셨습니다. "하나님 나라는 이렇습니다! 꼭 사람이 종자를 던지는 것 같습니다. 땅 위에."

26절의 번역본들이다. 'βάλη τὸν σπόρον(씨앗을 던지는 것과 같다)'는 말을 『개역개정』은 '뿌림과 같다', 『새번역』은 '뿌려 놓고'라 옮겼다. 여기에 쓰인 βάλλω(발로)는 주로 '던지다'라는 뜻을 가진다.[68] βάλλω(발로)가 2:22와 12:41~44에는 '넣다'라는 뜻으로 사용되기도 했는데, 의미를 생각해 보면 넣었다 하지만, 실상은 포도주를 부어넣거나, 동전을 던지는 것이다.

---

68   예문에 넣지 않았는데, 7:30, 33과 같은 경우는 침상에 누워 있는 상태에도 썼다; 참. 7:30 여자가 집에 돌아가 본즉 아이가 침상에 **누웠고** 귀신이 나갔더라. 그러나 마가복음에서 βάλλω(발로)는 '던지다'는 뜻으로 많이 쓰인다(예. 9:42 또 누구든지 나를 믿는 이 작은 자들 중 하나라도 실족하게 하면 차라리 연자맷돌이 그 목에 매여 바다에 던져지는 것이 나으리라; 45 만일 네 발이 너를 범죄하게 하거든 찍어버리라 다리 저는 자로 영생에 들어가는 것이 두 발을 가지고 지옥에 던져지는 것보다 나으니라)

βάλλω(발로), 넣다, 던지다.

2:22 새 포도주를 낡은 가죽 부대에 **넣는** 자가 없나니 만일 그렇게 하면 새 포도주가 부대를 터뜨려 포도주와 부대를 버리게 되리라 오직 새 포도주는 새 부대에 넣느니라 하시니라

7:27 예수께서 이르시되 자녀로 먼저 배불리 먹게 할지니 자녀의 떡을 취하여 개들에게 **던짐이** 마땅치 아니하니라

9:22 귀신이 그를 죽이려고 불과 물에 자주 **던졌나이다** 그러나 무엇을 하실 수 있거든 우리를 불쌍히 여기사 도와주옵소서

씨는 뿌리지, 던지지 않는다. 물론 던지듯이 뿌릴 순 있다. 그러나 씨를 던졌다고 말한 사례가 성경에는 없다. 씨가 땅에 제대로 떨어져야 원하는 수확을 기대할 수 있는데, 씨한테 화풀이하지 않는 한, 던질 일이 거의 없다. 예수님이 그걸 모를 분이 아닌데, '던졌다' 했다.

여기서 종자를 던진 사람이 그냥 일반 사람이냐, 예수님이냐로 의견이 조금 갈린다.[69] 예수님은 지금 하나님 나라에 관여하고 계시다. 종자가 자라는 것을 알지 못한 게 말이 되냐고 할지 모르지만, 예수님은 이따가 하나님 나라가 언제 올지는 하늘의 천사도 모르고, 아들도 모르며, 오로지 아버지만 아신다 했다(막 13:32). 예수님일 수도 있다.

이 비유에서 종자를 맡은 자의 사명은 그저 던지기만 하면 된다. 제대로 된 농부라면, 씨앗을 던지지는 않을 것이다. 그럼에도 굳이 예수님이 '던졌다'고 표현한 것은 종자의 결말을 알고 계시기 때문이다. 복음 자체가 왕성한 생명력을 가지고 있으므로, 던져도 어차피 낟알이 가득한 이삭을 만들

---

69 비유의 사람이 예수님이라고 하는 학자는 F. Belo, J. Marcus 등이 있다. 참. R. T. France, *Mark*, 214.

것이므로 걱정하지 말라는 뜻이다. 필자는 이런 의미에서 씨앗을 던진 사람은 복음을 전할 자들을 가리킨 것 같다.

예수님의 부르심을 받은 자들이 모두 다 군말 없이 따랐다고 보지 않는다. 또 하나님 나라 복음을 전해라고 보냈을 때, 제자들이 주저하지 않고 힘차게 나가지도 않았을 것이다. '잘 할 수 있을까?' 하는 염려, 혹시 '할 때마다 조롱당하거나 실패하면 어떡하지?' 하는 두려움과 또 세상영화에 대한 욕심 때문에 뒷걸음치는 자들을 부지기수로 만났을 것이다.

우리는 살면서 뭔가를 해보면, 다 성공하지 못한다는 것을 깨닫는다. 실패하는 게 오히려 정상이라 말할 정도로 내가 노력한 만큼 거두기란 어렵다. 세상일도 그런데, 복음을 전하는 일이라고 다를까! 게다가 성공한다는 것이 세상일처럼 부나 명성이 아니다. 온갖 핑계를 대며 도망치기 딱 좋다. 또 좋은 성과물을 얻기란 더 어렵다. 예수님도 수많은 반대자들을 만나지 않았는가? 예수님은 그래서 그냥 "던져라"고 하신 것이다. 당신이 할 일은 그저 던지기만 하면 된다고 말이다.

3. 누가 일한 것인가?

27절이다. 사람이 종자를 던지고 난 뒤, 계속 잤단다. 그리고 깨나고 또 깨났다고 말한다. 밤낮. 종자를 던진 자가 사람이라 했지만, 종자를 던지는 것이면 농부일 확률이 높다. 수만 평을 가진 대귀족이 종자를 던질 일은 없지 않은가! 그런데 종자를 던지는 것도 농부답지 않은데, 던진 뒤 하는 일이라곤 밤낮 자고 깨고, 자고 깨는 일만 한다니, 농부다운 구석이 하나도 없다. 헬라어로 던지는 것은 가정법 과거시제인데, 자고 깨는 것은 다 가정법 현재시제이다. [70] 종자를 던진 일은 한 번이지만, 자고 깬 일은 계속 반복적으로 했음을 말한다. 그런데 그 반복이 종자에 정성을 들인 게 아니다.

그런데 그 아무렇게나 던져진 종자의 반응이 재밌다. 싹이 나고 또 나고, 또 길쭉길쭉 해졌다는 것이다! 종자에 대해 사용한 동사 역시 모두 다 가정법 현재시제이다. [71] 뭔가 종자가 자라려면, 싹이 쑥 튀어나온 뒤, 계속 올라와야 한다. 그렇게 계속 싹 나고 길쭉해졌다고 예수님은 표현했다.

▸ 헬라어 풀이(4): μηκύνω(메뀌노)와 명사 μῆκος(메꼬스)

'길쭉하게 하다(μηκύνω(메뀌노))' 단어에 대해 조금 변명이 필요할 듯하다. 다른 한글본들은 다 '자라다'로 옮겼는데, [72] 굳이 '길쭉하게 하다'로 했기 때문이다. μηκύνω(메뀌노)는 성경에 그리 나오지 않는다. 신약에는 여기서만 나오고, 구약도 기껏 3번이다.

μηκύνω(메뀌노), 길쭉하게 하다, 더디다
사 44:14 그는 자기를 위하여 백향목을 베며 디르사 나무와 상수리나무를 취하며 숲의 나무들 가운데에서 자기를 위하여 한 나무를 정하며 나무를 심고 비를 맞고 **자라게도 하느니라**
겔 12:25 나는 여호와라 내가 말하리니 내가 하는 말이 다시는 **더디지 아니하고** 응하리라 반역하는 족속이여 내가 너희 생전에 말하고 이루리라 나 주 여호와의 말이니라 하셨다 하라

---

70   4:26 ὡς ἄνθρωπος βάλῃ(**가정법 과거시제**) τὸν σπόρον ἐπὶ τῆς γῆς, 27 καὶ καθεύδῃ(**가정법 현재시제**) καὶ ἐγείρηται(**가정법 현재시제**) νύκτα καὶ ἡμέραν,

71   καὶ ὁ σπόρος βλαστᾷ καὶ μηκύνηται

72   『개역개정』 그가 밤낮 자고 깨고 하는 중에 씨가 나서 **자라되** 어떻게 그리 되는지를 알지 못하느니라; 『새번역』 밤낮 자고 일어나고 하는 사이에 그 씨에서 싹이 나고 **자라지만**, 그 사람은 어떻게 그렇게 되는지를 알지 못한다.

28   그러므로 너는 그들에게 이르기를 주 여호와의 말씀에 나
의 말이 하나도 **다시 더디지 아니할지니** 내가 한 말이 이루어
지리라 나 주 여호와의 말이니라 하셨다 하라

위 구약의 사례들에서 보듯이 '자라다'와 '더디다'는 뜻으로 쓰였는데,
성경에서 '자라다'는 뜻으로 주로 사용되는 단어는 αὐξάνω(아욱**싸**노)이다.
성경 전체에 58번이나 나온다. 마가복음에서도 4:8에서 나왔다.[73] 그래
서 μηκύνω(메**뀌**노)를 한국어로 '자라다'라 옮길 수 없었다. 게다가 원래 헬
라작품에서도 μηκύνω(메**뀌**노)는 '길게 만들다'로 쓰였다.[74] 그래서 명사
μῆκος(메**꼬**스)는 '길이'이다.

엡 3:18   모든 성도와 함께 여러분이 그리스도의 사랑의 너
비와 **길이와** 높이와 깊이가 어떠한지를 깨달을 수 있게 되고,
창 6:15   그 방주는 이렇게 만들어라. **길이는** 삼백 자, 너비는
쉰 자, 높이는 서른 자로 하고,
출 25:10   그들은 조각목으로 궤를 짜되 **길이는** 두 규빗 반, 너
비는 한 규빗 반, 높이는 한 규빗 반이 되게 하고

성경에서 '길이'라고 옮겨진 단어는 μῆκος(메**꼬**스)라고 생각하면 될 듯
하다. 씨앗이 싹이 나면서 자라는 것이 길쭉하게 나타나는 것이다. μηκύνω
(메**뀌**노)가 원래 가지는 뜻대로 길어진다.

---

73   막 4:8 그리고 딴 것들이 떨어졌습니다. 땅, 곧 좋은 것 속으로요. 그러자 열
매를 내고 또 내주었습니다. 올라오면서 그리고 **자라면서**. 그래서 맺고 또 맺었습
니다. 한 개가 삼십 개로, 또 한 개가 육십 개로, 또 한 개는 백 개로요." 그 외, 마
6:28 어찌하여 너희는 옷 걱정을 하느냐? 들의 백합화가 어떻게 **자라는가** 살펴보아
라. 수고도 하지 않고, 길쌈도 하지 않는다.
74   아리스토파네스, 뤼시스트라테, 1130: 그 밖에 다른 제단들은 일일이 **늘어놓**
을 필요가 없겠지요. 아리스토파네스, 『아리스토파네스 희극전집 2』, 80.

종자는 던져진 상태에서 혼자 잘도 크는데, 예수님은 마지막에 덧붙이신다. 정작 종자를 던진 그자는 알지 못했다는 것이다. 이렇게 불성실할 수 있나! 이자는 진짜 종자에 대한 애정이 전혀 없다. 던지질 않나, 또 얼마나 자라는지 알지 못했다니 말이다. 여기까지 들으면, 종자의 노고가 눈에 그려진다. 그런데 그 다음에 하신 예수님의 말씀이 또 뒤통수를 친다. 종자가 잘 자란 데에는 땅의 힘이 크다는 것이다. 종자가 잘 한 게 아니라.

28절이다. 자기 스스로 땅은 열매 맺는다고 하셨다. 종자가 싹이 나고 길쭉해진 것은 땅이 수고했다는 것이다. 땅이 풀을 내고, 이삭을 내고, 그래서 그 이삭 안에 가득 찬 낟알을 낸다는 것이다. 마가는 땅이 종자의 도움 없이, 더 나아가 사람의 도움도 없이 혼자 했음을 강조하기 위해 '자기 스스로(αὐτόματος(아우토마또스))'라는 단어를 앞에다 썼다. 신약에선 달랑 2번만 나온 용어다.[75] 그 사람이 종자를 던져놓고선 하는 일 없이 거저먹고 자고 한 것은 다 이유가 있었다. 종자를 믿어서가 아니라, 바로 땅을 믿어서였다. 땅이 열일할 것이라는 것을. 예수님은 이렇게 자주 뒤통수를 치는 반전 식 이야기를 하신다.

종자는 무엇일까? 예수님은 종자는 하나님 나라라고 하셨다. 이 비유는 몇 안 되는 '자라는 하나님 나라'를 말한다. 하나님 나라가 어찌 시작되었는지, 마가는 밝힌 바 없다. 간단하게 말하자면, 예수님의 복음선포로 시

75　행 12:10 이에 첫째와 둘째 파수를 지나 시내로 통한 쇠문에 이르니 문이 **저절로** 열리는지라 나와서 한 거리를 지나매 천사가 곧 떠나더라;『새번역』레 25:5 거둘 때에, 떨어져 **저절로** 자란 것들은 거두지 말아야 하며, 너희가 가꾸지 않은 포도나무에서 저절로 열린 포도도 따서는 안 된다. 이것이 땅의 안식년이다; 왕하 19:29 또 네게 보일 징조가 이러하니 너희가 금년에는 **스스로 자라난 것을** 먹고 내년에는 그것에서 난 것을 먹되 제삼년에는 심고 거두며 포도원을 심고 그 열매를 먹으리라

작되었다 할 수 있다. 완전히 도래한 것은 아니나, 예수님의 활동과 선포로 포기했던 하나님 나라에 들어갈 수 있게 되었기 때문이다. 그리고 예수님은 제자들에게도 당신처럼 복음을 던지라고 권하셨다. 복음을 던진 자는 알지 못해도, 복음이 스스로 사람들을 회개하게 하고, 변화시킨다는 것이다. 복음을 던지고 난 뒤 관리를 안 해도, — 당시는 떠돌면서 선포할 때라, — 구원의 역사가 일어난다. 땅은 무엇을 가리키나? 바로 이 땅, 세상이다. 이 비유와 관련된 주석서를 읽다 보면, 종자를 던진 사람이 누구인지, 또 이 비유가 하나님 나라의 어떤 성격을 말하는 건지 등 설명이 많다. 그런데 땅에 관해선 거의 말이 없다. 땅이 스스로 놀라운 열매를 내는 것에 대해.

예수님은 이 땅의 질에 대해 아무 언급 안 하셨다. 그저 좋은 열매를 알아서 낸다고 하셨다. 우리는 세상에 대해 부정적인 생각을 많이 한다. 결코 만만치 않은 곳에서부터 시작해 마지막은 파멸이라고 여긴다. 계시록에서 말하듯, 새 하늘과 새 땅이 임해야 끝나는 것이라고 말이다. 그러나 이 비유는 땅이 스스로 복음을 받아들여 큰 열매를 만든다. 땅이 씨앗을 받아들여 풀, 이삭, 그래서 꽉 찬 낟알을 생산해낸다. 예수님은 이 세상은 복음을 받아들여 좋은 열매들을 많이 생산해낼 곳으로 보시는 것이다.

4. 낫을 보낸다고?

땅이 던져진 종자에게 열심히 일해 열매를 맺게 만들었는데, — 얼마나 벅찼겠는가! 수고해 영글어진 열매를 보며, — 낫을 보낸다는 것이다. 그런데 또 이 비유는 이상한 표현을 한다. '낫을 보낸다'고 말하는가? 벼를 벨 때, 우리는 낫을 댄다고 말한다. 그래서 신 23:25에서 '낫을 대지 말라'고 말할 때, '댄다($\epsilon\pi\iota\beta\alpha\lambda\lambda\omega$(에삐발로))'는 동사를 썼다. '어디 위에 손을 얹어 붙잡는 것'이다.[76] 그런데 막 4:29처럼 '낫을 보낸다'고 말한 자가 있다. 바로 요엘이다.

> 막 4:29   그런데 열매가 익는 순간 즉시 **낫을 보냅니다** (ἀποστέλλει). 추수가 이미 곁에 서 있어서입니다.
> 신 23:25 네 이웃의 곡식밭에 들어갈 때에는 네가 손으로 그 이삭을 따도 되느니라 그러나 네 이웃의 곡식밭에 낫을 대지는 **말지니라**(οὐ μὴ ἐπιβάλῃς)
> 욜 3:13 너희는 **낫을 쓰라**(ἐξαποστείλατε) 곡식이 익었도다 와서 밟을찌어다 포도주 틀이 가득히 차고 포도주 독이 넘치니 그들의 악이 큼이로다
> 계 14:15 또 다른 천사가 성전으로부터 나와 구름 위에 앉은 이를 향하여 큰 음성으로 외쳐 이르되 당신의 **낫을 휘둘러**(πέμψον) 거두소서 땅의 곡식이 다 익어 거둘 때가 이르렀음이니이다 하니

욜 3:13을 보면, '너희는 낫을 쓰라'고 돼 있는데, 헬라어 원문 그대로 옮기자면, '너희는 낫을 꺼내, 보내라'는 말이다. 막 4:29에 쓰였던 '보내다(ἀποστέλλω(아뽀스**뗄**로))'에 전치사 ἐκ(에끄)를 붙인 같은 동사다. '보내라'는 말을 좀 더 강하게 말했다. 그런데 욜 3:13에서 낫을 꺼내 보낸 상황은 하나님이 만민들을 심판하려는 때이다.

> 욜 3:12 민족들은 일어나서 여호사밧 골짜기로 올라올지어다
> 내가 거기에 앉아서 사면의 민족들을 다 심판하리로다
> ─────

---

76   유사하게 쓰인 사례가 눅 21:12 이 모든 일 전에 내 이름으로 말미암아 너희에게 손을 **대어** 박해하며 회당과 옥에 넘겨 주며 임금들과 집권자들 앞에 끌어 가려니와

14 사람이 많음이여, 심판의 골짜기에 사람이 많음이여, 심판
의 골짜기에 여호와의 날이 가까움이로다
15 해와 달이 캄캄하며 별들이 그 빛을 거두도다

심판이 계속 나오는 것이 보이는가? 위의 예언은 하나님이 이스라엘
이 망할 때, 이스라엘 백성들을 팔며 이득을 취했던 나라들을 벼르고 벼르
다가 드디어 이들을 거세게 심판하시겠다고 선포한 말씀이다. 심판을 행
할 때가 꽉 찼음을 곡식이 익었으니, 이제 낫을 꺼내 보내라고 하셨다. 막
4:29과는 '낫을 보낸다'는 말만 같지만, 하나님이 심판을 실행하실 때가 이
제 되었음을 가리키는 상황은 같다. 물론 요엘에서의 낫은 무서운 재앙을
가져오지만, 예수님의 낫은 하나님 나라가 오는 것이다.[77] 종자가 가득 찬
낟알로 되었을 때, 낫이 오기만을 얼마나 기다렸을 것인가! 종자 입장에선
기쁜 순간이지만, 하나님이 강력하게 움직이는 순간을 말함은 동일하다.
계 14:15에서 낫이 사용되는 순간도 심판이다. 『개역개정』은 '낫을 휘
둘러'라고 돼 있지만, 헬라어 원문상으로는 '낫을 보내라(πέμπω(뻼뽀))'다.
동사는 마가와 다르지만, 뜻은 똑같은 '보내다'이다.[78] 욜 3:13에서의 사
용법과 똑같이, 하나님이 벌을 무섭게 내리시는 것을 '낫을 보낸다'고 표
현한 것이다.[79] 낫은 날카롭다. 그러나 무엇보다 이삭을 베는 데에는 낫만
큼 좋은 도구가 없다.
낫을 쓸 때, 굳이 '보내다'는 동사를 사용한 사례는 내가 알기론 헬라 작
품에 없다. 어찌 보면 유대인들의 어법이 될 것이다. 이방인들은 '저게 무

77 R. T. France, *Mark*, 214-15.
78 마가에서는 5:12에서만 쓰이는데, 뜻은 '보내다'이다; 참. 『개역개정』 이에 간
구하여 이르되 우리를 돼지에게로 **보내어**(πέμψον) 들어가게 하소서 하니
79 David E. Aune, *Revelation 6-16*, WBC 52B (Waco: Thomas Nelson,
Inc, 1998), 843.

슨 말인가?'하고 의아해했겠지만, 유대인들은 하나님이 심판을 행하실 때, '하나님이 낫을 보낸다'고 말하는 것임을 냉큼 알아들었을 것이다. 무섭고 사정없이 베어버리는 낫에 의해 정리될 것임을. 이 말을 마가 성도들이 제꺼덕 알아들었을 것 같지는 않다. 마가가 유대인이다 보니, 유대인식의 어법을 쓴 것이다.

29절 마지막이다. '추수가 이미 곁에 서 있어서 그렇다'는 것이다.

예수님의 이 비유는 하나하나 곱씹으면 곱씹을수록 특이한 말이 수두룩하다. '종자', '길쭉하게 하다', 그리고 '보낸다'는 용어도 일반적인 어법과 다른데, 추수가 '이르렀다'는 말을[80] 굳이 '곁에 서 있다'는 말인 παρίστημι (빠리스떼미)를 썼다.

> παρίστημι(빠리스떼미), 곁에 서 있다.
> 막 14:47 **곁에 서 있는 자** 중의 한 사람이 칼을 빼어 대제사장의 종을 쳐 그 귀를 떨어뜨리니라
> 15:35 **곁에 섰던 자** 중 어떤 이들이 듣고 이르되 보라 엘리야를 부른다 하고
> 39 예수를 향하여 **섰던** 백부장이 그렇게 숨지심을 보고 이르되 이 사람은 진실로 하나님의 아들이었도다 하더라

추수하는 시점이 이른 것처럼, 어떤 중요한 때가 다 되었음을 말할 때, 주로 'ἥκω(헤꼬)',[81] 'ἐγγίζω(엥기조)',[82] 'εἰσέρχομαι(에이세르코마이)',[83]

---

80 『개역개정』 열매가 익으면 곧 낫을 대나니 이는 추수 때가 이르렀음이라

81 예) 창 6:13 하나님이 노아에게 이르시되 모든 혈육 있는 자의 포악함이 땅에 가득하므로 그 끝 날이 내 앞에 **이르렀으니** 내가 그들을 땅과 함께 멸하리라

82 예) 창 12:11 그가 애굽에 가까이 **이르렀을 때에** 그의 아내 사래에게 말하되 내가 알기에 그대는 아리따운 여인이라

83 예) 창 12:14 아브람이 애굽에 **이르렀을 때에** 애굽 사람들이 그 여인이 심히

'πάρειμι(**빠**레이미)' 등과[84] 같은 용어를 쓴다. 특별히 'ἐγγίζω(엥**기**조)'는 막 1:15에서 '하나님 나라가 가까이 왔다'고 말할 때 썼으므로, 지금 추수가 가까이 와있다고 말하기 딱 좋다. 그런데 안 썼다.

> ἐγγίζω(엥**기**조), 가까이 오다
>
> 1:15 이르시되 때가 찼고 하나님의 나라가 **가까이 왔으니** 회개하고 복음을 믿으라 하시더라
>
> 11:1 그들이 예루살렘에 **가까이 와서** 감람 산 벳바게와 베다니에 이르렀을 때에 예수께서 제자 중 둘을 보내시며
>
> 14:42 일어나라 함께 가자 보라 나를 파는 자가 **가까이 왔느니라**

게다가 'ἐγγίζω(엥**기**조)'는 이후 11:1와 14:42에서 쓰일 때도 전부 예수님의 죽음과 체포를 말할 때 쓰므로, 하나님의 나라가 이미 가까이 왔다는 말에 딱 맞지 않는가? 그러나 예수님은 '바로 곁에 서 있어서 딱 보인다'는 뜻을 가진 παρίστημι(**빠**리스떼미)를 썼다.[85] 그만큼 추수해야 할 시점인 것이 눈으로 확연히 드러난다는 것이다. 게다가 현재완료시제이다. 이미 와 있었다는 것이다. 하나님의 나라가. 갈릴리에서 하나님 나라를 처음 선포했을 때처럼,[86] 추수가 이미 곁에 서 있다고 하신 것이다. 이제 중요한 것

아리따움을 보았고

84 예) 요 7:6 예수께서 그들에게 말씀하셨다. "내 때는 **아직 오지 않았다.** 그러나 너희의 때는 언제나 마련되어 있다.

85 지금 존재해 있음을 보여준다는 뜻으로 사용된 사례는 행 9:41이다; 참. 행 9:41 베드로가 손을 내밀어 일으키고 성도들과 과부들을 불러 들여 그가 살아난 것을 **보이니**

86 1:15에서도 예수님은 ἐγγίζω(엥**기**조)를 현재완료시제로 이미 왔음을 말하셨다; 참. 『눈으로 듣는 마가』 1:15 그리고 말하길, "이미 차있습니다, 때가! 그리고 **이미 가까이 이르러 있습니다,** 하나님 나라가! 회개하고 또 회개하세요! 그리고 복음을 믿고 또 믿으세요!"

은 이것을 보는 우리다.

5. 결론

예수님은 하나님 나라가 당신으로 인해 이미 시작되었다 보셨다. 그런데 마가는 이것을 그리 강조할 뜻은 없었던 것 같다. 아직은 낫을 휘두를 시기가 안 됐다 여겼던 것 같다. 그러나 이 말씀을 성도들에게 전해주면서, 예수님이 제자들에게 복음을 던지기만 해도 된다고 격려했듯, 힘을 주길 바랐다. 그리고 지금 고통스럽고 여전히 악한 자들이 활개를 치는 듯 보이나, 낫을 곧 보내신다고, 얼마 남지 않았다고 말했다.

앞에서 제자들은 예수님으로부터 복음을 선포해라는 사명을 받았다. 귀신을 쫓아낼 권세까지 받았다. 그러나 나갔을 때, 자신감이 충만해지는 경험들만 한 것은 아닐 것이다. 무시당하기도 했을 터이고, 되레 핀잔을 듣거나 귀신들이 조롱하기도 했을 것이다. 몇 명에게 간신히 얘기했다면, 도대체 이게 소용이 될까 싶기도 했을 것이다. 예수님의 말씀은 제자들에게 굉장히 위로와 힘이 된다. 그냥 복음을 세상에 나가 던지기만 하면 된다고 하셨으니 말이다. 당신이 목숨을 바쳐 이미 모두에게 구원의 길을 열어놓으셨으니, 세상과 싸울 필요도 없고, 그저 던지기만 해라고 말이다.

그것뿐이랴! 세상은 그 종자를 받아들여 스스로 열매를 만들어낸다. 가시 덩쿨이 잔뜩 있는, 돌멩이가 가득 박혀 있는, 결국에는 땅이 좋은 열매를 낸다. 종자를 던진 자는 신경 쓰지 않아도, 구원 역사가 일어난다는 것이다. 사람들의 마음에 싹이 나고 길쭉하게 되는 변화가 일어난다고 말하셨다. 비록 요한복음이긴 하지만, 6:37에서 예수님은 하나님이 구원

코자 하시는 자는 다 자신에게로 올 것이라 하셨다.[87]

　결과를 모르면, 일을 하다가 위기를 맞으면, 낙심한다. 포기한다. 그러나 결과를 안다면, 어떨까? 좀 짜증은 나겠지만, 그래도 낙심해 포기하진 않을 것이다. 예수님이 알려주시는 하나님 나라의 도래는 비극적인 결말이 아니다. 언제 도래할지는 순전히 하나님에게 달렸다. 낮을 보내시는 분은 하나님이시니 말이다. 대신 예수님이 귀띔은 하셨다. 추수가 바로 이미 곁에 서 있다고 말이다. 낮이 휘둘러지길 기다리고 있다고 말이다.

87　요 6:37 아버지께서 내게 주시는 자는 다 내게로 올 것이요 내게 오는 자는 내가 결코 내쫓지 아니하리라

4:30-34, 하나님 나라가 겨자씨라고?

30 그리고 말하고 또 말하셨습니다. "어떻게 (우리가) 비교할까요? 하나님 나라를? 아님 무엇으로 그걸 비유로 놓을까요?

31 꼭 겨자 씨앗처럼, 그것이 **땅 위에** 씨 뿌려지는 순간은 제일 작습니다. 모든 씨들보다, 곧 땅 위에 있는 것들보다 말입니다.

32 그러나 씨 뿌려지는 순간, 올라옵니다. 그리고 훨씬 더 크게 됩니다. 모든 채소들보다 더요. 그래서 **큰 가지들을** 만듭니다. 하여 계속 할 수 있습니다. 그것의 그늘 아래 하늘의 새들이 계속 깃들어 있게요."

33 그리고 요러한 비유들로 많이 소리 내 말하고 또 말하셨습니다, 그들한테 말씀을. 그래서 꼭 그렇게 계속 듣고 들을 수 있게 말입니다.

34 그러나 비유 빼곤 더 이상 소리 내 말하지 않으셨습니다, 그들한테. 그러나 따로 자기 제자들한테 계속 풀이해 주셨습니다.[88] 다!

1. 겨자씨앗

비유 설명을 하기 전에 '겨자씨앗'이라고 옮긴 용어부터 조금 설명을 해야 될 듯하다. 앞의 '씨 뿌리는 비유'에서 마가는 '씨'라는 명사를 안 썼다 했다. '씨'로 사용되는 단어가 σπόρος(스**뽀**로스)와 σπέρμα(스**뻬**르마)가 있는데, 구별하기 위해 '종자'와 '씨'로 옮겼다 했다. 이 외 오늘 겨자의 씨앗에 사용된 것이 바로 κόκκος(꼭꼬스)이다. 그리고 이 비유의 31절에 σπέρμα(스**뻬**르마)를 사용한다. 그래서 결국 마가는 씨와 관련된 세 비유에 다 다른 용어를 사용한다.

---

88 ἐπιλύω(에삘뤼오), 풀이하다. 성서 2회 용어, 구약에는 없음. 막 4:34; 행 19:39.

하나님 나라 비유	사용된 용어
씨 뿌리는 비유	σπείρω(스뻬이로, 씨 뿌리다)
스스로 자라는 씨 비유	σπόρος(스뽀로스, 종자)
겨자씨 비유	κόκκος(꼭꼬스, 씨앗), σπέρμα(스뻬르마, 씨)

예수님은 각 비유마다 조금의 특색이 드러나게끔, 용어를 달리 하시는
것이다.

> ‣ 헬라어 풀이(5): *κόκκος*(꼭꼬스)
> *κόκκος*(꼭꼬스), 씨앗, 알, 붉은 색
> 요 12:24　내가 진실로 진실로 너희에게 이르노니 **한 알의 밀**
> 이 땅에 떨어져 죽지 아니하면 한 알 그대로 있고 죽으면 많은
> 열매를 맺느니라
> 애 4:5　맛있는 음식을 먹던 자들이 외롭게 거리 거리에 있으
> 며 이전에는 **붉은 옷을**(ἐπὶ *κόκκων*) 입고 자라난 자들이 이제는
> 거름더미를 안았도다

κόκκος(꼭꼬스)는 원래 '보라'나 '붉은 색'을 가리켰다. 그래서 예레미야
애가서 4:5에 '붉은 옷을 입고 자라난 자들'의 헬라어 원문은 '붉은 색들을
(입고) 자라난 자들'이다. 붉은 색들을 입고 자라려면, 붉은 옷밖에 없다.
고대에는 붉은 색이 귀했다. 연지벌레라는 곤충에서만 붉은 색을 추출할
수 있었기 때문이었다. 그래서 *κόκκος*(꼭꼬스)가 씨앗으로 쓰일 때에는 평
범한 곡류의 씨앗이 아닌, 비슷한 색깔을 가지고 있는 석류였다. 헬라인들

은 석류의 씨 알갱이를 말할 때, κόκκος(꼭꼬스)라 했다. [89]

　문제는 유대인들이다. 이들은 겨자씨앗에도 κόκκος(꼭꼬스)를 썼기 때문이다. 겨자는 붉지도 않고, 보라색이 아니다. 고동색부터 여러 색이 뒤섞였는데, 공관복음서는 다 한결같이 κόκκος(꼭꼬스)를 썼다. 어디 그뿐인가? 요 12:24이나 고전 15:37처럼 밀의 알갱이를 가리킬 때도 썼다. [90] 유대인들의 사용법이 틀린 게 아니라면, 이후 헬라인들이 썼겠지만, 쓰지 않는 것으로 봐, κόκκος(꼭꼬스)는 보랏빛을 띠는 씨앗에게만 써야 맞는 것 같다.

+ + +

　이 비유는 여러분도 잘 알고 있는 것이다. 마태복음과 누가복음에도 나오는데, 살짝 다르다. 다 다루지도 않을 거면서, 굳이 다른 복음서들을 갖고 온 이유는 직접 나란히 놓고 봐야 제대로 알 수 있어서이다. 일단 말씀의 길이가 한 눈에 들어올 것이다. 마가복음은 복음서들 중 제일 짧다. 그런데 말씀을 비교할라 치면, 늘 그런 건 아니지만, 마가가 유독 길게 할 때가 많다. 지금처럼. 이것은 마가가 이야기 전체는 짧게 했지만, 전하겠다 마음먹은 것은 확실하게 하는 성향이 있음을 보여준다. 나중에도 드러날 텐데, 말을 차지게 잘한다. 좀 과장해서 말하는 경향이 있다.

89　Herodotus, *Histories*, 4. 143. 석류의 씨; Apollodorus, The Library, 1. 5.

90　신약에서 요 12:24 외, 고전 15:37에도 쓰였으나, 한글본에서 거의 옮겨져 있지 않다; 참. 또 네가 뿌리는 것은 장래의 형체를 뿌리는 것이 아니요 다만 밀이나 (ἀλλὰ γυμνὸν κόκκον εἰ τύχοι σίτου, 다만 간단하게 곡류, 즉 밀이나) 다른 것의 알맹이 뿐이로되; 『NIV』 When you sow, you do not plant the body that will be, but just **a seed**, perhaps of wheat or of something else.

마가 4장	마태 13장	누가 13장
31 꼭 겨자 씨앗처럼, 그것이 땅 위에 씨 뿌려지는 순간은 제일 작습니다. 모든 씨들보다. 곧 땅 위에 있는 것들보다 말입니다. 32 그러나 씨 뿌려지는 순간, 올라옵니다. 그리고 훨씬 더 크게 됩니다. 모든 채소들보다 더요. 그래서 큰 가지들을 만듭니다. 하여 계속할 수 있습니다. 그것의 그늘 아래 하늘의 새들이 계속 깃들어 있게요."	31 딴 비유를 차려놓으셨습니다. 그들한테. 말하길, "마치 하늘(들) 나라는 겨자씨앗과 같습니다. 그걸 집어서 사람은 씨 뿌렸습니다. 자기 밭에요. 32 그건 모든 씨들보다 제일 작습니다. 그런데 자라는 순간 채소들보다 더 커집니다. 그래서 수목이 됩니다.	19 마치 (그건) 겨자 씨앗과 같습니다. 그걸 집어서 사람이 던졌습니다. 자기 정원 속으로. 그래서 자랐습니다. 그리고 (그것은) 수목으로 되었습니다. 그래서 하늘의 새들이 깃들었습니다. 그것의 가지들에."

이 비유에서, 너무 에둘러 말해 잘 드러나지 않는 점이 하나 있는데, 겨자씨앗이 땅에 뿌려지는 것에 있어, 사람의 주도적인 행동이 안 드러난다. 마태와 누가는 다 '사람이 뿌렸다'고 말한다. 그러나 마가는 '그것이 뿌려지는 순간'이라 말해 뿌리는 자를 숨겼다. 그저 겨자씨앗에만 초점이 가게 한 것이다.

그래서 하나님 나라로 비유되는 겨자씨앗은 의도적으로 뿌리려는 노력을 기울이지 않아도, 어떤 식으로든 뿌려지기만 하면, 그 제일 작은 것이 모든 채소들보다 훨씬 더 크게 된다고 말했다. 이 비유의 메시지는 제일 작은 것이 크게 된다는 것이다. '누가' 의도적으로 뿌리려는 노력을 기울이지 않아도, 뿌려지기만 하면 그것은 자연스럽게 큰 결과로 나온다는 것이다.

2. 하필 왜 겨자씨앗이야?

예수님은 "하나님 나라에 대해 어떻게 비교할까?"하고 말한 뒤, 겨자씨앗을 끄집어냈다. 요즘 우리는 겨자를 많이 먹는다. 그러나 겨자를 키우지는 않는다. 겨자는 중동 지역에 잘 자라는 풀이다. 그런데 이 겨자를 모두가 너도나도 키우느냐 하면 그렇지 않다는 것이다. '대 플리니(Pliny the Elder, 주후 23-79년)'라는 유명한 로마 귀족이 있다. 『자연사』라는 자연에 대한 백과사전을 무려 37권이나 썼다. 거기에 겨자씨에 대해서도 말한다.

> "겨자는 이식되어 개량되기는 하였지만, 거의 야생에서 자란다. 그러나 다른 한 편, 일단 심겨지면 그 자리에서 겨자를 제거한다는 것은 거의 불가능한 일이다. 그 씨는 일단 떨어지면, 즉시 싹이 튼다(29. 54. 170)."

겨자는 쓸모가 많은 식물이긴 하지만, 정말 너무 생명력이 강해 잡초에 가깝고, 싫어한다는 것이다. 한 번 씨가 떨어지면, 우후죽순으로 자라, 다른 작물까지 피해를 끼치니, 한 마디로 가라지 같이 취급되는 씨앗이라는 것이다. 하나님 나라가 처음에는 작으나 나중에는 심히 커진다는 말은 앞의 자라나는 종자 비유와 연결돼 이해가 된다. 그런데 예수님은 왜 하필 겨자씨를 비유로 했을까? 하나님 나라를 싫어할 이, 아무도 없다. 모두가 들어가고 싶어 한다. 현재의 부귀영화를 포기하긴 힘들지만, 그래도 하나님 나라가 최고로 가고 싶은 곳이다.

그런데 예수님은 그곳을 겨자씨로 비유했다. 모든 농부가 꺼리는 씨앗 말이다. 예수님의 주 청중인 농부들이 그것을 모를 리 없다. 그래서 놀랐을 것이다. '하나님 나라가 겨자씨와 같다고?' 예수님도 겨자씨에 대한 거리낌을 모를 리 없다. 겨자씨라 하신 것은 예수님이 지금 전하는 하나님 나라의 성격이 그리 비춰지기 때문이다. 여러분은 하나님 나라에 어떤 자들이 갈 수 있다 생각하는가? 모두가 욕하는 죄인들도 버젓이 들어갈 수 있는 곳이라 생각하는가? 아닐 것이다.

현재는 아주 활성화된 인터넷 덕분에 못된 짓을 하고 살기 쉽지 않아졌다. 만약 누가 못된 짓을 했다면, 의협심이 강한 누군가는 온갖 정보력을 동원해 그자가 누구인지, 지금 어디에서 뭘 하며 살고 있는지 파악해 밝힌다. 그래서 어지간한 정신력을 갖고 있지 않으면, 편하게 생활하기 쉽지 않아졌다. 재판정까지는 못 올리더라도 웬만한 시간 동안은 저 구석에서 조용히 힘든 삶을 살길 바란다. 즉 죄의 대가를 어떤 형태로든 치러야 한다고 생각한다.

누군가에게 잘못을 저지른 사람을 냉대하는 것은 고대에도 했다. 권력이 막강한 경우를 제외하고 말이다. 예수님이 하나님 나라를 전파하기 전까지 유대사회에서 세리나 병자들, 또 여러 죄인들은 구석에서 쭈그리고 있었다. 하나님 나라에는 절대로 들어가지 못할 것이라 여기면서 말이다. 그런데 예수님이 그 빗장을 쫙 여셨다. 여러분도 회개하면 가능하다고, 늦지 않았다고, 어서 회개해라고 하면서. 그래서 예수님 주위엔 늘 죄인들로 북적였다.

그들은 절대로 하나님 나라에 못 갈 것이라 판단하고, 또 자신을 거룩한 자라 여겼던 바리새파나 사두개파, 그리고 제사장들은 놀랐을 것이다. 게다가 안식일이나 정결법은 지키지도 않으면서, 죄인들에게 하나님 나라 들어갈 수 있다고 입장권을 주는 예수님의 하나님 나라는 겨자씨와 같았을 것이다. 저들까지 마구 뒤섞여 있는 하나님 나라라면, 저런 자들이 자기도 의롭다고 자랑스러워하는 꼴을 봐야 하는 하나님 나라라면, 그곳은 가고 싶은 곳이 아닐 것이라고 말이다. 그들이 있는 곳과는 다른 곳에 머물고 싶다고 했을 것이다. 예수님도 그들이 자신을 싫어하는 것을 아신다.

자기가 선포하는 복음은 겨자씨처럼 비칠 것이라는 것을.

3. 그래서 더 잘 자라 도움을 준다.

예수님은 겨자씨앗이 아주 큰 가지들을 만들어, 결국에는 그 그늘 아래 하늘의 새들이 계속 깃들어있을 수 있다고 하셨다. 마태나 누가는 말도 안 되게 겨자씨앗이 자라 수목까지 된다고 했지만, 마가는 그 정도까지 과장해 전하지 않았다. 그래도 하늘의 새들이 깃들일 정도로 큰 가지들이 생긴다고 했는데, 겨자가 평소 어떻게 자라는지를 보면 이것도 좀 과장했다. 겨자는 자라봤자 얇아 가지라고 부르기 민망할 정도로 휘청이기 때문이다. 그 그늘에 하늘의 새들이 깃들인다는 말도 과장이다.

그래서 예수님이 말한 겨자씨는 '검은 겨자(Brassica nigra)'라는 특별한 것이라고 해석하기도 한다. 이게 아주 잘 자라면 무려 3미터까지 한다는 것이다. 씨는 아주 작은데 말이다.[91]

> 겔 17:22 주 여호와께서 이같이 말씀하시되 내가 백향목 꼭대기에서 높은 가지를 꺾어다가 심으리라 내가 그 높은 새 가지 끝에서 연한 가지를 꺾어 높고 우뚝 솟은 산에 심되
> 23 이스라엘 높은 산에 심으리니 그 가지가 무성하고 열매를 맺어서 아름다운 백향목이 될 것이요 각종 새가 그 아래에 깃들이며 그 가지 그늘에 살리라
> 31:6 공중의 모든 새가 그 큰 가지에 깃들이며 들의 모든 짐승이 그 가는 가지 밑에 새끼를 낳으며 모든 큰 나라가 그 그늘

---

91 R. T. France, *Mark*, 216.

아래에 거주하였느니라

구약에 하나님이 나무 하나를 심어서 아주 크게 만들어 모든 새들이 그 가지에 깃들일 만큼, 미래에 큰 영화와 성장을 하게 하시겠다는 약속이 있다(이 외 단 4:9 18). 여기서는 그런데 전부 백향목과 같은 '나무'를 심어서 큰 가지가 생기게 하신 것이라 겨자씨와는 맞지 않다. 그러나 '모든 새가 그 가지의 그늘 아래에 깃들인다'는 표현은 모든 민족이든 백성이들 간에 그 권세 아래 평화를 누릴 것을 상징한다.

중요한 점은 겨자씨앗이 말도 안 되게 큰 가지들을 만들어, 그 그늘 아래 새들이 깃들 수 있게 된다는 것이다. 지금 예수님이 선포하는 하나님 나라를 바라보는 지도자들의 시선이 겨자씨앗이라 했다. 예수님이 여신 하나님 나라는 그때 이후로 오랜 기간 수많은 사람들이 무시했다. 예수님을 좇는 자들은 다 사회에서 무시당하며 사는 사람들이다. 사회에 아무런 소리도 내지 못하는 이들을 데리고 벌리는 운동이 제대로 퍼져나갈까 생각이나 했을까. 큰 바람 한 번 불 때 마다 휘청대며 쓰러질 듯한데, 뿌리까지 뽑혀 없어지지 않고 좀 지나 보면 어느새 훅 퍼져 있는 겨자 같은 존재, 그리고 그 별 거 아닌 복음에 사람들이 평안을 얻는 것이 예수님이 말한 비유이다.

예수님이 가까이 했던 자들은 사회에서 그다지 필요하다 여겨지지 않는 자들이다. 늘 윗분들의 눈치를 살피고, 또 그분들의 자선으로 끼니를 때우며 살 때도 많았을 터이다. 조그만 실수에 요즘처럼 "괜찮아! 그럴 수 있지!"라는 말을 일생동안 과연 몇 번을 들었을까? 그랬던 자들이 예수님을 믿고, 하나님 나라에 대한 소망을 가지며 선한 자로 살려 애씀으로써, 결국 남에게도 좋은 것을 줄 수 있는 자가 되었다.

새들이 깃드는 건 그 겨자가 새에게 좋아야 가는 것이다. 가시나무처럼 콕콕콕 찌르는 풀엔 새들이 가지 않는다. 뱀들이 많거나, 나무에 독이 있거나, 심한 악취가 나는 풀? 새가 갈까? 안 간다. 피한다. 새들이 깃들일 정도의 겨자는 새에게 안락함을 주고, 평안함을 주고, 좋은 휴식처를 제공한다. 하나님 나라에 대한 복음을 받아들이는 자는 그런 겨자가 되는 것이다. 나만 쑥 잘 크는 겨자가 아니라, 새들에게도 혜택을 끼치는 겨자 말이다.

한 가지만 더 덧붙이자면, 겨자씨앗이 땅에 뿌려지고 나서 마구 마구 커질 때 겨자는 기뻤겠지만, 옆에 있던 다른 채소들은 싫어했을 것이다. 저것 때문에 내가 편안하게 확 뻗을 수 없으니 말이다. 그리고 그 덕을 새들이 본다. 겨자가 잘 자라는 게 모두에게 득이 되는 것은 아니다. 새들만 득을 보지. 예수님이 뿌리신 하나님 나라로 득을 보는 자들도 있지만, 그 옆에서 아름다운 꽃이 되리라, 사람들이 좋아하는 열매를 맺으리라 기대했던 자들은 못 컸다. 그 기세에 눌려서. 그러나 겨자씨앗을 심은 하나님은 겨자가 잘 큰 것을 기뻐하신다. 새들이 아주 잘 쉰다고.

4. 비유들로 말씀하신 이유

이로써 예수님의 하나님 나라 비유는 끝난다. 마가는 요러한 비유들로 많이 소리 내 말하고 또 말하셨다고 했다. 예수님의 비유들을 다 전달하진 않았다는 뜻이다. 그런데 비유 빼곤 더 이상 소리 내 말하지 않으셨다 했는데(34절), 이상하다. 정말 예수님은 비유 외 다른 가르침을 안 하셨을까? 하셨을 것이다. 그랬기에 마태복음과 누가복음에 예수님의 가르침이 대거 있다. 비유를 많이 하긴 했지만. 일단 예수님 입장에서 비유를 많이 할 수밖에 없었던 이유를 생각해보면 이렇다.

첫째로, 비유는 경험하지 못한 실재를 가장 쉽게 설명하는 방법이라 했다. 배배꼬아서 들을 심보를 가지만 않으면, 어지간하면 알아들을 수 있다. 물론 누군가 이해를 못 할 수 있다. 추가설명이 필요하다. 그런데 이들 하나하나를 놓고 일일이 설명할 새가 없다. 일대다(一對多) 수업이다.

학교처럼 "내일 또 와서 들어라" 할 수도 없다. 정말 하나님 나라에 대한 관심이 있다면, 그자는 예수님을 좀 좇아다녔을 것이다. 그래서 여러 번 설명을 듣다 보면, 이해가 되지 않았겠는가? 제자들처럼 말이다. 즉 비유는 교육받지 못한 군중을 위한 방법이었으나, 전적인 이해는 군중의 열의에 달려있었다.

둘째로 씨 뿌리는 사람 비유처럼, 군중들이 싫어하는 메시지도 있다. 예수님은 수많은 동네를 다니며 복음의 씨를 뿌리면서 경험했다. 대부분은 길가, 돌짝밭, 또는 가시덤불인 것을. 이것을 비유로만 얘기하지, 어찌 설명을 하겠는가? 분명 왈칵 화를 냈을 터인데. 물론 좋은 땅이 돼야겠다고 마음먹는 자들도 있었겠지만, 즉 비유를 얘기하신 둘째 이유는, 청중 때문이다. 첫째도 청중 때문이요, 둘째도 청중 때문인 셈이다.

셋째는 하나님 나라 성격 때문이다. 하나님이 보이지 않는 존재이듯, 그분의 나라 역시 보이지 않는 실재다. '실재'라 함은 실제로 존재한다는 뜻이다. 귀신도 보이지 않는데, 있음을 부인하지 못한다. 성령은 또 어떤가? 이 역시 보이지 않는다. 그런데 실재한다. 하나님을 믿는 것부터가 안 보이는 존재의 힘을 믿는 것이다. 그런데 사람의 지력으로는 결코 다 알 수 없는 영역들이므로, 어떤 언어로도 설명이 불가능한 것이다. 결국 빌릴 방법은 비유밖에 없다.

> 고전 15:35 누가 묻기를 죽은 자들이 어떻게 다시 살아나며 어떠한 몸으로 오느냐 하리니
> 36 어리석은 자여 네가 뿌리는 씨가 죽지 않으면 살아나지 못하겠고
> 37 또 네가 뿌리는 것은 장래의 형체를 뿌리는 것이 아니요 다만 밀이나 다른 것의 알맹이 뿐이로되
>
> ─────

> 42 죽은 자의 부활도 그와 같으니 썩을 것으로 심고 썩지 아니
> 할 것으로 다시 살아나며
> 43 욕된 것으로 심고 영광스러운 것으로 다시 살아나며 약한
> 것으로 심고 강한 것으로 다시 살아나며

바울이 죽은 뒤 나중에 몸이 부활할 것을 설명하는 대목이다. 그는 셋째 하늘에까지 올라갔다온 자이다(고후 12:2 이하).[92] 아마 몸이 어떤 형태로 부활할지 좀 알았을 것이다. 그럼에도 불구하고 그 부활을 설명하는 것이 '씨'였고, 욕된 몸 등이었다. 말로 설명하기가 어려운 것이다. 또 한편으론 그가 다 알았다고도 할 수 없다. 수많은 이들이 천국에 갔다는데, 다 다르지 않는가? 그럼에도 이구동성은 천국이 실재한다는 것이다.

우리 손에 들려있는 성경은 그 오묘하고 어려운 세계를 최대한 쉽게 적은 것이다. 헬라어 원문을 이 풀이서처럼 조금이라도 파헤쳐보면, 절대로 녹록하지 않다. 어렵다. 같은 이야기인데, 안 맞는 것도 상당하다. 언뜻 들으면 쉬워 보이나, 좀 더 깊이 파 들어가면 어려운 것이 하나님 나라이다. 이걸 예수님은 그래도 한 번도 교육을 안 받은 자들을 대상으로 해내셨다.

5. 결론

유대인치고 하나님 나라에 안 들어가고 싶은 사람이 어디 있을까? 길가 거지도 원했을 것이다. 거기만 들어가면 이 땅에서 누추하고 비루한 형태

---

92 고후 12:2 내가 그리스도 안에 있는 한 사람을 아노니 그는 십사 년 전에 셋째 하늘에 이끌려 간 자라 (그가 몸 안에 있었는지 몸 밖에 있었는지 나는 모르거니와 하나님은 아시느니라) 3 내가 이런 사람을 아노니 (그가 몸 안에 있었는지 몸 밖에 있었는지 나는 모르거니와 하나님은 아시느니라) 4 그가 낙원으로 이끌려 가서 말로 표현할 수 없는 말을 들었으니 사람이 가히 이르지 못할 말이로다

가 완전히 멋지게 변하리라 여겼을 것이다. 원하는 것과 진짜 들어가는 것은 다른 차원이다. 모두 다 원하는 대로 얻지 못한다. 그래서 포기한다. 너무 힘들까봐, 불가능한데 괜히 헛수고할까봐. 하나님 나라가 그런 곳이었다. 일반 백성들에게는. 하층민은 꿈도 못 꿨다.

그런데 예수님이 하나님 나라의 격을 확 떨어뜨리셨다. 하층민이나 죄인들도 갈 수 있다고 마구 티켓을 남발하신 것이다. 그 바람에 겨자씨앗처럼 돼 버렸다. 그런데 이변이 일어났다. 냄새나며 늘 남에게 폐만 끼치는 자들이 변한 것이다. 부끄러운 줄 모르고 자기 하고 싶은 대로 하던 자들이 변해서 남을 위한 행동도 하고, 자기 것을 선뜻 내놓기도 했다. 새들이 깃들일 수 있을 정도의 겨자가 된 것이다. 예수님은 겨자가 나무로 변했다고 하지 않는다. 계속 겨자다.

겨자 때문에 다른 풀이며 꽃들은 자라지 못했지만, 덕분에 새들이 도움을 입었다. 예수님이 뿌리신 겨자씨앗이 놀라운 변모를 한 것이다. 남들이 꺼리든 말든 예수님이 뿌리신 하나님 나라는 결국 멋지게 크게 도움을 주는 곳으로 변한다.

막 4:33-41, 바람이 있을 때

35 그리고 말하시는 겁니다, 그들한테. 바로 그 날에 저녁이 되자, "가로질러 갑시다! 건너편으로!"

36 그래서 **군중을** 놔두고 **그분을** 아울러 데려가는 겁니다. 꼭 (그분이) **배 안에** 계셨을 때, 그리고 딴 배들도 **그분과 함께** 있었을 때,

37 그런데 일이 있는 겁니다. **바람의** 큰 폭풍이.[93] 그리고 파도들이 철썩 또 철썩거렸습니다. 배안으로. 하여 벌써 **배는** 채워져 있을 정도였습니다.

38 그런데 바로 그분은 계속 고물에서[94] 베개 베고[95] 주무시고 있었습니다. 그래서 **그분을** 일으키는 겁니다. 그리고 말하는 겁니다, 그분께. "선생님! **당신한테는** 신경 안 쓰이십니까? (우리가) 처참하게 죽는데요?"

39 그러자 싹 다 깨어난 뒤,[96] **바람을** 꾸짖으셨습니다. 그리고 **바다에게** 말하셨습니다. "(입) 다물고 있어! (말문) 막혀 있어야 되는 거야!"[97] 그러자 **그 바람이** 그쳤습니다. 그리고 일이 있었습니다. 큰 잔잔함이.[98]

---

93 λαῖλαψ(라**일**랍쓰), 폭풍, 신약 3회 용어, 성서 6회 용어, 막 4:37; 눅 8:32; 벧후 2:17; 욥 21:18; 38:1; 렘 25:32.

94 πρύμνα(쁘**륌**나), 고물, 신약 3회 용어, 구약에는 없음, 막 4:38; 행 27:29; 27:41.

95 προσκεφάλαιον(쁘로스께**팔**라이온), 베개, 신약 1회 용어, 성서 3회 용어, 막 4:38; 겔 13:18, 20.

96 διεγείρω(디에게**이**로), 신약만의 용어, 싹 다 깨어나다(막 4:39; 눅 8:24; 벧후 1:13; 3:1), 휘저어 일으키다(요 6:18); 마카비2 7:21; 15:10. 유딧 1:4; 마카비2 7:21; 15:10. 구약에서 잠에서 깨다는 뜻으로 ἐγείρω를 사용했음.

97 φιμόω(피**모**오), (말문을) 막다, 신약 7회 용어, 성서 8회 용어, 마 22:12, 34; 막 1:25; 4:39; 눅 4:35; 딤전 5:18; 벧전 2:15; 신 25:4(입마개를 씌우다); 제 4마카비 1:35; 수산나 1:60. "입 다물고 계속 조용히 있으라!"라는 뜻이다. 이 말은 예수님이 이전에 귀신한테 했던 말이다.

98 앞 37절의 '큰 폭풍'과 대조된다. γαλήνη(갈**레**네), 잔잔함, 신약 3회 용어(같은 일화), 구약에 없음, 마 8:26; 막 4:39; 눅 8:24.

40 그리고 말하셨습니다, 그들한테. "왜 전전긍긍합니까?[99] (여러분은?) 아직
도 안 갖고 있습니까? 믿음을?"

41 그러자 (그들은) 겁먹었습니다. 큰 겁을.[100] 그래서 말하고 또 말했습니다.
서로 향해. "누구야? **그럼** 이분은? 바람까지 그리고 바다도 순종하네?[101]
그분한테?"

1. 제자가 주인공인 이야기

길진 않지만, 지금까지 우리는 여러 이야기들을 들어왔다. 마가는 아마
4장에서 이야기 속도를 조금 늦췄지, 그전까지 아주 빠르게 말했을 것이
다. 4장전까지 계속 사건이 연속해서 일어나지 않았는가! 그래서 아마 생
각하지 못했을 터인데, 예수님이 제자들을 부르신 후, 제자들이 나온 적
이 있던가? .... 없었다.

더 솔직히 말하면, 지금까지 제자들이 직접 말한 바도 없었다. 시몬과
세베대의 아들들을 부를 때를 기억할 것이다. 그때 예수님이 내 뒤로 오

---

99 δειλός(데일로스), 전전긍긍한, 신약 3회 용어, 성서 6회 용어, 막 4:40; 마
8:26; 계 21:8; 신 20:8; 수 7:3; 대하 13:7. 믿음이 없으면, 두려워하고 전전긍긍해
한다; δειλιάω(데일리아오), 두려워하다, 신약 1회 용어, 구약에는 많음. 요 14:27; 신
1:21; 31:6, 8; 수 1:9; 8:1 등.

100 ἐφοβήθησαν φόβον μέγαν (= 눅 2:9, 다른 일화이나 같은 문구); 참. 겁먹
음, 기쁨, 즐거움 등 감정이 아주 클 때, '크다(μέγας)'라는 형용사를 덧붙임. 유대인
들의 특유 말투. 예) 눅 2:9(같은 일화); 마 2:10(기뻐했습니다, 큰 기쁨으로); 왕상
1:40(즐거워하는데, 큰 즐거움을); 사 39:2(기뻐하였다 ... 큰 기쁨을); 같은 일화–마
8:26 (사람들은 신기해했습니다, οἱ δὲ ἄνθρωποι ἐθαύμασαν), 눅 8:25 (그래서 무서워
한 뒤, 신기해했습니다, φοβηθέντες δὲ ἐθαύμασαν).

101 ὑπακούω(휘빠꾸오), 순종하다(마 8:27; 막 1:27; 4:41; 눅 8:25; 17:6; 행
6:7; 롬 6:12, 16, 17; 10:16 등; 창 22:18; 레 26:14 등). 개문(開門)하다(행 12:13),
말 그대로의 뜻은 아래에서 듣고 그대로 행하는 것이다. 즉 청종(聽從)하다임.

라고 불렀을 때, 이들은 '두말 않고' 좇아갔다. 마가는 이들이 좇아간 행동만을 전하지, 이들이 뭐라 대답했는지 전하지 않는다(1:16-20). 그 이후 예수님의 가족이 찾아왔을 때에도 그분 둘레에 앉아 있던 군중이 전하지, 제자가 전하지 않았다(3:32). 비유의 뜻을 물을 때는 또 어땠는가? '계속 꼬치꼬치 물었다'고만 했지, 이들의 직접적인 대사를 전한 것은 아니었다(4:10). [102]

그러므로 마가는 의도했는지 알 순 없으나, 여기 와서야 처음으로 제자들이 주인공이 돼 예수님과 대화를 나누는 장면을 연출한 것이다. 마가복음은 예수님이 주인공이긴 하지만, 제자들 역시 상당히 중요하다. 마가성도들에게 모범이 되기도 하지만, 거울이 되기도 하기 때문이다. 예수님은 너무 뛰어난 분이지 않는가! 마가는 이제 두 번째로 제자들이 어떤 자인지, 한 사건을 통해 보여준다.

제자들의 현황을 살펴보기 전에, 먼저 예수님이 그간 제자들에 대해 비친 마음을 살펴봤으면 한다. 별로 한 게 없는 것 같아도, 그새 예수님의 마음을 드러낸 일이 많았다. 예수님은 제자들을 자기 어머니요, 형제들이라 하셨다(3:34). [103] 예수님 주위에 빙 둘러앉은 자들이 제자들이라는 얘기는 없었다. 그러나 군중만 있었을까? 당연히 제자들이 있었다. 게다가 이미 열두 명을 '사도'라는 특별칭호까지 주면서 가까이 있게 하셨다. 안식일에 제자들이 밀 이삭을 잘라 먹는 바람에 바리새파들로부터 비난 받을 때, 제자들이 금식하지 않는다고 비난 받을 때, 예수님은 단호하게 제자들을 변호하셨다. 이들이 잘못한 게 없다고 말이다.

바로 앞서 비유들을 풀이해주신 것만 해도, 예수님은 제자들한테만 '따

---

102   3:32 그런데 앉아 있는 중이었습니다, 그분 둘레에 군중이. 그래서 (그들이) 말하는 겁니다, 그분께. "보세요! 당신 어머님과 당신 형제들이 [그리고 당신 누이들이] 바깥에서 당신을 찾습니다!"; 4:10 그리고 혼자 있게 되었을 때, 꼬치꼬치 물었습니다. 그분께 그분 둘레에 있는 자들이 열두 명하고 같이 비유들을요.
103   3:34 그리고 **그분 둘레에 빙 둘러 앉아 있는 자들을** 둘러본 뒤 말하시는 겁니다. "이거 보세요! 내 어머니와 내 형제들!

로' 했다. 제자들도 예수님의 비유들을 다 이해한 것은 아니었다. 그래서 물었을 때, 이것도 이해 못하니, 다른 것은 어찌 이해하겠냐며 타박하긴 했지만, 그래도 이들한테만은 설명해줬다. 누군가에게 특별대접을 받아본 적 있는가? 굉장히 기분 좋다. 나에 대한 애정이 느껴져, 나도 상대방에게 애정이 간다. 마음이란 왔다갔다하며 증폭되는 것이다. 즉 제자들은 예수님을 좇은 이후 여러 일들로 예수님에 대해 신뢰가 쌓였을 것이란 말이다. 바리새파, 헤롯일당, 그리고 예루살렘에서 내려온 서기관까지 소위 유대 사회의 상위 계층은 예수님에 대해 반감을 계속 키워갔지만, 제자들은 예수님에 대한 신뢰와 호감을 쌓았을 시기였다.

2. 새로운 도전 앞에서

이 일의 발단은 예수님이다. 비유를 많이 말한 뒤, 저녁에 갑자기 건너편으로 가로질러 가자고 하셨다. 예수님이 지금 어디에 있는지가 조금 애매한데, 36절에서 여전히 배에 계신 듯 말하기 때문이다. 그러나 배에 계신 상태에서 제자들이 예수님께 비유를 묻고, 설명을 하다가, 여기서 이동을 결정했다는 것이 이상하다. 그래서 36절에 '(그분이) 배 안에(ἦν ἐν τῷ πλοίῳ) 계셨을 때'를 '배 안으로(εἰς)' 아울러 데려갔다고 해석하는 게 옳지 않나 한다. [104] 전치사를 마가가 잘못 썼다는 것이다. 마가는 유대인이다 보니 헬라어를 쓰는 데에 아무래도 실수할 수 있다고 보는 것이다.

같은 사건을 전하는 마태복음과 누가복음이다. 이 둘만 봐도 말이 전혀 어색하지 않다. 이 일들 앞에 일어난 사건들이 다 다르나, 둘은 예수님이 배에 탑승한 일을 자연스럽게 말했다.

---

104   R. T. France, *Mark*, 223. 프랑스는 그래서 'they took him into the boat just as he was'로 봐야 예수를 '아울러 데려갔다'는 말과 어울린다고 한다.

『눈으로 듣는 마태 · 누가』

마태	누가
8:23 그리고 그분이 배 안으로 올라타시자, 그분을 좇았습니다, 그분 제자들이.	8:22 일이, 그런데 있었습니다. 그 시기 중 하루, 바로 그분이 배에 올라탔습니다. 그리고 그분 제자들도요. 그리고 말하셨습니다, 그들 쪽을 향해, "건너갑시다! 호수 건너편으로!" 그래서 출항했습니다.

예수님이 건너편으로 가기로 결정했을 때의 상황이 뭔지에 대해 꼬치꼬치 따질 필요는 없다. 사실. 굳이 하는 것은, 마가도 사람이다 보니, 또 이것은 말한 것을 받아 적은 것이다 보니 앞뒤가 이상한 일들이 생긴다는 것을 알려주기 위해서다. 나도 그렇지만, 사람은 말을 할 때 어법에 맞지 않게 하는 경우가 많다. 머릿속에서 어법을 생각하며 말하지 않는다. 내가 강조하고 싶은 대로, 또는 하고 싶은 말부터 먼저 내지르는 게 구술(口述)이다. 그래도 듣는 사람은 대강은 다 알아듣는다. 들으면서 '말이 잘못 됐네! 어법상 그게 아니지!' 분석하지 않는다. 여러분도 이걸로 깊이 고민하지 않았을 것이다.

35절과 36절을 한 번 더 읽어보길 바란다. 주어가 살짝 바뀌었다. "건너편으로 가자!"한 건 예수님인데, 36절의 주어는 예수님이 아니다. 드러나지 않았지만, 그 말을 들은 제자들이다. 제자들은 예수님이 하신 말에 순종해, 군소리하지 않고 군중을 놔두고 예수님을 데리고 갔다. 그런데 한 배만 간 게 아니다. 딴 배들도 그분과 함께 있었기에 같이 갔다. 예수님이 타신 배나 다른 제자들이 탄 배는 거룻배가 아니다. 여럿이 탈 수 있는 좀 큰 배란 뜻이다. 예수님을 좇은 자들이 좀 있었다는 뜻이다.

그런데 일이 발생했다. 갑자기 바람이 불어 큰 폭풍이 일어났다.

λαῖλαψ(라일랍쓰), 폭풍, 큰 바람, 광풍

막 4:37 그런데 일이 있는 겁니다. 바람의 큰 **폭풍이**(λαῖλαψ μεγάλη ἀνέμου).

렘 25:32 만군의 여호와께서 이와 같이 말씀하시니라 보라 재앙이 나서 나라에서 나라에 미칠 것이며 **큰 바람이**(λαῖλαψ μεγάλη) 땅 끝에서 일어날 것이라

욥 38:1 그 때에 여호와께서 **폭풍우 가운데에서**(διὰ λαίλαπος) 욥에게 말씀하여 이르시되

벧후 2:17 이 사람들은 물 없는 샘이요 **광풍에** 밀려 가는 안개 니 그들을 위하여 캄캄한 어둠이 예비되어 있나니

λαῖλαψ(라일랍쓰)는 잘 나오지 않는 용어다. 단순한 바람이 아니라, 허리케인이나 회오리바람 같은 것이다. 그래서 욥기서에도 '폭풍'으로 옮겨졌고, 벧후 2:17은 '광풍'이라 옮겼다. 그런데 지금 제자들이 겪는 폭풍은 '큰 폭풍'이다. 렘 25:32가 예언하는 재앙적 '큰 폭풍'이다. 제자들은 겁먹을 만 했다.

이 폭풍은 배를 위협했다. 파도가 계속 철썩거려 배 안으로까지 들어왔다. 마가는 말한다. 벌써 배는 채워져 있을 정도였다고 말이다. 파도가 밀려들어와 바닷물이 배를 채웠다는 뜻이다. 거룻배가 아니라 했다. 정말 심각한 상황이 아닌가! 저녁에 출발했으니, 지금은 밤이다. 밤에 파도가 마구 움직이며 배로 들어오는 것은 더 위협적으로 보인다.

그런데 그 다음 전한 예수님의 모습은 좀 충격이다. 예수님은 계속 고물에서 베개 베고 주무시고 있었다는 것이다. 고물은 배 뒤편의 넓적한 곳이다. 물이 거기까지 안 넘쳤을 수 있다. 그래도 폭풍까지 불었다 했는데, 그냥 계속 주무시고 계셨다는 것은 답답할 노릇이다. 마가의 이 이야기를 들으면서 장면이 그려지는가? 아마 선명하게 그려질 것이다. 마가가 이 재주가 뛰어났다.

『눈으로 듣는 마태 · 누가』

마태	누가
8:24 그리고 보세요! 큰 지진이 일어났습니다! 바다에. 하여 배가 계속 덮이는 정도였습니다. 파도들에 의해서요. 그런데 바로 그분은 계속 주무셨습니다. 25 그래서 (그들은) 나아가 그분을 일으켰습니다. 말하길, "주님! 구해주십시오! (우리가) 처참하게 죽습니다!"	8:23 그래서 그들이 행선할 적에, (그분은) 깊이 곯아떨어지셨습니다. 그런데 내려왔습니다. 바람의 폭풍이 호수로요. 그래서 꽉 차고 찼습니다. 그래서 아주 많이 위험하게 되었습니다. 24 그래서 나아가 그분을 싹 다 깨나게 했습니다. 말하길, "대장, 대장! (우리가) 처참하게 죽습니다!!" 그러자 그분은 싹 다 깨어난 뒤, 꾸짖으셨습니다. 바람과 물의 너울한테요. 그러자 딱 멈추었습니다. 그리고 일이 있었습니다. 잔잔함이요.

마태와 누가의 이야기이다. 개인적으로 이 둘이 더 똑똑해 보인다. 말할 때 훨씬 더 논리적이고 용어도 더 고급지다. 혹시 이 세 분을 다 만나게 된다면, 조금은 알아볼 것 같기도 하다. 그런데 이 이야기만 해도 상황의 급박함과 예수님의 무덤, 그 때의 장면이 가장 생생하게 그려지는 것은 마가다. 마태는 그냥 예수님이 주무시고 계셨다 하고, 누가는 그분이 잠든 것이 행선할 때부터였다고 말한다. '깊이 곯아떨어졌다($\dot{\alpha}\phi\upsilon\pi\nu\acute{o}\omega$(아퓌쁘노오))'고 말했는데, 이 말은 성서 1회 용어다. 아무도 안 썼다는 말이다. 뒤의 '너울($\varkappa\lambda\acute{\upsilon}\delta\omega\nu$(끌뤼돈))'도 잘 안 쓰는 말이다.[105] 파도가 친다고 하면 될 것을 굳이 '물결'이라는 말을 쓰는 자가 누가다.

위 두 이야기를 보면서, 용어와 어법상의 차이도 느꼈겠지만, 주인공인 제자들도 다르다. 마태나 누가는 예수님을 깨워서 구해달라고 요청하거나, 처참하게 죽게 되었다며 상황보고를 한다. 마가는 어떤가? 따진다. 당신은 이게 신경 안 쓰이냐고. 우리가 죽게 되었는데 말이다. 나중에 예

---

105 $\varkappa\lambda\acute{\upsilon}\delta\omega\nu$(끌뤼돈), 너울, 신약 2회 용어, 눅 8:24; 약 1:6; 잠 23:34; 욘 1:4, 11, 12뿐. 물결로 옮겨짐.

루살렘에서 바리새파와 헤롯 일당이 예수님의 말로 책잡으려고 말을 걸 때, 똑같은 말을 한다. "당신은 신경 안 쓰십니다, 아무도!" 예수님이 예루살렘 성전 책임자들 눈치 볼 생각을 아예 안 하고, 마음대로 하는 것을 은근슬쩍 비꼰 말이다. 지금 제자들이 한 말과 같은 말이다. 편의상 '당신한테는'이란 말을 앞에 놓았을 뿐이지, 헬라어로는 '당신은 신경이 안 쓰냐'는 같은 말이다.

> 38 ... "선생님! **당신한테는** 신경 안 쓰이십니까?(οὐ μέλει σοι) (우리가) 처참하게 죽는데요?"
> 12:14 그래서 와 말하는 겁니다, 그분께. "선생님! 압니다. (당신이) 참되시다는 걸. 그리고 **당신은 신경 안 쓰십니다**(οὐ μέλει σοι). 아무도! 왜냐면 사람들 얼굴까진 보지 않으시니 말입니다. 오히려 참인 것에 근거해 하나님의 길을 가르치십니다. 줘도 됩니까? 인두세를 카이사르께요? 아님 안 됩니까? (우리가) 줄까요? 아님 주지 말까요?"

예수님을 부르는 호칭도 '선생님'이다. 마태는 '주님!', 누가는 '대장(ἐπιστάτης(에삐스**따**떼스))'이다. 미리 귀띔을 주자면, 마가복음에서 제자들이 예수님을 '주님'이라 부른 적이 없다. 누가의 '대장(ἐπιστάτης(에삐스**따**떼스))'이란 호칭도 실상은 의외이다. 원래 ἐπιστάτης(에삐스**따**떼스)는 어떤 실무직의 감독이었다(출 1:11; 5:14; 왕상 2:35; 대하 2:2 등).[106] 누가가

106　출 1:11 **감독들을** 그들 위에 세우고 그들에게 무거운 짐을 지워 괴롭게 하여 그들에게 바로를 위하여 국고성 비돔과 라암셋을 건축하게 하니라
왕상 5:16 이 외에 그 사역을 **감독하는 관리가** 삼천삼백 명이라 그들이 일하는 백성을 거느렸더라
대하 2:2 솔로몬이 이에 담군 칠만과 산에 올라 작벌할 자 팔만과 일을 **감독할 자** 삼천 육백을 뽑고

모를 리 없건만, 그는 예수님을 '대장'이요, '스승'으로 부른다. 이에 대해 할 말이 또 있지만, 우리가 집중해야 할 이야기는 마가이다.

예수님이 왜 그 정신없는 상황에서 계속 주무시고 계셨는지, 모른다. 누가의 말처럼, 저녁이 돼 배를 탔으니 아마 피곤하셨을 수 있다. 그럼 한 마디라도 흘려주면 될 터인데, 그러지 않았다. 시편 44편은 하나님을 잠자는 분으로 묘사한다. 유대인들이 자기들이 다른 나라에게 모욕을 당하고, 힘들어 하는데, 도대체 하나님은 뭐 하시냐고 막 따진다. 폭풍 가운데 계속 자고 있는 예수님의 상황과 겹친다.

> 시 44:23 주여 깨소서 어찌하여 주무시나이까 일어나시고 우리를 영원히 버리지 마소서
> 24 어찌하여 주의 얼굴을 가리시고 우리의 고난과 압제를 잊으시나이까
> 25 우리 영혼은 진토 속에 파묻히고 우리 몸은 땅에 붙었나이다
> 26 일어나 우리를 도우소서 주의 인자하심으로 말미암아 우리를 구원하소서

시편 중에 자기가 너무 힘들다고 탄식하며 도와달라는 시들이 좀 있다. 그럴 때 대부분은 "하나님. 지금 제가 너무 힘들어서 살이 말랐고, 밥도 못 먹을 정도입니다. 그런데 저 못된 것들은 나를 조롱하고, 욕합니다. 저 것들을 벌 주시고, 절 구원해 주십시오!"하고 탄원한다. 그런데 그 탄원마저도 응답이 없다 느끼자, 이 시인은 "하나님, 지금 자고 있냐"고 따졌다. 그런데 이 기자가 이렇게까지 하나님께 자신 있게 따지는 건 그래도 이유가 있어서다.

> 18 우리의 마음은 위축되지 아니하고 우리 걸음도 주의 길을

떠나지 아니하였으나

19 주께서 우리를 승냥이의 처소에 밀어 넣으시고 우리를 사
망의 그늘로 덮으셨나이다

20 우리가 우리 하나님의 이름을 잊어버렸거나 우리 손을 이
방 신에게 향하여 폈더면

21 하나님이 이를 알아내지 아니하셨으리이까 무릇 주는 마음
의 비밀을 아시나이다

22 우리가 종일 주를 위하여 죽임을 당하게 되며 도살할 양 같
이 여김을 받았나이다

이자는 나름 당당했다. 주님이 지키라고 한 모든 법을 지켰고, 우상은
거들떠도 안 봤다. 심지어는 지금 이 고난은 주님을 위해 대적들과 싸웠
는데, 참패했다고 한 것이다. 전쟁을 하려면 전쟁무기, 즉 군사력을 의지
해야 한다. 그러나 이 기자는 믿음이 충천해 오로지 하나님만을 의지하며
싸움에 임했다고 하는 것이다. 하나님은 늘 이런 믿음을 원하셨다. 그런
데도 져서 원수들에게 조롱당하니, 하나님은 지금 자고 있는 거냐고 따질
만하지 않은가?

그러나 마가의 제자들은 어떤가? 그런 믿음을 보인 적이 있던가? 마가
이야기를 토대로 보면, 예수님은 이들을 특별대우 해줬다. 비유만 해도 배
타기 전까지 따로 가르쳤고, 열두 명에게는 특별한 능력까지 줬다. 그래
서 좀 오만해졌던가? 이들은 예수님을 어려워하기는커녕, 너무 당돌하게
따지는 것이다.

그런데 예수님은 일단 아무 응대도 하지 않고, 바람을 꾸짖었다. 왜 바람
을 꾸짖었는가? 37절에 '바람의 큰 폭풍'이 있었다 했다. 나도 안다. 말이 좀
이상한 것을. 폭풍은 폭풍인데, 그 근원이 바람에서 시작되었음을 확실하게
하고 싶었고, 예수님이 그 근원을 제대로 아셨음을 지적하고 싶었다.

3. 왜 "입 다물어!" 하셨을까?

그런데 예수님이 바람한테 하신 말이 좀 특이하다.

"입 다물고 있어!"라고 하신다. "(말문) 막혀 있어야 되는 거야!"라고 도 하셨다.[107] 바람이 큰 폭풍을 일으켰으니, "그쳐!"라거나, "썩 꺼져!"라고 해야 할 것 같은데 말이다. 39절 하반절에 '바람이 그쳤다'고 하지 않는가? 이 사달의 원인이 바람이니 그치라고 하면 된다. 그러나 "입 다물고 있어!"였다.

> σιωπάω(시오빠오), 잠잠하다, 조용히 하다, 입 다물다.
>
> 신 27:9 모세와 레위 제사장들이 온 이스라엘에게 말하여 이르되 이스라엘아 **잠잠하여**(σιώπα) 들으라 오늘 네가 네 하나님 여호와의 백성이 되었으니
>
> 삿 3:19 자기는 길갈 근처 돌 뜨는 곳에서부터 돌아와서 이르되 왕이여 내가 은밀한 일을 왕에게 아뢰려 하나이다 하니 왕이 명령하여 **조용히 하라**(σιώπα) 하매 모셔 선 자들이 다 물러간지라
>
> 막 3:4 그들에게 이르시되 안식일에 선을 행하는 것과 악을 행하는 것, 생명을 구하는 것과 죽이는 것, 어느 것이 옳으냐 하시니 그들이 **잠잠하거늘**

σιωπάω(시오빠오)는 입 다물고 조용히 있는 것이다. 그래서 삿 3:19에서 에훗이 왕에게 가서 우리끼리 말을 나눴으면 한다고 제안하자, 옆의 신하들을 다 물리기 위해 "조용히 하라!"고 했다. 예수님이 하신 명령어, 그

---

107 4:39 예수께서 깨어 바람을 꾸짖으시며 바다더러 이르시되 **잠잠하라** 고요하라 하시니 바람이 그치고 아주 잔잔하여지더라

대로 σιώπα(시오빠)이다. 잠시 조용히 하라는 게 아니다. 계속 여기를 조용하게 만들라는 명이다. 그래서 옆에 선 자들이 물러갔다. 신 27:9에서 모세가 이스라엘에게 '잠잠하여 들으라'고 돼 있는데, 여기 역시 '잠잠해라'는 명령어이다. '잠잠해라! 들어라!' 두 명령어가 있는데, 앞말을 부사처럼 만들었다. 중요한 선포를 할 터이니, 말을 다 마칠 때까지 계속 입 다물고 있으라는 뜻이다. 움직이지 말라는 게 아니다.

마가복음에서 σιωπάω(시오빠오)가 쓰인 데는 3:4이다. 손 마른 자를 안식일 회당에서 고쳐주는 일로 예수님이 따질 때, 못마땅하게 여긴 자들이 '잠잠했'고 했다. 안식일을 지키는 것보다 생명을 구하는 선한 일을 하는 것이 더 중요하지 않냐고 하시는데 할 말이 없었던 것이다. 그래서 입을 다물었다. 이처럼 σιωπάω(시오빠오)는 움직이지 않는 잠잠함보다는 말을 하지 않는 잠잠함이다. 시끄럽게 자기 소리를 내지 않는 잠잠함이다.

지금 제자들이 불안해 한 것은 소리 때문이 아니다. 바람이 일으킨 파도 때문이지. 그래서 뒷말인 "(말문) 막혀 있어야 되는 거야!"도 이상하다.

> φιμόω(피모오), 말문을 막다, 입마개를 씌우다
>
> 막 1:25 그러자 **그를 꾸짖으셨습니다**, 예수님이. 말하길, "**(말문) 막혀! 그리고 나가! 걔 밖으로!**"
>
> 마 22:12 이르되 친구여 어찌하여 예복을 입지 않고 여기 들어왔느냐 하니 그가 **아무 말도 못하거늘**
>
> 34 예수께서 사두개인들로 **대답할 수 없게 하셨다** 함을 바리새인들이 듣고 모였는데
>
> 신 25:4 곡식 떠는 소에게 **망을 씌우지** 말지니라
>
> 벧전 2:15 곧 선행으로 어리석은 사람들의 무식한 **말을 막으시는 것이라**

φιμόω(피모오)는 성경에 그리 많이 나오지 않는다. 구약에선 신 25:4가 유일한데 소에게 '입마개를 씌우다'는 뜻이다. 아무 말도 못하거나 대답을 못하는 것은 말문이 막혀서이다. 입이 없어서가 아니라. 그래서 벧전 2:15 에서 선행으로 무식한 말을 막으라고 말했다. 반박하거나 트집 잡을 말을 찾지 못할 때 하는 말이다.

바람을 꾸짖으시면서 바다에게 말문이 막히라고 한 것은 막 1:25의 명령과 유사하다. 귀신이 예수님을 만나서 자기들이 사람보다 우월한 존재임을 과시함과 동시에, 나아가 예수님한테 감히 기선을 제압하려고 떠들었다. 당신이 하나님의 거룩한 분인 것을 안다고 말이다. 그래서 예수님은 말문이 막혀라 했다. 그 귀신한테 더 이상 쓸데없는 소리 지껄이지 마라고 말이다.

아우구스투스 황제가 걸음마 아기일 때, 개구리가 하도 울어 너무 시끄러우니까, "잠잠해라!"하고 명령했더니, 개구리가 복종했다고 한다(Suetonius, Divus Augustus 94.7).[108] "입 다물어라!", "말문 막혀라!" 이런 명령들은 전부 누군가가 시끄러운 소리를 낼 때이다. 그런데 지금 예수님은 귀신한테 꾸짖듯이 바람과 바다에게 잠잠해라고 명령을 내리신 것이다.

4:39의 명령은 '말문 막혀'가 아니다. '말문 막혀 있어야 되는 거야'이다. 말이 좀 어렵다. 같은 φιμόω(피모오) 동사 명령인데도 시제가 달라서 그렇다. 현재완료라는 좀 어려운 시제를 썼다. 말문이 막혀있는 게 이미 일어났으니, 죽 그 상태로 있으라는 뜻이다. 즉 예수님이 이 말을 하기 전에, "입 다물고 있어!"했는데, 그 말에 바람과 바다가 입을 닫았다는 뜻이다. 입을 닫았으니, 이제 말문이 막힌 상태로 가만히 있으라고 하신 것이다.

예수님의 명령이 특이함은 마태복음과 누가복음을 봐도 드러난다.

---

108 아우구스투스 *Augustus*는 호칭이나 직책이 아니라, 이름으로 '찬송/영예를 받을만한'이란 뜻이다. T. H. Kim, "The Anarhrous υἱὸς θεου in Mark 15, 39 and the Roman Imperial Cult," *Bib 79* (1998), 232.

마태	누가
8:26 예수께서 이르시되 어찌하여 무서워하느냐 믿음이 작은 자들아 하시고 곧 일어나사 바람과 바다를 꾸짖으시니 아주 잔잔하게 되거늘	8:24 제자들이 나아와 깨워 이르되 주여 주여 우리가 죽겠나이다 한대 예수께서 잠을 깨사 바람과 물결을 꾸짖으시니 이에 그쳐 잔잔하여지더라

둘 다 예수님이 꾸짖었더니, 잔잔하게 되었다는 말로 끝냈다. 어떻게 꾸짖었는지가 없다.

4. 왜 전전긍긍하는가?

예수님의 말씀은 금세 효력을 발휘했다. 바람이 그쳤다. 그리고 일이 있었다는 것이다. 큰 잔잔함이.

37 그런데 일이 있는 겁니다. 바람의 큰 폭풍이.
-----
39 그리고 일이 있었습니다. 큰 잔잔함이.

큰 폭풍이 일어났지만, 예수님이 꾸짖자 큰 잔잔함이 생겼다. 큰 폭풍과 큰 잔잔함이 대조된다. 바람은 배를 움직여 제자들을 동요시키는데 성공했다. 예수님한테 벌컥 화까지 냈으니 말이다. 예수님은 먼저 제자들을 뒤흔든 바람을 꾸짖으셨다. 먼저 문제부터 해결한 뒤, 제자들의 문제를 짚으셨다. 왜 전전긍긍하냐고 말이다.

δειλός(데일로스), 전전긍긍한, (마음이) 약한, 두려워하는
신 20:8 책임자들은 또 백성에게 말하여 이르기를 두려워서 마

음이 **허약한** 자가 있느냐 그는 집으로 돌아갈지니 그의 형제들의 마음도 그의 마음과 같이 낙심될까 하노라 하고

삿 7:3 이제 너는 백성의 귀에 외쳐 이르기를 누구든지 두려워 **떠는** 자는 길르앗 산을 떠나 돌아가라 하라 하시니 이에 돌아간 백성이 이만 이천 명이요 남은 자가 만 명이었더라

대하 13:7 난봉꾼과 잡배가 모여 따르므로 스스로 강하게 되어 솔로몬의 아들 르호보암을 대적하였으나 그 때에 르호보암이 어리고 마음이 **연약하여** 그들의 입을 능히 막지 못하였었느니라

계 21:8 그러나 **두려워하는 자들과** 믿지 아니하는 자들과 흉악한 자들과 살인자들과 행음자들과 술객들과 우상 숭배자들과 모든 거짓말 하는 자들은 불과 유황으로 타는 못에 참예하리니 이것이 둘째 사망이라

δειλός(데일로스)는 두려워하는 것이다. 이것을 마음이 약해 떠는 것으로 표현하기도 했다. 성경에서 '두려워하다'는 말로 가장 많이 쓰이는 동사가 φοβέω(포베오)인데, δειλός(데일로스)의 동사 δειλιάω(데일리아오)는 기껏 열 몇 차례뿐 나온다. 잠시 곁길로 가, 이 두 단어가 얼마나 같은 뜻인지를 보여주는 사례 하나만 보고자 한다.

수 1:9 내가 네게 명한 것이 아니냐 마음을 강하게 하고 담대히 하라 **두려워 말며 놀라지 말라**(μὴ δειλιάσῃς μηδὲ φοβηθῇς) 네가 어디로 가든지 네 하나님 여호와가 너와 함께 하느니라 하시니라

8:1 여호와께서 여호수아에게 이르시되 **두려워 말라 놀라지 말라**(μὴ φοβηθῇς μηδὲ δειλιάσῃς) 군사를 다 거느리고 일어나 아이로 올라가라 보라 내가 아이 왕과 그 백성과 그 성읍과 그 땅을 다 네 손에 주었노니

여호수아서 1:9과 8:1에서 여호와가 여호수아에게 "두려워 말라 놀라지 말라"는 말을 한다. 그런데 칠십인역을 보면, 1:9에서 '두려워 말라'는 δειλιάω(데일리아오)였다. 그런데 8:1에서 '두려워 말라'는 φοβέω(포베오) 동사를 사용한다. 두 말을 앞뒤 바꿔서 말했는데, 우리 한글본은 상관하지 않고 같은 뜻으로 사용했다. 두 단어가 같은 뜻을 가지므로 차별하지 않았다. 필자가 δειλιάω(데일리아오)를 '전전긍긍하다'로 옮긴 것은 '겁 먹다'는 용어와는 다른 용어인데다 이들이 침착하지 못한 모습을 보였기 때문이다.

41절에 마가는 이들이 '겁먹었다' 그랬다. 바로 φοβέω(포베오)이다. 마가도 이들의 놀라고 겁먹은 상황을 두 용어를 섞어 씀으로써 표현하고자 했는데, 여기서 차이가 있다면, 이들이 지금 겁먹은 것은 바람 때문이 아니었다. 예수님의 엄청난 능력이었지.

이들이 전전긍긍한 것은 무엇 때문인가? 믿음을 안 갖고 있어서이다. 지금까지 마가는 제자들이 예수님을 즉각적으로 좇아갔다 하면서도, 믿음에 대해 말한 적이 없다. '믿음'을 언급한 곳은 중풍병자뿐이다(2:5).[109] 군중은 예수님을 좇지 않고, 그저 예수님 쪽으로 갔다고 했다. 그러니 제자들은 이들에 비해 믿음이 당연히 좋을 것이라 여겨진다. 그런데 이 배에서 예수님은 믿음이 없다고 하시는 것이다.

이들은 예수님한테 믿음 없다 타박 들으면서도, 예수님의 능력에 겁먹었다. 바람뿐 아니라 바다까지 순종하게 만들어 놀랐다. 마가는 이것을 '그들은 겁먹었습니다. 큰 겁을'이라고 표현했는데, 아주 크게 겁먹었다는 말을 굳이 '큰 겁'이라는 말을 붙였다. 이로써 큰 폭풍이 큰 잔잔함으로 변하게 만든 예수님의 능력이 제자들을 큰 겁에 질리게 만들었다고 흐름의 변화를 보여주는 것이다. 아까 앞에서 두려움과 놀라움은 동격이라 했다. 이

---

109 2:5 예수께서 **저희의 믿음을 보시고** 중풍병자에게 이르시되 소자야 네 죄 사함을 받았느니라 하시니

들이 큰 겁을 먹었다는 것은 큰 놀라움을 가졌다는 뜻이다. 큰 폭풍은 결국 큰 놀라움의 결과를 낳았다.

큰 폭풍 → 큰 잔잔함 → 큰 겁

큰 위기를 맞닥뜨렸을 때, 예수님의 구원을 경험하면 예상을 뛰어넘는 예수님의 능력에 큰 겁을 먹게 된다. 큰 경외감을 가지게 된다.

5. 제자들의 믿음 수준

이 사건으로 제자들의 믿음이 뽀록난 게 확실했던 것으로 보인다. 마태복음과 누가복음도 예수님이 믿음을 언급하시기 때문이다. 이 셋 중 그래도 마태는 제자들을 확 낮추진 않았다. 믿음이 아예 없다고는 안 하셨기 때문이다. '믿음이 작은 자들'이란 말은 그래도 믿음이 있다는 뜻이다. 겨자씨만한 믿음만 있어도 산을 옮긴다 했는데, 안 갖고 있다는 말보다 낫지 않은가!

마태	누가
8:26 예수께서 이르시되 어찌하여 무서워하느냐 믿음이 작은 자들아 하시고 곧 일어나사 바람과 바다를 꾸짖으시니 아주 잔잔하게 되거늘	8:25 제자들에게 이르시되 너희 믿음이 어디 있느냐 하시니 그들이 두려워하고 놀랍게 여겨 서로 말하되 그가 누구이기에 바람과 물을 명하매 순종하는가 하더라

마가복음에서 예수님은 제자들이 아예 믿음을 '아직도' 안 갖고 있음을 타박하신다. 왜 '아직도'인가? 이들은 아주 뛰어난 순종을 보여줬다. 지금

껏 이들은 예수님을 따라다니면서 여러 기적들을 봤다. 그런데 그 기적들을 크게 분류하면 딱 두 가지다: 귀신 쫓아냄과 병 고침. 사람은 자주 듣거나 경험하면, 자연히 그것에 대한 믿음이 생긴다. 아침마다 부모가 깨우는 집에서 자녀는 부모가 학교 시간에 맞춰 깨워줄 거라는 믿음을 가진다. 해가 늘 동쪽에서 뜨는 것을 경험하면, 자연스럽게 그 믿음을 가진다. 제자들은 귀신이나 병 문제에 관해선 믿음을 가졌을 것이다.

그런데 바람, 폭풍, 그리고 파도 같은 문제는 처음 접했다. 그래서 이들은 놀랐다. 죽을 수 있다 여긴 것이다. 제자들은 처음으로 접한 일이라 경험이 없어서 예수님에 대한 믿음이 없었다. 그런데 믿음이 전혀 없었다고 할 수 있을까? 다 죽게 되었다면 예수님을 깨운 것은 그래도 예수님이 뭔가 할 게 있지 않을까 기대한 것은 아니었을까? 그 상황에서 그나마 의지할 수 있는 이는 예수님뿐이어서 깨웠지만, 이들은 예수님이 해결할 수 있으리라 확신했다고는 보지 않는다.

이 여행은 예수님이 주도하신 것이다. 큰 폭풍이 불어 배에 파도가 밀려 들어왔을 정도면 배는 엄청 흔들거렸다. 시끄럽기도 했을 것이다. 그런데도 계속 주무시고 계셨다면, 예수님은 별 일 아니라고 여기신 것이다. 그러나 제자들은 알 도리가 없으니, 그저 불안해하고 원망까지 했다. 마가는 이 일로 믿음이라는 것이 얼마나 쉽지 않은 것인지, 보여준다. 제자들까지도 실패한 첫 경험이라고 말이다. 목숨의 위협을 느끼는 첫 고난은 믿음을 묻는다.

이 사건은 예수님이 바다와 폭풍의 주임을 드러내는 사건이다. 1 1 0 이들은 아직 예수님을 정확하게 파악하지 못하고 있다. 그저 겁먹고 이분이 도대체 누구냐는 질문만 던지고 있기 때문이다. 그런데 이들이 그리는 예수

---

110 Charles H. Talbert, *Reading Luke-Acts in its Mediterranean Milieu* (Leiden/Boston: Brill, 2003), 187-88. 눅 8:22-25에서도, 행 27:1-28:10에서는 신적인 능력은 바울에게서 나온 것이 아니라고 하지만, 눅/막의 사건은 아니다.

님의 미래를 생각하면, 이해된다. 단순히 정치적 독립을 해낼 왕으로 기대하고 있기 때문이다. 자신보다 좀 뛰어난 인간일 뿐이다. 이 말은 이들 역시 예수님을 좀 더 겪어야 제대로 된 믿음을 가질 수 있다는 뜻이다. 평범한 사람은 경험 속에서 믿음이 생긴다.

6. 결론

우리는 살면서 한 번도 겪어보지 않은 위기를 마주할 때가 있다. 걱정하고 전전긍긍해한다. 두려워한다. 이 일로 내 인생이 나락 간다 여긴다. 예수님은 이 순간 어떻게 하실지 생각해 보지 않는다. 큰 폭풍이 큰 잔잔함으로 되는 것은 예수님이 하신다. 그런데 문제는 내 배에 예수님이 타고 계시냐는 것이다. 내가 예수님을 좇아야 같이 계시는데, 예수님이 "가자!" 해서 왔냐는 것이다.

만약 예수님은 "가자!"했는데, 고생길이 훤해 따라가지 않다가 큰 폭풍을 만났다면, 어쨌을까? 요나는 도망가다 큰 폭풍을 만나자, 그것이 자기 때문에 생긴 것임을 알았다. 그 대가가 죽음이라면, 기꺼이 받아들여야 한다고 생각했다(욘 1:12-15).[111] 요나는 하나님의 뜻에 완전히 순종하기까지 죽을 고생을 했다. 그의 장점은 폭풍 앞에서 자신의 잘못을 인지했다는 것이다. 이로써 우리는 난생 처음 겪는 폭풍을 대할 때, 어떻게 해야 할 지를 깨닫는다.

1) 예수님과 같은 한 배인가?
2) 왜 이 고난을 겪고 있는가?

---

111 욘 1:12 그가 대답하되 나를 들어 바다에 던지라 그리하면 바다가 너희를 위하여 잔잔하리라 너희가 이 큰 폭풍을 만난 것이 나 때문인 줄을 내가 아노라 하니라; 15 요나를 들어 바다에 던지매 바다가 뛰노는 것이 곧 그친지라

1번이면, 예수님께 청하면 될 터이고, 2번이면 회개하고 순종하면 된다. 하나님은 놀랍게 처리해주실 것이다.

예수님이 바람을 꾸짖을 때, 그치라고 하지 않고 입 다물라고 명하셨다. 꼭 귀신들을 꾸짖을 때처럼 말이다. 지금 처음으로 건너편 이방인 땅으로 가고 있다. 우리는 안다. 도착하자마자 그분을 기다린 것은 군단귀신들이었음을. 제자들이나 거라사인들은 몰랐겠지만, 그것들은 알았을 것이다. 자기보다 훨씬 더 강한 분이 오신다는 것을. 절대로 이 땅에 오시면 안 된다는 것을.

제자들 중 몇몇은 어부들이다. 이 갈릴리 바다의. 저녁에 건너갈 때, 폭풍이 불 날씨였으면 이미 알았다. 이들이 전혀 눈치 채지 못했다는 것은 당연한 기후현상이 아니란 뜻이다. 예수님은 아셨을 것이다. 저 땅의 악한 영들이 강력하게 저항하고 있음을. "입 다물어라!"는 한 마디에 끝났다. 바다를 건너가면서 폭풍을 조용하게 만듦으로써, 이미 건너편 군단귀신들과의 싸움은 끝냈다. 하나님이 시킨 일을 시작할 때, 마주하는 저항들이 있다. 어떤 태도로 임하냐에 따라 우리는 이미 이긴 싸움을 할 수 있다. 예수님과 같은 한 배만 타면.

마가복음 5장

막 5:1-20, 천하보다 귀한 한 사람의 인생

1 그리고 가셨습니다. 바다 건너편으로, 거라사인들 지방으로요.

2 그리고 **그분이** 밖으로 나왔을 적에, – 배 밖으로요. – 즉시 **그분과** 만났
   습니다. 묘지들 밖으로 (나오는) **안 깨끗한 영 가운데 있는** 사람이 말입니다.

3 그자는 거처를[1] **무덤들 가운데에서** 갖고 있는 중이었습니다. 그리고 어떤 쇠
   사슬로도 더 이상 아무도[2] 계속 할 수 없었습니다. 그를 묶는 걸요.

4 그가 자주 족쇄들고 쇠사슬들로 이제까지 묶여 있음으로 말미암아, 3
   그러나 이제까지 갈가리 째짐으로 말미암아[4] 그에 의해 쇠사슬들이, 그
   리고 족쇄들이 이제까지 산산이 부서짐으로 말미암아 그래서 아무도 더
   이상 해내지 못했습니다. 그를 휘어잡는 걸요.

5 그리고 항상 밤낮을 무덤들 가운데에서 그리고 산들 가운데에서 계속 외
   쳤습니다. 그리고 **자기를** 내리찍었습니다. [5] 돌들로.

---

1 κατοίκησις(까또이께시스), 거처, 신약 1회 용어, 막 5:3; 창 10:30; 27:39; 출
12:40 등.

2 οὐδὲ ἁλύσει οὐκέτι οὐδείς. 부정을 뜻하는 οὐ가 세 번이나 나오는 강한 강조. 이자
의 상태가 얼마나 심각했는지, 그래서 예수님이 아닌 다른 사람들이 절대로 해결해
주지 못할 만큼이었는지를 알려준다.

3 διὰ τὸ + 부정사, ~함으로 말미암아, 마 13:5, 6; 24:12; 막 4:5, 6; 5:4; 눅
2:4; 6:48; 8:6; 9:7; 11:8; 19:11; 23:8; 요 2:24; 행 4:2; 12:20; 18:2, 3; 27:4;
빌 1:7; 히 7:23; 10:2; 약 4:2. 압도적 누가 선호 말투 (7회).

4 διασπάω(디아스빠오), 갈가리 찢다, 신약 2회 용어, 구약에 좀 있음, 막 5:4; 행
23:10; 수 14:6; 16:9, 12; 욥 19:10; 호 13:8; 사 58:6; 렘 2:20 등; 참. σπάω(스빠
오), 끄집어내다, 신약 2회 용어, 구약에 많음, 막 14:47; 행 16:27; 삿 9:54; 20:2;
삼상 31:4; 삼하 23:8 등.

5 κατακόπτω(까따꼽또), 신약 1회 용어, 구약에는 좀 나옴, 내리찍다(막 5:5; 창
14:5, 7; 렘 20:7 등), 민 14:45; 박살내다(대하 28:24; 34:7; 미 1:7; 사 27:9 등).
치거나 베는 행위를 마구 해 박살까지 낼 정도의 행동을 말한다. 그러니 자기를 돌
들로 내리찍어 몸이 으스러진 상태였다는 뜻이다.

6 그런데 **예수님**을 직접 보고선 멀리서부터 달려왔습니다. 그리고 그분 앞으로 절했습니다.

7 그리고 **큰 소리로** 외치고선 말하는 겁니다. "뭡니까? 저하고 당신하고? 예수님! **지극히 높으신** 하나님 아들! 맹세합니다![6] 당신한테 하나님을 두고요! 저에게 고통주지 말아 주십시오!"[7]

8 왜냐면 말하고 또 말하셨기 때문이었습니다.[8] 그에게. "나가라! 영, 이 안 깨끗한 것아! 그 사람 밖으로!"

9 그리고 줄기차게 캐물으셨습니다. 그에게. "뭐냐? 이름이? 너한테?" 그러자 말하는 겁니다. 그분께. "군단입니다![9] 이름이 저한테! **(우리가)** 많아서입니다."

10 그리고 계속 부탁했습니다. 그분께 많이. 자기들을 보내지 말아달라고요. 지방 바깥으로.

11 그런데 **거기에** 계속 산 쪽으로[10] 돼지 떼, 큰 게 밥 먹고 있었습니다.[11]

---

6 ὁρκίζω(호르끼조), 맹세하다. 신약 2회 용어, 구약에 좀 있음. 막 5:7; 행 19:13; 창 24:37; 50, 5, 6, 16, 25 등; 참. ὅρκος(호르꼬스), 맹세. 마 5:33; 14:7, 9; 26:72; 막 6:26; 눅 1:73; 행 2:30; 히 6:16, 17; 약 5:12뿐; 창 21:14, 32, 33; 22:19 외(13) 등.

7 βασανίζω(바사니조), 고통주다. 마 8:6, 29; 14:24; 막 5:7; 6:48; 눅 8:28; 벧후 2:8; 계 9:5; 11:10; 12:2; 14:10; 20:10(총 5). 고문을 받을 때 느끼는 고통을 안겨 주는 것이다. 고문과 연관돼 있음. 그래서 계시록을 보면, 마지막 날 악한 자가 심판 받을 때 느끼는 아픔과 고통이다. 보통 고통이 아니다.

8 ἔλεγεν γὰρ, 왜냐면 말하고 또 말했기 때문이었다. 마 9:21; 14:4; 막 5:8, 28; 6:18뿐. 마태와 마가만의 어구.

9 λεγιών(레기온), 군단. 신약 4회 용어, 구약에는 없음. 마 26:53; 막 5:9, 15; 눅 8:30. 라틴어, legion에서 유래. 시기마다 숫자는 다르나, 아우구스투스 황제 때는 6,826명이었음(6,100 보병과 726 마병으로 구성).

10 πρὸς τῷ ὄρει, 전치사 πρός 뒤에 여격이 오는 경우는 막 5:11; 요 20:11뿐. 구약에도 거의 없다(출 1:16; 요 9:1; 11:17).

11 βόσκω(보스꼬), 밥 먹다(가축, 마 8:30, 33; 막 5:11, 14; 눅 8:32, 34; 15:15; 창 29:7, 9; 37:12; 욥 1:14; 사 5:17; 11:6, 7 등), (사람, 요 21:15, 17; 사 49:9). 신약에서 주로 사람이 먹을 때 ἐσθίω(먹다)를 사용함(막 3:20; 5:43 등).

12 그리고 부탁했습니다, 그분께. 말하길, **"우리를** 파송해주십시오![12] 돼지
들 안으로요! 그것들 안으로 들어가게 말입니다!"[13]

13 그래서 허락하셨습니다, 그들한테. 그러자 밖으로 나가, 영들, 이 안 깨끗
한 것들이 들어갔습니다, 돼지들 안으로. 그리고 돌진했습니다. 그 떼가
비탈을 내려가 바다 안으로요. 약 이천 (마리였습니다).[14] 그리고 완전 숨
막혀 (죽어 버렸)습니다.[15] 바다 안에서.

14 그러자 **그것들을** 밥 먹이는 자들은 도망갔습니다. 그리고 알렸습니다, 도
성 안으로 그리고 촌구석들 안으로요.[16] 그러자 **직접 보려고** 왔습니다.
뭔지, 일어난 일이.

15 그래서 (그들이) 오는 겁니다, 예수님 쪽으로. 그리고 눈여겨보는 겁니
다.[17] 귀신 들려있는 자가 앉아 있는 걸, 착복한 채 있는 걸, 그리고 정신

---

12 πέμπω(**뻼**뽀), 파송(派送)하다, 마 2:8 외(4); 막 5:12; 눅 4:26 외(10); 요
1:22 외(32); 행 10:5 외(11) 등. 요한복음의 압도적 선호용어. 마가는 여기서만 보
낸다는 의미로 이 동사를 쓴다. 그 외는 다 ἀποστέλλω(아뽀스**뗄**로)이다. 보내다, 마
2:16 외(22); 막 1:2 외(20); 눅 1:19 외(26); 요 1:6 외(28); 행 3:20 외(24) 등. 복음
서에 두루 나옴.

13 평행대사: 마 8:31 만일 우리를 쫓아내신다면, 우리를 보내주십시오! 돼지 떼로요!

14 δισχίλιοι(디스**킬**리오이), 이천, 신약 1회 용어, 구약에 조금 있음. 막 5:13; 민
4:36, 40; 7:85 등.

15 πνίγω(**쁘니**고), 숨 막히게 하다, 신약 3회 용어, 성서 5회 용어, 마 13:7;
18:27; 막 5:13; 삼상 16:14, 15. 군대 귀신들은 바다로 **빠져** 완전 숨 막혀 죽었다.
이처럼 사울이 악한 영에게 계속 숨 막히게 조였으니, 숨 막혀 죽을 정도의 고통, 즉
요즘 말로 표현하자면, '공황증세'를 느낀 것이다.

16 ἀπήγγειλαν εἰς τὴν πόλιν καὶ εἰς τοὺς ἀγρούς, 원래 '알리다(ἀπαγγέλλω)' 뒤에 대
상이 사람이면 여격을 쓰고, 도성이나 촌구석 같은 경우는 'εἰς' 전치사를 쓴다. 그러
나 앞에 마가는 의도적으로 'εἰς'를 많이 썼다(12, 13, 14절에 2개씩 쓴다). 게다가 도
성과 촌구석 앞에 의도적으로 'εἰς'를 따로 붙여서 사용했다. 누가는 마가의 말을 따
랐다(8:34). 그러나 마태는 일부러 피한다(8:33, '떠나 도성 안으로 (가) 알렸습니다,
다!'). 예) 막 5:14; 눅 8:34; 창 24:28.

17 θεωρέω(테오레오), 눈여겨보다(마 27:55; 막 5:15, 38; 12:41; 15:40, 47;
16:4; 눅 10:18; 14:29; 23:35; 요 20:12; 요일 3:17 등), 바라보다(마 28:1; 막
3:11; 눅 21:6; 23:48; 24:37, 39; 요 2:23; 4:19 외(24회), 신약 58회 등장.

차리고 있는 걸, **군단을** 이제까지 갖고 있었던 자가 말입니다. 그래서 겁 냈습니다.

16 그리고 털어놓았습니다, 그들한테 직접 본 자들이. 어떻게 일이 일어났는 지. 귀신 들려있는 자한테 그리고 돼지들에 대해서도요.

17 그러자 (그들은) **부탁하고 부탁하기** 시작했습니다. 그분께. 떠나가 달라 고. 자기들 지역에서요.

18 그래서 **그분이 배에** 올라탈 적에 **그분께** 계속 부탁했습니다, 귀신 들렸던 자는. 그분과 함께 계속 있게 해달라고 말입니다.

19 그러나 **그에게** 하게 하지 않으셨습니다. 오히려 말하시는 겁니다, 그에 게. "떠나 완전히 가세요! 당신 집으로, 바로 당신네들 쪽으로요!¹⁸ 그래 서 **그들한테** 알리세요! 얼마나 많이 주님이 당신한테 이제까지 행하셨는 지! 그리고 **당신한테** 자비를 베푸셨는지!"

20 그래서 떠나갔습니다. 그리고 **계속 선포하기** 시작했습니다. 데카폴리스 에서요. 얼마나 많이 **자기한테** 행하셨는지, 예수님이. 그러자 모두 신기 하고 또 신기해했습니다.

1. 도착지는 어디인가?

이 이야기는 예수님이 처음으로 갈릴리 바다를 건너 반대편, 이방인의 땅에 갔을 때 일어난 것이다. 지금껏 예수님은 주로 가버나움과 갈릴리 바 닷가에서 활동하셨다(막 4:1). 그러다가 '거라사'라는 지역으로 가겠다는 마음을 먹었다. 그런데 이 이방인 지역에 가 복음을 전한다는 게 결코 만 만치 않았다. 저항이 거셌다. 그전까지 잔잔하던 바다가 난리 났다. 큰 폭

---

18 πρὸς τοὺς σοὺς, 바로 당신네들 쪽으로, 성서 1회 어구, 막 5:19; σός, σή, σόν, 당 신 자신의/바로 당신의, 당신을 좀 더 강조한 말.

풍이 불어 갈릴리 바다라면 예수님보다 빠삭하게 알던 제자들도 겁먹을 정
도로 목숨의 위협을 받았다.

마가는 '갈릴리 바다'라 했지만, 실제로는 호수다. 그래서 아주 크지는
않다. 그래도 마태와 요한까지 다 '바다'라 불렀다.[19] 하지만 누가는 정확
하게 말하기 위해 '호수'라 한다. 같은 이야기에서.

> 눅 8:22 하루는 제자들과 함께 배에 오르사 그들에게 이르시
> 되 호수 저편으로 건너가자 하시매 이에 떠나

예수님이 도착한 지역에 대해서 한 마디 덧붙이자면, 마태가 조금 다르
게 전했다. '가다라인들 지방'이라 하기 때문이다.

『눈으로 듣는 마태 · 누가』

마태 8:28	누가 8:26
그리고 그분이 가자, 건너편으로, 가다라인들 지방으로요. 그분을 만났습니다, 두 명의 귀신 들려있는 자들이. ……	그리고 선착(船着)했습니다, 거라사인들 지방에. 정녕 거기는 갈릴리 건너위치였습니다.

가다라는 갈릴리 바다 남쪽에서 약 9.5 킬로미터 들어간 로마 속주 베
레아(Peraea)의 수도이다. 그래서 마태는 '가다라인들의 지방'이라 했다.
가다라에 가서 생긴 일이 아니므로. 이 사건은 뭍에 도착한 뒤 그 근처에
서 벌여졌을 것이다. 마가와 누가가 이야기하는 거라사는 아주 작은 동네
여서인지, 아직 문서상 밝혀지지 않았다. 아마 거라사는 베레아 속주가 아
닌, 헤롯 왕 동생 빌립의 땅일 확률이 높다.

---

19 마 8:24; 요 6:1 등

2. 귀신 들린 자의 피폐함

마가는 예수님이 거라사인들 지방에 도착했을 때, 귀신 들린 자를 설명하는데, 정말 그만큼 상세하게 생생하게 말하는 이가 없다. 묘지들 밖으로 나오는데, 어떤 쇠사슬로도 그를 계속 묶어둘 수 없었다고 했다. 족쇄들과 쇠사슬로 묶여 있었는데, 또 쇠사슬들이 갈가리 째짐으로 말미암아, 족쇄들이 산산이 부서져서 아무도 그를 휘어잡지 못했다는 것이다. 족쇄와 쇠사슬을 연거푸 말해가며, 안 깨끗한 영 가운데 있는 한 사람이 얼마나 기괴한 힘을 가지고 있는지를 알려준다.

이자의 기괴함은 이것으로 그치지 않았다. '모든 밤낮'을 무덤과 산들 가운데서 외쳤다는 것이다. 말할 때 사람들은 저도 모르게 과장한다. '밤낮(νυκτὸς καὶ ἡμέρας)'도 부족해 마가는 '항상/모든(παντὸς νυκτὸς καὶ ἡμέρας)'을 더했다. 다른 이들도 이렇게 말할까 싶지만, 마가뿐이다. 이자는 모든 밤낮을 그렇게 고래고래 소리 지르는 것으로 만족하지 않았다. 심지어는 돌로 자기를 내리찍기까지 했다. 이자 안에 도대체 어떤 더러운 영이 있는지, 아주 사람이 피폐하게 됨을 마가는 상당히 공들여 적나라하게 알려줬다.

『눈으로 듣는 마태 · 누가』

마태 8:28	누가 8:27
그리고 그분이 가자, 건너편으로, 가다라인들 지방으로요. 그분을 만났습니다. 두 명의 귀신 들려있는 자들이. 묘지들 밖으로 나오는데, 엄청 험악했습니다. 하여 누가 지나쳐 가는 것을 해낼 수 없을 정도였습니다. 그 길을 통해서요.	그리고 그분이 나올 적에 땅에서 만나셨습니다. 도성에서 (나온) 어떤 남자가 귀신들을 갖고 있는데, 오랫동안 옷을 안 입었습니다. 그래서 집에 머물지도 못하고 있었습니다. 오히려 무덤들 가운데 (있었습니다).

다른 담가들의 설명이다. 어떤가? 마가가 달리 보이지 않는가? 마가는

무려 세 절에 걸쳐 이자가 얼마나 엄청난 괴력을 지니고 있으며, 무서운지, 그러나 한편으론 불쌍한지를 늘어놓았다. 그의 이야기를 들으면 저절로 이자의 삶이 그려진다. 이게 마가의 탁월한 입담이다. 복음서 전체 길이를 따지자면, 마가는 턱없이 짧은데, 한 번 했다 하면 이야기를 재미있고 생생하게 전한다. 그래서 제일 길 때가 많다.

나중에 다루겠지만, 한 가지 점만 인지하고 가면 좋겠다. 이자는 기괴한 삶을 살았지만, 다른 자에게 해를 가하지는 않았다는 것이다. 누군가를 두드려 팼다거나 무리를 만들지 않았다. 그저 자기 자신만을 피폐하게 만들었다. 물론 그의 가족은 피해를 봤을 것이다. 그러나 남까지 피해를 끼치지는 않았다. 마가는 그저 안 깨끗한 영이 한 사람에게 들어가면, 얼마나 망가지는지를 적나라하게 표현한다.

3. 안 깨끗한 영이 예수님을 만났을 때

6절이다. 이자는 예수님을 직접 보고선 멀리서부터 달려와 절을 했다. 그리고 큰 소리로 외쳤다. "뭡니까? 저하고 당신하고! 지극히 높으신 하나님 아들!" 이 대사를 들었을 것이다. 예수님이 회당에 들어갔을 때, 안 깨끗한 영 가운데 있는 사람이 외쳤던 말이다(1:24).

> 1:24 말하길, **"뭡니까? 우리하고 당신한테! 나자렛인 예수! 처참하게 죽이려고 왔습니까? 우리를? 당신을 압니다! 누군지! 하나님의 거룩한 분!"**

회당의 그 안 깨끗한 영은 '우리'라 그랬다. 그 사람 안에 실지로는 여러 영들이 있었다는 뜻이다. 그런데 거라사의 영은 뭐라 했는가? '나'라고 했다. 우리는 안다. 이 영이 결코 한 개가 아니라는 것을. 여러 개도 아니다. 무려 육천 개 된다. 군단이라고 하지 않았는가? 군단은 군인 육천 명이 모여야 된다. 그런데 지금 이것은 예수님을 '지극히 높으신 하나님 아들'이라고 부르면서 감히 속이려 드는 것이다.

'하나님의 아들' 앞에 '지극히 높으신(ὕψιστος(휩시스또스))'이라는 말을 덧붙였다. '지극히 높으신(ὕψιστος(휩시스또스))'은 성경에서 전부 하나님께 쓰였다. 이 안 깨끗한 영도 하나님을 부를 때, '지극히 높으신' 분임을 알고 인정하면서도, 그분의 아들 앞에서 진실대로 말하지 않는 태도가 웃기지 않는가! 무엇 하나를 맞춘다고 해서, 자기를 위해 거짓말을 안 하는 것은 아니다. 진실하지 않다. 귀신들은 믿으면 안 된다.

> ὕψιστος(휩시스또스), 지극히 높으신
> 창 14:18 살렘 왕 멜기세덱이 떡과 포도주를 가지고 나왔으니 그는 **지극히 높으신** 하나님의 제사장이었더라
> 미 6:6 내가 무엇을 가지고 여호와 앞에 나아가며 **높으신** 하나님께 경배할까 내가 번제물로 일 년 된 송아지를 가지고 그 앞에 나아갈까
> 행 7:48 그러나 **지극히 높으신 이는** 손으로 지은 곳에 계시지 아니하시나니 .....

유대인들은 ὕψιστος(휩시스또스)를 여호와 하나님께 붙였지만, 이방인들은 제우스에게 썼다. 로마인들은 주피터이고. 당시 그리스에서 Zeus Hypsistos는 제우스 신전이든, 예배를 드릴 때든 늘 붙여서 사용하는 말이었다. 이방인이었던 마가 성도들은 이 말을 들었을 때, '최고이신 제우스의 아들'로 떠올렸을 것이다. 이들은 평생 '최고이신 제우스'라고 말하며 듣고 살았다. 그런데 갑자기 예수님을 믿었다고 해서, 읊어왔던 단어와 이

미지가 확 사라질 수 있을까? 난 어렵다고 본다. 물론 이성으로는 안다. 그러나 수십 년간 제사를 드렸던 자가 기독교인이 된다 해서, 부모 제삿날에 제사상을 안 차리고 예배만 드리는 것이 껄적지근해 하는 것과 같다.

그렇다고 제우스신을 떠올리며 그분을 추앙했다는 뜻이 아니다. 제우스 같은 최고의 신의 아들임을 생각하며 예수님의 능력과 권세의 크기를 생각했을 것이란 뜻이다. 그러나 마가는 그런 귀신들린 자가 인정하는 것으로 예수님의 우월함을 증명하지 않는다. 말만으로 귀신들을 휘어잡을 뿐 아니라, 이천 마리나 되는 돼지 떼까지 희생시키면서까지 한 사람의 인생을 정상으로 되돌리기 위해 애쓰는 분이다. 한 명의 이방인을 위해서 말이다. 이런 예수님이 바로 '최고이신 하나님의 아들'이라 말하는 것이다.

예수님이 누구신지, 제자들은 아직 아무도 모르는데, 귀신들은 사람보다 더 똑똑한 것 같다. 그런데 이자가 말한 것은 자랑하기 보다는 예수님이 자신보다 훨씬 높은 존재임을 시인함으로써, 그분으로부터 호의를 입기 위한 것으로 보인다. 흔히 상대방, 특히 영적인 존재의 이름을 알면, 그 자를 휘두를 수 있는 힘이 생긴다고 믿는데, 아니다. 『솔로몬의 유언』에서 솔로몬은 귀신이나 천사를 만날 때, 이름이 뭐냐고 물었다. 그것은 그것들을 지배하기 위해서가 아니다. 솔로몬은 이름을 묻기 전에 이미 하나님이 주신 반지로 통제했다. 귀신의 이름을 안다고 해서, 그 귀신을 장악할 힘까지 가지는 것은 아니다. 이름을 알아야 구분하듯, 귀신도 다양하므로 구분할 이름이 필요하기 때문일 것이다.

자꾸 외경을 들먹여서 미안한데, 『토빗서』에 아스모데오스라는 악한 귀신이 나오고, 라파엘이라는 귀신이 나온다. 자선을 베푸는 것이 얼마나 복이 되는 일인지를 귀신과 엮어서 재미있게 전한 이야기다. 거기서 사라라는 일곱 번 결혼했으나 번번이 남편이 죽어 딱한 처지에 놓인 여자가 있었다. 이를 두고 사람들은 왜 남편들이 죽게 됐는지 말하는데, 아스모데오스라를 언급한다. 이 악한 귀신이 남편들을 모조리 죽였다고 말이다.

> 3:8 사라는 일곱 번이나 결혼을 하였지만 사라가 그들과 부부
> 관계도 맺기 전에 아스모데오스라는 악한 귀신이 그 남편들을
> 번번이 죽여버렸다. 그래서 그 여종이 사라에게 이렇게 말하였
> 던 것이다. "당신 남편을 죽인 사람은 바로 당신 자신이오. 당
> 신은 이미 일곱 번이나 결혼을 했지만 제대로 결혼 생활을 한
> 일은 한 번도 없습니다.

즉 유대인들도 귀신의 이름을 안다고 해서 지배할 수 있다고 생각 안 한 것이다.[20] 다른 축귀 이야기에서도 귀신을 쫓기 위해 이름은 중요하지 않은 것으로 나온다.[21] 유대인들도 악한 영을 몰아낼 때, 하나님의 은밀한 이름은 말해도, 귀신의 이름을 일절 말하지 않았다. 주술 파피루스에 "네가 누구든 간에, 나가라! 귀신아!"라고 말하는 것이다.[22] 아는 것이 편할지 몰라도 통제하는 것과는 상관이 없는 것이다. 1장의 회당에서 만난 귀신도 예수님은 이름을 몰랐지만, 쫓아냈다.

지금 이 거라사의 안 깨끗한 영도 예수님이 '지극히 높으신 하나님의 아들'이라고 정확하게 말한다. 그러나 그렇다고 해서 예수님에 대해 자기가 원하는 대로 할 수 있는 게 아무 것도 없다. 그저 자기보다 더 높으신 분임을 인정함으로써 애원할 뿐이다. 자기를 괴롭게 하지 말라고 말이다. 여기서 '애원하다(ὁρκίζω(호르끼조))'는 말이 좀 특이하다.

---

20 이러한 사례는 랍비 문서에도 나온다. b. Pesaḥ. 112b. Michael Williams, "Not Your Average Exorcist: Jesus's Dialogue with Legion(Mark 5:7–9) in Light of Ancient Power Rituals," *Lexington Theological Quarterly* (2020), 13–15.

21 Lucian, Philops 16

22 PGM IV. 1240. 3020–21; Michael Williams, "Not Your Average Exorcist," 11.

▸ 헬라어 풀이(6): ὁρκίζω(호르끼조)

ὁρκίζω(호르끼조), 애원하다, 엄명하다, 맹세하다

행 19:13 이에 돌아다니며 마술하는 어떤 유대인들이 시험삼아 악귀 들린 자들에게 주 예수의 이름을 불러 말하되 내가 바울이 전파하는 예수를 의지하여 너희에게 **명하노라** 하더라

왕상 22:16 왕이 그에게 이르되 내가 몇 번이나 네게 **맹세하게 하여야** 네가 여호와의 이름으로 진실한 것으로만 내게 말하겠느냐

ὁρκίζω(호르끼조)는 신약에 달랑 2번만 나온다. 구약에서 27번(26구절) 나오는데, 다 왕상 22:16처럼 '맹세하다'는 뜻으로 쓰였다. 제사장이 간통한다고 고소당한 여인에게 요구했던 말이었다. 자기는 다른 남자와 동침한 적 없다고 맹세했다(민 5:19).[23] 그래서 막 5:7을 번역할 때, 『개역개정』은 '맹세하다'로 옮겼다.[24] 그러나 보다시피 『새번역』에서는 '애원합니다'로 옮겼다.

개역개정	새번역
큰 소리로 부르짖어 이르되 지극히 높으신 하나님의 아들 예수여 나와 당신이 무슨 상관이 있나이까 원하건대 하나님 앞에 맹세하고 나를 괴롭히지 마옵소서 하니	큰소리로 외쳤다. "더 없이 높으신 하나님의 아들 예수님, 나와 무슨 상관이 있습니까? 하나님을 두고 애원합니다. 제발 나를 괴롭히지 마십시오."

---

23 민 5:19 그 여인에게 다음과 같이 말하면서 **맹세를 시킨다.** 어떤 남자와도 동침한 일이 없고, 지금의 남편과 결혼한 이래 그를 배반하여 몸을 더럽힌 일이 없으면, 저주를 내리는 이 쓴 물이 네게 아무런 해가 되지 않을 것이다.

24 본인도 최근에 발간한 『눈으로 듣는 마가』의 개정판에서 '맹세하다'로 옮겼다.

먼저 ὁρκίζω(호르끼조)는 초월적인 존재에게 간청하거나 주문을 걸 때, 쓰인다.[25] 기원전 1세기에 이미 지금처럼 자기보다 영적인 힘이 더 센 신에게 간청할 때, "애원합니다"는 말로 사용되었다.[26] 주문을 외는 자는 자기가 부탁하는 신의 은밀한 이름을 불러가며 애원했다.

때로는 또 반대로 악한 영이나 사탄을 몰아내기 위해 "내가 너에게 엄명한다(ὁρκίζω(호르끼조))! 네가 누구든 간에 이 신의 이름으로!"라고 말하고 일련의 주문을 외는 경우도 있다. 그래서 예수님처럼 귀신 들린 자에게서 "나가라!(ἔξελθε)"라고 소리치는 것이다.[27] 즉 귀신을 몰아낼 때 퇴마사들이 하는 말이 ὁρκίζω(호르끼조)였다. 물론 모든 축귀에 ὁρκίζω(호르끼조)를 다 쓴 것은 아니다. 공식처럼 완전히 정형화되지 않았다.

예수님과 관련해서 기억할 만한 점은 축귀관련 이야기나 주문서 같은 것이 예수님 이전에는 거의 없다는 것이다.[28] 서너 개뿐이고, 거반 다 예수님 이후에 나온 것들이다. 게다가 축귀설화 대부분이 기독교나 유대교의 것이다.[29] 물론 고대 헬라인들이나 근동지역의 주민들도 신들에게 탄원하고, 또 자기 신의 이름을 빌어 악한 영을 꾸짖고 내쫓는 일을 했을 것

---

25 축귀나 주문을 걸 때, ὁρκίζω(호르끼조) 또는 ἐξορκίζω(엑소르끼조) 동사가 쓰인다. Michael Williams, "Not Your Average Exorcist," 36, n. 63.

26 ὁρκίζω(호르끼조)는 크세노폰 때부터(Symp. 4.10. 기원전 5세기) 쓰였으나, 신들을 다루는 데에 쓰인 것은 기원전 1세기경부터이다. Roy D. Kotansky, "Greek Exorcistic Amulets," in *Ancient Magic and Ritual Power*, ed. *Marvin Meyer and Paul Mirecki (New York: E. J. Brill, 1995)*, 250.

27 PGM IV. 1240–42; Michael Williams, "Not Your Average Exorcist," 18 에서 재인용.

28 Wesley D. Smith, "So-called Possession in Pre-Christian Greece," *TAPA* 96(1965): 403–26, esp. 409; S. Vernon McCasland, "Relligious Healing in First-Century Palestine," in *Environmental Factors in Christian History*, eds., J. T. McNeill, M. Spinka, and H. R. Willoughby(Chicago: University of Chicago, 1939): 18–34.

29 Michael Williams, "Not Your Average Exorcist," 4–7.

이다. 흔적들이 없는 것은 아니다.[30] 단지 문서상으로 지금 마가복음처럼 쓰인 것들이 거의 없다.

+ + +

지금 이 안 깨끗한 영들은 예수님께 애원했다. 아마 이 영들은 예수님을 만나기 전에 여러 퇴마사들이 자기 신들의 이름을 걸고 자기에게 나가라고 명령하는 말을 들었을 것이다. 이제 예수님을 두고 자기들이 들었던 말을 자기가 사용하는, 기괴한 일이 벌어지고 있는 것이다. 예수님이 이름을 물은 것은 이들이 결코 하나가 아님을 알고 계셔서일 것이다.

이 영은 말한다. 자기를 고통주지 말아달라고. 고통주다는 용어는 βασανίζω(바사니조)인데, 심적이든 육체적이든 아주 힘든 것을 말한다.

> βασανίζω(바사니조), 고통주다
> 막 6:48 그리고 그들이 **고통스러워하는 걸** 직접 보고선, 계속 노 젓는 와중이라, - 왜냐면 계속 바람이 그들 반대편이었습니다. ......
> 벧후 2:8 (이는 이 의인이 그들 중에 거하여 날마다 저 불법한 행실을 보고 들음으로 그 의로운 심령이 **상함이라**)
> 계 9:5 그러나 그들에게는, 사람들을 죽이지는 말고, 다섯 달 동안 괴롭게만 하라는 허락이 내렸습니다. 그것들이 주는 고통은 마치 전갈이 사람을 쏠 때와 같은 **고통이었습니다.**
> 20:10 그들을 미혹하던 악마도 불과 유황의 바다로 던져졌는데, 그 곳은 그 짐승과 거짓 예언자들이 있는 곳입니다. 거기에서 그들은 영원히, 밤낮으로 **고통을 당할 것입니다.**

---

30   Roy D. Kotansky, "Greek Exorcistic Amulets," 254–57.

귀신들이 자기에게 고통을 주지 말아달라고 사정하는데, 도대체 이들이 예수님을 대하면서 느낀 고통이라는 게 얼마만큼이기에 이런 말을 할까 궁금하지 않는가? 우리는 그것들이 느낀 그 고통의 강도를 알지 못하는데, 제일 확실한 건 계시록이다.[31] 마지막 때에 절대 겪고 싶지 않은 고통이기 때문이다. 전갈이 쏘는 듯한 고통 또는 불과 유황의 고통 이었다.

> βασανιστής(바사니스**떼**스), 고문관,
> 마 18:34 주인이 노하여 그 빚을 다 갚도록 그를 옥졸들에게 넘기니라(『눈으로 듣는 마태』 그리고 노해서 그의 주인은 넘겼습니다. 그를 **고문관들에게**. 돌려줄 때까지. 모든 빚지고 있는 것을요.)

βασανίζω(바사**니**조)의 명사가 βασανιστής(바사니스**떼**스)인데, 마 18:34에만 등장하는 성서 1회 용어이다. 아쉬운 점은 βασανιστής(바사니스**떼**스)를 '옥졸'로 옮겼다는 것이다. 빚지고서도 안 갚는 못된 자를 빚 갚을 때까지 이 옥졸이 처리해낼 텐데, 옥졸이 옥에 갇힌 자를 지키는 것으로 빚을 받아낼 수 있을까? βασανιστής(바사니스**떼**스)는 헬라작품에 몇 번 안 나오는데도 거의 다 '고문관'이다.[32] 빚을 갚도록 독촉을 하려면 감옥에 넣으면 되지, 굳이 옥졸한테 넘길 필요 없다. '고문관'한테 보내야, 그자는 최대한

---

31 위 외, 11:10 이 두 선지자가 땅에 사는 자들을 **괴롭게 한** 고로 땅에 사는 자들이 그들의 죽음을 즐거워하고 기뻐하여 서로 예물을 보내리라 하더라; 12:2 이 여자는 아이를 배고 있었는데, 해산의 진통과 **괴로움으로** 울고 있었습니다; 14:10 하나님의 진노의 포도주를 마실 것이다. 그 포도주는, 물을 섞어서 묽게 하지 않고 하나님의 진노의 잔에 부어 넣은 것이다. 또 그런 자는 거룩한 천사들과 어린 양 앞에서 불과 유황으로 **고통을 받을 것이다.**

32 데모스테네스, Against Pantaenetus, 37. 42(고문관); 플루타크, An vitiositas ad infelicitatem sufficia, 2(고문관); 안티폰, Against the Stepmother for Poisoning, 1.11(검사를 하는 것).

빨리 갚으려 애쓸 것이다. 즉 βασανίζω(바사니조)는 고문 받을 때의 고통이다. 단순히 내 실수로 겪는 괴로움이 아니다.

지금 이 안 깨끗한 영은 예수님을 만나고서 고문당하는 고통을 받을 처지에 놓였음을 깨달았다. 요한계시록에서 하나님은 이미 정해놓았다 하지 않으시는가! 불과 유황의 고통을 줄 것이라고 말이다. 이들은 지금 예수님에 의해서 그런 고통을 당할 처지에 놓인 것을 알았다. 예수님이 그 사람에게서 밖으로 나가라고 말하셨기 때문이었다.

> 5:8 "나가라! 영, 이 안 깨끗한 것아! 그 사람 밖으로!"
> ἔξελθε τὸ πνεῦμα τὸ ἀκάθαρτον ἐκ τοῦ ἀνθρώπου.
> 1:25 "나가! 걔 밖으로!" ἔξελθε ἐξ αὐτοῦ

예수님이 "나가라!"고 하시면서 마가가 전한 말씀은 회당에서 만났던 안 깨끗한 영을 가진 사람에게 한 말씀과 거의 같다(1:25). 전치사 ἐκ(에크)/ἐξ(엑스)가 연거푸 들리게 말해, '그 사람에게서 완전히 밖으로 나가버릴 것'을 명령한 것이다. 예수님이 귀신들을 쫓아낼 때, 뭐라고 말하는지를 마가가 전해 주지 않는다면, 이후 수많은 기독교 퇴마사들은 난처했을 것이다. 이 일화를 마태와 누가도 똑같이 전하지만 어물쩍 넘어간다.

마태	누가
8:31 귀신들이 예수께 간구하여 이르되 만일 우리를 쫓아내시려면 돼지 떼에 들여 보내 주소서 하니	8:29 이는 예수께서 이미 더러운 귀신을 명하사 그 사람에게서 나오라 하셨음이라

복음서 둘 다 예수님의 직접 하신 말이 없다. '나오라'고는 했지만, 마가처럼 정확하게 그려지지 않는다. 마가는 아마 이 이야기를 전할 때, 귀신들린 자와 예수님의 말을 아주 실감나게 했을 것이다. 억양이나 어조, 음색

등을 다 다르게 하면서 말이다. 어디 목소리만 다르게 했겠을까? 몸짓이나 표정도 예수님이 명령할 때는 아주 단호하게 했을 것이다.

9절이다. 예수님은 그저 그 사람 밖으로 나가라는 말만 한 게 아니다. 그자 이름도 물으셨다. 그런데 '줄기차게 캐물었다' 했다. 나가라는 말도 '말하고 또 말했다' 했다. 예수님이라도 귀신들은 한 번에 사람에게서 떨어져 나가지 않는다. 특히 이자는 엄청난 힘을 부리며 무덤에서 살았던 자다. 영들이 오랜 세월을 그자 안에 기생해 살았을 것이다. 기세로는 예수님을 이길 수 없으나, 장기간에 걸쳐 이용해왔던 몸을 쉽사리 포기하지 않는 더러운 영들의 습성이 있다.

잠시 또 비껴가긴 하지만, 악한 영들이 사람 안에 기거한다는 깨달음을 가진 곳은 시리아-팔레스틴과 근동지역이다. 유대교와 기독교도 포함해서. 고대 그리스인들도 영의 존재를 인정했으나 선한 것도 있듯, 악한 것도 있다 여겼다. 그래서 악한 영이 사람에게 해를 가할 수 있다 생각했다. 그러나 사람 몸에 들어와 거주한다고는 여기지 않았다.[33] 그래서 그리스의 치료를 관장하는 신의 이름을 부르며 악신들이 도망가라고 명령하는 경우가 많았다.[34]

예수님이 그 영들의 이름을 집요하게 물었을 때, 그들은 결국 '군단'이라고 실토했다. 그 사람에게 들어가 있었던 영이 하나가 아님을 실토한 것이다. 앞에서 밝혔듯, 예수님이 이름을 물은 것은 그 영을 지배하기 위해서가 아니라, 그 영이 한 개가 아님을 사람들에게 드러내기 위해서다. 'λεγιών(레기온)'은 라틴어 legion을 소리나는 대로 적은 것일 뿐, 마가의 이야기를 들었던 성도들은 들으면서 로마 군단인 legion을 가리킨 것으로 알아들었을 것이다.

---

33   Roy D. Kotansky, "Greek Exorcistic Amulets," 246-8.
34   그리스인들은 이때 사용했던 용어는 φεῦγε(퓨게, 어서 싹 다 도망가거라!)이다. Roy D. Kotansky, "Greek Exorcistic Amulets," 252-7.

군단의 숫자는 로마황제마다 달랐다 한다. 아우구스투스 황제(기원전 27년-기원후 14년) 때는 6,826명이었다. 6,100명의 보병과 726 명의 마병으로 구성되었다. '군단'이라는 용어 자체가 로마제국의 산물이다 보니, 구약에는 당연히 없다. 마가 성도들은 '레기온'이라는 말을 듣자마자, 6,000명이나 되는 새까만 로마군인들을 떠올렸을 것이다. 이 영은 대답했다. 우리가 많아서 이 이름이라고 말이다. 한 사람 안에 얼마나 많은 영들이 들어갈 수 있는지를 알게 한다. 흔히 사람은 수만 가지 생각을 하며 산다고 한다. 하루에도 온갖 마음이 있다 없다 한다. 그럴 때 영들이 들락거린다고는 말할 순 없을 것이다. 그러나 하루 중 많은 시간을 악하고 부정적이고 우울한 생각들로 보낸다면, 내 안에 성령보다는 악한 영들이 더 많다고 여겨야 하지 않을까 한다. 내 마음의 건강상태를 체크할 잣대로 삼을 수 있다.

4. 군단 영들의 결과

이 군단 영들은 자기들의 정체를 결국 실토한 뒤, 예수님께 한 가지 호의를 부탁했다. 지방 바깥으로 보내지 말아 달라 한 것이다. 군단 영들이 가기 싫어하는 곳이 의외이다. 마태는 이 부분을 아예 삭제했다. 바로 귀신들은 돼지 떼에게 보내 달라 요구했다 하고, 누가는 무저갱(ἄβυσσος(아뷔쏘스))에 들어가라 하지 말라고 요구했다. 무저갱은 '밑바닥이 없는 깊은 곳'으로, 요한계시록에서 종말 시 사탄인 마귀들이 들어갈 장소이다 (20:1-3).[35] 충분히 그들이 들어가기 싫어할 장소인 것이 이해되며, 예수

---

35   계 20:1 또 내가 보매 천사가 무저갱의 열쇠와 큰 쇠사슬을 그의 손에 가지고 하늘로부터 내려와서 2 용을 잡으니 곧 옛 뱀이요 마귀요 사탄이라 잡아서 천 년 동안 결박하여 3 무저갱에 던져 넣어 잠그고 그 위에 인봉하여 천 년이 차도록 다시는 만국을 미혹하지 못하게 하였는데 그 후에는 반드시 잠깐 놓이리라

님이라면 능히 지금이라도 보낼 수 있는 것이 이해된다.

마태	누가
8:31 귀신들이 예수께 간구하여 이르되 만일 우리를 쫓아내시려면 돼지 떼에 들여보내 주소서 하니	8:31 무저갱으로 들어가라 하지 마시기를 간구하더니

그런데 지방 바깥이라니. 거라사인들 지방에 계속 머무르게 해달라고 한 것이다. 이들이 그 지방 사람들의 영이었을 수 있다. 그래서 무덤에 계속 머물렀을 수 있다. 어쨌든 이 영들은 이 지역에 계속 머물기를 원하며 그 근처에 있던 돼지 떼를 가리켰다. 산 쪽으로 큰 돼지 떼가 밥 먹고 있었는데, 이들이 돼지들 안으로 보내달라고 먼저 부탁했다는 것이다. 그래서 예수님이 허락하자, 이것들은 밖으로 나가, 영들, 이 안 깨끗한 것들이 돼지들 안으로 들어갔다 했다.

이 이야기를 놓고, 누군가는 돼지들이 원래 떼로 지내는 법이 없으므로 이상하다 제기하기도 한다. 아마 소일 것이라는 것이다. 게다가 유대사회나 메소포타미아, 바빌론, 힛타이트 등 근동 지역에서 돼지는 불결한 동물로 규정돼 있다. 안 깨끗한 영들이 들어가기에 딱인 동물이다.[36] 예수님은 이 영들의 부탁을 허락하자, 이들은 돼지들에게로 들어갔다. 그러더니 놀라운 일이 발생했다.

돼지 떼들이 돌진하더니 비탈을 내려가 바다 안으로 들어가 버렸다는 것이다. 마가는 그때서야 이 돼지 떼들의 숫자를 얘기하는데, 이천 마리다. 6천 개나 되는 영들이 2천 개의 돼지에게로 다 들어간 것이다. 그리고 완전 숨 막혔다고 했다. 바다 안에서. 죽은 것이다. 돼지 떼가 급작스럽게 물속으로 뛰어든 현상은 영들이 자연스럽게 소멸되지 않는다는 당시의 인

---

36 Adela Yarbro Collins, *Mark*, 270, n. 81.

식과도 맞아떨어진다.

> ▸ 헬라어 풀이(7): πνίγω(쁘니고), 숨 막히게 하다
>
> 삼상 16:14 여호와의 영이 사울에게서 떠나고 여호와께서 부리
> 시는 악령이 그를 **번뇌하게 한지라**(ἔπνιγεν, **계속 숨 막히게 했다**)
>
> 마 13:7 더러는 가시떨기 위에 떨어지매 가시가 자라서 **기운
> 을 막았고**
>
> 18:28 그 종이 나가서 자기에게 백 데나리온 빚진 동료 한 사
> 람을 만나 붙들어 **목을 잡고((멱살 잡아 죽을 정도로) 숨 막히
> 게 했다)** 이르되 빚을 갚으라 하매

πνίγω(쁘니고)는 성경에 거의 나오지 않는 용어다. πνίγω(쁘니고) 자체 뜻은 숨 막히게 하는 것이다. 그래서 마 13:7에서 씨가 가시떨기 위에 떨어지니 가시가 자라서 그 씨를 옥죈 것이다. 씨 여기저기를 가시가 찔러대니 씨가 그 압박에 시든 것이다. 마 18:28에서도 친구 종을 만나 붙들어 목을 잡았다 했는데, 여기 사용된 동사는 마가처럼 미완료시제이다. 이 군단 영들은 바다 안에서 계속 숨 막혀있었다 했는데, 결국 숨 막혀 죽었다는 뜻이다. 마찬가지로 그 못된 종은 자기 돈을 안 갚은 친구의 멱살을 숨 막혀 죽을 정도로 조았다는 뜻이다.

구약에는 달랑 2번인데, 사울에게 하나님이 악령을 보내 괴롭게 된 처지를 말할 때 쓰인다. 『개역개정』이든 영어본이든 '번뇌하게 했다'는 식으로 옮겼다.[37] 계속 숨 막히는 상태가 되면 괴롭다. 힘들다. 그 힘든 정도가 악한 영들이 바다에서 질식해 죽는 급이었다. 마가처럼 미완료시제였

---

37 『NIV』 Now the Spirit of the LORD had departed from Saul, and an evil spirit from the LORD **tormented** him.

다. 현대 들어 공황장애라는 병이 있다. 갑자기 숨이 턱 막혀 꼭 죽을 것만 같은 상태가 지속되는 증상이다. 사울이 그 증상을 느꼈다는 것이다. '번뇌하게 했다'는 말보다 '숨 막혀 꼭 죽을 것만 같게 했다'는 말이 사울의 고통이 느껴진다.

+ ◆ +

돼지가 갑자기 미친 짓을 한 것은 그 영들이 돼지에 들어갔다는 증거다. 그런데 이것들은 돼지가 바다로 뛰어들지 예상했을까? 마가는 말하지 않았지만, 예수님이 말하신 적이 있다. 더러운 귀신, 즉 안 깨끗한 영이 사람에게서 나간 뒤 물 없는 곳을 찾아 다녔다고 말이다.

> 마 12:43/눅 11:24 더러운 귀신이 사람에게서 나갔을 때에 물 없는 곳으로 다니며 쉬기를 구하되 쉴 곳을 얻지 못하고

거라사의 영들도 마찬가지로 물을 싫어했을 것이다. 바다는 사람들에게 무저갱처럼 끝이 없는 깊은 곳이어서, 바다 괴물들이 살기에 딱인 장소였다. 사람들이 두려워하는 장소였으나, 악한 영들이 바다를 좋아했다는 말은 없다. 물론 숨 막혀 죽은 것들은 영들이 아니다. 돼지들이지. 그러나 물이 없는 곳에서만 살 수 있는 것들이 바다 안으로 급작스럽게 들어갔으니, 더 이상 인간들에게는 해를 끼치지 못하게 된 것만큼은 확실하다. 어찌 보면 예수님은 이들에게 호의를 베푸는 것처럼 하면서 이들이 거의 죽은 상태로 만든 것이다.

5. 거라사인들의 반응

마가는 지금까지 예수님과 그 영들 사이에 벌어진 일들을 전하다가, 이제 사람에게로 주의를 돌렸다. 그때까지 돼지 떼에 가려 존재했는지조차 몰랐던, 돼지들을 밥 먹이는 자들 이야기를 하는 것이다. 도망가서 도성에 가서 알렸다고 말이다. 그런데 마가답게 좀 더 과장했다. 촌구석들 안으로까지 가서 알렸다는 것이다. 지금 이 사건이 벌어진 곳은 갈릴리 바다 근처다. 도성이 어디에 있는지, 확실치 않으나 절대로 삼십 분 거리에 있지 않았을 것이다. 거라사도 꽤 큰 도성이었을 터이다. 거기만 알려도 한참 걸렸을 터인데, 촌구석들까지 전했다고 하니 말이다. 그만큼 그 소식은 충격적이었고, 돼지 떼를 책임진 입장으로선 알려야 추궁을 면할 수 있었을 것이다.

그래서 사람들이 예수님 쪽으로 와서 눈여겨봤다. 귀신 들려 있는 자가 앉아 있는 것과 착복한 것을, 게다가 정신까지 차리고 있는 것을 봤다 했다. 군단을 이제까지 갖고 있었던 자가 말이다.[38] 사람들은 이자를 족쇄와 쇠사슬로 최대한 묶어놓으려 애썼다. 그걸 다 끊어내고 마음대로 돌아다니던 자였다. 옷을 얼마나 제대로 입었는지, 마가는 말한 바 없다. 착복했

---

[38] 군단 귀신 들린 자가 회복된 상태를 설명할 때, 누가는 마가와 비슷하게 말하지만, 마태는 굉장히 간단하게 전한다.

『눈으로 듣는 마태 · 누가』

마태	누가
8:34 그러자 보세요! 모든 도성이 밖으로 나왔습니다. 예수님과의 만남을 위해서요. 그리고 **그분을** 직접 보고선 부탁했습니다. 해서 옮겨 가달라고요. 자기들 지역에서 말입니다.	8:35 그러자 나왔습니다. **일어난 일을** 직접 보려고요. 그리고 **예수님 쪽으로** 갔습니다. 그리고 발견했습니다. **그 사람이** 앉아 있는 걸, 그자한테서 귀신들은 나갔습니다, 착복한 채 있는 걸, 그리고 정신 차리고 있는 걸 예수님 발치에서요. 그래서 (그들은) 겁먹었습니다.

다는 말로 전에는 옷을 거의 입지 않고 있었음을 추측할 뿐이다. [39] 완전히 보통 사람처럼 변해버린 그를 보고, 사람들은 겁냈다.

돼지 떼를 돌보던 자들은 동네 사람들에게 자기들이 직접 본 것을 털어놓았다. 귀신 들려있는 자나 돼지들한테 어떻게 됐는지 말이다. 그러자 이들은 사정했다는 것이다. 떠나가 달라고 말이다. 자기들 지역에서. 이들은 장기간을 그 군단 귀신 들린 자 때문에 불편을 겪었을 것이다. 갈릴리 바다로 나가려면 그자와 맞부닥뜨릴 확률이 높기 때문이다. 그자의 광분으로 누군가는 다쳤을 수도 있다. 한 마디로 아무도 손댈 수 없는 미친 자였다. 이런 자가 지금 정상인이 되었다. 인간의 능력으로 해낼 수 없는 것이다. 그래서 겁낼 수 있었다.

그런데 이들이 겁낸 것은 예수님의 능력으로 인해 더 입을 수도 있는 피해였다. 돼지 떼 이천 마리라고 했다. 유대인들은 돼지를 안 먹지만, 모르긴 몰라도 거라사인들에게는 큰 경제적 소득원이었을 것이다. 누구에게도 책임을 물을 수 없는 상태로 다 죽었다. 이들은 예수님이 자기 지역으로 와 자기들이 감당 못할 능력을 발휘할까봐 겁냈다. 이들한테 예수님은 사람을 살려내는 구원자가 아니다. 자기 재산을 날려버릴 위험인물이다. 이들 눈에 보이는 것은 정상적으로 살 수 있게 된 한 사람보다 갑자기 잃어버린 돼지들이다. 사람보다 돈이 더 중요한 것이다.

---

39 누가는 이를 미리 말했다; 참. 『눈으로 듣는 누가』 8:27 그리고 **그분이** 나올 적에 땅에서 만나셨습니다. **도성에서 (나온)** 어떤 남자가 **귀신들을** 갖고 있는데, 오랫동안 **옷을** 안 입었습니다. 그래서 집에 머물지도 못하고 있었습니다. 오히려 무덤들 가운데 (있었습니다).

6. 마가 성도들의 이상한 반응(1): 돼지라고?

마가가 이 이야기를 하는데, 마가성도들의 표정이 묘하다. 예수님이 괴력을 가진 한 남자와 만나면서 벌어지는 사건에 놀라는 듯 하면서도, 알 수 없는 묘한 웃음을 띠기 때문이다. 이들의 표정을 이해하려면 필자가 아는 한 시골 할머니의 이야기가 필요하다.

제 친척 한 분이 고추농사를 하는데, 할머니시다. 고추를 엄청 심어서, 그것으로 한 해 벌이를 하신다. 그러니 얼마나 애지중지, 열심히 키우시 겠는가! 그런데 농사라는 게 그렇지 않는가? 어느 해는 해가 너무 강해서, 또 어느 한 해는 비가 너무 많이 와서 농사가 제 맘대로 안 된다는 것을. 어떤 해에 비가 잘 안 오고해서 고추들이 다 쪼끄맣게 된 것이다. 고추들 이 처음에 다 파랗다. 그런데 그 쪼끄만 파란 고추들이 고추밭에 달랑달 랑 달려 있는 것을 보자니, 이 할머니가 너무 속이 상하는 거다. '커다랗게 자라야 되는데, 다 쪼그마해가지고, 저걸 어떻게 따서 파나?' 그래서 한숨 을 푹푹 내쉬다가 하도 속이 상하니까, 될 대로 되라하는 심정으로 하나님 께 기도를 했다.

"하나님! 저 쪼끄만 고추들을 커다랗게만 만들어 주시면, 제가 요번 농 사는 꼭 십일조가 아니라, 십에 이조를 바치겠습니다!" 하고.

그런데 다음 날 신기한 일이 벌어졌다. 갑자기 구름이 좍~~~ 끼더니 비가 잔뜩 내린 것이다. 말라 비틀어졌던 쪼끄만 고추들이 물을 머금고 쑥 쑥 커지기 시작했다. 그래서 평소보다 더 커다란 고추들이 덜렁덜렁 달렸 다. 달랑달랑 매달려 있던 파란 고추가 덜렁덜렁 거리는 빨간 고추가 된 것 이다. 할머니는 다 거둬들여서 잘 팔아, 신이 나서 십에 이조를 바치셨다고 한다. 하나님은 이런 시골 촌구석의 할머니 기도도 들어주신다.

다시 레기온에게로 돌아와서, 예수님은 이 레기온들이 들어가 있는 사 람에게 은혜를 베푸셨다. 이 사건은 단순한 한 사람을 구원해준 일로 끝나지 않는다. '군단'이라는 어마어마한 숫자의 영들이 한 사람 안에 들어갈 수 있음을 말하며, 거기에 갑자기 '돼지 떼'가 나와 죽어버린 사건이다.

거라사 지역은 유대인들이 살던 곳이 아니다. 나중에 나오는 이 데카폴리스는(막 5:20) 빌라델비아, 거라사, 가다라, 벨라, 디온, 카타냐, 힙포, 라파냐, 그리고 멀리 다메섹까지 열 개의 도시로, 이방인들이 주로 거주하는 곳이었다. 그러니 당연히 이들은 돼지를 키우는 게 이상하지 않다.

그런데 여러분은 고추 키우는 할머니 이야기를 들으면서 파란 고추와 빨간 고추만 상상하셨는가? 혹시 먹는 고추 말고, 다른, 엉뚱한, 이상야릇한 고추 생각 안 하셨는가? 했으리라 본다. 달랑달랑 매달려 있던 파란 고추가 덜렁덜렁 거리는 빨간 고추가 되었다는 말을 들으며 남자의 성기를 떠올렸을 것이다.

마찬가지로 마가 담가가 이 이야기를 들려주는데, 예상치 않은 이상한 반응이 성도들에게서 일어났다. 성도들이 이 이야기를 들으면서 지금처럼 미묘한 웃음을 짓는 거다. 우리는 산기슭에서 열심히 풀을 뜯고 있는 돼지 떼만을 상상하면서 들었다. 그런데 2000년 전에 돼지는 그냥 동물 돼지만 가리킬 때 쓰이지 않았다. '여자'를 가리킬 때, 즉 성적이고, 외설적인 농담을 할 때, 여자를 대놓고 말하기 뭐하면 대신 '돼지, χοῖρος(코이로스)'를 말했던 거다.[40] 여러 예가 있겠지만,[41] 아리스토파네스(Aristophanes)가 『아

40 창녀를 χοῖροπῶλαι(코이로뽈라이), 창녀와 관계하는 남자를 χοιρόθλιψ(코이로틀립시스)라 불렀다. Jeffrey Henderson, *The Maculate Muse: Obscene Language in Attic Comedy* (New Haven: Yale University Press, 1975), 131-32; Waren Carter, "Cross-Gendered Romans and Mark's Jesus: Legion Enters the Pigs (Mark 5:1-20)," *JBL* 134/1(2015), 152에서 재인용.

41 예. 아리스토파네스(Aristophanes), Thesm. 테스모포리아 축제의 여인들, 538. "우리가 우리 계집종들과 힘을 모아 어딘가에서 뜨거운 재를 구해와 그녀의 음모를 그슬래요. 그녀에게 앞으로는 여자가 같은 여자들에게 악담을 하면 안 된다는 것을 가르쳐주려고요!" 아리스토파네스, 천병희 역, 『아리스토파네스 희극 전집 2』 (서울: 숲, 2010), 127.
아리스토파네스는 여성의 성기를 '돼지, χοῖρος'라 부른다. 그리고 생리혈을 위해 쓰

카르나이의 사람들(Acharnians)』에 여자를 '돼지'라 부른다. 아테네가 스파르타와 전쟁을 벌였던 펠로폰네소스 전쟁 당시 때를 이야기하는데, 한 메가리스인(Megarian) 너무 배가 고파 자기 딸들을 팔려고 시장에 나간 일이 있었다. 거기서 아버지는 주인공, 디카이오폴리스(Dicaeopolis)에게 자기 딸들을 '돼지들'이라고 부른다. 어떻게 하든 이 딸들을 팔려고, 자기 딸들에게 돼지 울음소리를 내라고 막 시키기까지 한다.

디카이오폴리스　(소녀의 생식기를 두고) 이건 사람의 새끼잖아!

메가리스인　디오클레스에 맹세코, 그야 물론이지! 내 것이니까! 누구 것인 줄 알았소? 꿀꿀거리는 소리 한 번 들어보실래요?

디카이오폴리스　그래, 들어보고 싶어요.

메가리스인　자, 어서 말해봐! 새끼 돼지야!
싫다고? 침묵을 지키다니! 혼나고 싶어?
헤르메스에 맹세코, 그러면 너희를 집으로 데려갈 테다!

첫 번째 소녀　꿀꿀, 꿀꿀!

메가리스인　이게 돼지가 아니면, 뭐죠?

디카이오폴리스　이제는 새끼 돼지 같네요. 털도 나지 않은 이 음문이 다 자라면, 털 난 음문이 될까요?

메가리스인　물론이죠! 5년 안에 제 어미처럼 될 테니까요.

디카이오폴리스　하지만 이 녀석은 제물로 바치기엔 적합지 않군요.

는 천을 choirokomeion(pigpen)이라 불렀다. Sarah B. Pomeroy, *Goddesses, Whores, Wives, and Slaves: Women in Classical Antiquity* (New York: Schocken, 1975), 236.

메가리스인	왜죠? 어째서 적합지 않다는 거죠?
디카이오폴리스	꼬리가 없잖아요?
메가리스인	아직 어려서 그렇지, 다 자라면 길고 굵고 붉은 꼬리를 갖게 될 거요.[42] 그러나 기르고 싶다면, (다른 소녀를 자루에서 꺼내며) 이 새끼 돼지가 안성맞춤이죠.
디카이오폴리스	한 가족이라 그런지 둘의 음문이 쏙 빼닮았군!
메가리스인	아버지와 어머니가 같으니까, 녀석들이 살이 찌고 음모가 자라면, 아프로디테에게 제물로 바치기에 더없이 좋은 돼지가 될 거요.
디카이오폴리스	하지만 돼지는 아프로디테에게 제물로 바치지 않는데요.
메가리스인	돼지는 아프로디테에게 바치지 않는다고? 그녀야말로(아프로디테) 돼지가 제물로 바쳐지는 유일한 신이죠. 내 돼지들의 고기는 당신 꼬챙이에[43] 꿰면 맛 좋을 거요.

(아카르나이 구역민들, 765~95)[44]

연극대사치곤 상당히 낯 뜨겁지 않은가! 하지만 고대 그리스인들은 성적인 대사를 연극에서 했다. 그리고 그 연극판에서 일반인들은 돼지뿐만 아니라, 동물 몸 여러 부분이나 꼬리를 말하면 다 이해했다. 여자인지, 여자 음부인지, 또는 남성 성기를 가리키는 것인지. 지금도 세계 여러 문화

---

42 남근을 뜻함.

43 남근을 뜻함.

44 아리스토파네스, 『아리스토파네스 희극 전집 1』, 천병희 옮김 (서울: 숲, 2010), 320-21

권에서 사람을 동물로 빗대어 말하는지 모르겠다. 어쨌든 당시 남자들을 동물로 말할 때는 말, 양, 수소, 또는 개를 사용했고, 여자는 돼지, 개, 또는 수소로 표현했다. 대중들도 성적인 어휘를 직접적으로 쓰는 것을 꺼려한 탓일 것이다.

게다가 12절을 보길 바란다. 마가는 원래 이렇게 말을 하는 습관이긴 하지만, 여기서 아주 더 많이 쓰는 말이 있다.

> 12　그리고 부탁했습니다, 그분께. 말하길, "우리를 파송해 주십시오! **돼지들 안으로요!** 그것들 **안으로 들어가게 말입니 다!**"(πέμψον ἡμᾶς εἰς τοὺς χοίρους, ἵνα εἰς αὐτοὺς εἰσέλθωμεν)

안 깨끗한 영들은 자기 이름이 레기온이라 했다. 로마 군단. 군인들은 다 남자다. 전쟁을 하면 군인들이 살기 위해 죽으라고 싸우지만, 이기고 나면 뭐 하는가? 약탈과 겁탈이다. 진 나라 여자들을 강간하고, 죽이고, 싸우면서 생겼던 스트레스를 여자에게 맘껏 발산했다. 진 나라 여자들은 사람이 아니었다. 동물 신세나 여자 신세나 다를 바 없었다. 사실 로마 군대만 그렇게 하지 않는다. '이런 게 우리 성경에도 있었어?'하고 놀라겠지만, 하나님이 허용까지 하신 적이 있습니다. 신명기다(신 20:14; 21:10-14).

> 신 21:10 네가 나가서 적군과 싸울 때에 네 하나님 여호와께서 그들을 네 손에 넘기시므로 네가 그들을 사로잡은 후에
> 11　네가 만일 그 포로 중의 아리따운 여자를 보고 그에게 연연하여 아내를 삼고자 하거든
> 12　그를 네 집으로 데려갈 것이요 그는 그 머리를 밀고 손톱을 베고
> 13　또 포로의 의복을 벗고 네 집에 살며 그 부모를 위하여 한

달 동안 애곡한 후에 네가 그에게로 들어가서(**그녀에게 안으로 들어가야 할 것이다**) 그의 남편이 되고 그는 네 아내가 될 것이요

14 그 후에 네가 그를 기뻐하지 아니하거든 그의 마음대로 가게 하고 결코 돈을 받고 팔지 말지라 네가 그를 욕보였은즉 종으로 여기지 말지니라

참 싫지 않은가? 추하지만, 전쟁이 벌어졌을 때 항상 있는 일이었습니다. 인간의 막을 수 없는 본능이기에 하나님도 허용하신 것이다. 포로로 잡은 여자를 차지하는 것을. 그래도 부인으로 삼도록 지침을 내리셨다. 마구잡이로 강간하는 것을 허용하진 않으셨다. 그렇다고 해서 유대인인들 강탈한 나라의 여자들을 고이 놔뒀을까? 그런데 조금 주목했으면 하는 말이 바로 13절이다. '네가 그에게로 들어가서'라는 말이다. 남자가 여자와 성관계를 맺는 것을『새번역』은 '동침할 수 있다'로 옮겼지만, 헬라인들은『개역개정』대로 '그녀에게 안으로 들어간다'라고 말했다.

창 38:2 유다가 거기서 가나안 사람 수아라 하는 자의 딸을 보고 그를 데리고 동침하니다(**그녀에게 안으로 들어갔다**).
삼하 3:7 사울에게 첩이 있었으니 이름은 리스바요 아야의 딸이더라 이스보셋이 아브넬에게 이르되 네가 어찌하여 내 아버지의 첩과 **통간하였느냐 하니(후궁에게 안으로 들어갔습니까?)**" 하고 꾸짖었다.

남녀가 잠자리를 하는 것, 특히 남자가 주체가 돼 여자와 관계를 할 때, 한글본은 '동침한다, 범하다'라고 옮겼지만, 헬라어로는 다 '안으로 들어간

다(*εἰσέρχομαι*(에이세르코마이))'라는 동사를 썼다.[45] 유대인뿐 아니라, 그리스인들도 *εἰσέρχομαι*(에이세르코마이)를 이 용도로 썼다. 여자를 강간할 때도 말했다.[46] 오늘 마가 5:12처럼.

> 눅 8:32 그런데 계속 거기에 상당한 돼지 떼가 밥 먹고 있었습니다. 산에서요. 그러자 그분께 부탁했습니다. 자기들에게 허락해달라고요. **저것들 안으로 들어가게요**(*εἰς ἐκείνους εἰσελθεῖν*). 그래서 그들에게 허락하셨습니다.
>
> 마 8:31 그러자 그 잡신들이 그분께 부탁하고 부탁했습니다. 말하길, "만일 우리를 쫓아내시려 한다면, 우리를 보내주십시오! 돼지 떼 **안으로요!**(*ἀπόστειλον ἡμᾶς εἰς τὴν ἀγέλην τῶν χοίρων*)"

누가복음에도 이 이야기가 있다. 그런데 '돼지들 안으로'는 말을 빼, 조금은 누그러뜨렸다. 간단하게 '저것들 안으로 들어가게 해달라'고 말해, 하긴 하되 마가처럼 아주 노골적으로 막 하진 않았다. 마태는 이 '안으로 들어간다'는 말이 던지는 이미지를 알았다. 그래서 확실하게 피한다. '돼지 떼 안으로 보내달라'고 하고선 '안으로 들어가겠다'는 말을 빼버렸다. 하지만 마가는 청중이 하층민들이다. 평소에 비속어를 더 많이 쓰면서 살았다고 볼 수 있다. 마가는 이중적 메시지가 담긴 말을 과감하게 썼다.

제가 감히 말씀드릴 수 있는데, 아마 지금까지 한 설명들 중에서 이 이

---

45   예. 창 29:21(야곱이 라헬에게, *εἰσέλθω πρός*) 23 (야곱이 레아에게, *εἰσῆλθεν πρὸς αὐτὴν Ιακωβ*); 30:3, 4(빌하), 9(실바), 16; 38: 8, 9(아난이 자기 형수에게), 16, 18(유다가 다말에게); 삿 16:1(삼손이 창녀에게, *εἰσῆλθεν πρὸς αὐτήν*), 삼하 12:34(다윗이 밧세바에게), 신 25:5.

46   예. 창 16:2, 4(사라가 여종 하갈에게 들어가라고 강요. *εἴσελθε οὖν πρὸς τὴν παιδίσκην μου*); 삼하 3:7(아브넬이 이스보셋 아버지의 첩과 통간할 때, *εἰσῆλθες πρὸς τὴν παλλακὴν τοῦ πατρός μου*); 16:21-22 (압살롬이 다윗 첩 강간, *εἴσελθε πρὸς τὰς παλλακὰς τοῦ πατρός σου*).

야기가 제일 번쩍 뜨이지 않았는가? 성적인 말은 모두가 희한하게 "아유!! 남사스럽게!"하면서도 제일 재미있어한다. 집중한다. 걱정이라면, 다음에 성경을 볼 때마다 먼저 '이런 음란한 게 또 없나?'하고 그것에만 집중해 읽을까 하는 것이다.

7. 마가 성도들의 이상한 반응(2) : 자살했다고?

이 군단 귀신들은 돼지 떼 안으로 들어가겠다고 나서서 허락해줬더니, 이 돼지들이 갑자기 바다로 돌진했다. 로마 군대가 여자들을 마구 겁탈하듯 달려들었는데, 돼지들이 놀란 반응을 했다. 자살을 했다. 그 로마 군단들을 다 이끌고. 여자들이 그 수치로 아예 죽음을 택하는 바람에, 로마 군단도 멸절했다고 말하는 것이다.

[그림 3. 열 번째 로마 군단의 군단기]

로마 군단 중에 열 번째는 프레텐시스(Fretensis)인데, 군단마다 자기 깃발이 있다. 이 깃발은 자기들 군단을 상징하기에 전투 시 상당히 중요히 여겼다. 그런데 이 프레텐시스의 상징 동물이 돼지다. 멧돼지(Boar)지만, 돼지는 돼지다. 게다가 더 재미난 사실은 이 10 레기온이 바로 유대전쟁에 제일 먼저 참여한 부대라는 것이다. 네로 황제 때 유대 전쟁이 발발했는데, 반란이 터지자마자 네로는 이 10레기온과 5레기온을 출동시켰다. 이들은 끝까지 전쟁에 참여해 우리가 잘 아는 쿰란 공동체도 완전히 박살내고, 가믈라(Gamla)라는 유대 전쟁을 이끌었던 시몬의 고향 도시를 완전 폐허로 만들었다. 예루살렘을 완전히 점령하고 나서, 10 군단은 예루살렘에다 LEGXF를 비문에 박았다. 레기온의 약자, LEG와 10의 라틴어, X, 그리고 자기 부대, 프레텐시스(Frentensis)의 첫 글자 F를 넣어서 기념비문을 만든 것이다.

[그림 7: 예루살렘에 있는 군단의 비문. LEGXF][47]

유대 랍비들 통해 로마가 유대를 점령했을 때 일어난 일이라며 전해오

---

47 https://en.wikipedia.org/wiki/Legio_X_Fretensis, 2024. 8. 12에 채록.

는 이야기가 있다. 바빌론 탈무드의 것으로, 바빌론 탈무드는 아주 오래
후, 약 6-7세기에 적힌 것이다. 랍비들이 구비설화나 성경 해석한 것들,
또는 유대 율법을 실생활에서 어떻게 해석하고 적용해야 하는지를 적은
건데,[48] 아주 후대의 것이라 다 곧이곧대로 믿기에는 무리가 있지만, 그래
도 완전 무시할 수 없다.

> 랍비 여후다(Rav Yehudah)가 말했다; 슈무엘(Shmuel)이 말
> 했고(랍비 아미(Ami)와 많은 자들이 바라이타(baraita)로[49]가
> 르쳐친 것이라고 말했다). 한 이야기이다: 400명의 남자들과
> 여자들이 포로로 잡혔다. 그리고 그들은 어디에 쓰일지 감 잡
> 았다. 스스로 말했다. "만약 우리가 바다에 빠지면, 우리는 오
> 는 세상에 들어갈 수 있을 것이다." 그래서 그들 중 제일 나이
> 많은 자가 다음 구절을 해석했다: '주님이 말하셨다. 나는 바산
> 에서 돌아올 것이다. 나는 바다 깊은 곳에서 돌아올 것이다(시
> 68:23).' 나는 바산에서 돌아올 것이라고 말한 건, 바로 사자들
> 의 이빨(bein shinei)들 사이로부터라는 것이다. 나는 깊은 바
> 다에서 돌아올 것이라고 한 건 바다에 빠진 자들로부터이다.
> 그 말을 젊은 여자들이 듣자마자, 모두 뛰어서 바다에 빠졌다.
> 젊은 남자들은 스스로 qal cehomer(fortiori argument)에 따

---

48 Julia Watts Belser, "Sex in the Shadow of Rome: Sexual Violence and
Theological Lament in Talmudic Dissaster," *Journal of Feminist Stuidies in
Religion* 30. 1 (2014), 6.

49 바라이타(baraita)는 '바깥'이라는 뜻의 말로, 미쉬나에는 포함되지 않
은 법 또는 사료. https://www.jewishvirtuallibrary.org/baraita-and-
tosefta#:~:text=A%20legal%20or%20historical%20document,the%20time%20
of%20the%20Mishnah. 2024. 8. 12에 채록.

라서 합리화했다.[50] 만약 여자들이, 자기들에게 이것이 국가의 명령이라고 받아들이고, 그렇게 응했으면, 그 때 우리는 이것이 국가의 명령이 아니라 할지라도, 똑같이 해야 할 것이다. 그래서 그들 또한 바다에 뛰어내린 것이다. 그들에 대해 성서는 말한다. '그것은 너희들을 위해, 우리는 하루 종일 살육당한 것이다. 그리고 우리는 살육된 양같이 여겨졌다(시 44:23) (바빌론 탈무드, Gittin 57b).[51]

고대에 전쟁의 승리나 실패를 말할 때, 승리는 여자들을 강간하는 것으로, 실패는 여자들이 강간당하는 것으로 표현했다. 로마는 주후 43년경 클라우디우스 황제가 영국을 점령했을 때, 그 이긴 것을 클라우디우스 황제가 영국을 상징하는 여인을 겁탈하는 것으로 부조를 지어 기념했다(Aphrodisias 부조).[52] 랍비들은 여성들이 남성들에게는 성욕을 자극하는 위험한 인물이니 경계해야 한다고 말한다. 그래서 전쟁에 패배할 시, 여자들이 성적인 노리갯감으로 전락하는 것을 당연한 듯이 말한다. 바빌론 탈무드에 보면, 대제사장 딸, 짜프낫(Tsafnat)이 겪는 성적인 치욕을 여과 없이 말하면서 세상의 폭력과 잔혹성을 강조한다.[53]

---

50 qal cehomer원칙이란 덜 심각한 문제가 만약 더 긴박하고도 엄중한 대응을 정당하게 만든다면, 더 심각한 문제는 그것보다는 덜 심각한 정도로 취급되어야 한다는 랍비들의 법 해석 원칙이다. 즉 남자들이 남자에게 당하는 겁탈은 여성들이 강간당하거나 외간남자와 성관계하는 것보다 더 심각한 죄라 여겼다. 겁탈 당하는 것보다 자살하는 것이 하나님께 죄를 덜 짓는다고 여겨지기 때문에 자살해도 된다고 봤다. 여성들은 전쟁 시 응당 겪어야 했던 일로 치부했지만, 남자들의 겁탈은 남성들의 관점에서 더 치욕스럽고 성적인 폭력으로 이해했다. Ibid., 19.

51 Ibid., 18에서 재인용.

52 Aphrodisias Museum Claudius and Britannica, Davina C. Lopez, *Apostle to the Conquered: Reimagining Paul's Mission* (Minneapolis, MN: Fortress Press, 2008), 29.

53 Julia Watts Belser, "Sex in the Shadow of Rome," 22.

지금 마가 성도들이 예수님 이야기를 듣고 있을 시점은 로마 10군단이 이미 유대 지역에 들어갔을 때이다. 아직 예루살렘을 탈환하지는 않았지만, 그들이 휩쓸고 지나간 지역에서 여자들이 받는 피해는 불을 보듯 뻔하다. 마가 성도들은 그 지역 주민도 아니지만, 군인들이 전투 시 여자들을 겁탈하는 것을 모르지 않았을 것이다. 군단 귀신들이 예수님을 피해 도망가면서도 군인들의 겁탈하려는 속성을 끝끝내 버리지 못하고 돼지들에게로 들어가려는 못된 습성을 보면서 혀를 끌끌 찼을 것이다.

8. 선포만이 나를 지킨다!

이 이야기는 예수님에게 실지로 일어난 것이다. 군단 귀신을 가진 사람이 회복되기는 불가능에 가까웠을 것이다. 그런데 예수님의 놀랄만한 능력으로 한 인간이 구원 받았다. 그러나 그 마을 사람들은 웬 유대인이 들어와 일으킬 후폭풍을 겁냈다. 이들의 두려움이 이해가 안 되는 바는 아니다. 돼지가 2천 마리면 거의 그 마을의 경제가 1/3쯤은 아작 나는 것이다.

누군가는 예수님의 첫 번째 해외선교는 실패했다고 말한다. 겉으로는. 수많은 더러운 영에게서 놓여난 자는 예수님과 동행하길 원했다. 그러나 예수님은 떠나서 네 집으로 가서 주님, 즉 하나님이 하신 것과 자비를 베푸신 것을 알리라고 하시며 거절하셨다(19절). 이자는 하나님의 전적인 자비를 입었다. 이자는 예수님께 회개하지 않았다. 재수 좋게 예수님을 만났을 뿐이다. 그자 안에 6,000개에 이르는 더러운 영들이 기거하기까지에는 그자의 마음이 깨끗하지 않았을 것이다. 그자는 악한 영들에게 휘둘려 무덤 속에서 사는 삶을 결코 기쁘지 않았을 것이다. 오히려 보통 사람처럼 살고 싶을 때도 있었을 것이다. 못된 영들이 다 떠나간 상황에서, 또 다시 그것들이 자기에게로 밀려올까 안 겁낼 수 있을까?

이자는 예수님의 허락을 받지 못해 결국 집으로 갔다. 마가는 말한다. 그자가 선포하기 시작했다고 말이다. 데카폴리스에서. 이자는 하나님을 선포하지 않았다. 예수님이 자기에게 얼마나 큰일을 행하셨는지를 선포했다. 그 결과 사람들은 모두 신기해했다. 예수님을 믿었다고 하지 않는다. "정말이냐? 대단하다! 못 믿겠다"는 식의 반응을 보였다는 것이다. 어쨌든 예수님에 대한 소문이 이방지역까지 퍼지게 하는 데 큰 공을 세운 것이다.

> 마 12:43[눅 11:24-26] 더러운 귀신이 사람에게서 나갔을 때
> 에 물 없는 곳으로 다니며 쉬기를 구하되 쉴 곳을 얻지 못하고
> 44 이에 이르되 내가 나온 내 집으로 돌아가리라 하고 와 보니
> 그 집이 비고 청소되고 수리되었거늘
> 45 이에 가서 저보다 더 악한 귀신 일곱을 데리고 들어가서 거
> 하니 그 사람의 나중 형편이 전보다 더욱 심하게 되느니라 이
> 악한 세대가 또한 이렇게 되리라

예수님이 더러운 귀신이 사람 안에 기거하다가 나간 뒤 일어날 수 있는 일을 일러준 것이다. 사람들이 흔히 착각하는 곳이 44절이다. 귀신이 다시 원래 집으로 돌아가리라 맘먹고 왔는데, 그 집이 비고, 청소되고 수리되었다고 말한 부분이다. 흔히 집이 깨끗하게 청소되었다 하면 상태가 좋아진 것으로 생각한다. 그런데 그렇게 판단한 것은 사람이 아니라, 더러운 귀신이다. 더러운 귀신이 너무 살기 좋은 좋게 비고, 청소가 돼 있고, 수리가 돼 있다고 보는 사람은 성령이 없는 자다. 안 깨끗한 영은 하나님이 기뻐하시는 속성, 사랑, 감사, 자비, 의와 같은 것을 안 좋아한다. 많을수록 힘들어한다. 선한 마음들이 하나도 없으면, 비워진 것이며 청소되었다고 기뻐할 것이다. 오히려 불평, 미움, 시기, 음란, 교만 등의 마음을 잔뜩 갖고 있을 때, 그 영들은 내가 필요한 것들이 장착돼 있다며 수리된 집이라 좋아한다.

군단 귀신들을 갖고 있었던 자는 예수님을 만나기 전까지 악한 마음들을 잔뜩 갖고 있었을 것이다. 악한 영들이 다 떠났다. 그 자리에 거룩한 마음들이 없으면, 예수님 말씀처럼 다시 온갖 악한 영들이 더 많은 숫자로 꽉 채워질 수 있다. 이자도 아마 그걸 염려했기에 예수님과 동행하고 싶다고 하지 않았을까? 예수님은 자신을 좇는 대신, 하나님을 알리라 했다. 네 자신이나 다른 신을 알리지 말고, 하나님이 행하신 일들을 말하라 하셨다. 하나님의 자비를 전하라 했다. 사명을 준 것이다. 하나님을 전하는.

이자는 예수님을 선포함으로써 예수님의 제자들을 만들지는 못했다. 그러나 그자는 전처럼 악한 영들에게 시달리는 일이 없었을 것이다. 가족이나 이웃들과 함께 못 살고 모두에게 위협을 가하는 삶을 살지는 않았을 것이다. 꼭 누군가가 나를 축귀해주는 일을 하지 않아도, 우리는 수시로 못 된 마음을 먹는다. 못된 마음이 계속 오랫동안 내 안에 거하지 못하게 하는 방법은 예수님과 하나님을 선포하는 것이다. 나에게 얼마나 큰 은혜를 주시는지, 내가 얼마나 자비를 입었는지 등을 선포하는 것이다. 우리 안에 악한 영이 들어오지 못하게 막는 가장 좋은 방법이다.

마태	누가
8:34 그러자 보세요! 모든 도성이 밖으로 나왔습니다. 예수님과의 만남을 위해서요. 그리고 그분을 직접 보고선 부탁했습니다. 해서 옮겨 가달라고요. 자기들 지역에서 말입니다. 9:1 그래서 배에 올라탄 뒤 건너가셨습니다. 그리고 가셨습니다, 자기 도성으로.	8:39 "당신 집으로 완전히 도로 돌아가세요! 그리고 털어놓고 털어놓으세요! 당신한테 얼마나 많이 행하셨는지! 하나님이 말입니다!" 그래서 떠났습니다. 온 도성을 따라 선포하면서요. 얼마나 많이 자기한테 행하셨는지! 예수님이 말입니다!

마태복음과 누가복음을 보면, 누가복음에만 그가 마가복음처럼 '선포했다'고 한다. 아무래도 마태는 예수님과 제자만의 선포영역을 이방인에

게 허용하는 것이 꺼림칙했던 것 같다. 그러나 마가 성도들에게는 예수님의 능력을 전하는 것만으로도 '선포'를 한 것과 같은 도전이다. 예수님을 믿는다는 것은 목숨을 거는 일이었다. 바로 이 년 전에 그깟 것으로 네로 황제에게 잡혀가지 않았는가? 돌 맞고, 들짐승에게 찢기고, 화형당하지 않았는가? 이 년이면 바로 얼마 전이다. 로마인들 대부분이 예수님을 범죄인으로 인식하는데, 그런 자들에게 예수님이 대단하신 분이라고 말하기란 정말 어렵다. 목숨 내걸고 해야 하는 일이다. 마가인들 그것을 몰랐을까? 너무나도 잘 아니, 그것만 해도 복음을 선포한 거와 매한가지라고 한 것이다.

또 겉으로 볼 때는 실패라 여겨지는 예수님의 선교가 결코 실패가 아님을 그자의 선포로 알려준 것이다. 물론 앞에서 말했다시피, 좀 너무 나가긴 했다. 아무리 그래도 유대 땅에서 예수님께 도움 받은 자들이 어디 한둘이던가? 그자들은 예수님을 안 전했을까? 그런데 그들은 다 그냥 군중으로 파묻어버리고, 문둥병자 외(1:45),[54] 이자만 톡 떼 내 선포한 자라 했으니, 이방인인 마가 성도들을 고려한 처사라고밖에 할 수 없다. 마태를 비롯해서 유대 성도들이 들었으면, 발끈했을 대목이다. 그래서 마태는 아예 그자가 뭘 했는지 확 빼버렸다.

그러나 마가에겐 자기 성도들이 중요하다. 이 이야기를 듣고 힘을 얻어 '나도 예수님이 대단하신 분인 것을 이야기해야지!'하고 결심하는 성도들 말이다. 물론 내가 그리스도인임을 드러내는 아주 위험한 짓이긴 하지만, 그래도 그 정도는 해볼 만하지 않겠는가? 이런 것을 보면, 마가는 예수님 이야기를 전하는 목적이 사실 그대로 알리는 게 아닌 것 같다. 조금

54　막 1:45 그런데 그는 나가 **계속 선포하기** 시작했습니다, 많이. 그래서 **말씀을** 널리 퍼뜨리고 또 퍼뜨리는 걸요. 하여 더 이상 그분이 할 수 없을 정도였습니다. 드러나게 도성 안으로 들어가는 걸 말입니다. 오히려 바깥 광야장소 여기저기에 계셨습니다. 그런데 **그분 쪽으로** 오고 또 왔습니다. 사방에서.

은 과장했지만, 뭘 하든 자기 앞의 성도들이 복음을 전하는데 힘을 내게 하기 위해 애썼다.

9. 결론

이 일화는 세 복음서에 나오는 큰 사건이다. 한 사람 안에 많은 숫자의 영이 거할 수 있다는 것도 놀랍고, 그럼에도 불구하고 예수님의 명령에 다 쫓겨나간 것도 놀랍다. 거라사에 오기 전에 예수님은 갈릴리 바다에서 큰 폭풍을 접했다. 한 번의 명령으로 잠잠해졌던 것처럼, 이 영들의 저항은 결코 세지 못했다. 예수님에게 있어 병이든, 강풍이든, 심지어는 6,000개나 되는 영들도 적수가 되지 못한다. 사람들은 흔히 악한 영을 무서워하지만, 예수님은 다 물리치셨다. 우리도 겁낼 필요가 없다.

문제는 물욕이다. 하나님과 재물을 동시에 섬길 수 없다 하셨다(마 6:24).[55] 재물은 복음의 말씀을 듣고도 열매를 맺는 것을 막는 가시덤불이라 하셨다(막 4:19).[56] 거라사 마을에 예수님이 들어가셨다면, 수많은 병자들과 귀신 들린 자들을 고쳐주셨을 것이다. 예수님께 다시 돌아가라 사정한 자들 중에는 예수님의 구원의 자비가 필요한 이들이 분명 있었을 터인데, 자기 재산의 손실부터 본 자들은 예수님을 거부했다. 결국 예수님은 더 이상 방문하지 않으셨으니, 기회를 영영 잃어버린 것이다.

마가가 이것을 알았는지 몰랐는지 알 순 없지만, 예수님을 거부한 이 거라사 지역은 유대전쟁이 발발하고 나서 처참하게 짓밟혔다. 10군단이 유

---

55 마 6:24 한 사람이 두 주인을 섬기지 못할 것이니 혹 이를 미워하고 저를 사랑하거나 혹 이를 중히 여기고 저를 경히 여김이라 너희가 하나님과 재물을 겸하여 섬기지 못하느니라

56 막 4:19 세상의 염려와 재물의 유혹과 기타 욕심이 들어와 말씀을 막아 결실하지 못하게 되는 자요

대 땅에서 투입되었을 때, 이들의 전투경로는 대강 이러했다. 먼저 가이사랴 마리티마(Caesarea Maritima)에서 출발해 타리카까이(Tarichacae)와 가믈라(Gamla), 그 다음에는 스키토폴리스(Scytopolis), 여리고, 예루살렘, 이렇게 초토화시키면서 진격해갔다. 요세푸스는 이렇게 전한다.

> 베스파시안은 거라사에 루키우스 얀니우스를 보내면서 기병과
> 상당히 많은 보병을 보내주었다. 그래서 루키우스 얀니우스는
> 단 한 번 공격으로 거라사를 점령하고 도망가지 못한 젊은이를
> 천 명 가량 살해했다. 그리고 그들 가족들은 포로로 잡고, 병사
> 들에게 그들의 재산을 약탈하도록 허락했다(요세푸스, 유대전
> 쟁사, 2. 487-88).

유세푸스는 젊은이들만 천 명 가량 살해되고, 가족들은 다 포로가 되고, 재산은 약탈당했다 보고한다. 예수님 방문 이후 불과 30여 년 뒤다. 한순간에 날아간 재산에 펄쩍 놀라 예수님을 쫓아냈지만, 얼마 뒤 이들은 재산뿐 아니라 목숨까지도 잃었다. 겁탈, 당연히 있었을 것이다. 예수님의 복음을 받아들였다 해서 이 마을은 온전했다고 추정하기도 어렵다. 단지 우리는 당장 재산이 잃을까봐 염려해, 진짜 추구해야할 것을 놓치는 과오를 범하는 한치 앞도 못 내다보는 어리석은 존재라는 것이다. 생명보다 돈을 더 소중히 여기는 바람에 말이다.

지금도 우리는 한 사람의 목숨보다 돈을 더 소중히 여긴다. 고작 한 사람을 살리기 위해 수천 만 원을 쓰는 건 비효율이라고 여긴다. 그러나 예수님에게는 단 한 사람을 살리는 것이 더 귀하다. 예수님의 이런 자세는 유대인뿐 아니라, 이방인에게도 동일하셨다. 그자가 가난한 집 자식인지, 유명한 집안의 아들인지는 중요하지 않았다. 그래서 마가나 어느 누구도 그자의 이름이나 집안, 아무 것도 알려주지 않는다. 중요한 건 딱 한 사람

의 인생이었기 때문이다.

마가는 이 이야기를 통해 예수님의 능력과 사람들의 어리석음을 알리고 싶었다. 그리고 아무리 악한 귀신들에게 들린 자라 할지라도, 게다가 이방인이라 할지라도 충분히 예수님을 선포하는 자가 될 수 있음을 말하고 싶었다. 성도들이 어떤 과거를 갖고 있어도 이자만큼의 부끄럽겠는가? 이자가 예수님의 메시지를 전했는가? 아니다. 예수님이 요구한 건 자기의 삶에 하나님이 역사하신 것을 말하라는 것이었다. 회개며, 하나님 나라며, 이런 것을 전하라고 명하지 않았다. 그런데 마가는 뭐라 말하는가? '계속 선포했다'고 했다. 예수님과 그의 제자들이 한 것과 같은 힘을 지닌 것이라 한 것이다.

그런데 전하는 과정 중에 문화와 상황이 달라짐으로 인해 예상치 못한 성도들의 반응을 접했다. 마가는 이것을 놓치지 않았다. 야릇한 소재일수록 사람들은 더 집중하기 마련이다. 그래서 역이용해 아주 번쩍 귀를 열어젖히도록 했다. 그러면서 자기 메시지를 제대로 집어넣게 말이다. 아마 이야기 들을 때 표정이 제일 생동감 넘쳤을 것이다. 때로는 놀라다가, 때로는 비웃다가, 때로는 안타까운 표정을 지으면서 말이다.

마가가 이 이야기를 들려줬을 때는 아마 로마 군대가 완전히 예루살렘을 다 평정하지 못했을 터이다. 10군단은 이미 파견된 상태에서 성도들은 로마 군단이 지리라고는 생각하지 않았을 것이다. 이 성도들은 로마인이라고는 보이지 않는다. 아마 이들도 로마 군단의 공격으로 포로가 돼 로마에 왔거나, 나라를 로마 제국에게 빼앗긴 경험들을 가졌을 것이다. 자신들 앞에 진짜 로마 군인들이 잔뜩 있었다면, 벌벌 떨었겠지만, "그 무서운 군대가 그렇게 약탈과 겁탈로 추하게 굴다가 어이없이 물속에 빠져 죽었어!" 하고 한 번 깔깔 같이 웃으며, 그전에 로마 제국에게 당한 그 피해와 울분을 풀었을 것이다.

이 이야기를 누군가가 듣는다 해도, "우리는 로마 군대 이야기한 게 아냐! 예수님이 귀신 들린 자들을 쫓아낸 이야기를 듣는 거지!"하고 둘러대기 딱 좋았다. 물론 이들도 로마 군대가 여자들을 겁탈할 때, 고통과 아픔이 있다는 것을 알았다. 그러나 알지 못하는 여자들의 안타까운 죽음보다, 그 대단한 레기온을 그렇게 없앴다는 데에 더 통쾌한 쾌감을 맛보았을 것이다.

막 5:21-24, 나에게는 귀한 딸내미다!

21 그리고 **예수님이** 건너갔을 적에. – [배로] 다시 건너편으로. – 모였습니다. 많은 군중이 그분께. 그리고 (그분은) 바닷가에 계셨습니다.

22 그런데 오는 겁니다. 한 명이 회당장들 중에서. 이름으로 야이로가요. 그런데 **그분을** 직접 보고선 엎드리는 겁니다. 그분 발쪽으로.

23 그리고 **그분께** 부탁하는 겁니다. 많이. 말하길. "제 딸내미가[57] 막바지에 있습니다.[58] 오셔서 좀 얹어주십시오![59] 손을 개한테! 그러면 구원받을까 합니다! 그래서 살아날까 합니다!"

24 그래서 떠나가셨습니다. 그와 함께. 그리고 **그분을** 좇고 좇았습니다.[60]

---

57 θυγάτριον(튀가뜨리온). 딸내미. 성서 2회 용어. 막 5:23; 7:25. θυγάτηρ(딸)의 지소어. 마가는 야이로한테 이 딸이 얼마나 귀한 자식인지를 '딸내미'라는 용어로 드러냈다. 누가는 대신 그녀를 '외동딸'이라 설명했다. 마태는 간단하게 '딸'이라 부른 대신. 그녀가 절명했다고 말해 기적을 행할 수 있는 상황이 굉장히 어렵게 됨을 얘기한다.

58 ἐσχάτως ἔχει. 라틴어 ultimum habere를 그대로. ἐσχάτως(에스카또스). 막바지에. 성서 1회 용어. 막 5:23. ἔσχατος(마지막의. 꼴찌)의 부사.

59 ἔχει, ἵνα ἐλθὼν ἐπιθῇς τὰς χεῖρας αὐτῃ, ἵνα 이후를 명령법처럼 해석. 『NKJ』 Come and lay Your hands on her. Daniel B. Wallace, Greek Grammar Beyond the Basics II, 474-77.

60 ἀκολουθέω(아꼴루테오). 좇다. 구약에 조금 있음. 원래 의미는 뒤따라가는 것이다. 이 구절처럼 복음서에서 군중이나 예수님이 앞사람을 따라 갈 때 쓰기도 한다 (마 9:19; 20:29; 막 5:24; 14:13, 54 등). 그러나 예수님은 제자들한테 좇으라고 할 때는 자신의 신념이나 뜻에 동의하며 동행하는 의미까지이다. 구약에서도 좇는 것을 일생을 함께 하며. 의지하는 것이라고 옮기기도 했다(왕상 19:20; 겔 29:16 등). 겔 29:16 이집트는 다시는 이스라엘 족속이 의지할 나라가 되지 못할 것이다. 이스라엘은 이집트가 당한 것을 보고서. 이집트에 의지하려 한 것이 얼마나 잘못된 것이었는가를 상기하고…… 그래서 좇지 않는 것은 그냥 단순히 따라오지 않을 뿐 아니라. 거역하는 것이며. 섬기지 않는 것이라고 해석한다. 예) 유딧 2:3 그래서 그들은 왕의 명령을 거역한 자들을(좇지 않은 자들을) 없애 버리기로 결의하였다; 5:7 그들의 조상이 갈대아 땅에서 섬기던 신들을 섬기기가 싫어서(좇기 싫어서) 메소포타미아로 옮겨 가서 산 적이 있는 사람들입니다.

많은 군중이. 그래서 **그분을** 한꺼번에 계속해서 압박했습니다. [61]

1. 그 여자들은 누군가의 딸내미였다!

사람이 누군가의 속사정을 알면 그 다음엔 똑같은 말이라도 달리 들리는 법이다. 야이로의 '딸'과 혈루증을 앓았던 '딸'의 이야기가 달리 들렸을 것이다. 바로 앞에서 딸 같은 여자들이 갑작스런 겁탈을 당해 그 충격으로 죽음을 택했던 이야기를 들었기 때문이다. 전쟁 나면 여자들이 피눈물을 흘리는 일이 원래 발생한다지만, 바로 연이어 나오는 이야기에서 그 여자들이 누군가의 귀한 딸임을 일깨워준다. 이 사건은 마가와 누가는 동일하게 같은 순서로 이야기한다.

큰 풍랑 → 군단 귀신 쫓아냄 → 회당장 딸/혈루증 딸

마태만 회당장 이야기를 더 뒤로 뺐다(9:18-26). 마태가 군단 귀신들이 돼지들에게 간 것을 겁탈하는 느낌을 최대한 피하려 해서인가, 딸의 고통을 따로 전했다. 그래서 중풍병자가 고침을 받는 이야기를 전한다(9:1-8). 즉 마태의 이야기대로라면, 거라사 광인을 고쳐준 사건 뒤 중풍병자가 죄 용서함을 받았다 선포한 일이 있은 것이다. 이처럼 복음서가 예수님 이야기를 전한다 해서 역사적으로 어떻게 사셨는지를 정확하게 재건하기란 여간 어렵지 않다. 일어난 사건의 전후가 다른 경우가 많다.

큰 풍랑사건만 해도, 그 앞에 전한 이야기는 다 달랐다.

---

61 συνθλίβω(쉰틀립보), 한꺼번에 압박하다, 신약 2회 용어, 성서 3회 용어. 막 5:24, 31; 전 12:6(금 그릇이 부서지고). 사방에서 압박을 가하는 것이다. 그러면 그릇이 깨진다.

마태	마가	누가
예수를 따르려면 다 버려야 한다	하나님 나라 비유 가르침	하나님의 뜻을 행하는 자가 내 가족이다
8:22 예수께서 이르시되 죽은 자들이 그들의 죽은 자들을 장사하게 하고 너는 나를 따르라 하시니라	4:34 비유가 아니면 말씀하지 아니하시고 다만 혼자 계실 때에 그 제자들에게 모든 것을 해석하시더라	8:21 예수께서 대답하여 이르시되 내 어머니와 내 동생들은 곧 하나님의 말씀을 듣고 행하는 이 사람들이라 하시니라

세 복음담가는 동일하게 다른 이야기를 한 뒤, 예수님이 배를 타시고 큰 풍랑을 만난 것을 전했다. 그리고 마가와 누가만 군단 귀신들을 다 몰아낸 뒤, 회당장의 딸 이야기를 했다. 둘은 군단 귀신이 돼지에게로 들어가는 장면을 여자들이 겁탈 당하듯 전한 자들이다. 이 둘은 이 사건 뒤 야이로의 딸과 혈루증 딸의 사건을 전해야 의미가 가장 드러난다고 본 것이다. 다 죽어가는 딸을 둔 아비와 죽어가는 자신을 보는 한 딸의 마음이 얼마나 고통스러운지 말이다. 여자라 해서 절대로 가벼이 볼 생명이 아님을 말이다.

2. 아비는 딸내미를 위해선 엎드린다.

마가는 말한다. 예수님이 다시 건너편으로 왔을 때 많은 군중이 모였다고. 그런데 마가는 굳이 한 마디 더 덧붙였다. 바닷가에 계셨다는 것이다. 마태는 예수님이 동네로 돌아왔을 때, 회당장이 찾아왔다 하는데(마 9:1, 18),[62] 마가복음에서 예수님은 집으로 안 가셨다. 기억할지 모르겠

---

[62] 9:1 예수께서 배에 오르사 건너가 본 동네에 이르시니
18 예수께서 이 말씀을 하실 때에 한 관리가 와서 절하며 이르되 내 딸이 방금 죽었사오나 오셔서 그 몸에 손을 얹어 주소서 그러면 살아나겠나이다 하니

지만, 씨 뿌리는 비유를 가르쳤다는 바닷가에 도로 가셔서 계속 계신 것이다(참. 4:1).[63]

'그게 뭐 그리 중요한 거냐' 물을지 모르겠다. 가버나움 동네 자체가 갈릴리 바다를 끼고 있는 어촌이니, 바닷가와 동네가 그리 멀지 않았을 것이다. 그러나 당사자에게는 그만큼의 거리도 심리적으로 상당한 영향을 준다. 예수님이 눈엣가시처럼 보이는 바리새파라면, 주민들이 오글거리며 사는 동네 한가운데에서 예수님이 활동하는 것을 보기 싫었을 것이다. 예수님인들 모를 리 없으니, 서로를 위해선 바닷가가 낫다. 그러니 마가는 굳이 '바닷가'에 계셨다고 한 게 아니겠는가!

무엇보다 중요한 것은 회당장 야이로다. 그곳에 회당이 몇 개 있었는지 모른다. 야이로가 어느 마을의 회당장인지도 모른다. 확실한 것은 야이로가 예수님께로 간 일이 쉽게 결정한 게 아니라는 점이다. 모르긴 몰라도 아마 가버나움을 비롯해서 회당장은 바리새파일 확률이 높다. 회당장이라면 안식일 준수에 누구보다 민감하다. 직접 주민들에게 성서를 가르쳤을지 알 수 없으나, 그래도 일반 주민들보다 더 안다고 평가받을 자리다.

마가에 의하면, 이미 가버나움의 바리새파들과 헤롯 일당들, 나아가 예루살렘에서 내려온 율법학자들까지 다 예수님에게 적대적이다. 야이로가 얼마나 줏대가 강한 자인지 알 수 없으나, 현재까지의 분위기상, ─ 회당장이라면 분위기 파악을 기본적으로 잘 했을 것이므로, ─ 예수님에게서 멀찍이 떨어져 지내는 게 상책이었다. 아니 자기 딸 문제가 아니었다면, 예수님이 안식일에 딴 곳도 아닌 회당에서 그 규정을 깨뜨렸다는 소식을 듣고 격분했을지 모른다.

지금 예수님이 바닷가에 계시니 어쨌든 동네 사람들 모두가 다 보는 것

---

63 4:1 예수께서 다시 바닷가에서 가르치시니 큰 무리가 모여들거늘 예수께서 바다에 떠 있는 배에 올라 앉으시고 온 무리는 바닷가 육지에 있더라

은 아니다. 그런데 이 야이로는 예수님 발 앞에 엎드렸다. 아마 주변 사람들은 화들짝 놀랐을 것이다. 지금까지 들으면서 예수님께 엎드린 자가 있었던가? 거의 없었다.[64] 병을 가진 자들이 예수님께 왔다고는 해도, 부탁하기 위해 엎드린 경우는 없었다. 있다면 군단 귀신을 가진 자뿐이었다. 비록 '절했다(προσκυνέω(쁘로스뀌네오))'고 했지만, 같은 말이다. 예수님께 엎드림으로써 예수님의 권위를 인정한 자는 정상인 중에서 이 야이로 회당장이 처음이었다. 그의 행동은 그래서 무엇보다 의미 있다.

> 5:6 그런데 예수님을 직접 보고선 멀리서부터 달려왔습니다. 그리고 그분 앞으로 **절했습니다**(προσκυνέω(쁘로스뀌네오)).
>
> 22 그런데 오는 겁니다, 한 명이 회당장들 중에서. 이름으로 야이로가요. 그런데 그분을 직접 보고선 **엎드리는 겁니다** (πίπτω(삡또)), 그분 발쪽으로.

잠시 πίπτω(삡또)라는 동사에 대해 살펴보면, 마가복음에서 맨 처음 등장하는 곳은 씨 뿌리는 비유에서 '떨어졌다'이다. πίπτω(삡또)는 크게 두 가지 뜻으로 쓰였는데, 여기 이후 '엎드리다'는 뜻으로 재등장할 때가 겟세마네이다. 예수님이 기도하실 때 땅에 '엎드리셨다'고 한다. '절하다(προσκυνέω(쁘로스뀌네오))'라는 말과 같이 등장하는 경우도 있다. 마 18:26이다.

> πίπτω(삡또), 엎드리다, 떨어지다
>
> 5:4 그런데 일이 있었습니다. 계속 씨 뿌리는 와중에 하나가

---

64 문둥병자가 무릎을 꿇었다고 하는데, 그 말은 후대문서에 많아 마가가 처음에 했다고 보긴 조금 어렵다: 참. 1:40 그런데 오는 겁니다, 그분 쪽으로 문둥병자가. 그분께 부탁하면서 [그리고 무릎 꿇으면서] 그리고 말하길 그분께, 정말 하고 싶어하기만 한다면, 할 수 있으시다고요. 자기를 깨끗하게.

떨어졌습니다, 길가에. 그러자 새들이 왔습니다. 그리고 그걸 집어삼켰습니다.

14:35 그리고 조금 앞으로 가 땅에 **계속 엎드리고 계셨습니다**. 그리고 기도하고 또 기도하셨습니다. 만일 할 수만 있다면, 지나가 버리게 해 달라고요. 자기한테서 이 시각이.

마 18:26 그 종이 **엎드려**(πίπτω(삡또)) **절하며**(προσκυνέω(쁘로스퀴네오)) 이르되 내게 참으소서 다 갚으리이다 하거늘

만 달란트 빚진 자가 왕께 끌려가서 애원할 때였다. 엎드리는 행위는 상대방의 권위를 인정하며 간청하는 자세이다. 그런데 '엎드리고' 또 '절하기'까지 했으니, 이 종은 왕에게 얼마나 납작 엎드린 것인가! 만 달란트를 갚을 길은 절대 없다. 자기뿐 아니라 가족의 목숨이 다 날라가게 된 판국이니, 엎드리고 절하는 게 당연하다. 이로써 이 종이 느낀 위기감과 굴복하며 비는 간절함이 느껴진다. 마태는 비록 간단한 말이지만, 이렇게 살렸다.

야이로는 부탁했다. 자기 딸내미가 막바지에 있다고 말이다. 이 이야기에는 딸을 가리키는 용어가 두 개 나온다. 하나는 딸이고, 다른 하나는 딸내미이다. 딸은 θυγάτηρ(튀가떼르)이고, 딸내미는 θυγάτριον(튀가뜨리온)이다. θυγάτριον(튀가뜨리온)은 딸은 딸인데, '어린 딸'이다. 딸이지만 나이가 아주 어린 딸을 가리킬 때 썼다.[65] 부모 눈에 딸은 더 어려 보인다. 그래서 θυγάτριον(튀가뜨리온)은 연령상 어린 딸을 말하기도 하지만, 부모가 귀엽게 여길 때 부르는 말이다.

그래서 35절에서 회당장 집에서 보낸 자가 '당신 딸이 죽었다'고 말한

---

65 『개역개정』은 '어린 딸'이라 옮겼다; 참. 5:23 간곡히 구하여 이르되 내 어린 딸이 죽게 되었사오니 오셔서 그 위에 손을 얹으사 그로 구원을 받아 살게 하소서 하거늘; 7:25 이에 더러운 귀신 들린 어린 딸을 둔 한 여자가 예수의 소문을 듣고 곧 와서 그 발 아래에 엎드리니

다. 남이 볼 때는 그냥 '딸'인 것이다. 그러나 아버지 눈에서는 '딸내미'다.

> θυγάτριον(튀가뜨리온)
> 7:25 오히려 즉시 여자가 그분에 대해 듣고선, – **그녀 딸내미가** 계속 갖고 있었습니다, 안 깨끗한 영을, – 와 그분 발 앞에 엎드렸습니다.

θυγάτριον(튀가뜨리온)이 나오는 곳은 성경에 막 7:25뿐이다. 시로페니키아 출신의 엄마가 자기 딸이 안 깨끗한 영을 갖고 있는 것을 말할 때였다. 모두 다 부모가 자기 딸을 귀엽다 보니 '딸내미'라고 부르는 것이다. 야이로에게 이 딸이 왜 귀한지 정확하게 모른다. 누가는 '외딸'이라고 말했다(눅 8:42).[66] '외딸'이라면 귀하다.

그는 부탁했다. 자기 애가 막바지에 있다고 말이다.

▶ 헬라어 풀이(8): 막바지에 있다(ἐσχάτως ἔχει)

의미상 중요하진 않으나, 마가 성도들을 파악하기 위해 짚고 넘어가야 한다. '막바지에 있다(ἐσχάτως ἔχει)'고 한 말이 좀 이상하기 때문이다. 헬라인들은 이런 말을 안 쓴다. ἐσχάτως(에스카또스)는 부사로서 성경에 여기에만 나오는 성서 1회 용어이다. ἔσχατος(에스카또스)는 '마지막의, 끝의'라는 형용사로 '먼저 된 자로서 **나중 되고 나중 된 자로서** 먼저 될 자가 많다(10:31)'에 쓰인 용어이다. 그러니 ἐσχάτως(에스카또스)는 '마지막에, 끝으로'라는 뜻을 가진 부사인 셈이다.

그래서 ἐσχάτως ἔχει라는 말은 '마지막으로 가진다'는 것인데, 말이 안 된

---

66 눅 8:42 이는 자기에게 열두 살 된 외딸이 있어 죽어감이러라

다. 그래서 라틴어 ultimum habere라는 숙어를 헬라어로 그대로 옮겼다고 보는 것이다.[67] 다 죽어간다는 표현이라기보다는 '막바지에 있다'는 뜻이다.[68] 마가복음에는 라틴어 숙어들을 같은 뜻을 가진 헬라어 단어를 연결해 그냥 말한 사례가 이외에도 몇 곳 더 있다. 나중에 또 다룰 텐데 라틴어 단어를 소리 나는 대로 헬라어로 쓴 경우도 꽤 있다.

구절	라틴어
2:23 ...... 그분 제자들이 하기 시작했습니다. 길을 만들고 또 만드는 걸(ὁδὸν ποιεῖν). 이삭들을 따면서요.	viam facere
10:33 ...... (그들은) 단죄(斷罪)할 겁니다, 그를 죽음으로. 그리고 넘겨줄 겁니다, 그를 이방인들에게.	capite damnare
14:65 ...... 하속들은 그분께 손찌검을 했습니다(ῥαπίσμασιν αὐτὸν ἔλαβον).	verberibus accipere
15:15 그러자 이 빌라도는 군중에게 상당한 것을 행하길 소원하기에 풀어 보내 주었습니다, ...	satisfacere
19 ...... 무릎을 꿇고 그분께 절하고 절했습니다.	genua ponere

우리도 콩글리시라 부르는 영어가 있다. 미국인들은 고개를 갸웃거리지만, 우리는 알아듣는 영어 말이다. 위의 말들은 헬라말이지만, 헬라인들이 쓰지 않는 어구이다. 그런데 그 단어의 뜻을 라틴어로 하면 이해가 되니, 마가 성도들은 라틴어가 더 익숙한 자들이었던 셈이다.

✦ ✦ ✦

67　Bas M. F. van Iersel, *Mark: A Reader-Response Commentary*, JSNTSS, trans. by W. H. Bisscheroux (Sheffield: Sheffield Academic Press, 1998), 33-34.

68　R. T. France, *Mark*, 236.

다시 야이로에게 돌아가서, 그는 예수님께 손을 걔한데 좀 얹어 달라고 부탁했다. 그러면 구원받을까 한다고, 살아날까 한다고 말이다. 그의 말로써 회당장으로서의 고충과 예수님께 대한 믿음이 드러난다. 자기의 그 사랑스러운 딸은 거의 죽게 됐다. 그는 가버나움에서 그리 멀지 않은 곳에 살았을 것이다. 그가 예수님을 죽이려고 모의한 바리새파 중 한 명일 수 있는데(3:6), 복음담가들 중 어느 한 명도 입 다문다. 예수님의 성정을 생각하면, 그들 중 한 명이라 해도 아무 말 하지 않으셨을 것이다. 그가 회당장이 아니었다면, 자기 딸내미가 죽을 지경에 이르기까지 버티진 않았을 것이다. 그는 안 오려고 버티면서 찾았다. 다른 방법을. 하다 하다 어쩔 수 없어서 온 것이다.

그러면서도 보고 들은 게 있는지, 예수님의 능력에 대해서는 기대를 했다. 물론 그의 믿음은 다른 복음서에 나오는 백부장만큼은 못 된다. 그러나 예수님이 자기 딸에게 손을 얹어주는 것만으로 구원받지 않을까, 그래서 살지 않을까 하는 믿음을 지녔다. 확실히 살 것이라는 믿음은 아니었다. 혹시나 하는 마음에 예수님을 찾아가 엎드린 것이다. 회당장으로서의 명예를 다 던지고 말이다. 그만큼 자기 딸을 사랑했다.

3. 좇는다 해서 다 제자가 되는 것은 아니다!

예수님은 정확히 그의 고충을 아셨다. 아무 말도 나오지 않는다. 시간 끌지 않고 즉시 그를 위해 움직이신 것이다. 그와 함께 떠나자, 그분을 좇고 좇았다는 것이다. 많은 군중이. 이럴 때 조금 헷갈린다. 이 군중이 예수님을 좇은 것이 제자들이 좇은 것과 같은 것인지. 교회를 좀 다닌 분들은 복음서에서 '좇는다'는 말이 가벼운 뜻이 아님을 알 것이다. 예수님이 제자들에게 요구하신 말이기 때문이다(막 2:14).⁶⁹ 앞에서 제자들은 예수님을 좇았는데, 군중은 예수님 쪽으로 갔다고만 말했다 했다. 그런데 지금 군중은 예수님을 좇는다.

▸ 헬라어 풀이(9): ἀκολουθέω(아꼴루테오), 좇다(따르다)

ἀκολουθέω(아꼴루테오)는 어떤 사람의 뒤를 단순히 따라가는 것과 제자처럼 예수님과 동행하는 뜻이 있다. 구약에는 7번밖에 나오지 않는데, 특이하게도 신약 중 복음서에선 대거 나오지만 바울서신에는 한 번만 나온다(고전 10:4).⁷⁰ 그것도 예수님이나 제자와는 전혀 상관없는데, 이는 바울이 예수님과 동행한 경험이 없음을 드러내는 흔적이 아닌가 한다. 말은 한 사람의 특성을 드러내지만, 신경 쓰지 않으면 잘 파악하기 힘든 부분이기도 하기 때문이다.

ἀκολουθέω(아꼴루테오)가 나오는 대표적인 구절들이다.

> 막 1:18 그러자 즉시 그물들을 놔두고 그분을 **좇았습니다.**
> 14:13 그러자 보내시는 겁니다, 둘을 자기 제자들 중에서. 그리고 말하시는 겁니다, 그들한테. "떠나 완전히 가세요! 도성으로! 그리고 여러분과 마주칠 겁니다. 사람이 물 항아리를 메고 가면서요. 그를 **좇으세요!**
> 민 22:20 밤에 하나님이 발람에게 임하여 이르시되 그 사람들이 너를 부르러 왔거든 일어나 **함께 가라(그들을 좇아라!)** 그러나 내가 네게 이르는 말만 준행할지니라

---

69   2:14 또 지나가시다가 알패오의 아들 레위가 세관에 앉아 있는 것을 보시고 그에게 이르시되 나를 **따르라** 하시니 일어나 **따르니라**

70   고전 10:4 다 같은 신령한 음료를 마셨으니 이는 그들을 따르는 신령한 반석으로부터 마셨으매 그 반석은 곧 그리스도시라

롯 1:14 그들이 소리를 높여 다시 울더니 오르바는 그의 시어
머니에게 입 맞추되 룻은 그를 **붙좇았더라**
왕상 19:20 그가 소를 버리고 엘리야에게로 달려가서 이르되
청하건대 나를 내 부모와 입맞추게 하소서 그리한 후에 내가 당
신을 **따르리이다** 엘리야가 그에게 이르되 돌아가라 내가 네게
어떻게 행하였느냐 하니라

막 14:13은 5:24처럼 단순히 뒤를 따라가는 것으로 쓰였다. 물 항아
리를 메고 가는 사람을 따라가는 것이 그의 제자가 되라는 것이 아님을
알 것이다. 이와 같은 경우가 민 22:20이다. 룻이 시어머니를 따라갔다고
한 것도 실제 행동이긴 하지만, 이것은 엘리사가 엘리야를 따르겠다고 말
한 것과 유사하다. 같이 동행함으로써 시어미 나오미와 같은 삶을 산 것
이기 때문이다.

겔 29:16이 조금 어렵다. 『개역개정』은 '돌이켜 그들을 바라보지 아니
하므로'라고 옮겼지만, 『새번역』은 '이집트에 의지하려 한 것'이라 했다.
『공동번역 개정판』이 칠십인역과 가장 가깝게 번역했는데, '따르던'이라
했다. 히브리말을 그대로 옮기면, '그들이 그들 뒤로 돌이킬 때'이다.[71] '
바라본 것'고 아니고, '의지한 것'도 아니다. 칠십인역은 '그들 뒤를 좇으
려 한 것'인데, 여기서의 의미는 의지한 것이다. 이스라엘이 바빌론에게
복종하기로 결정했다가 이집트 뒤를 좇아 불순종하기로 돌이킨 것은 이
집트가 자기를 지켜주리라 믿고 따른 것이다. 단순히 뒤를 따라 걸어간
의미를 넘는다.

---

71 Walter Zimmerli, *Ezekiel 2*, Hermeneia (Philadelphia: Fortress
Press, 1983), 109.

개역개정	새번역	공동번역 개정
그들이 다시는 이스라엘 족속의 의지가 되지 못할 것이요 이스라엘 족속은 돌이켜 그들을 바라보지 아니하므로 그 죄악이 기억되지 아니하리니 내가 여호와인 줄을 그들이 알리라 하셨다 하라	이집트는 다시는 이스라엘 족속이 의지할 나라가 되지 못할 것이다. 이스라엘은 이집트가 당한 것을 보고서, 이집트에 의지하려 한 것이 얼마나 잘못된 것이었는가를 상기하고, 그 때에야 비로소 그들이, 내가 주 하나님인 줄 알 것이다.	이스라엘 족속은 이것을 보고 이집트를 따르던 과거의 일이 잘못인 줄 알아 다시는 의지하지 아니할 것이다. 그제야 사람들은 내가 야훼임을 알게 되리라.

그래서 *ἀκολουθέω*(아꼴루테오)의 반대는 거역하는 것이다. 예로 들 수 있는 것이 외경이라 안타까운데, 단순히 따라가지 않는 것을 넘는다.[72]

유딧 2:1 아시리아의 느부갓네살왕 제십 팔 년 일월 이십 이 일 왕은 이미 자기가 맹세한 대로 자기의 명령을 거역했던 (*ἐκδικέω*) 전 지역에 대한 복수를 논의하기 위해서 궁전에 회의를 소집하였다.
3 그래서 그들은 왕의 명령을 **거역한 자들을(좇지 않은 자들을)** 없애 버리기로 결의하였다.
5:7 그들의 조상이 갈대아 땅에서 섬기던 신들을 **섬기기가 싫어서(좇기 싫어서)** 메소포타미아로 옮겨 가서 산 적이 있는 사람들입니다.

---

72 단순히 따라가지 않는 경우는 다음과 같다. 예) 막 9:38 요한이 예수께 여짜오되 선생님 우리를 따르지 않는 어떤 자가 주의 이름으로 귀신을 내쫓는 것을 우리가 보고 우리를 **따르지 아니하므로** 금하였나이다; 요 10:5 양들은 결코 낯선 사람을 **따라가지 않을 것이고**, 그에게서 달아날 것이다. 그것은 양들이 낯선 사람의 목소리를 알지 못하기 때문이다."

유딧서는 왕의 명령을 좇지 않은 자들은 왕을 거역한 자들이라 한다. 유딧서 2:1에서 거역했다는 뜻으로 저자는 ἐκδικέω(엑디께오)라는 단어를 썼었다. 그러나 왕의 명령을 좇지 않는 행위는 왕을 거역하는 것이므로, 똑같이 '거역한 자들'이라 옮긴 것이다. 5:7에서는 신들을 좇기 싫어하는 것은 신들을 섬기기 싫어하는 것이라 한다. 신을 좇는 것은 신을 섬기는 것이다. 그래서 유딧서 5:7을 토대로 예수님을 좇는 것은 예수님을 섬기는 것으로도 볼 수 있다. 예수님을 신이라 생각한다면 말이다. 이처럼 ἀκολουθέω(아꼴루테오)는 단순히 뒤를 잠시 따라가는 것에서 삶 전체를 따라 가는 것까지 포괄적이다.

✦ ✦ ✦

많은 군중은 여기서는 예수님과 야이로를 따라간 것이다. 그런데 얼마나 많았는지, 이들은 예수님을 계속해서 한꺼번에 압박했다. 전방위로 예수님 주변에 사람들이 꽉 차 있었다는 뜻이다. 이는 예수님이 기적을 행하는 진기한 장면을 볼 수 있다는 호기심도 있지만, 바닷가에 그 정도로 많은 군중이 모여 있었다는 뜻이다. 이들 중에는 야이로처럼 예수님의 도움을 받고 싶은 자들도 있었을 터이다. 그런데 예수님이 이동을 결정하시니, 그들 전체가 반 호기심에, 반 도움을 바라고 같이 이동을 했다.

4. 결론

1막이 끝났다. 그런데 이 이야기는 2부의 1막이다. 군단귀신 이야기가 없다면, 딸내미를 둔 아비의 엎드림의 아픔이 반감된다. 사람들은 야이로가 엎드리며 딸내미를 부탁하는 것을 들으며, 잠시나마 돼지들을 여자로 생각하며 웃었던 것을 미안해했을 것이다. 로마 군인들에 의해 아픔을 겪었을 여자들이 사실은 내 가족이고, 귀한 딸내미였음이 인식되었기에.

야이로가 예수님을 찾으러 가기까지 얼마나 고심했을지 모른다. 자기 딸이 아프지 않았더라면, 아니 자기 몸이 아팠더라면 안 찾았을 것이다. 자식은 그만큼 부모에게 소중하다. 당시는 아들이 귀했지, 딸은 대접 못 받았다. 그러나 아비에게는 지금껏 쌓아온 명예를 다 던질 만큼 귀하다. 그는 사람들이 보는 앞에서 예수님 앞에 엎드렸다. 그 행동 하나만으로 그는 표시한 것이다. 예수님의 종교적 주장을 수용하겠다고. 예수님도 다 알아들으셨다.

예수님인들 회당장들에 대한 불만이 없었겠는가? 꽉 막힌 인식과 거부에 하고 싶은 말들이 많았을 것이다. 그러나 한 마디도 안 하셨다. 그냥 따라나섰다. 말을 하고 싶다 해서 다 하는 것이 아님을 예수님을 통해 배운다. 이 또한 용서의 태도임을 배운다.

막 5:25-34, 당신도 사랑받는 딸이다!

25 그리고 여자가 있는데 혈루로 십이 년째라.

26 그런데 **많은 의사들한테** 많이 고난을 겪어내고선,[73] 그리고 써 버리고선, – 그녀한테 있는 것들, 다! – 그런데 아무 이득을 얻지 못하고선, 오히려 더 심해져[74] 가.

27 **예수님에 대해** 듣고선 가, 군중 속에서 뒤로 만졌습니다. 그분 옷을.

28 왜냐면 말하고 또 말했기 때문이었습니다. "혹시 **그분의 옷들만이라도** 만지면, 구원받을 거야!"

29 그리고 즉시 말랐습니다, 그녀 피의 그 샘이. 그리고 알았습니다. 몸으로. 이미 낫고 있다는 걸, 천벌로부터요.

30 그리고 즉시 예수님은 **속으로** 확실히 알아채고선, – 자기 밖으로 능력이[75] 밖으로 나간 것을, – **군중 속에서** 쓱 돈 뒤, 말하고 또 말하셨습니다. "누가 날 만졌습니까? 옷들을?"

31 그래서 말하고 또 말했습니다, 그분께 그분 제자들이, "(당신은) 보십니

---

73 πολλὰ παθοῦσα, 고난을 겪어내다(πάσχω, **빠스코**)는 동사에 '많이'라는 말을 붙여서 하는 경우는 사람의 아들의 고난 예언뿐이다. 예) 마 16:21(πολλὰ παθεῖν); 막 8:31(πολλὰ παθεῖν); 9:12(πολλὰ πάθη); 눅 9:22; 17:25. 예외가 있다면 빌라도 부인이 자기의 고통을 말할 때(마 27:19, πολλὰ γὰρ ἔπαθον 왜냐면 많이 (내가) 고난을 겪어냈습니다). 마가는 혈루중 여인의 고생에 대해 이런 말로 표현했다. πάσχω(**빠스코**) 동사의 의미에 대해선 8:31 참조.

74 εἰς τὸ χεῖρον, 성서 1회 어구, 형용사 κακός(**까꼬스**, 심해진/나쁜)의 비교급, 구약에 없음, 마 9:16; 12:45; 27:64; 막 2:21; 5:26; 눅 11:26; 요 5:14; 딤전 5:8; 딤후 3:13; 히 10:29; 벧후 2:20.

75 τὴν ἐξ αὐτοῦ δύναμιν, '자기 밖으로(ἐξ αὐτοῦ)'라는 말을 할 필요가 없는데, 능력이 예수님한테 있었음을 강조하기 위해 썼다. 이런 현상은 당시 대중 연설이나 대중 작품에서, 특별히 고전후기 작가들(post-classical writers)한테 많이 나타났다. 과장해서 강조하는 것으로, 당시 아주 많이 퍼져있었다. 글이 아니라, 말로 할 때는 부가해서 의미를 강조하기 마련이다.

다! 군중이 **당신을** 한꺼번에 압박하는 것을요! 그런데 말하십니다! 누가
날 만졌냐고요?"

32 그러자 둘러보고 또 둘러보셨습니다. **이걸 행한 그녀를** 직접 보려고요.

33 그러자 그 여자는 겁나서, 그리고 떨면서, **자기한테 일어난 일을** 알고 있
었기에 갔습니다. 그리고 **그분 앞에** 엎드렸습니다. 그리고 말했습니다,
그분께 모든 참말을. [76]

34 그분은 그러자 말하셨습니다, 그녀에게. "딸아! 당신의 그 믿음이 **당신을**
이미 구원하고 있습니다!"[77] 떠나 완전히 가세요! 평안히! 그리고 건강하
게 잘 지내세요! 당신 천벌에서 (벗어나)!"

1. 많은 고난을 겪은 한 여자

수많은 사람들에게 떠밀리면서 예수님이 가시는데, 마가는 돌연 한 여
자 이야기를 한다. 혈루로 십이 년째 겪는다는 것이다. 혈루가 뭔가? '피
가 흐르는 것(ῥύσις αἵματος(휘시스 하이마또스))'이다. 이것은 생리가 계속
흘러나오는 현상인데, 여인의 건강에도 위험했지만, 유대 사회에서는 더
힘들었다. 부정하므로 유출이 멈추어도 칠 일 동안은 사람들과의 접촉을

---

76   ἀλήθεια(알레테이아), 구약에 좀 있음, 참인 것(마 22:16; 막 12:14, 32; 눅
4:25; 20:21; 22:59; 요 1:14, 17; 3:21; 4:23, 24; 5:33 외(25회) 등), 참말(막
5:33; 롬 9:1 등); 창 24:48; 32:11; 47:29; 출 28:30 등. 칠십인역에는 주로 바벨론
포로 후기 문헌에 쓰임. 플라톤의 『파이돈Phaidon』에서 '진리'로 옮겨짐. 성경에서는
'진리 또는 진실'로 옮겨져 있음.

77   ἡ πίστις σου σέσωκέν σε, 예수님은 그 여자가 나은 것은 자신의 능력보다 그 여
자가 가진 '그 믿음'으로 고쳐졌다고 말했다. 그래서 자신에 대한 믿음을 가지고 있는
것이 중요함을 '이미 구원받고 있다'는 현재완료 시제로 표현했다. ἡ πίστις, 그 믿음,
마 9:22; 15:28; 막 5:34; 10:52; 눅 7:50; 8:25, 48; 17:19; 18:42; 22:32. 요한에
만 없음. 누가가 특별히 '믿음'을 강조하기 위해 이 말을 자주 사용함.

금해야 했기 때문이었다(레 15:19-33).[78] 즉 이 여자는 사회생활을 십이 년 동안 일절 하지 못했다. 그래서 많이 고난을 겪었다. 그런데 이 여인의 고통에 대해 마가는 상당히 독특한 용어를 썼다. '많이 고난을 겪었다'는 것이다.

▸ 헬라어 풀이(10): πάσχω(빠스코), 고난을 겪다
일단 구약에 나온 사례부터 봐야 할 것 같다. 달랑 3번이다.

> 암 6:6 대접으로 포도주를 마시며 귀한 기름을 몸에 바르면서 요셉의 환난에 대하여는 **근심하지 아니하는 자로다**
> 슥 11:5 사들인 자들은 그들을 잡아도 죄가 없다 하고 판 자들은 말하기를 내가 부요하게 되었은즉 여호와께 찬송하리라 하고 그들의 목자들은 그들을 **불쌍히 여기지 아니하는도다** 겔 16:5 아무도 너를 돌보아 이 중에 한 가지라도 네게 행하여 너를 **불쌍히 여긴** 자가 없었으므로 네가 나던 날에 네 몸이 천하게 여겨져 네가 들에 버려졌느니라

보다시피 '고난을 겪다'는 뜻이 하나도 없다. '근심하거나 불쌍히 여기는 것'이다. 고난을 겪으면, 본인은 근심하고, 타인은 불쌍히 여긴다. 그러나 그런 반응을 일으키는 힘든 상황을 가리키진 않는다. 그런데 신약에서 61회나 나온다. 복음서에서도 13번이다. 가히 신약의 압도적인 선호용어라 할 만하다. 이것은 전적으로 예수님 때문이다.

---

78 레 15:19 어떤 여인이 유출을 하되 그의 몸에 그의 유출이 피이면 이레 동안 불결하니 그를 만지는 자마다 저녁까지 부정할 것이요 20 그가 불결한 동안에는 그가 누웠던 자리도 다 부정하며 그가 앉았던 자리도 다 부정한즉 ..... 27 그것들을 만지는 자는 다 부정한즉 그의 옷을 빨고 물로 몸을 씻을 것이며 저녁까지 부정할 것이요 28 그의 유출이 그치면 이레를 센 후에야 정하리니

마 16:21 이 때로부터 예수 그리스도께서 자기가 예루살렘에 올라가 장로들과 대제사장들과 서기관들에게 **많은 고난을 받고**(πολλὰ παθεῖν) 죽임을 당하고 제 삼일에 살아나야 할 것을 제자들에게 비로소 나타내시니

막 8:31 인자가 **많은 고난을 받고**(πολλὰ παθεῖν) 장로들과 대제사장들과 서기관들에게 버린 바 되어 죽임을 당하고 사흘 만에 살아나야 할 것을 비로소 그들에게 가르치시되

위에서 보듯, 예수님은 당신의 죽음을 예언하실 때, '고난을 받는다'고 하셨다(눅 22:15; 24:26, 46). 그것도 많이(막 9:12; 눅 9:22; 17:25).[79] 이 여인의 고통에 대해 마가는 '많이 고난을 겪었다(πολλὰ παθοῦσα)'했다. 예수님이 겪은 그 고난만큼 이 여인도 겪었다고 말한 것이다. 마가복음에선 πάσχω(빠스코)가 적용된 사람은 예수님과 이 여인뿐이다.

다른 복음서에서도 일반인에게 적용한 사례가 있다.

마 17:5 주여 내 아들을 불쌍히 여기소서 그가 간질로 심히 **고생하여** 자주 불에도 넘어지며 물에도 넘어지는지라

27:19 총독이 재판석에 앉았을 때에 그의 아내가 사람을 보내어 이르되 저 옳은 사람에게 아무 상관도 하지 마옵소서 오늘 꿈에 내가 그 사람으로 인하여 **애를 많이 태웠나이다** 하더라

눅 13:2 예수께서 그들에게 대답하셨다. "이 갈릴리 사람들이 이런 **변을 당했다고 해서**, 다른 모든 갈릴리 사람보다 더 큰 죄인이라고 생각하느냐?

---

79 눅 9:22 이르시되 인자가 많은 고난을 받고(πολλὰ παθεῖν) 장로들과 대제사장들과 서기관들에게 버린 바 되어 죽임을 당하고 제삼일에 살아나야 하리라 하시고

마 17:5의 고생은 간질병으로 고생하는 아들이다. 27:19는 빌라도의 부인이 겪었다고 말하는데, 예수님의 고난을 가리킨다. 그런데 보다시피 전부 같은 용어인데도 번역을 다르게 해 같은 말인지 알기 어렵다. 물론 상황에 맞게끔 옮기는 것이 정상이나, 이 용어가 가지는 이미지가 워낙 예수님의 고난과 연결돼 있다 보니, 그대로 옮겨도 됐다. 특히 27:19 같은 경우는.

눅 13:2는 빌라도 때문에 학살당했던 갈릴리 사람들을 얘기한다. 즉 복음담가들은 πάσχω(빠스코)를 예수님의 죽음에만 한정해 사용하지는 않았다. 그러나 공관복음서는 다 예수님께서 자신의 죽음을 말할 때 항상 πάσχω(빠스코)를 사용함으로써, πάσχω(빠스코)가 예수님의 죽음을 연상시킨다는 것이다. 참고로 그런데 요한복음은 단 한 번도 사용하지 않았다. '공관'이란 낱말을 붙이기 어려운 점 중 하나이다.

이제 πάσχω(빠스코)를 옮길 때, 왜 고난을 당했다고 하지 않고, '고난을 겪었다'고 하느냐이다. 막 9:12의 두 한글본이다. 다 '고난을 받는다'라 옮겼다. 그런데 여기서 사용된 πάσχω(빠스코)의 태는 수동태가 아니다. 능동태이다.

개역개정	새번역
이르시되 엘리야가 과연 먼저 와서 모든 것을 회복하거니와 어찌 인자에 대하여 기록하기를 많은 고난을 받고 멸시를 당하리라 하였느냐	예수께서 그들에게 말씀하셨다. "확실히 엘리야가 먼저 와서, 모든 것을 회복한다. 그런데, 인자가 많은 고난을 받고 멸시를 당할 것이라고 기록한 것은, 어찌 된 일이냐?

πάσχω(빠스코)는 재미있는 게 수동태가 없다. 능동태만 있다. 헬라인들은 이 용어를 많이 썼는데,[80] 어떤 일이 겪는 것을 말했다(to experience some-

---

80 아리스토파네스도 많이 썼는데, 『아카르나이 구역민들』에서는 안 좋은 일이긴 하지만, 상대방이 하는 것으로 사용한다. 예) 아리스토파네스, 아카르나이 구역

thing). 그러다보니 나쁜 일이 닥치기도 하지만, 좋은 일도 닥친다. 그래서 '행운을 맞이했다'는 뜻으로 사용되기도 하나, 대개는 불행이었다. 좋은 싫든 어떤 일이 닥치는 것이 인생이다. 그래서 스토아학파는 '어떤 괴로운 일을 겪는 것'은 인간한테 당연히 일어나는 일로서 받아들였다.[81] '당한다'는 식의 수동적인 태도를 취하지 않았다는 것이다.

그런 의미에서 πάσχω(빠스코)는 '고난을 겪는다/겪어내다'로 옮겨야 한다. 『새한글성경』도 예수님이 '고난을 많이 겪어야 한다'고 얘기한다. 『NIV』나 『NKJ』 등과 같은 영어본은 'suffer'라는 동사를 능동태형태로 썼다.[82] 예수님이 고난을 겪는 것은 힘없이 당하는 것이 아니다. 본인의 의지로 맞이한 일이다. 괴로운 일을 겪어냄으로써 우리에게 죄용서의 길을 열어주셨다. 그러므로 9:12은 다음과 같이 번역돼야 한다: 그분이 그러자 힘주어 말하셨습니다, 그들한테. "엘리야가 먼저 온 뒤에 회복됩니다, 다! 그리고 어떻게 이미 쓰여 있습니까? 사람의 아들을 두고! '많이 고난을 겪어내리라! 그리고 멸시 당하리라!'잖아요? 십자가를 자의로 선택한 예수님의 의지가 느껴지지 않는가!

✦ ✦ ✦

마가는 예수님의 고난과 죽음을 표현하는 용어, 특히 '많이 고난을 겪었다'는 말을 이 혈루병 여인에게 썼다.[83] 이 이야기를 전하는 마태와 누가는

민들, 320; 디카이오폴리스: 그러시면 내게 **못할 짓을 하는 것이오**; 그 외에서는 수동적으로 일어나 당하는 것으로 사용된다. 예) 새, 325. 코로스: 우리는 배신당하고 모욕당하고 **수난을 당했소**; 개구리, 250. 개구리들: 그건 우리로서는 **견디기 어려운 일이죠**; 평화, 170. 트뤼가이오스: **무슨 변고라도 당하면**.

81   Wilhelm Michaelis, "πάσχω," *TDNT* vol. 5, 904-6.

82   『NIV』 ..... Why then is it written that the Son of Man must **suffer** much and be rejected? ; 『NKJ』 ..... how is it written concerning the Son of Man, that He must **suffer** many things and be treated with contempt?

83   다른 한글본의 번역은 다음과 같다:

뭐라 말했을까? 열두 해를 혈루증을 앓았다는 말만 할 뿐, 그간 겪었을 고
생을 일절 언급하지 않는다.[84]

> 마 9:20 열두 해 동안이나 혈루증으로 앓는 여자가 예수의 뒤
> 로 와서 그 겉옷 가를 만지니
> 눅 8:43 이에 열두 해를 혈루증으로 앓는 중에 아무에게도 고
> 침을 받지 못하던 여자가

이 여인이 왜 피를 흘렸는지 모른다. 5:25의 '피'는 마가에서 예수님이
흘리시는 피와 같은 단어이다(5:25, 29; 14:24). '몸'도 역시 예수님에게
사용되었던 단어가 이 여인에게 쓰인다(5:29; 14:8; 15:43).[85] 마가는
이 여인이 한 많은 고생이 예수님의 고난만큼이었음을 알림과 동시에, 로

개역개정	새번역	새한글성경
많은 의사에게 많은 괴로움을 받았고 가진 것도 다 허비하였으되 아무 효험이 없고 도리어 더 중하여졌던 차에	여러 의사에게 보이면서, 고생도 많이 하고, 재산도 다 없앴으나, 아무 효력이 없었고, 상태는 더 악화되었다.	그는 많은 의사들에게 괴로움을 숱하게 겪었고, 재산을 다 날려 버렸다. 그렇지만 전혀 쓸데없었고, 오히려 상태는 더 나빠졌다.

84 Marla J. Sevidge, *Woman, Cult, & Miracle Recital: A Redactional Critical Investigation of Mark 5:24-34* (Lewisburg, Penn: Bucknell Univ. Press, 1990), 105; Hisako Kinukawa, *Women and Jesus in Mark: A Japanese Feminist Perspective* (Maryknoll, NY; Orbis, 1994), 34.

85 막 14:24 그리고 말하셨습니다, 그들한테. "이것은 **언약의 내 피입니다**. 곧 많은 이들을 위해 흘리는 것을; 43 가서, 요셉, 아리마타이아 출신인 [자]는 명망 있는 의회 회원인데, 바로 그 자 또한 계속 기다리고 있었습니다, 하나님 나라를. 감히 들어갔습니다, 빌라도 쪽으로. 그리고 구했습니다, **예수님 몸을**. 셀비즈는 이 여인이 살아남은 자로서 떠오르는 공동체의 지도자요 본으로서 제시된다고 평가한다. 하지만, 이 여인에게 '천벌(μάστιξ(마스띡스))'이라고 이야기함으로써, 이 여인은 예수님과 다르다. 여인이 겪은 고통은 예수님의 고통과 비교되지만, 죄에서는 질적으로 차이가 있다. Marla J. Sevidge, *Woman, Cult, & Miracle Recital*, 105-6; Hisako Kinukawa, *Women and Jesus in Mark*, 34.

마 군인들로 인해 죽거나 고난을 겪었을 여인들과 연결시키는 것이다. 비록 돼지로 취급받으며 안타깝게 죽었지만, 그들의 고난은 가벼이 여겨지지 않았다고 말이다. 마가는 제자들도 이런 고난을 겪는다고 말하지 않는다. 오롯이 예수님께만 적용한 용어를 이 피 흘리는 여자에게 써, 더럽다고 무시당했을 그 여자의 고난의 크기를 인정해줬다. 이것은 마가의 배려이고, 해석이다. 말을 아주 툭툭 던지듯이 하면서도, 언뜻, 언뜻 보이는 깊은 마음씀이 있다. 츤데레다.

2. 의사한테 돈 다 뜯긴 여자

마가는 이 여자가 많이 고난을 겪은 것은 혈루증이라 하지 않는다. 의사라는 것이다. 많은 의사들이 이 여자를 고생시켰다는 것이다. 생리가 불규칙하게 흐르는 일이 어디 유대여자에게만 있었겠는가! 에베소 출신으로 로마제국에서 활동했던 의사요, 학자인 소라누스(Soranus)는[86] 여인들의 유출병의 치료법으로 질 세척, 질 좌약, 고통 완화제, 식습, 운동 등을 제시한다.[87] 어떻게 질을 세척하고 약을 주입하는지 알지 못하나, 이천 년 전임을 감안하면 무척 아팠을 것이다. 주술가나 랍비들도 이 질병에 대해 나름의 치료법을 제시하기도 했다. 모르긴 몰라도 이 여인은 소라누스의 방법 말고, 근동 사회에서 미신처럼 제시하는 온갖 방법들을 다 써봤다는 얘기다.

이 여자는 낫기 위해 고통까지 참았는데, 더 참담한 것은 돈까지 다 썼다. 자기한테 있는 것들 다 썼는데, 아무 이득을 얻지 못하고 더 심해져갔

---

86 기원후 1세기와 2세기에(트라얀과 하드리안 황제 시절) 주로 알렉산드리아와 로마제국에서 의사로, 또 학자로 명성을 떨쳤던 자. 여러 책을 썼다.

87 Temkin, Soranus' Gynecology, 166–68; Adela Yarbro Collins, *Mark*, 280에서 재인용.

다고 했다. 지금도 중병에 걸리면 숱한 병원 다니고, 고생은 고생대로 하고, 돈도 엄청나게 쓴다. 처음부터 좋은 의사를 만나면 다행이지만, 정직하지 않은 의사가 얼마나 많은지, 또 오진하는 의사들도 얼마나 많은지 모른다. 환자는 병에 대한 지식이 약하다. 결국 주도권이 의사에게 있어, 불이익을 당하면서도 어쩔 수 없이 또 당한다.

그런데 재미있는 건 예수님 당시에도 의사에 대한 부정적인 말들이 상당히 많이 있다. 1세기 당시 마셜(Martial)이라는[88]

> "너는 지금 검투사이다. 너는 예전에는 눈 전문가였지만 말이다. 너는 의사로서 네가 하는 일을 지금 했다. 검투사처럼(Epigrams 1. 47; 5:9; 8. 74)."
> "헤로데스(Herodes)라는 의사는 아픈 환자에게서 '술 국자'를 훔치다 걸리자 이렇게 말했다고 한다. '이 바보야! 그래서 뭐 하려고 그렇게 마시니?'(9.96)"

재미있지 않은가? 의사들이 얼마나 돈 욕심이 있었는지, 아픈 환자 집에 가서 술 뜨는 국자까지 훔치려 했다거나, 매일같이 치료비를 안 주면 제대로 잘 안 고쳐주려는 그런 비열한 짓도 서슴지 않은 자라고 욕했다.

> 플루타크는 또 알렉산더 대왕 아버지인 필립이 전투에서 어깨뼈가 부러지자, 거기에 상주하던 의사가 그렇게 매일 치료비를 요구했다고 전합니다. 그래서 그 필립이 의사에게 이렇게 말했다는 거지요. "니가 원하는 만큼 가져가게! 니가 그 맡은 일에서 열쇠를 지고 쥐고 있으니 말이야!(Plutarch Apoph.=

---

88 본명은 Marcus Valerius Martialis, 38-103년

Moralia 177f)"

히포크라테스의 작품 『수칙서(Precepts)』에서 의사들한테 충고한다. 명성을 올릴 생각만 하고, 돈 못 받을 걱정하지 말라고 말이다. 그러니 가난한 환자들에게는 공짜로 치료해주라고 했다.[89] 가난한 사람들이 더 아프기 마련이다. 이들한테는 돈을 요구하는 의사들이 원망스러울 것이다. 어쨌든 이 여인은 십이 년이란 세월을 의사들에게 줄 만큼의 재력이 있었다. 그런데 그 재력도 병 앞에서 다 사라진 상태였다. 고생만 실컷 하고서 말이다.

3. 예수님의 능력: 만지기만 해도!

27절이다. 절망했을 그녀에게 예수님에 대한 소문을 들었다. 그녀는 갔다. 군중 속에서 뒤에서 예수님의 옷을 만졌다. 그녀는 말하고 말했다는데, 아마 아무도 듣지 못했을 것이다. 혹시 그의 옷들만이라도 만지면, 구원받을 거라고 말이다.

고대에는 굉장히 능력이 있는 자를 만지거나, 그 사람의 물건을 만지면 그 사람의 능력이 자기에게 올 수 있다고도 생각했다. 로마에 유명한 술라(Sulla, 기원전 138-78년) 장군이 있다. 싸움을 아주 잘 한 장군으로서 집정관 제도를 부활시킨 유능한 정치가이기도 하다. 이 사람의 생애에 대해 플루타크는 다음을 남겼다.

술라에게 어떤 여자가 뒤에서 다가가더니, 손을 그의 어깨 위에

---

89 Eung Chun Park, *The Mission Discourse in Matthew's Interpretation*, WUNT 2.81(Tübingen: Mohr Siebeck, 1995), 101-2; Adela Yarbro Collins, *Mark*, 281에서 재인용.

댔다. 그리고 그의 망토에서 털을 조금 뜯어내더니, 자기 자리
로 돌아갔습니다. 술라가 놀라서 그녀를 보았더니, 그녀가 말했
습니다. "별 거 아닙니다. 집정관님! 그저 당신의 그 좋은 행운을
조금 가져가고 싶었을 뿐입니다(플루타크, 술라의 생애, 35.4)."

술라 장군의 옷에 있는 그 털 한 오라기를 가지는 것도 뭔가 그 사람의
행운을 가져올 수 있다 생각한 것처럼, 이 여인이 예수님 옷자락 한 번 만
지려고 애를 쓴 것도 그 당시 일반 사람들이 가진 생각에서는 충분히 그
럴 만 했다. 그녀는 지금 돈도 없다. 더 심해져갔다 했으니, 죽음도 생각
했을 것이다.

『눈으로 듣는 마가 · 마태 · 누가』
막 3:10 왜냐면 많은 이들을 고치셨기 때문이었습니다. 하여
그분께 덮치고 또 덮쳤습니다. 그분을 만졌으면 하고요. 천벌
들을 계속 갖고 있었던 자들은 누구나 말입니다.
마 14:36 그리고 그분께 부탁하고 부탁했습니다. 만지게 만이
라도 해달라고, 그분의 옷의 술을 말입니다. 그리고 만진 자들
만큼은 확실히 구원 받았습니다.
눅 6:19 그리고 모든 군중이 찾고 또 찾았습니다. 그분을 계속
만지려고요. 이는 능력이 그분한테서 계속 나와서였습니다. 그
래서 계속 낫게 해주셨습니다, 다!

막 3:10을 비롯해서 마태복음과 누가복음에서 공통적으로 진술하는 것
은 병자들이 예수님을 만지려고 그렇게 애를 썼다는 점이다. 마가는 아예
덮쳤다고 했다. 이에 대해 누가는 명확하게 고쳐주는 능력이 그분에게서
계속 나와서 그랬다고 설명한다. 그리고 뭐라 말하나? 낫게 하고 또 낫게

해주었다는 것이다. 다! 마태 역시 만진자들만큼은 확실히 구원 받았다고
말한다. 혈루증 여인도 이런 소문을 필시 들었을 것이다. 그래서 혹시라도
만지면, 구원받을 거라고 기대했다.

29절이다. 마가는 말한다. '즉시' 말랐다는 것이다. 그녀 피의 샘이. 피
가 마른 것도 아니다. 그 근원이 말랐다고 말한다. 원인까지 확실히 뿌리
가 뽑혔다는 것이다. 그것이 얼마나 확실했는지, 그녀가 알아챘을 정도였
다. 몸으로 이미 낫고 있다는 것을 말이다. ἰάομαι(이아오마이)는 '낫다'라
는 말인데, 마가는 현재완료시제로 말했다. 예수님 옷을 만진 순간 나아
서, 지금은 나은 상태임을 알았다는 것이다. 예수님의 능력이 얼마나 강력
한지를 마가는 그녀가 인정할 만큼이라고 했다.

마태	누가
9:21 이는 제 마음에 그 겉옷만 만져도 구원을 받겠다 함이라 22 예수께서 돌이켜 그를 보시며 이르시되 딸아 안심하라 네 믿음이 너를 구원하였다 하시니 여자가 그 즉시 구원을 받으니라	8:44 예수의 뒤에 와서 그의 옷 가에 손을 대니 혈루증이 즉시 그쳤더라 45 예수께서 이르시되 내게 손을 댄 자가 누구냐 하시니 다 아니라 할 때에 베드로가 이르되 주여 무리가 밀려들어 미나이다

말을 수백 번 하는 것보다 직접 보는 것이 제일 확실하다. 마태와 누가
는 혈루증 여인의 느낌을 전하지 않는다. 여자가 예수님의 옷을 만질 때
무슨 생각을 했는지, 또 얼마나 즉시 구원이 이뤄졌는지 아무 얘기가 없
다. 되게 무미건조하지 않는가? 그래서 마가가 입담이 좋다는 것이다. 전
체 분량만 놓고 보면, 분명 양이 적건만, 한 번 늘어놓은 이야기는 아주 맛
깔나게 전한다.

마가는 그녀의 병이 천벌(μάστιξ(마스띡스))이라 했다. 원래 매질이었지

만, 하나님이 징벌의 의미로 사용했다고 말이다. 지금 혈루증을 천벌이라 규정하는 자는 여자다. 피가 계속 흐른다는 이유로 십이 년간을 부정하다고 손가락질 당했다. 정신적 고통만 당했나? 재정적인 위기에도 처했다.

사회에서 사람을 열악한 처지로 내몰기 위해 가장 쉽게 했던 처사가 '깨끗하지 못한 자'이다. 역사학자들은 인류 역사에서 인도 카스트 제도에서 최고 계급인 브라만과 최하 계급인 불촉민들을 가르는 기준이 바로 이 '깨끗하냐, 안 깨끗하냐'라고 말한다. 즉, 사회에서 권력을 잡고 있는 자들이 자기들 지위를 공고히 하기 위해, 자기 밑에 있는 사람들에게 뭔가 이유를 제시해야 하는데, 그 중 가장 확고한 말이 위생적으로 '안 깨끗하다'는 것이다. 그래야 사람들이 심리적으로 접촉하길 꺼려하니까 말이다. 자연스럽게 왕따를 시키고, 그래서 자기 밑으로 둔다는 거다.

미국 사회에선 말도 안 되는 논리 같지만, 흑인들이 '안 깨끗하다'고, 흑인들하고 같이 있으면 병이 잘 걸린다는 생각을 심어줘, 자연스럽게 백인들 아래로 두었다는 것이다. 마찬가지로 남성들은 여인들의 생리, 즉 피를 가지고 남성들 아래로 둘 수 있었다. 처음에 이 여인은 그래도 돈을 가지고 있어서 처음부터 부당한 대우를 마구 당하지는 않았을 것이다. 그러나 점차 시간은 흐르는데, 병은 진전이 없고, 가산은 기울면 아무리 자기 주장이 세어도 꺾이기 마련이다.

천벌로 느껴진다. 그런데 이 여인이 하나님의 매질을 왜 받았는지, 가늠이 된다. 유출병은 자신만 부정하지 않다. 자기의 몸에 접촉한 자도 그 날 저녁까지는 부정하게 된다(레 15:7).[90] 예수님을 안 만져야 했다. 물론 그 수많은 군중들이 어찌 알까마는 그녀로 인해 주변의 사람들이 겪었을 불편을 모를 리 없다. 그러나 이 여인은 남보다 자기가 더 중요했다. 사실 그러

---

90 레 15:7 유출병이 있는 자의 몸에 접촉하는 자는 그의 옷을 빨고 물로 몸을 씻을 것이며 저녁까지 부정하리라

니 전 재산을 탈탈 털어 자기 한 몸 낫겠다고 썼다. 그만큼 그녀는 간절했다고 볼 수 있다. 남들처럼 정상인으로 살고 싶다는 욕망이.

이 여인이 남보다 강하게 가지고 있는 것은 '불굴의 끈기와 믿음'이다. 십이 년이다. 포기할 만 했다. 그런데 지금도 포기하지 않고 그 수많은 사람들을 헤치고 예수님 근처로 가지 않았는가! 게다가 옷만이라도 만지겠다는 일념으로 얼마나 손을 내밀었겠는가! 불굴의 끈기가 없었더라면 일어나지 않았다.

게다가 예수님 주위에 사람들이 잔뜩 있었다. 사람들이 너무 많아서 압박을 엄청 받았다 했다. 그런데 고침을 받은 자는 이 여인뿐이다. 주변에 있었던 자들은 예수님한테서 도움 받고 싶은 게 없었던지, 아니면 예수님을 만지기만 해도 나으리라는 믿음이 없었던 것이다. 이미 수많은 자들이 예수님을 만져서 나았는데, 그 소문을 이 여자만 들은 게 아닐 터인데, 아무도 예수님을 만질 생각을 하지 않았다. 이 여인만 믿음이 있었다.

4. 예수님의 자비

여자가 예수님을 만졌을 때, 생긴 변화를 여자만 느끼지 않았다. 예수님도 느꼈다. 예수님도 '즉시' 속으로 확실히 알아채셨다. '즉시' 여자의 피의 샘이 말랐듯이. ─ '즉시(εὐθύς(유튀스))'라는 말은 마가의 상투어다. 무려 41번이나 말한다.[91] ─ 자기 밖으로 능력이 나갔음을 알아챘다는 것이다. 그래서 그 군중 속에서 쓱 돈 뒤, 사람들에게 계속 물었다. 누가 날 만졌냐고 말이다. 더 섬 한 것은 만진 것이 몸이 아니라, 옷이었음도 안다는 사실이다. "누가 날 만졌습니까?" 하고 물은 뒤, "옷들을?"이라고 되짚었다.

---

91 마태는 5번, 누가는 1번, 요한은 3번밖에 안 썼다.

예수님의 초월적인 치유능력뿐 아니라 감지능력도 탁월함이 확 드러난
다. 위의 마태복음 9:21, 2과 누가복음 8:44, 45을 보면, 그리 잘 드러나
지 않는다. 마가는 이때 예수님의 신출귀몰한 능력을 확실하게 표현한다.
그런데 제자들의 반응이 뜻밖이다. 군중이 이렇게 당신을 압박하는데,[92]
누가 날 만졌냐고 말하냐고 반문하기 때문이다.

제자들은 예수님의 감지능력을 모르는 것이다. 이들은 군중이 밀집해
있는 상황에서 예수님이 자신의 옷이 건드려졌다고 투정부리는 것으로 이
해했다.[93] 이런 모습이 어쩌면 현실적이다. 아직 이들은 예수님이 하나님
의 아들임을 인식 못했다. 이분이 지닌 능력이 도대체 어느 정도인지도 알
지 못한다. 그저 특별한 능력을 가진 한 인간으로 여겼을 것이다. 예수님
이 하신 모든 말씀을 다 수용하고 순종했으리라 기대하는 것이 착각이다.

예수님은 계속 둘러보셨다. 이걸 행한 그녀를 직접 보려고 말이다. 그녀
는 예수님 뒤에서 손을 간신히 뻗어 옷을 만졌으니 두세 사람 뒤에 서 있었
을 테지만, 눈빛이 흔들리지 않았겠는가? 결국 자수했다. 겁나서, 그리고
떨면서 예수님 앞으로 나아가 엎드렸다. 야이로가 처음으로 예수님께 엎
드렸다 했다. 이 여자가 바닷가에서부터 예수님을 따라왔는지 알 수 없다.

92　군중이 예수님을 압박했음을 말해준 이는 누가뿐이다. 마태는 최대한 축소해
전한다.『눈으로 듣는 마태·누가』

마태	누가
9:19 그러자 발딱 일어나 예수님이 **그를 좇으** 셨습니다. 그리고 그분 제자들도요. 20 그리고 보세요! 여자가 **십이 년을** 출혈 하면서 나아가 뒤에서 만졌습니다. 그분 옷 의 술을요.	8:42 이는 외동딸이 있어서였습니다. 그자 에게 약 12살인. 그리고 바로 그녀는 죽어가 는 중이었습니다. 그런데 **그분이** 떠나 가고 있 는 와중에 군중들이 **그분을** 계속해서 꽉꽉 밀 착시켰습니다.

93　누가도 마가와 비슷하게 전개한다; 참.『눈으로 듣는 누가』8:45 그러자 말하
셨습니다, 예수님이. "누굽(니까)? **날** 만진 자가?" 그래서 **모두** 부인할 적에 말했습니
다, 베드로가. "대장! 군중들이 **당신을** 짓누르는 겁니다! 그래서 밀치는 겁니다!" 46
그러자 이 예수님이 말하셨습니다. "**날** 만졌습니다, 누가! 왜냐하면 바로 제가 알았
기 때문입니다. 능력이 **나한테서** 이미 나가 있는 것을요." 이 일화는 누가가 마가를
많이 따른다.

그러나 야이로의 이야기를 들은 마가 성도들은 그녀의 엎드림으로 야이로처럼 완전히 예수님의 권위를 인정했다고 이해했을 것이다.

그래서 그녀는 말했다, 모든 참말을. 그러자 예수님이 말하셨다. "딸아!" 이 여자는 자기 병 나으려고 예수님의 옷을 만졌다. 자기 한 몸 나으려고 집안의 모든 돈을 다 썼던 자다. 십이 년간 천벌을 가진 부정한 여자라고 설움을 겪었다. 더 이상 누구의 딸로 대접을 받은 적이 없었을 것이다. 그런데 예수님은 야이로의 딸처럼, 너도 딸이라고 해주신 것이다.

그리고 야단치지 않고 오히려 칭찬하셨다. 당신의 그 믿음이 당신을 이미 구원하고 있었던 것이라고 말이다. 이제껏 마가는 단 두 차례 믿음을 언급했다. 중풍병자를 메고 온 네 명한테(2:5)[94] 그리고 제자들이 큰 풍랑을 보고 겁먹어했을 때였다(4:40).[95] 그 사이 수많은 사람들이 낫겠다고 예수님을 만지려 애썼지만, 그들에게 하신 적이 없었다. 그런데 지금 자기 옆에 많은 이들이 예수님을 밀치고 부딪쳤지만 이들은 예수님의 치유 능력을 믿지 않았다. 주변의 사람들은 그저 호기심에 예수님과 밀착동행을 했는지 모른다.

예수님을 향한 믿음이 얼마나 대단한 능력을 지녔는지, 예수님의 말씀이 알려준다. '당신의 그 믿음이 당신을 이미 구원해서 현재 나아있다'고 하셨다. 'σέσωκέν'은 '구원하다(σώζω(소조))'의 현재완료시제이다. 과거에 이미 구원이 일어나 현재 그 구원이 이루어진 상태에 있다는 말이다.[96] 예수님 말씀대로 여자는 예수님 옷을 만진 순간, 그 피의 샘이 말랐다. 구원이

---

94 2:5 예수께서 그들의 믿음을 보시고 중풍병자에게 이르시되 작은 자야 네 죄 사함을 받았느니라 하시니

95 4:40 이에 제자들에게 이르시되 어찌하여 이렇게 무서워하느냐 너희가 어찌 믿음이 없느냐 하시니

96 예수님은 여리고 맹인에게도 하신다; 참. 『눈으로 듣는 마가』 10:52 그러자 예수님이 말하셨습니다, 그에게. "떠나 완전히 가세요! 당신의 그 믿음이 **당신을** 이미 구원하고 있습니다!" 그리고 즉시 다시금 봤습니다. 그리고 **그분을** 좇고 좇았습니다. 길에서.

이루어진 것이다. 이제 더 이상 유출이 없다. 믿음이란 이런 것이다. 예수님을 믿고 행할 때, 그때 구원이 일어난다. 때로는 그 결과를 인지 못할 수 있다. 그러나 이미 구원이 일어났다.

예수님은 *ὕπαγε*라고 하셨다. '떠나다(*ὑπάγω*(휘**빠**고))'의 현재시제 명령어인데, 그냥 가라는 말보다 더 강한 말이다. 어서 가라고, 다시 올 필요 없다는 말이다.[97] 예수님은 그 말로도 이 여자의 미안한 마음을 재우기 힘들다 느꼈는지, '평안히'를 덧붙였다.

▸ 헬라어 풀이(11): 떠나 완전히 가세요, 평안히!(*ὕπαγε εἰς εἰρήνην*)

'평안한 마음으로 잘 가라'는 뜻으로 헬라인들이 말을 안 하진 않았을 것이다. 아직은 헬라작품까지 파악하는 것이 어려워, 성경과 외경으로만 판단할 뿐인데, 대개 '가다(*πορεύομαι*(뽀류오마이))'를 써서 했다. 누가복음만 해도, 이 혈루증 여인에게 건네는 말은 '어서 가세요, 평안히(*πορεύου εἰς εἰρήνην*)'이다. 구약에도 여러 곳에서 발견된다.[98]

> 눅 7:50 그러나 예수께서는 그 여자에게 말씀하셨다. "네 믿음이 너를 구원하였다. **평안히 가거라**(*πορεύου εἰς εἰρήνην*)."
>
> 삿 18:6 그 제사장이 그들에게 이르되 **평안히 가라**(*πορεύεσθε ἐν εἰρήνῃ*) 너희가 가는 길은 여호와 앞에 있느니라 하니라;
>
> 삼상 1:17 엘리가 대답하여 가로되 **평안히 가라**(*πορεύου εἰς εἰρήνην*) 이스라엘의 하나님이 너의 기도하여 구한 것을 허락하시기를 원하노라
>
> 행 16:36 간수가 이 말대로 바울에게 고하되 상관들이 사람을

---

97 마가가 좀 많이 사용한다(총 8회). 마태도 많다(총 11회). 요한은 4회. 누가는 한 번도 쓰지 않았다.

98 삼상 20:42; 29:7; 눅 8:48.

보내어 너희를 놓으라 하였으니 이제는 나가서 **평안히 가라** 하

거늘(πορεύεσθε ἐν εἰρήνη)

마가처럼 '떠나다(ὑπάγω(휘**빠**고))'를 쓴 곳은 야고보서뿐이다.

> 약 2:16   너희 중에 누구든지 그에게 이르되 **평안히 가라**
> (ὑπάγετε ἐν εἰρήνη), 더웁게 하라, 배부르게 하라 하며 그 몸에
> 쓸 것을 주지 아니하면 무슨 이익이 있으리요

✦ ✦ ✦

그리고 건강하게 잘 지내라고 빌었다. '당신 천벌에서 (벗어나서)' 말이
다. 예수님도 알고 계셨다. 그녀에게 그 병이 천벌이었음을. 그녀가 하나
님께 큰 잘못을 저질러 이 벌을 받게 된 건지 불분명하다. 그러나 그녀는
그것을 천벌로 인식했고, 그 점을 예수님도 아셨다. 이제 그 병에서 벗어
나 건강하게 잘 지내라고 축복하셨다.

5. 결론

이 여자는 예수님의 허락도 받기 전에 이미 구원을 받았다. 십이 년이
면 포기할 만 했다. 그러나 꺾이지 않았다. 불굴의 끈기로 어떻게든 낫고
싶어 예수님을 만졌다. 남에게 폐를 주는 것은 개의치 않았다. 그저 그분
을 만지기만 하면 나을 것이라는 믿음, 하나만 가지고 기를 썼다. 예수님
은 그녀의 믿음을 칭찬하셨지, 한 마디도 야단치지 않았다. 아까 많은 군
중이 예수님을 좇았다 했다. 군중 중 병을 갖고 있었던 자는 그 여자를 보
며 부끄러웠을 것이다. '나도 할 걸!'하며 말이다. 마음만 먹는 것은 아무

소용없다. 예수님을 좇으면, 나의 부족함을 깨닫는다. 그러나 진짜 내 문제를 해결하고 싶으면, 예수님을 믿고 만져야 한다. 움직여야 한다. 옷 끄트머리를 잡는다 해도 만지는 일이 있어야 한다. 그 믿음으로 우리는 구원을 경험한다. 그간 지었을 죄들로 꾸지람을 듣지 않고, 예수님의 자비로운 축복을 듣는다.

막 5:35-43, 살린 후에도 배려하시니

35 아직 그분이 소리 내 말하고 있을 적에, 오는 겁니다, 회당장한테서. 말하길, "당신 딸이 죽었습니다! 왜 아직도 귀찮게 하십니까? 그 선생님을?"라고요.

36 그러자 이 예수님이 흘려듣고선,[99] **소리 내 말해지는** 말씀을, – 말하시는 겁니다,[100] 회당장한테. "그만 겁먹으세요![101] 딱 믿고 또 믿기만 하세요!"

37 그리고 하게 하지 않으셨습니다. 아무도 그분과 함께 동행해 좇는 걸,[102] 베드로 말고는요. 그리고 야고보와 요한, 곧 야고보의 형제(말고는)요.

38 그리고 가시는 겁니다, 회당장 집으로. 그리고 눈여겨보시는 겁니다, 아우성과 우는 자들과 대성통곡하는 자들을,[103] 많이요.

39 그러자 들어가 말하시는 겁니다, 그들한테. "왜 아우성을 칩니까? 그리고 (왜) 웁니까? 그 애는 죽지 않았습니다! 오히려 자고 있는 겁니다!"

---

99 παρακούω(빠라꾸오), 신약 3회 용어, 흘려듣다, 마 18:17(2); 막 5:36; 더 3:3, 8; 사 65:12 등. 듣기는 듣되, 의미 있게 안 받아들이는 것이다. 구약에서 '거역하다, 듣지 않는다'로 옮겨졌다. 주변에서 그 딸이 죽어서 더 이상 예수님의 도움이 필요 없다는 주장을 예수님은 쓸 데 없는 소리들로 여겼다는 뜻이다.

100 τὸν λόγον λαλούμενον λέγει, 이 간단한 어구에 '말씀(λόγος), 소리 내 말하다(λαλέω), 말하다(λέγω)'는 말과 관련된 수많은 말이 나온다. 얼마나 수많은 말들이 오고갔는지를 암시하는 것.

101 μὴ φοβοῦ, 현재명령, μὴ 뒤에 현재시제 명령형이 오는 것은 지금 하고 있는 그 행동을 그만 해라는 의미이다. 곧 야이로가 상당히 겁을 집어먹고 있었다는 뜻이다. 이것 외에도 "그만 ~해라"는 식으로 하신 말씀이 나오는 곳은 다음과 같다: 6:50; 9:39; 10:9, 14; 13:7, 11, 21; 16:6.

102 συνακολουθέω(쉬나꼴루테오), 동행해 좇다, 신약 3회 용어, 구약에는 없음, 막 5:37; 14:51; 눅 23:49.

103 κλαίω(끌라이오), 울다, 마 2:18; 26:75; 막 5:38, 39; 14:72; 16:10; 눅 6:21, 25 외(11); 요 11:31 외(8) 등; ἀλαλάζω(알랄라조), 대성통곡하다, 신약 2회 용어, 구약에 좀 있음, 막 5:38; 고전 13:1; 수 6:20; 삼상 17:52; 렘 4:8; 29:2 등. 앞 단어, κλαίω보다 더 크게 우는 것.

40 그러자 **그분을** 비웃고 비웃었습니다. [104] 그러나 그분은 친히 **다** 쫓아낸 후 아울러 데려가시는 겁니다. 그 애 아버지하고 어머니 그리고 자기와 함께 있는 자들을요. 그리고 안으로 가시는 겁니다. 그 자리에 **그 애가** 있었습니다.

41 그리고 **그 애 손을** 잡고선 말하시는 겁니다, 걔한테. "탈리다 굼!"[105] – 그것은 번역됩니다, – "소녀야![106] 너에게 말한다! 발딱 일어나 있어 보거라!"

42 그리고 즉시 일어섰습니다! 그 소녀는! 그리고 걷고 또 걸었습니다. 왜냐면 열두 살이었거든요. 그러자 (그들은) 경악했습니다. [즉시] 큰 경악으로요. [107]

43 그리고 분부하셨습니다, 그들한테 많이. 아무도 **이걸** 모르게 해야 할 것이라고요. 그리고 말하셨습니다. **그녀에게 먹을 게 주어져라**고 말입니다.

---

104 καταγελάω(까따겔라오), 비웃다, 신약 3회 용어, 마 9:24; 막 5:40; 눅 8:53. 야이로 딸 일화에서만 사용. 웃기는 웃되, 깔보며 웃는 것은 비웃는 것이다; 참. γελάω(겔라오), 웃다, 신약 2회 용어, 눅 6:21, 25; 창 17:17; 18:12, 13, 15 등.

105 ταλιθα κουμ(탈리**타** 꿈), ταλιθά(소녀)와 κουμ(일어나라)가 합쳐진 것. 아람어. 성서 1회 용어, 막 5:41.

106 κοράσιον(꼬**라**시온), 소녀, 마 9:24, 25; 14:11; 막 5:41, 42; 6:22, 28(2) 뿐; 룻 2:8, 22, 23; 3:2; 삼상 9:11 등. 딸(θυγάτηρ)보다 적게 쓰임. κόρη의 지소어. κόρη(**꼬**레), 신약에는 없음, 동공(신 32:10; 시 17:8; 잠 7:2; 20:9; 슥 2:12), 원래 고전 그리스작품에서는 '젊은 신부, 딸'의 뜻으로 사용되었다. 그러나 구약에선 전부 다 '눈의 동공'으로 사용되었다.

107 ἐξέστησαν [εὐθὺς] ἐκστάσει μεγάλῃ, ἐξίστημι(엑시스떼미), 미치다(막 3:21), 경악하다(마 12:23; 막 2:12; 5:42; 6:51; 눅 2:47; 8:56; 24:22; 행 2:7 외(8); 고후 5:13 뿐); 참. ἔκστασις(엑스따시스), 경악, 막 5:42; 16:8; 눅 5:26; 행 3:10 외(4); 창 2:21; 15:12; 27:33 등. 애가 살아난 것을 보고 사람들이 얼마나 놀랐는지를 알리기 위해 같은 뜻의 동사와 명사를 사용했다. 게다가 명사 뒤에 '큰'이라는 형용사를 붙였다.

1. 아이가 살아있다더니 죽어버렸네!

혈루병을 앓는 여자 때문에 길바닥에서 얼마나 서 있었을까? 아마 30분 정도, 채 안 되었을 것이다. 그러나 예수님을 모시고 가던 야이로의 속은 타들어갔을 것이다. 예수님이 그 혈루병 여자에게 말할 때, 그때 회당장에서 사람들이 와 딸이 죽었다고 하는 걸 보면,[108] 야이로는 정말 끝까지 안 오려고 버텼다. 야이로는 자기 힘으로는 어찌 할 수 없는 상태가 돼서야 온 것이다. 길에서 만난 야이로의 집 사람들은 아마 종들이었을 것인데, 가족의 말을 전했다. 당신 딸이 죽었으니, 더 이상 그 선생님을 귀찮게 할 필요가 없다는 것이었다.

그러자 예수님은 소리 내 말해지는 말을 흘려들었다. παρακούω(빠라꾸오)는 '듣지 않는 것'이다. 듣기는 듣되 옆으로 다 흘려보내는 것이니 듣지 않는 것이다. 성경에서 거의 안 쓰인 용어인데,[109] 이 상황에 딱 맞지 않는가! 예수님은 야이로 옆에 계셨을 터이니 당연히 들었다. 그러나 귓등으로 흘려보냈다.

> παρακούω(빠라꾸오), 흘려듣다, 듣지 않는다, 거역하다
>
> 마 18:17 만일 그들의 말도 **듣지 않거든** 교회에 말하고 교회
> 의 말도 **듣지 않거든** 이방인과 세리와 같이 여기라
> 더 3:3 대궐 문에 있는 왕의 신하들이 모르드개에게 이르되
> 너는 어찌하여 왕의 명령을 **거역하느냐** 하고

---

108 35절 사람들이 '회당장에게서' 왔다는 것이 말이 좀 안 된다. 그래서 『개역개정』과 『새번역』에서는 '회당장의 집에서'라고 옮겼다. 그러나 원문은 'ἀπὸ τοῦ ἀρχισυναγώγου'이다. 그러나 마가 성도들은 알아들었을 것이다. '회당장의 집에서' 사람들이 왔다는 것임을. 확실하게 설명한다고 괜히 길게 말하는 것은 이야기 흐름을 느리게 할 뿐이다.

109 신약 3회, 구약 5회뿐이다.

사 65:12 내가 너희를 칼에 붙일 것인즉 다 구푸리고 죽임을
당하리니 이는 내가 불러도 너희가 대답하지 아니하며 내가 말
하여도 **듣지 아니하고** 나의 눈에 악을 행하였으며 내가 즐겨하
지 아니하는 일을 택하였음이니라

예수님은 귀찮게 할 필요가 없다는 말을 듣고서도 회당장에게 그만 겁
먹으라 하셨다. 딸의 목숨이 경각에 달려 있는 것을 가장 잘 아는 사람은
야이로였을 것이다. 이 말로 예수님이 혈루증 여인 때문에 잡혀 있을 때
느긋하지 못하고 홀로 노심초사했음이 드러난다. 그는 겁먹고 있었다. 딸
이 죽을까봐. 예수님은 떨고 있었던 그에게 딱 믿고 믿기만 해라고 했다.
뭘, 누구를 믿으라고 했는지 불확실하다. 아마 예수님을 믿으라고 했을 것
같은데, 공관복음서를 통틀어 예수님은 단 한 번도 당신 자신을 믿으라고
한 적이 없다.

예수님은 동행하는 사람들을 베드로와 야고보, 그리고 요한으로 한정
시키셨다. 그리고 가셨다는 것이다. 잠깐 한 번 상상해보시라! 이전까지는
상당한 사람들이 예수님 주위에 있었다. 그런데 다 물리치고 딱 세 사람만
붙이신 거다. 그리고 회당장 집으로 가, 보셨다. 아우성을 치고, 사람들이
울고 대성통곡하는 것을. 그런 그들에게 예수님은 말하셨다. 왜 아우성을
치냐고, 왜 우냐고 말이다. 이 애는 죽지 않았고, 오히려 잔다고 말이다.

사람들이 울고 대성통곡을 하는 것은 그 아이가 정말 죽었음을 뜻한다.
그런데 예수님은 죽은 게 아니라 자는 것이라 했으니, 죽은 것을 아는 사
람들은 그 말이 억지로 들렸을 것이다. 그래서 비웃었다.

▸ 더 깊이 파보기(2) - 역사적 현재시제

이 부분은 설교가 아니라서 할까 말까 망설였다. 그런데 이 일화에서

헬라어 중 까다로운 한 가지 문법을 여기서 설명하는 것이 좋을 듯하다.

새번역	눈으로 듣는	새한글
그들이 회당장의 집에 이르렀다. 예수께서 사람들이 울며 통곡하며 떠드는 것을 보시고,	그리고 가시는 겁니다, 회당장 집으로. 그리고 눈여겨보시는 겁니다, 아우성과 우는 자들과 대성통곡하는 자들을, 많이요.	예수님 일행이 회당 지도자의 집에 들어간다. 예수님이 눈여겨보시니, 집이 어수선하고, 사람들이 울고, 크게 소리 내어 슬퍼하고 있다.

38절에 쓰인 동사가 '간다'와 '눈여겨보다'이다. 그런데 둘 다 시제가 현재시제이다.[110] 사실은 39절 예수님이 말하신다고 말하는 것도 현재시제이다.[111] 이 이야기는 과거의 사건이므로 38절과 39절 앞뒤를 보면, 당연히 과거시제로 말한다. 그런데 예수님이 세 제자만 허락하셨다고 한 뒤, 회당장 집으로 '가셨다'고 해야 하는데, 갑자기 '가신다', 그리고 '눈여겨보신다' 말하니 이상하다.[112] 즉 마가는 예수님이 세 제자만 딱 데리고 가기로 결정한 후, 회당장 집에 들어가서 그 집의 어수선한 상황을 보고, 말하시는 것까지 다 현재시제로 한 것이다.

이런 뜬금없는 현재시제 동사가 나타나는 것을 '역사적 현재시제'라 한다. 사람들 앞에서 말할 때 나도 모르게 쓰는 현상이다. 예수님이 회당장의 집에 들어갔을 때 벌어진 일과 예수님의 행동을 강조하려다 보니 쓴 이야기꾼의 버릇이다. 사람들과 대화를 나눌 때면, 너나없이 이런 식으로 말한다. 이 현상을 문학책을 번역하듯 번역하면 이상하다. 『새한글』처럼 말

---

110 『새한글』은 이야기를 자연스레 진행하고, 또 동사는 '눈여겨보다'이지만, 그 문장의 해석은 '눈여겨보니까 집이 어수선하고 사람들이 울고 ... 슬퍼하고 있다'가 맞으니 동사를 동사로 옮기지 않았다. 동사를 분사형태로, 그리고 분사를 동사로 옮겼다.

111   39 그러자 들어가 **말하시는 겁니다**, 그들한테. "왜 아우성을 칩니까? 그리고 (왜) 웁니까? 그 애는 죽지 않았습니다! 오히려 자고 있는 겁니다!"

112   37절의 동사가 과거임은 『새번역』에서 명확하다; 그리고 예수님은 베드로와 야고보 그리고 야고보의 형제 요한 말고는 아무도 **따라오지 못하게 하셨다.**

이다. 그래서 『개역개정』이나 『새번역』은 다 과거시제로 바뀠다.

마가복음은 마가가 자기 성도들에게 이렇게 이야기하는 것이다: 그래서 "들어가는 거야! 회당장 집으로! 그리고 눈여겨보는 거야! 아우성과 우는 자들, 또 대성통곡하는 자들을, 많이~, 그리고 들어가 말하는 거야! 그들한테. '왜 아우성을 치는 겁니까?...'"[113]

마가는 야이로 사건에서 유독 이 '역사적 현재시제'를 왕창 썼다. 귀찮겠지만 본문을 찾아 읽어보면, 이 단락에서만도 35절(오는 겁니다), 36절(말하시는 겁니다), 38절, 39절, 40절(아울러 데려가시는 겁니다, 안으로 가시는 겁니다), 41절(말하시는 겁니다) 등 도합 8번이나 말했다. 이게 뭐 특이한 건가 싶겠지만, 같은 일화를 전하는 마태는 단 한 번도 '역사적 현재시제'를 쓰지 않았다.[114] 누가는 원래 거의 안 썼으므로 비교가 안 되고, 마태에 비해 마가는 이 이야기에서 예수님이 하시는 행동에 관해 아주 가까이에서 보이듯 전하려 애쓴다.

+ + +

2. 예수님의 말씀으로 살리다

예수님이 야이로 집에 가서 그 애는 안 죽었다 했을 때, 사람들은 비웃고 비웃었다. 예수님이 말하는 동안 뭐 얼마나 오랫동안 비웃었겠냐만, 이

---

113 필자는 마가복음을 "~했습니다" 또는 "~요"로 번역했지만, 이야기꾼은 청중한테 높임체로 말하지 않는다. 이야기의 주도를 잡으려면 반말을 해야 한다.

114 『눈으로 듣는 마태』 마 9:23 그리고 예수님은 지도자의 집으로 가서, 그리고 직접 보고선, 피리 부는 자들과 군중이 아우성 치는 것을,

24 **말하고 말하셨습니다.** "물러나세요, 계속! 왜냐면 죽지 않았기 때문입니다, 그 소녀는! 오히려 잡니다!" 그러자 그분을 **비웃고 비웃었습니다.**

25 그래서 군중은 쫓겨났을 때, 안으로 들어가 걔 손을 **잡았습니다.** 그러자 소녀가 **일으켜졌습니다.**

말은 많이 비웃었다는 뜻이다. 아이가 죽은 걸 보지도 않은 자가 잔다고 하니, 허세를 부린다 여겼을 것이다. 예수님은 자신의 말을 비웃은 자들을 다 쫓아냈다. 그리고 그 애 부모와 세 제자들을 아울러 데려가, 그 애가 있는 곳으로 들어가셨다. 그러고는 그 애 손을 잡고 "탈리다 쿰!" 말하셨다. 마가는 이 아람어를 말한 뒤, 자기 성도들에게 "그 말이 무슨 말이냐면"하고 풀이해줬다. "소녀야! 너에게 말한다! 발딱 일어나 있어 보거라!" 했더니 즉시 일어섰다는 것이다.

▸ 헬라어 풀이(12): ἔγειρε(에게이레), 발딱 일어나 있어 보거라!

'발딱 일어나 있어 보거라!'는 말이 너무 쓸데없이 길다고 생각한다. 헬라어로 'ἔγειρε(에게이레)'인데, 'ἐγείρω(에게이로)'의 현재시제 명령어이다. 단순히 일어나라는 말보다 '일어나 서 있으라'는 것으로서, 병자에겐 좀 더 어려운 일이다. 그러나 병을 확실히 낫게 했다는 표시다. 누워 있다가 일어나는 일은 그리 드문 일도 아니므로, [115] "일어나 서 있으라"는 말이 성경에 자주 나올 법 하지만, 아니다. 예수님이 하신 말로 거의 나온다.

『눈으로 듣는 마태 · 마가 · 요한』

ἔγειρε(에게이레), 발딱 일어나 있어 보거라!

마 9:5[116] 도대체 뭐가 훨씬 더 쉽습니까? 말하는 게? 중풍병자

---

115 ἔγειρε(에게이레)의 동사 원형은 ἐγείρω(에게이로)이다. '일으키다'는 뜻으로 사용된 예) 삼상 5:3 아스돗 사람이 이튿날 일찌기 일어나 본즉 다곤이 여호와의 궤 앞에서 엎드러져 그 얼굴이 땅에 닿았는지라 그들이 다곤 을 **일으켜** 다시 그 자리에 세웠더니; 누웠다가 일어나는 것이기에 잠에서 깰 때에도 사용된다. 예) 창 41:4 그 흉측하고 야윈 암소들이, 잘생기고 살이 찐 암소들을 잡아먹는다. 바로는 잠에서 **깨어났다.**
116 막 2:9 뭐가 훨씬 더 쉽습니까? **중풍병자한테** 말하는 게! '용서받고 있습니다! 당신 죄들이!' 아님 말하는 게요! '발딱 일어나 있어 보세요! 그리고 **당신 간이침대를** 들으세요! 그래서 걷고 또 걸어 보세요!'

656 마가복음 해석서

한테, '용서받습니다, 당신 죄들이!' 아님 말하는 게요? '어서 **발딱 일어나 보세요! 그리고 걷고 또 걸어 보세요!"**

막 3:3 그런데 말하시는 겁니다, 그 사람, 그 마른 손을 갖고 있는 자한테요. **"발딱 일어나 있어 보세요! 한가운데로요!"**

요 5:8 말하시는 겁니다, 그에게 예수님이, **"발딱 일어나 있어 보세요! 그리고 당신 간이침대를 들으세요! 그래서 걷고 또 걸어 보세요!"**

베드로도 이 말을 나면서부터 불구자인 자를 성전에서 일으켜 세울 때 했다(행 3:6).[117] 베드로의 기적은 거의 예수님을 연상한다. 복음서에서 'ἔγειρε(에게이레)'라는 말은 전부 예수님이 중풍병자, 손 마른 자, 회당장의 딸, 그리고 여리고의 소경을 고칠 때였다. 그런데 복음서에서 'ἐγείρω(에게이로)'와 거의 똑같은 뜻으로 사용되는 헬라어 용어가 하나 더 있다. 바로 ἀνίστημι(아니스떼미)이다. 예수님이 아이한테 일어나라 하자, 42절에 '즉시 일어섰습니다! 그 소녀는! 그리고 걷고 또 걸었습니다'고 할 때 ἀνίστημι (아니스떼미)가 나온다.

'ἔγειρε(에게이레)'라 했으면, 그 동사로(ἐγείρω(에게이로)) 말해야 하는데, 다른 동사, ἀνίστημι(아니스떼미)를 사용한 것이다. 항상 이런 식이냐하면 또 그것은 아니다. 중풍병자에게 예수님이 "발딱 일어나 있어보라"고 하자, 그자는 '발딱 일어났다'고 말하기 때문이다.

막 2:11 **"당신한테 말합니다! 발딱 일어나 있어 보세요!**(ἔγειρε (에게이레)) **당신 간이침대를 들으세요! 그리고 떠나 완전히 가세요! 당신 집으로!"**

---

117 행 3:6 베드로가 말하기를 "은과 금은 내게 없으나, 내게 있는 것을 그대에게 주니, 나사렛 예수 그리스도의 이름으로 [**일어나**] 걸으시오" 하고,

12 그러자 **발딱 일어났습니다**(ἠγέρθη(에게르테)). 그리고 즉시 간이침대를 들고서 나갔습니다. 모두 앞에서……

듣는 사람 입장에선 2:11, 12처럼 같은 용어를 계속 쓰는 게 좋을 것 같은데, 희한하게 모든 복음서가 동일하게 예수님의 명령은 'ἔγειρε(에게이레)'라 하고, 상황을 전할 때는 다른 동사를 썼다.

구약에서 "일어나라"는 명령을 할 때 ἀνάστα(아나스따)를 썼다. ἀνίστημι(아니스떼미)의 과거시제 명령이다.

> 삿 7:9 이 밤에 여호와께서 기드온에게 이르시되 **일어나** 내려가서 적진을 치라 내가 그것을 네 손에 붙였느니라
> 삼상 9:26 다음날 동틀 무렵에, 사무엘이 지붕에서 사울을 깨웠다. **"일어나십시오.** 바래다 드리겠습니다." 사울이 일어나니, 사무엘은 사울과 함께 바깥으로 나갔다.
> 시 3:7 여호와여 **일어나소서** 나의 하나님이여 나를 구원하소서 주께서 나의 모든 원수의 뺨을 치시며 악인의 이를 꺾으셨나이다
> 행 12:7 홀연히 주의 사자가 곁에 서매 옥중에 광채가 조요하며 또 베드로의 옆구리를 쳐 깨워 가로되 급히 **일어나라** 하니 쇠사슬이 그 손에서 벗어지더라

구약과 신약에서 "일어나라(ἀνάστα(아나스따))"로 사용된 경우를 보면, 병자에게 하는 말은 없다. 주로 자다가 깨우며 일어나라 말할 때 쓰였다. 시 3:7에서 여호와께 일어나라 한 것도 지금 주무시면 안 된다는 의미이다. 살아계시는 것은 아나, 하나님이 지금 주무셔서 상황을 잘 모르는 게 아닌가 해, 요청한 것이다.

엡 5:14 그러므로 이르시기를 잠자는 자여 **깨어서**(ἔγειρε(에게이레)) 죽은 자들 가운데서 **일어나라**(ἀνάστα(아나스따)) 그리스도께서 너에게 비추이시리라 하셨느니라

계 11:1 또 내게 지팡이 같은 갈대를 주며 말하기를 **일어나서**(ἔγειρε(에게이레)) 하나님의 성전과 제단과 그 안에서 경배하는 자들을 척량하되

성경에서 ἔγειρε(에게이레))라는 말을 예수님과 다르게 쓴 경우가 엡 5:14와 계 11:1이다. 병자에게 말하지 않았다. 잠자는 사람에게 ἔγειρε(에게이레)라고 말한 후, 죽은 사람 가운데서 ἀνάστα(아나스따)라고 명령한다. 잠자는 사람에게 깨어나라는 뜻으로 ἔγειρε(에게이레))를 쓴 것이다.[118] 엡 5:14는 사 26:19의 말투와 가장 유사하다.[119] 사소한 것이지만, 에베소 저자와 요한계시록 저자는 예수님의 어투를 모른다고 할 수 있다. 아니면 전수받은 예수님의 말투보다 유대인들이 전통적으로 쓰던 유대어법을 따랐다고 볼 수 있다. 두 책을 좀 더 연구해봐야 알겠지만, 용어를 면밀히 들여다보면 예수님이 실제로 하셨던 말들이 가끔 드러난다. 아쉬운 점은 이것을 한국어로 옮기는 과정에서 드러내기가 상당히 어렵다는 것이다. 그래서 이렇게 긴 설명이 필요하다. 나름『눈으로 듣는 누가 · 마가』를 내면서 드러내려 했으나 도통 못 알아보는 것 같아, 책임을 통감하고 일부러 말했다.

---

118 영어본은 이 두 동사가 구별되게 'awake'와 '(a)rise'를 썼다; 참.『NKJ』Therefore He says: "**Awake**, you who sleep, **Arise** from the dead, And Christ will give you light.";『NRS』for everything that becomes visible is light. Therefore it says, "Sleeper, **awake! Rise** from the dead, and Christ will shine on you."

119 사 26:19 주의 죽은 자들은 **살아나고** 우리의 시체들은 **일어나리이다** (ἀναστήσονται οἱ νεκροὶ καὶ ἐγερθήσονται οἱ ἐν τοῖς μνημείοις). S. M. Baugh, *Ephesians*, EEC (Bellingham, WA: Lexham Press, 2016), 437-38.

예수님이 그 어린 소녀에게 한 것이라곤 손을 잡고 말한 것뿐이다. 그런데 그 소녀는 '즉시' 일어섰다. 그 아이는 발딱 일어나기만 한 게 아니었다. 걷고 또 걸었다. 마가는 살짝 이유를 말했다. 그 아이가 열두 살이었다고 말이다. 그러나 죽었던 아이가 계속 걸어다녔다는 말은 그 정도로 완전히 살아났다는 뜻이다. 이것은 기적이다. 경악 안 할 수가 없다. 이들은 '큰 경악으로 경악했다'. 죽은 자를 살리는 일은 엘리야와 엘리사도 했다. 당시 그레코-로마 사회에도 있었다.

여기 또 아폴로니우스가 기적을 행한 게 있다. 한 소녀가 거의 죽게 된 적이 있었다. 그것도 결혼하는 와중이었다. 그래서 새 신랑은 그녀의 상여 뒤를 울면서 따라 갔는데, 그의 결혼이 아직 다 안 끝났기 때문에 당연한 일이었다. 로마 시 전체는 슬픔에 잠겼다. 왜냐하면 그 소녀는 집정관의 딸이었기 때문이었다. 그 때 아폴로니우스는 그 슬픈 현장을 보고 말했다. "그 상여를 내려놓으시오! 내가 눈물을 닦아 주겠소. 이 아이 때문에 흘리다니!" 그리고 그녀 이름이 뭔지 그는 물었다.
군중은 생각하길, 그가 어떤 연설 같은 것을 하려나보다 했다. 당시 장례식에 연설을 해서 슬픈 마음을 감동시키는 일이 있었기 때문이었다. 그러나 그는 그런 것은 하지 않고, 그저 그녀를 건드리기만 했다. 그리고 그녀에게 뭔가 비밀스런 주문을 속삭였다. 그러자 그 소녀가 분명 죽었었는데, 깨어났다. 크게 소리 질렀고, 자기 아버지의 집으로 되돌아갔다. 알케스티스(Alcestis)가 헤라클레스에 의해 다시 살아났을 때 한 것처럼 말이다. 그 소녀의 친척들은 그에게 150,000 세스테르세스를 선물로 주고 싶어 했다. 그러나 그는 지참금으로 이 젊은 숙녀에게 준다고 말했다.

그가 그녀에게서 생명의 불꽃이 있는 것을 감지했는지 여부를, 그녀를 양육했던 자들은 감지하지 못했지만, ─ 왜냐하면 말하길 그 때 비가 오는 것 같기도 했다고 했기 때문이다─ 한 연기가 그녀 얼굴에서 올라왔다. 또는 생명이 진짜 꺼졌는지, 안 꺼졌는지 간에, 어쨌든 그는 자기가 만질 때 그 온기로 그 생명을 회복시켰다. 신비한 것이었다. 나도, 거기에 있었던 자들도 알 수 없는 것이었다(필로스트라투스, Vita. Ap. 4. 45).

굳이 이것을 읽어준 이유는 기독교계는 이런 류의 기적들이 꼭 예수님에게만 일어났다고 말하지만, 사실 당시에 예수님이 아닌, 아폴로니우스 같은 자가 거의 죽은 자를 신기하게 살려냈다는 이야기도 있었다. 이에 대해 "예수님만이 죽은 자를 살리실 수 있어!!! 그런 이야기는 다 거짓말이야!!!"하고 말하는 것은 그리 멋져 보이지 않는다. 우리나라에도 전설처럼 내려오는 신비한 이야기가 있지 않은가? 죽은 자를 살릴 순 있다.

중요한 것은 메시지다.

마가는 왜 이 이야기를 할까? 예수님은 죽은 사람까지도 살리시는 분임을 말하기 위해서? 말 한 마디로 살리지 않았는가? 예수님은 엘리야나 엘리사보다 더 대단한 능력을 가지신 분이다(왕상 17:17-24; 왕하 4:18-37). 귀한 생명일수록, 살리면 가족은 보답을 하고 싶어 한다. 아폴로니우스 역시 거금을 제안 받았다. 그런데 이 야이로 이야기도 그렇고, 예수님이 고친 대가로 선물을 받았다는 말이 없다. 오히려 예수님은 아무도 모르게 해라는 당부를 하셨다.

이 명령은 터무니없다. 이미 이 아이가 죽은 걸 다 안다. 예수님 말대로 아직 죽지 않은 상태였다 할지라도, 의미 없다. 그런데 어찌 아무도 모르게 할 수 있는가? 예수님이 자주 자신을 드러내지 않으려 애쓰신 것의 연장선이라 이해할 수 있다(1:44; 3:12).[120] 당신이 하나님의 아들임이 숨기려 애쓴 것으로 볼 수 있다. 그러나 이것은 당신 자신을 위한 게 아니라, 야이로를 위함이다.

야이로는 회당장이다. 동네 유지다. 회당장정도면 자기 딸을 살려달라고 부탁하는 게 쉬울 것 같지만, 그렇지 못하다. 회당장으로서의 자리 무게가 있다. 가버나움 지역에서 안식일에 회당에서 손 마른 자를 고쳐준 일로 바리새파 사람들이 헤롯 일당과 함께 모의해 예수님을 죽이려 했다(3:6). 이미 예루살렘에서 내려온 서기관들은 예수님 안에 바알세불이 있다고 말을 한 상태다(3:22). 회당장이라면, 예수님과 대척점에 서있었을 것이다. 그도 가버나움 지역의 회당장이었을 터이며, 예수님을 죽여야겠다고 상의한 바리새파 중 한 명이었을 수 있다.

안식일마다 예수님은 회당에 들어가셨을 터인데, 고쳐준 자가 어디 손마른 자 뿐이겠는가! 회당장이라면, 예수님을 좋아할 이, 아무도 없다. 야이로의 집에 가는 새, 딸이 죽은 것도 그것 때문이었다. 회당장만 아니라면, 더 일찍 갔을 것이다. 버티다가, 버티다가, 혹시 다른 수가 없나 찾아보다 그 지경까지 된 것이다. 예수님인들 모를 리 없다.

야이로는 큰 고비는 넘겼으나, 이제 다시 험난한 길을 헤쳐가야 한다. 동료 회당장들과 바리새파들에게 뭐라 말해야 하는가? 지금까지 다져온 모든 관계들을 다 끊어야 하는가? 그가 예수 앞에 무릎 꿇은 것은 다 알려질 것인데, 이제 예수님의 제자가 돼야 하는가? 여러분 같으면 어떤 선택

---

120 1:44 그리고 말하시는 겁니다, 그에게. "똑바로 보세요! 아무한테도 아무 것도 말하지 말고, 오히려 완전히 떠나가세요! 당신 자신을 보이세요! 제사장한테! ......; 3:12 그러면 많이 **그들을** 꾸짖고 또 꾸짖으셨습니다. 자기를 드러나지 않게 하기 위해서요.

을 하겠는가? 예수님의 편에 서는 순간, 그는 모든 특혜와 권세를 내려놔야 한다. 내려오는 것뿐 아니라, 싸늘한 푸대접도 감당해야 한다. 하루 이틀 겪어서 될 일이 아니다. 마을을 떠나지 않는 한, 평생 떠안아야 한다. 겨우 살아난 이 귀한 딸내미도 좋은 집에 시집가긴 글렀다. 목숨은 건졌지만, 사회적·정치적·경제적 생명은 끊긴 것이다.

예수님은 야이로 뿐만이 아니라, 가족 전체가 감당해야 할 짐을 아셨다. 자기를 찾아온 것은 순전히 딸 때문임도 아셨다. 그래서 말도 안 되는 분부를 한 것이다. 아무도 모르게 해라고 말이다. 당신도 안다. 불가능하다는 것을. 그러나 다 안다 하더라도, 야이로와 가족들이 시치미를 떼면, 넘어가진다. 그때 밖에서 아우성치던 자들한테는 본 게 아무 것도 없었노라고 함구명령을 내리면 된다. 누구 입에서 새어나갔는지, 조사해서 혼쭐을 낼 것이라고 엄포를 놓고, 알아도 모른 척 입단속 시키면 된다. 물론 본 자들이 있어 뒤에선 수군댈 것이다. 그러나 모른 척하고, 무슨 소리냐고, 그런 일 없었노라고 잡아떼면 될 일이다.

동료 바리새파들도 알고선 묵인해줄 것이다. 어쨌든 중요한 것은 겉으로 예수를 인정 안 한다는 것이다. 자녀 목숨이니, 잠시 도움을 입었을 수 있겠지만, 또 그런 일 없다고 우기니, 그걸 가지고 재판을 벌일 일은 아니지 않는가! 그가 했던 일에 대한 온갖 소문은 결국 소문으로 끝날 것이고, 그는 회당장으로서 예수가 안식일 날 회당에서 벌인 행동을 같이 규탄할 것이다. 야이로가 예수와의 일을 잡아떼는 것이 그 증거라고 여기며 넘어가 줄 것이다.

예수님이 야이로에게 마지막으로 분부한 것은 당신 자신을 위한 게 아니다. 야이로를 위한 것이지. 예수님은 단순한 질병만 고쳤을 뿐 아니라, 남아있는 자의 삶도 보호해 주셨다. 물론 야이로가 예수님을 따랐다면 좋아하셨을 것이다. 그러나 그것을 딸 고친 대가로 요구할 순 없다. 적어도 그는 예수님께 왔다. 예수님은 그것으로 됐다 여겼다. 아마 그는 더 이상 예수님을 욕하지 않을 것이다. 예수님은 믿음을 강제로 요구하지 않으신다. 그저 자신에게 도움을 요청하는 자들을 받아주신다. 그들이 회개하고 새로운 삶을 살길 더 원하셨지만, 병을 고쳐준 대가로 요구하지 않으셨다.

3. 결론

예수님은 야이로의 딸을 보지도 않은 상태에서 죽지 않은 것을 아셨다. 그러나 누군가가 그것을 알아챌 리 없고, 알았다 해도 일으켜 세울 방도를 몰랐을 것이다. 예수님만이 할 수 있었다. 우리는 야이로와 예수님 사이의 그간의 관계를 모른다. 야이로는 결코 예수님께 우호적이지 않았을 것이다. 그래서 예수님은 그의 딸을 살리자마자 야이로의 삶을 배려하셨다. 당신이 살려준 만큼의 대가를 받으려 안 하신 것이다. 마가 성도들은 이자의 이름을 알아도 하등 상관이 없다. 그러나 마태는 자기 성도들이 유대인들이기에, 이자의 정체를 숨겨야 했다. 그래서 '관리'라고만 하지, 이름을 밝히지 않는다(마 9:18).[121]

예수님은 야이로가 자신을 찾아와 무릎을 꿇은 것만으로도 다 용서하셨다. 당신을 둘러싸고 사람들 사이에 첨예하게 의견이 갈릴 때, 누군가는 당신의 도움을 입어도 티를 못 낼 때가 있다. 완전히 터를 옮기지 않는 한, 죽을 때까지 이웃들과 관계하며 살아야 하는 시대에 예수님을 인정한다는 것이 얼마나 용기가 필요한지 보여준다. 이 이야기는 또 그만큼 예수님의 입장이 위태위태한지를 알게 한다.

---

[121] 마 9:18 예수께서 이 말씀을 하실 때에 한 관리가 와서 절하며 이르되 내 딸이 방금 죽었사오나 오셔서 그 몸에 손을 얹어 주소서 그러면 살아나겠나이다 하니

부록

약어(Abbreviations)
참고문헌
헬라어 색인

약어(Abbreviations)

Eng.	English
CMRDM	Corpus Monumentorum Religionis Dei Menis
Diogenes Laertius	
De vita.	Lives of Eminent Philosophers
Ep.	Epistles
Horace,	
ad Pison.	Ad Pisonem(Art of Poetry)
Lucian	
Pseudolog	The Lover of Lies(Philopseudes)
Philops	Philopseudes
Ovid	
ex Ponto	Letters from Pontus
Fast.	Fasti
Philo	
Vit. Mos.	on the Life of Moses
Philostratus(필로스트라투스)	
Vita. Ap.	Life of Apollonius of Tyana
Plautus	
Trin.	Trinummus
Plutarch	
Moralia	Moralia
Apoph.	Apophthegmata Regum et Imperatorum
Quintilian.	
Inst. Orat.	Institutio Oratoria
Seneca(세네카)	
Ep. Mor.	Epistulae Morales(Moral Letters)
Suetonius	
Claud.	Claudius
Nero.	Nero
Tib.	Tiberius
Xenophon	
Vit. Phil.	Vitae Socratis
b. Ketubot.	Babylonian Talmud Ketubbot
b. Qidd.	Babylonian Talmud Qiddushin

b. Pesah.	Babylonian Talmud Pesachim
b. Sabb.	Babylonian Talmud Šabbat
Deut. Rab.	Deuteronomic Rabbah
Exod. R.	Exodus Rabbah
Gen. Rab.	Genesis Rabbah
m. Kelim	Mishnah Kelim
m. Mak.	Mishnah Makkot
m. Neg.	Mishnah Nega'im
m. Peah passim.	Mishnah Peah
m. Šabb.	Mishnah Šabbat
m. Sanh.	Mishnah Sanhedrin
m. Yoma	Mishnah Yoma
Ruth. R.	Ruth Rabbah
Sipre on Num.	Sipre(Sifre) Numbers
Tosefta	
t. Neg.	Tosefta Nega'im
t. Demai.	Tosefta Demai
AJP	American Journal of Philology
BAGD	Bauer, Arndt, Gingrich, and Danker
Bib	Biblica
BJRL	Bulletin of the John Rylands Library
BMAP	Brooklyn Museum Aramaic Papyri
DBS fasc	Dictionnaire de la Bible Supplément fascicule
IDB	Interpreter's Dictionary of the Bible
JBL	Journal of Biblical Literature
JGRChJ	Journal of Greco-Roman Christianity and Judaism
JSNT	Journal for the Study of the New Testament
JETS	Journal of the Evangelical Theological Society
JHS	Journal of Hebrew Scriptures
JSP	Journal for the Study of the Pseudepigrapha
JTS	Journal of Theological Studies
LIMC	Brooklyn Museum Aramaic Papyri
NIV	New International Version
NKJ	New King James Version
NTS	New Testament Studies
PGM	Papyri Graecae Magicae
TAPA	Transactions of the American Philological Association
TDNT	Theological Dictionary of the New Testament
YLT	Young's Literal Translation

참고문헌

Aeschylus   Eumenides
Alcaeus   Fragment
Apollodorus   The Library
Augustus

                                Enarration in Ps.
                                Sermon
Herodotus   Histories
Homer   Homeric Hymns
                                Iliad
John Chrysostom   Homilies on the Gospel of St. Matthew
Marcus Valerius Martialis
Pindar   Nemean Ode
Pliny the Elder   Natural History
플루타크   술라의 생애
Seneca the Elder   Controveriae
Suetonius
     Claud.   Claudius
     Nero.   Nero
     Tib.   Tiberius
Tacitus   Annals

김충연. 2021. "예수는 안식일의 주인인가? 안식일의 폐기를 말하는가?." 「신약논단」28: 359-92.
김현정. 2018. 『마가의 실패한 영웅 예수 이야기』. 서울: 한들출판사.
_____. 2021. 『눈으로 듣는 누가의 예수님 이야기』. 서울: 깊고 너른 출판사.
_____. 2022. 『눈으로 듣는 마가의 예수님 이야기(개정판)』. 서울: 깊고너른 출판사.
게르트 타이센 · 아네테 메르츠. 2005. 손성현 옮김. 『역사적 예수: 예수의 역사적 삶에 대한
     총체적 연구』. 다산글방.
노영택. 1994. "일제시대의 문맹률 추이." 「국사관논총」 51: 107-57.
A. 바이저. 1992. 김이곤 옮김. 『시편(I)』. 국제성서주석. 천안: 한국신학연구소.
박창환. 2012. 『청포 박창환 전집: 1. 신약성경 사역』. 청포 박창환 전집 출판위원회. 서울:
     한들출판사.

소크라테스. 2016. 조대호 옮김. 『파이드로스』. 문예출판사.

송혜경 역주. 2009. 『신약 외경 상권: 복음서』. 의정부: 한남성서연구소.

____. 2018. 『구약외경 1』. 의정부: 한남성서연구소.

수에토니우스. 1998. 박광순 옮김. 『12인의 로마황제 2』. 풀빛미디어.

아리스토파네스. 2010. 천병희 옮김. 『아리스토파네스 희극 전집 1』. 서울: 도서출판 숲.

____. 2010. 천병희 옮김. 『아리스토파네스 희극 전집 2』. 서울: 도서출판 숲.

양용의. 2000. 『예수와 안식일 그리고 주일: 마태복음을 중심으로』. 이레서원.

요아힘 예레미야스. 1988. 번역실 옮김. 『예수 시대의 예루살렘: 신약성서 시대의
사회경제사연구』. 서울: 한국신학연구소.

요세푸스. 1987. 김지찬 옮김. 『유대고대사』. 생명의 말씀사.

____. 1991. 『유대전쟁사 I, II』. 달산.

유세비우스 팜필루스. 1990. 엄성옥 옮김. 『유세비우스의 교회사』. 은성.

조동일. 1994. 『인물전설의 의미와 기능』. 경산시: 영남대학교 민족문화연구소.

존 도미닉 크로산. 2012. 김준우 옮김. 『비유의 위력』. 일산: 한국기독교연구소.

플라톤. 1997. 박종현 옮김. 『플라톤의 국가』. 서광사.

____. 2021. 김인곤 옮김. 『고르기아스』. 정암고전총서. 아카넷.

헤로도토스. 1987. 박광순 옮김. 『헤로도토스 역사 상』. 범우사.

홍태한. 2000. 『인물전설의 현실인식』. 서울: 민속원.

Adler, Yonatan. 2011. *The Archaeology of Purity: Archaeological Evidence for the Observance of Ritual Purity in 'Ereṣ-Israel from the Hasmonean Period until the End of the Talmudic Period (164 B.C.E-400 C.E.)*. PhD dissertation. Bar Ilan University.

Aune, David E. 1998. *Revelation 6-16*, WBC 52B. Waco: Thomas Nelson, Inc.

Barer, Michael H. 2004. *The Historical and Cultural Background of Divine Sabbath Work and its Relationship to Key Controversy Passages in the Gospels. Dissertation: Dallas Theological Seminary*. UMI.

Bauman, Richard A. 1996. *Crime and punishment in ancient Rome*. London/New York: Routledge.

Baugh, S. M. 2016. *Ephesians,* EEC. Bellingham, WA: Lexham Press.

Bell, H. Idris and T. C. Skeat. 1935. *Fragments of an Unknown Gospel and Other Early Christian Papyri*. London: Trustees of the British Museum.

Belser, Julia Watts. 2014. "Sex in the Shadow of Rome: Sexual Violence and Theological Lament in Talmudic Dissaster." Journal of Feminist Stuidies in Religion 30. 1: 5-24.

Bernard, J. H. 1928. *The Gospel according to St. John*, ICC. Edinburgh.

Betz, Hans Dieter. 1992. *The Greek magical papyri in translation, including the Demotic spells*. Chicago: University of Chicago Press.

Blanton IV, Thomas R. 2013. "Saved by Obedience: Matthew 1:21 in Light of Jesus' Teaching on the Torah." JBL 132: 393-413.

Blenkinsopp, Joseph. 1996. *A History of Prophesy in Israel.* rev. ed. Louisville: Westminster John Knox.

Bonner, S. F. 1972. "The Street-teacher: An educational scene in Horace." AJP 93: 509-28.

___. 1977. *Education in ancient Rome: From the elder Cato to the younger Pliny.* London: Methuen.

Bovon, F. 2013. *Luke 2: A Commentary on the Gospel of Luke 9:51-19:27.* Hermeneia. Minneapolis, MN: Augsburg Fortress.

Broadhead, Edwin K. 1999. *Naming Jesus: Titular Christology in the Gospel of Mark.* Sheffield: Sheffield Academic Press.

Brown, R. E. 1966. *The Gospel According to John (i – xii): Introduction, Translation, and Notes, AB 29.* Garden City, NY: Doubleday.

Bultmann, R. 1963. *The History of the Synoptic Tradition.* trans. by John Marsh. Basil Blackwell: Oxford.

___. 1968. "ἀφίημι." *TDNT* 1: 509-11.

Burkert, Walter. 1985. *Greek Religion*, trans. by John Raffan. Cambridge: Harvard University Press.

Caird, G. B. 1963. *The Gospel of St. Luke, Pelican Gospel Commentaries.* London: Penguin Books.

Campbell, Constantine R. 2007. *Verbal Aspect and Non-Indicative Verbs: Further Soundings in the Greek of the New Testament, Studies in Biblical Greek*, vol. 15. New York: Peter Lang.

Carrier, Richard. 2014. "The Prospect of a Christian Interpolation in Tacitus, Annals 15.44." *Vigiliae Christianae* 68: 264-83.

Carter, Waren. 2015. "Cross-Gendered Romans and Mark's Jesus: Legion Enters the Pigs (Mark 5:1-20)." *JBL* 134/1: 139-55.

Collins, Adela Yarbro. 1987. "The Origin of the Designation of Jesus as "Son of Man." *Harvard Theological Review* 80: 391-407.

___. 2007. *Mark: A Commentary.* Hermeneia. Minneapolis: Fortress Press.

Chisholm, Hugh. ed. 1911. "Alexander the Paphlagonian." Encyclopædia Britannica: 567. Vol. 1, 11th ed. Cambridge University Press.

Conzelmann, Hans and Walther Zimmerli, 1968. "χάρις." *TDNT* vol. IX: 359-415.

Cooley, Alison E. 2009. *Res gestae divi Augusti: Text, Translation, and Commentary.* Cambridge: Cambridge University Press.

Cullmann, Oscar. 1968. "Petra." *TDNT* 6:95-99.

____. 1968. "Petros, Kēphas." *TDNT* 6:100-111.

Davies, W. D. & D. C. Allison. 1988. *The Gospel According to ST. Matthew 1-7,* ICC. London: T. & T. Clark,.

Davies, W. D. & D. C. Allison. 1991. *Matthew 8-18*, ICC. London/New York: T. & T. Clark.

Dewey, Joanna. 1989. "Oral Methods of Structuring Narrative in Mark." *Interpretation* 43: 32-44.

Dressler, H. H. P. 1982. "The Sabbath in the Old Testament," in *From Sabbath to Lord's Day: A Biblical, Historical, and Theological Investigation*. ed. D. A. Carson. Grand Rapids: Zondervan.

Duling, D. C. 1978. "Therapeutic Son of David: An Element in Matthew's Christological Apologetic." *NTS* 24: 392-410.

Dundes, Alan. 1999. *Holy Writ as Oral Lit: The Bible as Folklore.* Lanham: Boulder: New York/ Oxford :Rowman & Littlefield Publishers, Inc.

Dunn, W. E. 1998. "The Effect of Inherent Lexical Aspect and Grammatical Person on Tense-switching in Oral Narrative." in *Annual Meeting of the American Association for Applied Linguistics.* Seattle, WA: Address.

Ehrman, Bart D. and Zlatko Plese. 2011. *The Apocryphal Gospels: Texts and Translations.* Oxford: Oxford University Press.

Evans, Craig A. 2006. "Mark's Incipit and the Priene Calendar Inscription: From Jewish Gospel to Greco-Roman Gospel." *JGRChJ* 1: 67-81.

Fitzmyer, J. A. 1970. *The Gospel According to Luke I-IX. Anchor Bible*. New York: Doubleday.

____. 1979. "New Testament Title, 'Son of Man' Philologically Considered." in *A Wandering Aramean: Collected Aramaic Essays, SBLMS 25*: 143-60. ed. idem. Chico, CA: Scholars Press.

____. 1980. "The Aramaic Language and the Study of the New Testament." *JBL* 99: 5-21.

____. 1998. "Aramaic Kephā' and Peter's Name in the New Testament." in *To Advance the Gospel: New Testament Studies:* 112-24. 2nd ed. Grand Rapids/ Cambridge: William B. Eerdmans.

Fowler, Robert M. 1991. *Let the Reader Understand: Reader-Response Criticism and the Gospel of Mark.* Minneapolis: Fortress Press.

France, R. T. 2002. *The Gospel of Mark: A Commentary on the Greek Text*. Grand Rapids/ Cambridge: William B. Eerdmans.

Fritz, Kurt von. 1949. "The So-Called Historical Present in Early Greek." *Word* 5/2: 186-201.

Gamble, Harry Y. 1995. *Books and Readers in Early Church*. New Haven: Yale University Press.

Gerhardsson, Birger. 1961. *Memory & Manuscript: Oral Tradition and Written Transmission in Rabbinic Judaism and Early Christianity*. Grand Rapids: William B. Eerdmans Publishing Company.

Grelot, P. 1978. "Qumran: B. Culture et langues, II." *DBS fasc.* 51: 802-4.

Guelich, Robert A. 1989. *Mark 1-8:26*, WBC 34a. Dallas: Word Books.

Gruen, Erich S. 2002. Diaspora: *Jews amidst Greeks and Romans*. Cambridge/ Massachusetts: Harvard University Press.

Gundry, Robert H. 1993. *Mark: A Commentary on His Apology for the Cross*. vol. I. Grand Rapids/ Cambridge: William B. Eerdmans Publ.

Hägg, Thomas. 2012. *The Art of Biography in Antiquity*. Cambridge: Cambridge University Press.

Harris, James Rendal. 1907. "Sons of Thunder." *Expositor* 3: 146-52.

Harris, Murray J. 2005. *The Second Epistle to the Corinthians*, NIGTC. Grand Rapids: Wm. B. Eerdmans Publ.

Harris, William V. 1989. *Ancient Literacy*. Cambridge, MA: Harvard University Press.

Hawkins, J. C. 1909. *Horae Synopticae: Contributions to the Study of the Synoptic Problem*, 2nd ed. Oxford: Clarendon Press.

Hay, Lewis S. 1970. "The Son of Man in Mark 2:10 and 2:28." *JBL* 89: 69-75.

Henderson, Jeffrey. 1975. *The Maculate Muse: Obscene Language in Attic Comedy*. New Haven: Yale University Press.

Hezser, Catherine. 2001. *Jewish Literacy in Roman Palestine*. Tübingen: Mohr Siebeck.

Holladay, William L. 1986. *Jeremiah 1*, Hermeneia. Philadelphia: Fortress Press.

Hooker, Morna D. 1967. *Son of Man in Mark*. London.

Horsely, G. H. R. 1997. *New Documents Illustrating Early Christianity, 3: A Review of the Greek Inscriptions and Papyri Published in 1978. Ancient History Documentary Research Centre*. Wm. B. Eerdmans Publishing.

Hultgren, A. J. 1972. "The Formation of the Sabbath Pericope in Mark 2:23-28." *JBL* 91: 38-43.

Hurtado, Larry W. 2011. "Summary and Observations." Larry W. Hurtado and Paul L. Owen, eds. '*Who is This Son of Man?': The Latest Scholarship on a Puzzling Expression of the Historical Jesus*, LNTS 390: 159-60. London: T&T Clark.

Iersel, Bas van. 1998. *Mark: A Reader-Response Commentary*, JSNTSS. trans. by W. H. Bisscheroux. Sheffield: Sheffield Academic Press.

Iwasaki, Shoichi. 1993. *Subjectivity in Grammar and Discourse.* Philadelphia: John Benjamins.

Jackson, F. J. F. and K. Lake, 1920-33. *The Beginnings of Christianity,* I, 5 vols. London: MacMillan.

Jeremias, J. 1966. *The Eucharistic Words of Jesus.* London: SCM.

Johansson, Daniel. 2011. "'Who Can Forgive Sins but God Alone?' Human and Angelic Agents, and Divine Forgiveness in Early Judaism." *JSNT* 33: 360-63.

Johnstone, Brick, Stacey Bayan, Laura Gutierres, David Lardizabal, Saen Lanigar, Dong Pil Yoon, and Katherine Judd. 2015. "Neuropsychological correlates of forgiveness." *Religion, Brain & Behavior* 5: 24-35.

Kee, H. C. 1973. "Aretalogy and Gospel." *JBL* 92: 402-22.

Kelber, Werner H. 1979. "Mark and Oral Tradition." in *Semeia 16: Perspectives on Mark's Gospel:* 7-55. Missoula: Society of Biblical Literature.

_____. 1983. *The Oral and Writing Gospel: The Hermeneutics of Speaking and Writing in the Synoptic Tradition, Mark, Paul and Q.* Philadelphia: Fortress Press.

Kim, T. H. 1998. "The Anarhrous υἱὸς θεου in Mark 15, 39 and the Roman Imperial Cult." Bib 79: 221-41.

Kinukawa, Hisako. 1994. *Women and Jesus in Mark: A Japanese Feminist Perspective.* Maryknoll, NY; Orbis.

Klauck, H. J. 1987. *Judas – ein Jünger des Herrn(QD 111).* Freiburg: Herder.

Kotansky, Roy D. 1995. "Greek Exorcistic Amulets," in *Ancient Magic and Ritual Power: 243-77.* ed. *Marvin Meyer and Paul Mirecki.* New York: E. J. Brill.

Kraeling, E. G. 1953[reprinted, New York: Arno, 1969]. *The Brooklyn Museum Aramaic Papyri: New Documents of the Fitth Century B.C. from the Jewish Colony at Elephantine.* New Haven: Yale University.

Kyle, Donald G. 2001[1998]. *Spectacles of Death in Ancient Rome.* London/ New York: Routledge.

Lampe, Peter. 1978-79. "Das Spiel mit dem Petrus-Namen Mt 16, 18." *NTS* 25: 227-45.

Lee-Pollard, Dorothy A. 1987. "Powerlessness as Power: A Key Emphasis in the Gospel of Mark." *Scottish Journal of Theology* 40: 173-88.

Leith, Dick. 1995. "Tense Variation as a Performance Feature in a Scottish Folktale." *Language in Society* 24: 53-77.

Leung, Mavis M. 2008. "The Narrative Function and Verbal Aspect of the Historical Present in the Fourth Gospel." *JETS* 51/4: 703-20.

Longenecker, Richard N. 1990. *Galatians*, WBC 41. Word Books.

Lopez, Davina C. 2008. *Apostle to the Conquered: Reimagining Paul's Mission.* Minneapolis, MN: Fortress Press.

Lord, Albert B. 1978. "The Gospels as Oral Traditional Literature." in *the Relationships among the Gospels: An Interdisciplinary Dialogue*: 33-90. San Antonio: Trinity University Press.

Luz, Ulrich. 2001. *Matthew 8-20: A Commentary,* Hermeneia. Minneapolis: Fortress Press.

McCasland, S. Vernon. 1939. "Relligious Healing in First-Century Palestine." in *Environmental Factors in Christian History:* 18-34. eds., J. T. McNeill, M. Spinka, and H. R. Willoughby. Chicago: University of Chicago.

MacDonald, Dennis R. 2000. *The Homeric Epics and the Gospel of Mark.* New Haven: Yale University Press.

Malherbe, Abraham J. 1977. *The Cynic Epistles: A Study Edition,* SBLSBS 12. Atlanta: Scholars Press.

Manson, T. W. 1947. "Mark ii, 27-28." *Coniectanea neotestamentica XI: In Honorem A. Fridrichsen:* 138-46. Lund: Gleerup.

_____. 1955. *The Teaching of Jesus: Studies of its Form and Content.* Cambridge: Cambridge University Press.

____. 1962. "The Son of Man in Daniel, Enoch, and the Gospels." in *Studies in the Gospels and Epistles:* 123-45. ed. Matthew Black. Manchester: Manchester University Press.

Meier, John P. 2001. *A Marginal Jew: Rethinking the Historical Jesus,* vol. III. New York: Doubleday.

Michaelis, Wilhelm. 1968. "πάσχω." *TDNT* 5: 904-39.

Michel, Otto. 1968. "ὁμολογέω." *TDNT* V: 199-219.

Millard, Allan. 2000. *Reading and Writing in the Time of Jesus.* New York: New York University Press.

Moore, Carey A. 1992. "Scholarly Issues in the Book of Tobit Before Qumran and After: An Assessment." *JSP* 5: 65-81.

Moulton, J. H. 1908. *A Grammar of New Testament Greek.* vol. I. Edinburgh: Clark.

Moulton J. H. and W. F. Howard. 1929. *A Grammar of New Testament Greek II.* Edinburgh: Clark.

Moulton, J. H. & Nigel Turner. 1976. *A Grammar of New Testament Greek.* vol. IV. Edinburgh: Clark.

Murray, O. 1980. *Early Greece.* Brighton.

Neirynck, Frans. 1972. *Duality in Mark: Contributions to the Study of the Markan Redaction.* Leuven: Leuven University Press.

Neusner, Jacob. 1977. *The Tosefta: Translated from the Hebrew.* New York: Ktav.

Norman, A. F. 1960. "The Book Trade in Fourth-Century Antioch." *JHS* 80: 122-26.

Olrik A. 1919. *Folklige Afhandlinger.* Kjøbenhavn.

O'Rourke, John J. 1974. "The Historical Present in the Gospel of John." *JBL* 93: 585-90.

Park, Eung Chun. 1995. *The Mission Discourse in Matthew's Interpretation,* WUNT 2/81. Tübingen: Mohr Siebeck.

Peppard, Michael. 2010. "The Eagle and the Dove: Roman Imperial Sonship and the Baptism of Jesus (Makr 1. 9-11)." *NTS* 56: 431-51.

Pettazzoni, Raffaele. 1937. "Confession of Sins and the Classics." *Harvard Theological Riview* XXX: 1-14.

Pettigrove, Glen. 2007. "Forgiveness and Intrepreatation." *Journal of Religious Ethics* 35/3: 429-52.

Pixon, Edward D. 2009. "Descending Spirit and Descending Gods: a 'Greek' Interpretation of the Spirits 'Decent as a Dove' in Mark." *JBL* 128/4: 759-80.

Pomeroy, Sarah B. 1975. *Goddesses, Whores, Wives, and Slaves: Women in Classical Antiquity.* New York: Schocken.

Porter, Stanley E. 1989. *Verbal Aspect in the Greek of the New Testament, with Reference to Tense and Mood. Studies in Biblical Greek.* New York: Peter Lang.

_____ . 2015. *Linguistic Analysis of the Greek New Testament: Studies in Tools, Methods, and Practice.* Grand Rapids: Baker Academic.

Quesnell, Quentin. 1969. *The Mind of Mark: Interpretation and Method through the Exgesis of Mark 6:52,* AnBib 38. Rome: Pontifical Biblical Institute.

Rawlinson, A. E. J. 1925. *The Gospel According to St. Mark with Introduction, Commentary and Additional Notes, Westminster Commentaries.* London: ethuen.

Reif S. C. 1993. *Judaism and Hebrew Prayer.* Cambridge: Cambridge University Press.

_____ . 1993. "Codicological Aspects of Jewish Liturgical History." *BJRL* 75: 117-31.

Rhoads, David & Dewey, Joanna & Michie, Donald. 2012. *Mark as Story: An Introduction to the Narrative of a Gospel.* 3rd ed. Minneapolis: Fortress Press.

Robinson, J. A. 1902. "$ΠΩΡΩΣΙΣ$ and $ΠΗΡΩΣΙΣ$." *JTS* 3: 81-93.

Robbins, Vermon K. 1994. "Summons and Outlines in Mark: The Three Step Progression." in *New Boundaries in Old Territory: Form and Social Rhetoric in Mark:* 119-36. New York: Peter Lang.

Rye, M. S. et. al. 2000. "Religious Perspectives on Forgiveness." in *Forgiveness: Theory, Research, and Practice: 17-41.* eds., M. E. McCullough, K. I. Pargament, & C. E.

Theresen. New York: Guilford.

Sandmel, Samuel. "Herodians." *IDB* 2: 594-95.

Schenk, Wolfgang. 1963. "Den Menschen 'Mt 9.8." *ZNW* 54: 272-75.

Schiffrin, Deborah. 1981. "Tense Variation in Narrative." *Language* 57/1: 45-62.

Schneider, Carl. 1968. "μάστιξ." *TDNT* 4: 518-19.

Sevidge, Marla J. 1990. *Woman, Cult, & Miracle Recital: A Redactional Critical Investigation of Mark 5:24-34.* Lewisburg, Penn: Bucknell Univ. Press.

Shimoff, Sandra R. 1997. "The Hellenization of Solomon in Rabbinic Texts." in *The Age of Solomon: Scholarship at the Turn of the Millenium*: 457-69. ed. Lowell K. Handy. Leiden: Brill.

Shinall Jr., Myrick C. 2018. "The Social Condition of Lepers in the Gospels." *JBL* 137/4: 915-34.

Shiner, Whitney. 2003. *Proclaiming the Gospel: First-Century Performance of Mark.* Harrisburg: Trinity Press International.

Silva-Corvalán, Carmen. 1983. "Tense and Aspect in Oral Spanish Narrative: Context and Meaning." *Language* 59: 760-80.

Smith, Wesley D. 1965. "So-called Possession in Pre-Christian Greece." *TAPA* 96: 403-26.

Stern, M. 1980[original. 1976]. *Greek and Latin Authors on Jews and Judaism.* 2 vols. Jerusalem.

Stock, Augustine. 1982. *Call to Discipleship: A Literary Study of Mark's Gospel,* GNS 1. Wilmington, Del: Michael Glazier.

Stumpff, Albrecht. 1968. "ζηλόω." *TDNT* 2: 882-88.

Talbert, Charles H. 2003. *Reading Luke-Acts in its Mediterranean Milieu.* Leiden/Boston: Brill.

Taylor, Vincent. 1966. *The Gospel According to St. Mark.* 2nd ed. London: Macmillan.

Thackeray, J. 1921. *The Septuagint and Jewish Worship: A Study in Origins.* London.

Thiselton, Anthony C. 2000. *The First Epistle to the Corinthians,* NIGTC. Grand Rapids: Wm. B. Eerdmans Publ.

Thomas, Rosalind. 1989. *Oral Tradition and Written Record in Classical Athens.* Cambridge: Cambridge University Press.

Thompson, Stith. 1977. *The Folktale.* Berkeley/Los Angels/ London: University of California Press.

Tieleman, Teun L. 2010. "Orality and Writing in Ancient Philosophy: Their Interrelationship and the Shaping of Literary Forms." in *The Interface of Orality and Writing*: 19-35. ed. Annette Weissenrieder & Robert B. Coote. Tübingen: Mohr

Siebeck.

Vermes, Geza. 1978. "The 'Son of Man' Dabate." *JSNT* 1: 19-32.

Walker, Henry John. 2007. "THE GREEK AŚVINS." *Annals of the Bhandarkar Oriental Research Institute* Vol. 88: 99-118.

Wallace, Daniel B. 1996. *Greek Grammar Beyond the Basics: An Exegetical Syntax of the New Testament.* Grand Rapids: Zondervan Publ. House.

Watts, John D. W. 1985. *Isaiah 1-33*, WBC 24. Waco: Word Books.

Wellhausen, J. 1909. *Das Evangelium Marci.* Berlin: George Reimer.

_____. 1911. *Einleitung in die ersten drei Evangelien.* 2nd ed. Berlin: G. Reimer.

Westermann, C. 1984. *Genesis 1-11.* trans. by J. J. Scullion. London: SPCK.

Williams, Michael. 2020. "Not Your Average Exorcist: Jesus's Dialogue with Legion(Mark 5:7-9) in Light of Ancient Power Rituals." *Lexington Theological Quarterly*: 1-40.

Wolfson, Nessa. 1978. "A Feature of Performed Narrative: The Conversational Historical Present." *Language in Society* 7/2: 215-37.

_____. 1979. "The Conversational Historical Present Alternation." *Language* 55/1: 168-82.

Wright, M. R. 1981. *Empedocles: The Extant Fragments.* New Haven: Yale University Press.

Zimmerli, Walter. 1983. *Ezekiel 2*, Hermeneia. Philadelphia: Fortress Press.

인터넷 웹사이트 채록

https://en.wikipedia.org/wiki/Damnatio_ad_bestias

https://en.wikipedia.org/wiki/Egerton_Gospel

https://en.wikipedia.org/wiki/Empedocles

https://www.jesus-story.net/ancient-buildings

http://oliviagenn.weebly.com/uploads/1/3/3/0/13305923/9207712_orig.jpg?417에서

https://encykorea.aks.ac.kr/Article/E0034222

https://steinsaltz.org/daf/yoma83/

헬라어 색인

ἀκολουθέω	(아꼴루테오), 좇다, 따르다 --- 626
ἀναχωρέω	(아나코레오), 물러나다, 이동하다, 피하다 --- 340
ἀπάτη	(아빠떼), 유혹, 속임수 --- 475
ἀφίημι	(아피에미)놔두다, 떠나가다, 버리다, (죄를) 용서하다, 하게 하다, 면제하다 --- 237
βάλλω	(발로), 넣다, 던지다 --- 531
βαπτίζω	(밥띠조), 담(잠)그다, 세례를 주다 --- 62
βασανίζω	(바사니조), 고통주다 --- 588
βασανιστής	(바사니스떼스), 고문관 --- 589
δειλός	(데일로스), 전전긍긍한, (마음이) 약한, 두려워하는 --- 568
사탄, שׂטן, διάβολος	(디아볼로스) --- 429
διωγμός	(디오그모스), 박해, 핍박, 재난 --- 474
ἐγγίζω	(엥기조), 가까이 오다 --- 540
ἐκβάλλω	(엑발로), 쫓아내다, 빼내다, 밖으로 던지다 ---125
ἐκπλήσσω	(엑쁠레쏘), 놀라다, 기절초풍하다. ---167
ἐξομολογέω	(엑소몰로게오), 고백하다, 터놓고 발언하다, 예찬하다 --- 96
ἐξουσία	(엑수시아), 권세, 권한, 권위 --- 231
ἐπιθυμία	(에삐튀미아), 열망, 욕망, 욕심 --- 477
ζηλόω	(젤로오), 질투하다, 사모하다, 열심을 내다 --- 401
ζηλωτής	(젤로떼스), 질투하는, 열심인--- 400
θαμβέω	(탐베오), 놀라다, 두렵다, 진동하다, 자지러지다 --- 165
θλίβω	(틀리보), 압박하다, 압제받다, 학대하다 --- 349
θυγάτριον	(튀가뜨리온), 딸내미(어린 딸) --- 623
Ἱεροσολυμίτης	(혜로솔뤼미떼스), 혜로솔뤼마인 --- 67
κατάκειμαι	(까따께이마이), 드러눕다 --- 270
κατηγορέω	(까떼고레오), 고발하다 --- 306
κλίνη	(끌리네), 침상 --- 221
κόκκος	(꼭꼬스), 씨앗, 알, 붉은 색 --- 544
λαῖλαψ	(라일랍쓰), 폭풍, 큰 바람, 광풍 --- 560

λόγος	(로고스), 말, 말씀 --- 484
μάστιξ	(마스띡스), 천벌, 매질 --- 315
μηκύνω	(메뀌노), 길쭉하게 하다, 더디다 --- 533
μυστήριον	(뮈스떼리온), 비밀, 은밀한 것, 신비 --- 499
ὁμολογέω	(호몰로게오), 시인하다, 발언하다, 밝히 말하다 --- 95
ὁρκίζω	(호르끼조), 애원하다, 엄명하다, 맹세하다 --- 586
παραδέχομαι	(빠라데코마이), 퍼뜨리다, 환영하다, 받아들이다 --- 482
παρακούω	(빠라꾸오), 흘려듣다, 듣지 않는다, 거역하다 --- 652
παρατηρέω	(빠라떼레오), (기회를) 엿보다, 꼼꼼하게 지키다 --- 313
παρίστημι	(빠리스떼미), 곁에 서 있다 --- 539
πάσχω	(빠스코), 근심하다. 불쌍하다, 고난을 겪다, 고생하다 --- 633
πέτρα	(뻬뜨라)/ 바위(가짜), 반석, rock --- 366
πέτρος	(베드로), 돌, 바위틈, stone --- 364
πίπτω	(삡또), 엎드리다, 떨어지다 --- 621
πνίγω	(쁘니고), 숨 막히게 하다 --- 594
πρός	(쁘로스), ~쪽으로 --- 341
πώρωσις	(뽀로시스), (눈)이 멂, 완악함, 굳어진 것 --- 319
σιωπάω	(시오빠오), 잠잠하다, 조용히 하다, 입 다물다 --- 565
σπλαγχνίζομαι	(스쁠랑크니조마이), 애가 타다, 불쌍히 여기다 --- 198
σπλάγχνον	(스쁠랑크논), 애, 애끓음, 창자 --- 199
σπόρος	(스뽀로스), 종자, 파종, 후손 --- 528
ὕψιστος	(휩시스또스), 지극히 높으신 --- 583
φανερός	(파네로스), 드러나는 --- 360
φιμόω	(피모오), 말문을 막다, 입마개를 씌우다 --- 566
כֵּיפָא	(케파), 바위, 바위 굴, 바위 틈 --- 368
צוּר	(쭈르), 반석, 바위 --- 369

마가복음
해석서
: 1-5장

초판인쇄일	2024년 12월 6일
초판발행일	2024년 12월 6일
펴낸이	김현정
펴낸곳	깊고 너른 출판사
주소	서울시 서초구 서초대로 65길 13~18
전화	070-8875-0691
지은이	김현정 목사
	이화여자대학교 식품영양학과 졸업
	이화여자대학교 기독교학과 대학원 졸업
	장로회신학대학교 신학대학원 졸업
	이화여자대학교 기독교학과 박사과정 수료
	서울장신대학교 신학과 박사(Ph. D)
기획 및 디자인	장원문화인쇄
인쇄	장원문화인쇄

ISBN 979-11-971692-3-6